Ott
Bohner
Deusch
Thun

Mathematik kompetent

zur Erlangung der Fachhochschulreife

Klassen 11 und 12

Nichttechnische Fachrichtungen

Merkur
Verlag Rinteln

Wirtschaftswissenschaftliche Bücherei für Schule und Praxis
Begründet von Handelsschul-Direktor Dipl.-Hdl. Friedrich Hutkap †

Die Verfasser:

Roland Ott
Studium der Mathematik an der Universität Tübingen

Kurt Bohner
Lehrauftrag Mathematik am BSZ Wangen
Studium der Mathematik und Physik an der Universität Konstanz

Ronald Deusch
Lehrauftrag Mathematik am BSZ Bietigheim-Bissingen
Studium der Mathematik an der Universität Tübingen

Günther Thun
Studiendirektor in Oldenburg
Studium der Mathematik an der Universität Tübingen

Umschlag: Hintergrundbild Kirill Kedrinski - Fotolia.com
Bild Kasten Links: Mike Kiev - Fotolia.com
Bild Kasten Mitte: Andres Rodriguez - Fotolia.com.

* * * *

1. Auflage 2017

Gesamtherstellung: MERKUR VERLAG RINTELN Hutkap GmbH & Co. KG, 31735 Rinteln
E-Mail: info@merkur-verlag.de; lehrer-service@merkur-verlag.de
Internet: www.merkur-verlag.de

ISBN 978-3-8120-**0386-5**

Vorwort

Vorbemerkungen

Der vorliegende Band **„Mathematik, kompetent zur Erlangung der Fachhochschulreife"** ist ein Arbeitsbuch für die Fachoberschulen (FOS) der nichttechnischen Fachrichtungen in Niedersachsen und für weitere Bildungsgänge, die zur Fachhochschulreife führen. Das Lehrbuch richtet sich nach den Rahmenrichtlinien für das Fach Mathematik in der Fachoberschule vom November 2006.

Das Autorenteam berücksichtigt sowohl die in den Rahmenrichtlinien geforderten inhalts- als auch die prozessbezogenen Kompetenzen (modellieren, argumentieren, kommunizieren, nutzen mathematischer Werkzeuge und Darstellungen, lösen innermathematischer Problemstellungen sowie das Umgehen mit formalen und symbolischen Elementen).

Von den Autoren wurde bewusst darauf geachtet, dass die in den Richtlinien aufgeführten Kompetenzen und Zielformulierungen inhaltlich vollständig und umfassend thematisiert werden. Damit bleibt den Lehrkräften genügend didaktischer Freiraum, eigene Schwerpunkte zu setzen.

Begleitend werden ein Arbeitsheft (ISBN 978-3-8120-2386-3) und eine Formelsammlung (ISBN 978-3-8120-1386-4) angeboten. Das Arbeitsheft soll Schüler und Lehrer durch Aufgaben zur Wiederholung und Vertiefung unterstützen.

Hinweise und Anregungen, die zur Verbesserung beitragen, werden dankbar aufgegriffen.

Die Verfasser

Dieses Buch können Sie auch als digitale Version erhalten. Nähere Informationen finden Sie auf unserer Webseite, Code: 6386

Der Aufbau dieses Buches

Der Stoff in den einzelnen Kapiteln wird schrittweise anhand von **Musterbeispielen mit ausführlichen Lösungen** erarbeitet. Dabei legen die Autoren großen Wert auf die Verknüpfung von Anschaulichkeit und sachgerechter mathematischer Darstellung. Die übersichtliche Präsentation und die methodische Aufarbeitung beeinflusst den Lernerfolg positiv und bietet dem Schüler die Möglichkeit, Unterrichtsinhalte selbstständig zu erschließen bzw. sich anzueignen.

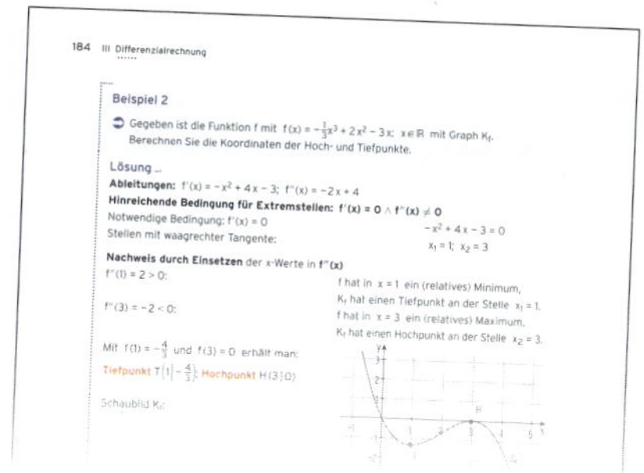
184 III Differenzialrechnung

Beispiel 2

Gegeben ist die Funktion f mit $f(x) = -\frac{1}{3}x^3 + 2x^2 - 3x;\ x \in \mathbb{R}$ mit Graph K_f.
Berechnen Sie die Koordinaten der Hoch- und Tiefpunkte.

Lösung ...

Ableitungen: $f'(x) = -x^2 + 4x - 3;\ f''(x) = -2x + 4$

Hinreichende Bedingung für Extremstellen: $f'(x) = 0 \wedge f''(x) \neq 0$

Notwendige Bedingung: $f'(x) = 0$ — $-x^2 + 4x - 3 = 0$

Stellen mit waagrechter Tangente: $x_1 = 1;\ x_2 = 3$

Nachweis durch Einsetzen der x-Werte in $f''(x)$

$f''(1) = 2 > 0$: f hat in $x = 1$ ein (relatives) Minimum, K_f hat einen Tiefpunkt an der Stelle $x_1 = 1$.

$f''(3) = -2 < 0$: f hat in $x = 3$ ein (relatives) Maximum, K_f hat einen Hochpunkt an der Stelle $x_2 = 3$.

Mit $f(1) = -\frac{4}{3}$ und $f(3) = 0$ erhält man:

Tiefpunkt $T\left(1 \middle| -\frac{4}{3}\right)$; Hochpunkt $H(3|0)$

Schaubild K_f:

Jede Lerneinheit endet mit einer umfassenden Anzahl von Aufgaben. Diese sind zur Ergebnissicherung und Übung gedacht, aber auch als Hausaufgaben geeignet. Kompetenzorientierte Fragestellung mit unterschiedlichem Schwierigkeitsgrad ermöglichen es dem Schüler, den Stoff zu festigen und zu vertiefen. Beispiele und Probleme aus dem Alltag und aus der Wirtschaft stellen einen praktischen Bezug her.

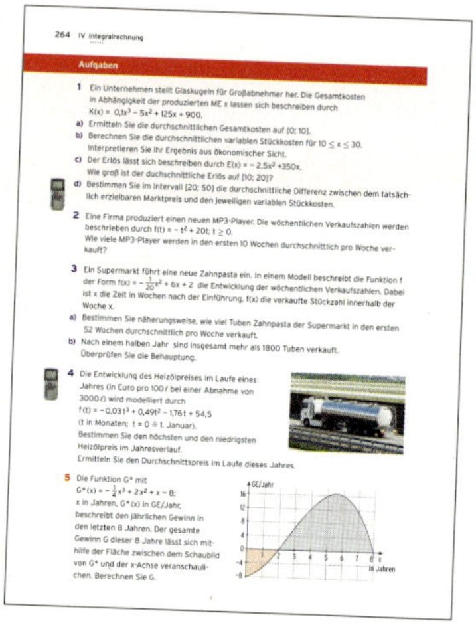

Eine Differenzierung der Aufgaben ist durch Farben bzw. Rechnerlogo gegeben;

rot: Aufgaben mit gehobenem Niveau

Zur Lösung ist ein **GTR (CAS)** empfohlen oder nötig.

Für **Aufgaben mit dem Download-Logo** stehen ausführliche Lösungen zum Download bereit. Sie finden diese in der Mediathek zum Buch auf unserer Website http://www.merkur-verlag.de.

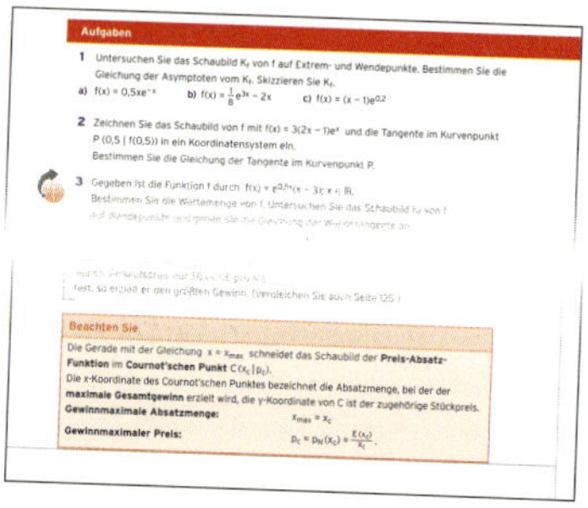

Definitionen, Festlegungen, Merksätze und mathematisch wichtige **Grundlagen** sind in Rot gekennzeichnet.

Grundwissen: Die Schüler in der Fachoberschule kommen aus verschiedenen Schularten mit unterschiedlichen Vorkenntnissen.

Um die Schüler dennoch möglichst schnell auf ein gleiches Wissensniveau zu bringen und damit gleiche Ausgangsbedingungen für den Mathematikunterricht zu schaffen, gibt es ein umfangreiches **Kapitel zur Wiederholung** der grundlegenden Rechentechniken und aller mathematischen Grundlagen aus der Mittelstufe.

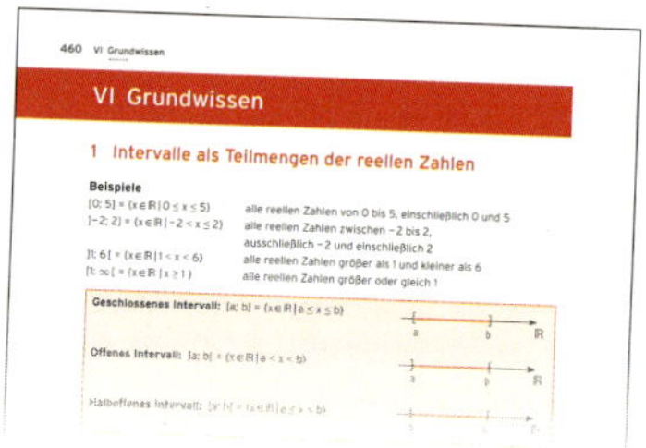

Seite 476

Die **Heftklammer** im Lehrbuch mit Seitenangabe weist auf einen entsprechenden Abschnitt im Kapitel Grundwissen hin.

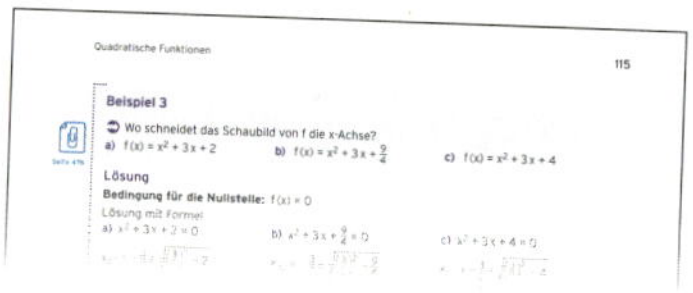

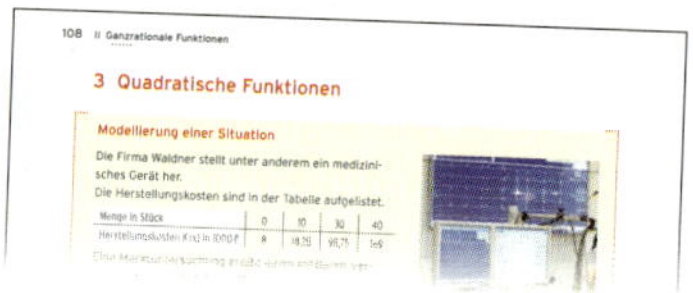

Die Aufgaben **„Modellierung einer Situation"** und **„Test zur Überprüfung Ihrer Grundkenntnisse"** werden im Anhang ausführlich gelöst.

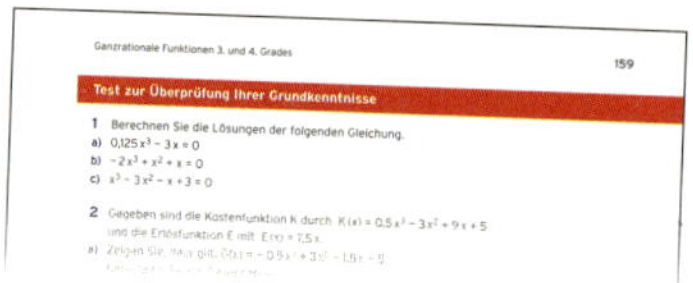

Inhaltsverzeichnis

VI Grundwissen 460

VII Anhang 479

I Optionale Lerngebiete 1

1 Grundlagen der Wirtschaftsmathematik

Modellierung einer Situation

Die Metallwarenfabrik Weber Metallbau GmbH bietet ihren Großhändlern Kleinbohrer-Sortimente zu einem Werkspreis von 24,50 € je Sortiment an.

a) Der Großhändler Claas Cassens möchte den Artikel in sein Warenangebot mit aufnehmen und ermitteln, zu welchem Verkaufspreis er dem Einzelhandel das Sortiment je Stück anbieten kann.

Zur Kalkulation liegen ihm folgende Informationen vor:
Die Firma Weber Metallbau GmbH gewährt Cassens 40 % Rabatt und bei Barzahlung 2 % Skonto.
Die Bezugskosten betragen für 10 Sortimente 35,90 €. Großhändler Cassens kalkuliert mit 50 % Handlungskosten, 10 % Gewinn und 7 % Vertreterprovision.
Seinen Kunden gewährt er 3 % Skonto und 20 % Rabatt.

Großhändler Cassens stellt fest, dass der Artikel bereits von der Konkurrenz zu 39,90 € angeboten wird.
Er liegt damit höher als seine Mitanbieter. Diskutieren Sie Maßnahmen, die dazu führen, dass Cassens die Ware dennoch preisgünstig anbieten und mit dem Marktpreis mithalten kann.

b) Cassens möchte wissen, mit welchem Kalkulationszuschlag, Kalkulationsfaktor und mit welcher Handelsspanne er kalkulieren kann, um fortan andere Sortimente desselben Herstellers schneller auszeichnen zu können.

Bearbeiten Sie diese Situation, nachdem Sie die rechts aufgeführten **Qualifikationen** und **Kompetenzen** erworben haben.

Qualifikationen & Kompetenzen

- Wirtschaftliche Situationen analysieren
- Fachbegriffe der Großhandelskalkulation kennen
- Angebote vergleichen
- Verfahren der Prozentrechnung anwenden

1.1 Ökonomische Anwendungen des Dreisatzes

1.1.1 Proportionale und antiproportionale Zuordnungen

Beispiele:	Artikel eines Warenkatalogs	zugeordnet	Bestellnummer
	Schulklasse	zugeordnet	Klassenlehrer
	Gewicht	zugeordnet	Preis

In den Beispielen besteht ein Zusammenhang zwischen einander zugeordneten Objekten. In der Mathematik wird der Begriff Zuordnung vor allem dann eingesetzt, wenn Zusammenhänge mathematisch fassbar sind und durch feste Gesetzmäßigkeiten beschrieben werden können. Beispiele hierfür sind die **proportionalen** und die **antiproportionalen** Zuordnungen.

Proportionale Zuordnungen

Beispiel 1

➲ Ein Mitarbeiter hat sein Privatfahrzeug mit 20 Liter aufgetankt und dafür 25 € bezahlt.

a) Welchen Preis hätte er bezahlen müssen, wenn er 40 Liter bzw. 80 Liter getankt hätte?

b) Stellen Sie den Zusammenhang in einer Wertetabelle und grafisch dar.

Lösung

a)

x (Liter)	20	40	80
y(€)	25	50	100

(Pfeile: · 2 von 20 nach 40 bzw. von 25 nach 50; · 4 von 20 nach 80 bzw. von 25 nach 100)

Für die doppelte Litermenge (40 Liter) ist auch der doppelte Gesamtpreis (50 €) zu zahlen.
x und y verhalten sich **proportional.**

b) Wertetabelle

x (Liter)	1	10	20	30	40	50	60	80
y(€)	1,25	12,50	25	37,50	50	62,50	75	100

Für 20 l zahlt er 25 €, für 10 l zahlt er 12,50 €.
Der zugeordnete y-Wert ist stets das 1,25-fache des x-Wertes:

$\frac{50}{40} = \frac{100}{80} = \frac{25}{20} = \frac{1{,}25}{1}$

1,25 heißt **Proportionalitätsfaktor.**

Grafische Darstellung

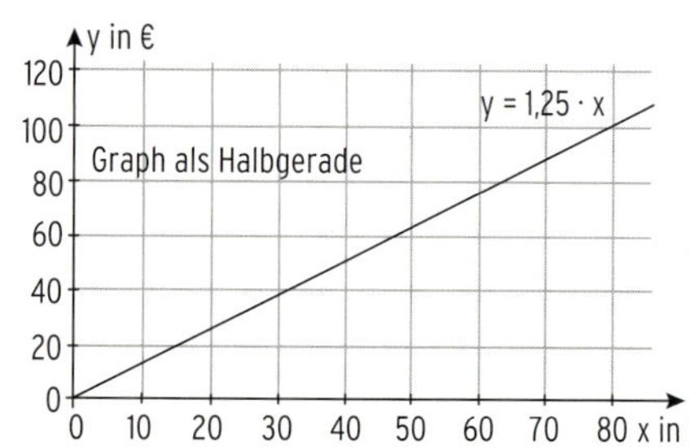

Beachten Sie

Eine Zuordnung zwischen zwei Größen heißt dann **proportional,** wenn zum doppelten, dreifachen, ..., a-fachen Wert der Ausgangsgröße x der doppelte, dreifache, ..., a-fache Wert der zugeordneten Größe y gehört **(Grundregel für proportionale Zuordnungen).**

Beispiel 2

➲ Prüfen Sie, ob eine proportionale Zuordnung vorliegt.

a)

x	5	10	20	30	40
y	7,5	15	30	45	60

b)

x	1	2	4	8	12
y	3,5	7	15	30	45

Lösung

a) $\frac{y}{x} = \frac{7{,}5}{5} = 1{,}5$

Probe mit allen weiteren Wertepaaren: $\frac{15}{10} = \frac{30}{20} = \frac{45}{30} = \frac{60}{40} = 1{,}5$

Der Proportionalitätsfaktor beträgt 1,5.

Es liegt eine proportionale Zuordnung vor.

b) $\frac{y}{x} = \frac{3{,}5}{1} = 3{,}5$

Probe mit weiteren Wertepaaren: $\frac{7}{2} = 3{,}5$; $\frac{15}{4} = 3{,}75 \neq 3{,}5$

Es liegt keine proportionale Zuordnung vor.

Antiproportionale Zuordnungen

Beispiel 1

➲ Eine Studentin der Fachhochschule fährt an den Wochenenden von ihrem Studienort nach Hause. Sie benötigt hierfür 6 Stunden, wenn sie mit einer Durchschnittsgeschwindigkeit von 30 km/h fährt.

a) Welche Fahrzeit müsste sie einplanen, wenn sie eine Durchschnittsgeschwindigkeit von 60 km/h bzw. 120 km/h fahren würde?

b) Stellen Sie den Zusammenhang in einer Wertetabelle und grafisch dar.

Lösung

a)

$\cdot 2$ (30 → 60), $\cdot 4$ (30 → 120)

x (km/h)	30	60	120
y(h)	6	3	1,5

$\cdot \frac{1}{2}$ (6 → 3), $\cdot \frac{1}{4}$ (6 → 1,5)

Mit der doppelten Geschwindigkeit (60 km/h) braucht sie die halbe Zeit (3 h).

x und y verhalten sich **antiproportional.**

b) Wertetabelle

x (km/h)	10	20	30	40	50	60	80	100	120
y(h)	18	9	6	4,5	3,6	3	2,25	1,8	1,5

Das Produkt aus x und y-Wert ist stets 180:

$10 \cdot 18 = 20 \cdot 9 = ... = 120 \cdot 1{,}5 = 180$

180 heißt **Zuordnungskonstante**

und es gilt: $x \cdot y = 180$ und damit $y = \frac{180}{x}$

Grafische Darstellung

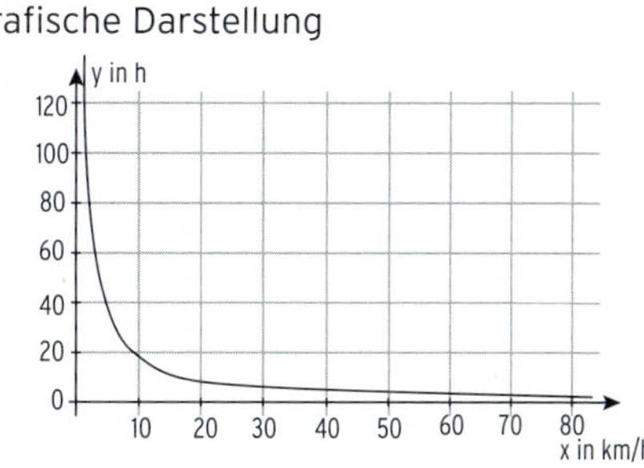

Beachten Sie

Eine Zuordnung zwischen zwei Größen heißt dann **antiproportional**, wenn zum doppelten, dreifachen, ..., a-fachen Wert der Ausgangsgröße x der halbe, der $\frac{1}{3}$-fache, ..., der $\frac{1}{a}$-fache Wert der zugeordneten Größe y gehört **(Grundregel für antiproportionale Zuordnungen).**

Beispiel 2

➲ Prüfen Sie, ob eine antiproportionale Zuordnung vorliegt.

a)

x	2	5	6
y	7,5	3	2,5

b)

x	5	10	35
y	0,7	0,35	0,2

Lösung

a) $x \cdot y = 2 \cdot 7{,}5 = 15$
Probe mit allen weiteren Wertepaaren: $5 \cdot 3 = 6 \cdot 2{,}5 = 15$
Es liegt eine antiproportionale Zuordnung mit der Zuordnungskonstanten $k = 15$ vor.

b) $x \cdot y = 5 \cdot 0{,}7 = 3{,}5$
Probe mit allen weiteren Wertepaaren: $10 \cdot 0{,}35 = 3{,}5$; $35 \cdot 0{,}2 = 7 \neq 3{,}5$
Es liegt keine antiproportionale Zuordnung vor.

Aufgaben

1 Nennen Sie drei Beispiele einer proportionalen Zuordnung. Geben Sie dazu eine Begründung.

2 Unter welcher Annahme können die folgenden Zuordnungen proportional sein?
a) Fahrstrecke (km) → Fahrzeit (h)
b) Klassenstärke (Anzahl Schüler) → Korrekturzeit einer Klausur (h)
c) Bestellmenge (Stück) → Gesamtpreis (€)

3 Begründen Sie, warum die folgenden Zuordnungen keine proportionalen Zuordnungen sind.
a) Parkdauer → Parkgebühr
b) Lebensalter → Körpergröße
c) Geschwindigkeit → Bremsweg

4 Nennen Sie drei Beispiele für eine antiproportionale Zuordnung. Geben Sie dazu eine Begründung.

5 Gegeben sind die folgenden Wertetabellen von Zuordnungen. Entscheiden Sie mithilfe der Grundregeln, welche davon proportional oder antiproportional sein können.

a)

x	5	15	20
y	20	60	80

b)

x	4	10	20
y	8	20	50

c)

x	2,4	4,8	6
y	5	2,5	2

d)

x	2	8	15
y	25	100	187,5

e)

x	4	8	12
y	24	12	8

f)

x	15	24	32
y	40	64	86

6 Ergänzen Sie die folgenden Tabellen unter der Annahme, dass

a) eine proportionale Zuordnung vorliegt.

x	3	8	12	16	22
y			72		

b) eine antiproportionale Zuordnung vorliegt.

x	1	4	9	12	36	72
y				3		

7 **a)** Interpretieren Sie das nebenstehende Schaubild. Geben Sie die Art der dargestellten Zuordnung an.

b) Bearbeiten Sie durch Ablesen:

- Bestimmen Sie den Preis für 5 kg der Ware.
- Wie viel kg kann ein Kunde für 10 € kaufen?

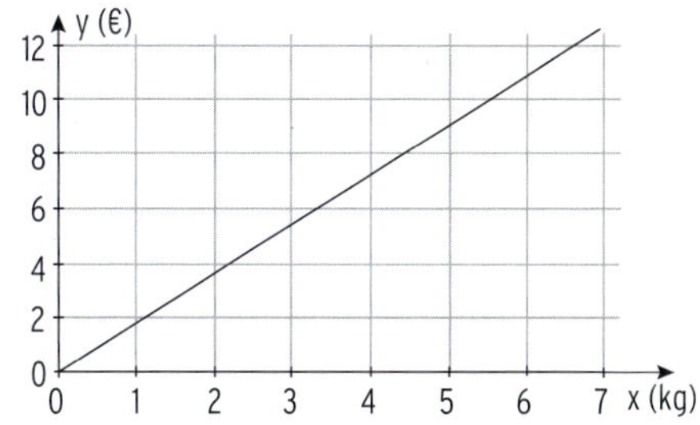

8 Die Obstabteilung eines Supermarktes bietet Nektarinen zum Sonderpreis von 0,80 € je Korb an.
Diskutieren Sie dieses Angebot unter den bisher behandelten Fragestellungen der Zuordnung Anzahl Körbe → Gesamtpreis (€) einschließlich ihrer grafischen Darstellung.

9 Die Zuordnung
Geschwindigkeit x (in km/h) → Fahrzeit y (in h)
für eine konstante Strecke lässt sich durch eine fallende Kurve grafisch darstellen.

a) Interpretieren Sie das Schaubild. Geben Sie die Art der dargestellten Zuordnung an.

b) Bearbeiten Sie durch Ablesen:

- Bestimmen Sie die Zeit bei einer Geschwindigkeit von 60 km/h.
- Max fährt 1,5 h. Welche Geschwindigkeit hat er?

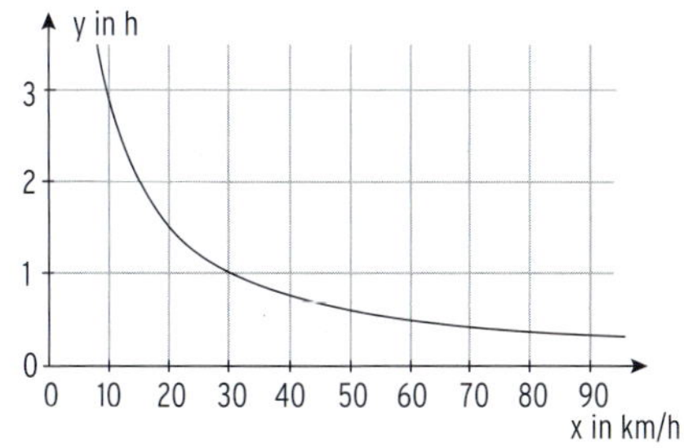

10 Die Gesprächsgebühren für ein „Prepaid"- Handy betragen 0,08 € je Anruf.

a) Erstellen Sie eine Tabelle, die die Gesprächsgebühren für 10, 20, 30 ... 60 Gespräche angibt.

b) Übertragen Sie die erhaltenen Wertepaare als Punkte in ein Koordinatensystem. (Wählen Sie einen geeigneten Maßstab). Verbinden Sie die erhaltenen Punkte zu einer Halbgeraden.

c) Welche Vorschrift liegt dieser Zuordnung zugrunde?

d) Berechnen Sie die Gesprächsgebühren für 47 Anrufe. Überprüfen Sie das Ergebnis grafisch.

e) Berechnen Sie, wie viel Anrufe für eine Telefonkarte über 15 € geführt werden können.

1.1.2 Dreisatzaufgaben

Beispiel 1

➲ Auf dem Wochenmarkt kauft Kathrin 5 kg Kartoffeln für 9,50 €. Hans möchte nur 3 kg Kartoffeln kaufen. Wieviel muss Hans bezahlen?

Lösung

Es liegt eine **proportionale** Zuordnung vor: Für die **doppelte** Menge zahlt Kathrin den **doppelten** Preis.

Satz 1: 5 kg Kartoffeln kosten 9,50 €.

Satz 2: 1 kg Kartoffeln kostet $\frac{9{,}50\ €}{5} = 1{,}90\ €$.

Satz 3: 3 kg Kartoffeln kosten $1{,}90\ € \cdot 3 = 5{,}70\ €$.

Hans muss 5,70 € bezahlen.

: 5	5 kg	9,50 €	: 5
· 3	1 kg	1,90 €	· 3
	3 kg	5,70 €	

Hinweis: Die Aufgabe wird mit dem **direkten Dreisatz** gelöst.

Beispiel 2

➲ 6 gleich große Kisten wiegen 18 kg. Wie viel wiegen 4 dieser Kisten?

Lösung

Es liegt eine **proportionale** Zuordnung vor: Doppelt so viele Kisten wiegen doppelt so viel.

6 Kisten wiegen 18 kg. (Bedingungssatz)

4 Kisten wiegen x kg. (Fragesatz)

$x = \frac{18}{6} \cdot 4 = 12$

4 Kisten wiegen 12 kg.

: 6	6 Kisten	18 kg	: 6
· 4	1 Kiste	3 kg	· 4
	4 Kisten	12 kg	

Hinweis: Die Aufgabe wird mit dem **direkten Dreisatz in verkürzter Form** gelöst.

Beispiel 3

➲ Nach einem Klassenfest der FOS brauchen 8 Schüler 3 Stunden für die Aufräumarbeiten. Leider sind 2 Schüler zum Aufräumen nicht erschienen. Wie lange dauert das Aufräumen mit den restlichen 6 Schülern?

Lösung

Es liegt eine **antiproportionale** Zuordnung vor: Doppelt so viele Helfer brauchen die halbe Zeit.

Satz 1: 8 Schüler brauchen 3 Stunden

Satz 2: 1 Schüler braucht $8 \cdot 3 = 24$ Stunden

Satz 3: 6 Schüler brauchen $24 : 6 = 4$ Stunden

Wenn 6 Schüler aufräumen, dauert es 4 Stunden.

: 8	8 Schüler	3 h	· 8
· 6	1 Schüler	24 h	: 6
	6 Schüler	4 h	

Hinweis: Die Aufgabe wird mit dem **indirekten Dreisatz** gelöst.

Beispiel 4

➲ Für die Busfahrt einer 20-köpfigen Schülergruppe soll jeder Schüler 24,00 € zahlen. Am Tag des Ausflugs nehmen kurzfristig noch 5 weitere Schüler teil. Die bisher berechneten Gesamtkosten sind nun auf die neue Teilnehmerzahl gleichmäßig zu verteilen.

Lösung

Es liegt eine **antiproportionale** Zuordnung vor: Verdoppelt sich die Teilnehmerzahl, halbiert sich der Preis für jeden Teilnehmer.

Bei 20 Schülern zahlt jeder 24 €. (Bedingungssatz)

Bei 25 Schülern zahlt jeder x €. (Fragesatz)

$$x = \frac{20 \cdot 24}{25} = 19{,}2$$

Der Fahrpreis hat sich auf 19,20 € ermäßigt.

	20 Schüler	24 €	
: 20	1 Schüler	480 €	· 20
· 25	25 Schüler	19,20 €	: 25

Hinweis: Die Aufgabe wird mit dem **indirekten Dreisatz** in verkürzter Form gelöst.

Aufgaben

1 Ein voll aufgetankter Pkw wird nach 538 km erneut mit 36 Liter Superbenzin voll aufgetankt. Berechnen Sie den Literverbrauch des Pkw auf 100 km.

2 In einer Metallwarenfabrik werden unter anderem 4 m^2 große Stahlplatten mit einer Dicke von 3 mm hergestellt. Vierzehn dieser Platten wiegen 1,318 Tonnen. Berechnen Sie das Gewicht einer Lieferung über 10 Stück dieser Platten.

3 Ein Beamter erhielt im vergangenen Monat eine Reisekostenpauschale in Höhe von 170,40 € für 568 dienstlich gefahrene km. Mit welchem Betrag kann er in diesem Monat rechnen, wenn er seiner Dienststelle 804 km in Rechnung stellen kann?

4 Ein Auslieferungsfahrer fährt täglich eine bestimmte Strecke. Bei einer Durchschnittsgeschwindigkeit von 80 km/h und einem halbstündigen Zwischenstopp benötigt er dafür insgesamt viereinhalb Stunden. Wie lange würde die Auslieferung insgesamt dauern, wenn er nur eine Durchschnittsgeschwindigkeit von 60 km/h erreicht, dafür aber den Zwischenstopp um 10 Minuten reduziert?

5 Anlässlich der Erschließung eines Wohngebietes werden Rohrleitungen entlang einer Straße verlegt. Die Bauleitung hat berechnet, dass hierfür 72 Rohre zu je 7,50 m benötigt werden. Die Lieferfirma teilt mit, dass die Rohre mit dem erforderlichen Durchmesser nur in 6 m Länge geliefert werden können. Berechnen Sie die erforderliche Stückzahl dieser Rohre.

6 Zwei Lebensmittel-Discounter bieten zwei vergleichbare Premium-Müsli an. Die Sorte B mit 500 g Inhalt ist mit 1,85 € ausgezeichnet.

a) Zu welchem Preis müsste die Sorte A mit 750 g angeboten werden, wenn sie gleich teuer sein soll?

b) Beurteilen Sie die beiden Preise, wenn Sorte A tatsächlich zu 2,75 € angeboten wird.

Sorte A Sorte B

7 Ein Lehrschwimmbecken fasst bei einer Wasserhöhe von 1,80 m insgesamt 540 m^3 Wasser.

a) Wie viel Liter müssen abgelassen werden, wenn die Wasserhöhe für Nichtschwimmer auf 1,20 m abgesenkt werden soll?

b) Geben Sie für die Wasserhöhe von 1,80 m bei gleichem Wasserinhalt drei verschiedene, sinnvolle Abmessungen (Länge und Breite) des Beckens an.

8 Es werden 15 t eines Rohstoffs zu einem Preis von 4 575 € eingekauft. In einer späteren Lieferung liefert ein anderer Anbieter 12 t den gleichen Rohstoff in vergleichbarer Qualität zu insgesamt 3 576 €. Berechnen Sie den Preisunterschied je Tonne.

9 An einer Werbeaktion beteiligen sich 12 Einzelhändler mit einem Kostenanteil von je 3 400 €. Dieser Anteil soll auf höchstens 3 000 € je Teilnehmer begrenzt werden.

a) Wie viel Teilnehmer müssen dafür zusätzlich geworben werden, wenn der gesamte Werbeaufwand gleich hoch bleibt?

b) Es werden weitere 10 Teilnehmer zur Teilnahme gewonnen. Bestimmen Sie den neuen Anteil für die insgesamt beteiligten Einzelhändler.

10 Ein Lehrer hat in seinem 128 m^2 großen Einfamilienhaus ein zu dienstlichen Zwecken genutztes Arbeitszimmer mit 16 m^2 Grundfläche eingerichtet. Die anfallenden Hausnebenkosten (z. B. Strom, Gas, Wasser, Versicherungen) in Höhe von insgesamt 9 076 € können als Werbungskosten bei der Einkommensteuererklärung geltend gemacht werden. Welchen Betrag kann er ansetzen?

11 Eine Familie besitzt ein Grundstück mit einer Gebäudefläche von 210 m^2. Sie erhält von der Gemeinde für das laufende Jahr einen Gebührenbescheid über 58,80 € für die Niederschlagswasserbeseitigung. Wie hoch fällt der Gebührenbescheid für das Nachbargrundstück mit einer Gebäudefläche von 185 m^2 aus?

12 Der Bauleiter eines Bauunternehmens geht davon aus, dass für die Arbeiten an einem Zweifamilienhaus erfahrungsgemäß 6 Maurer insgesamt 6 Wochen zu je 5 Arbeitstagen bis zur Fertigstellung benötigen. Allerdings werden 8 Arbeitstage nach Baubeginn 2 Maurer an eine andere Baustelle abgezogen. Um wie viel Tage verzögert sich dadurch die bisherige Baumaßnahme bis zu ihrer Fertigstellung?

13 In einem Autoatlas ist der Maßstab mit 1 : 450 000 angegeben. Das heißt: 1 cm in der Karte entspricht 450 000 cm in der Realität.

a) Formulieren Sie eine geeignete Zuordnung für diesen Sachverhalt.

b) Wie viel km beträgt die direkte Verbindung zwischen den Autobahnanschlussstellen Hannover Nord und Braunschweig Nord, wenn sie im Atlas mit 12,15 cm gemessen wird?

c) Welche Länge (in cm) hätte dieselbe Strecke in einem Atlas mit dem Maßstab 1 : 100 000 bzw. mit dem Maßstab 1 : 150 000?

14 Ein Weinfass wurde bisher in 600 Flaschen zu je 0,75 Liter abgefüllt. Für ein Bistro wird ein gleich großes Weinfass in 0,5 Liter-Flaschen abgefüllt. Wie viel Flaschen werden dafür benötigt?

15 Zu den anstehenden Kommunalwahlen möchte eine Partei insgesamt 60 000 Flyer drucken und anschließend von 48 freiwilligen Wahlhelfern verteilen lassen. Zum Drucken stehen 4 Druckmaschinen zur Verfügung. Diese schaffen während der Öffnungszeiten des Parteibüros pro Tag 8 000 Exemplare.

a) Nach drei Tagen fällt eine der Druckmaschinen aus. Wie viel Tage benötigen die restlichen Drucker noch für die verbliebene Stückzahl der Flyer?

b) Erfahrungsgemäß benötigen die angemeldeten 48 Wahlhelfer für die Verteilung der Flyer 10 Tage. Wie viel Helfer müssten zusätzlich eingestellt werden, damit die Verteilung bereits nach 8 Tagen abgeschlossen werden kann?

16 Zu den Inventurarbeiten wurden im Vorjahr 6 Mitarbeiterinnen vier Tage lang bei 8-stündiger Arbeitszeit pro Tag eingesetzt. Der Abteilungsleiter möchte erreichen, dass die Arbeit in diesem Jahr (gleicher Arbeitsumfang vorausgesetzt) bei zusätzlichen 2 Überstunden je Tag von 5 Mitarbeiterinnen bereits nach drei Tagen erledigt wird.

a) Stellen Sie fest, ob dieses Ziel unter diesen Bedingungen erreicht werden kann.

b) Wie viel Mitarbeiterinnen müssten zusätzlich eingestellt werden, wenn die Abteilung auf Überstunden verzichtet und die Inventur dennoch nach drei Tagen abgeschlossen sein soll?

17 Für eine Gebäudeversicherung wurden für das gesamte laufende Jahr insgesamt 184,46 € berechnet und bezahlt. Zum 1. 9. des Jahres wird die Versicherung um die Absicherung gegen Elementarschäden erweitert. Der Jahresbeitrag erhöht sich damit auf 256,59 € und wird dem Versicherungsnehmer ab 1. 9. für ein Jahr in Rechnung gestellt. Berechnen Sie den Betrag, den die Versicherung für den bereits bezahlten Beitrag des laufenden Jahres aus dem bisherigen Vertrag gutschreibt.

18 Der Benzinverbrauch eines Pkw wird im Katalog des Herstellers mit 5,9 l/100 km („kombiniert") angegeben. Der Tank hat ein Fassungsvermögen von 60 Liter. Ein Käufer dieses Fahrzeugtyps möchte die Angabe des Herstellers überprüfen und fährt mit vollem Tank los. Nach 496 km tankt er das Fahrzeug erneut voll auf und zahlt für die getankten 32 Liter insgesamt 42,53 €.

a) Stellen Sie fest, ob die Angabe des Herstellers korrekt ist. Nennen Sie Gründe für eine mögliche Abweichung.

b) Ermitteln Sie den Preis je Liter. Bestimmen Sie den Preis für eine Tankfüllung.

c) Wie viel km kann der Pkw mit einer Tankfüllung ohne aufzutanken fahren, wenn von einem durchschnittlichen Verbrauch von ca. 6,45 l/100 km ausgegangen wird?

d) In demselben Katalog wird die Motorleistung des Pkw mit 136 PS $\triangleq$ 100 kW angegeben. Ergänzen Sie mithilfe dieser Information die folgende Tabelle, in der die Motorleistungen der übrigen Modelle der Baureihe angegeben werden (auf ganze Werte runden):

Fahrzeugtyp	1	2	3	4	5	6	7	8	9
kW	100	105	125	135	180				
PS	136					143	163	184	258

1.1.3 Dreisatzrechnung in Anwendungen

Verteilungsrechnung

Eine Aufgabe zur **Verteilungsrechnung** liegt vor, wenn eine zu verteilende Größe auf mehrere Beteiligte aufgeteilt werden soll. Hierzu muss eine vorher vereinbarte Verteilungsgrundlage festgelegt werden. Mithilfe der **Verteilungsgrundlage (Verteilungsschlüssel)** können das Verteilungsverhältnis und somit die Anteile berechnet werden, die den Beteiligten zustehen.

Begriffe der Verteilungsrechnung	Beispiel
Zu verteilende Größe	Lotteriegewinn
Beteiligte	Mitspieler
Verteilungsgrundlage	Spieleinsatz
Verteilungsverhältnis	2 : 2 : 3

Verteilung nach vorgegebenen Absolutwerten

Beispiel

➲ An einer Personengesellschaft sind die Gesellschafter Albers mit 30 000 €, Behrends mit 60 000 € und Claussen mit 90 000 € beteiligt. Der Jahresgewinn von 30 000 € soll im Verhältnis der Beteiligungen an die drei Gesellschafter verteilt werden. Berechnen Sie die Anteile.

Lösung

Aus den Beteiligungen (Verteilungsgrundlage) ergibt sich das Verteilungsverhältnis: 30 000 : 60 000 : 90 000

gekürzt: 1 : 2 : 3

Die Summe der Teile (= 6) wird der zu verteilenden Größe (= 30 000 €) gleichgesetzt.

: 6	6 Teile	30 000 €	: 6
· 2	1 Teil	5 000 €	· 2
	2 Teile	10 000 €	

Verteilungstabelle:

Beteiligte	Beteiligung	Teileverhältnis	Anteile (in €)
Albers	30 000	1	5 000
Behrends	60 000	2	10 000
Claussen	90 000	3	15 000

Grafische Darstellung

Kreisdiagramm:

6 Teile ≙ 360 °

1 Teil ≙ 60 °

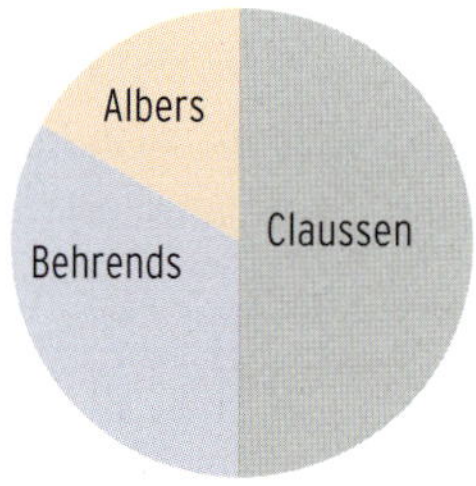

Streifendiagramm:

6 Teile ≙ z. B. 90 mm

1 Teil ≙ 15 mm

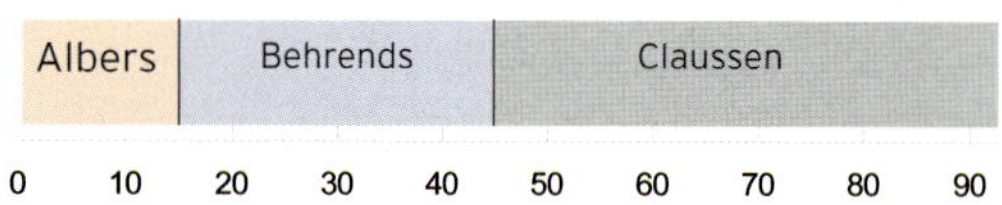

Verteilung nach vorgegebenen Bruchanteilen

Beispiel

➲ Aufgrund einer Vereinbarung soll der Jahresgewinn (30 000 €) unter den Gesellschaftern einer Personengesellschaft so verteilt werden, dass Gesellschafter Albers $\frac{1}{3}$, Gesellschafter Behrends $\frac{2}{5}$ und Gesellschafter Claussen den Rest in Höhe von 8 000 € erhält. Zu berechnen sind die Anteile der drei Gesellschafter.

Lösung

Bruchteil von Claussen: $1 - \frac{1}{3} - \frac{2}{5} = \frac{4}{15}$

Verteilungstabelle:

Beteiligte	Bruchteile	Anteile (in €)
Albers	$\frac{1}{3} = \frac{5}{15}$	10 000
Behrends	$\frac{2}{5} = \frac{6}{15}$	12 000
Claussen	$\frac{4}{15}$	8 000

: 4	$\frac{4}{15}$	8 000 €	: 4
· 5	$\frac{1}{15}$	2 000 €	· 5
	$\frac{5}{15}$	10 000 €	

Mehrere Verteilungsgrundlagen

Beispiel

➲ In einem Mietshaus wohnen die Mietparteien Familie Abel (3 Personen), das Ehepaar Brigant und der Auszubildende Climt. Im abgelaufenen Abrechnungsjahr sind Kosten für Erdgas in Höhe von 2 100 € angefallen. $\frac{3}{10}$ der Kosten werden entsprechend der Wohnungsgröße und $\frac{7}{10}$ entsprechend den Verbrauchswerten der Wärmemengenmessgeräte umgelegt.

Beteiligte	Wohnungsgröße (m^2)	Verbrauchseinheiten
Abel	120	5
Brigant	60	3
Climt	30	2

Berechnen Sie die Kostenanteile unter Berücksichtigung der oben stehenden Angaben.

Lösung

Umlage der Erdgaskosten nach Wohnungsgröße: $\frac{3}{10}$ von 2100 € = 630 €

nach Verbrauchseinheiten: $\frac{7}{10}$ von 2100 € = 1470 €

Die Summe der Wohnungsgrößen (210 m^2) entspricht der zu verteilenden Größe (= 630 €).

Die Summe der Verbrauchseinheiten (10) entspricht der zu verteilenden Größe (= 1470 €).

Verteilungstabelle:

Beteiligte	Wohnungsgröße (m^2)	Teile	Anteil 1 (in €)	Verbrauchseinheiten	Anteil 2 (in €)	Gesamtanteil (in €)
Abel	120	4	360	5	735	1095
Brigant	60	2	180	3	441	621
Climt	30	1	90	2	294	384
Summe	210	7	630	10	1470	2100

Aufgaben

1 An einem Unternehmen sind die Gesellschafter A mit 25 000 €, B mit 35 000 €, C mit 60 000 € beteiligt. Der Jahresgewinn in Höhe von 18 000 € soll im Verhältnis der Beteiligungen verteilt werden. Berechnen Sie die Gewinnanteile je Gesellschafter. Legen Sie eine Verteilungstabelle an. Stellen Sie die Verteilung in einem Kreisdiagramm dar.

2 Ein Kaufmann erhält 3 verschiedene Lieferungen. Die Bezugskosten betragen insgesamt 94 €. Dieser Betrag ist im Verhältnis zum Gewicht der Sendungen zu verteilen. Das Gewicht der Lieferung 1 betrug 154 kg, das der Lieferung 2 betrug 124 kg und die Lieferung 3 wog 98 kg.

3 Zur Aufbesserung ihres Taschengeldes verteilen die Schülerinnen Anna, Betsy und Caro 2 000 Werbeprospekte eines Fitness-Studios und erhalten dafür insgesamt 168 € ausgezahlt. Die drei beraten, wie sie die Summe verteilen sollen: Anna hat 560 Prospekte in 3 Stunden, Betsy 640 in 5 Stunden und Caro 900 in 4 Stunden verteilt. Nehmen Sie die Verteilung anhand einer Verteilungstabelle vor

a) nach Anzahl der verteilten Prospekte,

b) nach der aufgewendeten Zeit.

Beurteilen Sie die Ergebnisse Ihrer Verteilungen.

4 Die Kosten für verkehrsberuhigende Maßnahmen in einer Straße betragen 28 800 € und sollen auf die vier Anlieger entsprechend der Frontmeter ihrer Grundstücke umgelegt werden. Berechnen Sie die Anliegergebühren für die Familien Krause (Frontmeter 23 m), Brandau (21 m), Spindler (19 m) und Zacher (17 m).

5 Anlässlich des 50jährigen Geschäftsjubiläums einer Autowerkstatt soll den vier Mitarbeitern eine Prämie in Höhe von 15 000 € ausgezahlt werden. Die Verteilung erfolgt nach der Betriebszugehörigkeit der Mitarbeiter. Folgende Zeiten sind bei der Verteilung zu berücksichtigen: Kohls 8 Jahre, Lehmann 12 Jahre, Meinen 14 Jahre und Neumann 16 Jahre. Stellen Sie die Verteilung in einem Streifendiagramm dar.

6 Am Ende des Geschäftsjahres schüttet die Firma Haus und Garten eine Prämie von 18 000 € an die vier Außendienstmitarbeiter Asseln, Brieger, Clemmt und Dahms aus. Als Verteilungsschlüssel stehen drei Modelle zur Verfügung:

(1) Verteilung nach der Betriebszugehörigkeit oder

(2) Verteilung nach den diesjährigen Umsätzen der vier Mitarbeiter oder

(3) die Prämie wird je zur Hälfte nach der Betriebszugehörigkeit bzw. nach dem Umsatz verteilt.

Folgende Daten der Mitarbeiter sind bekannt:

Asseln:	5 Jahre und 10 Monate, Jahresumsatz 100 000 €
Brieger:	6 Jahre und 8 Monate, Jahresumsatz 156 000 €
Clemmt:	7 Jahre und 6 Monate, Jahresumsatz 210 000 €
Dahms:	10 Jahre, Jahresumsatz 254 000 €

Nehmen Sie für alle drei Verteilungsmodelle die Verteilung der Prämie vor.
Beurteilen Sie die erhaltenen Ergebnisse.

7 Die Firma Berger & Co. erhält eine Lieferung über Konserven: 600 Dosen Pfirsiche, Bruttogewicht 620 kg, zu 340 € und 400 Dosen Spargel, Bruttogewicht 205 kg, zu 160 €.
An Bezugskosten fallen an: Fracht 55 € und Transportversicherung 78 €.
Berechnen Sie für beide Sorten den Bezugspreis (Einkaufspreis einschließlich Bezugskosten) je Dose, wenn die Fracht nach dem Gewicht und die Versicherung nach dem Wert der Ware verteilt wird.

8 Zum Weihnachtsgeschäft erhält unsere Firma 25 Sack Walnüsse zu je 50 kg Bruttogewicht zu einem Preis von 2140 € sowie 300 Kisten Clementinen zu je 15 kg Bruttogewicht je Kiste mit einem Gesamtpreis von 4 860 €. An Bezugskosten fallen an: Fracht und Rollgeld 251,85 €, Transportversicherung 58,45 €.

a) Wie hoch sind die Spesenanteile der beiden Waren, wenn die Fracht und das Rollgeld nach dem Bruttogewicht und die Versicherung nach dem Wert der Waren verteilt wird?

b) Berechnen Sie den Bezugspreis je kg (Einkaufspreis zuzüglich Bezugskosten) für Walnüsse und für Clementinen.

9 In einem Testament hat ein Vater festgelegt, dass sein Bankguthaben in Höhe von 370 000 € nach seinem Tod wie folgt auf die beiden Kinder verteilt werden soll: Alex hat bereits zu Lebzeiten des Vaters 30 000 € für sein Studium erhalten, was auf die Erbschaft angerechnet werden soll. Die Tochter Bea soll für die treue Pflege der Eltern vorab 40 000 € erhalten. Welchen Betrag erhalten die beiden Geschwister noch ausgezahlt, wenn das elterliche Vermögen insgesamt zu gleichen Teilen vererbt werden soll?

10 Eine Erbschaft in Höhe von 294 000 € ist so zu verteilen, dass A ein Viertel, B zwei Siebtel und C den Rest erhält. Nehmen Sie die Verteilung des Erbes vor.

11 Für den Bau einer Tennishalle übernahm der Landessportbund (LSB) ein Drittel und die Stadt ein Viertel der Gesamtkosten. Ein reicher Mäzen des Vereins steuerte eine Spende von 150 000 € bei. Der noch fehlende Restbetrag in Höhe von 350 000 € wurde per Umlage von den Mitgliedern des Vereins erhoben.

a) Berechnen Sie die gewährten Zuschüsse von LSB und Stadt.

b) Wie hoch sind die Gesamtkosten der Halle?

12 Die Herstellungskosten eines Einfamilienhauses werden zu $\frac{1}{3}$ mit Hypotheken, zur Hälfte mit Bauspargeldern und zusätzlich mit Eigenmitteln des Bauherrn über 100 000 € finanziert. Welche Anteile entfallen auf die einzelnen Finanzierungsarten?

13 An dem Gesamtkapital einer Personengesellschaft sind die Gesellschafter A mit $\frac{2}{5}$, B mit $\frac{3}{8}$ und C mit dem Rest von 144 000 € beteiligt. Im abgelaufenen Geschäftsjahr wurde ein Reingewinn von 96 000 € erzielt.

a) Wie hoch sind die Kapitalanteile von A und B?

b) Der Reingewinn ist auf die Gesellschafter im Verhältnis der Gesellschaftsanteile zu verteilen.

Umrechnung von Währungen

Umtausch von Inlandswährung in Auslandswährung

Beispiel

➲ Eine deutsche Familie plant eine Reise in die Schweiz und kauft bei ihrer Bank 1000 Schweizer Franken (CHF). Mit welchem Betrag wird ihr Konto belastet, wenn der Kurs für Schweizer Franken von der Bank mit 1,065960 für 1 € angegeben wird?

Lösung

Es liegt eine **proportionale** Zuordnung vor: Für die **doppelte** Menge Euro erhält die Familie **doppelt** so viele CHF.

1,065960 CHF kosten 1 € (Bedingungssatz)

1000 CHF kosten x €. (Fragesatz) $x = \frac{1000}{1{,}065960} = 938{,}12$

Für 1000 CHF wird ihr Konto mit 938,12 € belastet.

Hinweis: Währungszuordnungen sind proportionale Zuordnungen (Grundregel).

Umtausch von Auslandswährung in Inlandswährung

Beispiel

➲ Die geplante Reise der Familie muss aus Krankheitsgründen abgesagt werden. Die vorher eingetauschten 1000 CHF werden deshalb bei der Bank in Euro zurückgetauscht. Über welchen Betrag lautet die Gutschrift der Bank, wenn sie mit einem Kurs von 1,128891 für 1 € rechnet?

Lösung

Es liegt eine **proportionale** Zuordnung vor: Für die **doppelte** Menge CHF erhält er **doppelt** so viele Euro.

1,128891 CHF kosten 1 € (Bedingungssatz)

1000 CHF kosten x €. (Fragesatz) $x = \frac{1000}{1{,}128891} = 885{,}83$

Die Gutschrift der Bank lautet über 885,83 €.

Hinweis: Durch den höheren Kurs ergibt sich für den Bankkunden beim Verkauf der Auslandswährung ein niedrigerer Gegenwert als bei deren Ankauf.
Die errechnete Differenz (hier 52,29 €) ist das Entgelt für die Dienstleistung der Bank beim Währungsumtausch.

Beachten Sie

Kauft ein Kunde Auslandswährung, so wird der Betrag mit dem niedrigeren **Ankaufkurs** umgerechnet. Verkauft ein Kunde Auslandswährung, so wird der Betrag mit dem höheren **Verkaufkurs** umgerechnet.

An der Einführung des Euro zum 1. Januar 2002 beteiligten sich zunächst 12 der insgesamt 28 Staaten der europäischen Union (EU). Inzwischen sind 19 Länder der EU an der gemeinsamen Währung beteiligt.
Die Länder Bulgarien, Dänemark, Kroatien, Polen, Rumänien, Schweden, Tschechien, Ungarn und Großbritannien haben bisher eigene Währungen.
Für diese und andere außereuropäische Währungen werden die Kurse in Kurstabellen zusammengefasst.

Kurstabelle

Land	Bezeichnung	ISO-Code	Ankaufkurs	Verkaufkurs
Dänemark	Krone	DKK	7,1163	7,7629
Großbritannien	Pfund Sterling	GBP	1,0822	1,1548
Polen	Zloty	PLN	3,8258	4,7500
Schweden	Krone	SEK	9,0247	10,193
Schweiz	Franken	CHF	1,0660	1,1289
Türkei	Lira	TRY	2,8677	3,9013
Ungarn	Forint	HUF	274,75	337,05
USA	Dollar	USD	1,0822	1,1548

Aufgaben

1 Eine deutsche Familie kauft bei ihrer Bank vor ihrem Urlaub auf Fanoe (Dänemark) 500 dänische Kronen. Mit welchem Betrag wird das Konto der Familie belastet?

2 Ein Schweizer Geschäftsmann wechselt bei einer Bank in Deutschland 400 Schweizer Franken in € um. Welchen Betrag schreibt ihm die Bank als Gegenwert gut?

3 Ein Textilhaus in Hannover bezieht aus Liverpool 210 yds eines Stoffes zum Preis von 8 750 Pfund. Wie hoch ist der Preis für einen Meter dieses Stoffes in Euro, wenn 12 yds umgerechnet 11 m entsprechen?

4 Ein Unternehmer benötigt für eine Skandinavienreise 1 500 dänische und 2 500 schwedische Kronen. Welcher Betrag wird ihm dafür bei seiner deutschen Bank insgesamt berechnet?

5 Nach der Rückkehr aus dem Urlaub werden von einer Studentin 180 türkische Lira in Euro umgetauscht. Die Bank schreibt ihr 46 € gut. Welcher Kurs wurde zugrunde gelegt?

6 Bei den US Open, dem höchst dotierten Tennisturnier der Welt, werden insgesamt 46,7 Mio. US-Dollar = 41,7 Mio. Euro als Siegprämien ausgezahlt. Welcher Kurs liegt dieser Angabe zugrunde?

7 Der Verkaufskurs für US-Dollar wird mit 1,0822 angegeben. Welchem Eurokurs entspricht dieser Wert in den USA?

1.2 Prozentrechnung

1.2.1 Prozente

Beispiel

➲ Beim Sportfest der Andreas-Rauch-Realschule schießen Alexander und Bernhard auf eine Torwand.
Alexander trifft von 25 Schüssen 14-mal.
Bernhard trifft von 18 Schüssen 11-mal.
Wer ist der bessere Schütze?

Lösung

Absolut gesehen trifft Alexander häufiger als Bernhard. Alexander hat aber auch mehr Versuche als Bernhard gehabt. Betrachtet man den Anteil der Treffer zu den Schüssen, so ist dieser Anteil bei Bernhard größer als bei Alexander. Relativ gesehen hat Bernhard häufiger getroffen und kann als besserer Schütze angesehen werden.

	Alexander	Bernhard
Anzahl der Schüsse	25	18
Anzahl der Treffer	14	11
Verhältnis	$\frac{14}{25} = 0{,}56$	$\frac{11}{18} = 0{,}61$

Was besagt nun diese Zahl? Um diese Zahl besser zu verstehen, überlegt man sich, wie viele Treffer bei 100 Schüssen zu erwarten sind:

Schüsse: 25	Treffer: 14
Schüsse: $100 = 25 \cdot 4$	Treffer: $14 \cdot 4 = 56$

Bei 100 Schüssen sind 56 Treffer zu „erwarten".

Anteil bezogen auf 100: $\frac{14}{25} = \frac{14 \cdot 4}{25 \cdot 4} = \frac{56}{100}$. Alexander trifft in 56 % seiner Schüsse.

Beachten Sie

Für $\frac{1}{100}$ schreibt man 1 % (1 Prozent).

Angabe des Anteils in Prozent: $\frac{56}{100} = 56 \cdot \frac{1}{100} = 56\ \%$

Von der Dezimalzahl zur Prozentschreibweise: $0{,}56 = \frac{56}{100} = 56\ \%$

Bemerkung: $\frac{56}{100} =$ 0,56 = 56 %

Bruchzahl — Dezimalzahl —($\cdot 100\ \%$)→ Prozent

Aufgaben

1 Geben Sie den Wert in Prozent an.

a) $\frac{7}{10}$; $\frac{9}{10}$; $\frac{17}{20}$; $\frac{19}{25}$; $\frac{33}{50}$; $\frac{99}{100}$ b) $\frac{1}{2}$; $\frac{1}{4}$; $\frac{1}{5}$; $\frac{4}{5}$; 1; 2 c) 0,33; 0,5; 1,3; 0,05

2 Schreiben Sie die folgenden Dezimalzahlen zunächst als Hundertstelbruch und dann in der Prozentschreibweise.

a) 0,50 b) 0,21 c) 0,03 d) 0, 145 e) 0, 75 f) 0,99 g) 1,15 h) 2

3 Stellen Sie die folgenden Prozentangaben in Dezimalschreibweise dar.

a) 19 % b) 3 % c) 55 % d) 43,9 % e) 0,5 % f) 120 % g) 14,25 %

1.2.2 Rechnen mit der Grundgleichung

Beispiel 1

➲ In einer Zuliefererfirma eines Automobilkonzerns werden Luftfilter für Pkw hergestellt. Bisher konnten auf einer Maschine 800 Stück pro Schicht produziert werden, wobei im Durchschnitt 24 Stücke als Ausschuss ausgesondert werden mussten. Zur Steigerung der Produktion wird eine neue Maschine getestet, mit der nach Angaben des Herstellers die Produktion auf 900 Stück je Schicht gesteigert werden könnte. Der Betrieb stellt allerdings fest, dass damit ein höherer Ausschuss in Kauf genommen werden muss. Es wird damit gerechnet, dass er auf durchschnittlich 27 Stück ansteigen wird.

Der Betrieb möchte die beiden Maschinen im Hinblick auf den Ausschuss vergleichen.

Lösung

	Produktmenge (Stück)	Ausschuss (Stück)	Ausschussverhältnisse	
			in Bruchteilen	in Prozent
Maschine (alt)	800	24	$\frac{24}{800} = \frac{3}{100}$	3 %
Maschine (neu)	900	27	$\frac{27}{900} = \frac{3}{100}$	3 %

Das Ausschussverhältnis von 3 % sagt aus, dass von 100 produzierten Luftfiltern 3 Stücke Ausschuss sind. Die neue Maschine produziert demnach im Verhältnis gleich viel Ausschuss wie die alte.

Zum Vergleich der beiden Maschinen werden die Ausschussmengen **(= Prozentwert P)** zu den Produktmengen **(= Grundwert G)** ins Verhältnis gesetzt. Dieses Verhältnis ist der **Prozentsatz p % =** $\frac{p}{100}$ (im Beispiel: p % = $\frac{24}{800} = \frac{3}{100}$ = 3 %).

Grundgleichung der Prozentrechnung

Prozentsatz p % = $\frac{\textbf{Prozentwert P}}{\textbf{Grundwert G}}$ p % = $\frac{P}{G}$

Beispiel 2

➲ Bestimmen Sie Grundwert, Prozentwert und Prozentsatz.

a) Die Sportgruppe FunAction hat 80 Mitglieder, von denen 65 Ski fahren.

b) Der Benzinpreis ist von 1,40 € auf 1,36 € gefallen.

Lösung

a) Grundwert: G = 80
Prozentwert: P = 65
Prozentsatz: p % = $\frac{P}{G} = \frac{65}{80}$
p % = 0,8125 = 81,25 %
81,25 % der Mitglieder fahren Ski.

b) Grundwert: G = 1,40
Prozentwert: P= 1,36
Prozentsatz: p % = $\frac{P}{G} = \frac{1,36}{1,40}$
p % = 0,9714 = 97,14 %
Preissenkung um 2,86 %.

Prozentsatz

Beispiel

➲ Von den 30 000 Wahlberechtigten eines Wahlkreises beteiligten sich 18 600 an der Kommunalwahl.

Wie hoch war die Wahlbeteiligung in diesem Wahlkreis?

Lösung

Mit G = 30 000 , P = 18 600 erhält man aus $p\,\% = \frac{P}{G}$:

$$p\,\% = \frac{18600}{30000} = 0{,}62 = 62\,\%$$

oder

mit dem **Dreisatz**: 30 000 Wahlberechtigte ≙ 100 %
18 600 Wahlberechtigte ≙ x %

$$x = \frac{18600 \cdot 100}{30000} = 62$$

Antwort: Die Wahlbeteiligung lag bei 62 %.

Prozentwert

Beispiel

➲ Von den 18 600 abgegebenen Stimmen des Wahlkreises entfielen 35 % auf die Partei des Landrats. Wie viele Stimmen konnte die Partei auf sich vereinigen?

Lösung

Mit G = 18 600, p % = 35 % erhält man aus $p\,\% = \frac{P}{G}$:

$$0{,}35 = \frac{P}{18600}$$

$$P = 18\,600 \cdot 35\,\% = 6\,510$$

oder

mit dem **Dreisatz**: 100 % ≙ 18 600 Wahlberechtigte
35 % ≙ x Wahlberechtigte

$$x = \frac{18600 \cdot 35}{100} = 6\,510$$

Antwort: Die Partei erhielt 6 510 Stimmen.

Grundwert

Beispiel

➲ Für den Landrat verliefen die Wahlen sehr erfolgreich. Er erhielt 39 525 Stimmen, das entsprach einem Anteil von 85 % der gültigen Stimmen. Wie viele Stimmen waren insgesamt gültig?

Lösung

Mit P = 39 525, p % = 85 % erhält man aus $p\,\% = \frac{P}{G}$:

$$0{,}85 = \frac{39525}{G}$$

$$G = \frac{39525}{0{,}85} = 46\,500$$

oder

mit dem **Dreisatz**: 85 % ≙ 39 525 gültige Stimmen
100 % ≙ x gültige Stimmen

$$x = \frac{39525 \cdot 100}{85} = 46\,500$$

Antwort: Es wurden 46 500 gültige Stimmen abgegeben.

Was man wissen sollte... über die Prozentrechnung

Prozentsatz

$$p\,\% = \frac{P}{G}$$

Prozentwert

$$P = G \cdot p\,\% = G \cdot \frac{p}{100}$$

Grundwert

$$G = \frac{P}{p\,\%} = \frac{P \cdot 100}{p}$$

Aufgaben

1 Bei der Abschlussprüfung einer Fachoberschule gab es im vergangenen Schuljahr die folgenden Ergebnisse in den Mathematikklausuren:
In der Klasse FO 2a nahmen 24 Prüflinge teil, 7 ihrer Klausuren wurden mit mangelhaft oder ungenügend bewertet. In der Klasse FO 2b wurden von den 22 Prüflingen nur 6 Arbeiten mit diesen Noten bewertet. Welche Prüfungsgruppe erzielte eine geringere Durchfallquote?

2 Auf einem Schulsportfest wurden in den zwei elften Klassen a und b mit insgesamt 36 Schülerinnen und Schülern 8 Ehrenurkunden verteilt. In der Klasse a mit 17 Schülern waren 4 Schüler erfolgreich. Vergleichen Sie den sportlichen Erfolg der beiden Klassen.

3 Ein Verein der Basketball-Bundesliga bietet für verschiedene Sitzplatz-Kategorien ermäßigte Preise an. Vergleichen Sie die Ermäßigungen in € und in Prozent.

Kategorie	NORMAL	ERMÄSSIGT
PK 1 (gelb)	24,00 €	21,00 €
PK 2 (rot)	19,00 €	16,00 €
PK 3 (grün)	15,00 €	12,00 €

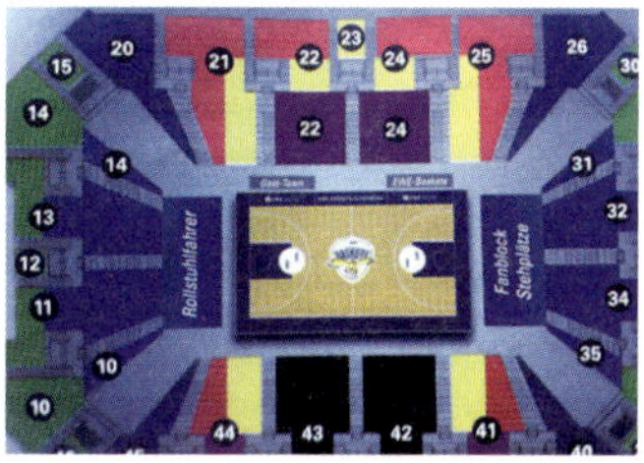

4 Ein Hausbesitzer erhöht die Monatsmiete für sein Appartement von 430 € auf 465 €. Um wie viel Prozent hat er den Mietpreis angehoben?

5 Ein Kunde stellt bei der Auslieferung eines neuen Fernsehers einen kleinen Kratzer am Gehäuse fest und verlangt daraufhin einen Preisnachlass auf den regulären Preis von 1499 €. Der Verkäufer bietet ihm nun das Gerät für 1400 € an.
Wie hoch ist der Preisnachlass in Prozent?

6 Anlässlich einer Rotstift-Aktion senkt die Damen-Boutique „Angelika" die Preise der Sommerkollektion (s. Abbildung).
Um wie viel Prozent wurden das Oberteil und die Jeans im Preis herabgesetzt?

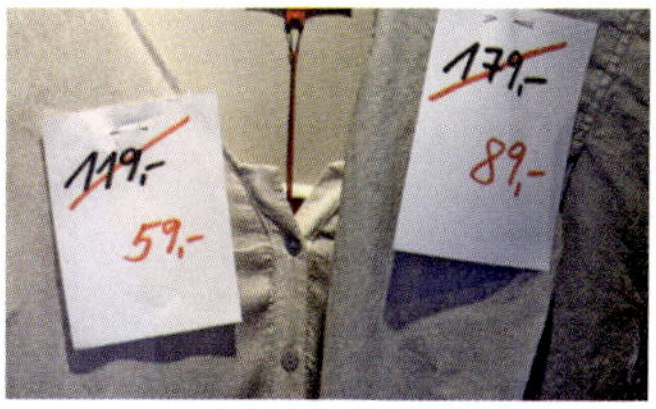

7 Zum Abschluss der Wintersaison reduziert die Firma „Sport-point" die Ski-Bekleidung: Ein Skianorak, bisheriger Preis 129,00 €, wird auf 100 € reduziert, während der dazu passende Overall aus dieser Kollektion, bisheriger Preis 149 €, auf 125 € herabgesetzt wird.

a) Um wieviel Prozent wurden die beiden Artikel im Preis reduziert?

b) Ein Kunde kauft beide Artikel. Wie viel Prozent spart er auf den Gesamtpreis?

8 Die ARD hat ermittelt, dass mit 34,57 Mio. Zuschauern der bisher höchste Marktanteil an Zuschauern bei der Live-Übertragung des WM-Finales 2014 zwischen Argentinien und Deutschland erzielt wurde. Damit verfolgten 86,2 % der Fernsehzuschauer das Spiel. Wie viel Zuschauer saßen zu der Zeit insgesamt am Bildschirm und wie viel Zuschauer schauten etwas anderes (runden Sie auf volle 100 Zuschauer)?

9 Eine Autowerkstatt bietet einem Kunden zwei Winterreifen 225/55 R16 95 H Wintersport 4D zu einem Preis von 195,50 € zuzüglich 19 % MwSt an. Wie viel kostet ein Reifen einschließlich der Mehrwertsteuer (Bruttopreis)?

10 Eine Erhebung der Schülerzahlen an den öffentlichen berufsbildenden Schulen hat für die Fachoberschulen des Landes Niedersachsen folgende Zahlen ergeben:
2005: 13 028; 2010: 17 293; 2015: 18 686

a) Ermitteln Sie die prozentualen Veränderungen: 2005 zu 2010; 2010 zu 2015 und 2005 zu 2015.
b) Um wie viel Prozent ist die Schülerzahl im Jahre 2015 im Vergleich zu 2014 gesunken? Im Jahr 2014 waren 18 877 Schüler gemeldet.

11 Eine Elektrohandlung erhält von einem Großhändler ein Angebot über Elektroherde: Der Einzelpreis beträgt 450 €. Bei Abnahme von mindestens 10 Stück gewährt er 10 % Mengenrabatt. Bei Zahlung innerhalb von 8 Tagen werden 2 % Skonto gewährt.
Der Händler bestellt 10 Stück und zahlt die Rechnung unmittelbar nach Erhalt. Wie hoch lautet der Überweisungsbetrag? Welcher Einkaufspreis ergibt sich daraus pro Stück?

12 Die Besucherzahlen des Landesmuseums nahmen in diesem Jahr wegen des schlechten Wetters um 12 % zu, es wurden 3 893 Eintrittskarten mehr verkauft als im Vorjahr.
Wie hoch war die Besucherzahl im Vorjahr und wie hoch ist sie in diesem Jahr?

13 Ein Kaufmann hat eine Lieferantenrechnung nach Abzug von 2 % Skonto beglichen und dadurch 12,70 € eingespart. Über welchen Betrag lautete die Rechnung und wie hoch war der Überweisungsbetrag?

14 Die Kraftfahrzeugversicherung eines Pkw kostet bei jährlicher Zahlung 562,14 € und bei halbjährlicher Zahlung 323,41 € je Halbjahr. Um wie viel % ist der Beitrag bei halbjährlicher Zahlung teurer?

15 Gesellschafter Burmeister erhält laut Vertrag 14 % vom Reingewinn der Gesellschaft. Im abgelaufenen Geschäftsjahr standen ihm dadurch 3 976 € zu. Welchen Reingewinn konnte die Gesellschaft in dem Jahr verbuchen?

16 An einer OHG sind die Gesellschafter A, B und C mit folgenden Einlagen beteiligt. Gesellschafter A mit 35 % des Gesellschaftsvermögens, Gesellschafter B mit 42 % und Gesellschafter C mit 69 000 €.

a) Berechnen Sie das gesamte Gesellschaftsvermögen der OHG.
b) Im abgelaufenen Geschäftsjahr erzielte das Unternehmen einen Gewinn in Höhe von 60 000 €. Nach den vertraglichen Vereinbarungen erhalten die Gesellschafter zunächst eine Verzinsung von 4 % auf ihre Einlage. Der Restgewinn wird gleichmäßig auf die Gesellschafter („nach Köpfen") verteilt. Nehmen Sie die Gewinnverteilung vor.

1.2.3 Verminderter und vermehrter Grundwert

Beispiel 1

➲ Das Sportgeschäft Jakob senkt den Preis einer Skijacke um 30 %.
Der neue Preis beträgt 142,10 €.
Wie hoch war der ursprüngliche Preis?

Lösung

Die Preissenkung von 30 % bezieht sich auf den nicht bekannten ursprünglichen Preis. Dieser ursprüngliche Preis ist der Grundwert G, er entspricht 100 %. Der herabgesetzte Preis ist der Prozentwert P und gleichzeitig der **verminderte Grundwert.**

Prozentwert (**Verminderter Grundwert**): P = 142,10

Prozentsatz: p % = 100 % − 30 % = 70 %

Mit P = 142,10; p % = 70 % = 0,7 erhält man aus **p % =** $\frac{\mathbf{P}}{\mathbf{G}}$: $0{,}70 = \frac{142{,}10}{G}$

$$G = \frac{142{,}10}{0{,}70} = 203$$

oder

mit dem **Dreisatz:** 70 % ≙ 142,10 €

verkürzte Form 100 % ≙ x €

$$x = \frac{142{,}10}{70} \cdot 100 = 203$$

Antwort: Der ursprüngliche Preis betrug 203 €.

Ursrpünglicher Preis der Skijacke (G ≙ 100 %)	
Neuer Preis 142,10 € ≙ 70 %	Preissenkung 30 %

Grundwert G ≙ 100 %	
Verminderter Grundwert ≙ p % < 100 %	Preissenkung

Beispiel 2

➲ Der Verkaufspreis einer Lederjacke, regulärer Preis 900 €, wird im Rahmen der Werbewoche eines Textilgeschäftes um 20 % im Preis gesenkt. Wie hoch ist der Sonderpreis?

Lösung

Mit G = 900, p % = 100% − 20 % = 80 % = 0,80

erhält man aus p % = $\frac{P}{G}$: $0{,}80 = \frac{P}{900}$

$$P = 900 \cdot 0{,}80 = 720$$

oder

mit dem **Dreisatz:** 100 % ≙ 900 €

80 % ≙ x €

$$x = \frac{900 \cdot 80}{100} = 720$$

Antwort: Der Sonderpreis der Jacke liegt bei 720 €.

Hinweis: Der Sonderpreis entspricht dem **verminderten Grundwert.**

Beispiel 3

➲ Der Umsatz von Sport Jakob stieg gegenüber dem Vorjahr um 10 % auf 216 150 €. Berechnen Sie den Umsatz des vergangenen Jahres.

Lösung

Die Erhöhung von 10 % bezieht sich auf den nicht bekannten Umsatz des Vorjahres, den **Grundwert G.** Er entspricht 100 %.

Der diesjährige, erhöhte Umsatz ist der Prozentwert P und gleichzeitig der **vermehrte Grundwert.**

Prozentwert **(vermehrter Grundwert):** P = 216 150

Prozentsatz: p % = 100 % + 10 % = 110 % = 1,10

Mit P = 216 150, p % = 110 % erhält man aus **p % =** $\frac{P}{G}$**:** $1{,}10 = \frac{216\,150}{G}$

$G = \frac{216\,150}{1{,}10} = 196\,500$

oder

mit dem **Dreisatz** verkürzte Form

110 % ≙ 216 150 €

100 % ≙ x €

$x = \frac{216\,150}{110} \cdot 100 = 196\,500$

Antwort: Der Umsatz im Vorjahr betrug 196 500 €.

Umsatz Vorjahr (G ≙ 100 %)	Steigerung um 10 %
Umsatz aktuelles Jahr 216 150 € ≙ 110 %	

Grundwert G ≙ 100 %	Erhöhung
vermehrter Grundwert ≙ p% > 100 %	

Beispiel 4

➲ Ein Notebook des Typs N 6, bisheriger Preis 400 €, erscheint in einer moderneren Version N 7 auf dem Markt und wird dadurch um 6 % teurer. Zu welchem Preis wird das neue Gerät angeboten?

Lösung

Mit G = 400, p % = 100 % + 6 % = 106 % = 1,06

erhält man aus **p % =** $\frac{P}{G}$**:** $1{,}06 = \frac{P}{400}$

$P = 400 \cdot 1{,}06 = 424$

oder

mit dem **Dreisatz:**

100 % ≙ 400 €

106 % ≙ x €

$x = \frac{400 \cdot 106}{100} = 424$

Antwort: Der Preis der neuen Version N 7 beträgt 424 €.

Hinweis: Der Preis des neuen Gerätes entspricht dem **vermehrten Grundwert.**

Aufgaben

1 Der Verkaufspreis einer Motorsäge beträgt 129,00 € und wird anlässlich der anstehenden Frühjahrsmesse um 15,5 % gesenkt. Zu welchem Preis wird die Säge auf der Messe angeboten? Wie viel € kann ein Kunde sparen?

2 Die Deutsche Bahn erhöht ihre Preise um 3,8 %. Mit welchem Fahrpreis muss ein Reisender rechnen, der für eine bestimmte Strecke bisher 128 € zahlen musste?

3 Ein Installateur erstellt Handwerkerrechnungen für geleistete Reparaturarbeiten bei verschiedenen Kunden. Über welche Beträge lauten die Rechnungen, wenn er für seine Arbeiten folgende Nettopreise ermittelt hat (Umsatzsteuer 19 %)?

a) 245 € **b)** 89 € **c)** 95,05 € **d)** 199,50 € **e)** 2 873,95 € **f)** 101,79 €

4 Gegeben sind die Bruttopreise einiger Artikel. Bestimmen Sie die Nettopreise (Umsatzsteuer 19 %).

a) 302,26 € **b)** 423,64 € **c)** 86,28 € **d)** 57,72 € **e)** 2 403,80 € **f)** 440,30 €

5 Gegeben sind die Überweisungsbeträge einiger Eingangsrechnungen nach Abzug von Skonto (in Klammern). Berechnen Sie die Rechnungsbeträge.

a) 557,75 € (3 %) **b)** 779,10 € (2 %) **c)** 429,46 € (1,5 %) **d)** 1 984,13 € (2,5 %)

6 Ein Möbelhaus reduziert die Preise einiger Artikel um die angegebenen Prozentsätze. Die neuen Verkaufspreise sind wie folgt gegeben. Wie hoch waren die Artikel ursprünglich ausgezeichnet?

a) Anbauwand 2 886,60 € (Abschlag 12,5 %)
b) Schreibtisch 169,95 € (Abschlag 26,1 %)
c) Anrichte 329,95 (Abschlag 17,5 %)
d) Glas-Vitrine 288 € (Abschlag 36 %)

7 Wegen einer Mängelrüge wird unserem Kunden ein Preisnachlass von 72,75 € gewährt. Daraufhin überweist er uns noch 412,25 €. Wie viel Prozent betrug der Preisnachlass?

8 Ein Unternehmer hat vor 5 Jahren eine Eigentumswohnung gekauft, deren Wert in der Zwischenzeit auf 155,79 % des Anschaffungswerts gestiegen ist. Der Wertzuwachs betrug 53 000 €. Wie hoch war der Anschaffungswert?

9 Die Mitgliederzahl eines Sportvereins nahm im vergangenen Jahr um 86 auf 542 Mitglieder zu. Wie hoch ist die prozentuale Zunahme?

10 Hans sieht folgende Anzeige in einer Tageszeitung: „Wir schenken Ihnen die Umsatzsteuer. Sparen Sie 19 %. Statt 799 € zahlen Sie nur 647,19 €."
Überprüfen Sie den Inhalt dieses Angebots.

11 Ein Textilunternehmen hatte im Vergleich zum Vorjahr einen Umsatzzuwachs von 5,6 % und erzielte in diesem Jahr einen Umsatz von 251 856 €.

a) Wie hoch war der Vorjahresumsatz?
b) Um wie viel € konnte der Umsatz im Vergleich zum Vorjahr gesteigert werden?

12 Der Maiumsatz eines Reisebüros lag mit 48 134 € um 8 % niedriger als im April. Wie hoch war der Umsatzrückgang?

ISBN 978-3-8120-0386-5

1.2.4 Zusammengesetzte Prozentrechnung

Beispiel 1

➲ Auf den Katalogpreis einer Ware in Höhe von 800 € erhält unsere Firma 20 % Rabatt. Bei Barzahlung werden noch 3 % Skonto gewährt. Über welche Summe lautet der Preis (= Bareinkaufspreis) nach Abzug von Rabatt und Skonto?

Lösung

1. Schritt: Mit G = 800, p% = 100 % − 20 % = 0,80

erhält man aus $p\% = \frac{P}{G}$: $0{,}80 = \frac{P}{800}$

$P = 800 \cdot 0{,}80 = 640$

2. Schritt: Mit G = 640, p% = 100 % − 3 % = 0,97

erhält man aus $p\,\% = \frac{P}{G}$: $0{,}97 = \frac{P}{640}$

$P = 640 \cdot 0{,}97 = 620{,}8$

Mit dem **Dreisatz:**

1. Schritt:	100 % ≙ 800 €		
	80 % ≙ x €		$x = \frac{800 \cdot 80}{100} = 640$
2. Schritt:	100 % ≙ 640 €		
	97 % ≙ x €		$x = \frac{640 \cdot 97}{100} = 620{,}8$

Verkürzte Berechnung des Bareinkaufspreises: x = 800 · 0,8 · 0,97 = 620,80

Antwort: Der Bareinkaufspreis beträgt 620,80 €.

Beispiel 2

➲ Der Preis einer Spielkonsole wurde um 6 % erhöht. Da der Umsatz aufgrund dieser Erhöhung zurückging, wurde der Preis um 8 % gesenkt. Wie hoch war der ursprüngliche Preis, wenn die Konsole nach der Preissenkung 243,80 € kostet?

Lösung

Preissenkung 8 % bedeutet, dass 92 % den 243,80 € entspricht.

Prozentsatz: p % = 100 % − 8 % = 92 % = 0,92

Prozentwert (verminderter Grundwert, Endpreis): P = 243,80

(Grundwert ≙ 100 %); Man erhält aus $p\,\% = \frac{P}{G}$: $0{,}92 = \frac{243{,}80}{G}$

$G = \frac{243{,}80}{0{,}92} = 265$

Preiserhöhung 6 % bedeutet, dass 106 % den 265 € entspricht.

Prozentsatz: p % = 100 % + 6 % = 106 % = 1,06

Prozentwert (vermehrter Grundwert, Zwischenpreis): P = 265

(Grundwert ≙ 100 % ursprünglicher Preis); Aus $p\,\% = \frac{P}{G}$: $1{,}06 = \frac{265}{G}$

$G = \frac{265}{1{,}06} = 250$

Verkürzte Berechnung des ursprünglichen Preises: x = 243,80 : 0,92 = 250,00

Antwort: Der ursprüngliche Preis betrug 250 €.

Aufgaben

1 Ein gegebener Grundwert wird in zwei Rechenschritten um zwei Zuschläge erhöht bzw. um zwei Abschläge herabgesetzt. Berechnen Sie die neuen Grundwerte.

a) Zwei Prozentzuschläge

Grundwert	Zuschlag 1	Zuschlag 2
2 350 €	12,5 %	5 %
560 €	19 %	13 %
1 055 €	25 %	2,5 %

b) Zwei Prozentabschläge

Grundwert	Abschlag 1	Abschlag 2
1 899 €	15 %	3 %
395 €	5 %	2 %
2 450 €	28 %	2,5 %

2 Ein Grundwert wird zunächst um 20 % erhöht und später noch einmal um 10 %. Um wie viel Prozent liegt der neue Grundwert über dem Ausgangswert?

3 Der Kurs einer Bankaktie fällt nach Bekanntwerden neuer Wirtschaftsdaten um 6 %. Am Tag darauf verliert sie noch einmal 4 %. Um wie viel Prozent ist der Kurs insgesamt gesunken?

4 Welcher Restwert ergibt sich für eine Maschine (Anschaffungswert 30 000 €) nach drei Jahren,

a) wenn sie mit 20 % vom Anschaffungswert (lineare Abschreibung),

b) wenn sie mit 20 % vom jeweiligen Restwert (degressive Abschreibung) abgeschrieben wird?

5 Das Gehalt eines Angestellten mit einem Gehalt von 2 400 € wird zunächst um 1,4 % erhöht. Am Ende des Jahres erfolgt eine weitere Gehaltserhöhung um 1,2 %. Wie hoch ist das Gehalt nach den beiden Erhöhungen?

6 Ein Weindepot gewährt seinen Kunden, die eine Kundenkarte besitzen, einen Rabatt von 15 % auf die Listenpreise. Zusätzlich erhalten Kunden beim Kauf von Weinen im Wert von über 100 € einen Mengenrabatt von 5 % auf den Kartenpreis. Ein Kunde mit Kundenkarte kauft 2 Kisten Barolo mit je 6 Flaschen zum Katalogpreis von 19 € je Flasche. Welcher Gesamtpreis wird ihm unter Berücksichtigung von Kunden- und Mengenrabatt berechnet?

7 Ein Bautischler unterbreitet einem Kunden folgendes Angebot für ein dreifach isolierverglastes Fenster: Katalogpreis 640 € (einschließlich Umsatzsteuer), Aufpreis wegen der Auswahl einer Sonderfarbe 5 %. Bei Zahlung innerhalb von 10 Tagen werden 3 % Skonto gewährt.

a) Welchen Preis zahlt der Kunde bei Barzahlung, wenn er auf die Sonderfarbe verzichtet?

b) Wie viel hat der Kunde bei Abzug des Skontos zu zahlen unter Berücksichtigung des Preisaufschlags für die Sonderfarbe?

8 Der Firma Weber Metallbau liegen drei Angebote über einen Rasen-Roboter vor. Beraten Sie die Firma.

Lieferant Mävers	Lieferant Niemann	Lieferant Paulsen
Listenpreis 1 990 € Rabatt 12 % Skonto 2 %	Listenpreis 2 100 € Rabatt 18 % Skonto 3 %	Listenpreis 2 050 € Rabatt 15 % kein Skonto

9 Ein Hauseigentümer vermietet eine Wohnung zu einer Monatsmiete von 840 €. Nach erfolgtem Einbau einer neuen Heizung wird die Miete um 5 % angehoben. Im Folgejahr nimmt er weitere energiesparende Maßnahmen (z. B. Dachisolierung) vor. Daraufhin kommt es zu einer weiteren Mieterhöhung von 8 %. Welche Monatsmiete haben die Mieter danach zu entrichten?

10 Begründen Sie: Die Berücksichtigung der Reihenfolge der Rechenschritte ist in der zusammengesetzten Prozentrechnung hinsichtlich des Endergebnisses ohne Bedeutung.

11 Der Verkaufspreis eines schwer verkäuflichen Sessels betrug 685 €. Der Möbelhändler hatte ihn ursprünglich mit 43 % Gewinn kalkuliert. Nun möchte er ihn preisgünstiger anbieten und reduziert den Preis auf 600 €.
a) Wie viel Prozent Gewinn verbleiben ihm noch?
b) Um wie viel € reduziert sich der Gewinn an dem Sessel?

12 Ein Installateur stellt nach Reparaturarbeiten in einer Mietswohnung eine Rechnung über 1347,60 € aus und liegt damit 12,3 % über dem Kostenvoranschlag. Welche Summe hatte der Handwerker ursprünglich veranschlagt?

13 Ein Gartenrestaurant erreichte im Monat August einen Umsatz von 41740,30 €, nachdem der Umsatz im Vergleich zum Vormonat um 3 % aufgrund des schlechten Wetters zurückgegangen war. Im Juli hatte das Restaurant im Vergleich zum Juni noch ein Umsatzplus von 12,5 % erzielt.
a) Bestimmen Sie die Umsatzzahlen in den Monaten Juni und Juli.
b) Um wie viel Prozent hat sich der Augustumsatz im Vergleich zum Juni verändert?

14 Ein Großhändler erhält folgendes Angebot: Listenpreis 5 440,00 €, 30 % Wiederverkäuferrabatt, 3 % Skonto bei sofortiger Zahlung. An Frachtkosten sind 145,00 € zu berücksichtigen, die Transportversicherung beträgt 60,24 €. Zu welchem Preis kann der Großhändler die Ware beziehen?

15 Die Strompreise sind innerhalb eines Jahres zunächst um 15 % und später noch einmal um 12 % erhöht worden. Wegen weiterer Kostensteigerungen kam es im Folgejahr zu einer weiteren Preiserhöhung um 13 %.
a) Um wieviel Prozent wurde der Strompreis durch die drei Preiserhöhungen insgesamt erhöht?
b) Wie wirkt sich diese Folge von Preiserhöhungen auf die monatliche Belastung eines Haushaltes aus, der bisher jährlich 654,00 € für Strom zu bezahlen hatte?

16 Gemäß dem Mietvertrag einer Zahnarztpraxis soll die monatliche Miete von ursprünglich 2100,00 € nach zwei Jahren und nach insgesamt vier Jahren um jeweils 4 % angehoben werden. Welche Monatsmiete muss der Zahnarzt nach diesen zwei Erhöhungen aufwenden?

1.2.5 Handelskalkulation als Anwendung der Prozentrechnung

Aufgabe der Kalkulation ist die Berechnung von Preisen. Zur Berechnung von Verkaufspreisen **(Vorwärtskalkulation)** geht der Kaufmann von seinem Einkaufspreis aus und rechnet alle ihm anfallenden Kosten sowie einen angemessenen Gewinn hinzu. Ist der Verkaufspreis bereits durch die Situation am Markt gegeben, so muss er feststellen, welchen Einkaufspreis er höchstens aufwenden darf, um konkurrenzfähig zu sein. Dies geschieht mit der **Rückwärtskalkulation.** Sind sowohl der Einkaufs- als auf der Verkaufspreis vorgegeben, so muss mithilfe der **Differenzkalkulation** festgestellt werden, ob ein ausreichender Gewinn überhaupt noch erwirtschaftet werden kann.

Aufbau des Kalkulationsschemas

Grundlage der Kalkulation ist ein Kalkulationsschema. Sein Aufbau ergibt sich, wenn man den Weg der Ware vom Lieferer über den Großhändler bis zum Kunden verfolgt.

Kalkulationsschema des Großhandels:

Listeneinkaufspreis		Bezugskalkulation
	– Liefererrabatt	
Zieleinkaufspreis		
	– Liefererskonto	
Bareinkaufspreis		
	+ Bezugskosten	
Bezugspreis		
	+ Handlungskosten	Kalkulation des Barverkaufspreises
Selbstkostenpreis		
	+ Gewinn	
Barverkaufspreis		
	+ Kundenskonto + Vertreterprovision	Verkaufskalkulation
Zielverkaufspreis		
	+ Kundenrabatt	
Listenverkaufspreis		

Unser Lieferer (Fabrik)

Unsere Firma (Großhandel)

Unser Kunde (Einzelhändler)

Vorwärtskalkulation

Zur Kalkulation des Verkaufspreises werden die im Kalkulationsschema angegebenen Positionen über vorgegebene Prozentsätze berechnet. Nur die anfallenden Bezugskosten werden meistens in € angegeben, da sie der Ware direkt zugerechnet werden.

Beispiel

➲ Die Textilgroßhandlung Huber möchte hochwertige Daunenjacken für Damen kalkulieren. Der Listeneinkaufspreis einer Jacke beträgt 400 €. Der Hersteller gewährt 25 % Rabatt und bei Barzahlung 2 % Skonto. Die Bezugskosten betragen 16 € je Stück.
Die Firma Huber kalkuliert mit 50 % Handlungskosten und 10 % Gewinn. Weiterhin berücksichtigt Huber eine Vertreterprovision von 7 % und gewährt seinen Kunden 3 % Skonto sowie 20 % Kundenrabatt. Wie hoch ist der Listenverkaufspreis einer Daunenjacke?

Lösung

Kalkulationsschema:

Listeneinkaufspreis		400,00 €	≙ 100 %	· 0,75
	− Liefererrabatt 25 %	100,00 €	≙ 25 %	
Zieleinkaufspreis		300,00 €	≙ 75 %	· 0,98
	− Liefererskonto 2 %	6,00 €		
Bareinkaufspreis		294,00 €	≙ 98 %	
	+ Bezugskosten	16,00 €		
Bezugspreis		310,00 €	≙ 100 %	· 1,5
	+ Handlungskosten 50 %	155,00 €	≙ 50 %	
Selbstkostenpreis		465,00 €	≙ 150 % bzw. 100 %	· 1,1
	+ Gewinn 10 %	46,50 €	≙ 10 %	
Barverkaufspreis		511,50 €	≙ 110 % bzw. 90 %	: 0,9
	+ Kundenskonto (3 % vom Zielverkaufspreis)	17,05 €	≙ 3 %	
	Vertreterprovision (7 % vom Zielverkaufspreis)	39,78 €	≙ 7 %	
Zielverkaufspreis		568,33 €	≙ 100 % bzw. 80 %	: 0,8
	+ Kundenrabatt (2 % vom Listenverkaufspreis)	142,08 €	≙ 20 %	
Listenverkaufspreis		710,41 €	≙ 100 %	

Hinweis: Die Pfeile ↑↓ gehen von 100 % aus (Grundwert) und enden beim vermehrten oder verminderten Grundwert.

Beachten Sie

In der **Vorwärtskalkulation** werden die vorgegebenen Prozentangaben bis zum Barverkaufspreis jeweils vom reinen Grundwert aus gerechnet. Die Kalkulationsschritte der Verkaufskalkulation sind Prozentrechnungen vom verminderten Grundwert, da Vertreterprovision und Kundenskonto zunächst vom Zielverkaufspreis und anschließend der Kundenrabatt vom Listenverkaufspreis gerechnet werden.

Aufgaben

1 Führen Sie anhand der vorliegenden Daten die Kalkulation des Bezugspreises durch.

	a)	b)	c)	d)	e)	f)
Listeneinkaufspreis (€)	48,00	180,00	625,00	1400,00	2420,00	3200,00
Liefererrabatt	20 %	15 %	25 %	10 %	8 %	12 %
Liefererskonto	3 %	2 %	2,5 %	-	1 %	1,5 %
Bezugskosten (€)	2,75	5,06	12,97	48,50	75,86	66,24

2 Führen Sie anhand der vorliegenden Daten die Kalkulation des Barverkaufspreises durch.

	a)	b)	c)	d)	e)	f)
Bezugspreis (€)	275,00	80,00	245,00	490,00	520,00	3200,00
Handlungskosten	60 %	55 %	65 %	72 %	120 %	42 %
Gewinn	10 %	18 %	12,5 %	8 %	16 %	9 %

3 Führen Sie aufgrund der vorliegenden Daten die Verkaufskalkulation durch.

	a)	b)	c)	d)	e)	f)
Barverkaufspreis (€)	156,80	254,63	503,10	428,40	1020,00	2486,25
Kundenskonto	2 %	3 %	2,5 %	2 %	3 %	1,5 %
Vertreterprovision	-	-	-	8 %	12 %	8,5 %
Kundenrabatt	20 %	25 %	40 %	30 %	50 %	15 %

4 Ein Großhändler bezieht 15 Schreibtische zu je 420,00 €. Der Lieferer gewährt 25 % Rabatt und bei Zahlung innerhalb von 10 Tagen 3 % Skonto. An Fracht und Rollgeld fallen insgesamt 52,70 € an.

a) Berechnen Sie den Bezugspreis je Schreibtisch.

b) Wie hoch ist der Barverkaufspreis, wenn der Großhändler mit 32 % Handlungskosten und 14 % Gewinn kalkuliert?

c) Zu welchem Listenpreis wird der Großhändler einen Schreibtisch dem Einzelhandel anbieten, wenn er 10 % Kundenrabatt und bei Barzahlung 2 % Skonto gewährt?

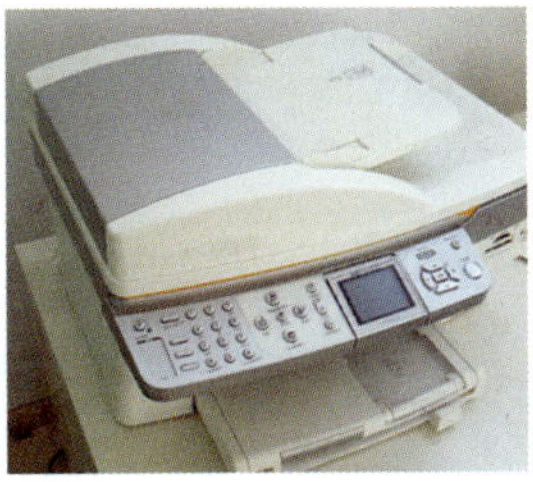

5 Ein Vierfarb-Drucker, „all-in-one", wird vom Hersteller unter folgenden Bedingungen angeboten:
Listenpreis 46,50 €, Rabatt 25 %, bei Zahlung innerhalb von 10 Tagen 3 % Skonto.
Der Großhändler kalkuliert den Verkaufspreis und geht von folgenden Bedingungen aus:
Bezugskosten 36,80 € für 10 Stück, 33 % Handlungskosten, 20 % Gewinn. An Vertreterprovision fallen 8 % auf den Zielverkaufspreis an. Dem Einzelhandel bietet er 2 % Skonto und einen Rabatt von ebenfalls 25 %.
Nehmen Sie eine Preiskalkulation für 10 bestellte Drucker vor.
Zu welchem Stückpreis kann der Drucker dem Einzelhandel angeboten werden?

Rückwärtskalkulation

Ist der Verkaufspreis einer Ware durch die Konkurrenzsituation vorgegeben, so muss der Großhändler durch eine **Rückwärtskalkulation** prüfen, welchen Einkaufspreis er bei gegebenen Zuschlägen höchstens aufwenden darf, damit er diesen Preis nicht überschreitet. Sind sowohl Einkaufs- als auch Verkaufspreis vorgegeben, kann er durch eine **Differenzkalkulation** prüfen, ob der Artikel noch einen ausreichenden Gewinn abwirft.

Beispiel

➲ Die Großhandlung Schmidt & Eilers OHG vertreibt selbständig fahrende Rasenroboter der Marke „Tommy". Bisher wurde der Artikel für 1600 € angeboten. Der Großhändler kalkuliert mit 32,2 % Handlungskosten, 20 % Gewinn, 2 % Kundenskonto und 10 % Kundenrabatt. Sein Lieferer gewährt ihm 20 % Rabatt und 3 % Skonto. Beim Bezug dieses Artikels fallen 57,96 € an. Aus Konkurrenzgründen kann er „Tommy" zukünftig nur noch für 1500 € anbieten. Welchen Preis darf der Großhändler in Zukunft höchstens aufwenden, wenn er mit dem niedrigeren Marktpreis mithalten möchte?

Lösung

Listeneinkaufspreis		1000,00 € ≙	100 %	
	− Liefererrabatt 20 %	200,00 € ≙	20 %	: 0,8
Zieleinkaufspreis		800,00 € ≙	80 % bzw. 100 %	
	− Liefererskonto 3 %	24,00 €		: 0,97
Bareinkaufspreis		776,00 € ≙	97 %	
	+ Bezugskosten	57,96 €		
Bezugspreis		833,96 € ≙	100 %	
	+ Handlungskosten 32,2 %	268,54 € ≙	32,2 %	: 1,322
Selbstkostenpreis		1102,50 € ≙	132,2 % bzw. 100 %	
	+ Gewinn 20 %	220,50 € ≙	20 %	: 1,2
Barverkaufspreis		1323 € ≙	120 % = 98 %	
	+ Kundenskonto (2 % vom Zielverkaufspreis)	27,00 € ≙	2 %	· 0,98
Zielverkaufspreis		1350 € ≙	100 % bzw. 90 %	
	+ Kundenrabatt (10 % vom Listenverkaufspreis)	150,00 € ≙	10 %	· 0,9
Listenverkaufspreis		1500,00 € ≙	100 %	

Beachten Sie

In der **Rückwärtskalkulation** wird das Kalkulationsschema vorwärts aufgestellt. Danach werden die gegebenen Prozentsätze zugeordnet. Die Berechnung des Listeneinkaufspreises erfolgt „rückwärtsschreitend". Sämtliche Rechenoperationen der Vorwärtsrechnung sind bei der Rückrechnung umzukehren.

Differenzkalkulation

Beispiel

➲ Die Großhandlung Schmidt & Eilers OHG möchte den Rasenroboter „Tommy" zum vorgegebenen Marktpreis von 1500,00 € anbieten, kann aber ihren bisherigen Einkaufspreis von 1071,65 € nicht beeinflussen. Auch die vorliegenden Daten zur Kalkulation können kurzfristig nicht geändert werden: Die Bezugsbedingungen des Lieferers lauten 20 % Rabatt und 3 % Skonto, die Bezugskosten je Stück betragen 57,96 €. Der Handlungskostensatz des Großhändlers bleibt bei 32,2 %. Den Einzelhändlern werden auch zukünftig 2 % Kundenskonto und 10 % Kundenrabatt eingeräumt.
Schmidt & Eilers sind bereit, auf Teile des kalkulierten Gewinns von bisher 20 % zu verzichten. Wie hoch ist unter den genannten Bedingungen der verbleibende Gewinn in € und in Prozent?

Lösung

Listeneinkaufspreis ↓		1071,65 €	≙	100 %	
	− Liefererrabatt 20 %	214,33 €	≙	20 %	· 0,8
Zieleinkaufspreis ↓		857,32 €	≙	80 % bzw. 100 %	
	− Liefererskonto 3 %	25,72 €			· 0,97
Bareinkaufspreis ↓		831,60 €	≙	97 %	
	+ Bezugskosten	57,96 €			
Bezugspreis ↓		889,56 €	≙	100 %	
	+ Handlungskosten 32,2 %	286,44 €	≙	32,2 %	· 1,322
Selbstkostenpreis ↓		1176,00 €	≙	132,2 %	
	+ Gewinn	………			
Barverkaufspreis ↑		1323 €	≙	98 %	
	+ Kundenskonto (2 % vom Zielverkaufspreis)	27,00 €	≙	2 %	· 0,98
Zielverkaufspreis ↑		1350 €	≙	100 % bzw. 90 %	
	+ Kundenrabatt (10 % vom Listenverkaufspreis)	150,00 €	≙	10 %	· 0,9
Listenverkaufspreis ↑		1500,00 €	≙	100 %	

Berechnung des verbleibenden Gewinns:
Gewinn = Barverkaufspreis - Selbstkostenpreis = 1323,00 € – 1176,00 € = 147,00 €
Berechnung des Gewinnsatzes p %: $\frac{147}{1176} = 0{,}125 = 12{,}5\,\%$
Antwort: Der Gewinnsatz fällt von 20 % auf 12,5 %, wenn die Firma den Listenverkaufspreis von 1600 € auf den vorgegebenen Marktpreis von 1500 € unter sonst gleichen Bedingungen reduziert.

Beachten Sie

In der Differenzkalkulation werden Gewinn und Gewinnsatz wie folgt berechnet:
Gewinn = Barverkaufspreis − Selbstkostenpreis

$$\textbf{Gewinnsatz} = \frac{\text{Gewinn}}{\text{Selbstkostenpreis}}$$

Aufgaben

a) b)

1 Führen Sie anhand der vorliegenden Daten die Kalkulation des Listeneinkaufspreises durch.

	a)	b)	c)	d)	e)	f)
Listenverkaufspreis (€)	75,00	180,00	85,00	825,00	360,00	2 280,00
Kundenrabatt	10 %	15 %	15 %	3 %	-	3 %
Kundenskonto	2 %	2 %	2 %	-	3 %	1,5 %
Vertreterprovision	5 %	8 %	-	-	-	3,5 %
Gewinn	20 %	15 %	16 %	21,25 %	16,4 %	8 %
Handlungskosten	30 %	50 %	17,5 %	10 %	20 %	72 %
Bezugskosten (€)	3,85	6,11	6,96	4,16	14,80	161,98
Liefererskonto	2 %	3 %	-	2 %	2 %	-
Liefererrabatt	10 %	20 %	20 %	5 %	25 %	15 %

2 Zu welchem Listeneinkaufspreis kann eine Fahrradgroßhandlung ein Mountainbike höchstens einkaufen, wenn der Listenverkaufspreis aus Konkurrenzgründen auf 480 € festgesetzt werden muss? Folgende Bedingungen sind bekannt: Kundenrabatt 17,5 %, Vertreterprovision 2,5 %, Kundenskonto 1,5 %, Gewinn 15 %, Handlungskosten 38 %, Bezugskostenanteil 29,54 €, Liefererskonto 3 % und Liefererrabatt 18 %.

3 Eine Pocketkamera wird in unserem Unternehmen mit 78,50 € angeboten. Die Konkurrenz hat den Preis 4 € niedriger angesetzt. Zu welchem Preis müsste unsere Firma den Artikel einkaufen, wenn wir von unserem Lieferer 15 % Rabatt und 2 % Skonto erhalten, durchschnittlich 2 % Bezugskosten vom Bareinkaufspreis anfallen und wir in unserem Unternehmen mit folgenden Zuschlagssätzen arbeiten: Handlungskosten 64 %, Gewinn 6 %, Vertreterprovision 4 % und Kundenrabatt 10 %?

4 Ein Smart-Fernseher soll bei einem Großhändler neu ins Sortiment genommen werden. Die Konkurrenz bietet dieses Gerät bereits für 898 € an. Wie hoch müsste der Einkaufspreis des Großhändlers mindestens sein, wenn er seinen Kunden 20 % Rabatt einräumt und mit folgenden Zuschlagssätzen arbeitet: Gewinn 10 %, Handlungskosten 43 %, Liefererskonto 2 % und Liefererrabatt 25 %? Die Bezugskosten betragen pro Gerät 47,50 €.

5 Aus Konkurrenzgründen muss die Maschinengroßhandlung Merck den bisherigen Verkaufspreis eines Industriestaubsaugers von 829 € auf 800 € reduzieren. Da Merck die ihm vorliegenden Daten seiner Preiskalkulation kurzfristig nicht beeinflussen kann, möchte er beim Hersteller einen niedrigeren Einkaufspreis aushandeln (bisheriger Einkaufspreis 536,39 €). Folgende Bedingungen zur Preiskalkulation liegen Merck vor: Bisheriger Einkaufspreis 536,30 €, Liefererrabatt 20 %, Liefererskonto 2,5 %, Bezugskosten je Stück 24,76 €. Die innerbetrieblichen Zuschlagsätze Mercks lauten: Handlungskosten 25 %, Gewinn 10 %, Kundenskonto 2 % und Kundenrabatt 25 %. Um wie viel Prozent muss der bisherige Einkaufspreis vom Hersteller reduziert werden?

6 Führen Sie anhand der vorliegenden Daten die Kalkulation des Gewinns durch.

	a)	b)	c)	d)	e)	f)
Listeneinkaufspreis (€)	860,00	200,00	185,00	15,00	48,00	5280,00
Liefererrabatt	25 %	40 %	15 %	40 %	27,5 %	20 %
Liefererskonto	2,5 %	2 %	2 %	2 %	2,5 %	2 %
Bezugskosten (€)	11,13	10,40	15,90	3,18	6,07	260,48
Handlungskosten	16 %	12,5 %	40 %	60 %	100 %	80 %
Vertreterprovision	-	6 %	-	-	8 %	7 %
Kundenskonto	2 %	1 %	2 %	3 %	2 %	3 %
Kundenrabatt	10 %	20 %	20 %	22 %	35 %	-
Listenverkaufspreis (€)	1683,44	200,00	455,36	32,99	136,75	10736,00

7 Ein Elektrogroßhändler erhält von einem Fabrikanten ein Angebot über USB-Sticks zu einem Katalogpreis von 20,80 €, auf den er 15 % Rabatt und 2 % Skonto gewährt. Die Bezugskosten werden mit 1,50 € je Stück angenommen. Der Großhändler kalkuliert seine Waren mit folgenden Zuschlägen: Handlungskosten 32 %, Kundenrabatt 20 % und Kundenskonto 3 %.
Er möchte das Angebot in sein Sortiment aufnehmen, sofern es bei einem Listenverkaufspreis von 29,50 € einen Gewinn abwirft. Wie wird er sich entscheiden?

8 Einem Großhändler werden Beleuchtungs-Sets für Fahrräder angeboten, die von der Konkurrenz für 44,50 € an den Fachhandel weiterverkauft werden. Der Hersteller bietet den Artikel im Katalog zu 43,50 € an und gewährt auf diesen Preis einen Rabatt von 60 % und 3 % Skonto.
Welchen Gewinn in € und in Prozent kann der Großhändler erzielen, wenn er den Konkurrenzpreis um 5 € unterbieten möchte? Er kalkuliert mit 37 % Handlungskosten, 2 % Kundenskonto und 10 % Kundenrabatt. Darüber hinaus rechnet er mit 1,20 € Bezugskosten je Stück.

9 Die Firma Schlafluxus betreibt einen Matratzen-Großhandel. Sie nimmt heute das folgende Angebot ihres Lieferanten Kürschner & Co. entgegen: Komfort-Schaummatratze „7-Zonen-Luxus" zu einem Katalogpreis von 128,00 € je Stück. Die Lieferung erfolgt bei einer Bestellung ab 10 Stück frei Haus. Daneben gelten die üblichen Zahlungsbedingungen: Liefererrabatt 15 %, bei Zahlung innerhalb von 10 Tagen 3 % Skonto.
Die Firma Schlafluxus kalkuliert mit Handlungskosten in Höhe von 65 % und rechnet mit einem Gewinn in Höhe von 18 %. Der im Verkauf eingesetzte Außendienstmitarbeiter erhält eine Provision von 6 %. Den Kunden gewährt Schlaflux 2 % Skonto und 15 % Rabatt. Der empfohlene Verkaufspreis der Komfort-Schaummatratze wird mit 249,50 € angegeben.

a) Kann der Einkäufer auf diesen Preis unter den günstigsten Bedingungen auf das vorgelegte Angebot eingehen?

b) Welchen Gewinn kann er erzielen, wenn er bei dem empfohlenen Verkaufspreis den Kundenrabatt unter sonst gleichen Bedingungen auf 10 % reduziert?

Die abgekürzte Kalkulation

Die **schrittweise Kalkulation** kann vereinfacht werden, wenn der Großhändler die feststehenden Zuschlagssätze für Handlungskosten, Gewinn, Kundenskonto, Vertreterprovision und Kundenrabatt zu einem Zuschlagssatz zusammenfasst.

Beispiel

➲ Ein Großhändler vertreibt unter anderem die Laserdrucker LD 2408, LD 2409 und LD 2410. Für den Drucker LD 2408 wurde ein Bezugspreis von 200 € ermittelt. Der Großhändler kalkuliert mit 32,3 % Handlungskosten, 20 % Gewinn, 2 % Kundenskonto und 10 % Kundenrabatt. Mit diesen Daten sollen zukünftig die Listenpreise der übrigen Drucker der Serie schneller berechnet werden.

a) Führen Sie eine schrittweise Kalkulation des Listen-Verkaufspreises durch.

b) Fassen Sie die Einzelzuschläge zu einem Zuschlagssatz zusammen und bestimmen Sie die Listenverkaufspreise der übrigen Geräte dieser Serie in einem Schritt.
Bezugspreise: LD 2409: 240,00 € LD 2410: 250,00 €.

Lösung

a) Kalkulationsschema:

Bezugspreis		**200,00 €**	≙ 100 %
	+ Handlungskosten	64,60 €	≙ 32,3 %
Selbstkostenpreis		264,60 €	
	+ Gewinn	52,92 €	≙ 20 %
Barverkaufspreis		317,52 €	
	+ Kundenskonto	6,48 €	≙ 2 %
Zielverkaufspreis		324,00 €	
	+ Kundenrabatt	36,00 €	≙ 10 %
Listenverkaufspreis		**360,00 €**	

Gesamtzuschlag:
360 € – **200** € = 160 €

b) $p\,\% = \frac{160}{200} = 0{,}8 = 80\,\%$ Gesamtzuschlagssatz (= Kalkulationszuschlag)
Die Überführung des Kalkulationszuschlags in einen Prozentfaktor führt zum Kalkulationsfaktor 1,8.
Der Kalkulationsfaktor ergibt sich auch aus $\frac{360}{200} = 1{,}8$ oder aus $1{,}323 \cdot 1{,}2 : 0{,}98 : 0{,}9 = 1{,}8$
Abgekürzte Berechnung der übrigen Listenverkaufspreise:
LD 2409: 240,00 € · 1,8 = 432 €
LD 2410: 250,00 € · 1,8 = 450 €

Beachten Sie

Der **Kalkulationszuschlag** ergibt sich aus der Differenz von Listenverkaufspreis und Bezugspreis, ausgedrückt in Prozent des Bezugspreises.

$$\text{Kalkulationszuschlag} = \frac{\text{Listenverkaufspreis} - \text{Bezugspreis}}{\text{Bezugspreis}}$$

Zur Berechnung des **Kalkulationsfaktors** wird der Listenverkaufspreis durch den Bezugspreis dividiert.

Die Handelsspanne

Die **Handelsspanne** wird bei der Rückwärtskalkulation zur abgekürzten Berechnung des aufwendbaren Bezugspreises eingesetzt. Hierbei wird die Differenz von Listenverkaufspreis und Bezugspreis ins Verhältnis zum Listenverkaufspreis gesetzt.

Beispiel

➲ Eine Ware wird zu einem Preis von 200 € bezogen (Bezugspreis) und zu einem bereits kalkulierten Listenverkaufspreis von 360 € verkauft. Wie hoch ist die Handelsspanne?

Lösung

Bezugspreis	200,00 €
+ Gesamtzuschlag	160,00 €
= Listenverkaufspreis	360,00 €

$$\text{Handelsspanne} = \frac{360 - 200}{360} \approx 44{,}4\ (\%)$$

Beachten Sie

Die **Handelsspanne** ergibt sich aus der Differenz von Listenverkaufspreis und Bezugspreis, ausgedrückt als Prozentsatz des Listenverkaufspreises.

$$\text{Handelsspanne} = \frac{\text{Listenverkaufspreis} - \text{Bezugspreis}}{\text{Listenverkaufspreis}}$$

Aufgaben

1 Berechnen Sie aufgrund der folgenden Angaben den Kalkulationszuschlag und den Kalkulationsfaktor.

	a)	b)	c)	d)	e)	f)
Bezugspreis (€)	480,00	72,00	3 150,00	85,90	175,20	1 262,50
Listenverkaufspreis (€)	864,00	140,40	5 418,00	146,03	420,48	1 893,75

2 Ergänzen Sie die fehlenden Angaben in der folgenden Tabelle.

	a)	b)	c)	d)	e)	f)
Kalkulationszuschlag	85 %	135 %			210 %	65 %
Kalkulationsfaktor			1,75	2,3		

3 Berechnen Sie den jeweiligen Listenverkaufspreis.

	a)	b)	c)	d)	e)	f)
Bezugspreis (€)	485,00	45,00	1 590,00	675,00	2 345,00	125,50
Kalkulationszuschlag bzw. Kalkulationsfaktor	86 %	158 %	125 %	1,75	2,34	3,125

4 Berechnen Sie anhand der folgenden Angaben die Handelsspanne bzw. den Bezugspreis.

	a)	b)	c)
Bezugspreis (€)	270,00	21,83	568,43
Listenverkaufspreis (€)	450,00	48,50	874,50

	d)	e)	f)
Listenverkaufspreis (€)	345,00	450,00	35,80
Handelsspanne	40 %	35 %	58 %

5 Welcher Kalkulationszuschlag entspricht einer Handelsspanne von 28 %?

6 Wie hoch ist die Handelsspanne, wenn der Handlungskostenzuschlag 20 % und der Gewinnzuschlag 10 % betragen?

Test zur Überprüfung Ihrer Grundkenntnisse

1 Für ein Wohltätigkeitsfest wird eine Jazzband engagiert, die für ihren Auftritt eine Gage von 900,00 € erhält. Diese Gage soll durch Eintrittskarten aufgebracht werden.

a) Wie hoch sind die Kartenpreise je Besucher anzusetzen, wenn die Veranstalter mit den folgenden Besucherzahlen rechnen: 50, 90, 100, 120? Erstellen Sie eine Wertetabelle für die Zuordnung Besucherzahl → Kartenpreis.

b) Welcher Kartenpreis müsste bei einer Besucherzahl von 150 angesetzt werden?

2 Für den Transport einer Ware mit einem Gewicht von 212 kg berechnet ein Spediteur 46,64 €. Wie hoch sind die Transportkosten für den gleichen Rohstoff bei einem Gewicht von 156 kg?

3 Aus einem Großbehälter werden Flaschen zu je 0,75 Liter abgefüllt. Der Inhalt dieses Fasses reicht für 1200 Flaschen. Für eine andere Bestellung wird der Fassinhalt in Flaschen zu je 0,33 Liter abgefüllt. Wie viel Flaschen können bei vollem Fassinhalt abgefüllt werden?

4 Der Preis eines Mittelklassewagens wird um 3,6 % angehoben, das entspricht einer Erhöhung um 593,10 €. Berechnen Sie den früheren und den neuen Preis des Fahrzeugs.

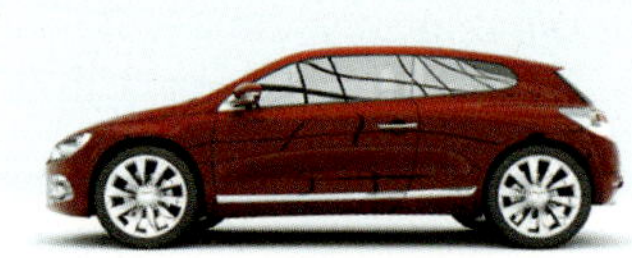

5 Ein Vertreter erhält von seinem Arbeitgeber ein Festgehalt von 1800,00 € und zuzüglich eine Umsatzprovision von 4 %. Welches Gehalt kann er erwarten, wenn er im vergangenen Monat einen Umsatz von 38 675,00 € erzielte?

6 Ein Großhändler kalkuliert einen Kaffeeautomaten mit einem Barverkaufspreis von 349,20 €. Zu welchem Preis kann dieser Artikel angeboten werden, wenn der Einzelhändler 20 % Rabatt und 3 % Skonto erhalten soll?

7 Die Sportabteilung eines Textilgroßhandels soll umgebaut werden. Im Rahmen eines Ausverkaufs will die Sportabteilung sämtliche Artikel 5 % unter dem Selbstkostenpreis anbieten. Ein Skioverall, regulärer Listenverkaufspreis 162 €, wurde bisher mit 25 % Gewinn, 2 % Kundeskonto und 10 % Kundenrabatt kalkuliert.

a) Zu welchem Ausverkaufspreis wird der Overall angeboten (runden auf volle €)?

b) Um wie viel Prozent wurde der reguläre Preis im Vergleich zum Ausverkaufspreis gesenkt?

8 Wir verkaufen Schreibtischsessel zu 245 €. Einer unserer Hersteller bietet ihn unserer Firma zu den folgenden Konditionen an: Listenpreis 99 €, 12,5 % Rabatt und 1 % Skonto bei Zahlung innerhalb von 8 Tagen. Die Bezugskosten werden mit 22,45 € je Stück kalkuliert. Unsere Firma kalkuliert mit 42,5 % Handlungskosten, 5 % Vertreterprovision, 3 % Kundenskonto und 25 % Kundenrabatt. Welchen Gewinnsatz könnte unsere Firma erzielen, wenn sie auf das Angebot des Herstellers eingeht?

9 Der Bezugspreis eines Tablets beträgt 240,00 €, der Listenverkaufspreis ist mit 420,00 € kalkuliert. Wie hoch sind der Kalkulationsfaktor und die Handelsspanne?

2 Grundlagen der Finanzmathematik

Modellierung einer Situation

Ein Unternehmer, der sich im Allgäu ein Ferienhaus kaufen möchte, hat sich bei einem Makler um die Vermittlung einer kleinen Immobilie bemüht. Ihm wird daraufhin ein geeignetes Objekt angeboten.
Zu dessen Finanzierung benötigt er allerdings zusätzlich zu seinen Eigenmitteln ein Darlehen in Höhe von 360 000 €.
Von zwei seiner Banken erhält er die folgenden Angebote:

- Die Commerzbank in Goslar berechnet für diese Summe einen Zinssatz von 2,5 % und eine einmalige Provision von 1 % der Darlehenssumme bei einer Laufzeit von 10 Jahren. Der Auszahlungskurs beträgt 95 %.
- Die Deutsche Bank in Goslar bietet das Darlehen in gleicher Höhe zu 4 % an. Der Auszahlungskurs wird mit 98 % angegeben bei einer einmaligen Bearbeitungsgebühr von 200 €, Laufzeit 5 Jahre.

Das Disagio und die sonstigen Nebenkosten werden bei Auszahlung von der Darlehenssumme abgezogen.
Für welche der beiden Kredite wird sich der Unternehmer entscheiden?

Bearbeiten Sie diese Situation, nachdem Sie die rechts aufgeführten **Qualifikationen** und **Kompetenzen** erworben haben.

Qualifikationen & Kompetenzen

- Wirtschaftliche Situationen analysieren
- Entscheidungskriterien sammeln und Entscheidungen treffen
- Darlehensbedingungen beurteilen
- Fachbegriffe der Kreditwirtschaft erfassen

2.1 Finanzwirtschaftliche Anwendungen der Zinsrechnung

2.1.1 Grundlagen und Grundbegriffe

Die Zinsrechnung ist eine Anwendung der Prozentrechnung. Die drei Grundbegriffe Prozentwert, Grundwert und Prozentsatz ändern ihre Namen.

Bemerkung:

Prozentrechnung:	**Prozentwert P**	Grundwert G	Prozentsatz p %
Zinsrechnung:	**Zinsen Z**	Kapital K	Zinssatz p %

Formel für den Prozentwert: $P = G \cdot p\,\%$

Formel für die (jährlichen) Zinsen: $Z = K \cdot p\,\%$

Beispiel 1

➲ Ein Auszubildender hat ein Sparguthaben von 2300,00 €.
Wie viel Zinsen erhält er nach einem Jahr bei einem Zinssatz (Zinsfuß) von 1,5 %?

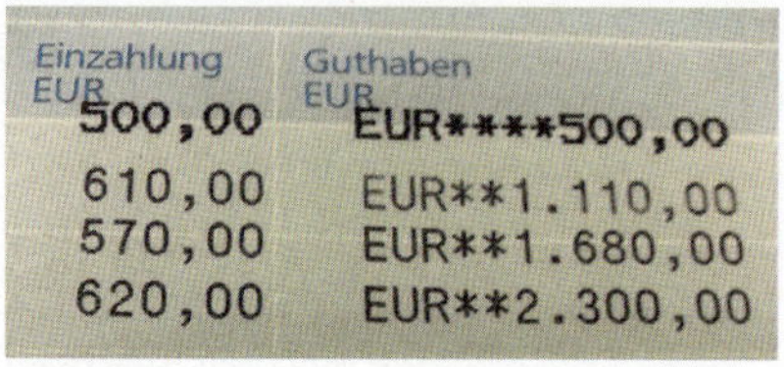

Lösung

Gegeben: K = 2300; Zinssatz: $p\,\% = 1{,}5\,\% = \frac{1{,}5}{100} = 0{,}015$

Gesucht: Zinsen

Mit der Formel: $Z = K \cdot p\,\%$ ergibt sich $Z = 2300 \cdot 0{,}015 = 34{,}50$

Er erhält 34,50 € Zinsen.

Beispiel 2

➲ Alex bekommt am Jahresende für seine Spareinlage von 4250,00 € eine Gutschrift über 106,25 €.

a) Wie hoch ist der Zinssatz?

b) Alex möchte seine Spareinlage und die Zinsen für ein weiteres Jahr anlegen.
Wie hoch ist sein Kapital am Ende des folgenden Jahres?

Lösung

a) Gegeben: K = 4250; Z = 106,25

Gesucht: Zinssatz p %

Mit der Formel $Z = K \cdot p\,\%$ ergibt sich $106{,}25 = 4250 \cdot p\,\%$

$$p\,\% = \frac{106{,}25}{4250} = 0{,}025 = 2{,}5\,\%$$

Der Zinssatz beträgt 2,5 %.

b) Gegeben: Kapital nach einem Jahr: $K_1 = 4250 + 106{,}25 = 4356{,}25$;
Zinssatz $p\,\% = 2{,}5\,\%$

Zinsen nach dem 2. Jahr: $Z_2 = K_1 \cdot p\,\% = 4356{,}25 \cdot 0{,}025 = 108{,}91$

Kapital nach 2 Jahren: $K_2 = K_1 + Z_2 = 4356{,}25 + 108{,}91 = 4465{,}16$

Nach 2 Jahren beträgt sein Kapital 4465,16 €.

Beispiel 3

➲ Ein Darlehen in Höhe von 5 000,00 € wird bei einem Zinssatz von 9 % für 100 Tage aufgenommen. Wie viel Zinsen sind für diesen Zeitraum zu zahlen?

Lösung

Zinsen für ein Jahr: $Z = K \cdot p\,\%$ $\qquad Z = 5000 \cdot \frac{9}{100} = 450$

Für $t = 100$ (Tage) von 360 (Tagen) berechnet man den Bruchteil $\frac{100}{360}$ der Jahreszinsen.

Zinsen für 100 Tage: $\qquad Z = K \cdot p\,\% \frac{t}{360}$

Zahlenwerte einsetzen: $\qquad Z = 5000 \cdot \frac{9}{100} \cdot \frac{100}{360} = 125$

Es sind 125,00 € an Zinsen zu zahlen.

Damit man sich die Formel besser merken kann, formt man den Term um.

$Z = K \cdot p\,\% \cdot \frac{t}{360} = \frac{K \cdot p \cdot t}{100 \cdot 360}$; **Prozentsatz: $p\,\% = \frac{p}{100}$; t in Tagen**

Zinsformel für Tageszinsen

$$\mathbf{Z = \frac{K \cdot p \cdot t}{100 \cdot 360}}$$

Hinweis: Berechnung der Zinstage

Der 1. Tag des angegebenen Zeitraums wird nicht mitgerechnet, wohl aber der letzte. Jeder Monat wird mit 30 Tagen gerechnet, dies gilt für alle Monate. (1 Monat ≙ 30 Tage; 1 Jahr ≙ 360 Tage).

Beispiel 4

➲ Ein Kaufmann hat vom 12. 3. bis 15. 9. einen Kredit aufgenommen. Die Bank berechnet dafür 488,00 € an Zinsen. Der vereinbarte Zinssatz beträgt 12 %.
Über welche Summe lautet der Kredit?

Lösung

Gegeben: $Z = 488{,}00$; Zinssatz $p\,\% = 12\,\%$

Berechnung der Zinstage vom 12. 3. bis 15. 9.: $\qquad 18 + 5 \cdot 30 + 15 = 183$

$t = 183$ (Tage)

Hinweis: 12. 3. bis 30. 3. ≙ 18 Tage; 5 Monate ≙ 150 Tage; 15 Tage im September

Gesucht: Kapital K

In die Formel $\mathbf{Z = \frac{K \cdot p \cdot t}{100 \cdot 360}}$ Zahlenwerte einsetzen: $\qquad 488 = \frac{K \cdot 12 \cdot 183}{100 \cdot 360}$

und nach K umstellen: $\qquad K = \frac{488 \cdot 100 \cdot 360}{12 \cdot 183}$

$K = 8000$

Der Kredit lautet auf 8 000 €.

Beispiel 5

➲ Ein Sparbetrag von 3 000,00 € brachte in der Zeit vom 25. 1. bis 5. 7. insgesamt 20,00 € an Zinsen.
Zu welchem Zinssatz war der Sparbetrag angelegt?

Lösung

Gegeben: $Z = 20$; $K = 3000$;

Berechnung der Zinstage vom 25. 1. bis 5. 7.: $5 + 5 \cdot 30 + 5 = 160$

$t = 160$

Hinweis: 25. 1. bis 30. 1. ≙ 5 Tage; 5 Monate ≙ 150 Tage; 5 Tage im Juli

Gesucht: Zinssatz p %

In die Formel $\mathbf{Z = \frac{K \cdot p \cdot t}{100 \cdot 360}}$

Zahlenwerte einsetzen: $20 = \frac{3000 \cdot p \cdot 160}{100 \cdot 360}$

und nach p umstellen: $p = \frac{20 \cdot 100 \cdot 360}{3000 \cdot 160}$

$p = 1{,}5$

DerZinssatz beträgt 1,5 %.

Beispiel 6

1,75 % **Tagesgeld** Zinsen

➲ Jemand hat am 16. Mai 2 000,00 € bei einer Bank zu 1,75 % auf ein Tagesgeldkonto eingezahlt.
Wie viel Tage muss dieses Kapital angelegt werden, wenn es einen Zinsbetrag von 14,00 € bringen soll?
Zu welchem Datum findet die Auszahlung statt?

Lösung

Gegeben: $Z = 14$; $K = 2000$; Zinssatz: $p\ \% = 1{,}75\ \%$

Gesucht: Zeitraum t und Auszahlungsdatum

In die Formel $\mathbf{Z = \frac{K \cdot p \cdot t}{100 \cdot 360}}$

Zahlenwerte einsetzen: $14 = \frac{2000 \cdot 1{,}75 \cdot t}{100 \cdot 360}$

$t = \frac{14 \cdot 100 \cdot 360}{2000 \cdot 1{,}75}$

$t = 144$

Das Kapital muss 144 Tage angelegt werden.

Berechnung des Auszahlungsdatums:

16. Mai bis 30. Mai: ≙ 14 Tage; 4 Monate ≙ 120 Tage; 10 Tage im Oktober

Das Kapital wird mit Wertstellung 10.Oktober ausgezahlt.

Aufgaben

1 Berechnen Sie die fehlenden Werte.

	Kapital	Zinssatz	Zeit	Zinsen
a)	520,00 €	2,5 %	1.2. bis 17.04.	?
b)	1200,00 €	4,5 %	?	4,50 €
c)	540,00 €	?	6 Monate	29,70 €
d)	?	9	1,5 Jahre	27,00 €

2 Simone zahlt am 27. Dezember 800,00 € auf ein neu eingerichtetes Sparkonto ein, das mit 1,5 % verzinst wird. Auf welches Guthaben wächst das Konto bis zu ihrem Urlaub am 20. Juli des Folgejahres an?

3 Ein Privatmann zahlte für ein Darlehen, das er am 12. 6. bei seiner Bank aufgenommen und am 19. 12. zurückgezahlt hat, Zinsen in Höhe von 233,75 €. Der Zinssatz der Bank betrug 7,5 %. Wie hoch war das ausgeliehene Darlehen?

4 Ein Kaufmann hat bei einer Rechnung über 675,00 € das Zahlungsziel überschritten und überweist deshalb unter Berücksichtigung von 7 % Verzugszinsen am 27. Mai insgesamt 677,63 € an seinen Lieferanten.
Mit wie viel Tagen war er mit seiner Rechnung in Verzug?
An welchem Tag war die Rechnung fällig?

5 Ein Ingenieur zahlte für ein Darlehen in Höhe von 18 000,00 €, das vom 18. 5. bis 13. 10. ausgeliehen war, Zinsen in Höhe von 362,50 €.
Zu welchem Zinssatz war das Darlehen ausgeliehen?

6 Der Einzelhandelskaufmann Groß kommt mit einer Rechnung über 3 690,00 €, fällig am 13. 9., in Zahlungsverzug. Sein Lieferant belastet ihn daraufhin wegen Überschreitung des Zahlungsziels mit Verzugszinsen in Höhe von 17,43 € bei einem Zinssatz von 10 %.
An welchem Tag stellt der Lieferant die Abrechnung über die Verzugszinsen aus?

7 Ein privates Geldinstitut unterbreitet seinen Kunden folgendes Angebot: „Sie zahlen 10 000,00 € bei uns ein und wir zahlen nach 10 Monaten 10 208,33 € zurück".
Lohnt sich dieses Angebot, wenn Sie bei Ihrer Bank einen Zins von 2 % für Ihre Spareinlage erhalten?

8 Ein Schüler hatte am 12. 3. einen Geldbetrag bei seiner Bank angelegt und erhielt dafür am Jahresende eine Zinsgutschrift in Höhe von 6,00 €. Der Zinssatz der Bank lag bei 1,5 %.
Welchen Betrag hatte der Schüler eingezahlt?

9 Eine Rechnung über 490,00 €, die am 20. Juni fällig war, wird erst am 11. Juli einschließlich Verzugszinsen und 2,50 € Mahngebühren mit 494,79 € zurückgezahlt.
Wie viel Verzugszinsen wurden berechnet (in € und %)?

2.1.2 Berechnung des Effektivzinssatzes

Skonto und Effektivzinssatz

Beispiel

➲ Eine Rechnung über 1000 € ist zu begleichen, Zahlungsziel 30 Tage. Bei Zahlung innerhalb von 10 Tagen werden 3 % Skonto gewährt. Der Kreditzinssatz der Bank liegt bei 16 %. Lohnt es sich für den Kaufmann, die Rechnung unter Abzug des Skontos bei Kreditaufnahme zu bezahlen? Berechnen Sie den dem Skontosatz entsprechenden Jahreszinssatz (Effektivzinssatz) sowie den Finanzierungsgewinn.

Lösung

Zeitachse:

Hinweis: Die Rechnung wird erst am letzten Tag des Skontozeitraums, am 10. Tag, überwiesen.

Umrechnung der Skontoangabe in einen Jahreszinssatz:

Überschlagsmäßig:

In 20 Tagen erhält er 3 % Skonto

In 360 Tagen erhält er p % Skonto: $p = \frac{3 \cdot 360}{20} = 54$

Exakt:

Kreditbetrag = Rechnungsbetrag − Skonto = 1000 € − 30 € = 970 €

Gegeben: Z = 30 (Zinsen , Skonto); K = 970 (Kapital , Überweisung); t = 20 (Tage)

Gesucht: Zinssatz p

In die Formel $\mathbf{Z = \frac{K \cdot p \cdot t}{100 \cdot 360}}$ Zahlenwerte einsetzen: $30 = \frac{970 \cdot p \cdot 20}{100 \cdot 360}$

$p = \frac{30 \cdot 100 \cdot 360}{970 \cdot 20} \approx 55{,}67$

Der Jahreszinssatz der Skontoangabe beträgt auf 2 Stellen 55,67 % (Effektivzinssatz).
Der Skontoabzug lohnt sich. Die Einsparung entspricht einem Jahreszinssatz von 55,67 % und liegt über dem Kreditzinssatz der Bank (16 %).

Hinweis: Der **Effektivzinssatz** ist der Jahreszinssatz, den die Bank bieten müsste, wenn man 970 € für 20 Tage anlegt und 30 € Zinsen erhält.
Es genügt, den berechneten Jahreszinssatz mit dem geltenden Bankzinssatz zu vergleichen, unabhängig von einem vorliegenden Rechnungsbetrag.

Berechnung des Finanzierungsgewinns:

Gegeben: Zinssatz p % = 16 % ; K = 970 (Kapital, Überweisung); t = 20 (Tage)

Gesucht: Kreditzinsen Z

In die Formel $\mathbf{Z = \frac{K \cdot p \cdot t}{100 \cdot 360}}$ Zahlenwerte einsetzen: $Z = \frac{970 \cdot 16 \cdot 20}{100 \cdot 360} = 8{,}62$

Finanzierungsgewinn = Skonto − Kreditzinsen: 30 € − 8,62 € = 21,38 €

Antwort: Der Skontoabzug lohnt sich, der Finanzierungsgewinn beträgt 21,38 €.

Effektive Verzinsung von Immobilien

Beispiel

➲ Ein Geschäftsmann verfügt über ein Eigenkapital von 600 000 €, das er möglichst gewinnbringend anlegen möchte. Zur Auswahl steht unter anderem ein Mietobjekt zum Preis von 1 Million € (Grundstück 200 000 €, Gebäude 800 000 €).
Er finanziert die Summe über sein Eigenkapital und über eine 1,5 %ige Hypothek über 400 000 €. Neben den Hypothekenzinsen ist mit folgenden Aufwendungen zu rechnen: Jährliche Abschreibungen (AfA) 2 % vom Gebäudewert, sonstige Kosten jährlich 3 600 €, Gemeindeabgaben vierteljährlich 4 700 €, durchschnittliche Reparaturen 200 € monatlich. An Einnahmen fallen an: Monatsmieten: 3 Wohnungen zu je 1100,00 €, 4 Appartments je 500,00 €, 3 Garagen zu je 200 € je Monat. Die Bank bietet ihm für eine langfristige Geldanlage eine Verzinsung von 1 %.
Wie wird sich der Geschäftsmann entscheiden?

Lösung

Sämtliche Einnahmen und Aufwendungen werden auf ein Jahr bezogen und gegenübergestellt.

Mieteinnahmen:

Wohnungsmieten (3 300 € · 12)	39 600 €
+ Mieten Appartm. (2 000 € · 12)	24 000 €
+ Garagenmieten (600 € · 12)	7 200 €
Einnahmen	70 800 €

Aufwendungen:

Hypothekenzinsen (1,5 % v. 400 000 €)	6 000 €
+ AfA (2 % v. 800 000 €)	16 000 €
+ Sonstige Kosten	3 600 €
+ Abgaben (4 700 € · 4)	18 800 €
+ Reparaturen (200 € · 12)	2 400 €
Aufwendungen	46 800 €

Jahres-Überschuss = Mieteinnahmen − Aufwendungen
= 70 800 € − 46 800 € = 24 000 €

Berechnung des Effektivzinssatzes

Hinweis: Der **Effektivzinssatz** ist der Zinssatz, den die Bank bieten müsste, wenn man 600 000 € anlegt und 24 000 € als Jahreszinsen erhält.

Gegeben: Z = 24 000 (Überschuss = Zinsen), K = 600 000 (Eigenkapital = Kapital), Laufzeit 1 Jahr

Gesucht: Effektivzinssatz p %

In die Formel $Z = K \cdot \frac{p}{100}$ Zahlenwerte einsetzen: $24000 = \frac{600000 \cdot p}{100}$

$$p = \frac{24000 \cdot 100}{600000}$$

$$p = 4$$

Die Eigenkapitalverzinsung beträgt 4 % und ist damit höher als der von der Bank angebotene Zinssatz. Aus der Sicht der Verzinsung wird der Geschäftsmann das Geld in das angebotene Mietobjekt investieren.

Hinweis: Bei der **Berechnung des Effektivzinses** geht der Jahresüberschuss aus den Miet- bzw. Pachteinnahmen und den angefallenen Aufwendungen (z. B. Abschreibungen, Zinsen, Steuern, Abgaben) als „Zinsen (Z)" in die Formel ein. K ist das eingesetzte Eigenkapital.

Effektivzinssatz bei Darlehen

Beispiel

➲ Ein Darlehen wird zu folgenden Konditionen angeboten: Darlehensbetrag 100 000 €, Zinsen 6 %, Disagio 5 %, Darlehensgebühr 1 %, Spesen 100 €.
Neben dem Disagio werden auch Provision und Spesen vor Auszahlung des Darlehens vom Darlehensbetrag abgezogen. Das Darlehen ist nach der Laufzeit von 10 Jahren in einer Summe zurückzuzahlen. Der effektive Zinssatz ist zu bestimmen.

Lösung

Berechnung aller anfallenden Kreditkosten:	
Zinsen für 10 Jahre: (6 000 € · 10)	60 000 €
+ Disagio 5 % von 100 000 €	5 000 €
+ Darlehensgebühr 1 % v. 100 000 €	1 000 €
+ Spesen	100 €
Summe der Kreditkosten	66 100 €

Berechnung des Auszahlungsbetrags:	
Darlehen	100 000 €
- Disagio	5 000 €
- Darlehensgebühr	1 000 €
- Spesen	100 €
Auszahlungsbetrag	93 900 €

Berechnung des Effektivzinses

Gegeben: Z = 66 100 (Summe der Kreditkosten = Zinsen);
K = 93 900 (Auszahlungsbetrag = Kapital); Laufzeit t = 360 · 10 = 3600 (Tage)

Gesucht: Effektivzinssatz p

In die Formel $\mathbf{Z = \frac{K \cdot p \cdot t}{100 \cdot 360}}$ Zahlenwerte einsetzen: $66\,100 = \frac{93900 \cdot p \cdot 3600}{100 \cdot 360}$

$$p = \frac{66\,100 \cdot 100 \cdot 360}{93\,900 \cdot 3600} \approx 7{,}04$$

Der Effektivzinssatz beträgt 7,04 % und ist damit höher als der von der Bank angebotene Zinssatz.

Kreditkosten:

Zinsen: Zinsen für Darlehen werden mit dem von der Bank vorgegebenen Nominalzinssatz vom Darlehensbetrag und der vereinbarten Laufzeit mit der Zinsformel berechnet.

Disagio: Disagio ist ein prozentualer Abschlag von der Darlehenssumme, der vor der Auszahlung vom Darlehensgeber einbehalten wird.
Auszahlungskurs = 100 % – Disagio

Darlehensgebühr und Provision: Hierbei handelt es sich um Kreditkosten, die in Prozent vom Darlehensbetrag berechnet werden und vor Auszahlung des Darlehens einbehalten werden.

Spesen: Spesen werden als Betrag angegeben und vor Auszahlung einbehalten.

Hinweis: Bei der **Berechnung des Effektivzinses** geht die Summe aller Kreditkosten als „Zinsen (Z)" in die Formel ein. K ist die Auszahlungssumme des Darlehensbetrages.

Beachten Sie

Berechnung des Effektivzinssatzes: $\mathbf{p = \frac{Z \cdot 100 \cdot 360}{K \cdot t}}$

Dabei ist t die Zeit in Tagen
Z z. B. das Skonto, der Überschuss, die Summe der Kreditkosten,...
K z. B. der Überweisungsbetrag, das Eigenkapital, der Auszahlungsbetrag, ...

Aufgaben

1 Berechnen Sie den Jahresskontosatz.

	a)	b)	c)	d)
Zahlungsziel	21 Tage	30 Tage	28 Tage	10 Tage
Skontozeitraum	8 Tage	14 Tage	10 Tage	sofort
Skontosatz	3 %	2 %	2 %	2,5 %

2 Vergleichen Sie die folgenden Skontoangaben:
Lieferer A: 3 % Skonto bei Zahlung innerhalb von 14 Tagen, Ziel 28 Tage;
Lieferer B: 2,5 % Skonto bei Zahlung innerhalb von 8 Tagen, Ziel 30 Tage;
Lieferer C: 3 % bei Zahlung sofort nach Erhalt der Rechnung, Ziel 12 Tage.

3 Eine am 6. 3. fällige Rechnung über 4 350,00 € ist laut Zahlungsbedingungen des Lieferanten innerhalb von 60 Tagen zu begleichen. Bei Zahlung innerhalb von 10 Tagen werden 2 % Skonto gewährt. Um den Skonto ausnutzen zu können, muss der Schuldner einen Kredit zu 12 % in Anspruch nehmen. Berechnen Sie den Finanzierungsgewinn.

4 Ein bebautes Grundstück wird zu 780 000 € gekauft. Die monatlichen Mieteinnahmen betragen 4 000 €. Die jährlichen Gesamtaufwendungen für Abschreibungen, Versicherungen, Gebühren und Instandhaltung betragen insgesamt 18 000 €.
Zu welchem Zinssatz verzinst sich die Immobilie?

5 Ein reicher Pensionär kauft sich zur Geldanlage ein Mehrfamilienhaus, Verkaufspreis 390 000 €. Als Eigenkapital stehen ihm 150 000 € aus Wertpapierbesitz zur Verfügung. Den Rest bringt er über ein 6 %iges Darlehen über 90 000 € und ein 4,75 %iges Darlehen über die Restsumme auf. Er kann mit monatlichen Mieteinnahmen in Höhe von 2 100 € rechnen. Steuern und Abgaben belaufen sich auf geschätzt 800 € je Vierteljahr. Abschreibungen gehen als Kosten mit 1 800 € jährlich in die Kalkulation ein. Beurteilen Sie die effektive Verzinsung des Eigenkapitals aus der Geldanlage.

6 Eine Bank bietet ein Darlehen über 12 000 € zu den folgenden Konditionen an: Auszahlung zu 95 %, Verzinsung 4,5 %, Laufzeit 5 Jahre. Danach soll es in einer Summe zurückgezahlt werden.
Wir hoch ist die effektive Verzinsung?

7 Ein Darlehen über 20 000 €, Zinssatz 6 %, soll nach 5 Jahren in einem Betrag zurückgezahlt werden. Wie hoch ist die effektive Verzinsung des Darlehens, wenn es zu 98 % ausgezahlt und zu 100 % zurückgezahlt wird?

8 Ein Beamter erhält von seiner Bank einen Kredit über 120 000 €, Laufzeit 10 Jahre, zu den folgenden Konditionen: Zinssatz 3,8 %, Auszahlung 95 %, Provision von der Kreditsumme 0,5 %, eine einmalige Kreditprüfungsgebühr 120 €. Provision und Gebühr werden bei Auszahlung von der Kreditsumme abgezogen. Berechnen Sie den effektiven Zinssatz.

Vermischte Aufgaben

1 Ein Schüler der Fachoberschule hat zum Geburtstag ein Geldgeschenk über 300 € erhalten, das er am 15. Januar auf ein neu eingerichtetes Sparbuch einzahlt. Da er in den Sommerferien noch eine Aushilfstätigkeit in einem Sportverein ausübt, kann er am 20. August weitere 200 € auf dieses Konto einzahlen. Wie viel Zinsen schreibt ihm die Bank am Jahresende gut und wie hoch ist der Kontostand (Zinssatz der Bank 1,25 %)?

2 Für einen Anschaffungskredit, der insgesamt 10 Monate zu 6 % in Anspruch genommen wurde, zahlt eine Verkäuferin 400 € Zinsen. Berechnen Sie die Kreditsumme.

3 Ein Kaufmann hat am 25. Januar ein Tagesgeldkonto bei seiner Bank eingerichtet (Zinssatz 3 %) und darauf am gleichen Tag 3 000 € eingezahlt. Am 15. Juni wird der Zinssatz „aufgrund der allgemeinen Lage am Finanzmarkt" auf 2,25 % gesenkt. Welchen Zinsbetrag erhält der Kaufmann ausgezahlt, wenn er das Konto am 31. Oktober wieder auflöst und sich das Guthaben auszahlen lässt?

4 Eine Rechnung über 690 €, die am 12. 7. fällig war, wird erst am 6. 8. einschließlich Verzugszinsen und 3 € Mahngebühren mit 696,45 € beglichen. Wie viel Prozent Verzugszinsen wurden berechnet?

5 Eine Garage hat einen Wert von 55 000 € und wird an eine Studentin für 60 € je Monat vermietet. Welche Verzinsung ergibt sich daraus für den Vermieter für das eingesetzte Kapital?

6 Unser Lieferer gewährt uns auf eine Rechnung über 8 000 € bei 30 Tagen Zahlungsziel 2 % Skonto, wenn wir die Rechnung innerhalb von 14 Tagen begleichen. Da wir nicht über flüssige Mittel verfügen, müssen wir unser Konto überziehen (Überziehungszinssatz 14,5 %).

a) Welchem Jahreszinssatz entspricht die Skontoangabe überschlagsmäßig? Lohnt sich unter diesen Bedingungen die vorzeitige Zahlung und Ausnutzung des Skontos?

b) Berechnen Sie den Skontovorteil in €.

c) Welcher Jahreszinssatz ergibt sich exakt?

7 Ein Möbelhändler erhält heute eine Rechnung über 14 400 € mit den folgenden Zahlungsbedingungen: „Zahlbar innerhalb von 10 Tagen bei 3 % Skontoabzug oder innerhalb 30 Tagen ohne Abzug".

a) Wie hoch ist sein Skontovorteil in €, wenn er den Skontoabzug ausnutzt, dafür allerdings einen Bankkredit zu 14 % in der erforderlichen Höhe in Anspruch nehmen muss?

b) Berechnen Sie den Jahreszinssatz der Skontoangabe.

2.2 Zinseszinsrechnung

Verbleiben die Sparzinsen auf dem Konto, so werden sie am Jahresende zum Kapital addiert und somit im folgenden Jahr mitverzinst. Man spricht in diesem Fall von **Zinseszinsen.**
Der Zinseszins ist ein „Zins auf Zinsen".

2.2.1 Die Zinseszinsformel

Beispiel

➲ Herbert hat 600,00 € für 3 Jahre bei einer Bank fest angelegt.
Er hat einen Zinssatz von 4 % vereinbart. Die Zinsen werden jährlich dem Kapital gutgeschrieben und im folgenden Jahr mitverzinst.
Über welches Kapital kann er nach 3 Jahren verfügen?

Lösung

Kapital nach 1 Jahr: $600 + 600 \cdot \frac{4}{100} = 600 + 600 \cdot 0{,}04 = 624$

Kapital nach 2 Jahren: $624 + 624 \cdot 0{,}04 = 648{,}96$

Kapital nach 3 Jahren: $648{,}96 + 648{,}96 \cdot 0{,}04 = 674{,}92$

Nach 3 Jahren kann er über 674,92 € verfügen.

Zum Verständnis

Umformung: $600 + 600 \cdot 0{,}04 = 600 \cdot 1 + 600 \cdot 0{,}04 = 600(1 + 0{,}04) = 600 \cdot 1{,}04$

Hinweis: Der Faktor 1,04 heißt **Zinsfaktor.**

Anfangskapital K_0		K nach 1 Jahr K_1		nach 2 Jahren K_2		nach 3 Jahren K_3
600	$\cdot 1{,}04$	624	$\cdot 1{,}04$	648,96	$\cdot 1{,}04$	$674{,}92 = 600 \cdot 1{,}04^3$

Der Zinsfaktor 1,04 kommt **3-mal als Faktor** vor, deshalb vermehrt sich das Kapital in 3 Jahren um den **Faktor** $\mathbf{1{,}04^3}$.

Wird ein **Anfangskapital** $K_0 = 600$ **€** bei einem **Zinssatz von** $\frac{p}{100} = 0{,}04$ für **n = 3 (Jahre)** fest angelegt, so beträgt das **Endkapital** $K_3 = 600 \cdot 1{,}04^3 = 674{,}92$ **(€).**

Beachten Sie

Zinseszinsformel: $K_n = K_0\left(1 + \frac{p}{100}\right)^n = K_0 q^n$ mit Zinsfaktor $q = 1 + \frac{p}{100}$

K_n: Endkapital (Kapital nach n Jahren); Endwert

K_0: Anfangskapital; Barwert

$\frac{p}{100}$: Zinssatz

n: Zeit in Jahren; Laufzeit

Bemerkung: Die **Ermittlung des Endwertes** K_n heißt **„Aufzinsen"** von K_0.

2.2.2 Barwert, Zinssatz- und Laufzeitermittlung

Beispiel 1

Bei einem Wertpapier des Bundes (Bundesschatzbrief Typ B) wird ein Kapital 7 Jahre bei Zinseszins angelegt. Die Zinssätze für einen 2012 ausgegebenen Schatzbrief sind ab

01.01.2012	01.01.2013	01. 01.2014	01.01.2015	01.01.2016	01.01.2017	01.01.2018
0,25 %	0,25 %	0,25 %	0,5 %	1,75 %	2,00 %	2,00 %

a) Ein Kapital wird 3 Jahre in Bundesschatzbriefen angelegt.
Wie hoch war das Kapital, wenn es auf einen Betrag von 8060,15 € angewachsen ist?
Zu welchem Zinssatz wäre dieses Kapital auf einem Sparbuch um 5 % gewachsen?

b) Wie hoch ist dieses Kapital nach einer Laufzeit von 7 Jahren?
Wird eine durchschnittliche Verzinsung von mindestens 1,2 % erreicht?

Lösung

a) **Barwert**

Kapital nach 3 Jahren in €: $K_3 = 8060{,}15$ mit Zinssatz $p\,\% = 0{,}25\,\%$: $q = 1{,}0025$

Einsetzen in $K_3 = K_0 \cdot q^3$ ergibt: $8060{,}15 = K_0 \cdot 1{,}0025^3 \Leftrightarrow K_0 = \frac{8060{,}15}{1{,}0025^3} = 8000$

Das angelegte Kapital beträgt 8000 €.

Beachten Sie

Für das **Anfangskapital K_0 (Barwert)** gilt $\mathbf{K_0 = \frac{K_n}{q^n}}$

Bemerkung: Barwertermittlung heißt „Abzinsen" von K_n.

Zinssatz

Das Kapital von 8000 € wächst auf $8000\,€ \cdot 1{,}05 = 8400\,€$ an.

Eingesetzt ergibt: $8400 = 8000 \cdot q^3$ $\quad | : 8000$

Auflösen nach q: $q^3 = \frac{8400}{8000}$ $\quad | \sqrt[3]{}$

3. Wurzel ziehen: $q = \sqrt[3]{\frac{8400}{8000}} = 1{,}0164...$, mit $q = 1 + \frac{p}{100}$ ergibt sich $\frac{p}{100} = 0{,}0164$

Bei einem Zinssatz von 1,64 % wächst das Kapital in 3 Jahren um 5 % an.

Beachten Sie

Für den **Zinsfaktor q** gilt $\mathbf{q} = \sqrt[n]{\frac{\mathbf{K_n}}{\mathbf{K_0}}}$. Für den **Zinssatz p %** gilt $\frac{\mathbf{p}}{\mathbf{100}} = q - \mathbf{1}$.

b) Das Anfangskapital 2015 beträgt 8060,15 €. Das Endkapital 2015 beträgt mit Zinssatz $p\,\% = 0{,}50\,\%$ und $n = 1$: $8060{,}15 \cdot 1{,}005 = 8100{,}45$
Das Anfangskapital 2016 beträgt 8100,45 €. Das Endkapital 2016 beträgt mit Zinssatz $p\,\% = 1{,}75\,\%$ und $n = 1$: $8100{,}45 \cdot 1{,}0175 = 8242{,}21$

Das Anfangskapital 2017 beträgt 8242,21 €.

Das Endkapital 2018 beträgt mit Zinssatz $p\,\% = 2{,}00\,\%$ und $n = 2$:

$8242{,}21 \cdot 1{,}02^2 = 8575{,}20$

Das Kapital von 8000 € wächst auf den Betrag von 8575,20 € an.

Durchschnittlicher Zinssatz

Anfangskapital in €: $K_0 = 8000$

Kapital nach 7 Jahren in €: $K_7 = 8575{,}20$

Einsetzen in $K_7 = K_0 q^7$ ergibt: $8575{,}20 = 8000\, q^7 \;\Leftrightarrow q^7 = \frac{8575{,}20}{8000}$

$$q = \sqrt[7]{\frac{8575{,}20}{8000}} \approx 1{,}009\,968...$$

Mit $q = 1 + \frac{p}{100}$: $\quad p = 0{,}996 < 1{,}2$

Eine durchschnittliche Verzinsung von mindestens 1,2 % wird nicht erreicht.

Beispiel 2

➲ Die Firma Waldner plant die Erweiterung der Produktionshalle für 210 000 €. Sie ist bereit, 150 000 € Eigenkapital einzusetzen. Alternativ wird überlegt, das Kapital bei einem Zinssatz von 3,4 % bei der Hausbank anzulegen und zu warten, bis die Investitionssumme erreicht ist.

Lösung

Laufzeit

Überlegungen mit Excel:

Anfangskapital	150.000,00 €
Zinssatz	3,4%

Jahre	Kapital zu Beginn des Jahres	Zinsen	Kapital am Ende des Jahres
1	150.000,00 €	5.100,00 €	155.100,00 €
2	155.100,00 €	5.273,40 €	160.373,40 €
3	160.373,40 €	5.452,70 €	165.826,10 €
4	165.826,10 €	5.638,09 €	171.464,18 €
5	171.464,18 €	5.829,78 €	177.293,97 €
6	177.293,97 €	6.027,99 €	183.321,96 €
7	183.321,96 €	6.232,95 €	189.554,91 €
8	189.554,91 €	6.444,87 €	195.999,77 €
9	195.999,77 €	6.663,99 €	202.663,77 €
10	202.663,77 €	6.890,57 €	209.554,33 €
11	209.554,33 €	7.124,85 €	216.679,18 €

Laufzeitberechnung mit der Zinseszinsformel:

Anfangskapital in €: $K_0 = 150\,000$

Endkapital in €: $K_n = 210\,000$

Zinssatz $p\,\% = 3{,}4\,\%$ und damit Zinsfaktor $q = 1 + \frac{3{,}4}{100} = 1{,}034$

Log-Taste

log□(□)

Aus der Zinseszinsformel: $210\,000 = 150\,000 \cdot 1{,}034^n$

Lösung dieser **Exponentialgleichung** $1{,}034^n = \frac{210\,000}{150\,000} = 1{,}4$

$$n = \log_{1{,}034}(1{,}4) = 10{,}06...$$

Das Kapital muss etwa 10 Jahre angelegt werden.

Der Anbau lässt sich aber wohl nicht 10 Jahre aufschieben.

Math

log1,034(1,4)

Hinweis: In der Exponentialgleichung $1{,}034^n = 1{,}4$ ist die **Hochzahl** n (der Exponent) gesucht.

Aufgaben

1 Berechnen Sie mithilfe der Zinseszinsformel das Endkapital.

	a)	b)	c)	d)	e)	f)
Kapital	2 000,00 €	4 000,00 €	10 000,00 €	100 000,00 €	85 000,00 €	54 000,00 €
Zinssatz	3 %	2 %	1,5 %	4,05 %	3,75 %	2,25 %
Jahre	8	12	15	10	25	15

2 Berechnen Sie die fehlenden Größen.

	K_0	p	q	n	K_n
a)	15 000,00 €	5 %		10	
b)	2 500,00 €		1,03	8	
c)	9 500,00 €			24	24 351,39 €
d)	20 000,00 €		1,025		28 965,96 €

3 Ein Vater legt zur Geburt seines Sohnes ein Sparbuch an und zahlt darauf 5 000 € ein. Welches Guthaben weist das Konto nach Abschluss der Schulausbildung des Sohnes nach 18 Jahren auf, wenn das Konto mit 3 % verzinst wird und auf Zinseszins angelegt ist?

4 Zum 18. Geburtstag bekommt Herbert 4 000 € von seinem Opa geschenkt. Der Opa möchte, dass Herbert dieses Geld langfristig anlegt.
Herbert geht zu einer Bank, die ihm folgendes Angebot unterbreitet (Anlagedauer 30 Jahre):
Garantierte Mindestverzinsung: 2,5 %
Realistische Verzinsung: 3,5 %
Optimistische Verzinsung: 5,5 %
Mit welchem Kapital kann Herbert nach 30 Jahren rechnen?

5 Ein Sparer verfügt heute auf seinem Konto über ein Guthaben von 5 067,08 €. Wie viel hat er vor 8 Jahren eingezahlt, wenn das Geld mit 3 % verzinst wurde?

6 Eine Diplom-Kauffrau erwirbt einen Sparbrief zum Nennwert von 10 000 €, Laufzeit 8 Jahre, mit einer Verzinsung von 4,5 %. Der Sparbrief wird in der Abzinsungsvariante ausgegeben, sodass die Verzinsung des Papiers auf den Kaufpreis angerechnet wird. Zu welchem Kaufpreis kann der Sparbrief erworben werden?

7 Vor 8 Jahren wurde ein Betrag von 24 000,00 € bei einer Bank auf Zinseszins angelegt und ist nun auf 35 458,93 € angewachsen. Zu welchem Zinssatz wurde das Geld verzinst?

8 Ein Anleger möchte sein Kapital von 8 000 € fünf Jahre fest auf Zinseszins anlegen.
a) Berechnen Sie das Endkapital bei folgenden Zinssätzen: 3 %, 5 %.
b) Bei welchem Zinssatz würde sich sein Kapital verdoppeln?

9 Auf einem Konto sind 40 000,00 € eingezahlt, die zu 3 % verzinst werden.
a) Auf welchen Betrag wächst diese Summe innerhalb von 5 Jahren an?
b) Nach wie viel Jahren haben sich die 40 000,00 € verdoppelt?

10 Jemand zahlt auf ein Bankkonto 2 000,00 € ein und kann mit einer Verzinsung von 2,2 % rechnen.
a) Auf welchen Betrag ist das Kapital nach 5, 10 bzw. 15 Jahren angewachsen, wenn das Geld auf Zinseszins angelegt ist?
b) Auf welche Beträge würde das Geld in diesen Zeiträumen anwachsen, wenn es auf einfache Zinsen angelegt wäre? Vergleichen Sie die Zinsen.

11 In wie viel Jahren wächst ein Kapital von 5 000,00 € bei 4,5 %iger Verzinsung auf 9 259,72 € an?

12 Eine Spareinlage von 6 000,00 € wurde in den ersten 4 Jahren zu 3 % jährlich verzinst. Zu Beginn des fünften Jahres wurde der Zinssatz um ein halbes Prozent erhöht.
Auf welchen Endbetrag ist die Einlage nach weiteren 4 Jahren angewachsen?

13 Ein Kaufmann erhält nach dem Ausscheiden aus seiner Firma eine Abfindung in Höhe von 20 000,00 €, die er bei seiner Bank auf ein Sparkonto zu 5 % anlegt.
Nach 5 Jahren hebt er für eine Kreuzfahrt 5 000,00 € ab. Das restliche Guthaben wird noch weitere 5 Jahre verzinst.
Über welchen Betrag kann er nach Ablauf dieser Zeit verfügen?

14 Frau Kaiser legt bei ihrer Bank 18 000 € zu einem Zinssatz von 1,5 % auf Zinseszins an. Nach 3 Jahren zahlt sie weitere 2 000 € auf dieses Konto ein. Das Konto wird noch 7 Jahre zum selben Zinssatz weiter verzinst.
a) Auf welchen Betrag ist das Konto nach insgesamt 10 Jahren angewachsen?
b) Wie hoch wäre das Endkapital, wenn Frau Kaiser die zusätzliche Einzahlung von 2 000 € nicht geleistet hätte? Berechnen Sie den Unterschied.

15 Katrin erhält nach bestandener Prüfung von ihren Eltern 5 000 € geschenkt. Dieses Geld kann sie zu 2 % Zinseszins bei einer Sparkasse anlegen, möchte sich aber vorher noch über die Zinsentwicklung des angelegten Sparbetrages genauer informieren. Sie legt daher der Bank die folgenden Fragen vor. Wie werden die Antworten der Bank lauten?
a) Auf welchen Betrag ist das Sparkapital angewachsen, wenn es 5 Jahre bzw. 10 Jahre zum angegebenen Zinssatz angelegt wird?
b) Wie hoch ist der Zinsbetrag, der in dem jeweiligen Endkapital nach 5 Jahren bzw. nach 10 Jahren enthalten ist?
c) Welcher Betrag müsste nach 5 Jahren zusätzlich eingezahlt werden, um nach insgesamt 10 Jahren insgesamt einschließlich Zinseszins 10 000 € zur Verfügung zu haben?

2.2.3 Kapitalienvergleich

Beispiel

➲ Ein Makler für Auslandsimmobilien in Spanien wirbt in einer Anzeige für den Kauf einer Villa mit Meerblick.

Es gehen folgende Angebote ein:

(1) 600 000 € sofort

(2) 200 000 € sofort, 200 000 € nach einem Jahr und 300 000 € nach weiteren 4 Jahren.

Welches Angebot wird der Makler bei einem Zinssatz von 7 % annehmen?

Lösung

Um die Angebote vergleichen zu können, müssen die Kapitalien auf einen und denselben Stichtag auf- oder abgezinst werden: z. B. Stichtag „heute" (Zeitpunkt 0). Berechnung der Barwerte der einzelnen Kapitalien ergibt für

Angebot 1: $K_{01} = 600\,000$

Angebot 2: 200 000

200 000: 1,07

300 000: $1{,}07^5$

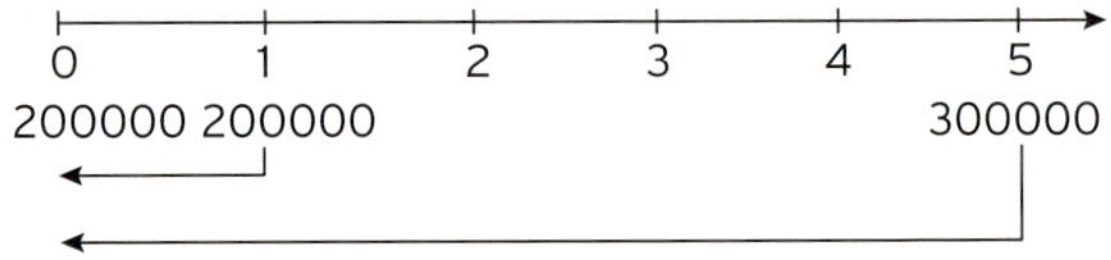

$$K_{02} = 200\,000 + \frac{200\,000}{1{,}07} + \frac{300\,000}{1{,}07^5} = 600\,811{,}74$$

Der Makler wird sich für das Angebot 2 entscheiden.

Beachten Sie

Die **Vergleichbarkeit von Kapitalien** wird durch Auf- bzw. Abzinsen auf einen gemeinsamen Bezugszeitpunkt hergestellt, z. B. durch Berechnung der **Barwerte** (Zeitpunkt 0).

Was man wissen sollte – über Zinseszinsrechnung

Zinseszinsformel $K_n = K_0(1 + \frac{p}{100})^n = K_0\, q^n$ **Endwert K_n**

Barwert:	**Laufzeit:**	**Zinsfaktor:**	**Zinssatz:**
$K_0 = \frac{K_n}{q^n}$	$n = \log_q\left(\frac{K_n}{K_0}\right)$	$q = \sqrt[n]{\frac{K_n}{K_0}}$	$\frac{p}{100} = q - 1$

Aufzinsen: $K_n = K_0 q^n$

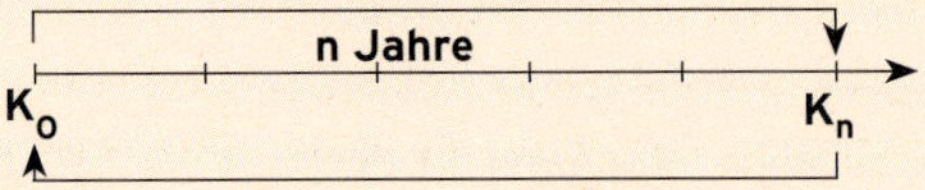

Abzinsen: $K_0 = \frac{K_n}{q^n}$

Aufgaben

1 Für eine Immobilie werden folgende Angebote unterbreitet:
Angebot A: 220 000 € in bar;
Angebot B: 100 000 € in bar, 130 000 € in 3 Jahren;
Welches der Angebote ist aus der Sicht des Verkäufers das günstigere? Als kalkulatorischer Zinssatz werden 4 % unterstellt.

2 Der Käufer einer Werkseinrichtung kann zwischen zwei Zahlungsarten wählen:
1. Möglichkeit: Es werden 3 Raten zu je 80 000 € gezahlt, die 1. Rate in bar, die 2. Rate nach 3 Jahren und die 3. Rate nach 5 Jahren.
2. Möglichkeit: 220 000 €, zahlbar in einem Jahr.
Welche Zahlungsvariante ist aus der Sicht des Käufers die günstigere, wenn er einen Zinssatz von 4 % kalkuliert?

3 Die Auszubildende Lotta möchte sich einen Mini Cooper als Jahreswagen kaufen. Sie hat drei absolut gleichwertige Minis zur Auswahl:
Angebot 1:
Autohaus Blatter: 22 000 € sofort.
Angebot 2:
Autohaus Herter: 12 000 € sofort und 12 000 € nach drei Jahren.
Angebot 3:
Ein „guter Freund" verzichtet auf eine sofortige Rate und verlangt je 5 000 € nach 3 und nach 6 Jahren sowie eine Schlussrate nach insgesamt 8 Jahren in Höhe von 20 000 €.

a) Beraten Sie Lotta und nehmen Sie dabei einen Zinssatz von 8 % an.
b) Welchen Vorschlag würden Sie Lotta unterbreiten, wenn der Zinssatz mit 4 % angenommen würde?

4 Herr Meier möchte sein Haus verkaufen und bietet es zu 270 000 € an. Er bekommt von zwei Interessenten, Albers und Bertold, die folgenden Angebote:
Albers: Zahlung in zwei gleich hohen Raten zu je 140 000 €, 1. Rate sofort, 2. Rate in 3 Jahren;
Bertold: Zahlung in 3 gleich hohen Raten zu je 100 000 €, 1. Rate sofort, 2. Rate in 3 Jahren und 3. Rate in 6 Jahren.
Beurteilen Sie die Angebote bei einem angenommenen Zinssatz von 5 %.

5 Ein renovierungsbedürftiges Appartment ist schwer verkäuflich. Nachdem ein Käufer gefunden ist, wird ein Preis von 200 000 € ausgehandelt, fällig nach Grundbucheintragung. Der Käufer hat wegen der anfallenden Renovierungskosten keine weiteren Barmittel zur Verfügung und einigt sich mit dem Verkäufer darauf, die Kaufsumme in zwei gleich großen Raten zu begleichen. Die erste Rate ist nach drei Jahren, die zweite nach 5 Jahren fällig. Wie hoch sind bei einer jährlichen Verzinsung die beiden Raten (gerundet auf volle 100 €), wenn ein Zinssatz von 4 % vereinbart wird?

2.2.4 Renditeberechnungen beim Zuwachssparen

Beispiel

Herr Holt erhält heute von seiner Bank ein Angebot über eine besonders interessante Anlageform seines Barvermögens: Anlagekapital 10 000,00 €, Laufzeit 4 Jahre bei steigenden Zinsen von Jahr zu Jahr (Zuwachssparen): Im 1. Jahr 2,5 %, im 2. Jahr 3,25 %, im 3. Jahr 4 % und im 4. Jahr 4,5 %.

a) Auf welchen Betrag wächst das Anlagekapital an, wenn die Zinsen jährlich zugeschlagen werden? Stellen Sie einen Sparplan auf.

b) Welche Rendite wirft diese Anlageform in dem Zeitraum effektiv ab?

Lösung

a) Sparplan:

Jahr	Kapital zum Jahresbeginn	Zinssatz	Zinsen	Kapital am Jahresende
1	10 000,00 €	2,5 %	250,00 €	10 250,00 €
2	10 250,00 €	3,25 %	333,13 €	10 583,13 €
3	10 583,13 €	4 %	423,33 €	11 006,46 €
4	11 006,46 €	4,5 %	495,29 €	11 501,75 €
Gesamt			1 501,75 €	

b) Berechnung der durchschnittlichen Verzinsung (Rendite): $10\,000 \cdot q^4 = 11\,501{,}75$

$$q = \sqrt[4]{\frac{11\,501{,}75}{10\,000{,}00}} \approx 1{,}0356$$

Die Anlage entspricht einer tatsächlichen (effektiven) Verzinsung von 3,56 % pro Jahr.

Hinweis: Das Zuwachssparen ist eine Sparform, bei der ein vorgegebener Sparbetrag für eine festgesetzte Laufzeit angelegt wird, wobei der Zinssatz von Jahr zu Jahr steigt oder gleich bleibt. Zum Vergleich mit anderen Sparformen ist es für den Anleger wichtig zu wissen, mit welchem **effektiven Zinssatz** sich die Anlage über den gesamten Anlagezeitraum verzinst

Aufgaben

1 Berechnen Sie die effektive Verzinsung pro Jahr, wenn sich ein Sparbrief wie folgt verzinst:

1. Jahr: 2,5 %; 2. Jahr: 3 %; 3. Jahr: 4,25 %; 4. Jahr: 4,5 %; 5. Jahr: 5 %.

2 Wie verzinst sich ein Sparbrief, der auf Wachstumssparen angelegt ist, im Durchschnitt? Legen Sie einen Sparplan an: 1. Jahr: 3 %; 2. Jahr: 3,5 %; 3. und 4. Jahr: 4 %; 5. Jahr: 4,5 %.

3 Eine Bank empfiehlt einem Arbeitnehmer, das zur Altersvorsorge angelegte Sparguthaben über 10 000 €, das bisher zu 3,5 % konstant verzinst wurde, in ein neues „Flexibles Vorsorgekonto" einzuzahlen mit einer jährlich steigenden Verzinsung in den ersten sieben Jahren:

1.	2.	3.	4.	5.	6.	7.	8.	9.	10.
1,5 %	2,0 %	2,3 %	2,6 %	3,0 %	3,5 %	4,0 %	4,0 %	4,0 %	4,0 %

Wird der Arbeitnehmer auf den Vorschlag der Bank eingehen?

Wie hoch ist der effektive Zinssatz des neuen Kontos?

2.2.5 Unterjährige Verzinsung

In der Praxis erfolgt der **Zinszuschlag** häufig nicht jährlich, sondern **unterjährig**, d.h. die **Zinsperioden sind kürzer als ein Jahr.**

Beispiel

➲ Eine Spareinlage von 10 000 € soll bei einem Jahreszinssatz von 6 % angelegt werden.

a) Wie verändert sich bei vierteljährlicher Abrechnung die Höhe des Endkapitals im Vergleich zur jährlichen Abrechnung bereits in den ersten zwei Jahren?

b) Berechnen Sie das Endkapital nach 5 Jahren bei vierteljährlicher Verzinsung.

Lösung

a) Berechnung des Endkapitals

bei vierteljährlicher Verzinsung

Abrechnung	vierteljährlich	
	10 000,00 €	
Nach 1 Vierteljahr:	150,00 € 10 150,00 €	$\cdot (1 + \frac{0{,}06}{4})$
Nach 2 Vierteljahren:	152,25 € 10 302,25 €	$\cdot (1 + \frac{0{,}06}{4})^2$
Nach 3 Vierteljahren:	154,53 € 10 456,78 €	$\cdot (1 + \frac{0{,}06}{4})^3$
Nach 4 Vierteljahren	156,85 € 10 613,63 €	$\cdot (1 + \frac{0{,}06}{4})^4$
Nach 5 Vierteljahren:	159,20 € 10 772,83 €	$\cdot (1 + \frac{0{,}06}{4})^5$
Nach 8 Vierteljahren	11 264,93 €	$\cdot (1 + \frac{0{,}06}{4})^8 = (1 + \frac{0{,}06}{4})^{4 \cdot 2}$

bei jährlicher Verzinsung

jährliche Abrechnung
10 000,00 €
600 € Nach 1 Jahr: 10 600,00 €
636,06 € Nach 2 Jahren: 11 236,06 €

Kapital in € nach 2 Jahren bei vierteljährlicher Verzinsung (4 Zinsperioden pro Jahr):

$$K_{2,4} = 10\,000 \cdot \left(1 + \frac{0{,}06}{4}\right)^{4 \cdot 2} = 10\,000 \cdot 1{,}015^8 = 11\,264{,}93$$

b) Kapital in € nach 5 Jahren

Periodenzinssatz (relativer Zinssatz) $\frac{6\%}{4} = 1{,}5\,\% = 0{,}015$

Zahl der Zinsperioden: $4 \cdot 5$

Mit der Formel: $K_{5,4} = 10\,000 \cdot (1 + \frac{0{,}06}{4})^{20} = 13\,468{,}55$

Das Kapital nach 5 Jahren beträgt bei vierteljährlicher Verzinsung 13 468,55 €.

Formel für die unterjährige Verzinsung

Die Berechnung des **Endkapitals** nach n Jahren und m Zinsperioden pro Jahr

erfolgt nach der Formel $K_{n,m} = K_0 \cdot (1 + \frac{p\,\%}{m})^{m \cdot n}$

Dabei ist: K_0: Anfangskapital n : Anzahl der Jahre m: Zinsperioden pro Jahr

$K_{n,m}$: Endkapital nach $n \cdot m$ Zinsperioden

p % : Jahreszinssatz (nominaler Zinssatz)

$\frac{p\,\%}{m}$: relativer Zinssatz (Periodenzinssatz)

5 Ott, Bohner, Deusch, Thun - ISBN 978-3-8120-0386-5

Die effektive Verzinsung bei unterjähriger Verzinsung

Wie schon das Einstiegsbeispiel gezeigt hat, führt die unterjährige Verzinsung zu einem höheren Endkapital als bei jährlicher Abrechnung. Damit ist auch der tatsächliche Zinssatz (Effektivzinssatz) höher als der angegebene Jahreszinssatz (Nominalzinssatz).
Er wird mit der nach p umgestellten Zinseszinsformel berechnet.

Beispiel 1

Effektiver Jahreszins

➲ Ein Kapital von 10 000 € wird 8 Jahre zu einem Zinssatz von 4 % angelegt. Die Zinsen werden dem jeweiligen Kapital vierteljährlich zugeschlagen.

a) Wie hoch ist das Endkapital nach 8 Jahren?

b) Wie hoch ist die effektive Verzinsung des Kapitals?

Lösung

a) **Berechnung des Endkapitals** nach 8 Jahren

Mit $K_0 = 10\,000$; $n = 8$; $p\,\% = 0{,}04 = 4\,\%$; $8 \cdot 4 = 32$ Zinsperioden;

$\frac{0{,}04}{4} = 0{,}01$ relativer Zinssatz

Endkapital in €: $K_8 = 10000 \cdot 1{,}01^{32}$

$K_8 = 13\,749{,}41$

Antwort: Das Endkapital nach 8 Jahren beträgt 13 749,41 €.

b) Effektive Verzinsung

Mit $K_0 = 10\,000$; $n = 8$, $K_8 = 13\,749{,}41$

erhält man aus $\mathbf{K_n = K_0\, q^n}$: $13\,749{,}41 = 10\,000 \cdot q^8$

Umformung: $q^8 = \frac{13\,749{,}41}{10\,000}$

8. Wurzel ziehen: $q \approx 1{,}0406$

Mit $q = 1 + p_{eff}\,\% = 1 + \frac{p_{eff}}{100}$ ergibt sich $p_{eff}\,\% \approx 0{,}0406 = 4{,}06\,\%$

Antwort: Das Kapital verzinst sich effektiv zu ca. 4,1 %.

Hinweis: Der effektive Zinssatz p_{eff} % ist der Zinssatz, bei dem sich bei jährlicher Verzinsung mit p_{eff} % das **gleiche Endkapital** ergibt, wie bei unterjähriger Verzinsung mit dem Zinssatz $\frac{p\,\%}{m}$ und m Zinsperioden pro Jahr.

Vergleichen Sie:	**Jahreszinssatz**	$p\,\% = 4\,\%$ (Nominaler Zinssatz)
	Periodenzinssatz	$\frac{p\,\%}{4} = 1\,\%$ (Relativer Zinssatz)
	Effektivzinssatz	$p_{eff}\,\% = 4{,}1\,\%$

Beispiel 2

➲ Die Sava-Kredit GmbH verleiht Kapital zu 12 %, der Zinszuschlag erfolgt allerdings jeweils nach 2 Monaten mit einem 2-Monatszinssatz von 2 %.
Wie hoch ist der effektive Jahreszinssatz?
Bei welchem 2-Monatszinssatz zahlt der Kunde effektiv 12 %?

Lösung

Effektiver Jahreszins p_{eff} %:

$$p_{eff}\,\% = (1 + 0{,}02)^6 - 1 = 0{,}1262$$
$$p_{eff}\,\% = 12{,}62\,\%$$

Der effektive Jahreszinssatz beträgt 12,62 %.

2-Monatszinssatz $\overline{p}$ %:

Aus $0{,}12 = (1 + \overline{p}\,\%)^6 - 1$

ergibt sich: $(1 + \overline{p}\,\%)^6 = 1{,}12$

6. Wurzel ziehen und 1 subtrahieren: $\overline{p}\,\% = \sqrt[6]{1{,}12} - 1 = 0{,}01907$

$$\overline{p}\,\% = 1{,}907\,\%$$

Bei einem 2-Monatszinssatz von 1,907 % zahlt der Kunde effektiv 12 %.

Beachten Sie

Effektiver Zinssatz p_{eff} %: $\mathbf{p_{eff}\,\% = (1 + \frac{p\,\%}{m})^m - 1}$ bei m Zinsperioden pro Jahr.

Aufgaben

1 Berechnen Sie den relativen Zinssatz bei **a)** halbjährlicher, **b)** vierteljährlicher und **c)** monatlicher Abrechnung, wenn der Jahreszinssatz 9 % beträgt.

2 Bei dreimonatiger Zinsabrechnung eines Sparkontos beträgt der relative Zinssatz 0,75 %. Welchem Jahreszinssatz entspricht das?

3 Berechnen Sie das Endkapital nach n Jahren bei m Zinsperioden pro Jahr. Vergleichen Sie die erhaltenen Beträge mit denen, die sich bei jährlicher Abrechnung der Zinsen ergeben hätten.

	K_0	p %	n	m
a)	12000 €	0,03	5	2
b)	5000 €	0,08	10	4
c)	20000 €	0,06	20	12
d)	32000 €	0,04	12	3

4 Herr Patzelt legt 10 000 € bei seiner Bank zu einem Jahreszinssatz von 4 % bei halbjährlicher Zinszahlung an.

a) Über welches Endkapital kann Herr Patzelt nach 8 Jahren verfügen?

b) Mit welchem Zinssatz hat sich seine Spareinlage effektiv verzinst?

5 Es werden 6 000 € vier Jahre zu 6 % angelegt. Die Zinsen sollen entweder halbjährlich oder monatlich abgerechnet werden. Wie groß ist die Differenz der beiden Anlageformen? Berechnen Sie die jeweilige effektive Verzinsung.

6 Ein Kapital von 2 000 € wird halbjährlich verzinst bei einem relativen Zinssatz von 2 %. Auf welchen Betrag ist das Kapital nach 5 Jahren angewachsen? Wie hoch ist die effektive Verzinsung der Anlage?

7 Eine Bürokauffrau möchte ihr Sparguthaben von 8 000,00 € anlegen. Welche Anlageform würden Sie ihr empfehlen?
I: 5,25 % Zinsen bei jährlicher Abrechnung;
II: 5,2 % bei halbjährlicher Abrechnung;
III: 5,05 % bei quartalsweiser Abrechnung.

8 Herr Dorer vereinbart mit seiner Bank einen effektiven Zinssatz von 4 % bei vierteljährlichem Zinszuschlag. Welchen nominellen Jahreszins erhält er?
Er legt 30 000 € an. Wie hoch ist sein Kapital nach 6 Jahren?

9 Die Firma Dürr nimmt kurzfristig Geld auf, um eine Druckmaschine zu finanzieren. Sie könnte einen Kredit entweder bei der R-Bank oder bei der S-Bank aufnehmen.
Die R-Bank fordert eine Rückzahlung von 150 000 € nach einem Jahr und von 50 000 € nach einem weiteren halben Jahr.
Die S-Bank will nach einem Quartal 80 000 € und nach weiteren 3 Quartalen 110 000 €. Welches Kreditangebot soll die Firma Dürr annehmen, wenn sie mit einem Quartalszinssatz von 3 % rechnet?

10 Eine Industriekauffrau legt ihr Erspartes in Höhe von 14 000 € auf ein festverzinsliches Konto zu 6 % für fünf Jahre an. Die Zinsen werden quartalsweise ausgeschüttet und dem Konto gutgeschrieben.

a) Über welchen Betrag kann Sie am Ende der Laufzeit verfügen?

b) Wie hoch ist die effektive Verzinsung des Kapitals?

11 Nach wie viel Jahren verdoppelt sich ein Kapital, wenn es zu 6 % auf Zinseszins angelegt ist und die Zinsabrechnung
a) jährlich,
b) halbjährlich oder
c) vierteljährlich erfolgt?

Aufgaben zur Zinsrechnung

1 Nach wie vielen Jahren hat sich bei einem Zinssatz von 4 % das Kapital von 300,00 € verdoppelt?

2 Ein Anlageberater bietet für eine Anlage von 2 500 € den folgenden Sparplan über 6 Jahre an:
1,75 % jährlicher Zinssatz für die ersten 2 Jahre,
2,5 % jährlicher Zinssatz für die 3 weiteren Jahre,
im letzten Jahr 4,2 %.
Bestimmen Sie das Endkapital und den mittleren Zinssatz.

3 Ein Abteilungsleiter der Firma Waldner möchte in 30 Jahren über ein Guthaben von 200 000 € verfügen.
Er lässt sich den Anlagebetrag durchrechnen für Zinsen von 1,9 % bis 3,8 %.

4 Wie groß ist der Differenzbetrag einer Geldanlage in Höhe von 10 000 €, die fünf Jahre lang entweder

a) zu 1,05 % bei jährlicher Abrechnung oder

b) zu 1 % bei halbjährlicher Abrechnung verzinst wird?

5 Jakob will zum Abschluss seines Studiums der Wirtschaft in 2 Jahren und 6 Monaten eine Vespa für 6 000 € kaufen. Ermitteln Sie seinen Anlagebetrag, wenn er 3,54 % Jahreszinsen erhält (auf volle 100 € runden).

6 Ein Sparer hat zum Beginn eines Jahres 5 000 € auf ein Sparkonto, das mit 4,5 % verzinst wird, angelegt. Fünf Jahre lang werden dem Konto die Zinsen jeweils am Jahresende zugeschlagen. Im darauffolgenden Jahr wird es am 12. Mai aufgelöst.
Welchen Betrag kann der Sparer abheben?

7 Eine ausländische Bank bietet für eine Festzinsanlage für Sparbriefe zwischen fünftausend und zehntausend Euro 6,5 % auf den Nennwert. Auf welches Endkapital ist eine Sparanlage in Höhe von

a) 5 000,00 € bzw.

b) 10 000,00 €

bei einer Laufzeit von 5 Jahren angewachsen?

8 Handelsschüler Fabian ist 17 Jahre alt und erhält von seinem Patenonkel 8 000 €, die er zur Altersvorsorge auf ein Sparbuch einzahlt. Er nimmt eine durchschnittliche Verzinsung von 2,75 % an.
Welchen Betrag kann er im Renteneintrittalter von 67 Jahren erwarten?

9 Ein Unternehmer stiftet für ein Jugendhaus 150 000 €. Dieses Geld soll solange bei 3,7 % Zinseszins angelegt werden, bis es auf 200 000 € angewachsen ist. Danach soll der jährlich anfallende Zinsertrag für die Jugendlichen verwendet werden.
Wie lange müssen die Jugendlichen noch warten?

10 Zu welchem Barwert kann heute ein 6 %iger Sparbrief mit einer Laufzeit von 5 Jahren und einem Nennwert von 4 000,00 € angeboten werden?

11 Ein abgezinster Sparbrief mit einem Nennwert von 5 000 €, Zinssatz 5 %, Laufzeit 4 Jahre, soll heute verkauft werden. Wie hoch ist sein Wert?

12 Ein abgezinster Sparbrief mit einem Nennwert von 10 000,00 € und einer Laufzeit von 10 Jahren wird heute zu 6 287,23 € ausgegeben. Zu welchem Zinssatz wurde er verzinst?

13 Herr Berger bietet seinem Nachbarn ein „zinsloses" Darlehen für den Kauf einer neuen Heizung. Er gibt ihm den Betrag von 6 300,00 € in bar gegen einen Schuldschein über 8 000,00 €, der in sechs Jahren einzulösen ist. Beurteilen Sie diese Vereinbarung.

14 Eine Sparkasse bietet eine Geldanlage in Form des Wachstumssparens für sechs Jahre an:
1. Jahr: 1,0 %; 2. Jahr: 1,35 %; 3. Jahr: 2,35 %; 4. Jahr: 2,6 %; 5. Jahr: 3,1 %; 6. Jahr: 3,1 %.
Wie hoch verzinst sich ein eingesetztes Kapital im Durchschnitt (effektiv)?

15 Herrn Kunze wird heute eine flexible Sparanlage angeboten: Einmalzahlung ab 5 000,00 €, Zuzahlungen sind ab 1 000,00 € möglich mit garantierten Zinssätzen in den ersten fünf Jahren: 1,5 %, 2 %, 2,3 %, 2,6 %, 3,5 %, danach 4 % pro Jahr.

a) Welchem Effektivzinssatz entspricht die Anlage in den ersten 5 Jahren?
b) Herr Kunze legt 10 000,00 € auf ein neu eröffnetes Konto an. Über welchen Betrag kann er nach 5 Jahren verfügen?
c) Herr Kunze legt 5 000,00 € auf ein neu eröffnetes Konto an und zahlt nach drei Jahren weitere 2 000,00 € ein. Über welchen Betrag lautet das Konto nach insgesamt 8 Jahren?

16 Ein Kapital wurde zunächst 5 Jahre lang zu 3 % angelegt, danach 2 Jahre zu 4 % und schließlich weitere 3 Jahre zu 4,5 %. Am Ende konnten 10 016,12 € ausgezahlt werden. Welcher Betrag wurde ursprünglich eingezahlt?

17 Ein Angestellter legt sein Bargeld auf ein Sparkonto an, das mit 4 % verzinst wird. Nach drei Jahren hebt er für eine Urlaubsreise 3 000,00 € ab. Der Rest wird weitere 2 Jahre verzinst. Danach beträgt das Guthaben 11 355,00 €.
Welcher Betrag wurde ursprünglich eingezahlt?

18 Ein Bauunternehmer, Sponsor des ortsansässigen Fußballvereins, legt zugunsten der Jugendabteilung des Vereins ein festverzinsliches Konto an über 25 000,00 € mit der Auflage, es so viele volle Jahre so lange mit Zinseszinsen anwachsen zu lassen, bis das Guthaben die Summe von 40 000 € zum ersten Mal überschritten hat. Ab dem darauffolgenden Jahr sollen die anfallenden Zinsen an den Verein jährlich ausgezahlt werden.

a) Nach wie viel Jahren erhält die Jugendabteilung den Zuschuss erstmals ausbezahlt (Zinssatz 5 %)?

b) Wie hoch sind die Zinsen, die dem Verein jährlich ausgezahlt werden können?

19 Für eine Immobilie werden dem Verkäufer die folgenden Angebote unterbreitet:
Angebot A: 90 000,00 € sofort; 120 000,00 € in drei Jahren und 40 000,00 € in vier Jahren.
Angebot B: 140 000,00 € in vier Jahren und 130 000,00 € in sechs Jahren.
Angebot C: 30 000,00 € sofort und 240 000,00 € in fünf Jahren.
Welches Angebot ist aus der Sicht des Verkäufers am günstigsten? Als kalkulierter Zinssatz wird 5 % angenommen.

20 Zu welchem Jahreszinssatz muss ein Kapital von 4 000,00 € verzinst werden, damit es bei halbjährlicher Zinszahlung innerhalb von 12 Jahren auf 9 009,00 € anwächst?

21 Ein Kapital von 16 000 € wächst in 6 Jahren auf 20268,30 € an. Wie hoch ist der jährliche und der monatliche Zinszuschlag (1 Dezimale)?

22 Berechnen Sie das Endkapital, wenn die Verzinsung halbjährlich bzw. vierteljährlich erfolgt. Berechnen Sie auch die Differenz zur jährlichen Abrechnung.

	Anfangskapital K_0	Jahreszinssatz p	Laufzeit n
a)	4 500 €	5 %	5 Jahre
b)	12 000 €	4,4 %	8 Jahre
c)	8 500 €	4,0 %	12 Jahre

23 Einem Anleger werden zwei Anlageformen für sein Barvermögen in Höhe von 18 000,00 € angeboten:
(1) 5 % bei jährlicher Zinszahlung;
(2) 4,5 % bei halbjährlicher Zinszahlung.
Der Sparer plant, den zur Verfügung stehenden Betrag für 5 Jahre bzw. für 10 Jahre anzulegen.
Wie wird er sich in den beiden Fällen jeweils entscheiden? Berechnen Sie auch den Effektivzinssatz der beiden Alternativen.

Test zur Überprüfung Ihrer Grundkenntnisse

1 Ein Einzelhändler war mit einer Rechnung über 3 500 €, die am 13. Mai fällig war, in Zahlungsverzug und zahlte am 25. Juli desselben Jahres 3 562,30 € einschließlich Verzugszinsen zurück. Wie viel Prozent wurden ihm an Verzugszinsen berechnet?

2 Herr Thiel hat zur Finanzierung seiner neuen Winterreifen (Komplettsatz) einen kurzfristigen Kredit bei der Auto-Kreditbank aufgenommen. Nach einer Laufzeit von 90 Tagen zahlt er den Kredit einschließlich 1,5 % Zinsen und 15,60 € Vermittlungsgebühr mit 7 844,85 € zurück.

a) Über welchen Betrag lautete die Kreditsumme?

b) Wie hoch ist der effektive Zinssatz des Kredites unter Einbeziehung der Vermittlungsgebühr, wenn der Kredit über einen Betrag von 7 800 € abgeschlossen wurde?

3 Ein Hausbesitzer hat in einem Mietshaus zwei Badrenovierungen vornehmen lassen. Von den beauftragten Firmen erhält er nach Abschluss der Arbeiten die folgenden Schlussrechnungen:

	Fliesen Schmidt	Sanitär und Heizung	Malerarbeiten
Rechnungsbetrag	12 000 €	14 000 €	4 000 €
Zahlungsziel	30 Tage	6 Wochen (42 Tage)	sofort
Skonto Zahlung innerhalb von	2 % 10 Tagen	3 % 8 Tagen	ohne Abzug

a) Berechnen Sie überschlagsmäßig, ob der Hausbesitzer die Rechnungen unter Abzug des Skontos überweisen sollte, wenn er dafür sein Geschäftskonto mit 9,6 % belasten muss.

b) Wie hoch ist der exakte Effektivzinssatz des Skontoabzugs bei Fliesen Schmidt?

c) Berechnen Sie den Finanzierungsgewinn, der sich aus der Rechnung für Heizung und Sanitär unter Abzug von Skonto im günstigsten Fall ergibt (Bankzinssatz 9,6 %).

4 Eine Rechtsanwältin erwirbt zur Geldanlage eine Immobilie für 260 000 €. Sie verfügt über Eigenmittel von 120 000 €, den Rest finanziert sie bei ihrer Bank zu 2,5 % Zins. Sie rechnet mit jährlichen Aufwendungen für Steuern, Abgaben und Reparaturen in Höhe von 8 400 € und kann mit monatlichen Mieteinnahmen von 1200 € kalkulieren.

a) Zu wie viel Prozent verzinst sich das angelegte Eigenkapital?

b) Wie hoch ist die Rendite der Immobilie?

5 Eine angelegte Sparsumme wird 3 Jahre lang zu 2 %, danach 4 Jahre zu 3 % und schließlich 3 Jahre zu 3,5 % verzinst und ist nach insgesamt 10 Jahren auf den Betrag von 7 945,51 € angewachsen.

a) Wie hoch war die angelegte Sparsumme?

b) Begründen Sie, dass sich dasselbe Endkapital ergibt, wenn die Verzinsungsperioden vertauscht werden.

6 Bei einer Sparkasse werden 20 000 € angelegt zu einem Jahreszinssatz von 4 %, die Zinsabrechnung soll vierteljährlich erfolgen.

a) Wie hoch ist das Endkapital nach 10 Jahren?

b) Wie hoch hat sich das Kapital effektiv in diesem 10-Jahreszeitraum verzinst?

II Ganzrationale Funktionen

1 Von Zuordnung zur Funktion

Modellierung einer Situation

Im Versuchslabor der Firma Weber Metallbau GmbH werden verschiedene Gefäße benutzt. Der Laborleiter zeigt dem Praktikanten Füllkurven für 3 Wasserbehälter (hier im Längsschnitt dargestellt). Die Zeichnungen sind nicht maßstabsgetreu.

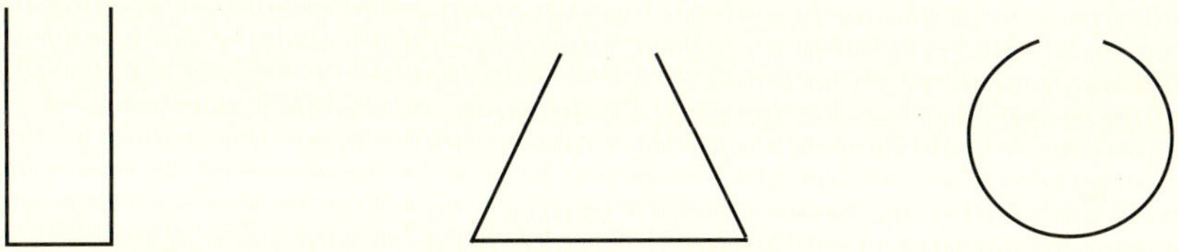

Zylindrischer Eimer (mit kreisförmiger Grundfläche) — Kegelstumpfförmiger Kolben (mit kreisförmiger Grundfläche) — Kugel

Jeder dieser drei Behälter wird gleichmäßig mit einem Liter Wasser pro Sekunde vollständig gefüllt. Die Wasserhöhe in cm in Abhängigkeit von der Zeit t in s wird für jeden Behälter auf eine andere Weise beschrieben, und zwar

- durch das Schaubild A

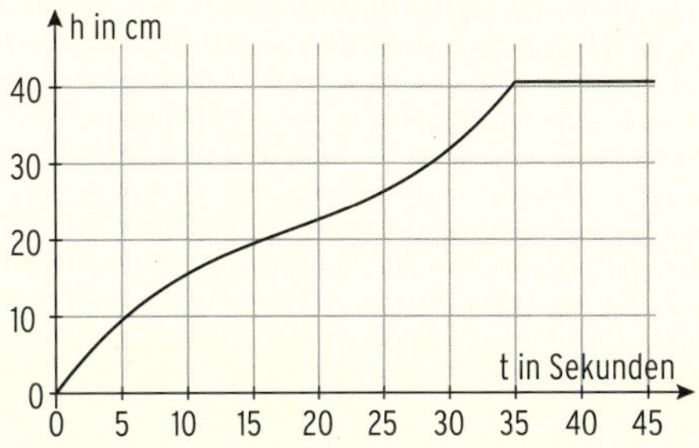

- durch das Schaubild B

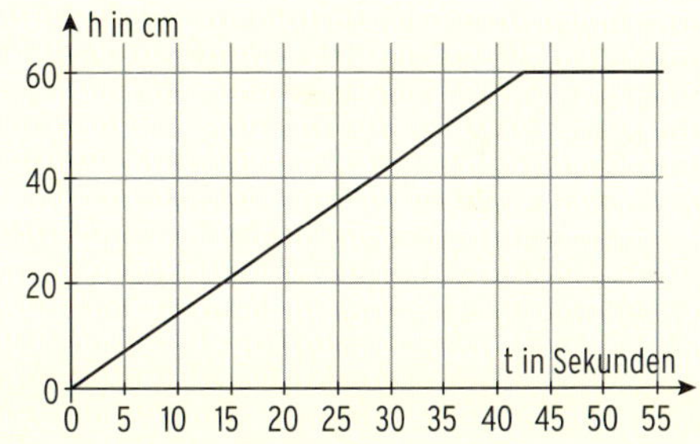

- durch die Tabelle

Zeit	0	2,3	10,8	20,3	28,5	35,7	41,8	46,9	51,1	54,6	60
Wasserhöhe	0	1	5	10	15	20	25	30	35	40	40

Der Praktikant soll eine Zuordnung finden und diese begründen. Wie hoch ist der Eimer? Welcher Behälter hat das kleinste Volumen?

Bearbeiten Sie diese Situation, nachdem Sie die rechts aufgeführten **Qualifikationen** und **Kompetenzen** erworben haben.

Qualifikationen & Kompetenzen

- Funktionale Zusammenhänge erkennen
- Zuordnungen beschreiben
- Realitätsbezogene Zusammenhänge darstellen

1.1 Zuordnungen

In Natur und Alltag hängt ein Merkmal sehr oft von einem anderen Merkmal ab, z. B. Preis und Menge, Temperatur und Zeitpunkt, Weg und Zeit, Bremsweg und Geschwindigkeit, Zinsen und Zeit, Einkommen und Konsum.
In vielen Fällen lassen sich die Zusammenhänge und Abhängigkeiten mathematisch erfassen.

Beispiel a)

In einer Krankenstation wurden über 5 Tage die Körpertemperaturen eines an *Malaria tertiana* erkrankten Kindes gemessen.
Die Daten wurden grafisch dargestellt, nach rechts ist die Zeit in Stunden abgetragen.

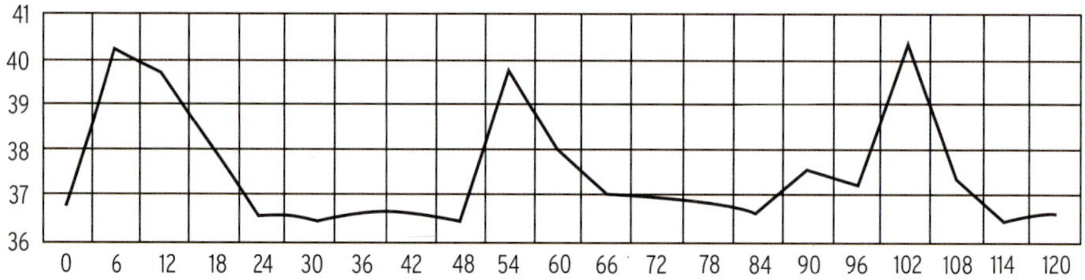

Was lässt sich ablesen?
- Zu jeder Stunde die Körpertemperatur.
- Das Fieber erreicht einen höchsten Wert von 40,5 °C.
- Die Fieberspitzen treten im Abstand von ca. 48 Std. auf.
- Das fieberfreie Intervall beträgt jeweils etwa einen Tag.

Beispiel b)

Das Glas in der Abbildung wird gleichmäßig mit Wasser gefüllt.
In einem Koordinatensystem ist die Veränderung der Füllhöhe in Abhängigkeit von der Zeit aufgetragen. Für jeden Zeitpunkt erhält man die zugehörige Füllhöhe. Im **Wertepaar** $(x \mid y)$ entspricht x der Ausprägung des Merkmals Zeit und y der Ausprägung des Merkmals Füllhöhe. Eine solche **Zuordnung** (*Zeit* $\mapsto$ *Füllhöhe*) lässt sich in einem **rechtwinkligen Koordinatensystem** übersichtlich darstellen.

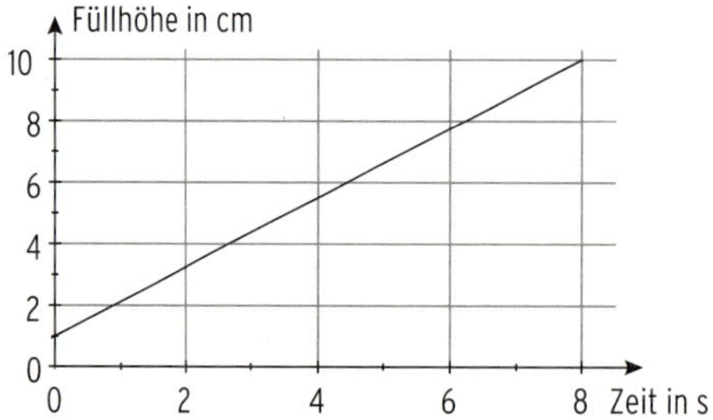

Beispiel 1

➲ In der deutschen Botschaft wird die Flagge gehisst.
Die drei Diagramme beschreiben die Höhe der Flagge in Abhängigkeit von der Zeit.
Interpretieren Sie die drei Diagramme.
Wie ist die Flagge jeweils gehisst worden?

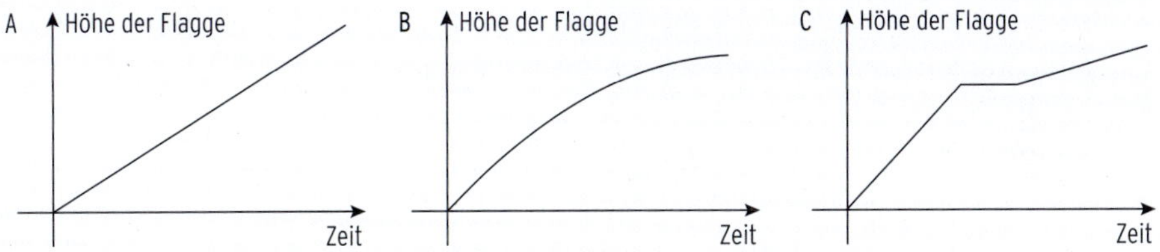

Lösung

Die Diagramme stellen die Zuordnung *Zeit* $\mapsto$ *Flaggenhöhe* grafisch dar.
Bei allen drei Diagrammen nimmt die Höhe mit der Zeit zu.

Diagramm A:
In der doppelten Zeit verdoppelt sich die Höhe. Höhe und Zeit sind proportional.
Die Flagge wird mit konstanter Geschwindigkeit hochgezogen.
Der Quotient $\frac{\text{Höhe}}{\text{Zeit}}$ ist konstant.
Wird die Flagge mit einem Motor bei konstanter Drehzahl gehisst, kann das Hissen mit diesem Diagramm beschrieben werden.

Diagramm B:
Der Höhenzuwachs pro Zeiteinheit (die Geschwindigkeit) nimmt ab und ist am Ende null.

Diagramm C:
Die Flagge wird mit konstanter Geschwindigkeit hochgezogen. Dann macht man eine Pause. Anschließend zieht man die Flagge wieder mit konstanter, aber verminderter Geschwindigkeit weiter hoch.

Beispiel 2

➲ Ein Landmetzger verkauft 100 g Bioleberwurst zu 1,60 €.

a) Bestimmen Sie die Tageseinnahmen für dieses Bioprodukt, wenn er 2 kg, 4 kg und 8 kg Wurst pro Tag verkauft. Übertragen Sie die Werte in ein Koordinatensystem.

b) Wie hoch sind seine Einnahmen, wenn er 5 kg verkauft?

c) Die Tageseinnahmen betragen 100 €. Wie viel Wurst in kg hat er verkauft? Verdeutlichen Sie Ihre Ergebnisse im Koordinatensystem.

d) Stellen Sie eine Gleichung auf, die die Tageseinnahmen (in €) in Abhängigkeit von der verkauften Menge (in kg) angibt.

e) Berechnen Sie das Gewicht der verkauften Wurst, wenn die Tageseinnahmen für dieses Produkt 168 € betragen.

Lösung

a) Tageseinnahmen in €
für 2 kg: $16 \cdot 2 = 32$
für 4 kg: $16 \cdot 4 = 64$
für 6 kg: $16 \cdot 6 = 96$
Darstellung der **Zuordnung** im Koordinatensystem.

Darstellung mit einer (Werte-)Tabelle:

Gewicht x in kg	2	4	6
Einnahmen y in €	32	64	96

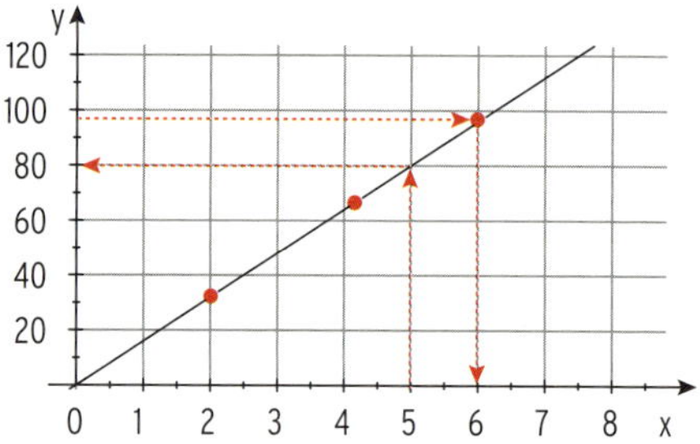

b) Wenn der Metzger 5 kg Wurst verkauft, betragen seine Einnahmen $16 \cdot 5\,€ = 80\,€$.

c) Betragen seine Einnahmen 100 €, hat er $\frac{100}{16}$ kg = 6,25 kg verkauft.
Für jedes Gewicht x ($x > 0$) lässt sich die zugehörige Einnahme y berechnen.

Hinweis: Die Punkte werden zu einer Halbgeraden verbunden.

d) Für die Maßzahl des **Gewichtes (in kg)** wählen wir die **Variable x**, für die Maßzahl der **Einnahmen (in €) y.**
Tageseinnahmen y € für x kg $\qquad y = 16 \cdot x$ (Zuordnungsvorschrift)

e) Ansatz: $y = 168$ $\qquad 168 = 16 \cdot x \Rightarrow x = \frac{168}{16} = 10{,}5$
Der Metzger hat 10,5 kg Wurst verkauft.

Aufgaben

1 Stellen Sie folgende Zuordnungen grafisch dar.

a)

x	−1	−0,5	1	1,5	2
y	2	−1	2	−0,5	3

b)

x	−1	−0,5	0	0,5	1	1,5
y	2	0	−2	−1	3	7

2 Drücken Sie die Zuordnung als Wertetabelle aus.

a)

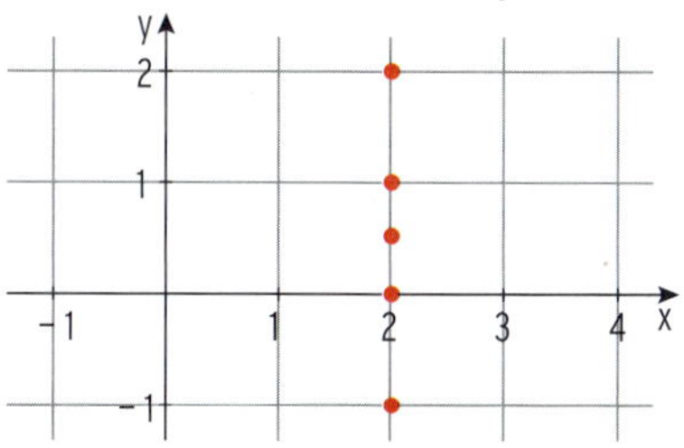

b)

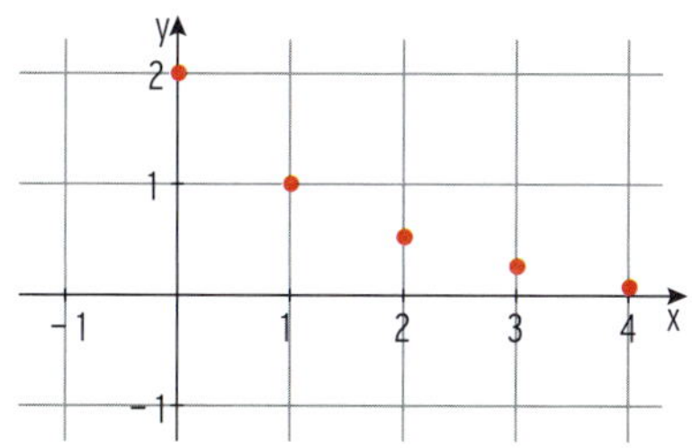

3 Drücken Sie die Zuordnung in Form einer Wertetabelle aus.
Finden Sie zu jeder Zuordnung eine Vorschrift.

a) Jedem x-Wert wird ein um 3 größerer y-Wert zugeordnet.

b) Jedem positiven x-Wert wird sein Wurzelwert zugeordnet.

c) Dem Radius x eines Kreises wird der Umfang zugeordnet.

4 Gegeben ist die Punktmenge $A = \left\{(1\,|\,3); \left(2\,\middle|\,\frac{3}{2}\right); (3\,|\,0); \dots\right\}$.
Tragen Sie die Punkte in ein Achsenkreuz ein. Geben Sie drei weitere Punkte an.
Der Zusammenhang von x- und y-Koordinate ist festgelegt durch $3x + 2y = 9$.
Überprüfen Sie diese Behauptung.
Lösen Sie den Term nach y auf.

5 Aus den Daten eines Fahrtenschreibers ergibt sich folgendes Schaubild.
Schreiben Sie eine Geschichte zu diesem Schaubild.

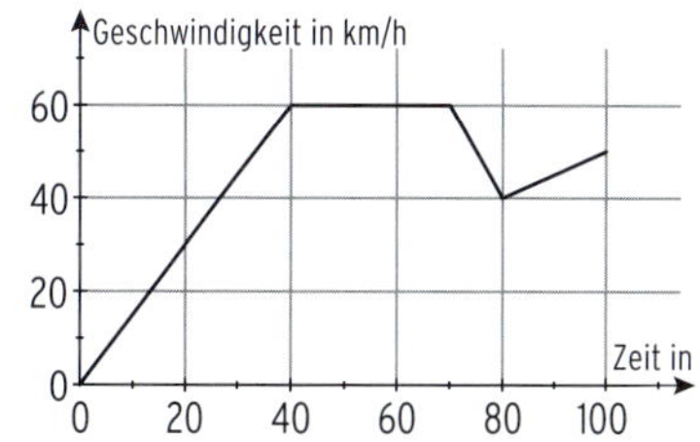

6 Eine Verbraucherumfrage nach Einkommen x und Konsumausgaben y ergab folgende Daten:

Einkommen x in €	550	720	1000	1260	1420	1730	1950	3000
Konsum y in €	520	670	900	1115	1250	1500	1690	2200

Ein Forscher hat die Zuordnungsvorschrift $y = 100 + 0{,}75\,x$ aufgestellt. Die Wertepaare aus der Tabelle ergeben eine Punktwolke, Wertepaare mithilfe der Vorschrift ergeben eine Gerade in einem Koordinatensystem. Interpretieren Sie die Zuordnungsvorschrift.

7 Jedem Diagramm kann einer der folgenden Sachverhalte zugeordnet werden. Begründen Sie Ihre Wahl. Geben Sie eine Zuordnungsvorschrift an.

a) Kosten eines Mietwagens bei einer Pauschale von 25 € und einem Preis von 0,2 € pro gefahrenem km

b) Tankinhalt (Volumen 11 500 Liter) eines Flugzeugs in Abhängigkeit vom Verbrauch (für 100 km 180 Liter)

c) Herstellungskosten einer Ware, deren Stückkosten 120 € betragen

d) Kapital nach x Jahren mit Zins und Zinseszins

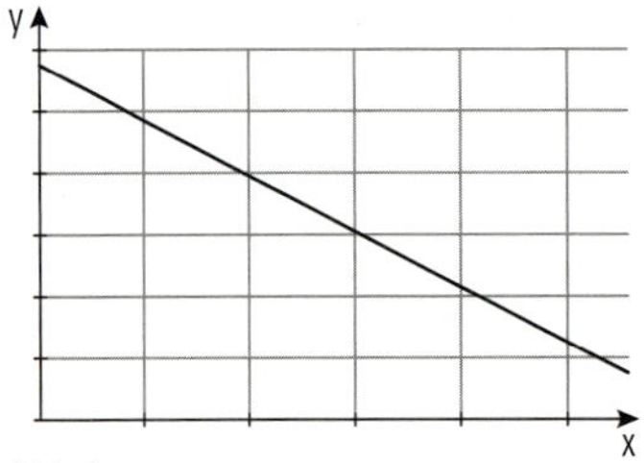

Abb. 1

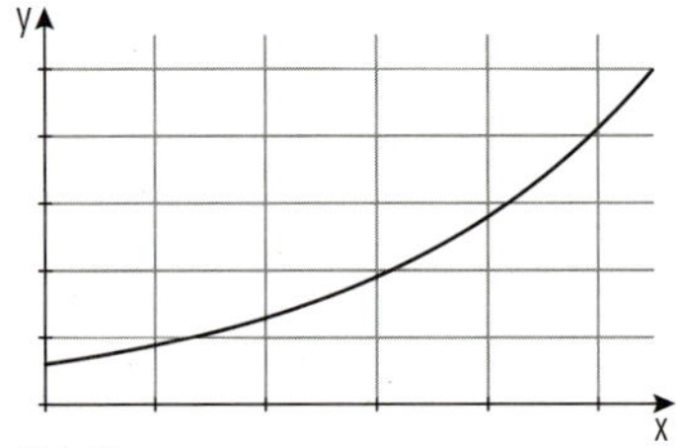

Abb. 2

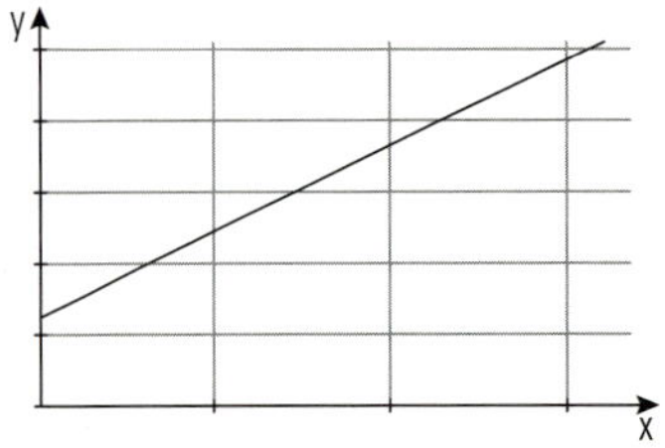

Abb. 3

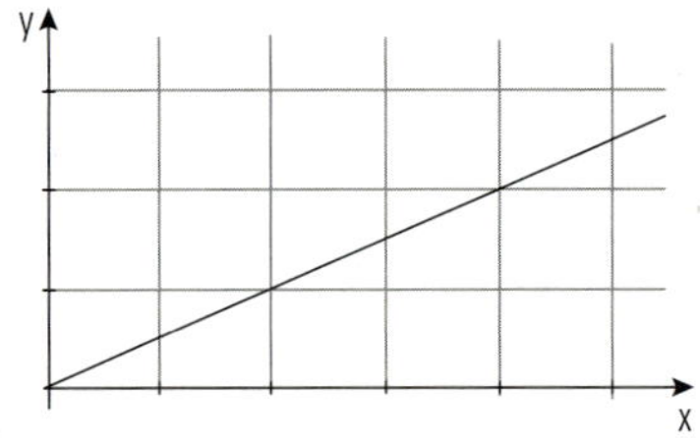

Abb. 4

8

a) Die Abbildung 5 zeigt den Querschnitt einer Vase mit 25 cm hohem Innenraum. Sie wird gleichmäßig gefüllt. Wie hängt die Füllhöhe von der Zeit ab? Stellen Sie diesen Vorgang in einem Koordinatensystem dar.

b) Die Abbildung 6 zeigt für ein anderes Gefäß den Graphen der Zuordnung *Zeit (t) ↦ Füllhöhe (h)*. Interpretieren Sie.

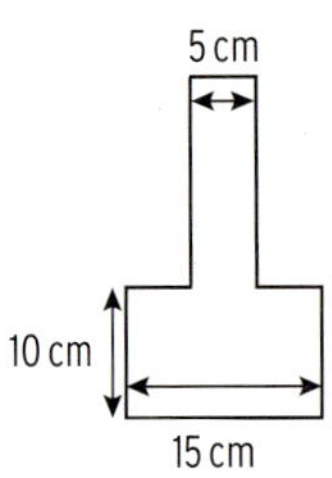

Abb. 5

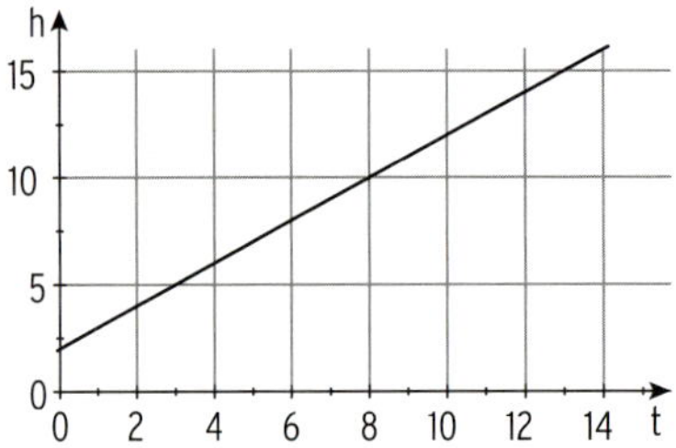

Abb. 6

9 Ein Kunde teilt dem Hersteller seine Kaufabsicht mit: Für 50 Geldeinheiten pro ME will er 2 Mengeneinheiten (ME) kaufen, für 40 GE/ME will er 4 ME und für 30 GE/ME will er 6 ME kaufen. Stellen Sie die Zuordnung des Preises x in GE pro ME zur Menge y in ME auf verschiedene Arten dar.

10 Der Kraftstoffverbrauch eines Autos hängt von der Geschwindigkeit ab. Die Abbildung zeigt den Verbrauch y in Liter pro 100 km in Abhängigkeit von der Geschwindigkeit x, wenn man im 4. Gang fährt.

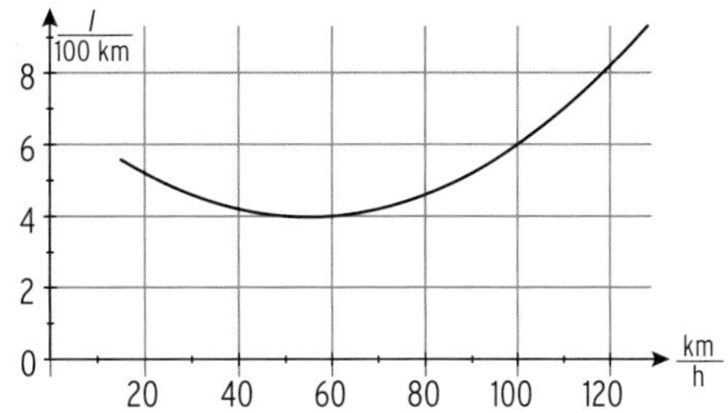

a) Interpretieren Sie die Kurve.
b) Bei welcher Geschwindigkeit beträgt der Verbrauch 6 ℓ pro 100 km? Bei welcher Geschwindigkeit ist der Verbrauch am geringsten?
c) Wie könnte die Kurve verlaufen, wenn man im 3. Gang fährt?

11 Die Grafik zeigt die Gesamtkosten einer Unternehmung in Geldeinheiten (GE) in Abhängigkeit der produzierten Mengeneinheiten (ME).

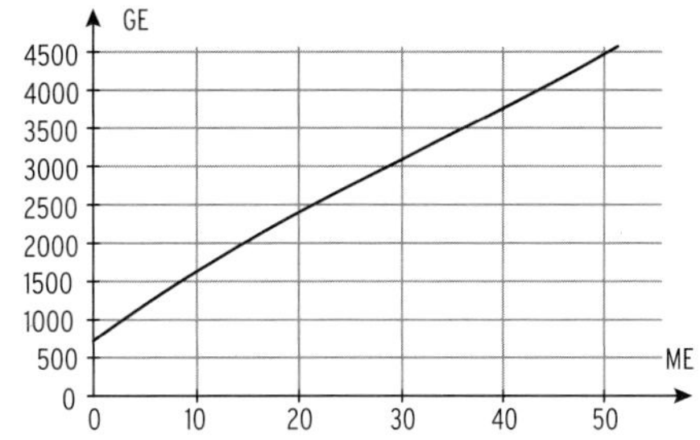

a) Beschreiben Sie die Kostenentwicklung.
b) Welche Kosten entstehen bei der Herstellung von 50 ME?
c) Wie hoch sind die Stückkosten bei der Herstellung von 30 ME?
d) Die Kosten werden auf 3500 GE begrenzt. Wie viel ME können hergestellt werden?

12 Die Grafik zeigt die Bevölkerungsfortschreibung für NRW bis 2050.

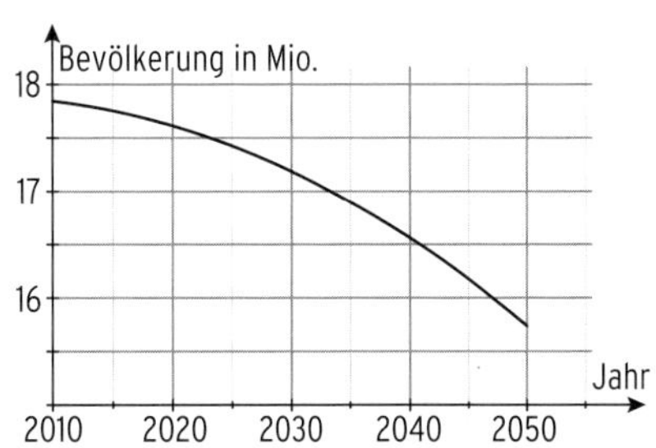

a) Wie viele Menschen lebten 2010 in NRW?
b) Wann sinkt die Bevölkerungszahl erstmals unter 17 Millionen?
c) Ermitteln Sie die durchschnittliche jährliche Abnahme der Bevölkerung von 2010 bis 2050.
d) Beschreiben Sie die voraussichtliche Bevölkerungsentwicklung bis 2050.

13 Die Firma Unterweger bietet ihre Transistoren in ME am Markt in Abhängigkeit vom erzielbaren Preis in GE an. Bei einem Marktpreis von 2 GE/ME liefert sie 3 ME, bei 6 GE/ME liefert sie 5 ME und bei 10 GE/ME liefert sie 7 ME an den Markt.
Füllen Sie die Tabelle aus. Finden Sie eine Zuordnungsvorschrift.

Preis pro ME (x)	0	2			20
Menge (y)		3			

1.2 Definition einer Funktion

Bei der Modellierung einer Situation erhält man oft **Zuordnungen** zwischen Größen, die einem Wert der einen Größe **genau einen Wert** der anderen Größe zuordnen. So kann z. B. bei der Bevölkerung einer Stadt jedem Tag genau eine Bevölkerungszahl zugeordnet werden. Dagegen ist die Zuordnung *Körpergröße* $\mapsto$ *Schuhgröße* nicht eindeutig, weil einer Körpergröße verschiedene Schuhgrößen zugeordnet werden können. **Eindeutige Zuordnungen** spielen eine herausragende Rolle.

Beispiel

➲ In der Fahrschule lernt man eine Faustregel zur Berechnung des Bremsweges in m:
„Dividiere die Geschwindigkeit $\left(\text{in } \frac{\text{km}}{\text{h}}\right)$ durch 10 und multipliziere das Ergebnis mit sich selbst."

a) Vervollständigen Sie die Tabelle.

Geschwindigkeit in $\frac{\text{km}}{\text{h}}$	30	50	80	100	120
Bremsweg in m					

Übertragen Sie diese Werte in ein Achsenkreuz.

b) Erfassen Sie diese Zuordnung durch eine Vorschrift.
Dabei sei x die Geschwindigkeit in $\frac{\text{km}}{\text{h}}$ und y der Bremsweg in m.

Lösung

a) Bremsweg in m bei $30\,\frac{\text{km}}{\text{h}}$: $\left(\frac{30}{10}\right)^2 = 9$

Der Bremsweg bei $30\,\frac{\text{km}}{\text{h}}$ beträgt nach dieser Regel 9 m.

Anwendung der Fahrschulregel:

Geschwindigkeit x in $\frac{\text{km}}{\text{h}}$	30	50	80	100	120
Bremsweg y in m	9	25	64	100	144

Aufstellen der Vorschrift

Geschwindigkeit x dividiert durch 10: $\frac{x}{10}$

Mit sich selbst multiplizieren: $\frac{x}{10} \cdot \frac{x}{10} = \frac{x^2}{100} = 0{,}01\,x^2$ (Term)

Gleichung für den Bremsweg: $y = 0{,}01\,x^2$ (Zuordnungsvorschrift)

Die Punkte werden zu einem Graphen verbunden.
Der Graph ist eine **Parabel,** da der Zusammenhang quadratisch ist.
$y = 0{,}01\,x^2$ ist die **Gleichung der Parabel.**

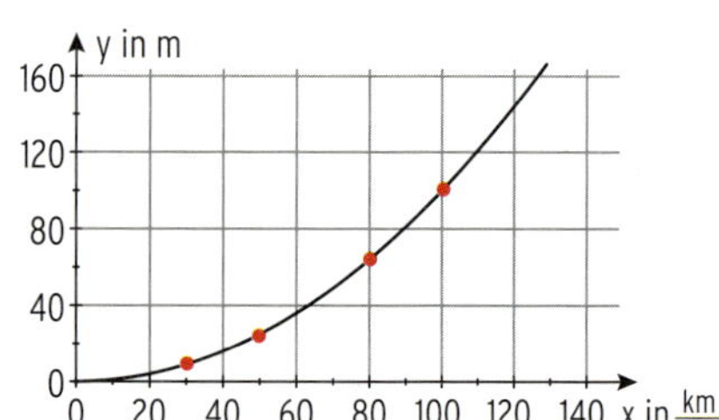

Im Beispiel „Bremsweg" ordnet man mit der Vorschrift $y = 0{,}01x^2$ jeder Geschwindigkeit x mit $x > 0$ genau einen Bremsweg y zu.

Eine solche **eindeutige Zuordnung** nennt man in der Mathematik **Funktion**.

Funktionen

Funktionen dienen zur Beschreibung von Zusammenhängen, bei denen eine Größe in **eindeutiger** Weise eine andere Größe festlegt.

Am Beispiel „Bremsweg" soll der Begriff **Funktion** näher erläutert werden.

Gleichung: $y = 0{,}01x^2$

Wertetabelle:

Geschwindigkeit x	0	30	50	80	100	120	150
Bremsweg y	0	9	25	64	100	144	225

Die Menge, die alle zugelassenen x-Werte enthält, nennt man **Definitionsmenge D**.

Für die Definitionsmenge D der „Bremsweg"-Funktion gilt: $D = \mathbb{R}_+$

Die Funktion (wir bezeichnen sie mit f) ordnet jeder Zahl aus der Definitionsmenge D mithilfe der **Funktionsvorschrift** $f(x) = 0{,}01x^2$ genau eine reelle Zahl zu.

Aus der Tabelle liest man ab:

Für $x = 30$: $y = f(30) = 9$

für $x = 120$: $y = f(120) = 144$

Für jedes x aus D gilt: $y = f(x)$

y ist der Funktionswert an der Stelle x.

Wir übertragen die Werte in ein Koordinatensystem mit x-Achse und y-Achse und erhalten das **Schaubild der Funktion f.**

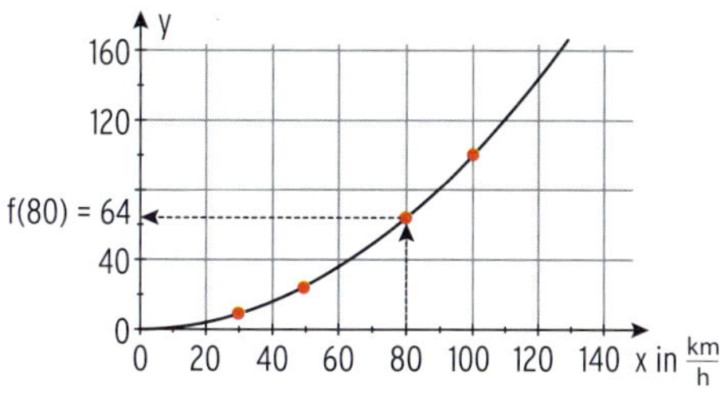

Es besteht ein **funktionaler Zusammenhang** von Geschwindigkeit und Bremsweg.

Jeder Geschwindigkeit x wird genau ein Bremsweg f(x) zugeordnet.

Schreibweise dieser Funktion f: f mit $f(x) = 0{,}01x^2$; $D = \mathbb{R}_+$

Der Term $0{,}01x^2$ ist der **Funktionsterm**.

Definition einer Funktion

Eine Funktion f ist eine **eindeutige Zuordnung,** die **jeder reellen Zahl** aus einer Definitionsmenge D **genau eine** reelle Zahl zuordnet.

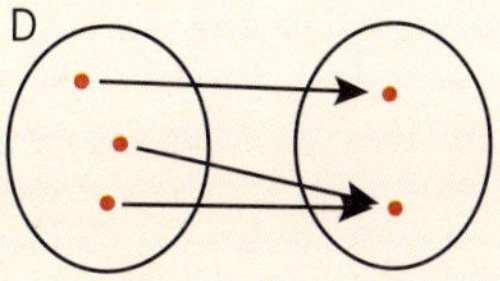

6 Ott, Bohner, Deusch, Thun - ISBN 978-3-8120-0386-5

Bezeichnungen

x	Element von D ($x \in D$), Stelle, Argument oder Abszisse, **unabhängige Variable**
f(x)	**Funktionswert** von x (Funktionswert an der Stelle x)
D	**Definitionsmenge**, Menge aller x-Werte, auf die f angewandt werden soll.
K_f, H, C,...	**Schaubild von f**, enthält alle Punkte P(x | y), deren Koordinaten $y = f(x)$ erfüllen. y hängt von x ab, y heißt **abhängige Variable**.

Darstellungsmöglichkeiten einer Funktion

Beispiele

- Wertetabelle

x	-2	-1	0	0,5	1	2	3
y	6	2	0	-0,25	0	2	6

- Funktionsterm $f(x) = x^2 - x;\ x \in \mathbb{R}$
- Funktionsgraph K_f (Schaubild der Funktion f)

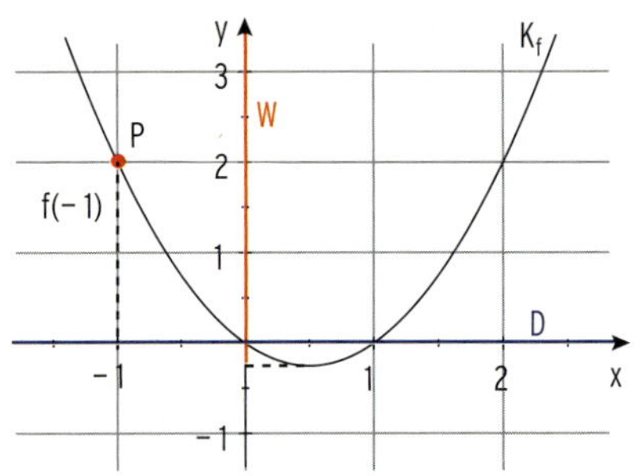

Unterscheiden Sie:

Die **Funktion f** mit $f(x) = x^2 - x$ beschreibt die Zuordnung.
Das Schaubild K_f von f hat die Gleichung $y = x^2 - x$.

Hinweise:

1) Bedeutungen von $f(-1) = 2$

Für den x-Wert −1 erhält man durch Einsetzen in f(x) den y-Wert (Funktionswert) 2.

Der Punkt P(−1 | 2) liegt auf dem Schaubild von f. $P(-1|2) \in K_f$

2) Für den Funktionswert $y = f(x)$ gilt $f(x) \geq -\frac{1}{4}$ (s. Abb.).
Die Menge $W = \left\{y \middle| y \geq -\frac{1}{4}\right\}$ heißt **Wertemenge.**

Definitionsbereich D und Wertebereich W einer Funktion

Seite 460

Im Beispiel: D = [1; 3]
W = [2; 4]

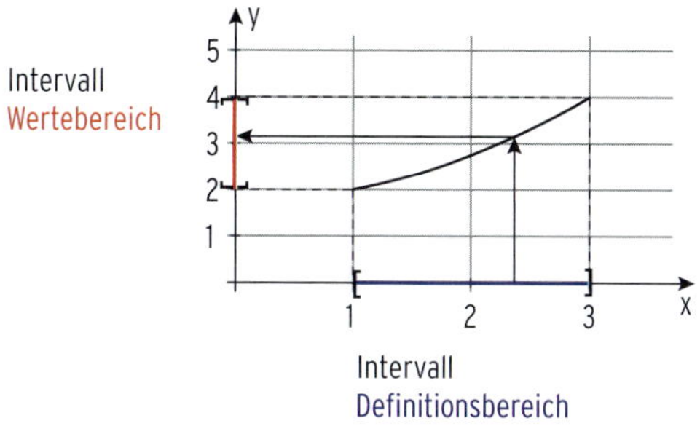

Definition: Wertebereich

Der Wertebereich von f ist die Menge aller y-Werte, für die gilt:
$W = \{y \mid y = f(x);\ x \in D\}$.

Beispiele

Eindeutige Zuordnung	**Funktionsvorschrift**
(1) Quadrieren Sie jede Zahl x.	(1) $f(x) = x^2;\ x \in D$
(2) 15 % der Einnahmen x sind Steuern.	(2) $f(x) = 0{,}15\,x;\ x \geq 0$
(3) Erlös bei einem Stückpreis von 5 GE und maximaler Verkaufszahl 11.	(3) $E(x) = 5\,x;\ x \in [0; 11]$

Der Graph einer Funktion wird im Allgemeinen von links nach rechts, also für wachsende x, betrachtet.

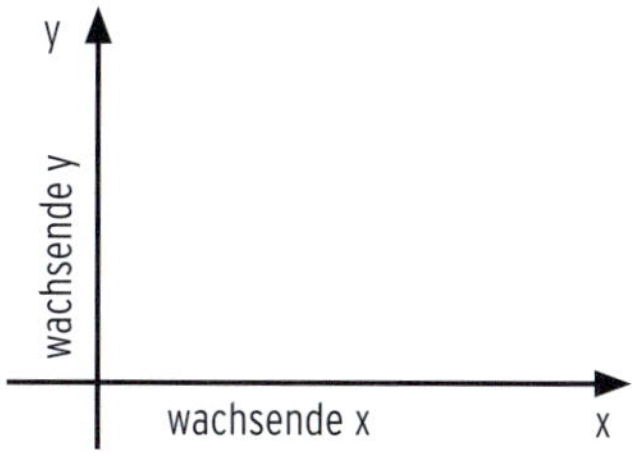

Keine Funktion

Der Graph einer Funktion enthält **niemals** mehrere Punkte, die **„übereinander"** liegen.

Begründung:
Bei einer Funktion wird **jedem** x-Wert **genau ein** y-Wert zugeordnet.

Bemerkung:
Die Abbildung zeigt den **Graphen einer Relation**.

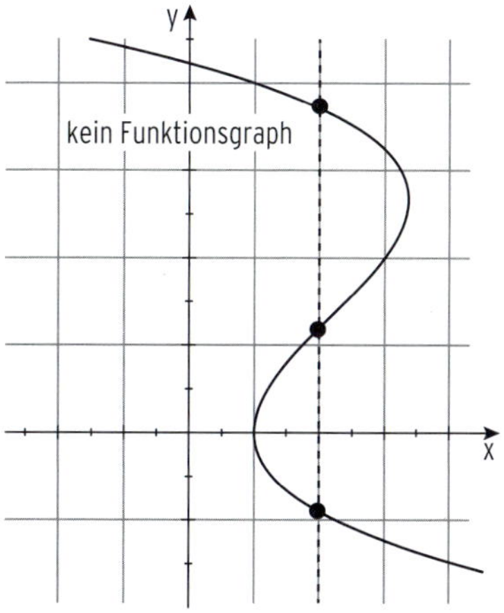

Aufgaben

1 Gegeben ist die Funktion f mit $x \in \mathbb{R}$. Zeichnen Sie das zugehörige Schaubild. Bestimmen Sie $f(-1{,}5)$ und ein x, sodass $f(x) = 1$. Geben Sie den Wertebereich von f an.

a) $f(x) = \frac{1}{2}x + 1$ **b)** $f(x) = 0{,}25x^2$ **c)** $f(x) = 6 - 2x$ **d)** $f(x) = 4 - x^2$

2 **a)** Prüfen Sie, ob eine eindeutige Zuordnung $x \mapsto y$ vorliegt: $x^2 + y^2 = 1$

b) Welche Punkte im Koordinatensystem erfüllen die Gleichung $x^2 + y^2 = 1$?

3 Welches Schaubild gehört zu einer Funktion $f: x \mapsto f(x)$? Begründen Sie.

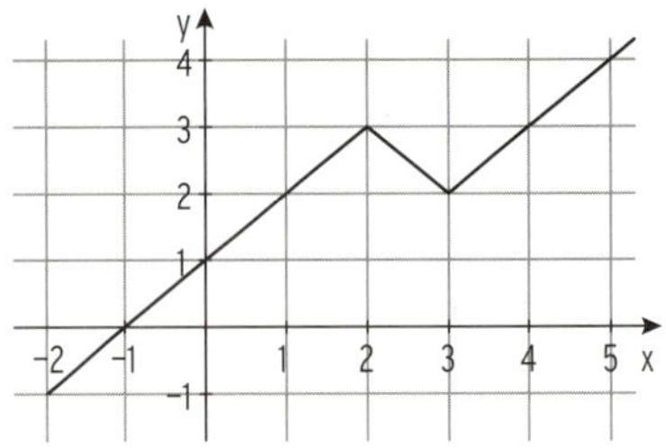

Abb. 1

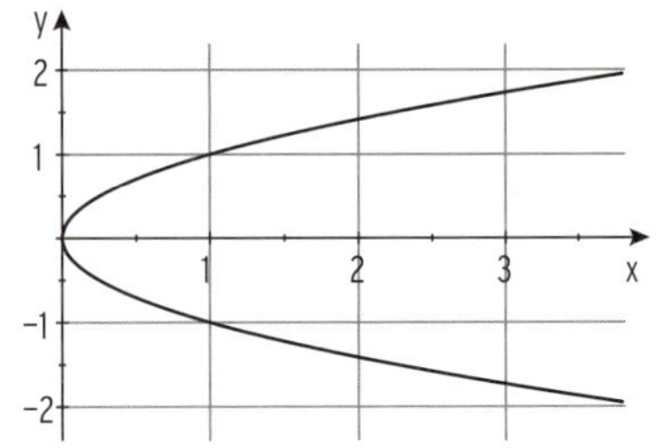

Abb. 2

4 Formulieren Sie mithilfe der mathematischen Kurzschreibweise.

a) An der Stelle 3 hat die Funktion f den Funktionswert 12.

b) Der Punkt $P(2|5)$ liegt auf dem Schaubild von f.

c) Die Funktionen f und g nehmen für $x = -1$ denselben Funktionswert an.

d) Das Schaubild von f schneidet die x-Achse in $x = 3$.

e) Alle Funktionswerte der Funktion f sind negativ.

5 Nennen Sie ein alltägliches Beispiel für eine Zuordnung, die eine (keine) Funktion ist.

6 Gehört die Wertetabelle zu einer Funktion? Begründen Sie Ihre Antwort.

a)

x	−1	0	1	2	3
y	4	0	−2	4	4

b)

x	−1	0	3	3	4
y	8	7	2	4	5

7 Beschreiben Sie in Worten.

a) $f(5) = 0$ **b)** $f(1) = f(-1)$ **c)** $f(x) \geq 0$

8 Welche Punkte $A(3|-1)$, $B(0|1)$, $C(-4|-3)$ und $D\left(\frac{1}{2}\middle|\frac{3}{8}\right)$ liegen auf dem Schaubild der Funktion f mit $f(x) = -\frac{x^2}{2} - x + 1$?

9 Entscheiden Sie begründet, welche Aussage wahr ist.

a) Der Graph einer Funktion schneidet die x-Achse in mindestens einem Punkt.

b) Der Graph einer Funktion schneidet eine Parallele zur y-Achse höchstens einmal.

c) Eine Parallele zur y-Achse kann nicht Graph einer Funktion sein.

d) Es gibt eine Parabel, die nur im 1. Quadranten verläuft.

10 Die Abbildung zeigt das Schaubild K_f der Funktion f.

a) Bestimmen Sie f(2) und f(−1).

b) Bestimmen Sie alle Punkte auf K_f mit der y-Koordinate null.

c) Wo ist der Funktionswert kleiner null? Was bedeutet dies für das Schaubild K_f?

d) Wie viele Lösungen hat die Gleichung f(x) = 2? Geben Sie die Lösungen an. Ändern Sie diese Gleichung so ab, dass sie nur noch eine Lösung hat.

e) Bestimmen Sie den größten Funktionswert für $x < 0$.

f) Bei welchen Punkten auf K_f von f ist die x- und die y-Koordinate gleich?

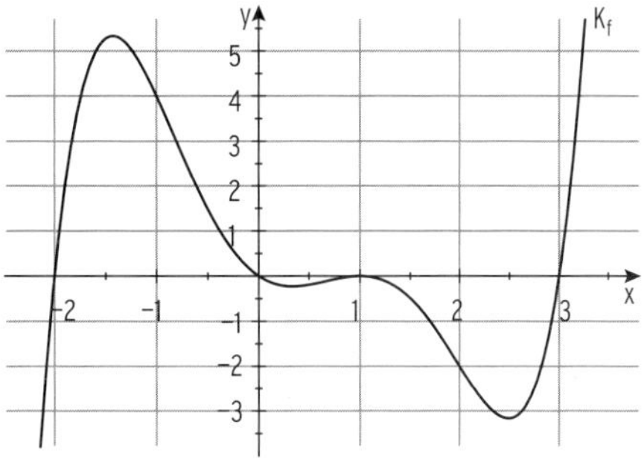

11 Bei der Herstellung einer Ware entstehen der Firma Abele Gesamtkosten K, beim Verkauf der Ware wird ein Erlös E (Umsatz) erzielt.

a) Lesen Sie ab: K(2) und E(2).

b) Welche Bedeutung hat die Differenz E(2) − K(2)?

c) Beschreiben Sie die Gewinnsituation der Firma Abele.

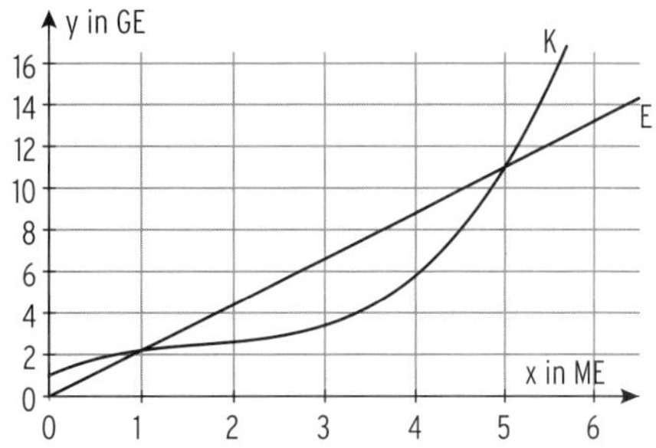

12 Die Preise in USD für eine Feinunze Gold sind in der Tabelle notiert.

Jahr	2004	2005	2006	2007	2008	2009	2010	2011	2012
Preis in USD	409	444	603	695	871	972	1227	1572	1668

a) Erläutern Sie den Begriff Zuordnung anhand der Tabelle.

b) Ist diese Zuordnung eine Funktion? Wenn ja, geben Sie die Definitionsmenge und die Wertemenge an.

c) Stellen Sie die Zuordnung in einem geeigneten Koordinatensystem dar. Ist es sinnvoll, die einzelnen Messpunkte zu verbinden?

d) Um wie viel Prozent stieg der Goldpreis von 2009 bis 2010?

13 Beschreiben Sie die dargestellte Zuordnung. Lesen Sie einige Messpunkte ab. Kann die Zuordnung als Funktion dargestellt werden? Begründen Sie.

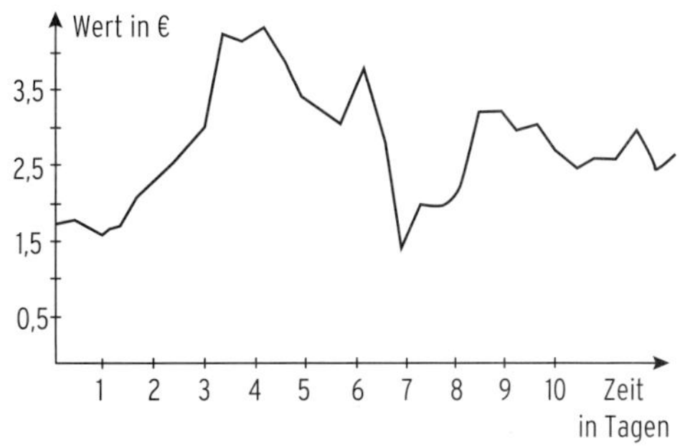

2 Lineare Funktionen

Viele Situationen im Alltag und aus der Wirtschaft lassen sich modellieren, d. h. mit mathematischen Mitteln (vereinfacht) darstellen. Dadurch unterstützt die Mathematik wichtige Entscheidungsprozesse, indem sie versucht, die wirtschaftlichen Probleme zu erklären.

Modellierung einer Situation

Die Abteilung Einkauf der Firma Weber Metallbau GmbH prüft für die monatliche Bestellung von Stahlblech die Preissituation auf dem Markt. Es werden Angebote von drei Lieferanten eingeholt.

Stahlhandel Gruber:
Der Preis für je 100 kg beträgt 30 € bei freier Lieferung.

Blime Stahl:
Der Preis für je 100 kg beträgt 25 € bei Lieferkosten von 80 €.

Metall und Eisen GmbH:
Der Preis für je 100 kg beträgt 25 € bei Lieferkosten von 120 €.

Stellen Sie die Situation geeignet dar.
Beraten Sie die Abteilung Einkauf in ihrer Wahl des Lieferanten bei verschiedenen Bestellmengen.

Bearbeiten Sie diese Situation, nachdem Sie die rechts aufgeführten **Qualifikationen** und **Kompetenzen** erworben haben.

Qualifikationen & Kompetenzen

- Realitätsbezogene Zusammenhänge mit linearen Funktionen beschreiben, darstellen und deuten
- Schnittpunkte berechnen
- Bedeutung der Koordinaten erfassen

2.1 Definition der linearen Funktion

Beispiel 1

Ökobauer Hans verkauft Kraut zu einem Preis von 1,50 € pro kg.
Er möchte seine Einnahmen für Mengen bis 100 kg tabellarisch und grafisch darstellen. Helfen Sie ihm.

Lösung

Für die Menge (in kg) wählen wir die **Variable x**, für die Einnahmen, den Erlös in €, die **Variable y**. Die Zuordnung ist eine Funktion.

- **Darstellung durch eine Tabelle**

Menge x	0	10	20	30	50	100
Erlös y	0	15	30	45	75	150

- Darstellung im **Koordinatensystem**:

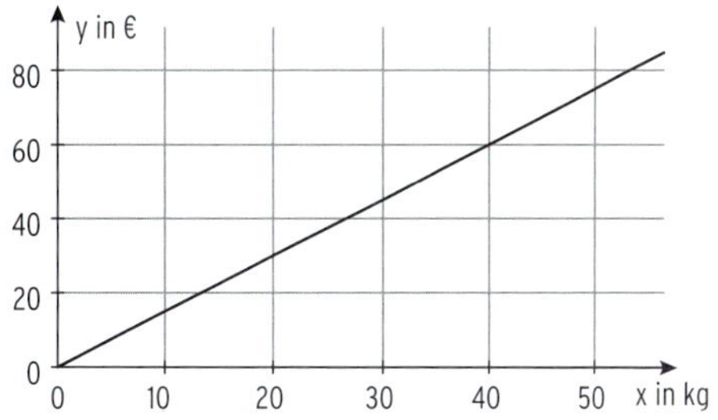

- Darstellung durch einen Term (Erlös y in € in Abhängigkeit von der Menge x in kg): $y = 1{,}5 \cdot x$ (**lineare Gleichung**)

Jeder verkauften Menge Kraut wird genau ein Erlös zugeordnet.
Erlösfunktion E mit $E(x) = 1{,}5x$; $x \geq 0$
Für die Menge an verkauftem Kraut (x) sind alle **positiven reellen Zahlen** (mit null) zugelassen.
Diese Menge heißt **Definitionsbereich D** dieser linearen Funktion E ($x \in D = \mathbb{R}_+$).

Das Schaubild **der linearen Funktion** f mit $f(x) = 1{,}5x$; $x \in \mathbb{R}$ ist eine **Ursprungsgerade** mit **Steigung** $m = 1{,}5$.

Im **Steigungsdreieck** gilt: $m = \frac{1{,}5}{1}$

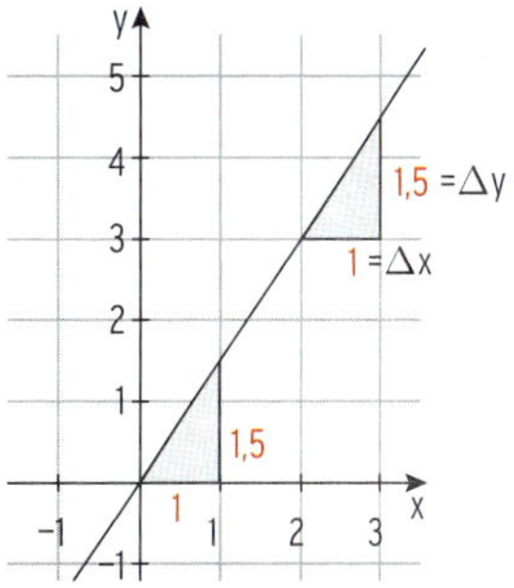

Beachten Sie

Allgemein gilt für die **Steigung m:**

$$m = \frac{\Delta y}{\Delta x} = \frac{\text{Differenz der y-Werte}}{\text{Differenz der x-Werte}}$$

Hinweise:

m > 0 bedeutet, die Gerade ist **steigend** (für wachsende x-Werte wachsen die y-Werte).
Ist E mit $E(x) = 1{,}5x$ die **Erlösfunktion,** so ist $m = 1{,}5$ **der Stückerlös bzw. der Stückpreis.**

Beispiel 2

Die Firma Waldner kann in einer Produktionsperiode bis zu 8 Werkzeuge (Kapazitätsgrenze) herstellen. Dabei entstehen Gesamtkosten in Geldeinheiten (GE), die sich durch die Funktion K mit $K(x) = 12{,}5\,x + 30$ beschreiben lassen.

a) Zeichnen Sie das Schaubild von K. Veranschaulichen Sie K(4) grafisch.

b) Liegt der Punkte P(6|105) auf dem Schaubild von K? Interpretieren Sie ökonomisch.

Lösung

a) K heißt **Gesamtkostenfunktion**

Kapazitätsgrenze $x_{max} = 8$:

Ökonomisch sinnvoller Definitionsbereich:

$D_{ök} = [0; 8]$

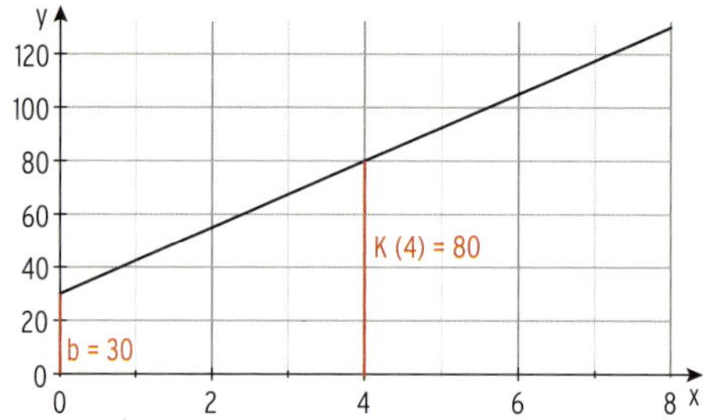

$K(x) = 12{,}5\,x + 30$ mit $x \in [0; 8]$.

$K(0) = 30$ sind die **fixen Kosten** K_{fix}

(Fixe Kosten entstehen unabhängig von der Produktionsmenge, z. B Mieten, Personalkosten.)

Eine **Geldeinheit** entspricht z. B. 100 €; 1 GE ≙ 100 €)

b = 30 ist der **y-Achsenabschnitt** der Kostengeraden.

Produktionsmenge x	0	4
Gesamtkosten K(x)	30	80

Hinweis: Eine Gerade ist durch **2 verschiedene Punkte** eindeutig festgelegt.
Die Kosten nehmen mit zunehmender Produktionsmenge auch zu.
Die Kostengerade ist steigend $(m > 0)$.

b) **Punktprobe** mit P(6|105):

Einsetzen der Koordinaten in den Funktionsterm: $105 = 12{,}5 \cdot (6) + 30$

ergibt eine **wahre Aussage** $105 = 105$, d. h., P **liegt** auf dem Schaubild von K.

Werden 6 Werkzeuge hergestellt, so entstehen Gesamtkosten von 105 GE.

Bemerkung: Liegt ein **Punkt auf einer Geraden,** so ergibt das **Einsetzen** der Koordinaten des Punktes in die Geradengleichung **(Punktprobe) eine wahre Aussage.**

Beachten Sie

Eine Funktion der Form f mit $f(x) = m\,x + b$; $x \in \mathbb{R}$ heißt **lineare Funktion** (ganzrationale Funktion 1. Grades).

Das Schaubild von f ist eine **Gerade.** $y = m\,x + b$ ist die Geradengleichung in **Hauptform (Normalform).**

m ist die **Steigung, b** ist der **y-Achsenabschnitt.**

Beispiel 3

➲ Die Firma Besler stellt ein Produkt her.
Die Abbildung zeigt den Verlauf der Kosten in GE für die Produktionsmenge x Mengeneinheiten (ME).
Die Kapazitätsgrenze liegt bei 10 ME.

a) Bestimmen Sie die Geradengleichung.

b) Interpretieren Sie ökonomisch.

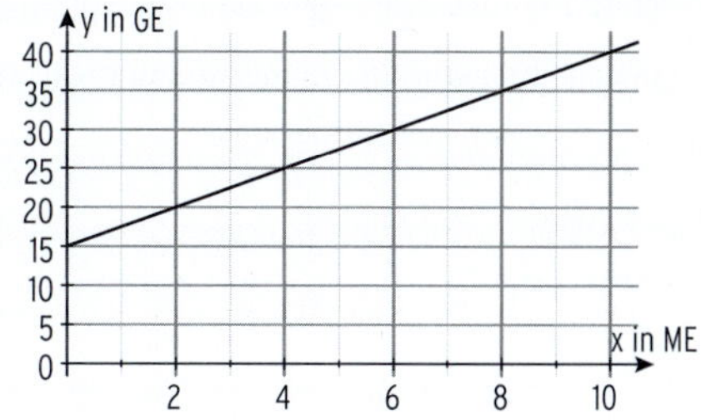

Lösung

a) **Ansatz: y = mx + b**
Aus dem Schaubild lässt sich ablesen:
$b = 15$
$m = \frac{5}{2} = \frac{10}{4} = \frac{2{,}5}{1} = 2{,}5$
Geradengleichung $y = 2{,}5\,x + 15$

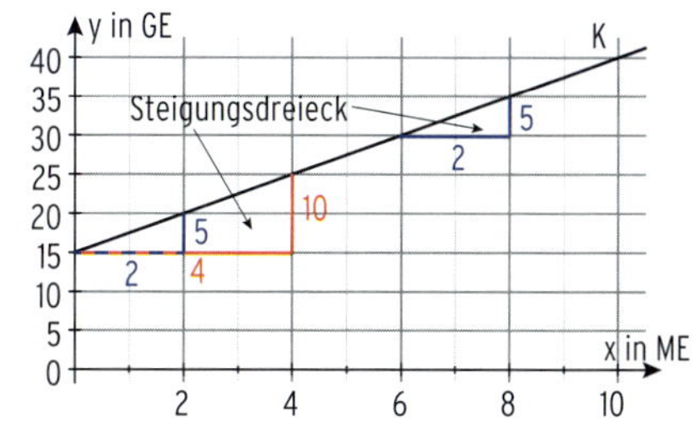

b) Eine **Mengeneinheit** entspricht z. B. 50 Stück (1 ME ≙ 50 St.)
y steht für die Gesamtkosten K(x): $K(x) = 2{,}5\,x + 15$
Die **Fixkosten** betragen 15 GE: $K(0) = 15$

Die Gesamtkosten setzen sich zusammen aus den **Fixkosten** und den **variablen Kosten**, die von der Produktionsmenge abhängen: $K(x) = K_v(x) + K_{fix}$
$K(x) = 2{,}5\,x + 15$

Erhöht man die Produktionsmenge um 2 ME, so erhöhen sich die Kosten um 5 GE.
Die **variablen Stückkosten** sind **konstant** und entsprechen dem **Kostenzuwachs** m.
m heißt **Steigung der Geraden**.
Ökonomisch sinnvoller Definitionsbereich von K: $D_{ök}$ = [0; 10].
Die Kapazitätsgrenze liegt bei 10 ME, es können also bis zu 10 ME produziert werden.

Beachten Sie Wirtschaftliche Zusammenhänge

x	Ausbringungsmenge; Produktionsmenge in Mengeneinheiten (ME) oder in Stück
K (x)	**Gesamtkosten** in Abhängigkeit von der Menge x K (x) in Geldeinheiten (GE) oder in €
$K_{fix} = K(0)$	Fixe Kosten
$K_v(x)$	Variable Kosten in Abhängigkeit von der Menge x
p	konstanter Stückpreis; Preis in GE pro ME
$E(x) = p \cdot x$	**Erlös** (Umsatz) in Abhängigkeit von x
$G(x) = E(x) - K(x)$	**Gewinn** = **Erlös** minus **Gesamtkosten**

$K(x) = K_v(x) + K_{fix}$

Beispiel 4

➲ Die Funktion L mit $L(x) = -1{,}5x + 12$ beschreibt den Zusammenhang zwischen dem Lagerbestand L(x) (in ME) und der Zeit x in Tagen.
Zeichnen Sie das Schaubild der linearen Lagerbestandsfunktion L. Interpretieren Sie.

Lösung

Zeichnen mithilfe des **y-Achsenabschnittes** und eines Steigungsdreiecks.
$b = 12$: G schneidet die y-Achse in $S_y(0|12)$.
$m = -1{,}5 = -\frac{3}{2}$: Von $S_y(0|12)$ aus 2 Einheiten nach **rechts** und anschließend 3 Einheiten nach **unten.**
Ökonomische Interpretation: Der Lagerbestand nimmt täglich um 1,5 ME ab.
Nach 8 Tagen ist das Lager geräumt.

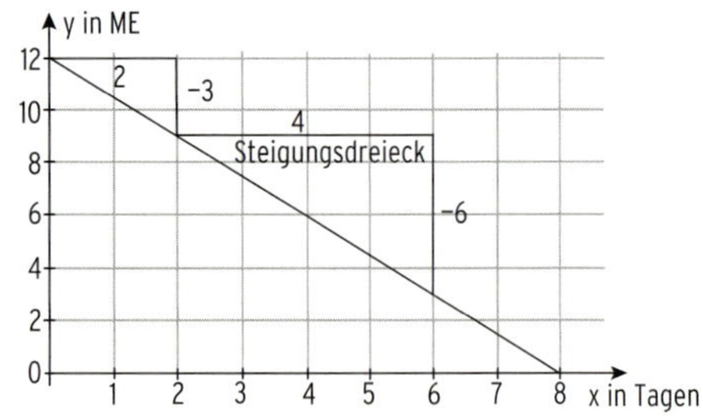

Beachten Sie Steigung von Graphen linearer Funktionen

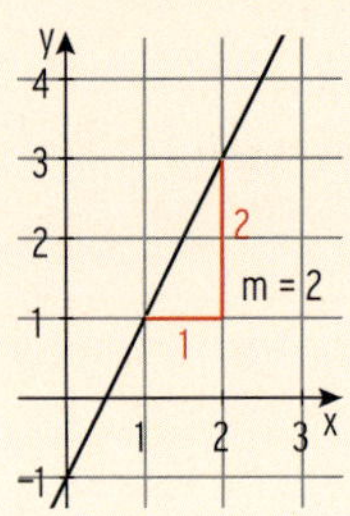

$f(x) = 2x - 1$ $(m > 0)$

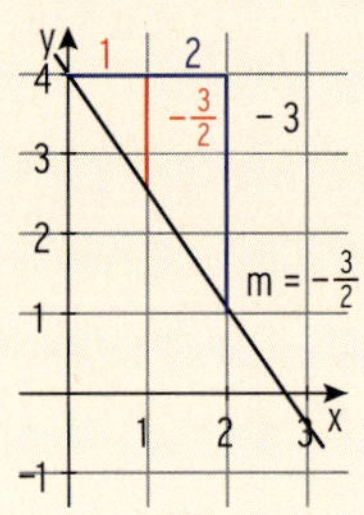

$f(x) = -\frac{3}{2}x + 4$ $(m < 0)$

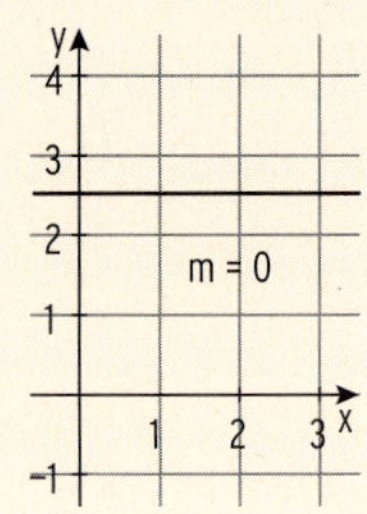

$f(x) = 2{,}5$ $(m = 0)$

Für $m > 0$ ist die zugehörige Gerade **steigend,** für $m < 0$ ist die zugehörige Gerade **fallend**. Für $m = 0$ verläuft die zugehörige Gerade **parallel zur x-Achse.**

Beispiel 5

➲ Der Filialleiter hat ein Grundgehalt von 1000 €. Bei einem Umsatz von 50 000 € verdient er 3500 €. Sein Gehalt hängt linear vom Umsatz ab.
Welche Bedeutung hat die Steigung?

Lösung

Die zugehörige Gerade verläuft durch (0 | 1000) und (50 000 | 3500).
Steigung $m = \frac{\Delta y}{\Delta x} = \frac{3500 - 1000}{50000 - 0}$, also $m = \frac{1}{20}$
$m = \frac{1}{20} = 5\,\%$; seine Umsatzbeteiligung liegt bei 5 %. Variabler Gehaltsanteil 5 % von x.

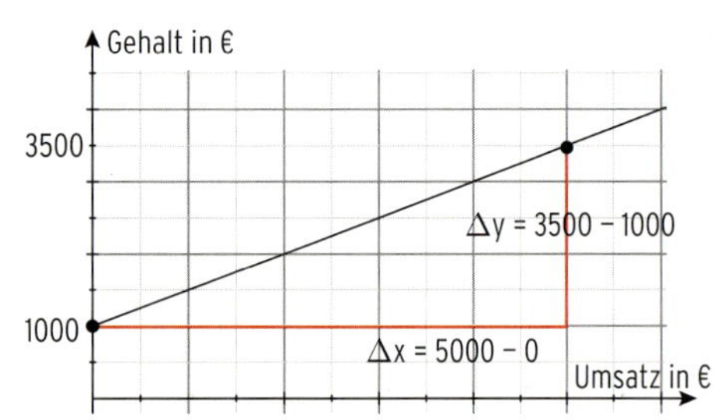

Steigungsformel

Für die **Steigung m einer Geraden** durch die Punkte $A(x_1 | y_1)$ und $B(x_2 | y_2)$ gilt:

$$m = \frac{\text{Differenz der y-Werte}}{\text{Differenz der x-Werte}} = \frac{\Delta y}{\Delta x} = \frac{y_2 - y_1}{x_2 - x_1}$$

Mit $y_1 = f(x_1)$ und $y_2 = f(x_2)$:

$$m = \frac{f(x_2) - f(x_1)}{x_2 - x_1}$$

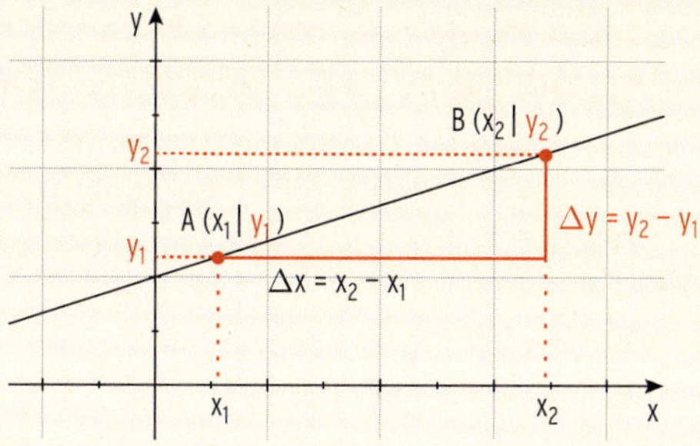

Aufgaben

1 Zeichnen Sie das Schaubild der linearen Funktion f.

a) $f(x) = 0{,}5x - 3$ b) $f(x) = -\frac{1}{8}x + 4$ c) $f(x) = -4x + 1{,}5$

2 Gegeben ist die lineare Funktion f mit $f(x) = 6 - 1{,}5x;\ x \in \mathbb{R}$.

a) Zeichnen Sie das Schaubild K von f in ein geeignetes Koordinatensystem ein.

b) Kennzeichnen Sie in Ihrer Zeichnung: $f(0)$; $f(3{,}5)$.

c) Bestimmen Sie mithilfe Ihrer Zeichnung: $f(x) = 0$. Deuten Sie dies geometrisch.

d) Liegt der Punkt $P(5{,}5 | -2)$ auf der Geraden?
Begründen Sie Ihre Antwort durch Rechnung.

3 Abb. 1 und Abb. 2 zeigen Schaubilder von linearen Funktionen.
Bestimmen Sie den zugehörigen Funktionsterm.

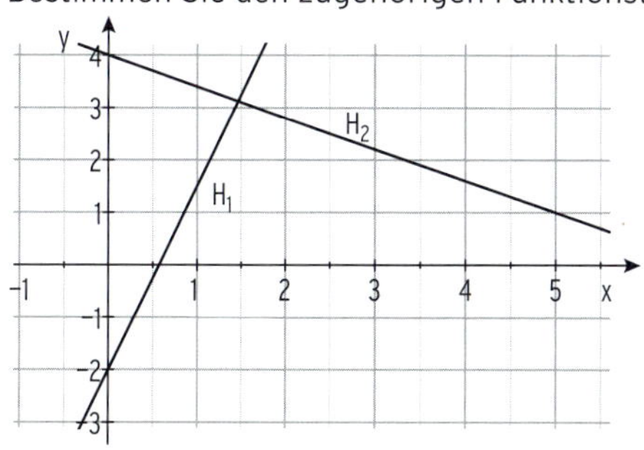

Abb. 1

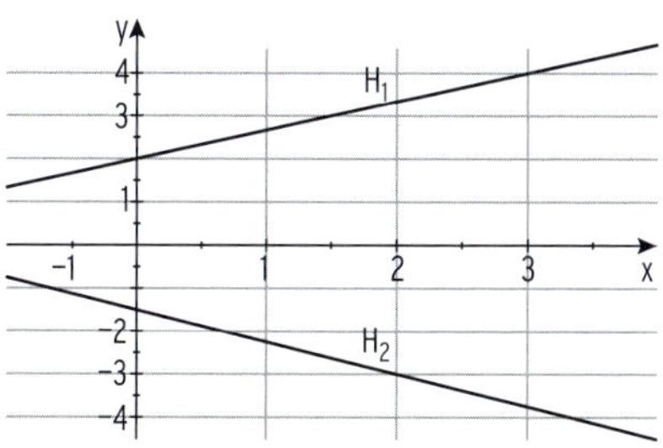

Abb. 2

4 Welchen Einfluss haben die Parameter m bzw. b in $y = mx + b$ auf den Verlauf der zugehörigen Geraden?

5 Herr Bohn ist Marktleiter einer Filiale der Schuhhauskette Werdich.
Er bezieht ein monatliches Fixgehalt von 1200 €, der zweite Teil ist umsatzabhängig.
Bei 40 000 € Umsatz beträgt sein Gehalt 2800 €. Wie hoch ist seine Umsatzbeteiligung?
Beschreiben Sie den linearen Zusammenhang von Umsatz und Gehalt.

6 Die Herstellungskosten der Soester Büromöbel AG entwickeln sich entsprechend der Vorschrift $K(x) = 4{,}2x + 30$, x in ME, K (x) in GE.
Es können maximal 20 ME hergestellt werden.

a) Erläutern Sie die mathematische und ökonomische Bedeutung von 4,2 bzw. 30.
b) Verschieben Sie K um 5 nach oben. Was bedeutet dies mathematisch und ökonomisch?
c) Wie groß sind die Kosten an der Kapazitätsgrenze?
d) Betragen die Kosten bei der Produktion von 17 ME 100 GE? Überprüfen Sie.

7 Die Abbildung rechts zeigt Schaubilder von linearen Funktionen.
Welche Gerade ist das Schaubild einer Kostenfunktion?
Begründen Sie Ihre Wahl und geben Sie jeweils einen Funktionsterm an.

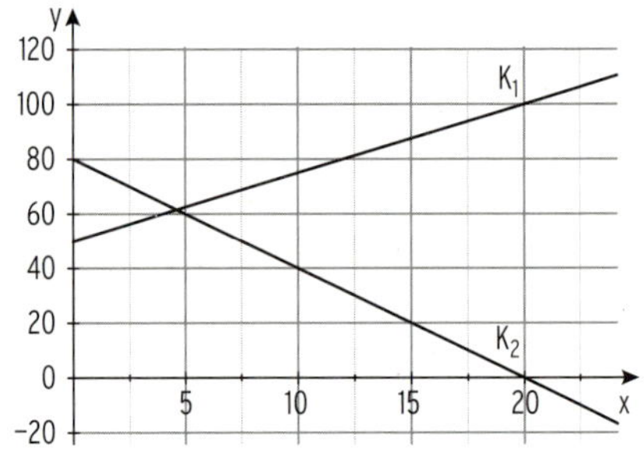

8 Bei der Herstellung eines Produktes entstehen fixe Kosten von 80 GE.
Die Gesamtkosten für eine Ausbringungsmenge von 5 ME betragen 255 GE.
Bestimmen Sie die variablen Stückkosten (variable Kosten pro ME) und geben Sie den Funktionsterm der Gesamtkostenfunktion an.
Zeichnen Sie die Kostengerade in ein geeignetes Koordinatensystem.

9 Für einen Betrieb lassen sich die Gesamtkosten beschreiben durch $K(x) = 0{,}75x + 8$, die Einnahmen (Erlös) durch $E(x) = 2{,}25x$, x in ME.
Der Gewinn in GE berechnet sich aus der Differenz von Erlös und Gesamtkosten.

a) Bestimmen Sie die lineare Gewinnfunktion.
b) Für welche Produktionsmenge beträgt der Gewinn 20,5 GE?

10 Die Fixkosten für die Herstellung eines Billig-Gartenmöbel-Sets für das Möbelhaus Anhofer betragen 1000 €, die Kosten pro Stück 150 €.
Der Verkaufspreis liegt bei 200 € pro Stück.

a) Stellen Sie die Gleichungen der Kosten-, Erlös- und Gewinnfunktion auf.
b) Wieviel Stück muss die Gartenabteilung verkaufen, um einen Gewinn von 4000 € zu erzielen? Wie hoch sind dann die Einnahmen?

11 Ein Betrieb weist folgende Kennzahlen für den Monat Juni auf: Fixkosten 6400 €, variable Kosten pro Stück 3,20 €, Verkaufspreis pro Stück 8,50 €.

a) Ermitteln Sie Kosten, Erlös und Gewinn für 4000 Stück.
b) Nach einer Erhöhung des Verkaufspreises kann der Gewinn im Juli beschrieben werden durch $G(x) = 6{,}50x - 6400$. Die Kostensituation ist unverändert. Bestimmen Sie die Gleichung der Kostenfunktion und der Erlösfunktion.

2.2 Aufstellen von Geradengleichungen

Beispiel 1

➲ Von den Herstellungskosten ist bekannt: Die variablen Stückkosten betragen 1,25 GE/ME und bei der Herstellung von 20 ME entstehen Kosten von 65 GE. Bestimmen Sie die lineare Gesamtkostenfunktion.

Lösung

Ansatz für die Geradengleichung: $y = mx + b$

Die variablen Stückkosten entsprechen der Steigung $m = 1{,}25$: $y = 1{,}25x + b$

P(20 | 65) liegt auf der Kostengeraden: $65 = 1{,}25 \cdot (20) + b \Rightarrow b = 40$

Gesamtkosten: $y = K(x) = 1{,}25x + 40$

Beispiel 2

➲ Der Discounter Gik verkauft in seinen Filialen ein T-Shirt zu unterschiedlichen Preisen. Die wöchentliche Auswertung zeigt die Tabelle.

nachgefragte Menge	100	200	140
Preis pro T-Shirt in €	3,25	2	2,75

Bestimmen Sie den linearen Zusammenhang von Menge und Preis.

Lösung

Punktprobe mit A(100 | 3,25) in $y = mx + b$: $3{,}25 = 100m + b$

Punktprobe mit B(200 | 2) in $y = mx + b$: $2 = 200m + b \quad | \cdot (-1)$

Lineares Gleichungssystem (LGS) aus 2 Gleichungen mit 2 Unbekannten

Lösung **mit dem Additionsverfahren:**

$$\begin{aligned} 3{,}25 &= 100m + b \\ -2 &= -200m - b \quad \Big]+ \\ \hline 1{,}25 &= -100m \\ m &= -0{,}0125 \end{aligned}$$

Seite 473

Durch „Addition der beiden Gleichungen" wird die Unbekannte b eliminiert.

Einsetzen von $m = -0{,}0125$ in z. B. $2 = 200\,m + b$ ergibt: $2 = 200(-0{,}0125) + b$

$b = 4{,}5$

Gesuchter Zusammenhang $y = -0{,}0125x + 4{,}5$

Alternative Bestimmung mithilfe der Steigung:

$$m = \frac{y_2 - y_1}{x_2 - x_1} = \frac{3{,}25 - 2}{100 - 200}$$

$m = -0{,}0125$

Einsetzen von A(200 | 2) in $y = -0{,}0125x + b$: $2 = 200(-0{,}0125) + b \Rightarrow b = 4{,}5$

Gesuchter Zusammenhang $y = -0{,}0125x + 4{,}5$

Probe mit C(140 | 2,75) ergibt eine wahre Aussage.

Aufgaben

1 Zeichnen Sie die Gerade g und bestimmen Sie die Geradengleichung.

a) g hat die Steigung $m = 3$ und verläuft durch $A(1|1{,}5)$.

b) g verläuft durch $A(-6|1)$ und $B(0|2)$.

c) Die Punkte $A(-3|1)$ und $B\left(1\middle|\frac{11}{3}\right)$ liegen auf der Geraden g.

d) Gegeben ist die Gerade h mit der Gleichung $y = 3x - 4$.
Der Punkt $P(-1|y_P)$ liegt auf h. g geht durch die Punkte P und $N(2|0)$.

e) $C(3{,}5|2{,}5)$ liegt auf g und g verläuft parallel zur x-Achse.

2 Die Abbildung zeigt Schaubilder von linearen Funktionen.
Bestimmen Sie jeweils den zugehörigen Funktionsterm.

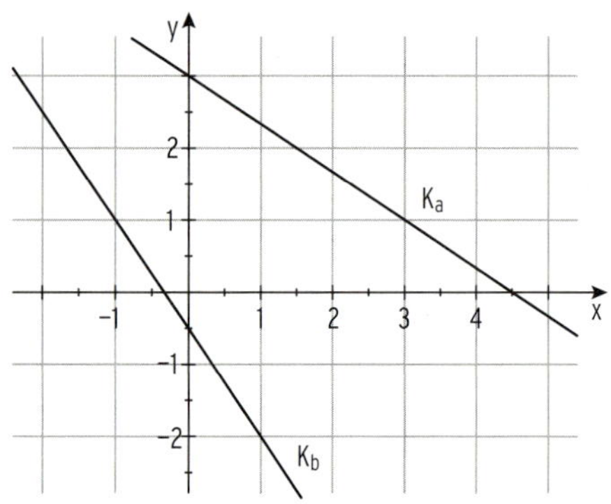

3 Für einen Betrieb lässt sich der Gewinn durch eine lineare Funktion beschreiben.
Bei einer Produktionsmenge von 2 ME beträgt der Gewinn 350 GE.
Der Gewinn pro ME beträgt 275 GE.

a) Bestimmen Sie die lineare Gewinnfunktion.

b) Für welche Produktionsmenge beträgt der Gewinn 1175 GE?

4 In einem Betrieb entstehen Kosten K in Abhängigkeit von der hergestellten Stückzahl.

x (Stück)	100	140	200
K (in €)	385	395	410

a) Zeichnen Sie die gegebenen Punkte in ein Koordinatensystem ein.

b) Bestimmen Sie eine Gleichung der Kostengeraden.

c) Wie hoch sind die Gesamtkosten pro Stück bei einer Produktion von 140 Stück?
Gegen welchen Wert streben die Stückkosten für sehr hohe Stückzahlen?

5 Werden 15 Fahrräder produziert und verkauft, wird kein Gewinn und kein Verlust erzielt.
Bei 20 verkauften Rädern beträgt der Gewinn 2750 €. Zurzeit kann der Betrieb höchstens 25 Räder pro Woche herstellen.

a) Zeigen Sie, für die Gewinnfunktion G gilt $G(x) = 550x - 8250$; $0 \leq x \leq 25$.

b) Bei der Produktion von Fahrrädern fallen in jeder Woche 8250 € Fixkosten an. Das Unternehmen erzielt auf dem Markt einen Preis je Rad von 1350 €. Wie hoch sind die variablen Kosten pro Rad?

6 Eine Wochenzeitschrift hat eine verkaufte Auflage von 120 000 Exemplaren.
Der Verkaufspreis für eine Zeitschrift beträgt 2,20 €. Mithilfe der Marktforschung stellt der Verlag fest, dass sich die Auflage um 5000 Exemplare erhöhen lässt bei einer Preissenkung um 0,20 €, bei einer Preiserhöhung um 0,20 € verliert man 5000 Käufer.

a) Berechnen Sie den Preis bei einer Auflage von 140 000 Exemplaren.
Welcher Stückpreis ergibt sich bei einer Auflage von x Exemplaren?

b) Welche Auflage wird erwartet, wenn der Preis der Zeitschrift auf 1,50 € sinkt?

2.3 Gemeinsame Punkte

Erlös und Gewinn

Beispiel 1

➲ Das Unternehmen Mobi stellt Mobiltelefone her.
Der Erlös pro Telefon beträgt 2,5 GE. Die fixen Kosten betragen 5 GE, bei der Produktion ergeben sich pro Telefon Kosten in Höhe von 1,25 GE.
Untersuchen Sie die Gewinnsituation.

Lösung

Erlös = Marktpreis · abgesetzte Menge

Erlösfunktion E mit $E(x) = 2{,}5\,x$

Die Erlösgerade ist eine **Ursprungsgerade:** $E(0) = 0$

Variable Stückkosten: 1,25 GE/ME

Variable Kosten: $K_v(x) = 1{,}25\,x$

Fixkosten $K_{fix} = K(0) = 5$

Gesamtkostenfunktion K mit $K(x) = 1{,}25\,x + 5$

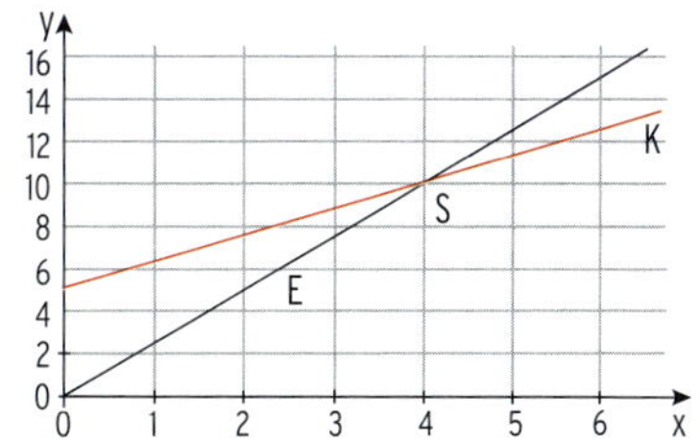

Kosten und Erlöse **sind gleich:** $E(x) = K(x)$

Gleichsetzen liefert: $2{,}5\,x = 1{,}25\,x + 5$ $\quad 1{,}25\,x = 5$ für $x = 4$

Mit $K(4) = E(4) = 10$ erhält man den **Schnittpunkt von K und E: S(4|10)**

Erlös- und Kostengerade schneiden sich in $x = 4$, Mobi erzielt **Kostendeckung.**
Der zugehörige Erlös bzw. die zugehörigen Kosten betragen 10 GE.

Beachten Sie

Gewinn = Erlös − Gesamtkosten, $G(x) = E(x) - K(x)$

Gewinnfunktion G: $G(x) = 2{,}5\,x - (1{,}25\,x + 5)$
$G(x) = 1{,}25\,x - 5$

Schnittpunkt von G mit der x-Achse

Bedingung: $G(x) = 0$ $\quad 1{,}25\,x - 5 = 0$ für $x = 4$

Schnittpunkt von G mit der x-Achse $S_x(4\,|\,0)$.

Für $x < 4$ erzielt Mobi **Verluste**, für $x > 4$ **Gewinne.**

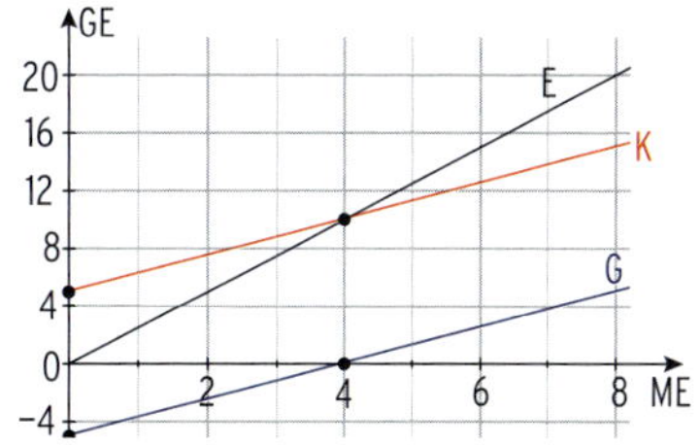

Hinweise: $x = x_{GS} = 4$ heißt **Gewinnschwelle.**
$x = 4$ ist die **Nullstelle** der Funktion G.
Für $x > 4$: $G(x) > 0$. G verläuft **oberhalb der x-Achse.**
Für $x < 4$: $G(x) < 0$. G verläuft **unterhalb der x-Achse.**

Schnittpunkt von G mit der y-Achse: $G(0) = -5 \Rightarrow S_y(0\,|\,-5)$
Der **Verlust** ist in $x = 0$ **am größten** und beträgt 5 GE.

Hinweis: Die Schaubilder von Kosten-, Erlös- und Gewinnfunktionen bezeichnet man mit K, E, G (eigentlich: Graph der Funktion K, Graph der Funktion E, Graph der Funktion G).

Beachten Sie

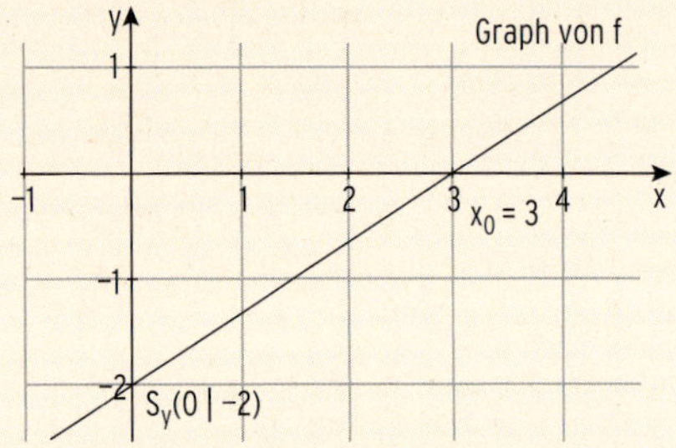

Der Graph von f **schneidet die x-Achse.**
f (x) = 0 liefert die **Nullstelle** x_0 von f:
Schnittpunkt mit der x-Achse: $S_x(x_0 | 0)$
Schnittpunkt mit der y-Achse: $S_y(0 | f(0))$

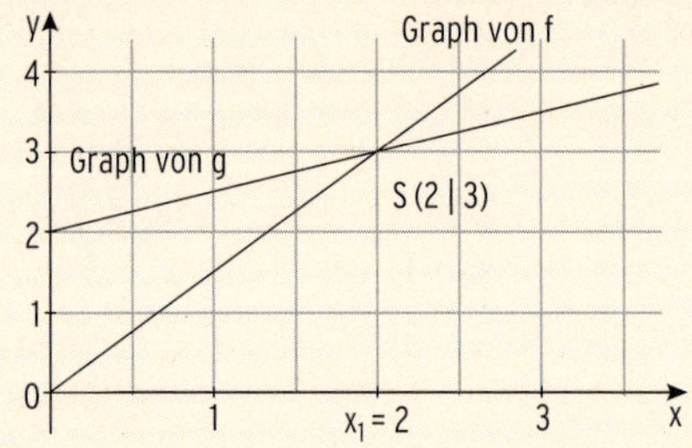

Die Graphen von f und g **schneiden sich.**
f (x) = g (x) (Gleichsetzen) liefert die **Schnittstelle** x_1 der Graphen von f und g.
Schnittpunkt der beiden Graphen:
$S(x_1 | f(x_1))$.

Beispiel 2

➲ Die Gesamtkosten K der Firma LIDA zur Herstellung ihres Produktes werden beschrieben durch $K(x) = 0{,}14x + 7{,}5$.
Die Kapazitätsgrenze liegt bei 120 ME.
Der Verkaufspreis pro ME beträgt 0,24 GE.

a) Geben Sie die Erlösfunktion und die Gewinnfunktion an.
b) Vergleichen Sie Kosten, Erlös und Gewinn für eine Ausbringungsmenge von 50 ME und 100 ME. Nehmen Sie Stellung.
c) Bestimmen Sie den Bereich, in dem die Firma einen positiven Gewinn erzielt.

Lösung

Beachten Sie

$x_{max} = 120$ ist die **Kapazitätsgrenze.**
$0 \leq x \leq 120$ ist ein **ökonomisch sinnvoller Definitionsbereich ($D_{ök}$).**

a) **Erlösfunktion E** mit $E(x) = p \cdot x$ $\qquad E(x) = 0{,}24x$
Gewinnfunktion G mit $\qquad G(x) = E(x) - K(x) = 0{,}24x - (0{,}14x + 7{,}5)$
$G(x) = 0{,}1x - 7{,}5;\ 0 \leq x \leq 120$

b) Für die Ausbringungsmenge von 50 ME: $K(50) = 14{,}5 > E(50) = 12$
Bei Produktion und Verkauf von 50 ME wird **Verlust** erzielt.
Für die Ausbringungsmenge von 100 ME: $K(100) = 21{,}5 < E(100) = 24$
Bei Produktion und Verkauf von 100 ME wird Gewinn erzielt:
$x = 100$ liegt in der **Gewinnzone.**

c) Um den Bereich, in dem Gewinn erzielt wird, festzulegen, benötigt man die **Ausbringungsmengen,** in denen **Erlös und Gesamtkosten gleich hoch sind**, **also Kostendeckung** erzielt wird.

Bed. für Kostendeckung: $E(x) = K(x)$ $\quad 0{,}24x = 0{,}14x + 7{,}5$

$x = 75$

$x = x_{GS} = 75$ heißt **Gewinnschwelle.**

Ergebnis: Der Betrieb erwirtschaftet einen **Gewinn**, wenn die produzierte und verkaufte Menge im Bereich zwischen $x = 75$ und $x = 120$ liegt. [75; 120] ist die die Gewinnzone.

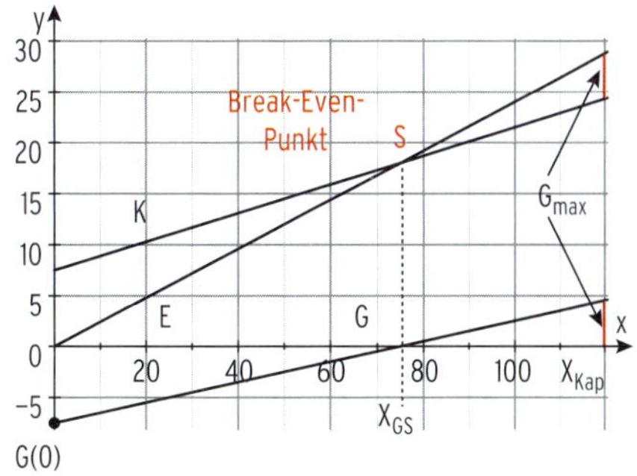

Der maximale Gewinn wird (bei einer linearen Gewinnfunktion) an der Kapazitätsgrenze erzielt: $G(120) = 0{,}1 \cdot 120 - 7{,}5 = 4{,}5$

Der **maximale Gewinn** beträgt 4,5 GE

Beachten Sie

Vom **Break-Even-Punkt** $S(x_{GS} \mid K(x_{GS}))$ an sind die Kosten erstmals kleiner als der Erlös.

$G(0) = -K_{fix}$ **(negative Fixkosten)**;

$G(x) < 0$: Das Unternehmen erzielt Verluste.

Der **maximale Gewinn** wird in der Kapazitätsgrenze x_{Kap} erzielt.

Erläuterungen zur Erlösfunktion E mit $E(x) = p \cdot x$:

Ein Unternehmen liefert seine produzierte Ware an den Markt und erzielt einen **Erlös** (Umsatz). Von einem Markt mit **vollständiger Konkurrenz** wird gesprochen, wenn am Markt viele Anbieter **(Polypolist)** und Konsumenten auftreten, die jeweils nur kleine Mengen des gehandelten Gutes anbieten bzw. nachfragen.

Unter diesen Bedingungen passt das Unternehmen seinen Preis dem Marktpreis p an. Es betrachtet den Preis p als gegeben und unabhängig vom eigenen Angebot. Daraus folgt: Verkaufte Menge x und erzielter Erlös E (x) verhalten sich zueinander **proportional:** $\frac{E(x)}{x} = p =$ konstant.

p ist der **konstante Verkaufspreis** in Geldeinheiten (GE) pro Mengeneinheit (ME), p wird auch **Stückpreis** oder **Stückerlös** genannt.

Aufgaben

1 Zeichnen Sie das Schaubild von f in ein Koordinatensystem ein und berechnen Sie die Koordinaten der Schnittpunkte mit den Koordinatenachsen.

a) $f(x) = -4x - 3{,}5$ b) $f(x) = 2x - \frac{7}{3}$ c) $f(x) = -\frac{8}{3}x + \frac{5}{4}$

2 Gegeben sind die Geraden H_1 von f und H_2 von g. Die Geraden schneiden sich im Punkt S. Ermitteln Sie die Koordinaten von S.
Zeichnen Sie die Geraden in ein Koordinatensystem ein.

a) $f(x) = -3x + \frac{5}{4}$, $g(x) = -x - 1$
b) $f(x) = \frac{1}{2}x + \frac{3}{2}$, $g(x) = -\frac{1}{2}x + 4$
c) $f(x) = -\frac{2}{3}x - 1$, $g(x) = \frac{1}{6}x - 4$

3 In einer Fabrik entstehen zur Herstellung von maximal 1250 Fertigteilen fixe Kosten in Höhe von 450 GE. Die variablen Kosten je Fertigteil betragen 0,25 GE.

a) Geben Sie die Gesamtkosten K bei einer Produktion von x ME an.
b) Mit welchem Verkaufspreis je Fertigteil wird kalkuliert, wenn bei 160 ME Kostendeckung erzielt werden soll?
c) Bestimmen Sie den maximalen Gewinn.
d) Durch Rationalisierung lassen sich die Fixkosten um 20 % senken. Wie groß sind jetzt die Gewinnschwelle und der maximale Gewinn, bei gleichem Verkaufspreis?
e) Die Kosten für ein anderes Produktionsverfahren lassen sich beschreiben durch $K^*(x) = 0{,}2x + 500$.
Ab welcher Produktionszahl lohnt es sich, die Produktion (mit den Kosten aus a)) umzustellen?

4 Die Abbildung zeigt die Gewinnsituation der Kramer GmbH aus Soest.

a) Beschreiben Sie die Situation.
b) Wie groß ist der Gewinn pro Stück bei 40 Stück?
c) Wie groß sind die variablen Stückkosten (variable Gesamtkosten pro Stück), wenn der Stückpreis bei 124 € liegt?

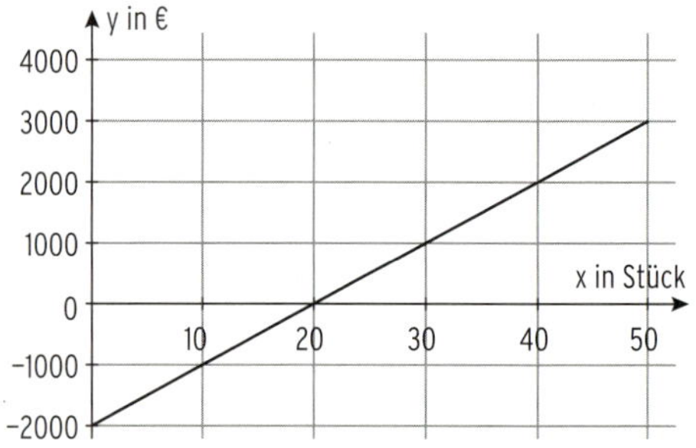

5 Der Gewinn eines Betriebes lässt sich beschreiben durch G mit $G(x) = 0{,}25x - 1{,}2;\ x \geq 0$.
x ist die Produktionsmenge in ME, G (x) der Gewinn in Geldeinheiten (GE).

a) Für welche x-Werte gilt: $G(x) > 0$? Interpretieren Sie ökonomisch.
b) Erläutern Sie die mathematische und ökonomische Bedeutung von 0,25 bzw. − 1,2.
c) Bei welcher Produktionsmenge beträgt der Gewinn 5 GE?

6 Bestimmen Sie die Lösungsmenge ($x \in \mathbb{R}$).

Seite 470

a) $20x - 3(5x + 7) = -2(3 - x)$ b) $5x - (8 + 9x) = 12$
c) $-4x - \frac{3}{2} = -\frac{1}{2}x - 1$ d) $\frac{1}{4}x + \frac{3}{4} = x + 4$
e) $(x - 3)(4 - x) = 2 - (x + 5)(x - 1)$ f) $-\frac{1}{5}(2x - 1) = 1 - \frac{6}{5}x$

7 Die Abbildung zeigt eine Kostengerade und eine Erlösgerade. Dabei entspricht eine ME 100 Stück und eine GE 1000 €.

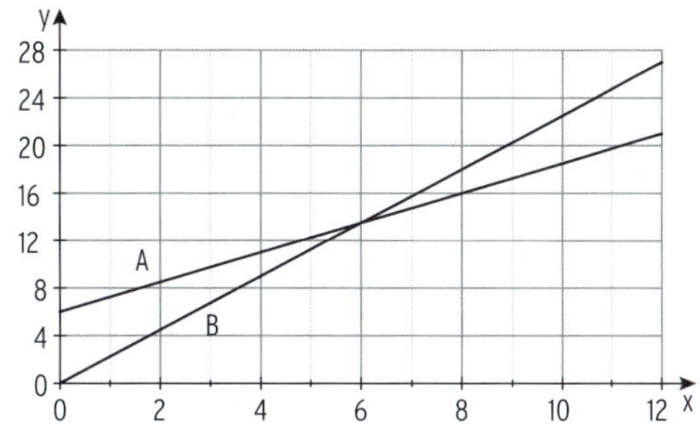

a) Ordnen Sie die Graphen zu. Begründen Sie Ihre Zuordnung.

b) Beantworten Sie mithilfe der Zeichnung: Wie hoch sind die Fixkosten in €? Welche Kosten ergeben sich für die Produktion von 800 Stück?

c) Prüfen Sie durch Rechnung, ob $S(6\,|\,13{,}5)$ der Break-Even-Punkt ist.

d) Bestimmen Sie den Erlös pro Stück und den maximalen Gewinn in €, wenn die Kapazitätsgrenze bei 12 ME liegt.

8 Am Schulfest plant eine Klasse den Verkauf von Grillwurst mit Brot. Der Einkaufspreis für eine Grillwurst mit Brot beträgt 1,20 € und die Klasse rechnet mit festen Kosten von 50 €. Der geplante Verkaufspreis liegt bei 2,45 €.

a) Analysieren Sie die Gewinnsituation. Verdeutlichen Sie Ihre Ergebnisse in einer Skizze.

b) Wie verändert sich die Gewinnsituation, wenn sich bei gleichbleibender Erlösfunktion
- der Einkaufspreis auf 1,30 € erhöht,
- die fixen Kosten auf 40 € senken lassen?

9 Für einen Betrieb wird der Gewinn beschrieben durch $G(x) = 425x - 2100$; x ist die verkaufte Menge in ME, $G(x)$ in GE. Die Kapazitätsgrenze liegt bei 15 ME.

a) Interpretieren Sie Steigung und y-Achsenabschnitt ökonomisch.

b) Wie hoch ist der Gewinn an der Kapazitätsgrenze?

c) Für welche Produktionsmenge beträgt der Gewinn 3425 GE?

d) Bestimmen Sie die Gesamtkostenfunktion, wenn für den Erlös $E(x) = 680x$ gilt.

e) Bestimmen Sie den Break-Even-Punkt.

10 Ein Betrieb weist folgende Kennzahlen für den Monat Dezember auf: Fixkosten € 12 800,- , variable Kosten pro Stück € 4,50, Verkaufpreis pro Stück € 6,50. Die Kapazitätsgrenze liegt bei 11 000 Stück.

a) Ermitteln Sie die gesamten Kosten, den Erlös und den Gewinn für 6 000 Stück.

b) Berechnen Sie den Break-Even-Punkt. Welche ökonomische Bedeutung haben die Koordinaten?

c) Wie groß ist der Gewinn an der Kapazitätsgrenze?

2.4 Wirtschaftliche Anwendungen

Im Modell der vollständigen Konkurrenz (Polypol) wird der Marktpreis durch Angebot und Nachfrage bestimmt.

Nachfragefunktion

Beispiel

➲ Die folgende Wertetabelle beschreibt den Zusammenhang zwischen dem Preis eines Bekleidungsstückes in $\frac{€}{\text{Stück}}$ und der nachgefragten Stückzahl.

Stückzahl x	60	100	120	140
Stückpreis y	14	12	11	10

a) Stellen Sie den Zusammenhang von Absatzmenge x und Stückpreis y grafisch dar.
b) Bestimmen Sie den Term der zugehörigen Nachfragefunktion.
c) Interpretieren Sie die Situation.

Lösung

a) Die Variable x beschreibt die Absatzmenge in Stück. $y = p_N(x)$ ist der Stückpreis in Abhängigkeit von der Absatzmenge x.
Das Schaubild von p_N ist eine Gerade.
Schaubild von p_N

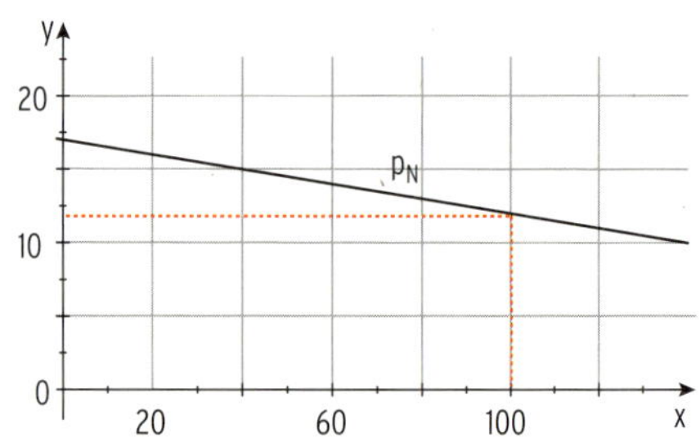

b) p_N ist eine **lineare Funktion.**
Die zugehörige Gerade hat die Steigung
$m = \frac{11 - 12}{120 - 100} = -\frac{1}{20}$
Einsetzen von z. B. (100 | 12) in $y = -\frac{1}{20}x + b$
ergibt: $12 = -\frac{1}{20} \cdot 100 + b$ und damit $b = 17$.
Funktionsterm **der Nachfragefunktion p_N:**
$p_N(x) = -0{,}05x + 17$

c) Die **Steigung m** ist negativ.
Der Absatz kann also nur gesteigert werden, wenn der Preis $p_N(x)$ gesenkt wird.
Der **y-Achsenabschnitt** (b = 17) entspricht dem **maximalen** Preis $p_{max} = 17$ bei dem die Nachfrage null wird (**Höchstpreis**).

Nullstelle von p_N: $p_N(x) = 0$ $\quad -0{,}05x + 17 = 0$ für $x = x_{Sätt} = 340$
$x_{Sätt}$ ist die **Sättigungsmenge.** Selbst bei einem Preis von null überschreitet die nachgefragte Menge nicht den Wert $x_{Sätt}$.

Nachfragefunktion

Die **Nachfragefunktion** beschreibt den **Zusammenhang** von **Stückpreis $p_N(x)$ und nachgefragter Stückzahl x:** der Stückpreis sinkt, wenn die Absatzmenge zunimmt.
Bei linearem Zusammenhang: $p_N(x) = mx + b$; $m < 0$, $b > 0$
Das Schaubild der **Nachfragefunktion** ist eine **fallende Gerade.**

Angebotsfunktion

Die **Angebotsfunktion** gibt die Abhängigkeit der angebotenen Menge von dem dafür verlangten Preis an. Je höher der Verkaufspreis, desto mehr sind die Hersteller bereit zu produzieren (weil die Anbieter mehr Gewinn machen). Mit steigenden Preisen nimmt auch die angebotene Menge zu.

Beispiel

➲ Eine Angebotsfunktion ist gegeben durch $p_A(x) = 9{,}25x + 10;\ x \geq 0$.
Interpretieren Sie.

Lösung

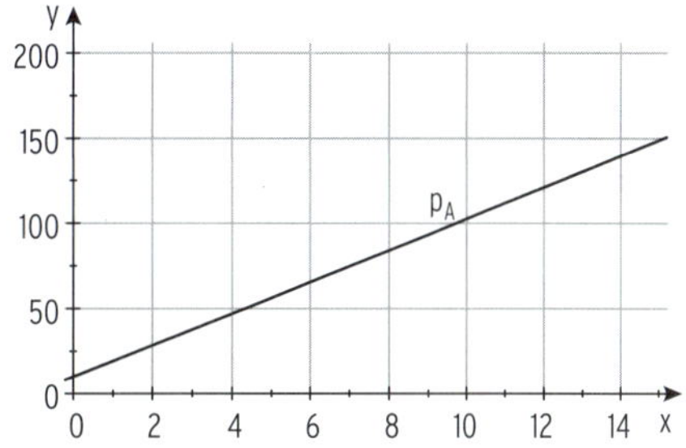

Die Angebotsmenge ist x in ME.
Die zugehörige Gerade hat eine positive **Steigung m** (m = 9,25). Der **y-Achsenabschnitt** (b = 10) entspricht dem **minimalen** Preis p_{min}, bei dem das Produkt nicht am Markt angeboten wird.
Erst bei steigenden Preisen sind die Hersteller bereit, mehr Produkte anzubieten.

Marktgleichgewicht

Beispiel

➲ Berechnen Sie das Marktgleichgewicht, wenn $p_A(x) = 9{,}25x + 10;\ x \geq 0$ und $p_N(x) = -14x + 196$ gegeben sind.

Lösung

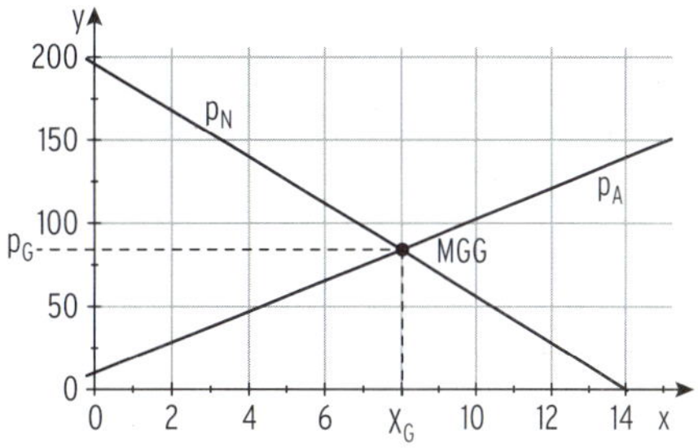

Das **Marktgleichgewicht** ist erreicht, wenn **Angebot und Nachfrage übereinstimmen.** Im Koordinatensystem entspricht das Gleichgewicht dem Schnittpunkt der beiden Geraden. **Gleichsetzen** der Terme von Angebots- und Nachfragefunktion:

$p_A(x) = p_N(x)$

$9{,}25x + 10 = -14x + 196 \Leftrightarrow x = 8$

Einsetzen von $x_G = 8$ (**Gleichgewichtsmenge**) in $p_A(x)$ oder $p_N(x)$ ergibt $p = 84 = p_G$.
Der Preis p_G heißt **Gleichgewichtspreis. Marktgleichgewicht** $MGG(x_G \mid p_G) = MGG(8 \mid 84)$.
Bei einem Preis von $p_G = 84$ gleichen sich Angebot und Nachfrage aus. Der Markt befindet sich im Gleichgewicht. Die abgesetzte Menge beträgt dann $x_G = 8$.

Marktgleichgewicht

Das **Marktgleichgewicht** ist der **Schnittpunkt** von **Angebots-** und **Nachfragekurve:**
$MGG\ (x_G \mid p_G)$

Konsumenten- und Produzentenrente

Für die Angebotsfunktion p_A mit $p_A(x) = 9{,}25x + 10$ und die Nachfragefunktion p_N mit $p_N(x) = -14x + 196$ ergibt sich das Marktgleichgewicht MGG (8 | 84) und damit der Gleichgewichtspreis $p_G = p_N(8) = 84$. (vgl. Seite 101)

Am Marktgleichgewicht MGG (x_G | p_G) gilt:
Der Nachfrager B (siehe Abb. 1) ist bereit, einen höheren Preis (p_B) als den Gleichgewichtspreis für das Gut zu zahlen, er muss jedoch nur den Preis p_G aufbringen. Er hat also wegen $p_B > p_G$ eine Ersparnis. Der Inhalt der markierten Fläche $(p_B - p_G) \cdot x_G$ entspricht einem Geldbetrag (Ersparnis). Grafisch entspricht also die Summe aller Ersparnisse der **Fläche unter der Nachfragekurve über dem Gleichgewichtspreis** (rot markierte Dreiecksfläche in der Zeichnung):

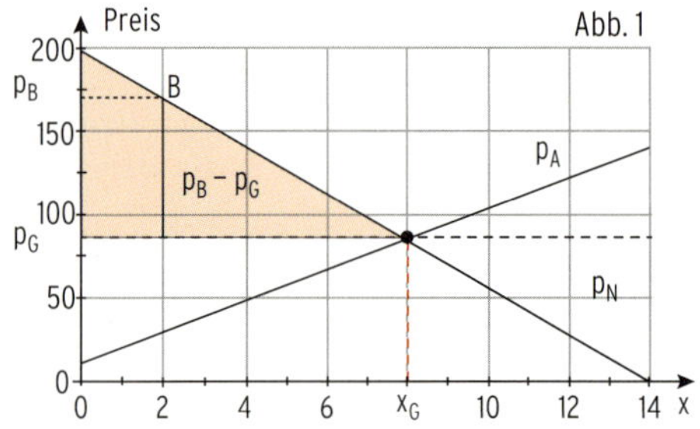

$KR = \frac{1}{2} \cdot (196 - 84) \cdot 8 = 448$

Beachten Sie

Die Summe aller Ersparnisse der Nachfrager ist die **Konsumentenrente KR.**

Ebenso wären auch einige **Produzenten** bereit, das Gut zu einem niedrigeren Preis zu veräußern (Anbieter C) (vgl. Abb. 2). Er erzielt jedoch durch den Gleichgewichtspreis p_G eine Mehreinnahme, die **Produzentenrente** PR.

Beachten Sie

Die Summe der Mehreinnahmen aller Anbieter ist die **Produzentenrente PR.**

Grafisch entspricht sie der **Fläche über der Angebotskurve unter dem Gleichgewichtspreis** (blau markierte Dreiecksfläche in der Zeichnung).

$PR = \frac{1}{2} \cdot (84 - 10) \cdot 8 = 296$

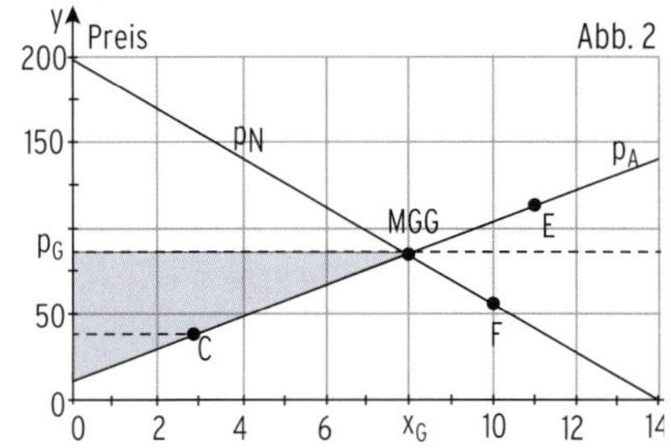

Hinweis:
Der Anbieter E produziert nur zu einem Preis oberhalb von p_G, der Nachfrager F kann nur einen Preis unterhalb von p_G zahlen, beide sind vom Markt ausgeschlossen.

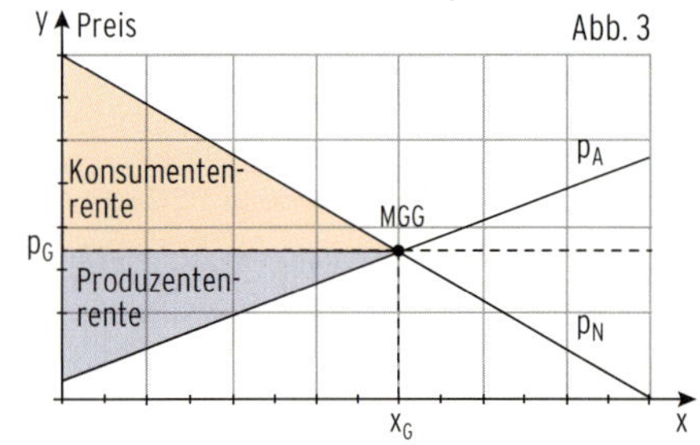

Beachten Sie

Konsumentenrente $KR = \frac{1}{2} \cdot (p_N(0) - p_G) \cdot x_G$

Produzentenrente $PR = \frac{1}{2} \cdot (p_G - p_A(0)) \cdot x_G$

Marktgleichgewicht, Gleichgewichtsmenge, Gleichgewichtspreis

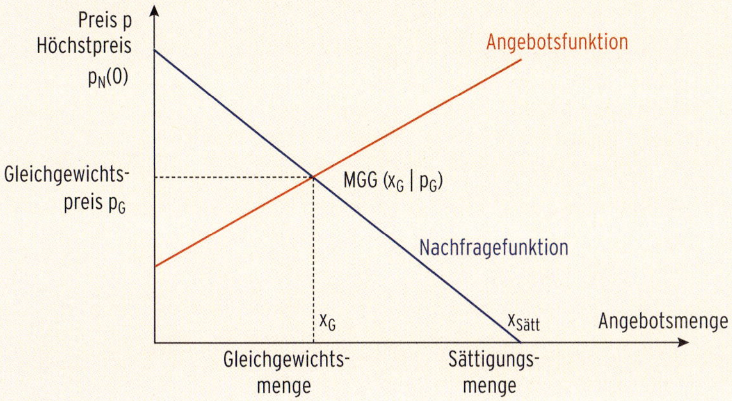

Sättigungsmenge: Nullstelle von p_N; Nachfragemenge mit Marktpreis 0; $p_N(x) = 0$

Höchstpreis: $p_N(0)$

MGG: Schnittpunkt der Graphen von p_N und p_A; $p_N(x) = p_A(x)$

Aufgaben

1 Gegeben sind die Angebotsfunktion p_A mit $p_A(x) = 0{,}5x + 4$ und die Nachfragefunktion p_N mit $p_N(x) = 12 - 1{,}5x$.

a) Bestimmen Sie den ökonomisch sinnvollen Definitionsbereich für beide Funktionen.

b) Bestimmen Sie Gleichgewichtsmenge und Gleichgewichtspreis.

c) Bestimmen Sie die Sättigungsmenge und den Höchstpreis.

d) Ermitteln Sie die Konsumenten- und die Produzentenrente.

e) Interpretieren Sie Ihre Ergebnisse aus ökonomischer Sicht.

2 Ein Marktforschungsunternehmen hat für ein Gut der Firma Waldhorn folgende Nachfragefunktion ermittelt: $p_N(x) = 6 - 0{,}5x$. Die Gleichgewichtsmenge liegt bei 5 ME. Bestimmen Sie eine geeignete Angebotsfunktion, wenn von einem minimalen Angebotspreis von 1 GE ausgegangen werden soll.

3 Die Abbildung zeigt die Preisbildung auf dem Markt für ein einfaches Handy. Dabei gibt x die Angebotsmenge in 1000 Stück an.
Beschriften Sie die Abbildung.
Die Konsumentenrente übersteigt die Produzentenrente um 20 %. Prüfen Sie.
Verwenden Sie die Kopiervorlage im Anhang.

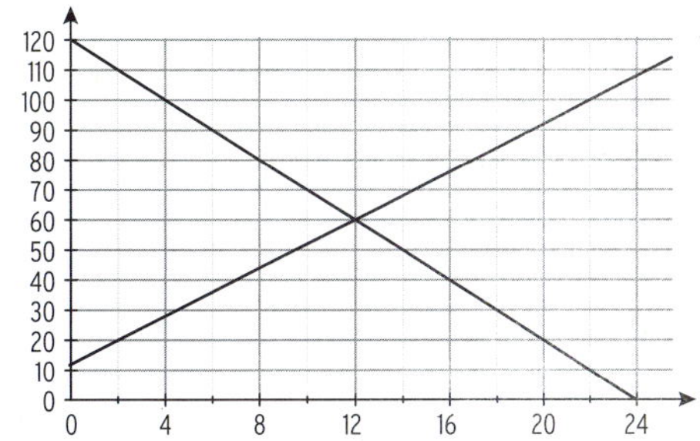

4 Auf dem Markt für Rollcontainer gilt der Maximalpreis von 400 € pro Container und eine Sättigungsmenge von 160 Stück. Der Mindestpreis beträgt 125 € und die „Steigung der Angebotsfunktion" beträgt 1,25.

a) Wie lautet die lineare Nachfrage- bzw. die lineare Angebotsfunktion?

b) Bestimmen Sie jeweils einen maximalen, ökonomisch sinnvollen Definitionsbereich.

c) Bestimmen Sie das Marktgleichgewicht.

5 Ein Unternehmen verkauft 120 ME seiner Ware zu einem Stückpreis von 90 GE.
Die Marktforschung hat ermittelt, dass bei einer Erhöhung des Stückpreises um 10 GE die Nachfrage um 20 ME sinkt.

a) Zeigen Sie, dass für die Nachfragefunktion p_N gilt: $p_N(x) = -0{,}5x + 150$.
Ermitteln Sie den Erlös für $x \in \{60; 80; 150\}$.

b) Auf dem Markt stellt sich durch Gegenüberstellung der Angebotsfunktion p_A mit $p_A(x) = 0{,}65x + 35$ und der Nachfragefunktion p_N ein Gleichgewichtspreis ein.
Bestimmen Sie das Marktgleichgewicht rechnerisch und grafisch.

c) Welcher Preis kann bei einer verkauften Menge von 50 ME erzielt werden?

d) Ermitteln Sie die Konsumenten- und die Produzentenrente.

6 Für das Produkt Fahrradhelme ermittelt die Marktforschung, dass die Zielgruppe bei einem Marktpreis von 6 GE/ME nur 3 ME kaufen würde, bei einem Preis von 2 GE/ME dagegen 9 ME abnehmen würde.
Die Produzenten wären bei einem Preis von 3 GE/ME bereit, 4 ME herzustellen, bei einem Preis von 6 GE/ME würden Sie dagegen 10 ME anbieten.

a) Mit welcher Angebotsmenge ist zu rechnen? Zu welchem Preis wird dann das Produkt angeboten? Stellen Sie die Situation grafisch dar.

b) Diskutieren Sie die Situation am Markt bei einem Marktpreis von 2,5 GE/ME.

7 Für die Nachfragefunktion p_N gilt $p_N(x) = -0{,}15x + 79$.
Für die lineare Angebotsfunktion p_A gelten folgende Bedingungen:
Beträgt der Marktpreis des Gutes 20 GE, so wird das Gut nicht mehr angeboten.
Das Marktgleichgewicht wird bei einer Absatzmenge von 60 ME erreicht.
Prüfen Sie die Behauptungen:

a) Die Produzentenrente ist dreimal größer als die Konsumentenrente.

b) Es gibt genau eine Absatzmenge, bei der der Nachfragepreis doppelt so hoch wie der Angebotspreis ist.

Isokostengerade

Die Kosten im Produktionsprozess entstehen vor allem durch den Einsatz der **Produktionsfaktoren** (z. B. Arbeit, Kapital, Boden).
Für eine feste Kostensumme gibt es verschiedene Kombinationsmöglichkeiten der Produktionsfaktoren, wenn die Faktorpreise fest vorgegeben sind.

Beispiel

➲ Ein Unternehmen stellt für den Anbau von Melisse eine Kostensumme von 50 GE zur Verfügung. Der Produktionsfaktor Dünger (x) kostet 4 GE/ME, der Produktionsfaktor Arbeit (y) kostet 2,5 GE/ME.

a) Bestimmen Sie die Gleichung einer Geraden, die die Kombinationsmöglichkeiten der beiden Produktionsfaktoren beschreibt.

b) Welche Wirkung hat eine Veränderung der Kostensumme auf die Gerade?

c) Welche Wirkung hat eine Veränderung der Faktorpreise auf die Gerade?

Lösung

a) Ansatz: $K = p_x \cdot x + p_y \cdot y$
Mit den Faktorpreisen $p_x = 4$ und $p_y = 2{,}5$
und der Kostensumme $K = 50$
erhält man: $50 = 4x + 2{,}5y$
Auflösen nach y ergibt die Geradengleichung:

$$y = -\frac{4}{2{,}5}x + \frac{50}{2{,}5}$$

$$y = -\frac{8}{5}x + 20$$

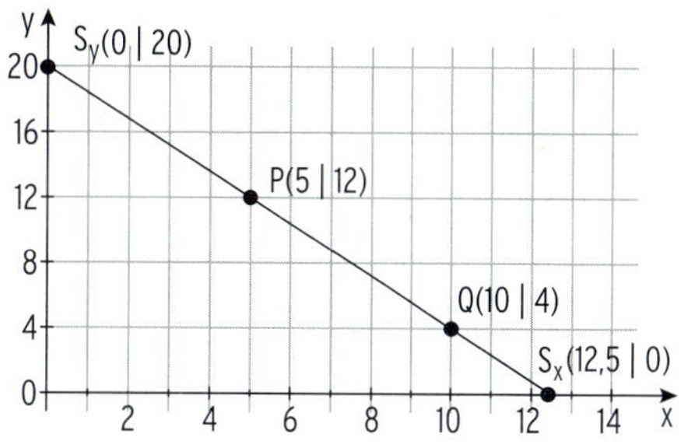

Die Gerade mit der Gleichung $y = -\frac{8}{5}x + 20$ heißt **Isokostengerade.**
P(5 | 12) stellt die Kombination 5 ME Dünger und 12 ME Arbeit dar, die 50 GE kostet.

Beachten Sie

Eine **Isokostengerade** ist der Ort aller Kombinationen von Faktormengen, die zu gleich hohen Kosten führen. Die Lage der Isokostengerade wird durch die (gegebenen) Kosten K sowie die Faktorpreise p_x und p_y bestimmt.

Gleichung der Isokostengeraden:

Aus $K = p_x \cdot x + p_y \cdot y$ folgt: $y = -\frac{p_x}{p_y} \cdot x + \frac{K}{p_y}$

Hinweis: Die **Steigung** der Isokostengerade entspricht dem **Verhältnis der Faktorpreise:**

$$m = -\frac{p_x}{p_y}$$

Diese gibt die Rate an, mit der der Produktionsfaktor x ohne Änderung der Kosten durch den Produktionsfaktor y ersetzt werden kann.

Lösung

b) Ansatz: $K = p_x \cdot x + p_y \cdot y$
Verändert man die Kostensumme, so verschiebt sich die Isokostengerade in y-Richtung.
Beispiele:
$K = 75$: $y = -\frac{4}{2{,}5}x + \frac{75}{2{,}5} = -\frac{8}{5}x + 30$

$K = 100$: $y = -\frac{4}{2{,}5}x + \frac{100}{2{,}5} = -\frac{8}{5}x + 40$

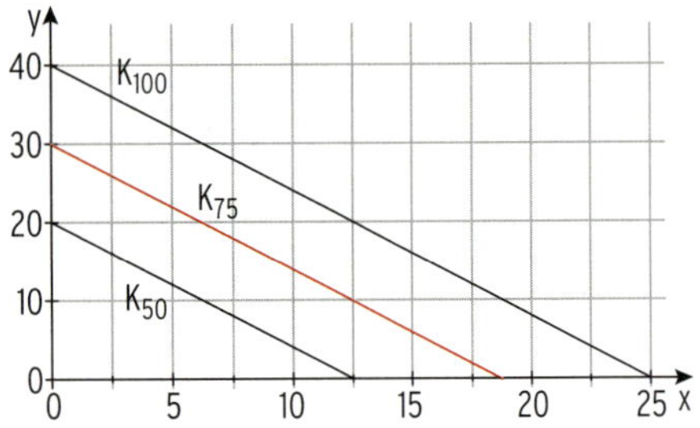

c) Verändert man die Faktorpreise, so verändert sich das Preisverhältnis und damit die Steigung der Isokostengeraden.

Aufgaben

1 Eine Isokostengerade hat die Achsenschnittpunkte $S_x(12{,}5 \mid 0)$ und $S_y(0 \mid 8)$

a) Wie hoch sind die Preise für die Produktionsfaktoren x und y? Welche Kostensumme steht zur Verfügung?

b) Der Preis für den Produktionsfaktor x erhöht sich um 25 %. Geben Sie die Gleichung der veränderten Isokostengerade an.

2 Der Preis für eine Mengeneinheit [ME] des Produktionsfaktors Arbeit (x) beträgt 4 Geldeinheiten [GE], eine ME des Produktionsfaktors Betriebsmittel (y) kostet 2 GE. Berechnen Sie die Faktormengenkombinationen, die bei Einsatz von K = 40 GE möglich sind. Geben Sie die Gleichung der Isokostengeraden an.

3 Eine Isokostengerade hat die Steigung $m = -\frac{1}{4}$ und schneidet die x-Achse in x = 80. Welche Kostensumme steht zur Verfügung?
Wie lautet die Gleichung der Isokostengeraden?
Wie hoch ist der Preis für eine ME Produktionsfaktor y, wenn $p_x = 1{,}5$ GE/ME beträgt?

4 Die Abbildung zeigt eine Isokostengerade. Entscheiden Sie mithilfe der Zeichnung.

a) Die Faktorpreise verhalten sich wie 4 : 5.

b) Die zur Verfügung stehende Kostensumme beträgt 4 GE.

c) Halbiert sich der y-Achsenabschnitt der Isokostengerade, so halbiert sich die Kostensumme.

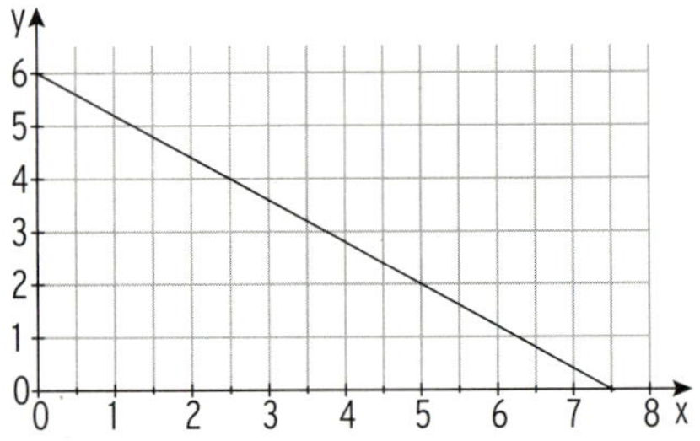

Test zur Überprüfung Ihrer Grundkenntnisse

1 Bestimmen Sie die Geradengleichungen aus der Abbildung.

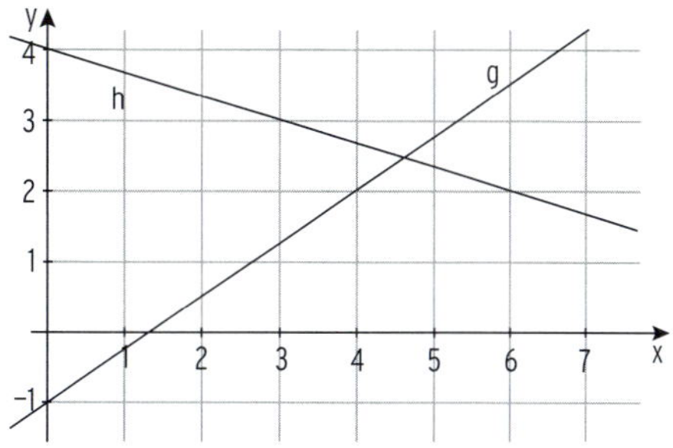

2 Gegeben sind die Funktionen f mit $f(x) = \frac{2}{3}x + 1;\ x \in \mathbb{R}$ und g mit $g(x) = -x - 1;\ x \in \mathbb{R}$.

a) Berechnen Sie die Nullstelle von f .

b) Für welche x-Werte gilt: $f(x) < g(x)$?

c) Für welches u gilt: $f(u) - g(u) = 3$? Interpretieren Sie Ihr Ergebnis.

3 Die Nachfrage und das Angebot für ein Produkt lassen sich durch Geraden beschreiben. Die Sättigungsmenge beträgt 22 ME, der Höchstpreis liegt bei 88 GE.
Bei einem Preis von 15 GE/ME werden 2 ME angeboten, steigt der Preis um 2,5 GE/ME, so wird eine ME mehr angeboten.

a) Zeigen Sie: $p_A(x) = 2{,}5x + 10$ und $p_N(x) = -4x + 88$.
Bestimmen Sie einen für beide Funktionen ökonomisch sinnvollen Definitionsbereich.

b) Berechnen Sie das Marktgleichgewicht.

4 Die Gesamtkosten eines Autozulieferers verhalten sich linear. Bei einer Produktion von 100 ME betragen die Gesamtkosten 2050 GE, bei 250 ME betragen sie 3850 GE.

a) Stellen Sie die Gesamtkostenfunktion auf. Bestimmen Sie die Fixkosten und die variablen Stückkosten.

b) Eine ME wird für 20 GE am Markt abgegeben. Bestimmen Sie die Gewinnschwelle.

c) Für welche Produktionsmenge wird ein Gewinn von 1000 GE erzielt?

5 Einem Agrarbetrieb steht für den Produktionsprozess eines Gutes eine Kostensumme von 150 GE zur Verfügung. Der Produktionsfaktor Betriebsmittel (x) kostet 18 GE/ME, der Produktionsfaktor Arbeit (y) kostet 25 GE/ME.
Bestimmen Sie die Gleichung einer Geraden, die die Kombinationsmöglichkeiten der beiden Produktionsfaktoren beschreibt.

3 Quadratische Funktionen

Modellierung einer Situation

Die Firma Waldner stellt unter anderem ein medizinisches Gerät her.
Die Herstellungskosten sind in der Tabelle aufgelistet.

Menge in Stück	0	10	30	40
Herstellungskosten K (x) in 1000 €	8	18,25	98,75	169

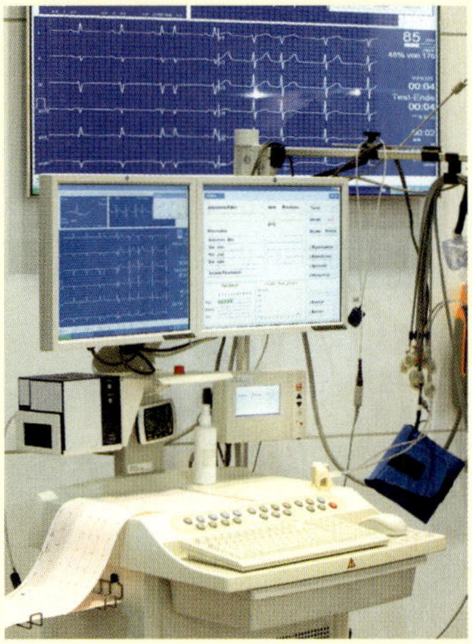

Eine Marktuntersuchung ergibt einen mittleren Verkaufspreis von 2425 € pro Stück.
Überraschend meldet sich ein chinesischer Konkurrent mit einem vergleichbar leistungsfähigen Gerät auf dem Markt und bietet das Gerät für 1825 € an.
Die Geschäftsleitung erwartet von Ihnen eine fundierte Analyse der Situation und Aufschluss über die Produktionszahl.

Ein weiteres Anliegen der Geschäftsleitung ist es, den Eingang der Prduktionshalle mit einem rechteckigen Firmenschild zu versehen. Dies soll möglichst groß in eine dreiecksförmige Fläche (siehe Skizze) eingepasst werden. Ein Betrag von 4000 € ist eingeplant.
Reicht der Betrag aus, wenn das Schild 900 € pro m^2 kostet?

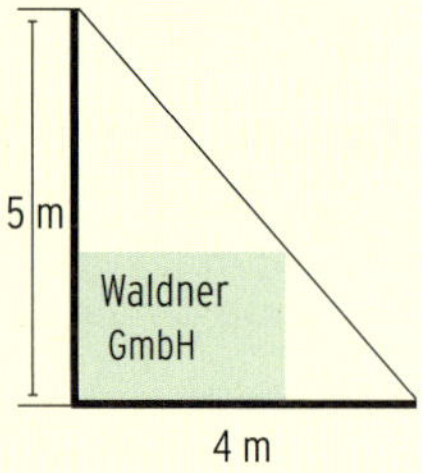

Bearbeiten Sie diese Situation, nachdem Sie die rechts aufgeführten **Qualifikationen** und **Kompetenzen** erworben haben.

Qualifikationen & Kompetenzen

- Realitätsbezogene Zusammenhänge mit quadratischen Funktionen beschreiben, darstellen und deuten
- Schnittpunkte berechnen
- Lineare Gleichungssysteme lösen
- Bedeutung der Koordinaten erfassen

3.1 Definition einer quadratischen Funktion

In einem Markt mit **Angebotsmonopol** gibt es **einen** Anbieter und **viele** Nachfrager. Die Gesamtnachfrage steigt bei sinkendem Preis und umgekehrt. Der Anbieter kann die Nachfragemenge (und den Preis) so wählen, dass sie der Herstellungsmenge entspricht. Die Gesamtnachfragefunktion des Marktes ist die **Preis-Absatz-Funktion** p_N des Monopolisten. In einem Markt mit **Angebotsmonopol** hängt der Preis je ME von der Nachfrage (vom Absatz) ab, Preissenkungen sind absatzfördernd.

Der **Gesamterlös** (Gesamtumsatz) errechnet sich als Produkt aus **Absatzmenge und Preis pro ME:** **Erlös = Preis · Menge**

Beispiel

➲ Eine Preis-Absatz-Funktion ist gegeben durch $p_N(x) = -14x + 196$.
Geben Sie den Term für die Erlösfunktion an und interpretieren Sie die Erlössituation.

Lösung

Preis-Absatz-Funktion p_N mit $p_N(x) = -14x + 196$

x	6	7	8	10
Stückpreis $p_N(x)$	112	98	84	56
Erlös $E(x) = p_N(x) \cdot x$	672	686	672	560

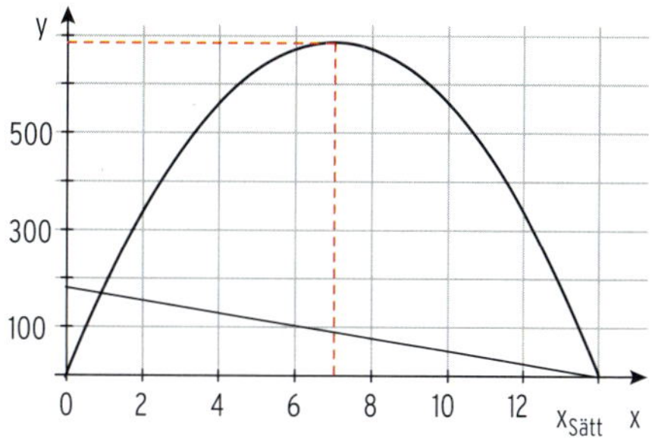

Quadratische **Erlösfunktion E** mit
$E(x) = (-14x + 196) \cdot x = -14x^2 + 196x$

Der **maximale Erlös** wird erreicht im Scheitel mit $x_{max} = 7$:
$E_{max} = E(7) = 686$ (GE).

Sättigungsmenge: $x_{Sätt} = 14 \quad (p_N(14) = 0)$

Das **Schaubild der Erlösfunktion E** ist eine nach unten geöffnete Parabel durch den Ursprung $(E(0) = 0)$ und den Punkt $(14 | 0)$.

Beachten Sie

Eine Funktion f mit $f(x) = ax^2 + bx + c$; $a \neq 0$; $x \in \mathbb{R}$
heißt **quadratische Funktion oder ganzrationale Funktion 2. Grades**.

Das Schaubild von f ist eine **Parabel.**
Für $a > 0$ ist die Parabel nach oben geöffnet, ihr tiefster Punkt heißt **Scheitelpunkt** S.
Für $a < 0$ ist die Parabel nach unten geöffnet, ihr höchster Punkt heißt **Scheitelpunkt** S.

Das Schaubild von f mit $f(x) = x^2$ heißt **Normalparabel.**

Die Form $y = ax^2 + bx + c$ heißt **allgemeine Form** der Parabelgleichung.

Von der Normalparabel zur allgemeinen Parabel (2. Ordnung)

Das Schaubild der Funktion f mit $f(x) = x^2$; $x \in \mathbb{R}$ ist eine „gekrümmte Kurve", die **Normalparabel.**
Die Normalparabel ist **achsensymmetrisch** zur y-Achse, denn es gilt: $f(-x) = f(x)$ für alle $x \in \mathbb{R}$.
Der Parabelpunkt mit dem **kleinsten** y-Wert liegt auf der **Symmetrieachse** und heißt **Scheitelpunkt** S(0 | 0).
$y = x^2$ ist die Gleichung der Normalparabel.

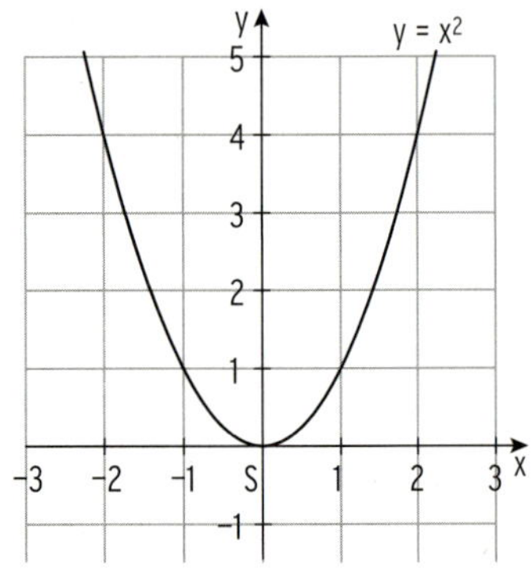

Die Abbildung zeigt zwei Parabeln, die durch **Verschiebung** der Normalparabel **in y-Richtung** entstanden sind.
Der Funktionsterm hat die Form $\mathbf{f(x) = x^2 + c}$
Für **c > 0: Verschiebung nach oben.**
Für **c < 0: Verschiebung nach unten.**
Der Scheitelpunkt liegt bei S(0 | c).

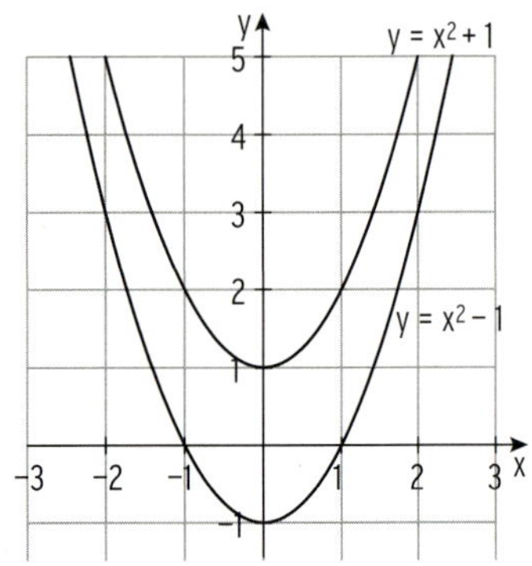

Die Abbildung zeigt zwei Parabeln, die durch **Streckung** der Normalparabel **in y-Richtung** bzw. durch **Spiegelung** der Normalparabel **an der x-Achse** entstanden sind.
Der Funktionsterm hat die Form $\mathbf{f(x) = a\,x^2}$.
Für **a > 0:**
Streckung in y-Richtung;
Parabel ist **nach oben** geöffnet.
Für **a < 0:**
Zusätzlich eine Spiegelung an der x-Achse;
Parabel ist **nach unten** geöffnet.
Für a = 1:
Normalparabel

Hinweis: Für 0 < a < 1 spricht man auch von Stauchung.

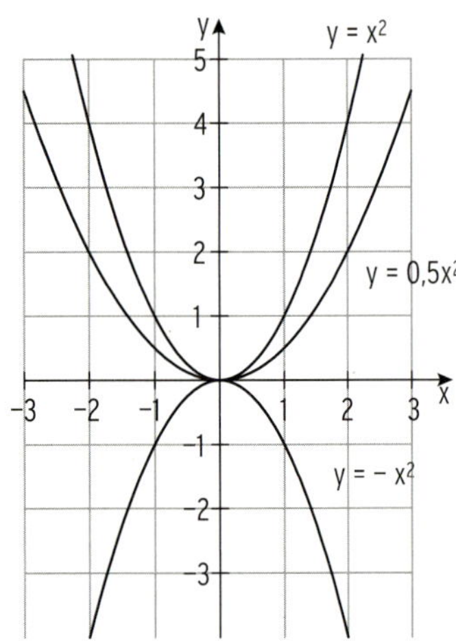

Beachten Sie

K_h entsteht aus K_f
- durch Verschiebung in y-Richtung um c: K_h: $h(x) = f(x) + c$
- durch Streckung in y-Richtung mit Faktor $a > 0$: K_h: $h(x) = a \cdot f(x)$

Die Abbildung zeigt zwei Parabeln, die durch **Verschiebung** der Normalparabel **in x-Richtung** entstanden sind.
Der Funktionsterm hat die Form **$f(x) = (x - b)^2$**
Für **$b > 0$:** Verschiebung nach rechts
Für **$b < 0$:** Verschiebung nach links
Der Scheitelpunkt liegt bei $S(b\,|\,0)$.

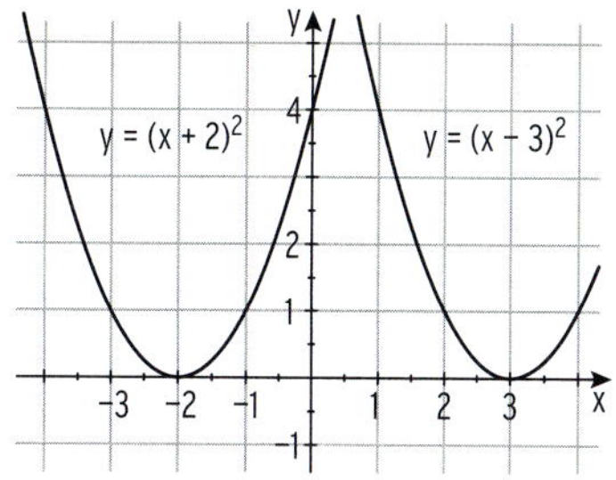

> **Beachten Sie**
>
> Bei der Verschiebung in x-Richtung um b gilt: Ersetzen Sie x durch $(x - b)$.
> K_h entsteht aus K_f **durch Verschiebung in x-Richtung** um b: K_h: $h(x) = f(x - b)$.

Die Parabel P mit $y = 0{,}5\,x^2$ wird
- um 2 nach oben verschoben:
P_1: $y = 0{,}5\,x^2 + 2$

- um 2 nach rechts verschoben:
P_2: $y = 0{,}5\,(x - 2)^2$

Hinweis:
Der Faktor 0,5 bestimmt die Form der Parabel.

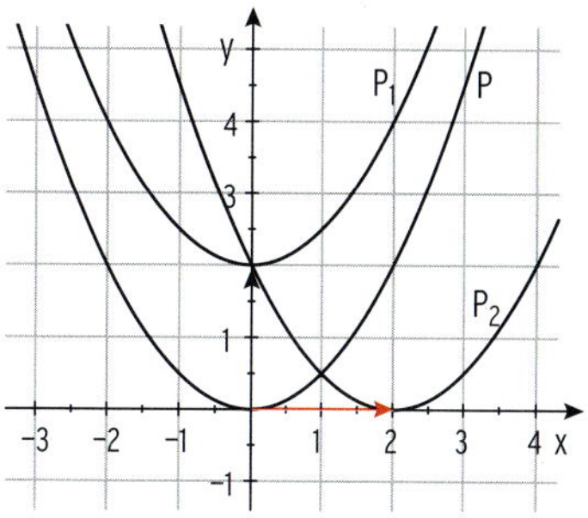

Die Parabel P mit $y = -0{,}25\,x^2$ wird
um 1 nach unten (P_3: $y = -0{,}25\,x^2 - 1$)
und
um 3 nach links verschoben:
P_4: $y = -0{,}25\,(x + 3)^2 - 1$
(**Scheitelform** der Parabelgleichung)
Der Scheitel lässt sich ablesen: $S(-3\,|-1)$.

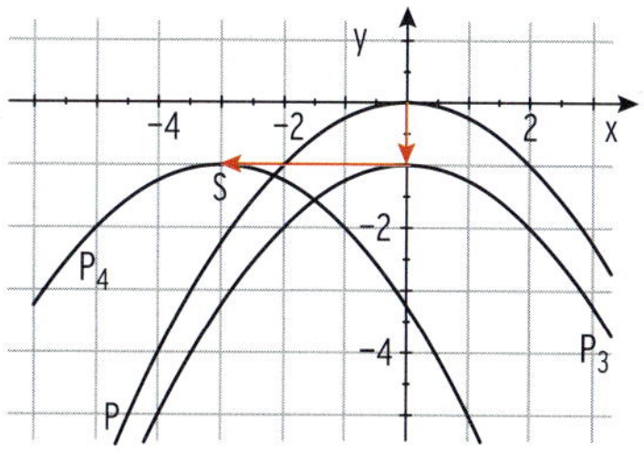

> **Beachten Sie**
>
> Die Form $y = a\,(x - x_S)^2 + y_S$ heißt **Scheitelfom** der Parabelgleichung.
> Der Scheitel der Parabel liegt bei $S(x_S\,|\,y_S)$.

Ausmultiplizieren von	$y = -0{,}25\,(x + 3)^2 - 1$
ergibt	$y = -0{,}25\,(x^2 + 6x + 9) - 1$
die allgemeine Form der Parabelgleichung:	$y = -0{,}25\,x^2 - 1{,}5\,x - 3{,}25$

Aufgaben

1 Gegeben ist eine quadratische Funktion durch ihren Funktionsterm. Zeichnen Sie die zugehörige Parabel in ein Koordinatensystem ein. Machen Sie Aussagen über Lage und Verlauf der Parabel.

a) $f(x) = 0{,}5\,x^2 + 1$ b) $f(x) = 2\,x^2$ c) $f(x) = (x + 1)^2$

2 Wie entsteht die Parabel P aus der Normalparabel?

a) $P: y = 0{,}5\,x^2 - 2{,}5$ b) $P: y = x^2 - 4\,x + 4$ c) $P: y = -2\,x^2$

3 Geben Sie die neue Parabelgleichung an. Die Normalparabel wird

a) um 2 nach unten verschoben.
b) um 5 nach rechts verschoben.
c) mit dem Faktor 3 in y-Richtung gestreckt.
d) mit dem Faktor $\frac{1}{4}$ in y-Richtung gestreckt und danach um 1 nach oben verschoben.
e) um 5 nach unten verschoben und anschließend mit dem Faktor 2 in y-Richtung gestreckt.
f) an der x-Achse gespiegelt und danach mit dem Faktor 2,5 in y-Richtung gestreckt.
g) mit dem Faktor 4 in y-Richtung gestreckt und danach um 3 nach links verschoben.
h) um 6 nach unten verschoben und anschließend um 3 nach rechts verschoben.

4 Gegeben ist eine Wertetabelle für eine quadratische Funktion f.
Machen Sie Aussagen über den Verlauf des Graphen.
Ist der Graph „enger" als die Normalparabel?
Für welche x-Werte fallen die Funktionswerte?

DEG

X	f(X)
-2	0
-1	-0.5
0	0
1	1.5
2	4

5 Ordnen Sie jedem Schaubild einen Funktionsterm zu. Begründen Sie Ihre Wahl.

$f(x) = x^2 + 2\,x + 1$; $g(x) = x^2 + 1$; $h(x) = -x^2 - x + 1$; $k(x) = -x^2 - 4\,x - 5$

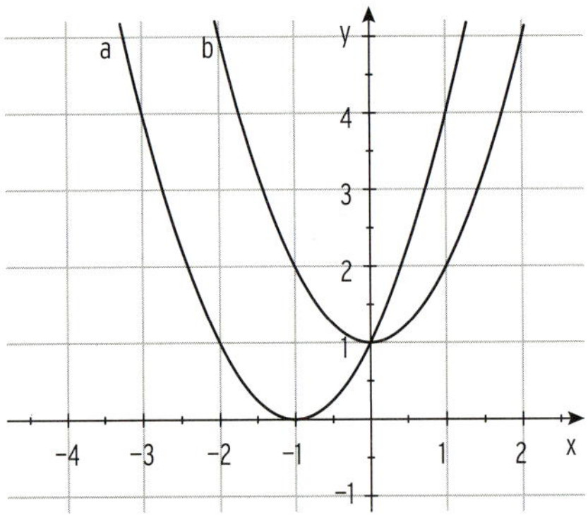

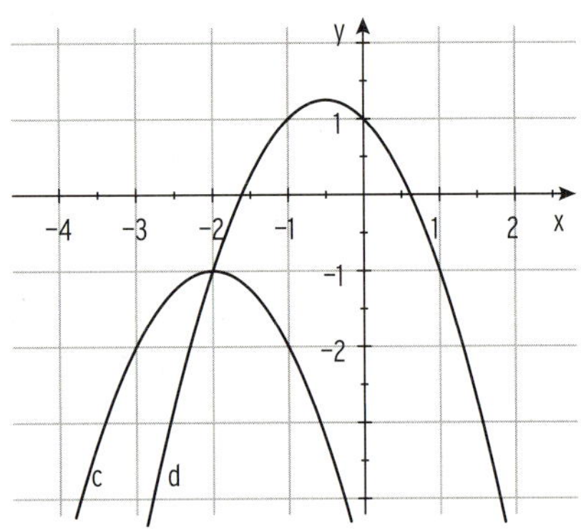

6 Die Funktion E mit $E(x) = 30\,x - \frac{1}{5}x^2$ beschreibt die Erlössituation eines Angebotsmonopolisten.
Zeichnen Sie die Erlöskurve in ein geeignetes Koordinatensystem.
Bestimmen Sie den maximal ökonomisch sinnvollen Definitionsbereich. Geben Sie den maximalen Erlös an.

3.2 Gemeinsame Punkte

Gemeinsame Punkte von Kurve und x-Achse

Beachten Sie

Bedingung für die **Nullstelle von f**: $f(x) = 0$
Die **Nullstelle** einer quadratischen Funktion zu berechnen, heißt, eine **quadratische Gleichung lösen.**

Beispiel 1

➲ In einer Unternehmung lässt sich der **Gewinn** in € näherungsweise darstellen durch die Funktion G mit $G(x) = -x^2 + 140x - 2400$.
Die Variable x steht für die Stückzahl der produzierten und verkauften Ware.

a) Für welche Stückzahlen wird ein positiver Gewinn erzielt?

b) Wie groß ist der maximale Gewinn?

c) Die Fixkosten werden um 2500 € erhöht.
Beschreiben Sie die zugehörige Gewinnfunktion.

Lösung

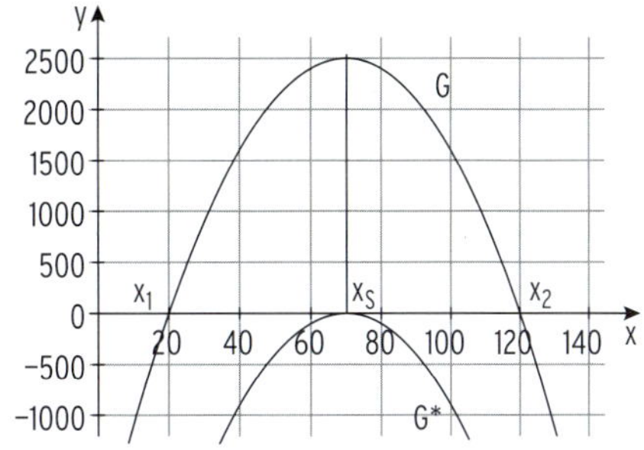

a) Aus der grafischen Darstellung des Gewinnverlaufs lässt sich die **Gewinnzone** (Bereich für die Ausbringungsmenge x mit $G(x) \geq 0$) erkennen.

Um den Übergang von der Verlust- zur Gewinnzone **exakt** angeben zu können, müssen die **Schnittstellen von Gewinnkurve und x-Achse** berechnet werden.

Die Bedingung dafür ist $G(x) = 0$ — $-x^2 + 140x - 2400 = 0$

quadratische Gleichung in Normalform: $x^2 - 140x + 2400 = 0$

Lösung mit der **pq-Formel:** $x_{1|2} = -\frac{p}{2} \pm \sqrt{\left(\frac{p}{2}\right)^2 - q}$

$p = -140;\ q = 2400$ — $x_{1|2} = 70 \pm \sqrt{(-70)^2 - 2400} = 70 \pm 50$

Lösungen: $x_1 = 20;\ x_2 = 120$

Die Lösungen sind die **Gewinnschwelle** $(x_1 = 20)$ und die **Gewinngrenze** $(x_2 = 120)$.
x_1 und x_2 sind die **Nullstellen** der Gewinnfunktion.

b) Der maximale Gewinn wird im Scheitelpunkt S angenommen.
Für die x-Koordinate von S gilt: $x_S = -\frac{p}{2} = 70$ (vgl. pq-Formel)
Mit $G(70) = 2500$ erhält man den maximalen Gewinn $G_{max} = 2500$ €.

c) Die Gewinnkurve wird um 2500 nach unten verschoben.
Die verschobene Gewinnkurve berührt die x-Achse in $x = 70$ und wird beschrieben durch $G^*(x) = -x^2 + 140x - 4900$.

Beispiel 2

➲ Ein Monopolist orientiert seine Preispolitik an der Preis-Absatz-Funktion p_N mit $p_N(x) = -\frac{1}{2}x + 5$, sein Erlös wird also durch E mit $E(x) = -\frac{1}{2}x^2 + 5x$ beschrieben. Bestimmen Sie den maximal ökonomisch sinnvollen Defintionsbereich und das Erlösmaximum.

Lösung

$E(x) = p_N(x) \cdot x$ ist ökonomisch sinnvoll für alle x, für die gilt: $E(x) \geq 0$.
Die Erlösparabel hat mit der x-Achse **genau zwei Punkte gemeinsam.**

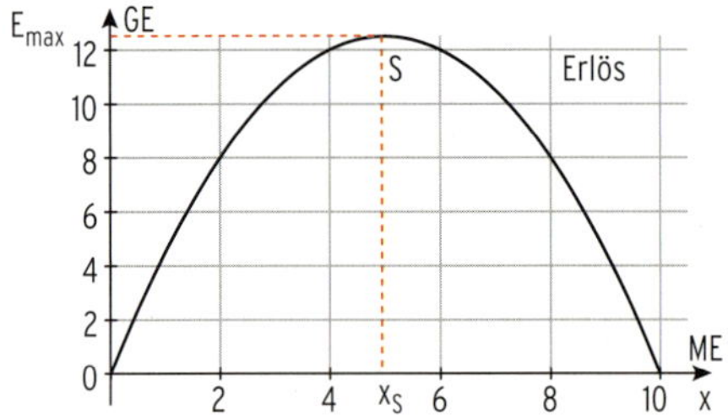

Seite 477

Bedingung für die Nullstellen: $E(x) = 0$

$-\frac{1}{2}x^2 + 5x = 0$

Lösung durch **Ausklammern:** $-\frac{1}{2}x(x - 10) = 0$

Satz vom Nullprodukt liefert: $x_1 = 0;\ x_2 = 10$

Zwischen $x_1 = 0$ und $x_2 = 10$ ist der **Erlös positiv.**
Maximal ökonomisch sinnvoller Definitionsbereich
$D_{ök} = [0; 10]$

Satz vom Nullprodukt

Ein Produkt ist null, wenn **mindestens** ein Faktor null ist:
$u \cdot v = 0 \Leftrightarrow u = 0 \vee v = 0$

Beachten Sie

x_1 und x_2 sind die **Nullstellen** der Funktion E.

Die **erlösmaximale** Ausbringungsmenge liegt genau zwischen den Nullstellen (Symmetrie).
Es gilt für die **x-Koordinate des Scheitelpunkts:**

$x_S = \frac{x_1 + x_2}{2} = 5$

Erlösmaximum: $E(5) = 12{,}5$
Der maximale Erlös beträgt 12,5 GE.

Scheitelkoordinate

$x_S = \frac{x_1 + x_2}{2}$

Wirtschaftliche Zusammenhänge

In der Marktform **Monopol** gibt es einen Anbieter, der **Preis** für das betrachtete Gut ist von der Menge abhängig, die am Markt abgesetzt werden soll.

$p_N(x) = a - bx;\ a,\ b > 0$	Preis in GE pro ME abhängig von der Menge x; p_N ist die **Preis-Absatz-Funktion des Monopolisten**
$E(x) = p_N(x) \cdot x$	**Erlös** (Umsatz) in Abhängigkeit von x; quadratische Funktion
$G(x) = E(x) - K(x)$	**Gewinn** = **Erlös** minus **Gesamtkosten**

Beispiel 3

Seite 476

➲ Wo schneidet das Schaubild von f die x-Achse?

a) $f(x) = x^2 + 3x + 2$ **b)** $f(x) = x^2 + 3x + \frac{9}{4}$ **c)** $f(x) = x^2 + 3x + 4$

Lösung

Bedingung für die Nullstelle: $f(x) = 0$

Lösung mit Formel

a) $x^2 + 3x + 2 = 0$

$x_{1|2} = -\frac{3}{2} \pm \sqrt{\left(\frac{3}{2}\right)^2 - 2}$

$D = \left(\frac{3}{2}\right)^2 - 2 = \frac{1}{4} > 0$

$x_1 = -2;\ x_2 = -1$

zwei einfache Lösungen

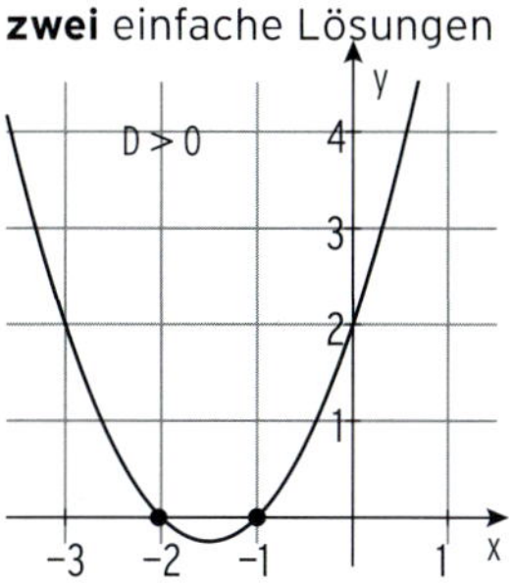

2 einfache Nullstellen

b) $x^2 + 3x + \frac{9}{4} = 0$

$x_{1|2} = -\frac{3}{2} \pm \sqrt{\left(\frac{3}{2}\right)^2 - \frac{9}{4}}$

$D = \left(\frac{3}{2}\right)^2 - \frac{9}{4} = 0$

$x_{1|2} = -\frac{3}{2}$

eine doppelte Lösung

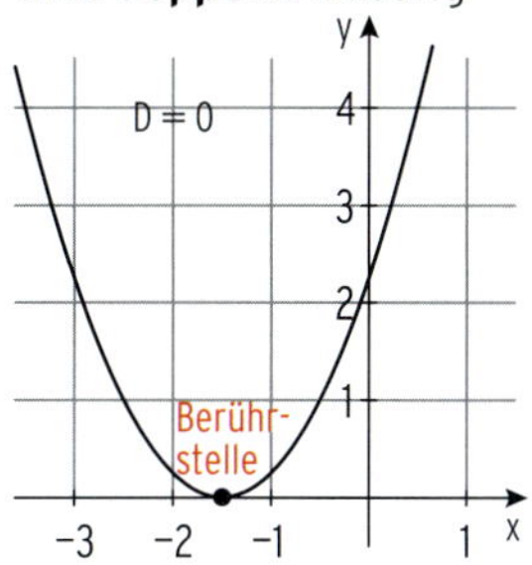

doppelte Nullstelle

c) $x^2 + 3x + 4 = 0$

$x_{1|2} = -\frac{3}{2} \pm \sqrt{\left(\frac{3}{2}\right)^2 - 4}$

$D = \left(\frac{3}{2}\right)^2 - 4 = -\frac{7}{4} < 0$

keine Lösung

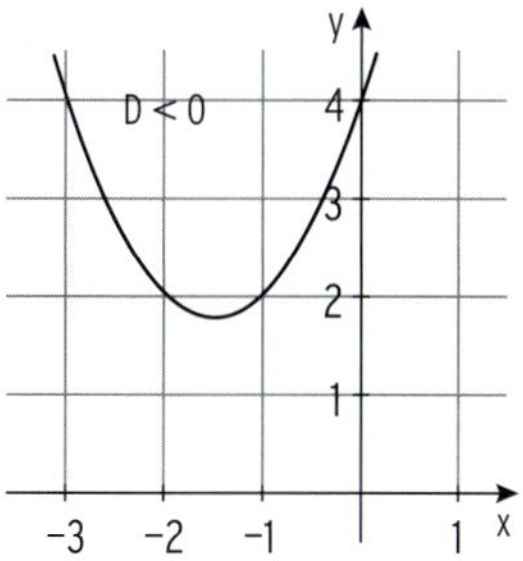

keine Nullstellen

Beachten Sie

Lösung der Gleichung $x^2 + px + q = 0$ mithilfe der pq-Formel: $x_{1|2} = -\frac{p}{2} \pm \sqrt{\left(\frac{p}{2}\right)^2 - q}$

$D = \left(\frac{p}{2}\right)^2 - q$ heißt **Diskriminante.**

Die Anzahl der Lösungen einer quadratischen Gleichung hängt von der **Diskriminante D** ab.

$D > 0$	$D = 0$	$D < 0$
zwei Lösungen	**eine (doppelte) Lösung**	**keine Lösung**

Weitere quadratische Gleichungen:

Lösung durch Ausklammern:

$x^2 - 3x = 0$

$x(x - 3) = 0$

$x_1 = 0;\ x_2 = 3$

Lösung durch Wurzelziehen:

$-\frac{1}{2}x^2 + 1 = 0 \Leftrightarrow x^2 = 2$

$x_{1|2} = \pm\sqrt{2}$

Beachten Sie

$ax^2 + bx = 0$

Ausklammern von x: $x(ax + b) = 0$

Satz vom Nullprodukt:

$x = 0 \lor ax + b = 0$

$ax^2 + c = 0$

Umformen: $x^2 = -\frac{c}{a}$

Lösungen für $-\frac{c}{a} > 0$ durch Wurzelziehen.

Aufgaben

1 Lösen Sie die quadratische Gleichung ohne Hilfsmittel.

Seite 476

a) $x^2 + x - 12 = 0$ b) $\frac{1}{2}x^2 - 4x + 8 = 0$ c) $3 - 2x + \frac{1}{3}x^2 = 0$

d) $x^2 + 2x + 6 = -2x + 1$ e) $-x^2 - 1{,}5x - 1{,}25 = 0$ f) $x^2 - 6x + 5 = 0$

g) $8x^2 + 3x - 1 = 0$ h) $x^2 = x + 3$ i) $1{,}5x - 0{,}5x^2 + 2 = 0$

2 Lösen Sie die quadratische Gleichung ohne Formel.

a) $-2x(x + 5) = 0$ b) $(3 - x)(x - 6) = 0$ c) $\frac{x}{5}(x + 1) = 0$

3 H ist der Graph der quadratischen Funktion f. Berechnen Sie die Achsenschnittpunkte von H. Wie liegt H im Koordinatensystem? Fertigen Sie eine Skizze an.

a) $f(x) = \frac{1}{3}(x^2 - x - 6)$ b) $f(x) = -\frac{1}{5}x^2 + x - \frac{5}{4}$ c) $f(x) = -\frac{2}{3}x^2 + x$

4 Bestimmen Sie einen Wert für a so, dass $x^2 - ax = 0$ die Lösung $x_1 = 4{,}5$ hat.

5 Ordnen Sie jeder Parabel einen Funktionsterm zu. Begründen Sie Ihre Entscheidung.

$f(x) = -0{,}5(x - 1)^2$; $g(x) = 0{,}5x^2 - x$; $h(x) = (x + 1)(x - 2)$

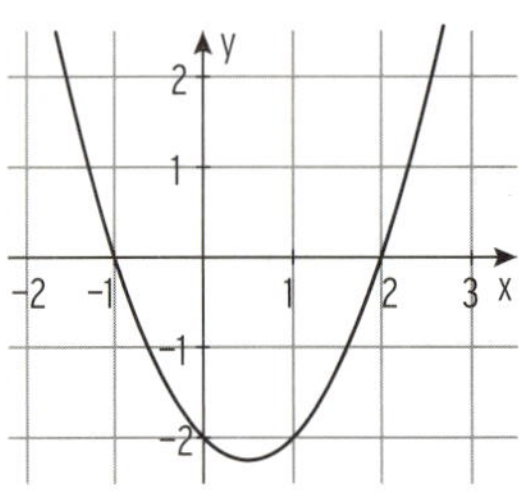

Abb. 1

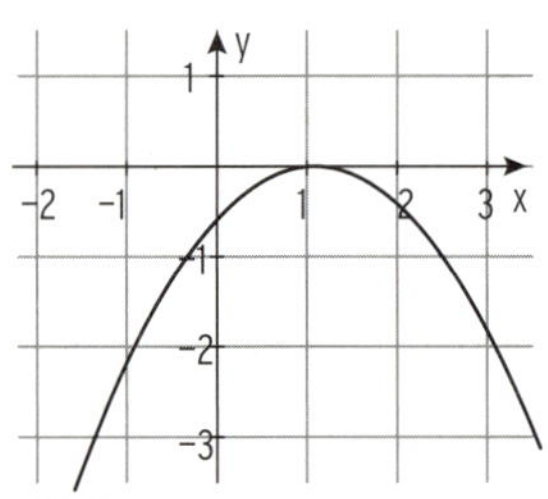

Abb. 2

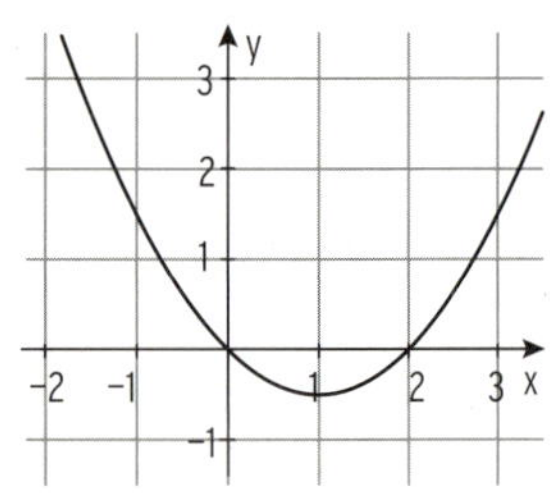

Abb. 3

6 Gegeben ist die Preis-Absatz-Funktion p_N mit $p_N(x) = -\frac{4}{5}x + 12$.
Bestimmen Sie den maximal ökonomisch sinnvollen Definitionsbereich und das Erlösmaximum.

7 Für eine Ofenproduktion gilt die Gewinnfunktion G mit
$G(x) = -0{,}2x^2 + 12x - 100$; $x \geq 0$; x in ME, G(x) in €.

a) Bestimmen Sie die Gewinnschwelle, die Gewinngrenze und den maximalen Gewinn.

b) Die Fixkosten werden um 80 € erhöht. Ist die Produktion noch sinnvoll? Begründen Sie.

8 Die Nachfragefunktion p_N ist mit $p_N(x) = 20 - 0{,}025x^2$ gegeben.
Bestimmen Sie den Höchstpreis und die Sättigungsmenge.

9 Die Gesamtkosten bei der Produktion von Fernsehgeräten werden beschrieben durch die Funktion K mit $K(x) = 0{,}5x^2 - 0{,}5x + 37{,}5$; x in ME, K(x) in GE.
Der konstante Marktpreis beträgt 18 GE.

a) Bestimmen Sie die Gewinnfunktion G. Auf welchem Bereich wird ein positiver Gewinn erzielt?

b) Berechnen Sie den maximalen Gewinn.

Gemeinsame Punkte von zwei Kurven

Beispiel 1

Die Gesamtkosten für einen Artikel ergeben sich im Modell der vollständigen Konkurrenz erfahrungsgemäß aus $K(x) = \frac{1}{40}x^2 + 2x + 160;\ x \geq 0$. Die Kapazitätsgrenze liegt bei 360 Stück.
Der Verkaufspreis pro Stück beträgt 10,5 Geldeinheiten (GE).

a) Berechnen Sie die Schnittstellen von Kosten- und Erlösfunktion.
Interpretieren Sie Ihr Ergebnis ökonomisch.

b) Prüfen Sie, ob bei einem Preis von 6 GE/Stück verlustfrei produziert werden kann.

Lösung

a) Mit konstantem Stückpreis $p = 10{,}5$ ergibt sich die Erlösfunktion E mit $E(x) = 10{,}5x$.

Bedingung für die Schnittstellen: $K(x) = E(x)$ $\quad \frac{1}{40}x^2 + 2x + 160 = 10{,}5x$

Nullform: $\quad \frac{1}{40}x^2 - 8{,}5x + 160 = 0$

Gleichung in Normalform: $\quad x^2 - 340x + 6400 = 0$

Lösung mit **pq-Formel** ergibt: $\quad x_1 = 20;\ x_2 = 320$

Die **Erlösgerade schneidet die Kostenparabel** in $x_1 = 20$ und $x_2 = 320$.

Die Schnittstellen heißen **Gewinnschwelle** $(x_1 = x_{GS} = 20)$ und **Gewinngrenze** $(x_2 = x_{GG} = 320)$.

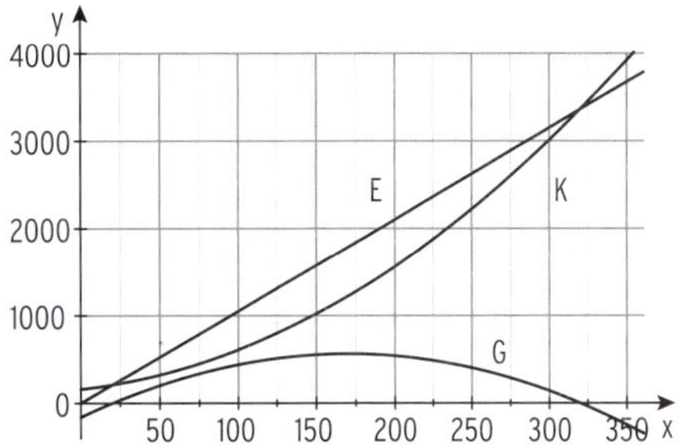

Gewinnfunktion:
G mit $G(x) = E(x) - K(x)$
$G(x) = -\frac{1}{40}x^2 + 8{,}5x - 160$

Die **Schnittstellen von E und K** sind die **Nullstellen der Gewinnfunktion.**

$K(x) = E(x) \Leftrightarrow G(x) = 0$

Für $20 < x < 320$ gilt: Die Gewinnkurve verläuft oberhalb der x-Achse.
$G(x) > 0$; das Unternehmen macht einen positiven Gewinn.

Der Produktionsbereich $20 \leq x \leq 320$ heißt **Gewinnzone.**
In $x_{GS} = 20$ gilt $G(x) = 0$ und die Gewinnzone beginnt (**Break-Even-Punkt** (20 | 210)).
In $x_{GG} = 320$ gilt $G(x) = 0$ und die Gewinnzone endet.

Hinweis: Der **maximale Gewinn** wird erwirtschaftet in $x_{max} = -\frac{p}{2} = \frac{x_1 + x_2}{2} = -\frac{-340}{2}$
$x_{max} = 170$. Der maximale Gewinn beträgt $G(170) = 562{,}5$ (GE).

b) Neue Erlösfunktion E* mit $E^*(x) = 6x$

$K(x) = E^*(x)$: $\quad \frac{1}{40}x^2 + 2x + 160 = 6x$

$x^2 - 160x + 6400 = 0$

$x_{1|2} = 80 \pm \sqrt{(-80)^2 - 6400} = 80 \pm \sqrt{0} = 80$

Hinweis: Diskriminante $D = 0$

Die **Erlösgerade berührt die Kostenparabel** in $x_{1|2} = 80$. Es kann nur bei einer Produktion von 80 Stück verlustfrei produziert werden.

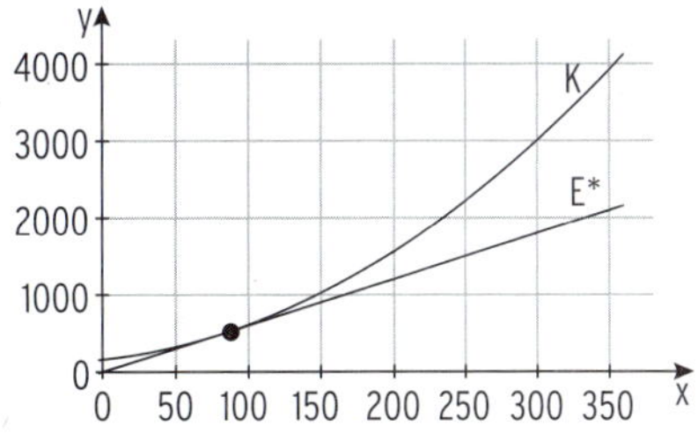

Beispiel 2

➲ Gegeben sind eine Nachfragefunktion p_N mit $p_N(x) = 345 - 4x^2$ und eine Angebotsfunktion p_A mit $p_A(x) = 120 + 5x^2$.
Bestimmen Sie den Höchstpreis, die Sättigungsmenge und das Marktgleichgewicht.

Lösung

Höchstpreis: $p_N(0) = 345$

Sättigungsmenge: $p_N(x) = 0$ $\quad 0 = 345 - 4x^2$

$x^2 = \frac{345}{4}$

Lösung durch **Wurzelziehen:** $x_{1|2} \approx \pm 9{,}3$

Für $x > 0$: $x = x_{Sätt} = 9{,}3$

Hinweis: Maximal ökonomisch sinnvoller Definitionsbereich
$D_{max} = [0;\, x_{Sätt}] = [0;\, 9{,}3]$

Marktgleichgewicht

Bedingung: $p_N(x) = p_A(x)$ $\quad 345 - 4x^2 = 120 + 5x^2$

$9x^2 = 225$

$x_{1|2} = \pm 5$

Gleichgewichtsmenge $x > 0$: $x_G = 5$

Einsetzen liefert den **Gleichgewichtspreis** $p_N(5) = p_G = 245$

Marktgleichgewicht: MGG(5 | 245)

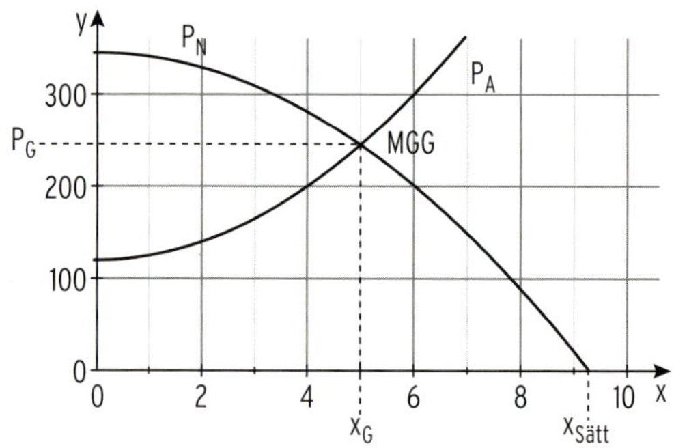

Beachten Sie

Eine **Nachfragefunktion**
ist eine **fallende** Funktion: $p_N(x)$ wird kleiner, wenn x größer wird.
Eine **Angebotsfunktion**
ist eine **wachsende** Funktion: $p_A(x)$ wird größer, wenn x größer wird.

Was man wissen sollte ... über die gegenseitige Lage von zwei Kurven

Bedingung für die x-Koordinaten der gemeinsamen Punkte von K_f und K_g (Schnittstellen): $f(x) = g(x)$

Ergibt sich eine **quadratische Gleichung** $x^2 + px + q = 0$

mit den Lösungen $x_{1|2} = -\frac{p}{2} \pm \sqrt{\left(\frac{p}{2}\right)^2 - q}$ **(pq-Formel),**

so hängt die Anzahl der Lösungen (eine Lösung entspricht einer Schnittstelle) ab von

der **Diskriminante D:** $D = \left(\frac{p}{2}\right)^2 - q$

D > 0

zwei (einfache) Lösungen

K_f und K_g **schneiden sich** in zwei Punkten.

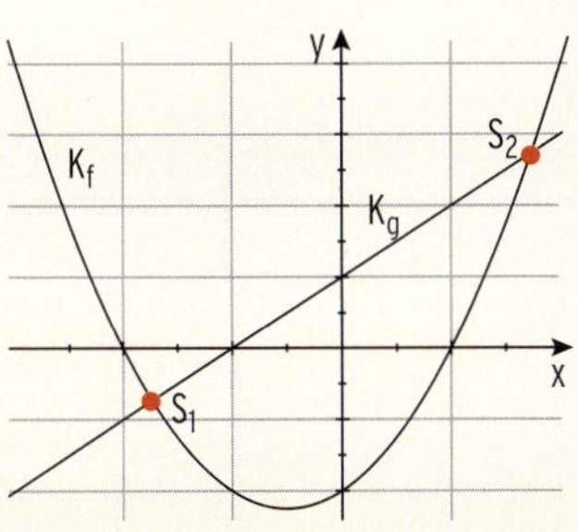

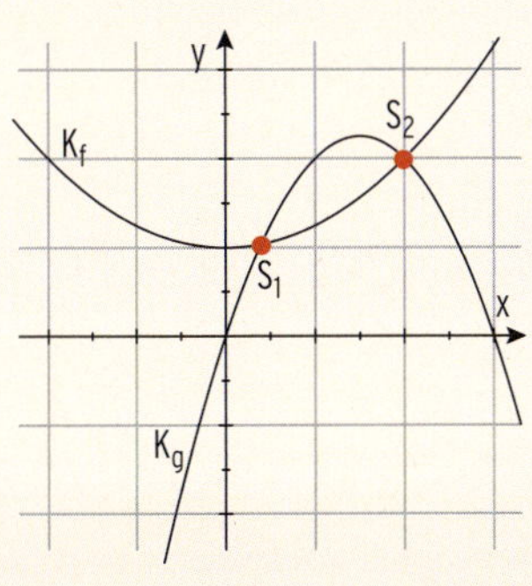

D = 0

eine (doppelte) Lösung

K_f und K_g **berühren** sich.

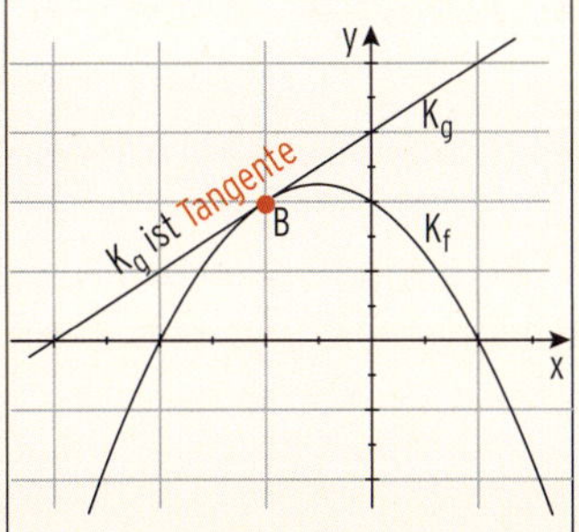

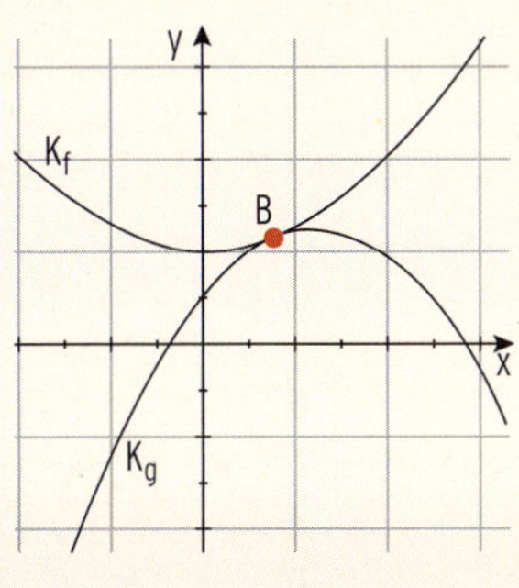

D < 0

keine Lösung

K_f und K_g haben **keinen gemeinsamen Punkt.**

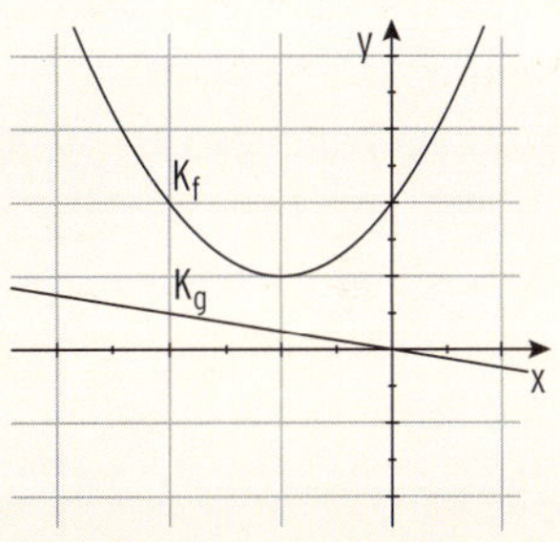

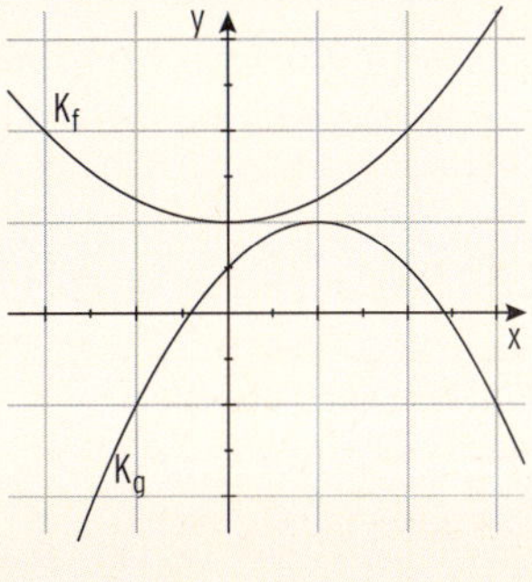

Hinweis: Lösung der quadratischen Gleichung $ax^2 + bx + c = 0$; $a \neq 0$,

mit der abc-Formel: $x_{1|2} = \frac{-b \pm \sqrt{b^2 - 4ac}}{2a}$

Diskriminante $D = b^2 - 4ac$

Aufgaben

a) b)

1 K_f ist das Schaubild von f, K_g ist das Schaubild von g. Untersuchen Sie, ob K_f und K_g gemeinsame Punkte besitzen.
Bestimmen Sie gegebenenfalls die Koodinaten. Wie liegen K_f und K_g zueinander?

a) $f(x) = 2x^2 - 6x + 2;\ g(x) = -2x + 8$
b) $f(x) = x^2 + x - 2;\ g(x) = -\frac{1}{2}x^2 + 3x - 4$
c) $f(x) = x^2 + x - 5;\ g(x) = 3x - 6$
d) $f(x) = x^2 + x - 2{,}5;\ g(x) = 0{,}5x - 1$

2 Die Gesamtkostenkurve einer Unternehmung lässt sich darstellen durch die Funktion $K(x) = \frac{1}{16}x^2 + \frac{1}{2}x + 200;\ x \geq 0$. Die Kapazitätsgrenze liegt bei 100 Stück. Der Verkaufspreis pro Stück beträgt 8,5 Geldeinheiten (GE).

a) Zeichnen Sie die Graphen der Kostenfunktion, der Erlösfunktion und der Gewinnfunktion in ein geeignetes Koordinatensystem.
b) Berechnen Sie die Schnittstellen von Kosten- und Erlösfunktion.
Interpretieren Sie Ihr Ergebnis ökonomisch.
c) Die Fixkosten haben sich erhöht, während der Verkaufspreis gleich bleibt. Ab welcher Erhöhung kann kein Gewinn mehr erzielt werden?

3 Eine Marktsituation wird beschrieben durch p_A mit
$p_A(x) = -\frac{1}{4}x^2 + \frac{5}{2}x + \frac{1}{2}$ und p_N mit $p_N(x) = -\frac{1}{2}x^2 + \frac{13}{2}$.

a) Bestimmen Sie den ökonomisch sinnvollen Definitionsbereich.
b) Berechnen Sie den Schnittpunkt und interpretieren Sie die Koordinaten ökonomisch.

4 Eine Ofenproduktion arbeitet mit der Kostenfunktion $K(x) = x^2 + 8x + 32$.
Die Nachfragefunktion wurde mit $p(x) = 80 - 10x$ ermittelt.

a) Ermitteln die die Erlösfunktion und die Gewinnfunktion.
b) Auf welchem Bereich wird Gewinn erzielt? Wie groß ist der maximale Gewinn?

5 Von einer Mineralwasserfirma kennt man die Funktion der variablen Gesamtkosten $K_v(x) = 0{,}001x^2 + 10x$ und die Fixkosten 900 000 GE. Der Marktpreis hat sich auf $p = 80$ GE/ME eingependelt.

a) Bestimmen Sie die Kostenfunktion und die Erlösfunktion
b) Berechnen Sie die Gewinnzone und das Gewinnmaximum.
c) Prüfen Sie, ob bei einem Marktpreis von $p = 60$ GE/ME eine verlustfreie Produktion möglich ist.

6 Die Abbildung zeigt die Graphen von Kosten-, Erlös- und Gewinnfunktion. Ordnen Sie jeder Kurve eine Bezeichnung zu.
Interpretieren Sie die Abbildung ökonomisch.

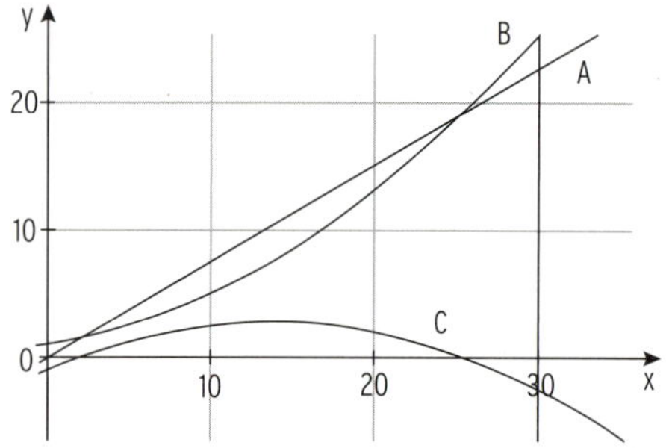

3.3 Aufstellen von Parabelgleichungen

Die Parabel ist das Schaubild einer quadratischen Funktion f mit $f(x) = ax^2 + bx + c$.
Liegt ein Punkt auf der Parabel, so liefert die Punktprobe mit seinen Koordinaten eine Gleichung mit den Unbekannten a, b, c.

Beispiel 1

➲ Der Discounter Gik verkauft in seinen Filialen einen Radiowecker zu unterschiedlichen Preisen. Die wöchentliche Auswertung zeigt die Tabelle (1 ME = 10 Stück).

nachgefragte Menge in ME	2	5
Preis pro Wecker in €	11,10	8,25

Bestimmen Sie den quadratischen Zusammenhang von Menge und Preis, wenn der Höchstpreis bei 12 € liegt.

Lösung

Ansatz für die Parabelgleichung: $y = p(x) = ax^2 + bx + c$

Höchstpreis bei 12 €:
Einsetzen von x = 0 und y = 12
in die Parabelgleichung ergibt: $a \cdot 0^2 + b \cdot 0 + c = c = 12$

Einsetzen von x = 2 und y = 11,10
in die Parabelgleichung ergibt: $a \cdot 2^2 + b \cdot 2 + c = 11{,}10 \Leftrightarrow 4a + 2b + c = 11{,}10$

Einsetzen von x = 5 und y = 8,25: $a \cdot 5^2 + b \cdot 5 + c = 8{,}25 \Leftrightarrow 25a + 5b + c = 8{,}25$

Übersichtliche Darstellung in Form einer Tabelle:

Punkte	Bedingungen	Gleichungssystem für a, b, c
A(2 | 11,10)	p(2) = 11,10	4a + 2b + c = 11,10
B(5 | 8,25)	p(5) = 8,25	25a + 5b + c = 8,25
C(0 | 12)	p(0) = 12	c = 12

Vereinfachtes lineares Gleichungssystem: $4a + 2b = -0{,}90$
(c = 12 eingesetzt.) $25a + 5b = -3{,}75$

Auflösen des Gleichungssystems mit dem Additionsverfahren (Gauß-Algorithmus):

$$4a + 2b = -0{,}90 \quad | \cdot (-25)$$
$$25a + 5b = -3{,}75 \quad | \cdot 4$$

$$2b \cdot (-25) + 5b \cdot 4 = -0{,}90 \cdot (-25) - 3{,}75 \cdot 4$$
$$-30b = 7{,}5$$
$$b = -0{,}25$$

Seite 473

Setzt man $b = -0{,}25$ in die Gleichung
$4a + 2b = -0{,}90$ ein, erhält man: $4a + 2 \cdot (-0{,}25) = -0{,}90$
$a = -0{,}1$

Lösung des linearen Gleichungssystems: $a = -0{,}1;\ b = -0{,}25;\ c = 12$

Preis-Absatz-Funktion: $p(x) = -0{,}1x^2 - 0{,}25x + 12$

Beispiel 2

➲ Die Abteilung Rechnungswesen der Firma Hoha veröffentlicht folgende Kostentabelle:

Produktionsmenge (ME)	0	1	5
Gesamtkosten (GE)	20	25	60

a) Die Gesamtkosten sollen durch eine Polynomfunktion 2. Grades beschrieben werden. Bestimmen Sie eine Gesamtkostenfunktion K.

b) Ermitteln Sie den Break-Even-Punkt, wenn die Produktion für 12,25 GE/ME verkauft wird.

Lösung

a) Ansatz für die Parabelgleichung: $K(x) = a x^2 + b x + c$

Einsetzen der Punktkoordinaten ergibt ein Lineares Gleichungssystem für a, b und c.

$(0 \mid 20)$: $K(0) = 20$ $\qquad c = 20$

$(1 \mid 25)$: $K(1) = 25$ $\qquad a + b + c = 25$

$(5 \mid 60)$: $K(5) = 60$ $\qquad 25a + 5b + c = 60$

Einsetzen von $c = 20$ ergibt: $\qquad a + b + 20 = 25$

$\qquad 25a + 5b + 20 = 60$

vereinfacht: $\qquad a + b = 5 \quad | \cdot (-5)$

$\qquad \underline{25a + 5b = 40}$

Lösung mit dem Additionsverfahren: $\qquad 20a = 15$

$\qquad a = 0{,}75$

Einsetzen in z.B. $a + b = 5$ ergibt: $\qquad b = 4{,}25$

Gesamtkostenfunktion K mit $K(x) = 0{,}75\,x^2 + 4{,}25\,x + 20$

b) Erlösfunktion E mit $E(x) = 12{,}25\,x$

Gleichsetzen: $\mathbf{K(x) = E(x)}$ $\qquad 0{,}75\,x^2 + 4{,}25\,x + 20 = 12{,}25\,x$

Lösung mit pq-Formel: $\qquad x = 4$ oder $x \approx 6{,}67$

Die Gewinnzone beginnt bei 4 ME.

Mit $E(4) = 49$ erhält man den **Break-Even-Punkt B** $(4 \mid 49)$.

Aufgaben

1 Das Schaubild von f mit $f(x) = ax^2 + 5$ verläuft durch den Punkt $A(-3 \mid -4)$. Bestimmen Sie den Funktionsterm f(x).

2 Die Gleichung der Parabel hat die Form $y = x^2 + bx + c$. Bestimmen Sie b und c, wenn Folgendes bekannt ist:

a) Die Parabel verläuft durch die Punkte $A(1 \mid 2{,}5)$ und $B(-2 \mid 1)$.

b) $A(2 \mid 0)$ und $B(-1 \mid 6)$ sind Parabelpunkte.

3 Ein Monopolist erreicht seinen maximalen Erlös von 30 GE bei einem Absatz von 5 ME. Bestimmen Sie den Funktionsterm für die quadratische Erlösfunktion E.

4 Bestimmen Sie die Gleichungen von H_1 und H_2 mithilfe der Zeichnung.

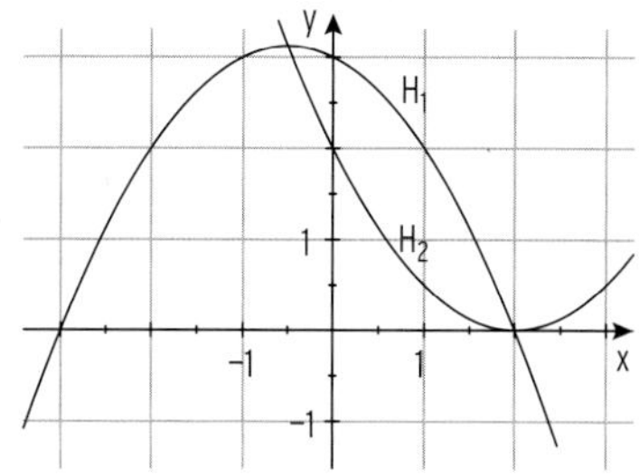

5 Ordnen Sie jeder Parabel einen Funktionsterm zu. Bestimmen Sie a, b, c und d.

$f(x) = 0{,}2x^2 + b$

$g(x) = ax^2 + 2$

$h(x) = cx^2 + d$

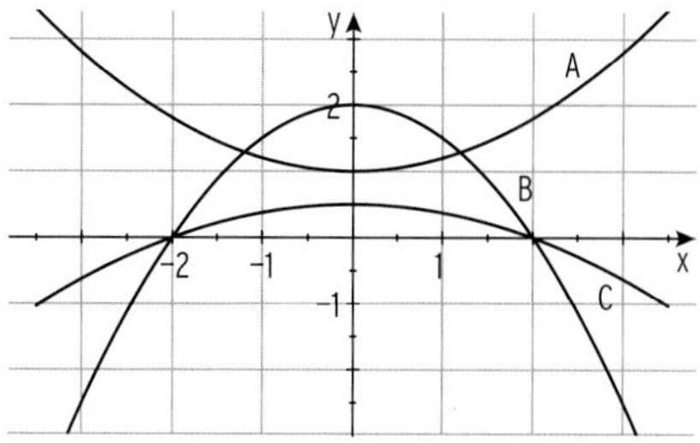

6 Die Gesamtkosten K eines Betriebes in € können in Abhängigkeit von der Produktionsmenge x der nebenstehenden Tabelle entnommen werden:

x	0	10	20	24
K(x)	900	1050	1400	1596

a) Bestimmen Sie die Kostenfunktion K unter der Annahme, dass es sich um eine quadratische Funktion handelt.

b) Für welche Produktionsmenge entstehen Gesamtkosten von 1200 €?

c) Bestimmen Sie den größten Gewinn, wenn die produzierte Menge zum Stückpreis von 80 € verkauft wird.

7 Der Betrieb verkauft seine Artikel für 200 GE pro ME. Die Gesamtkostenkurve ist eine Parabel (2. Ordnung). Sie schneidet die Erlösgerade in $x = 20$ und $x = 120$. Die Fixkosten betragen 2400 GE. Bestimmen Sie die Kostenfunktion K.

8 Der Gewinn in € in Abhängigkeit von der nachgefragten Menge in ME wird beschrieben durch eine ganzrationale Funktion zweiten Grades. Bei 100 ME ist der Gewinn null. Bei 300 ME ist der Gewinn maximal und beträgt dann 40 000 €. Die fixen Kosten betragen 50 000 GE. Bestimmen Sie den Funktionsterm für die Gewinnfunktion.

9 Die Abbildung zeigt eine Kostenkurve und die zugehörige Gewinnkurve. Bestimmen Sie die lineare Erlösfunktion, die Gewinngrenze und die Kosten an der Gewinngrenze mithilfe der Abbildung.

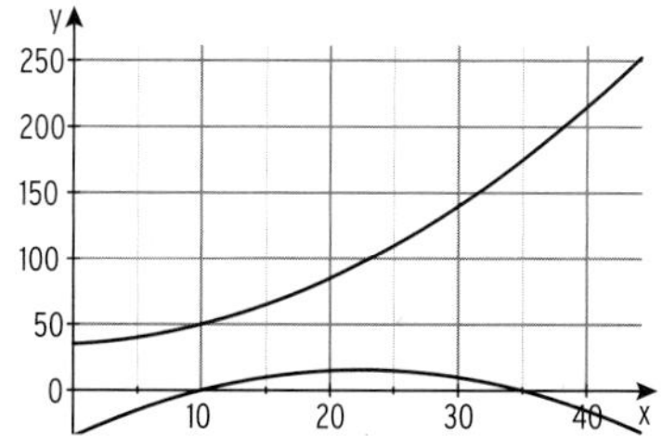

10 Der Höchstpreis für ein Produkt beträgt 80 GE/ME, die Sättigungsmenge liegt bei 8 ME. Bei 5 ME kann ein Preis von 45 GE/ME erzielt werden. Bestimmen Sie die Nachfragefunktion 2. Grades.

3.4 Quadratische Funktionen in Anwendungen

Handlungssituation im Modell der vollständigen Konkurrenz

Beispiel

➲ Bei der Produktion eines Artikels werden die Gesamtkosten in € pro Tag, in Abhängigkeit von der Ausbringungsmenge x (in ME), festgelegt durch:

$K(x) = \frac{1}{8}x^2 + \frac{3}{2}x + 200;\ x \geq 0$. Die Kapazitätsgrenze liegt bei 90 ME.

Der Betrieb hat einen konstanten Verkaufspreis von 14 € je ME geplant.

a) Interpretieren Sie den Verlauf der Gesamtkostenkurve.
Bestimmen Sie den mittleren Kostenzuwachs im Bereich [20; 50].

b) Bestimmen Sie die Gewinnzone und den maximalen Gewinn.

c) Der Preis wird auf 10 € je ME gesenkt. Ist eine verlustfreie Produktion möglich?

Lösung

a) **Fixe Kosten:** $K(0) = 200$

$x_{Kap} = 90$: Kapazitätsgrenze

ökonomisch sinnvoller Definitionsbereich: $D_{ök} = [0; 90]$

Der Kostenverlauf ist **progressiv,** die **Zusatzkosten** für die Produktion einer weiteren Einheit werden **immer größer.**

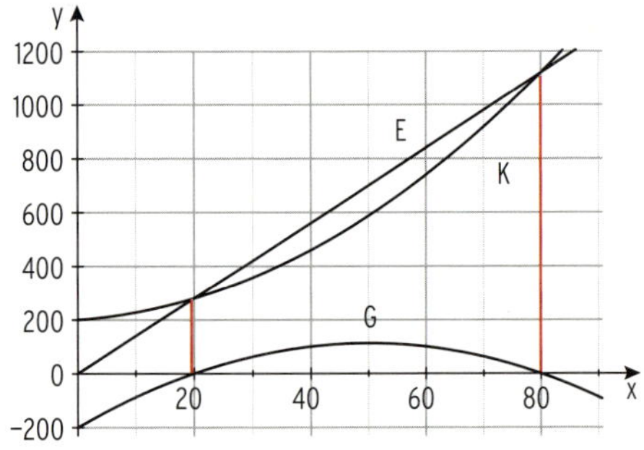

Mittlerer Kostenzuwachs:

$\frac{\Delta K}{\Delta x} = \frac{K(50) - K(20)}{50 - 20} = \frac{587{,}5 - 280}{30} = 10{,}25$

Erhöht man die Produktion von 20 auf 50 ME, so wachsen die Kosten durchschnittlich um 10,25 €/ME.

b) Bed. für die **Schnittstellen von E und K:** $K(x) = E(x)$ $\quad \frac{1}{8}x^2 + \frac{3}{2}x + 200 = 14x$

Lösung ergibt die **Schnittstellen:** $\quad x_1 = 20;\ x_2 = 80$

Bei Produktion und Verkauf von 20 bzw. 80 Stück sind Erlös und Gesamtkosten gleich groß. Die Gewinnzone beginnt in der **Gewinnschwelle** $x_{GS} = 20$ und endet in der **Gewinngrenze** $x_{GG} = 80$.

c) Gemeinsame Punkte: $K(x) = E^*(x)$

$\frac{1}{8}x^2 + \frac{3}{2}x + 200 = 10x$

$x^2 + 12x + 1600 = 80x$

$x^2 - 68x + 1600 = 0$

$x_{1|2} = 34 \pm \sqrt{(-34)^2 - 1600} = 34 \pm \sqrt{-444}$

$D < 0$ Die Gleichung ist unlösbar.

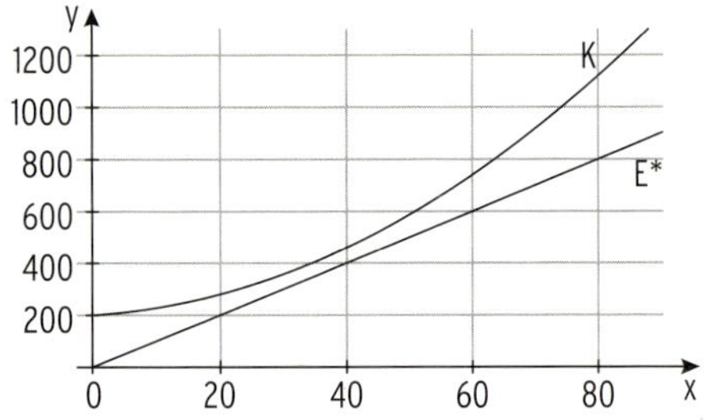

Kostenkurve und Erlösgerade haben keine gemeinsamen Punkte. Die Produktion ist nie verlustfrei.

Hinweis: Die Kostenkurve verläuft oberhalb der Erlösgeraden.

Handlungssituation im Modell eines Angebotsmonopols

Beispiel

➲ Eine Preis-Absatz-Funktion ist gegeben durch $p_N(x) = 100 - 6x$; x in ME, $p_N(x)$ in GE. Geben Sie den Term für die Erlösfunktion an und ermitteln Sie den maximal möglichen Erlös. Bestimmen Sie den maximalen Gewinn, wenn $K(x) = -\frac{1}{3}x^2 + \frac{79}{3}x + 68$ die Gesamtkosten beschreibt. Ermitteln Sie die Koordinaten des Cournot'schen Punktes.

Lösung

Erlösfunktion E mit $E(x) = p_N(x) \cdot x$ — $E(x) = (100 - 6x) \cdot x = 100x - 6x^2$

Nullstellen von E: $E(x) = 0$ — $100x - 6x^2 = 0 \Rightarrow x_1 = 0;\ x_2 = \frac{50}{3}$

Scheitelabszisse = Maximalstelle — $x_{Emax} = \frac{1}{2}(x_1 + x_2) = \frac{50}{6}$

Maximaler Erlös: — $E\left(\frac{50}{6}\right) \approx 416{,}7$

Gewinn: $G(x) = E(x) - K(x)$ — $G(x) = 100x - 6x^2 - \left(-\frac{1}{3}x^2 + \frac{79}{3}x + 68\right)$

$G(x) = -\frac{17}{3}x^2 + \frac{221}{3}x - 68$

Gewinnmaximum: — $G_{max} = G(6{,}5) \approx 171{,}4$

Gewinnmaximale Produktionsmenge: — $x_{max} = 6{,}5$

Beachten Sie

Der Punkt auf dem Graph von p_N mit der Abszisse x_{max} **(gewinnmaximale Menge)** heißt **Cournot'scher** Punkt: $C(x_{max} \mid p_N(x_{max}))$; $p_N(x_{max})$ ist der **gewinnmaximale Preis.**

Mit $p_N(6{,}5) = 61$ erhält man den
Cournot'schen Punkt
$C(6{,}5 \mid 61)$.
Hinweis: $x_{GS} = 1$; $x_{GG} = 12$
Gewinnbereich: $1 < x < 12$

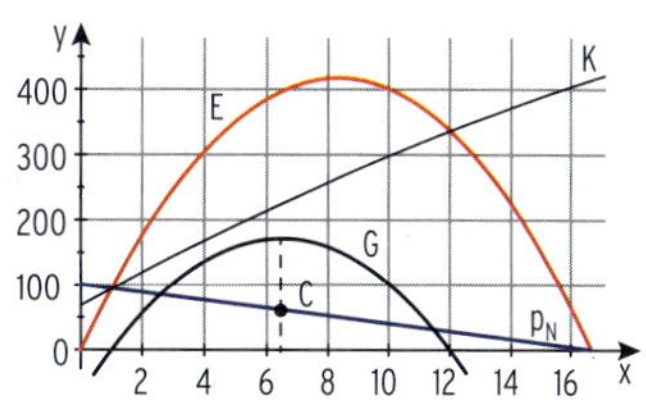

Beachten Sie

Erlös bei **vollständiger Konkurrenz (Polypol):**
$E(x) = p \cdot x$
Stückpreis (Preis pro ME) p

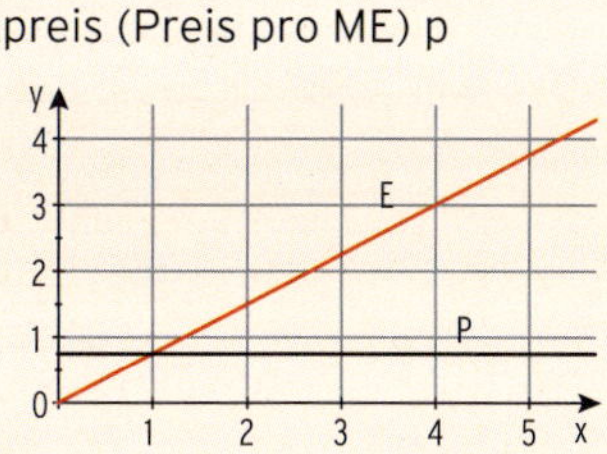

Erlös bei **Angebotsmonopol:**
$E(x) = p_N(x) \cdot x = -ax^2 + bx$; $a, b > 0$
Preis-Absatz-Funktion $p_N(x) = -ax + b$.

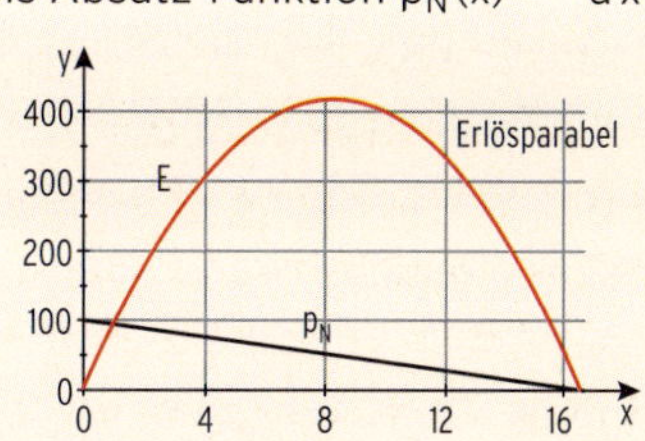

Anwendung im Alltag

Beispiel

Landwirt Bernhard will eine rechteckige Pferdekoppel einzäunen. Er hat 150 m Zaunmaterial zur Verfügung, um eine möglichst große Fläche einzuzäunen.

Lösung

Er berechnet den Flächeninhalt verschiedener Rechtecke mit den Seiten a und b.

Seitenlängen (in m): $a + b = 75$	Flächeninhalt (in m^2): $A = a \cdot b$
$a = 20;\ b = 55$	$A = 1100$
$a = 30;\ b = 45$	$A = 1350$
$a = 40;\ b = 35$	$A = 1400$

Mathematische Formulierung des Problems:

Gibt es eine Formel für den Flächeninhalt in Abhängigkeit von einer Seitenlänge a?

Es gilt: $a + b = 75 \Rightarrow b = 75 - a$

Durch Einsetzen erhält man den **Flächeninhalt** $A(a) = a \cdot (75 - a) = 75a - a^2$.

Die Variable a kann alle reellen Zahlen von 0 bis 75 annehmen.

Schaubild der quadratischen Funktion A mit $A(a) = 75a - a^2;\ 0 \le a \le 75$

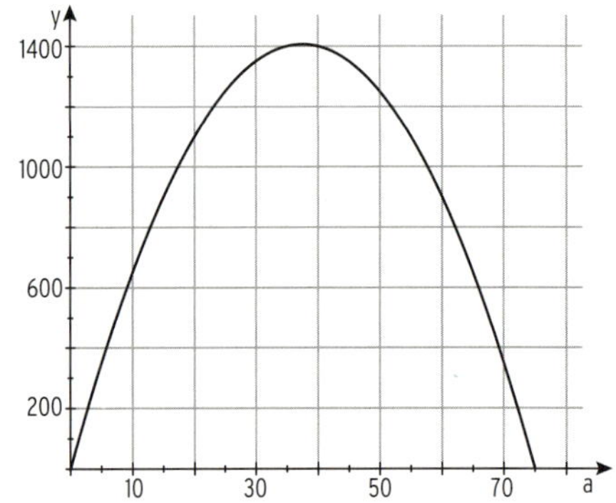

Maximaler Flächeninhalt:

$A_{max} = A(37{,}5) = 1406{,}25$

Der größte Flächeninhalt von $1406{,}25\,m^2$ wird erreicht bei einer Seitenlänge von 37,5 m.

Aufgaben

1 Der parabelförmige Brückenbogen einer Brücke hat eine Spannweite von 170 Metern. Im Abstand von 2,5 Meter zum Fußpunkt der Brücke ist der Brückenbogen 6,28 Meter hoch. Wie hoch ist der Brückenbogen?

2 Auf einem dreieckigen Grundstück mit den Kantenlängen 60 m und 80 m soll ein möglichst großer rechteckiger Bauplatz abgesteckt werden.

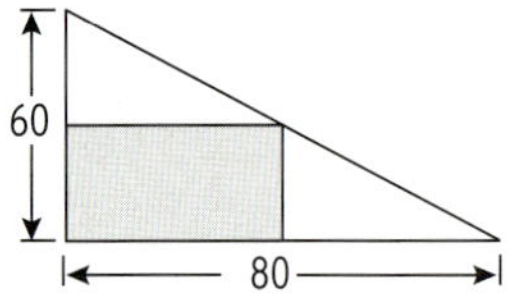

3 Die Firma Waldner GmbH produziert ein medizinisches Gerät. Die verwendete Technologie führt zu der Kostenfunktion K mit $K(x) = 0{,}25\,x^2 + 8$; x in ME, K (x) in GE.

a) Bestimmen Sie die Gewinnzone, wenn am Markt vollständige Konkurrenz herrscht und die Ware für 3,8 GE je ME abgesetzt werden kann.

b) Wie hoch sind der maximale Gewinn und die Gesamtkosten an der Gewinngrenze?

c) Ermitteln Sie den mittleren Kostenzuwachs im Intervall [2,5; 12,5].

d) Aus Wettbewerbsgründen senkt das Unternehmen den Verkaufspreis. Die Gewinnschwelle liegt jetzt bei einer Produktionsmenge von 5 ME. Berechnen Sie den neuen Verkaufspreis.

e) Wie weit kann das Unternehmen den Verkaufspreis (je ME) senken, sodass bei der Produktion fixe und variable Kosten gerade noch gedeckt sind?

4 Die Soester Büromöbel AG hat als Hersteller von Regalsystemen eine Monopolstellung.
Der erzielbare Preis in GE pro ME lässt sich aufgrund einer Marktstudie mit der Preis-Absatz-Funktion $p_N(x) = -0{,}8\,x + 9$ berechnen.

a) Bestimmen Sie den Höchstpreis, die Sättigungsmenge und den maximalen Erlös.

b) Die Gesamtkosten lassen sich durch $K(x) = 0{,}125\,x^2 + x + 6$ beschreiben.
Wie groß ist die gewinnmaximale Herstellungsmenge der Soester Büromöbel AG?

5 Der Handyhersteller Mobi bringt sein neues Handy Mobi 4 auf den Markt. Die Marktsituation kann durch die beiden Funktionen $f(x) = 10 - 0{,}04\,x^2$ und $g(x) = 0{,}75\,x + 2$ beschrieben werden.

a) Zeichnen Sie die Graphen von f und g in ein Koordinatensystem. Ordnen Sie begründet die beiden Graphen einer Nachfrage- und einer Angebotsfunktion zu.

b) Ermitteln Sie den maximalen, ökonomisch sinnvollen Definitionsbereich.

c) Bestimmen Sie den Höchstpreis und die Sättigungsmenge und das Marktgleichgewicht.

d) Beschreiben Sie die Marktsituation bei einem Preis von 6 GE und bei 8 GE.

e) Aufgrund einer veränderten Marktsituation entsteht eine neue Nachfragefunktion. Ermitteln Sie eine neue Nachfragefunktion für ein Marktgleichgewicht MGL (2; 4,5), einem Höchstpreis von 7 GE und einer Sättigungsmenge von 8 ME.

6 Gegeben ist die Nachfragefunktion p_N mit $p_N(x) = 970 - 13\,x^2$.
Bestimmen Sie die Sättigungsmenge.
Geben Sie die Bereiche an, in denen der Umsatz durch Preissteigerung bzw. Preissenkung erhöht werden kann.

7 Über die Gesamtkosten K der Brandstätter KG ist Folgendes bekannt:
Für eine Produktion von 10 Stück entstehen Gesamtkosten von 1050 €, bei 20 Stück sind es 1400 €. Die Fixkosten betragen 900 €.
Die produzierte Menge wird zum Stückpreis von 85 € verkauft.

a) Untersuchen Sie die Gewinnsituation der Brandstätter KG.

b) Aufgrund einer veränderten Marktlage erhöhen sich die Fixkosten.
Wie kann die Brandstätter KG reagieren?
Welche Erhöhung der Fixkosten muss durch eine Preiserhöhung ausgeglichen werden?

8 Die Firma Waldner ist als Produzent von Laborgeräten Monopolist.

a) Die Fixkosten für die Produktion belaufen sich auf 330 GE. Werden 10 Mengeneinheiten (ME) der Ware hergestellt, erhöhen sich die Gesamtkosten um 50 GE.
Bei 20 ME betragen die Gesamtkosten 460 GE.
Abteilungsleiter Merk behauptet, die Gesamtkosten werden beschrieben durch $K(x) = -0{,}15\,x^2 + 3{,}5\,x + 330$. Prüfen Sie, ob er recht hat.

b) Die Erlösfunktion ist gegeben durch $E(x) = -1{,}75\,x^2 + 79\,x$.
Beraten Sie die Firma Waldner, wie viel Geräte hergestellt und zu welchem Preis sie verkauft werden sollten.

9 Der Freizeitpark am Schloss hat täglich etwa 1400 Besucher und der Eintritt kostet 12 €.
Ein Umfrage ergibt, dass sich durch eine Preissenkung um je 0,50 € die tägliche Besucherzahl um je 50 erhöht. Der Freizeitpark will seine Einnahmen optimieren. Beraten Sie das Unternehmen.
Mit wie vielen Besuchern kann der Freizeitpark seine täglichen Kosten von 12 675 € decken?

10 Die Firma Vetter stellt ein Mittel gegen Bluthochdruck her. Marktbeobachtung liefert die Grundlage für die Preispolitik.
Die Kostenentwicklung lässt sich beschreiben durch fixe Kosten von 5000 GE und variable Kosten von 50 GE/ME.
Wie erreicht die Firma Vetter ihr Unternehmensziel?

Absatz in ME	Preis in GE/ME
80	170
120	90

11 Die Abbildung zeigt eine Gesamtkostenkurve und drei Erlösgeraden.
Bestimmen Sie die Gleichungen der Erlösgeraden. Beschreiben Sie die zugehörigen Gewinnsituationen.

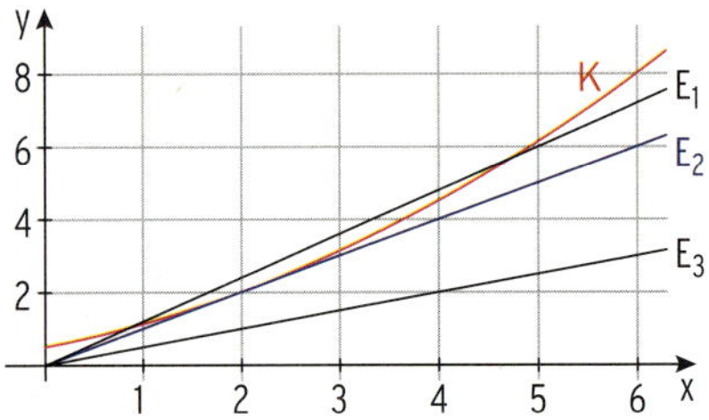

Test zur Überprüfung Ihrer Grundkenntnisse

1 Lösen Sie die quadratische Gleichung.

a) $x^2 + 2x - 15 = 0$

b) $-\frac{1}{2}x^2 + \frac{3}{2}x + 1 = 0$

2 Gegeben sind die Kostenfunktion K durch $K(x) = 0{,}2x^2 + 3x + 20$ und die Erlösfunktion E mit $E(x) = 8x$.

a) Berechnen Sie die Gewinnzone. Zeigen Sie: Der maximale Gewinn liegt bei 11,25 GE.

b) Prüfen Sie, ob $g: y = 7x$ Tangente an den Graph von K ist.
Interpretieren Sie ökonomisch.

3 p_N und p_A mit $p_N(x) = -0{,}2x^2 - 3x + 20$ und $p_A(x) = 0{,}1x^2 + 2x + 2{,}3$ beschreiben die Nachfrage- und die Angebotssituation für ein Elektrogerät.

a) Ermitteln Sie den Höchstpreis und die Sättigungsmenge.

b) Berechnen Sie den Gleichgewichtspreis.

4 Die Abbildung 1 zeigt den Graph einer quadratischen Funktion für $x > 0$.

a) Zeigt Abb. 1 eine Kostenkurve? Begründen Sie.

b) Zeichnen Sie den Graph der Funktion der variablen Kosten und der variablen Stückkosten in die Abbildung ein.

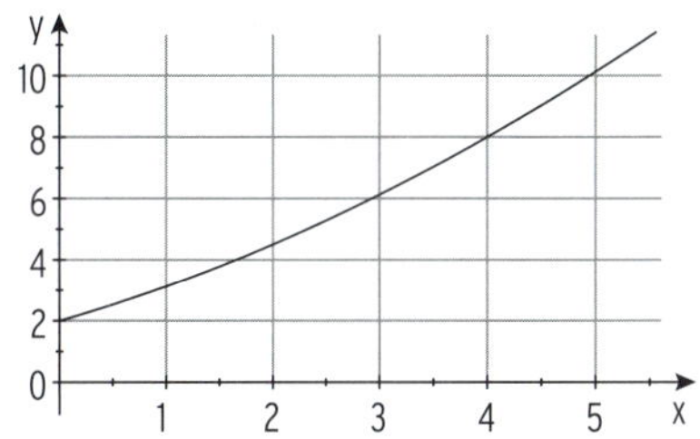

Abb.1

5 Das Unternehmen Hirscher und Söhne bietet als Monopolist am Markt eine Spezialgerät an. Dadurch hängt der Preis (in €) von der nachgefragten Stückzahl ab.
Die Erlöskurve ist eine Parabel, welche die x-Achse in $x = 16$ schneidet.
Der größtmögliche Erlös beträgt 320 €.
Bestimmen Sie die Erlösfunktion.

6 Eine Brückendurchfahrt (Abb. 2) hat die Form einer Parabel (2. Ordnung). Sie ist 6 m hoch und 4 m breit.
Ein Fahrzeug ist 3 m breit und 2,20 m hoch.
Kann dieses Fahrzeug noch unter der Brücke hindurchfahren?

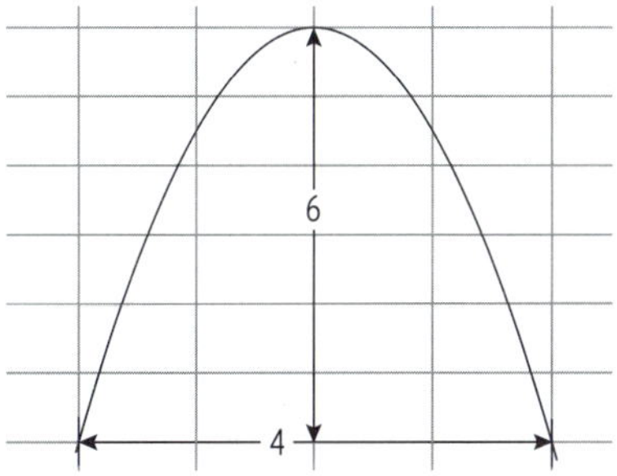

Abb.2

4 Ganzrationale Funktionen 3. und 4. Grades

Modellierung einer Situation

Der Markt für Verpackungsmaschinen ist im Umbruch. Die Nachfrage ist gestiegen und Konkurrenz aus dem Ausland drängt auf den Markt.
Die Geschäftsleitung der Firma Waldner Verpackungstechnik will die Kosten- und die Gewinnsituation untersuchen lassen.
Die Gesamtkosten des Topmodells PACK2 der letzten Produktionsperiode sind in der Tabelle aufgelistet.

Menge in Stück	0	2	4	6
Gesamtkosten K (x) in 1000 €	5	13	29	101

Die Gesamtkosten lassen sich beschreiben durch den Term $K(x) = x^3 + bx^2 + cx + d;\ x \geq 0$.
In der letzten Produktionsperiode wurden 6 Maschinen des Topmodells gefertigt und verkauft, trotzdem war der Gewinn eingebrochen.
Zur Zeit wird das Topmodell für 11 000 € pro Stück verkauft.
Ein Kunde verlangt 35 % Nachlass.

Analysieren Sie die Gewinnsituation.
Was kann die Geschäftsleitung daraus folgern?
Bei welcher Produktionsmenge sind die variablen Stückkosten am geringsten?

Bearbeiten Sie diese Situation, nachdem Sie die rechts aufgeführten **Qualifikationen** und **Kompetenzen** erworben haben.

Qualifikationen & Kompetenzen

- Realitätsbezogene Zusammenhänge mit ganzrationalen Funktionen beschreiben, darstellen und deuten
- Schnittpunkte berechnen
- Lineare Gleichungssysteme lösen
- Funktionsterme bestimmen

4.1 Potenzfunktionen

In der Geometrie kommen Formeln der unterschiedlichsten Art vor:

Flächeninhalt eines Quadrates $A = a^2$; Volumen eines Würfels $V = a^3$

Beachten Sie

Eine Funktion f mit $f(x) = a \cdot x^q$ mit $x \in D$; $q \in \mathbb{Z}^*$, ist eine **Potenzfunktion**.
$\mathbb{Z}^*$ ist die Menge der **ganzen Zahlen ohne Null.**

Beispiele für Potenzfunktionen mit natürlichem Exponenten

f mit $f(x) = x^n$; $x \in \mathbb{R}$; $n \in \mathbb{N}^*$
Bekannt sind:
$n = 1$: $f(x) = x$; $x \in \mathbb{R}$
Ursprungsgerade: $y = x$
$n = 2$: $f(x) = x^2$; $x \in \mathbb{R}$
Normalparabel: $y = x^2$

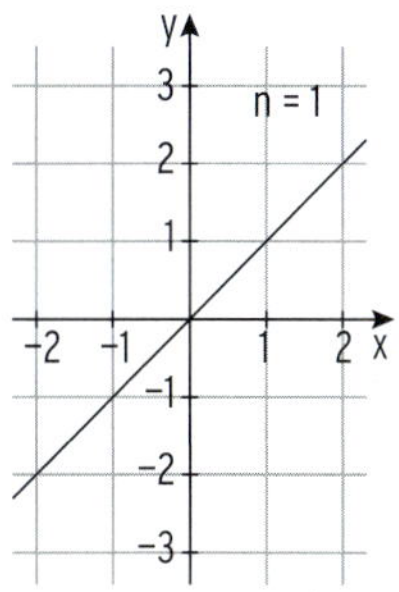

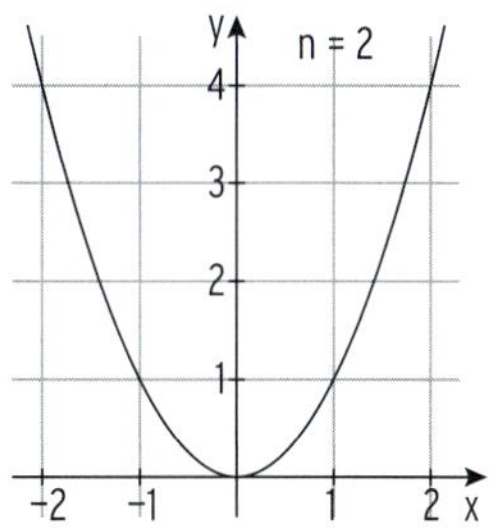

Neu:	$n = 3$: $f(x) = x^3$; $x \in \mathbb{R}$	$n = 4$: $f(x) = x^4$; $x \in \mathbb{R}$
Schaubild von f	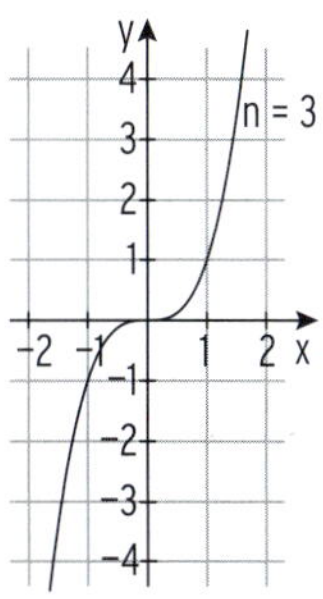	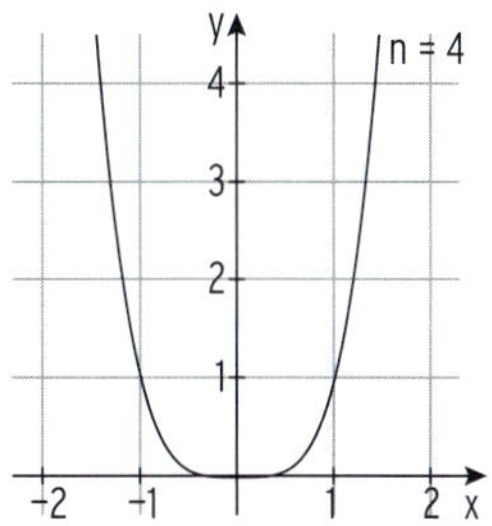
Globaler Verlauf	vom III. in I. Quadranten	vom II. in I. Quadranten
Symmetrie	zum Ursprung	zur y-Achse

Aufgaben

1 Skizzieren Sie den Graph der Potenzfunktion.

a) $f(x) = -x^3$ **b)** $g(x) = 0{,}5x^4$ **c)** $h(x) = -x^5$ **d)** $k(x) = -\frac{1}{2}x^2$

Beschreiben Sie Eigenschaften des Graphen.
Wie ändert sich der Funktionswert, wenn sich der x-Wert verdoppelt (verdreifacht)?

2 Gegeben ist eine Funktion f mit $f(x) = x^n$; $n \in \mathbb{N}^*$.
Für welches n liegt der Punkt P auf dem Schaubild von f?

a) $P(0{,}5\,|\,0{,}125)$ **b)** $P(-2\,|\,16)$ **c)** $P(-3\,|\,-27)$

4.2 Ganzrationale Funktionen 3. Grades – Einführung

Beispiel 1

Die Abbildung zeigt den Graphen der Gesamtkostenfunktion K mit

$K(x) = x^3 - 7x^2 + 20x + 40;\ x \geq 0;$ x in ME

und die Erlösgerade.

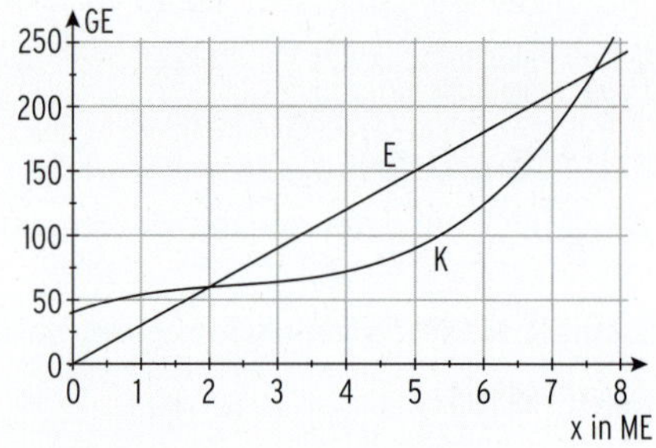

a) Beschreiben Sie den Verlauf der Gesamtkostenkurve.
Wie hoch ist der Verkaufspreis?

b) Begründen Sie, warum bei einer Produktion von 1 ME das Unternehmen keinen Gewinn macht.
Geben Sie die Gewinnzone an.

Lösung

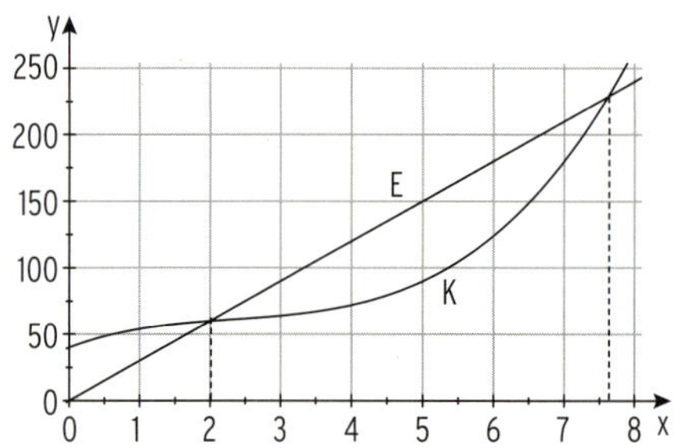

a) **Verlauf:** K verläuft im 1. Quadranten,
K schneidet die y-Achse in 40, d. h.,
die Fixkosten betragen 40 GE.
Die Gesamtkostenkurve ist steigend.
Wegen $K(2) = E(2) = 60$ folgt $p = 30$
und mit $E(x) = p \cdot x$: $E(x) = 30x$

b) **Erlösfunktion** E mit $E(x) = 30x$
Wegen $K(1) = 54$ und $E(1) = 30$
ist $G(1) = E(1) - K(1) = -24$.
d. h., das Unternehmen macht in $x = 1$ einen Verlust. **Kein Gewinn bei $x = 1$.**

Gewinnzone

Bedingung für die Grenzen: $E(x) = K(x)$
Durch Ablesen: $x_1 = x_{GS} = 2$
$x_2 = x_{GG} \approx 7{,}6$

Die Gewinnzone erstreckt sich von 2 ME bis etwa 7,6 ME.

Beachten Sie

Eine **ganzrationale Funktion (Polynomfunktion)** f dritten Grades ist gegeben durch
$f(x) = ax^3 + bx^2 + cx + d;\ x \in \mathbb{R};\ a \neq 0$.
a, b, c und d heißen Koeffizienten.
Der maximale Definitionsbereich von f ist $D = \mathbb{R}$.

Hinweis: $ax^3 + bx^2 + cx + d$ ist ein **Polynom 3. Grades.**
Ganzrationale Funktionen werden auch als **Polynomfunktionen** bezeichnet.

Beispiel 2

➲ Gegeben ist die Funktion f durch $f(x) = 2x^3 - 3x;\ x \in \mathbb{R}$.
Welche Eigenschaften hat der Graph K_f von f? Vergleichen Sie $f(-1)$ mit $f(1)$.

Lösung

Globaler Verlauf:

K_f verläuft vom 3. in den 1. Quadranten;
K_f verläuft für $x \to \infty$ bzw. für $x \to -\infty$ wie das Schaubild mit $y = 2x^3$.

X	f(X)
-2	-10
-1	1
0	0
1	-1
2	10

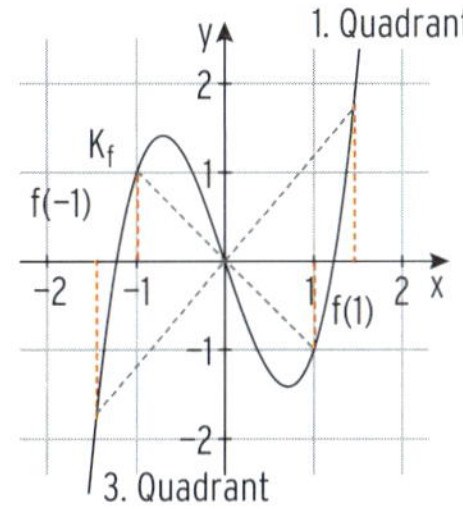

Symmetrie:

$f(-1) = 1;\ f(1) = -1$

Vergleicht man z. B. $f(1) = -f(-1);\ f(2) = -f(-2)$, so stellt man fest: $f(x) = -f(-x)$, d. h. K_f ist **symmetrisch zum Ursprung O.**

Im Funktionsterm sind alle **Exponenten von x ungerade:** $f(x) = ax^3 + cx$.

Schaubilder von ganzrationalen Funktionen 3. Grades

Aus dem Funktionsterm lassen sich folgende Eigenschaften des Schaubildes einer ganzrationalen Funktion 3. Grades direkt ablesen.

Symmetrie zum Ursprung:

Kommen im Funktionsterm **nur ungerade Exponenten** von x vor, dann ist das Schaubild **symmetrisch zum Ursprung**. Die Bedingung für Punktsymmetrie zu O(0 | 0), $\mathbf{f(x) = -f(-x)}$, ist erfüllt und es gilt $\mathbf{f(x) = ax^3 + cx}$.

Globaler Verlauf

Das Vorzeichen des Koeffizienten a vor x^3 entscheidet über den Verlauf des Schaubildes für $x \to \infty$ bzw. $x \to -\infty$.

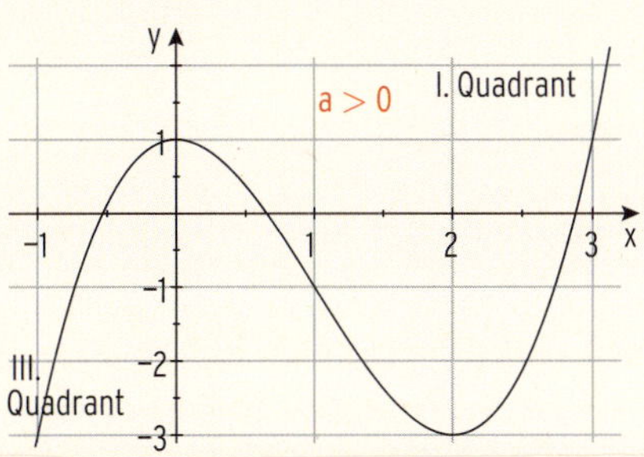

$f(x) = ax^3 + \ldots$

Das Schaubild von f verläuft für $a > 0$ vom III. in den I. Quadranten.

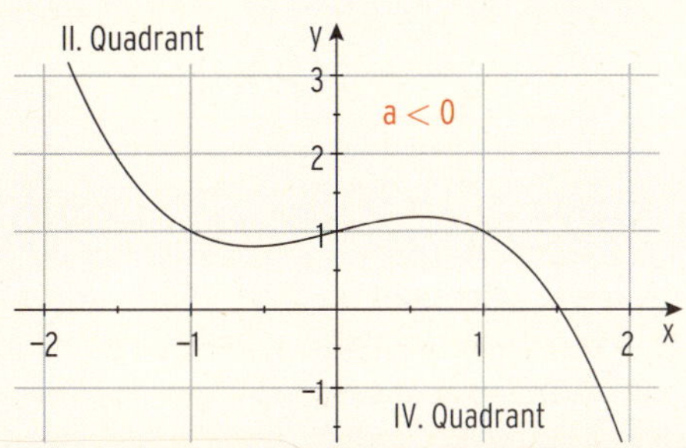

$f(x) = ax^3 + \ldots$

Das Schaubild von f verläuft für $a < 0$ vom II. in den IV. Quadranten.

Aufgaben

1 Zeichnen Sie das Schaubild K_f der gegebenen Funktion f in einem geeigneten Bereich. Machen Sie Aussagen über den Verlauf von K_f. Wo schneidet K_f die Achsen?

a) $f(x) = \frac{1}{2}x^3 - 3x^2$ **b)** $f(x) = -x^3 + \frac{4}{3}x^2 - \frac{1}{3}x$ **c)** $f(x) = \frac{1}{4}x^3 - \frac{3}{4}x^2 + 5$

d) $f(x) = -x + \frac{1}{48}x^3$ **e)** $f(x) = \frac{1}{4}x^3 - 3x^2 + 9x$ **f)** $f(x) = x^2(3 - x)$

2 $x_1 = -3$; $x_2 = 1$ und $x_3 = 2$ sind die Nullstellen einer ganzrationalen Funktion f 3. Grades. Das Schaubild K_f von f verläuft durch den Punkt $P(0\,|\,1{,}5)$. Skizzieren Sie K_f.

3 Der Graph einer ganzrationalen Funktion 3. Grades ist symmetrisch zum Ursprung. Skizzieren Sie den Graph, wenn dieser

a) durch die Punkte $P(1\,|\,2)$ und $Q(3\,|\,-2)$ verläuft,

b) die Gerade g mit $y = 3x$ in O berührt und durch $P(1\,|\,1)$ geht.

4 Eine ganzrationale Funktion 3. Grades hat die Nullstellen $x_{1|2} = 4$ und $x_3 = -1$. Skizzieren Sie eine mögliche zugehörige Parabel. Bestimmen Sie eine ganzrationale Funktion 2. Grades mit denselben Nullstellen.

5 Das Schaubild einer ganzrationalen Funktion 3. Grades verläuft durch die Punke $A(1\,|\,0)$, $B(3\,|\,0)$ und $C(0\,|\,-4)$. Zeichnen Sie ein mögliches Schaubild.

6 Ordnen Sie jeder Kurve den zugehörigen Funktionsterm zu. Begründen Sie Ihre Wahl.

$f_1(x) = x^3 - 2x^2 + 1$; $f_2(x) = x^3 - 2x$; $f_3(x) = -\frac{1}{2}x(x - 2)(x + 1)$; $f_4(x) = x^3 - 2x^2$

A

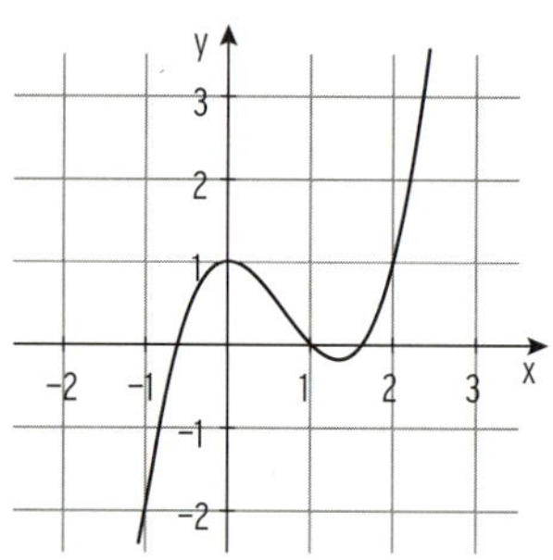

B

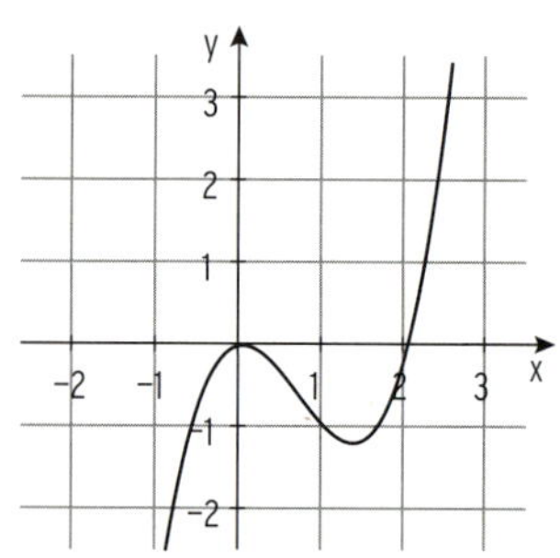

C

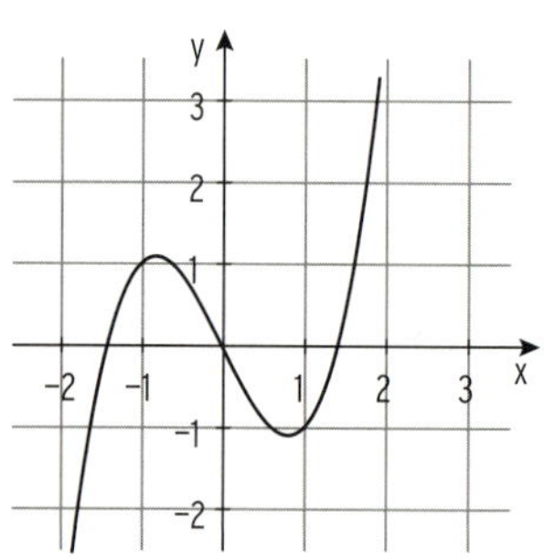

D

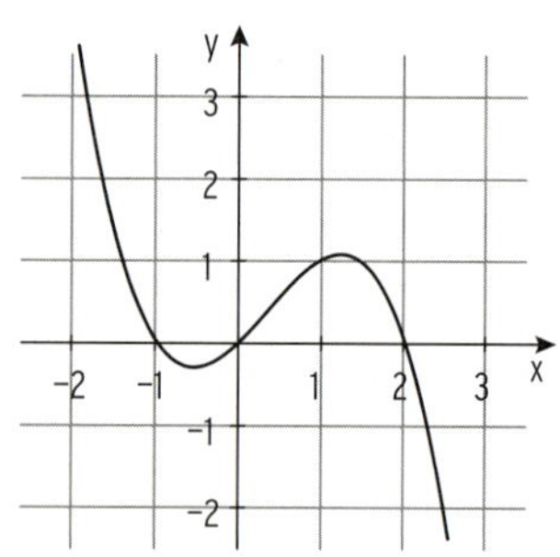

4.3 Ganzrationale Funktionen 4. Grades – Einführung

Beispiel 1

➲ An einem Novembertag wurden in Goslar folgende Temperaturen gemessen.

Zeit in h	0	2	4	6	8	10	12	14	16	18	20	22	24
Temperatur in °C	–1	–0,5	3	8	12,5	16	17,5	17	14	10	5	0,5	–1,5

Erläuterung: Um Mitternacht betrug die Temperatur –1 °C.
Prüfen Sie, ob die Situation mit der Funktion f mit
$f(t) = 0{,}001t^4 - 0{,}050t^3 + 0{,}660t^2 - 0{,}885t - 1;\ 0 \le t \le 24$, modelliert werden kann.
Die akustische Eiswarnanzeige im Pkw spricht bei 4 °C an.
Zu welcher Tageszeit war nicht mit glatten Straßen zu rechnen?

Lösung

Überprüfung der Behauptung:
Die **ganzrationale Funktion 4. Grades** f mit
$f(t) = 0{,}001t^4 - 0{,}050t^3 + 0{,}660t^2 - 0{,}885t - 1$
ist zur Modellierung geeignet.

X	f(X)
0	-1
2	-0,514
4	3,076
6	7,946
12	17,756
14	17,186
16	14,536
18	10,286

Punktprobe (Wertetabelle):
Die Werte in der Tabelle liegen nahe bei den gemessenen Werten.
f ist geeignet zur Modellierung.
Aus dem Graph von f:
Die gesuchten Werte (Temperatur über 4 °C) liegen zwischen 4,5 und 20,5.

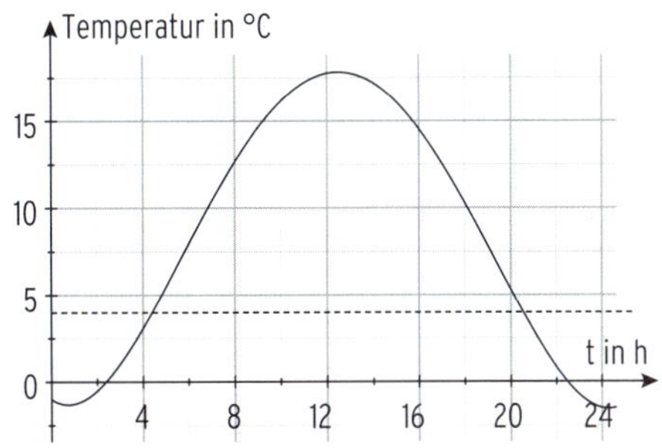

Bedingung für den Zeitpunkt t: $f(t) = 4$
Lösung mithilfe einer verfeinerten Wertetabelle:

X	f(X)
4,3	3,7644
4,4	3,9992
4,5	4,2363

$t_1 = 4{,}4;\quad t_2 = 20{,}5$

Ergebnis: Etwa zwischen 4:30 Uhr und 20:30 Uhr war nicht mit glatten Straßen zu rechnen.

Hinweis: Die Gleichung $f(t) = 4$ kann mit einem elektronischen Hilfsmittel (z. B. GTR) gelöst werden: $f(t) = 4$ für $t_1 = 4{,}40...$ bzw. $t_2 = 20{,}53...$

Beachten Sie

Eine **ganzrationale Funktion (Polynomfunktion)** f vierten Grades ist gegeben durch
$f(x) = ax^4 + bx^3 + cx^2 + dx + e;\ x \in \mathbb{R};\ a \neq 0.$
a, b, c, d und e heißen Koeffizienten.
Der maximale Definitionsbereich von f ist $D = \mathbb{R}$.

Beispiel 2

➲ In der Abbildung ist der Graph K_f der Polynomfunktion f mit $f(x) = x^4 - 3x^2 + 1$; $x \in \mathbb{R}$, dargestellt.
Machen Sie Aussagen über den Verlauf von K_f.
Vergleichen Sie f (1) mit f (− 1).

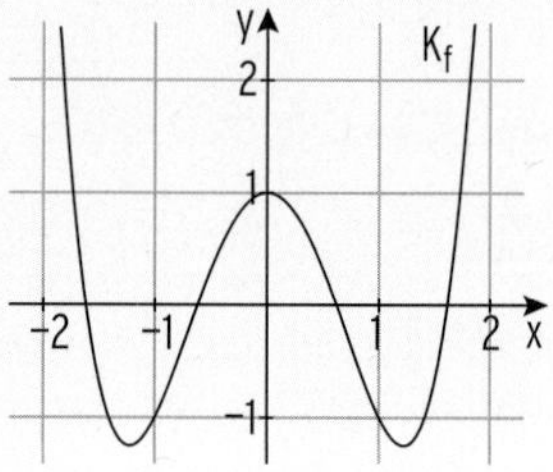

Lösung

Globaler Verlauf

Der Graph K_f von f verläuft vom 2. in den 1. Quadranten.
K_f verläuft für $x \to \infty$ bzw. für $x \to -\infty$ wie das Schaubild mit $y = x^4$.

Symmetrie

Berechnung der Funktionswerte: $f(1) = -1 = f(-1)$
Für alle x-Werte gilt: $f(x) = f(-x)$ (vgl. Wertetabelle),
d. h. K_f ist **symmetrisch zur y-Achse**.

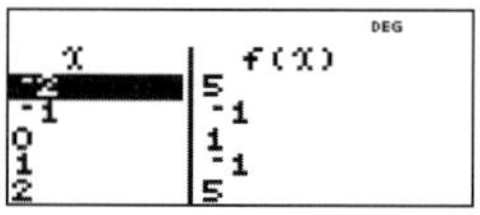

X	f(X)
-2	5
-1	-1
0	1
1	-1
2	5

Im Funktionsterm sind **alle Exponenten von x gerade**: $f(x) = ax^4 + cx^2 + e$.

Beispiel 3

➲ K_f ist das Schaubild der Funktion f mit
$f(x) = -x^4 + x + 2$; $x \in \mathbb{R}$.
Machen Sie Aussagen über den Verlauf des Graphen K_f von f.
Kennzeichnen Sie alle Stellen mit $f(x) = 1$.
Welche Bedeutung hat diese Bedingung?

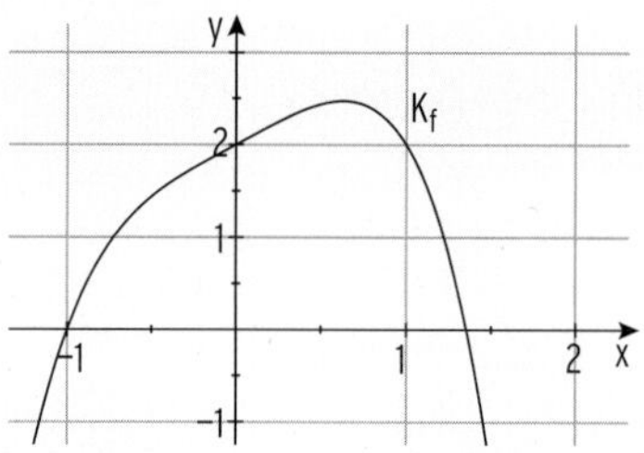

Lösung

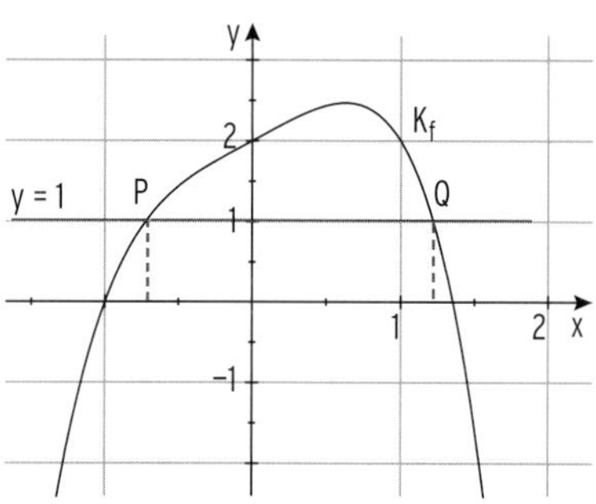

Globaler Verlauf

K_f verläuft vom III. in den IV. Quadranten.
K_f ist nach unten geöffnet.
K_f verläuft für $x \to \infty$ bzw. für $x \to -\infty$ wie das Schaubild mit $y = -x^4$.

Symmetrie

Der Graph von f ist **nicht symmetrisch zur y-Achse.**

f (x) = 1 bedeutet: Der Funktionswert ist 1.
An der Stelle $x_1 \approx -0{,}7$ bzw. $x_2 \approx 1{,}2$ ist der Funktionswert 1.

Schaubilder von Polynomfunktionen 4. Grades

Aus dem Funktionsterm lassen sich folgende Eigenschaften direkt ablesen:

Symmetrie zur y-Achse

Kommen im Funktionsterm nur **gerade Exponenten** von x vor, dann ist das Schaubild **symmetrisch zur y-Achse**. Die Bedingung für Achsensymmetrie zur y-Achse, $\mathbf{f(x) = f(-x)}$, ist erfüllt und es gilt: $\mathbf{f(x) = a x^4 + c x^2 + e}$

Globaler Verlauf

Das Vorzeichen des Koeffizienten a vor x^4 entscheidet über den globalen Verlauf des Schaubildes für $x \to \infty$ bzw. $x \to -\infty$.

Für a $\begin{Bmatrix} > 0 \\ < 0 \end{Bmatrix}$ ist das Schaubild von f nach $\begin{Bmatrix} \text{oben} \\ \text{unten} \end{Bmatrix}$ geöffnet.

K_f: $f(x) = \frac{1}{9}x^4 - \frac{1}{3}x^2 - 1$

Das Schaubild K_f ist **symmetrisch zur y-Achse**.

K_f verläuft von links oben nach rechts oben, K_f ist nach oben geöffnet.

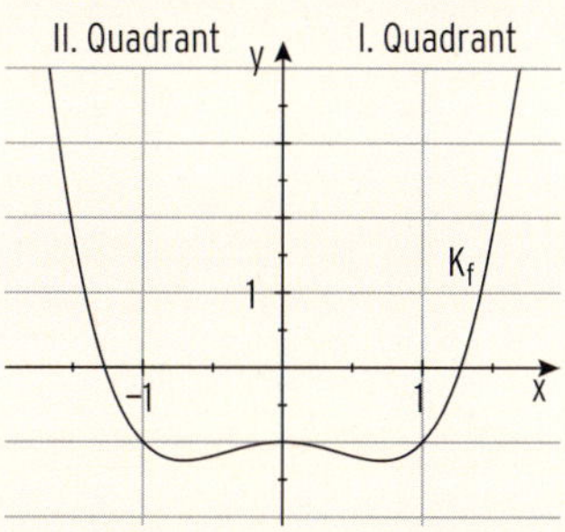

K_g: $g(x) = -0{,}25x^4 + x^3 - 3x + 1$

Das Schaubild K_g ist **nicht symmetrisch zur y-Achse**.

K_g verläuft von links unten nach rechts unten, K_g ist nach unten geöffnet.

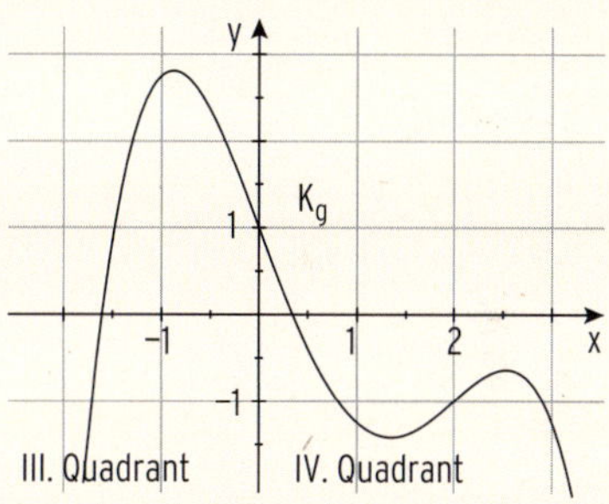

Aufgaben

1 Zeichnen Sie das Schaubild K_f der gegebenen Funktion f in einem geeigneten Bereich. Machen Sie Aussagen über den Verlauf und die Symmetrie von K_f.

a) $f(x) = -\frac{1}{4}x^4 + x^2$ b) $f(x) = \frac{1}{6}x^4 + 1$ c) $f(x) = x^4 - 3x^2 + 1$

2 K_f ist der Graph der Funktion f mit $f(x) = x^4 + x - 2$; $x \in \mathbb{R}$. Übertragen Sie die Zeichnung in Ihr Heft.

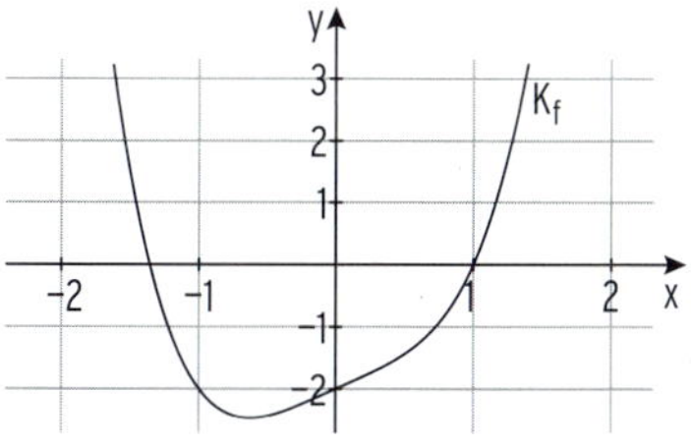

a) Kennzeichnen Sie $f(-1) = -2$ bzw. $f(x) = 1$ am Schaubild K_f von f. Liegt die negative Nullstelle von f vor oder nach $-1{,}35$? Begründen Sie.

b) Spiegeln Sie K_f an der x-Achse. Was bleibt gleich, was ändert sich?

c) Geben Sie den kleinsten Funktionswert von f mithilfe der Abbildung an.

3 Das Schaubild einer Polynomfunktion 4. Grades ist symmetrisch zur y-Achse und berührt die x-Achse in −2. Skizzieren Sie ein mögliches Schaubild.

4 Welcher Funktionsterm passt zur nebenstehenden Abbildung?

$f(x) = \frac{1}{4}(x^2 - 2)^2 - 2$

$g(x) = \frac{1}{4}x^4 - x^2 - 1$

$h(x) = \frac{1}{4}x^4 - x - 1$

Begründen Sie Ihre Entscheidung.

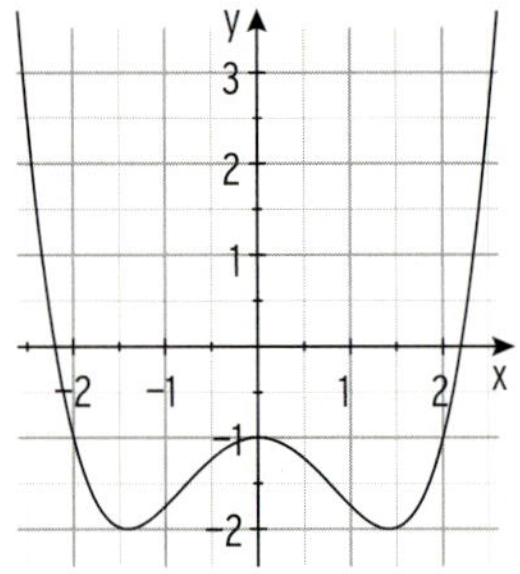

5 Ordnen Sie die Schaubilder A bis C den folgenden Funktionstermen zu:

$f(x) = x^4 - 2x^2 + 2;\quad g(x) = 2 - x^4;\quad h(x) = \frac{1}{2}x^4 - x^3 + 2;\quad k(x) = \frac{1}{2}x^4 - x^2 + 2$

Begründen Sie Ihre Entscheidung.

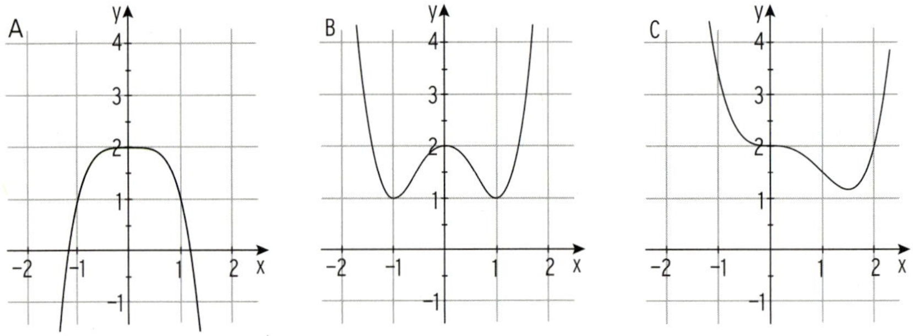

6 Die Zahl der Besucher einer Ausstellung wird durch nebenstehende Abbildung modelliert.
Dabei ist t die Zeit in h nach Öffnung um 9.00 Uhr.
Beantworten Sie folgende Fragen mithilfe der Abbildung.

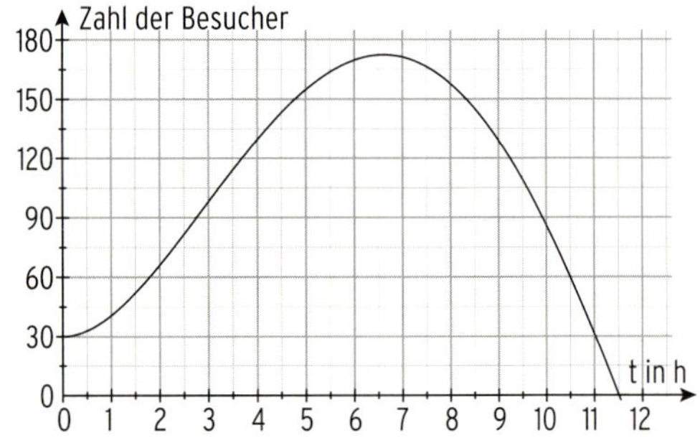

- Wie viele Besucher sind um 11.00 Uhr da?
- Zu welcher Uhrzeit verlässt der letzte Besucher die Ausstellung?
- Wann ist die Zahl der Besucher am größten?
- Wie viele Besucher halten sich dann in der Ausstellung auf?
- Nehmen Sie Stellung zu der Behauptung: Über einen Zeitraum von 5 Stunden sind mehr als 120 Besucher in der Ausstellung.

4.4 Polynomgleichungen und geometrische Interpretation

A) Lösung von Polynomgleichungen höheren Grades

Lösung durch 3. Wurzel ziehen

Beispiele

1) $x^3 - 8 = 0 \quad \Leftrightarrow x^3 = 8 \quad \Leftrightarrow x = \sqrt[3]{8} = 2$ (**3. Wurzel aus 8**)

2) $\frac{1}{6}x^3 + 4 = 0 \Leftrightarrow x^3 = -24 \Leftrightarrow x = -\sqrt[3]{24}$ (**Minus** 3. Wurzel aus 24)

```
³√8
                2
-³√24
   -2,884499141
```

Beachten Sie

Gleichungen der Form **$ax^3 + d = 0$**; $a \neq 0$ werden umgeformt zu $x^3 = ...$

Diese Gleichung hat **immer eine Lösung**.

Lösung durch 4. Wurzel ziehen

Beispiele

1) $x^4 - 16 = 0 \Leftrightarrow x^4 = 16 \Rightarrow x = \pm\sqrt[4]{16} = \pm 2$

In Worten: x ist gleich ±4. Wurzel aus 16.

2) $x^4 + 6 = 0 \Leftrightarrow x^4 = -6$ Keine Lösung, da $x^4 \geq 0$ für alle x gilt.

```
⁴√16
                2
```

Vergleichen Sie:

$x^2 = 6$ für $x_{1|2} = \pm\sqrt{6}$ Quadratwurzel

$x^3 = 6$ für $x_1 = \sqrt[3]{6}$ 3. Wurzel

$x^4 = 6$ für $x_{1|2} = \pm\sqrt[4]{6}$ 4. Wurzel

Bemerkung: Für $a \geq 0$ gilt: $\left(\sqrt[3]{a}\right)^3 = a \qquad \left(\sqrt[4]{a}\right)^4 = a$

Beachten Sie

Gleichungen der Form **$ax^4 - e = 0$**; $a \neq 0$ werden umgeformt zu $x^4 = \frac{e}{a}$.

Für $\frac{e}{a} > 0$ erhält man durch **4. Wurzel** ziehen **zwei** Lösungen.

Für $\frac{e}{a} < 0$ erhält man **keine** Lösung, für $e = 0$ ist $x = 0$ **einzige** Lösung.

Aufgaben

1 Bestimmen Sie alle Lösungen.

a) $3x^3 = 12$ b) $8 - 3x^4 = 0$ c) $\frac{1}{8}x^4 - 2 = 0$

2 Lösen Sie die Gleichungen.

a) $\frac{1}{32}x^3 - 3 = 1$ b) $x^3 + 8 = 0$ c) $-0{,}3x^3 - 0{,}8 = 0$

d) $x^4 - 2 = \frac{x^4}{2} + 4$ e) $0{,}5x^3 - 2x - 4 = x(x^2 - 2) + 1$ f) $-\frac{3}{25}x^4 + \frac{4}{5} = 0$

3 Die Gleichung $x^4 + 16 = 0$ hat keine Lösung. Begründen Sie.

Lösung durch Ausklammern und Anwendung des Satzes vom Nullprodukt

Beispiele

1) $x^3 - x^2 = 0$

Seite 477

Lösung

Ausklammern von x^2: $x^2 \cdot x - x^2 = x^2(x - 1) = 0$

Satz vom Nullprodukt: $x^2 = 0 \lor x - 1 = 0$

Lösungen: $x_{1|2} = 0;\ x_3 = 1$

2) $x^4 - 9x^3 + 20x^2 = 0$

Lösung

Ausklammern von x^2: $x^2(x^2 - 9x + 20) = 0$

Satz vom Nullprodukt: $x^2 = 0 \lor x^2 - 9x + 20 = 0$

Lösung von $x^2 - 9x + 20 = 0$ ergibt: $x_3 = 5;\ x_4 = 4$

Lösungen: $x_{1|2} = 0;\ x_3 = 5;\ x_4 = 4$

Hinweis: $x_{1|2} = 0$ ist **doppelte Lösung**; $x_3 = 5$ und $x_4 = 4$ sind zwei einfache Lösungen.

3) $-\frac{1}{9}x(x + 3)^2 = 0$

Lösung

Satz vom Nullprodukt anwenden: $-\frac{1}{9}x = 0 \lor (x + 3)^2 = 0$

Lösungen: $x_1 = 0;\ x_{2|3} = -3$

4) $x^4 - 2x = 0$

Lösung

Ausklammern von x: $x(x^3 - 2) = 0$

Satz vom Nullprodukt: $x = 0 \lor x^3 - 2 = 0$

3. Wurzel ziehen: $x^3 - 2 = 0 \Leftrightarrow x = \sqrt[3]{2}$

Exakte Lösungen: $x_1 = 0;\ x_2 = \sqrt[3]{2}$

Beachten Sie Gleichungen der Form $\mathbf{ax^3 + bx^2 + cx = 0}$; $a \neq 0$

$\mathbf{ax^4 + bx^3 + cx^2 = 0}$; $a \neq 0$

löst man durch **Ausklammern** der höchsten gemeinsamen Potenz von x und **Anwendung des Satzes vom Nullprodukt**.

Aufgaben

1 Lösen Sie die Gleichung.

a) $x^3 - 6x^2 = 0$ b) $2x^4 - 7x^3 = 0$ c) $10x^2 - x^4 = 0$

2 Lösen Sie.

c) f) i)

a) $-0{,}25x^3 + 3x = 0$ b) $2x^3 - \frac{3}{4}x^2 = 0$ c) $x^3 - x^2 = x$

d) $-3x^4 + \frac{1}{2}x^3 = 0$ e) $2x^4 - 5x^2 = 0$ f) $2{,}5x^2 - 4x^3 + x^4 = 0$

g) $-3x^2(x^2 - 8) = 0$ h) $x^3(x - 4) = 0$ i) $(x^2 - 5)(x^2 - 3) = 0$

3 Eva behauptet: Die Lösung der Gleichung $x^3 - 4x^2 + 5x - 2 = 0$ führt auf $(x - 2)(x - 1)^2 = 0$. Hat Eva Recht? Bestimmen Sie ggf. die Lösungen.

Lösung durch Substitution

Beispiele

1) $x^4 - 9x^2 + 20 = 0$

Lösung

Substitution $x^2 = z \quad (x^4 = z^2)$ $\qquad z^2 - 9z + 20 = 0$

Lösung der quadratischen Gleichung in z: $z_1 = 4;\ z_2 = 5$

Rücksubstitution: $z_1 = x^2 = 4 \Rightarrow x_{1|2} = \pm 2$

$z_2 = x^2 = 5 \Rightarrow x_{3|4} = \pm\sqrt{5}$

Lösungen: $x_{1|2} = \pm 2;\ x_{3|4} = \pm\sqrt{5}$

2) $x^4 - 2x^2 - 3 = 0$

Lösung

Substitution $x^2 = z \quad (x^4 = z^2)$ $\qquad z^2 - 2z - 3 = 0$

Lösung der quadratischen Gleichung in z: $z_1 = 3;\ z_2 = -1$

Rücksubstitution: $z_1 = x^2 = 3 \Rightarrow x_{1|2} = \pm\sqrt{3}$

$z_2 = x^2 = -1$

Diese Gleichung $x^2 = -1$ hat keine Lösung wegen $x^2 \geq 0$.

Lösungen: $x_{1|2} = \pm\sqrt{3}$

Beachten Sie

Gleichungen der Form $\mathbf{a x^4 + b x^2 + c = 0}$; $a, b, c \neq 0$
löst man durch **Substitution**.
Die **Substitution** $x^2 = z$ ergibt eine **quadratische Gleichung** in z.
Die Rücksubstitution liefert die gesuchten Lösungen in x.

Aufgaben

1 Lösen Sie die Gleichung.

a) $x^4 - 5x^2 + 6 = 0$ b) $x^4 - 2x^2 + 1 = 0$ c) $x^4 - x^2 - 12 = 0$

2 Lösen Sie.

a) $\frac{1}{5}x^4 - \frac{16}{5}x^2 = -3$ b) $-\frac{1}{3}x^4 + 2x^2 = 3$ c) $\frac{1}{7}x^4 - 2x^2 + 8 = 0$

d) $\frac{1}{48}x^4 = \frac{7}{24}x^2 - 1$ e) $\frac{1}{9}(x^2 - 4)(x^2 + 1) = 0$ f) $\frac{1}{9}(x^2 - 4)(x^2 + 1) = -\frac{2}{3}$

g) $x^4 = 12x^2 - 20$ h) $x^4 - 3x^2 = 18$ i) $\frac{1}{9}(x^2 - 3)^2 = 0$

3 Geben Sie eine Gleichung mit den drei Lösungen $x_{1|2} = \pm 1$ und $x_3 = 4$ an.

4 Zeigen Sie: Die Gleichung $-x^4 + x^2 = 1$ hat keine Lösung.

5 Für welchen Wert von $a \geq 0$ hat die Gleichung $-\frac{1}{16}(x^4 - 6x^2 + a) = 0$ die Lösung $x = 2$? Berechnen Sie für diesen Fall die weiteren Lösungen.

Lösung durch Polynomdivision

Beispiel

➲ Zeigen Sie, $x = -1$ ist eine Lösung der Gleichung $2x^3 + 17x^2 + 7x - 8 = 0$.
Bestimmen Sie die weiteren Lösungen ohne Hilfsmittel.

Lösung

Einsetzen von $x = -1$ in die Gleichung	$2x^3 + 17x^2 + 7x - 8 = 0$
ergibt:	$2(-1)^3 + 17(-1)^2 + 7(-1) - 8 = 0$
eine wahre Aussage.	$0 = 0$

$x = -1$ ist Lösung bedeutet,
$(x + 1)$ ist **Linearfaktor** des Polynoms $2x^3 + 17x^2 + 7x - 8$.

Das Polynom lässt sich damit in
folgender **Produktform** darstellen: $2x^3 + 17x^2 + 7x - 8 = (x + 1)\,[...]$

Den Term in der Klammer [...]
berechnen wir durch **Division:** $(2x^3 + 17x^2 + 7x - 8) : (x + 1) = [...]$
Diese Division nennt man **Polynomdivision.**

Polynomdivision

$$
\begin{array}{l}
(2x^3 + 17x^2 + 7x - 8) : (x + 1) = 2x^2 + 15x - 8 \\
\underline{-(2x^3 + 2x^2)} \quad \leftarrow \quad 2x^2(x + 1) \\
\qquad 15x^2 + 7x \\
\qquad \underline{-(15x^2 + 15x)} \quad \leftarrow \quad 15x(x + 1) \\
\qquad\qquad -8x - 8 \\
\qquad\qquad \underline{-(-8x - 8)} \quad \leftarrow \quad -8(x + 1) \\
\qquad\qquad\qquad 0
\end{array}
$$

Produktform $2x^3 + 17x^2 + 7x - 8 = (x + 1)(2x^2 + 15x - 8) = 0$

Anwendung des Satzes vom Nullprodukt ergibt weitere Lösungen, wenn	$2x^2 + 15x - 8 = 0$
Lösungen dieser **quadratischen Gleichung**	$x_2 = 0{,}5;\ x_3 = -8$
Damit lässt sich die Gleichung in **Faktoren zerlegt** darstellen:	$2(x + 1)(x - 0{,}5)(x + 8) = 0$

Linearfaktoren

Ergebnis:
Die Gleichung $2x^3 + 17x^2 + 7x - 8 = 0$ hat die Lösungen $x_1 = -1;\ x_2 = 0{,}5;\ x_3 = -8$.

Aufgaben

a) b)

1 Lösen Sie die Gleichung.

a) $x^3 + 5x^2 - 17x - 21 = 0$

b) $x^3 - 3x^2 - 4x + 12 = 0$

c) $-3x^3 + 4x^2 + 8 = 0$

d) $x^3 - x^2 - x + 1 = 0$

Lösung von Polynomgleichungen

<table>
<tr><th>Gleichungstyp</th><th colspan="6">Lösungsverfahren mit Beispielen</th></tr>
<tr><td>lineare Gleichung
($a \neq 0$)</td><td colspan="6">$ax + b = 0$
• **auflösen nach x**
$\frac{1}{2}x - 4 = 0$
$x = 8$</td></tr>
<tr><td>quadratische Gleichung
($a \neq 0$)</td><td colspan="2">$ax^2 + c = 0$
• **auflösen nach x**
• **2. Wurzel ziehen**
$\frac{1}{2}x^2 = 4$
$x^2 = 8$
$x_{1\mid 2} = \pm\sqrt{8}$</td><td colspan="2">$ax^2 + bx = 0$
• **x ausklammern**
• **Satz vom Nullprodukt**
$x^2 - 8x = 0$
$x(x - 8) = 0$
$x_1 = 0;\ x_2 = 8$</td><td colspan="2">$x^2 + px + q = 0$
• **pq-Formel**
$x_{1\mid 2} = -\frac{p}{2} \pm \sqrt{(\frac{p}{2})^2 - q}$
$x^2 - 8x + 2 = 0$
$x_{1\mid 2} = 4 \pm \sqrt{14}$</td></tr>
<tr><td>Gleichung 3. Grades
($a \neq 0$)</td><td colspan="3">$ax^3 + d = 0$
• **Auflösen nach x**
• **3. Wurzel ziehen**
$\frac{1}{2}x^3 - 4 = 0 \quad \mid \cdot 2$
$x^3 - 8 = 0$
$x^3 = 8$
$x = \sqrt[3]{8}$</td><td colspan="3">$ax^3 + bx^2 + cx = 0$
• **Höchste gemeinsame Potenz von x ausklammern**
• **Satz vom Nullprodukt**
$2x^3 - 8x^2 = 0$
$2x^2(x - 4) = 0$
$2x^2 = 0 \lor x - 4 = 0$
$x_{1\mid 2} = 0;\ x_3 = 4$</td></tr>
<tr><td>Gleichung 4. Grades
($a \neq 0$)</td><td colspan="2">$ax^4 + d = 0$
• **Auflösen nach x**
• **4. Wurzel ziehen**
$\frac{1}{2}x^4 - 4 = 0$
$\frac{1}{2}x^4 = 4$
$x^4 = 8$
$x_{1\mid 2} = \pm\sqrt[4]{8}$</td><td colspan="2">$ax^4 + bx^3 + cx^2 = 0$
• **Höchste gemeinsame Potenz von x ausklammern**
• **Satz vom Nullprodukt**
$x^4 - 8x^3 + 2x^2 = 0$
$x^2(x^2 - 8x + 2) = 0$
$x^2 = 0$
$\lor\ x^2 - 8x + 2 = 0$
$x_{1\mid 2} = 0;\ x_{3\mid 4} = 4 \pm \sqrt{14}$</td><td colspan="2">$ax^4 + cx^2 + e = 0$
• **Substitution:**
$x^2 = z$ ($x^4 = z^2$)
$x^4 - 8x^2 + 7 = 0$
$z^2 - 8z + 7 = 0$
$z_1 = 7;\ z_2 = 1$
$x_{1\mid 2} = \pm\sqrt{7};\ x_{3\mid 4} = \pm 1$</td></tr>
</table>

Hinweis: Ein weiteres Lösungsverfahren für Polynomgleichungen 3. und 4. Grades ist die **Polynomdivision.**

Aufgaben

1 Bestimmen Sie alle Lösungen.

a) $\frac{x^3}{3} = \frac{2}{3}$　　b) $1 - \frac{3}{4}x^3 = 0$　　c) $\frac{1}{3}x^4 - \frac{4}{7} = 0$

2 Lösen Sie.

a) $-0{,}25\,x^3 + 3\,x = 0$　　b) $2\,x^3 - \frac{3}{4}x^2 = 0$　　c) $x^4 - x^3 = x^2$

d) $-3\,x + \frac{1}{2}x^3 = 0$　　e) $4\,x^3 - 5\,x^2 = 0$　　f) $x + 2{,}5\,x^2 - 4\,x^3 = 0$

3 Lösen Sie die Gleichungen.

a) $2\,x + 5\,x^3 = 4\,x^3$　　b) $-\frac{1}{5}(x^3 - 10\,x^2) = \frac{9}{5}x$　　c) $\frac{1}{8}(x^3 - 10\,x) = 0$

d) $\frac{1}{4}x^4 = 2\,x^2 - 4$　　e) $\frac{2}{9}x\,(x-2)(x+4) = 0$　　f) $-\frac{x^2}{8}(3 - 4\,x) = 0$

4 Lösen Sie die Gleichungen exakt.

a) $\frac{1}{32}x^3 - 3 = 0$　　b) $-0{,}3\,x^3 - 0{,}8x = 0$　　c) $x^3 - 2x^2 - 8x + 21 = 0$

d) $x^3 - 3x^2 - 10x + 24 = 0$　　e) $2\,x^3 - \frac{3}{4}x^2 = 0$　　f) $x^4 + 4x^2 = 32$

5 Im Verlauf von 3 Jahren verliert unser Geld 10 % an Kaufkraft. Wie hoch ist die durchschnittliche jährliche Inflationsrate?

6 $x_1 = 0$ und $x_2 = 1$ sind die einzigen Lösungen einer Gleichung dritten Grades. Geben Sie zwei mögliche Gleichungen an.

7 Schreiben Sie die Gleichung $x^3 - 4\,x^2 = -4\,x$ in der Faktorform $(x - x_1)(x - x_2)(x - x_3) = 0$.

8 Zeigen Sie: $x_1 = -0{,}4$ ist Lösung der Gleichung $x^3 + 0{,}4\,x^2 - 15\,x - 6 = 0$. Berechnen Sie die weiteren Lösungen.

9 Zeigen Sie: $x = 2$ ist einzige Lösung der Gleichung $2\,x^3 - 5\,x^2 + 3\,x - 2 = 0$.

10 Zerlegen Sie das Polynom in Faktoren.

a) $f(x) = x^3 + 4\,x^2 - x - 6$　　b) $f(x) = 0{,}2\,(x^3 + 5\,x^2 + x + 5)$

11 Alexander löst zwei Gleichungen. Nehmen Sie Stellung und korrigieren Sie mögliche Fehler.

Rechnung A

$4x^3 + 4x^2 = 5x \quad |:x$

$4x^2 + 4x = 5 \quad |-5$

$4x^2 + 4x - 5 = 0$

$x_{1/2} = -2 \pm \sqrt{4+5}$

$x_{1/2} = -2 \pm 3$

$x_1 = 1;\ x_2 = -5$

Rechnung B

$(x^3 - 2x^2 - 2x + 3) : (x - 1) = x^2 - 3x - 3$

$-(x^3 - x^2)$

$-3x^2 - 2x$

$-(-3x^2 + x)$

$-3x + 3$

$-(-3x + 3)$

$0 \quad 0$

B) Nullstellen einer ganzrationalen Funktion

Beispiel 1

➲ Skizzieren Sie das Schaubild K_f der Funktion f mit $x \in \mathbb{R}$.
Berechnen Sie die Nullstellen von f.

a) $f(x) = x^3 + x^2 - 2x$ **b)** $f(x) = -\frac{3}{2}x^3 + 2x^2$

Lösung

a) Bedingung für die Nullstellen: $f(x) = 0$ $x^3 + x^2 - 2x = 0$

Lösung durch **Ausklammern**: $x(x^2 + x - 2) = 0$

Satz vom Nullprodukt anwenden:

$x = 0 \vee x^2 + x - 2 = 0$

Lösung der quadratischen Gleichung:

$x^2 + x - 2 = 0$

mit der Lösungsformel: $x_2 = -2$; $x_3 = 1$

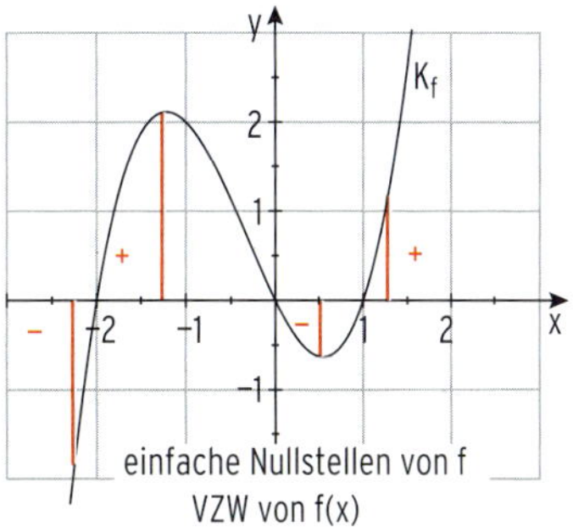

Die Funktion f hat **drei einfache Nullstellen**.

Nullstellen von f: $x_1 = 0$; $x_2 = -2$; $x_3 = 1$

Linearfaktorzerlegung (Produktform) von f (x):

$f(x) = x(x + 2)(x - 1)$

b) Bedingung für die Nullstellen: $f(x) = 0$ $-\frac{3}{2}x^3 + 2x^2 = 0$

Lösung durch **Ausklammern**: $x^2\left(-\frac{3}{2}x + 2\right) = 0$

Satz vom Nullprodukt: $x^2 = 0 \vee -\frac{3}{2}x + 2 = 0$

Doppelte Nullstelle: $x_{1|2} = 0$

$-\frac{3}{2}x + 2 = 0$

Einfache Nullstelle: $x = \frac{4}{3}$

Nullstellen von f: $x_{1|2} = 0$; $x_3 = \frac{4}{3}$

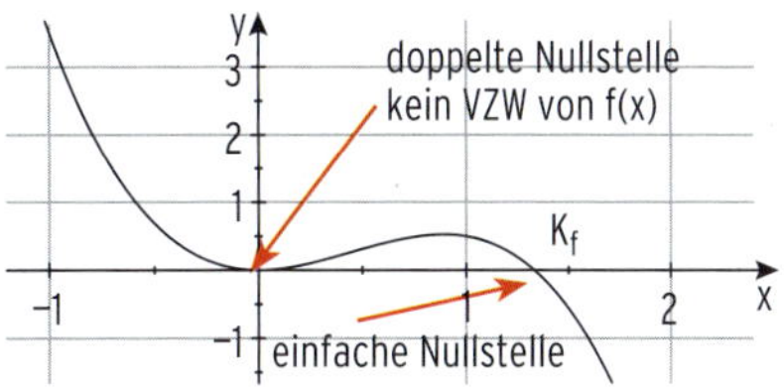

Produktform von f (x): $f(x) = x^2\left(-\frac{3}{2}x + 2\right)$

Beachten Sie

Bedingung für die **Nullstelle von f**: $f(x) = 0$

Die **Nullstelle** einer ganzrationalen Funktion zu berechnen, heißt, eine **Polynomgleichung lösen.**

Eine ganzrationale Funktion 3. Grades hat **mindestens eine** und **höchstens drei Nullstellen.**

Beispiel 2

➲ K_f ist das Schaubild der Funktion f mit $f(x) = 4x^4 - 8x^2$; $x \in \mathbb{R}$.
Welche Symmetrie hat K_f?
Berechnen Sie die gemeinsamen Punkte von K_f und der x-Achse.

Lösung

K_f ist **symmetrisch zur y-Achse** (nur gerade Hochzahlen von x).

Bed. für die Nullstellen: $f(x) = 0$ $\qquad 4x^4 - 8x^2 = 0$

Lösung durch **Ausklammern**: $\qquad 4x^2(x^2 - 2) = 0$

Satz vom Nullprodukt: $\qquad x^2 = 0 \vee x^2 - 2 = 0$

Doppelte Nullstelle (Berührstelle): $\qquad x_{1|2} = 0$

$x^2 - 2 = 0$

$x^2 = 2$

Zwei einfache Nullstellen von f: $\qquad x_3 = \sqrt{2}$; $x_4 = -\sqrt{2}$

Gemeinsame Punkte von K_f und der x-Achse: $N_{1|2}(0|0)$; $N_3(\sqrt{2}|0)$; $N_4(-\sqrt{2}|0)$
gerundet: $N_3(1{,}41 \mid 0)$; $N_4(-1{,}41 \mid 0)$

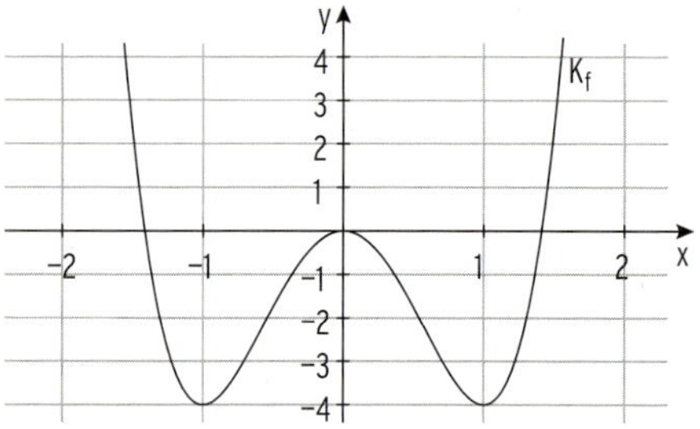

Beispiel 3

➲ Gegeben ist die ganzrationale Funktion f mit $f(x) = x^3 - 0{,}25x^4$; $x \in \mathbb{R}$.
Zeigen Sie: f hat genau zwei Nullstellen. Beschreiben Sie die Art der Nullstellen.

Lösung

Bed. für die Nullstellen: $\qquad f(x) = 0$

$x^3 - 0{,}25x^4 = 0$

Ausklammern: $\qquad x^3(1 - 0{,}25x) = 0$

$x^3 = 0 \vee 1 - 0{,}25x = 0$

Lösungen der Gleichung: $\qquad x_{1|2|3} = 0$; $x_4 = 4$

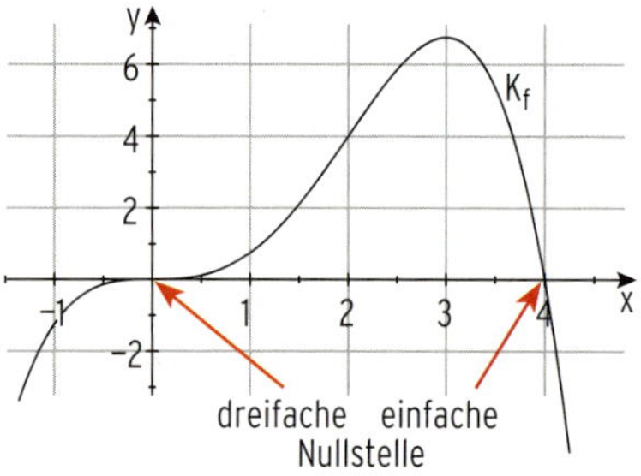

Die Gleichung hat genau 2 Lösungen, also hat f **zwei Nullstellen**.

eine dreifache Nullstelle: $\qquad x_{1|2|3} = 0$

eine einfache Nullstelle: $\qquad x_4 = 4$

Das Schaubild K_f von f **schneidet** die x-Achse in $x_4 = 4$. f(x) **wechselt** das Vorzeichen in $x_4 = 4$.
K_f **berührt und durchschneidet** die x-Achse in $x_{1|2|3} = 0$.
f(x) wechselt das Vorzeichen in $x_{1|2|3} = 0$. N (0 | 0) ist ein **Sattelpunkt**.

Vielfachheit von Nullstellen ganzrationaler Funktionen

$f(x) = -\frac{1}{2}x^3 + 2x$	$f(x) = x^3 + 2x^2$	$f(x) = 1{,}5x^4 - 3x^3$
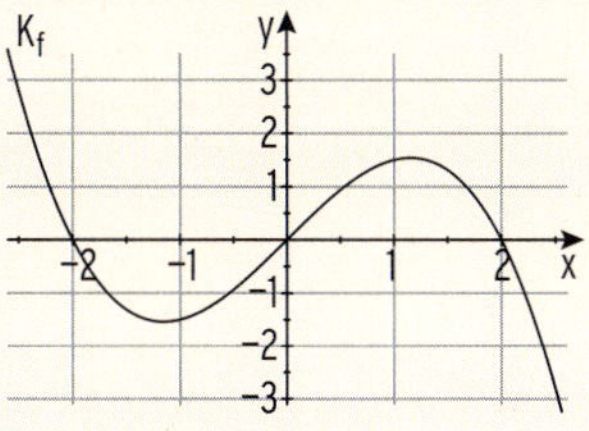	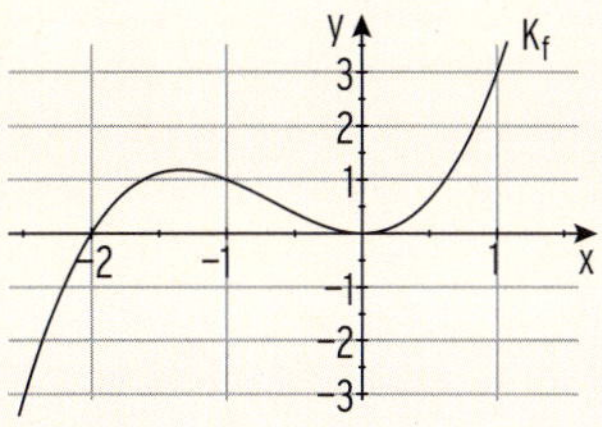	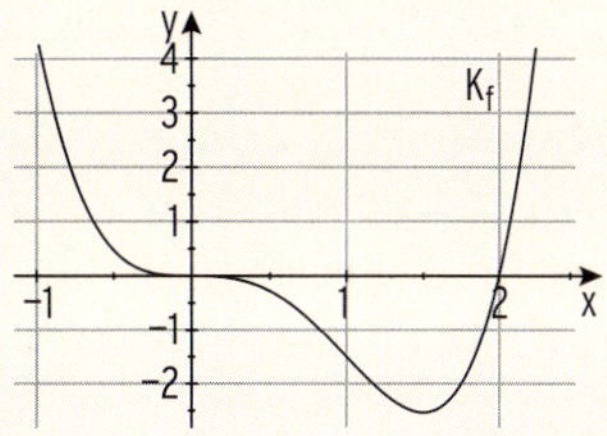
Bedingung für die Nullstellen: $f(x) = 0$		
$-0{,}5x^3 + 2x = 0$ $-0{,}5x(x-2)(x+2) = 0$	$x^3 + 2x^2 = 0$ $x^2(x+2) = 0$	$1{,}5x^4 - 3x^3 = 0$ $x^3(1{,}5x - 3) = 0$
3 **einfache** (Linear-)Faktoren im Nullprodukt.	x ist **2-facher Faktor** im Nullprodukt.	x ist **3-facher Faktor** im Nullprodukt.
$x_1 = 0$; $x_2 = 2$; $x_3 = -2$ **einfache Nullstellen von f**	$x_1 = 0 = x_2$; $x_3 = -2$ **doppelte** einfache **Nullstelle von f**	$x_1 = x_2 = x_3 = 0$; $x_4 = 2$ **dreifache** einfache **Nullstelle von f**
Bedeutung für das Schaubild K_f von f		
$x_1 = 0$ ist **einfache** Nullstelle von f.	$x_{1\|2} = 0$ ist **doppelte** Nullstelle von f.	$x_{1\|2\|3} = 0$ ist **dreifache** Nullstelle von f.
K_f (durch)**schneidet** die x-Achse in x_1.	K_f **berührt** die x-Achse in $x_{1\|2}$.	K_f **berührt** und **durchschneidet** die x-Achse in $x_{1\|2\|3}$.
O(0 | 0) ist **Schnittpunkt**.	O(0 | 0) ist **Berührpunkt.**	B(0 | 0) ist **Sattelpunkt**.

$f(x) = (x-1)\cdot(x+3)$
$f(x) = (x-1)^2\cdot(x^2+5)$,
$f(x) = (x-1)^3\cdot 2x$

} dann ist $x_1 = 1$ { einfache / **doppelte** / **dreifache** } Nullstelle von f.

Aufgaben

1 Berechnen Sie die Nullstellen von f.

a) $f(x) = x^4 - 2$ **b)** $f(x) = x^3 - 5x^2$ **c)** $f(x) = 8x^3 - x^4$

2 Welches Schaubild gehört zur Funktion f mit $f(x) = 2x(x-1)(x+1)$? Begründen Sie.

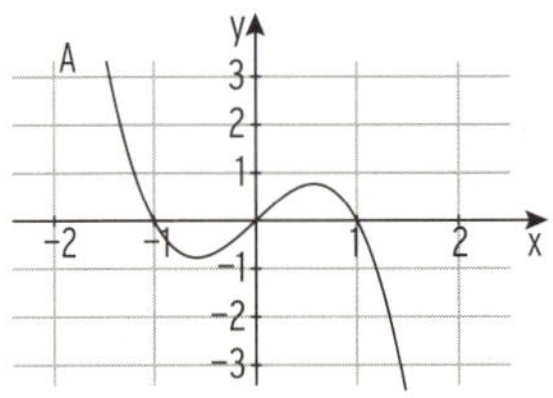

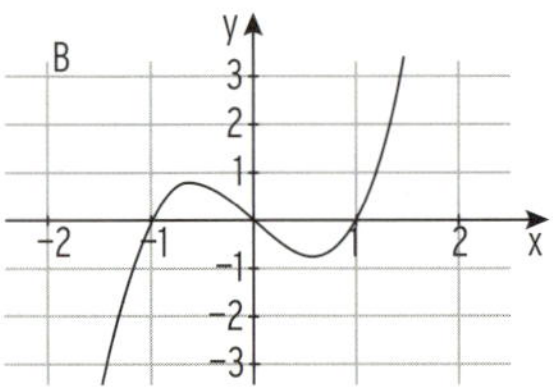

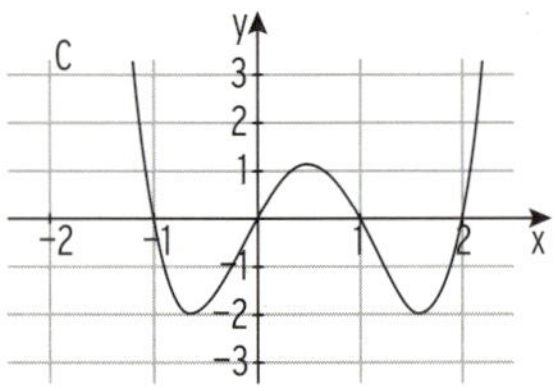

3 Wo schneidet das Schaubild von f die x-Achse? Berechnen Sie exakt.
Skizzieren Sie den Graph von f.

a) $f(x) = -\frac{1}{3}x^3 + 2x$ **b)** $f(x) = \frac{1}{48}x^3 - 1$ **c)** $f(x) = 0{,}4x(3 - x^2)$

d) $f(x) = -\frac{1}{8}x^3 + \frac{3}{4}x^2 - 2$ **e)** $f(x) = x^3 - \frac{4}{3}x^2 + \frac{1}{3}x$ **f)** $f(x) = \frac{1}{4}x^3 - \frac{5}{2}x$

g) $f(x) = -\frac{1}{4}x^2(x^2 - 6)$ **h)** $f(x) = \frac{1}{5}x^4 - 2x$ **i)** $f(x) = -\frac{2}{3}(x^4 + x^3 - 6x^2)$

j) $f(x) = 0{,}25x^4 + x^3$ **k)** $f(x) = 2 + x - 3x^3$ **l)** $f(x) = \frac{1}{6}x^4 - \frac{5}{3}x^2$

4 Gegeben ist die Funktion f mit $f(x) = -x^4 + \frac{17}{4}x^2 - \frac{9}{2}$; $x \in \mathbb{R}$.
Zeigen Sie: $x = \sqrt{2}$ ist eine Nullstelle von f. Bestimmen Sie die weiteren Nullstellen.

5 Die Abbildung zeigt eine Wertetabelle für eine ganzrationale Funktion f 4. Grades mit drei Nullstellen.
Diskutieren Sie Lage und Vielfachheit der Nullstellen von f. Begründen Sie Ihre Antworten.
Beschreiben Sie den Verlauf des Graphen von f.

X	Y1
-1.5	2.6875
-1	0
-0.5	0.4375
0	1
1	-2
2	-3
2.5	5.6875

6 Für die Erlöse der Boss AG gilt: $E(x) = -\frac{1}{12}x^3 + 2x^2$; x in ME; E(x) in GE.
Bestimmen Sie die ökonomisch sinnvollen Produktionsmengen.

7 Ein Betrieb arbeitet mit der Gewinnfunktion
G mit $G(x) = -x^3 + 6x^2 - 3x - 10$; x in ME; G(x) in GE.
Bestimmen Sie die Gewinnzone.

8 Die Aldo KG verwendet die Gewinnfunktion
G mit $G(x) = -x^3 + 6x^2 - 2x - 12$; $x \in D_{ök} = [0; 6]$.
Lösen Sie die Gleichung $G(x) = 0$.
Interpretieren Sie die Lösungen ökonomisch.

C) Gegenseitige Lage von zwei Kurven

Beispiel 1

Gegeben sind die Funktionen f und g durch $f(x) = x^3 - 3x$; $g(x) = x$; $x \in \mathbb{R}$.
Das Schaubild von f ist K_f, das Schaubild von g ist K_g.
Berechnen Sie die Schnittstellen von K_f und K_g.

Lösung

Schnittstellen durch Gleichsetzen:

$f(x) = g(x)$:	$x^3 - 3x = x$
Nullform:	$x^3 - 4x = 0$
x ausklammern:	$x(x^2 - 4) = 0$
Satz vom Nullprodukt anwenden:	$x = 0$ oder $x^2 - 4 = 0$
Einfache Lösung:	$x_1 = 0$
Weitere Lösungen, wenn:	$x^2 - 4 = 0$
	$x^2 = 4$
Wurzelziehen ergibt:	$x_{2\|3} = \pm 2$

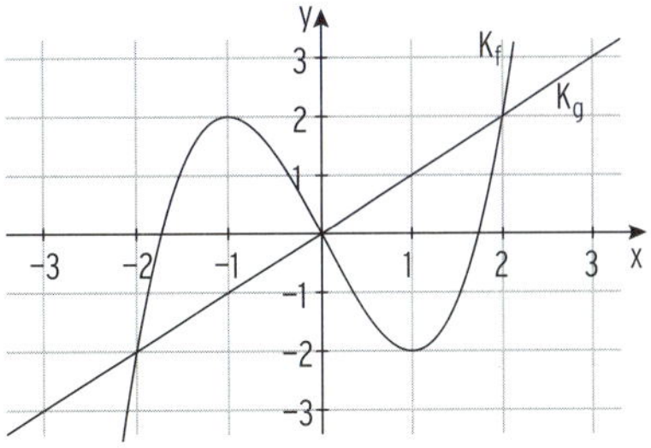

x_1 und $x_{2|3}$ sind **einfache** Lösungen. K_f und K_g schneiden sich in $x_1 = 0$, $x_2 = -2$ und $x_3 = 2$.

Beispiel 2

Gegeben sind die Funktionen f mit $f(x) = x^4 - 4x^2$ und g mit $g(x) = -2x^2 + 3$; $x \in \mathbb{R}$.
Ihre Schaubilder heißen K_f und K_g.

a) Zeigen Sie, dass K_f und K_g genau zwei gemeinsame Punkte haben.

b) Die Gerade mit der Gleichung $y = -4$ berührt K_f. Wie viele Schnittpunkte haben K_f und die Gerade mit der Gleichung $y = -2{,}8$?

Lösung

a)

Bedingung: $f(x) = g(x)$	$x^4 - 4x^2 = -2x^2 + 3$
Nullform:	$x^4 - 2x^2 - 3 = 0$
Substitution: $x^2 = z$	$z^2 - 2z - 3 = 0$
Lösungen in z:	$z_1 = 3$; $z_2 = -1$
Rücksubstitution: $z_1 = x^2 = 3$ ergibt	$x_{1\|2} = \pm\sqrt{3}$ ($\approx \pm 1{,}73$)

Wegen $z_2 = x^2 = -1 < 0$ gibt es **keine weitere Schnittstelle.**
K_f und K_g haben **genau zwei Schnittpunkte:**
$y = g(\pm\sqrt{3}) = -3$; $S_{1|2}(\pm\sqrt{3} \mid -3)$

b) K_f ist nach oben geöffnet, also liegt K_f stets **oberhalb der Geraden** mit $y = -4$.
Mithilfe der Zeichnung:
K_f und die Gerade mit $y = -2{,}8$ haben vier Schnittpunkte.

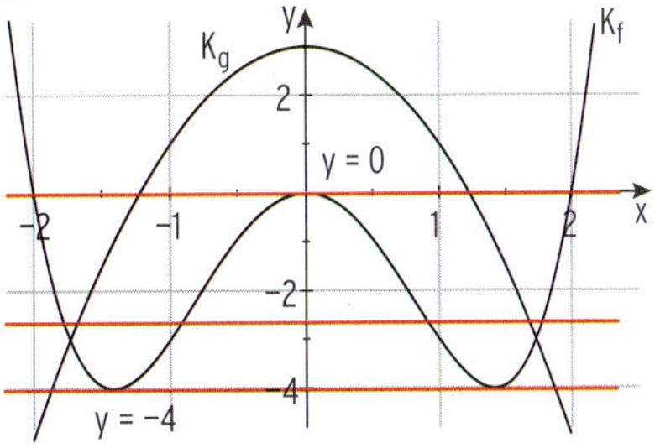

Was man wissen sollte – über gemeinsame Punkte von Graphen von ganzrationalen Funktionen

Die Bedingung f(x) = g(x)
führt auf

drei **einfache** Lösungen x_1, x_2, x_3.

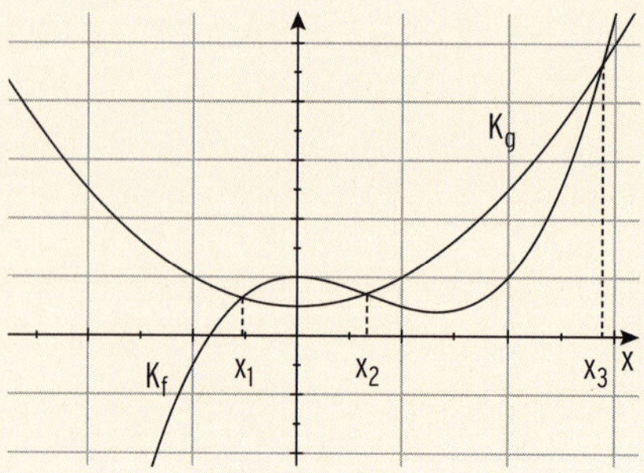

K_f und K_g **schneiden** sich in x_1, x_2, x_3.

eine **einfache** Lösung x_1 und eine **doppelte** Lösung x_2.

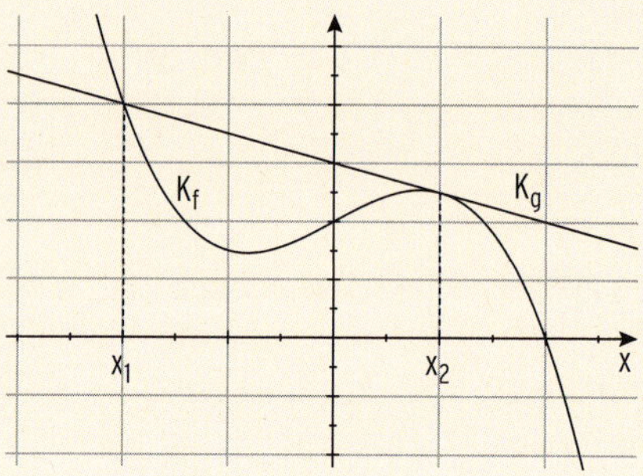

K_f und K_g **schneiden** sich in x_1 und **berühren** sich in x_2.

eine **einfache** Lösung x_1.

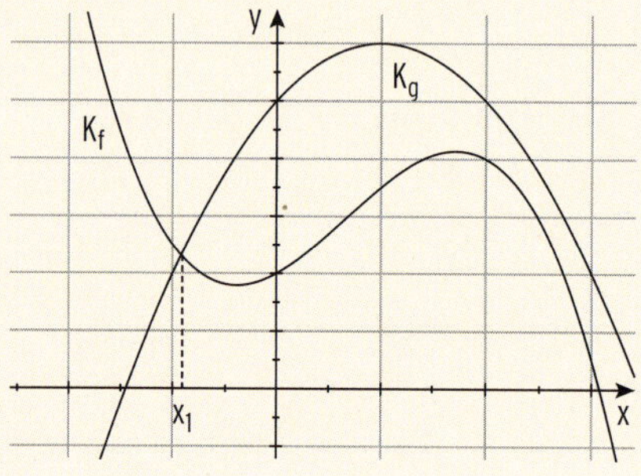

K_f und K_g **schneiden** sich in x_1.

eine **einfache** Lösung x_1 und eine **dreifache** Lösung x_2.

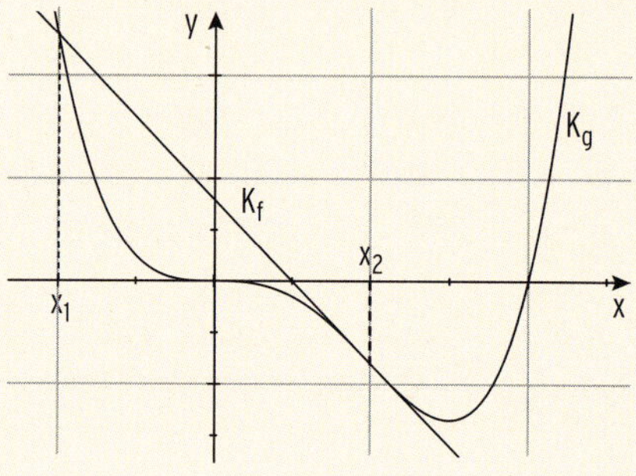

K_f und K_g **schneiden** sich in x_1, **berühren** und **durchschneiden** sich in x_2.

Aufgaben

1 H_1 ist das Schaubild von f, H_2 ist das Schaubild von g.
Berechnen Sie die gemeinsamen Punkte von H_1 und H_2.

a) $f(x) = x^3 - 2x^2;\; g(x) = x^2$ **b)** $f(x) = x^3;\; g(x) = 4x$

2 Wie liegen die Graphen K_f und K_g zueinander? Begründen Sie Ihre Antwort.

a) $f(x) = \frac{1}{20}x^3 - \frac{3}{8}x^2 + 2;\quad g(x) = -\frac{1}{10}x^2 + x + 2$

b) $f(x) = -x^2 + 2x^3;\quad g(x) = 0{,}5x^2$

3 Gegeben sind die Funktionen f und g mit $f(x) = 0{,}5x^3 - 3x$ und $g(x) = -0{,}5x;\; x \in \mathbb{R}$.
Berechnen Sie die exakten Koordinaten der gemeinsamen Punkte von K_f und K_g.

4 Lösen Sie: $\frac{1}{4}x^3 - 4x = -\frac{1}{2}x^2 - 2x$. Interpretieren Sie Ihr Ergebnis geometrisch.

5 Schneiden sich die Kurven K_f und K_g? Wenn ja, wie oft? Begründen Sie Ihre Antwort.

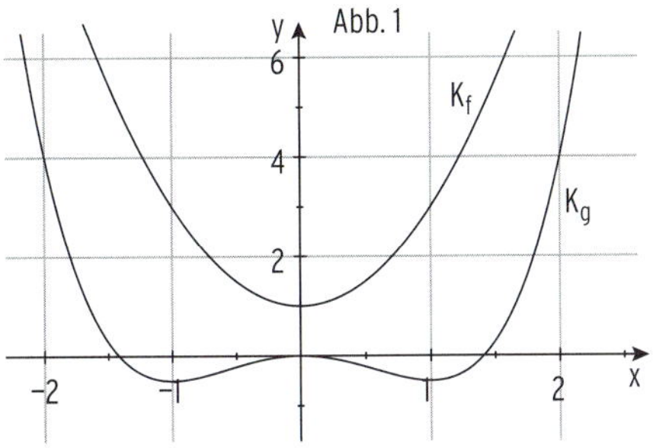

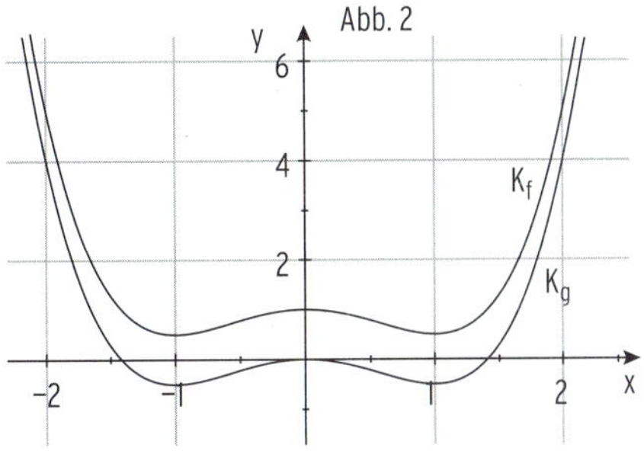

6 Die Gesamtkosten und der Erlös eines Unternehmens werden beschrieben durch
$K(x) = 3x^3 - 15x^2 + 30x + 65;\; E(x) = 83x;$ x in ME; K(x), E(x) in GE.
Zeigen Sie: Die Gewinnzone beginnt in $x = 1$. Bestimmen Sie die Gewinngrenze.

7 Für die Erlöse der Firma UTG gilt: $E(x) = -\frac{1}{24}x^3 + \frac{1}{12}x^2 + x;$ x in ME; E(x) in GE.
Bestimmen Sie die ökonomisch sinnvollen Produktionsmengen.

8 Für die Gesamtkosten der Kramer GmbH in Soest gilt: $K(x) = x^3 - 6x^2 + 14x + 18;\; x \geq 0;$
x in ME; K(x) in GE. Die Erlössituation lässt sich beschreiben durch $E(x) = 15x$.
Berechnen Sie die Schnittpunkte von Kostenkurve und Erlösgerade.
Interpretieren Sie Ihre Ergebnisse im Sachzusammenhang.

9 Die Erlös- und die Gewinnsituation eines Monopolisten lassen sich beschreiben durch
$E(x) = -10x^2 + 120x$ und $G(x) = -0{,}5x^3 - 2x^2 + 73x - 134$, x in ME.

a) Zeigen Sie: Die Gewinnzone beginnt bei 2 ME. Wo endet sie?

b) Bestimmen Sie den Term der Gesamtkostenfunktion.

4.5 Ganzrationale Funktionen 3. Grades in Anwendungen

Ganzrationale Funktionen im Modell der vollständigen Konkurrenz

Beispiel 1

➲ Die Gesamtkosten K eines Betriebes werden beschrieben durch
$K(x) = 0{,}1x^3 - 6x^2 + 186x + 540;\ 0 \le x \le 70$. Der Marktpreis pro ME beträgt 190 GE.

a) Wie groß ist die durchschnittliche Kostenzunahme auf [10; 20] bzw. [15; 25]? Vergleichen Sie Kosten, Erlös und Gewinn für eine Ausbringungsmenge von 10 ME und 15 ME. Nehmen Sie Stellung.

b) Bestimmen Sie den Bereich, in dem der Betrieb einen Gewinn erzielt.

Lösung

a) **Durchschnittliche** Kostenzunahme auf [10; 20]:

$$\frac{K(20) - K(10)}{10} = \frac{2660 - 1900}{10} = 76$$

Die durchschnittliche Kostenzunahme auf [10; 20] beträgt 76 GE/ME.

$$\frac{K(25) - K(15)}{10} = \frac{3002{,}5 - 2317{,}5}{10} = 68{,}5$$

Die durchschnittliche Kostenzunahme auf [15; 25] beträgt 68,5 GE/ME.

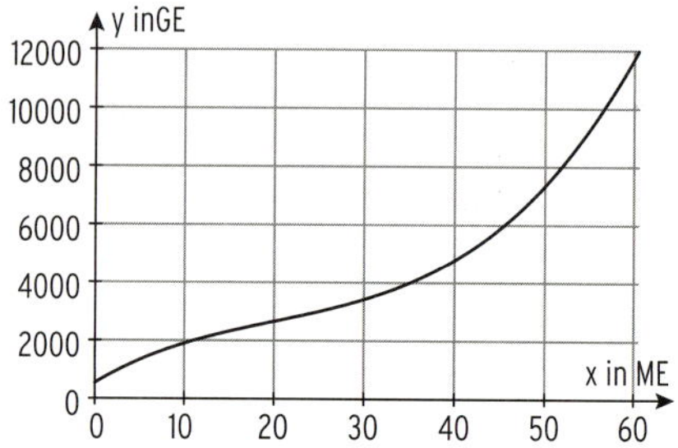

Beachten Sie

Eine **ganzrationale Gesamtkostenfunktion** 3. Grades heißt **ertragsgesetzlich**, wenn die Kosten zunächst degressiv, danach progressiv wachsen.
Degressiv (progressiv) wachsend bedeutet, die **Zusatzkosten** für die Produktion einer weiteren Einheit werden **immer kleiner (größer).**

Erlösfunktion E mit $E(x) = 190x$
Im **Modell der vollständigen Konkurrenz** ist der Marktpreis konstant, es gilt $E(x) = p \cdot x$ (Vergleichen Sie auch Seite 97).

Gewinnfunktion G mit $G(x) = E(x) - K(x) = 190x - (0{,}1x^3 - 6x^2 + 186x + 540)$
$G(x) = -0{,}1x^3 + 6x^2 + 4x - 540$

Für die Ausbringungsmenge von 10 ME: $K(10) = E(10) = 1900$
Erlös und Gesamtkosten sind gleich hoch, es wird **Kostendeckung** erzielt: $G(10) = 0$.
Bei Produktion und Verkauf von 15 ME wird Gewinn erzielt: $K(15) < E(15)$
$x = 15$ liegt in der **Gewinnzone.**

b) Um den Bereich, in dem Gewinn erzielt wird, festzulegen, benötigt man die **Ausbringungsmengen,** in denen **Kostendeckung** erzielt wird.

Bed. für Kostendeckung: $E(x) = K(x)$ $\qquad 190x = 0{,}1x^3 - 6x^2 + 186x + 540$
$0 = 0{,}1x^3 - 6x^2 - 4x + 540$

Lösung durch Polynomdivision: $(0{,}1\,x^3 - 6\,x^2 - 4\,x + 540):(x - 10) = 0{,}1\,x^2 - 5\,x - 54$

Lösung der quadratischen Gleichung: $x_2 \approx 59{,}13$; $x_3 \approx -9{,}13$

Lösungen: $x_1 = 10$; $x_2 \approx 59{,}13$; $x_3 \approx -9{,}13$

($x_3 \approx -9{,}13 < 0$ ist keine sinnvolle Lösung.)

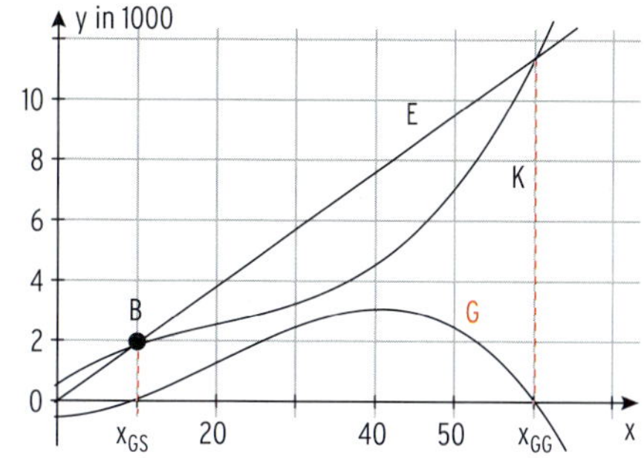

Ergebnis: Der Betrieb erwirtschaftet einen **Gewinn**, wenn die produzierte und verkaufte Menge im Bereich zwischen 10 ME und 59,13 ME liegt.

Hinweise:

1. Der Bereich $10 \leq x \leq 59{,}13$ heißt **Gewinnzone.** Die **Gewinnzone** beginnt in der **Gewinnschwelle** $x_1 = 10 = x_{GS}$ und endet in der **Gewinngrenze** $x_2 = x_{GG} = 59{,}13$.
2. Äquivalente Bedingungen sind **E (x) = K (x)** $\Leftrightarrow$ **G (x) = 0**
3. Ist **G (x) < 0**, macht der Betrieb **Verluste.**

Beachten Sie

Die **Gewinnschwelle x_{GS}** ist die kleinere positive Nullstelle von G, die **Gewinngrenze x_{GG}** ist die größere positive Nullstelle von G.

Bedingung für **Kostendeckung**: $G(x) = 0 \Leftrightarrow E(x) = K(x)$

Für die **Gewinnzone** gilt: $x_{GS} \leq x \leq x_{GG}$.

Der Schnittpunkt $B\left(x_{GS} \,|\, K(x_{GS})\right)$ von K und E heißt **Break-Even-Punkt.**

Beispiel 2

➲ Zeigen Sie, die Gerade mit der Gleichung $y = 60\,x$ berührt die Gesamtkostenkurve, beschrieben durch $K(x) = x^3 - 12\,x^2 + 60\,x + 256$ in $x = 8$. Interpretieren Sie den Sachverhalt ökonomisch.

Lösung

Gleichsetzen: $x^3 - 12\,x^2 + 60\,x + 256 = 60\,x$

$x^3 - 12\,x^2 + 256 = 0$

Lösung: $x = 8$

Polynomdivision mit $(x - 8)$:

$(x^3 - 12\,x^2 + 256):(x - 8) = x^2 - 4\,x - 32$

$x^2 - 4\,x - 32 = 0 \Leftrightarrow x = 8 \vee x = -4$

Doppelte Lösung $x = 8$ bedeutet Berührstelle.

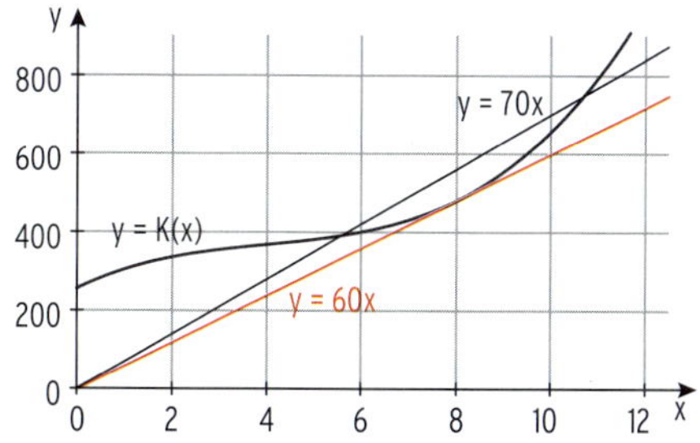

Interpretation: Bei einem Erlös von 60 GE/ME werden die Kosten nur bei einer Herstellungsmenge von 8 ME gedeckt, ist der Erlös größer als 60 GE/ME, so gibt es eine Gewinnzone, unter 60 GE/ME wird nur Verlust gemacht.

Aufgaben

1 Die Gesamtkosten der Waldner GmbH sind gegeben durch $K(x) = 2x^3 - 20x^2 + 74x + 204$. Die Ware ist zu einem konstanten Preis je ME am Markt absetzbar. Die Abbildung zeigt die Gesamtkostenkurve K.

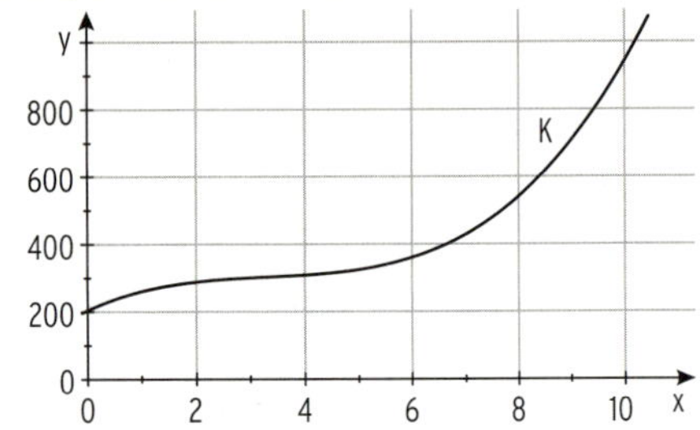

a) Übertragen Sie die Kurve K in Ihr Heft. Auf welchem Bereich wachsen die Kosten degressiv bzw. progressiv?

b) Zeichnen Sie eine sinnvolle Erlösgerade ein und bestimmen Sie den zugehörigen Stückerlös.

c) Zu welchem konstanten Preis verkauft der Betrieb sein Produkt, wenn die Gewinnschwelle bei 4 ME liegt? Berechnen Sie die Gewinngrenze.

d) Während die Gesamtkosten unverändert bleiben, muss der Stückerlös aufgrund der Marktlage gesenkt werden. Wie wirkt sich die Preissenkung auf den Gewinn aus?

2 Die Gesamtkosten lassen sich beschrieben durch $K(x) = x^3 - 10x^2 + 37x + 72$. Zeigen Sie: Eine Ursprungsgerade berührt die Gesamtkostenkurve in $B(6|150)$. Interpretieren Sie den Sachverhalt ökonomisch.

3 Für die Gesamtkosten in GE gilt: $K(x) = x^3 - 10x^2 + 36x + 108$; $x \geq 0$; x in ME. Die Erlössituation lässt sich beschreiben durch $E(x) = 51x$.

a) Bei wie viel ME endet die Gewinnzone, wenn sie bei 3 ME beginnt?

b) Bei 4 ME wird ein Gewinn von 48 GE erzielt. Bei welcher Produktionsmenge wird ein Gewinn in gleicher Höhe erzielt?

c) Verdeutlichen Sie Ihr Ergebnis in einer Skizze.

4 Begründen Sie anhand der dargestellten Gewinnfunktion, welche Auswirkungen eine Veränderung der Fixkosten auf die Gewinnzone, die gewinnmaximale Ausbringungsmenge und den maximalen Gewinn hat.

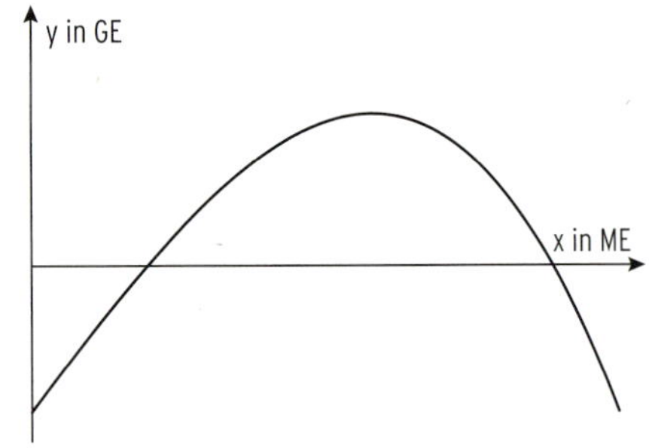

5 Die Abbildung zeigt das Schaubild einer Gesamtkostenfunktion und einer Erlösfunktion.

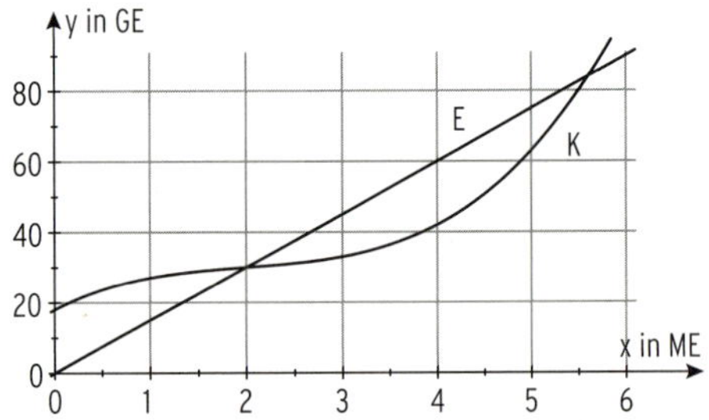

a) Wie hoch sind die Gesamtkosten und der Gewinn für eine Produktionsmenge von 1 ME bzw. von 3 ME?

b) Bestimmen Sie die Gewinnschwelle und die Gewinngrenze und den maximalen Gewinn.

Ganzrationale Funktionen 3. Grades im Modell des Angebotsmonopols

Beispiel

Die Gesamtkosten für die Herstellung einer OP-Leuchte, für die die Firma Waldner ein Monopol besitzt, sind gegeben durch die Funktion K mit $K(x) = x^3 - 3x^2 + 3x + 27$.
Die Erlösfunktion E ist gegeben durch $E(x) = -8x^2 + 36x$.
Dabei ist x in ME, K (x) bzw. E (x) in GE angegeben. Die Kapazitätsgrenze wird bei 5 ME erreicht.

a) Berechnen Sie die Gewinnschwelle und die Gewinngrenze.

b) Bestimmen Sie die Preis-Absatz-Funktion p, den Höchstpreis und die Sättigungsmenge.

Lösung

a) **Gewinnfunktion** G mit $G(x) = E(x) - K(x)$

$G(x) = -8x^2 + 36x - (x^3 - 3x^2 + 3x + 27)$

$G(x) = -x^3 - 5x^2 + 33x - 27$

Gewinnschwelle, Gewinngrenze: $G(x) = 0$

$-x^3 - 5x^2 + 33x - 27 = 0$

Lösungen: $x_1 = 1$; $x_2 = 3$; $x_3 = -9$

($x_3 = -9$ ist keine sinnvolle Lösung wegen $x > 0$.)

Gewinnschwelle $x_{GS} = 1$

Gewinngrenze $x_{GG} = 3$

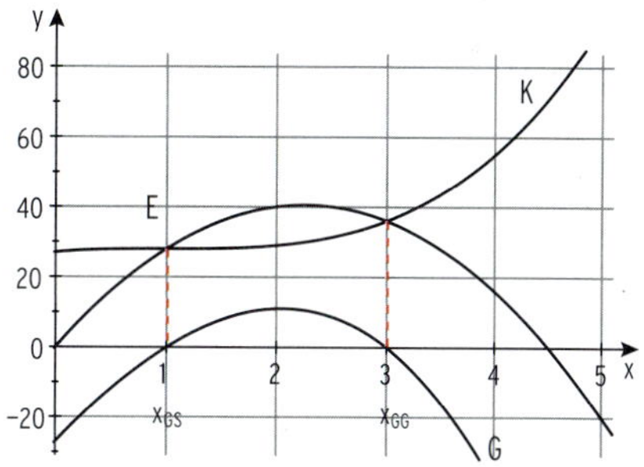

b) Im Modell des Angebotsmonopols hängt der Verkaufspreis von der Absatzmenge ab.
p mit $p(x) = ax + b$ ist die lineare Preis-Absatz-Funktion.
Für den Erlös gilt $E(x) = p(x) \cdot x$.
Für p(x) erhält man: $p(x) = \frac{E(x)}{x} = \frac{-8x^2 + 36x}{x} = -8x + 36$.
Für den **Höchstpreis** gilt: $p(0) = 36$
Die **Sättigungsmenge** ist die
Nullstelle der Preis-Absatzfunktion: $p(x) = 0$ $\quad -8x + 36 = 0$ für $x = 4{,}5$
Hinweis: $x = 4{,}5$ ist Nullstelle der Erlösfunktion.

Aufgaben

1 Die Gesamtkosten für die Herstellung einer Verpackungsmaschine, für die die Firma Weber Metallbau ein Monopol besitzt, sind gegeben durch die Funktion K mit $K(x) = x^3 - 12x^2 + 60x + 90$. Die Erlösfunktion E ist gegeben durch $E(x) = -14x^2 + 113x$, x in ME, K (x) und E (x) in GE.

a) Die Gewinnschwelle liegt bei 2 ME. Berechnen Sie die Gewinngrenze.

b) Für welche Produktionsmengen x aus {0; 1; 2; 3; 4; 5} wird ein Gewinn über 20 GE erzielt?

c) Kennzeichnen Sie Ihre Ergebnisse in einer Zeichnung.

2 Die Gesamtkosten in GE für die Herstellung einer Druckpresse, für die die Mannheimer Druckmaschinen AG ein Monopol besitzt, sind gegeben durch die Funktion K mit
$K(x) = 0{,}05x^3 - 1{,}2x^2 + 10x + 156$.
Die Kapazitätsgrenze liegt bei 26 ME.
Die Erlösfunktion E ist gegeben durch
$E(x) = -1{,}25x^2 + 50x$.

a) Geben Sie den ökonomisch sinnvollen Definitionsbereich an und zeichnen Sie die Schaubilder von K und E.
b) Auf welchem Bereich wird Gewinn erzielt?
c) Beraten Sie die AG bezüglich der Preisspanne für eine Druckpresse.
d) Bestimmen Sie x, sodass $E(x) - K(x) = 200$ und interpretieren Sie Ihr Ergebnis.

3 Die Abbildung beschreibt die Kosten- und die Erlössituation eines Monopolisten. Beschriften Sie alle Kurven. Erläutern Sie die Bedeutung der gekennzeichneten Punkte.

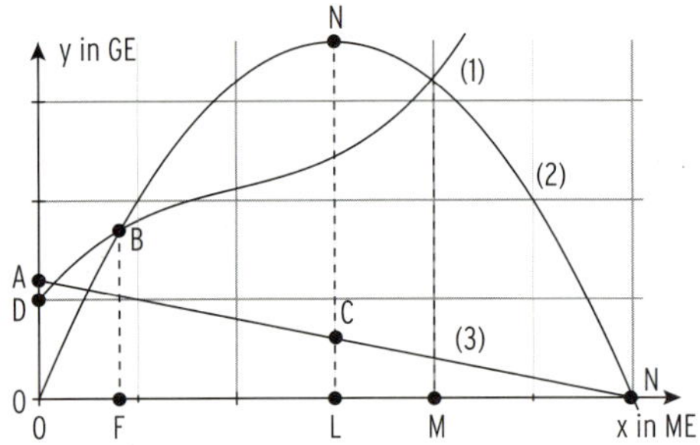

4 Für welche Werte von a und c ist die Funktion E mit $E(x) = ax^2 + 4x + c$ eine Erlösfunktion eines Angebotsmonopolisten?
Geben Sie den maximalen ökonomisch sinnvollen Definitionsbereich an.
Begründen Sie Ihre Ergebnisse.

5 Gegeben ist die Gesamtkostenfunktion K mit $K(x) = \frac{1}{3}x^3 - 3x^2 + 10x + 18$.
Die Kapazitätsgrenze liegt bei 10 ME.
a) Ermitteln Sie den Höchstpreis und die Sättigungsmenge, wenn der Erlös beschrieben wird durch $E(x) = -4x^2 + 22x$. Wie groß ist der maximale Erlös?
b) Die Gewinnzone endet bei 3 ME und ist weniger als 1 ME breit. Überprüfen Sie diese Behauptung.

6 Für die Gesamtkosten in GE gilt: $K(x) = x^3 - 10x^2 + 36x + 108$; $x \geq 0$; x in ME.
Die Erlössituation lässt sich beschreiben durch $E(x) = -15x^2 + 120x$.
Bei wie viel ME beginnt die Gewinnzone, wenn sie bei 6 ME endet? Bei 3 ME wird ein Gewinn von 72 GE erzielt. Bei welcher Produktionsmenge wird der gleiche Gewinn erzielt?
Verdeutlichen Sie Ihre Ergebnisse in einer Skizze.

4.6 Aufstellen von Kurvengleichungen

Beispiel

➲ Die Kostensituation des Unternehmens wird durch folgende Tabelle dargestellt:

x in ME	0	1	3
K (x) in GE	2	9,75	16,25

Ermitteln Sie die Kostenfunktion K unter der Annahme, dass es sich um eine ganzrationale Funktion mit $K(x) = ax^3 + bx^2 + 10x + d$ handelt.
Bestimmen Sie die Kosten für x = 5.

Lösung

Bedingungen	Gleichungssystem für a, b, d
$K(0) = 2$	$d = 2$
$K(1) = 9{,}75$	$a + b + 10 + d = 9{,}75$
$K(3) = 16{,}25$	$27a + 9b + 30 + d = 16{,}25$

Vereinfachtes Gleichungssystem: (Einsetzen von d = 2)

$$a + b + 10 + 2 = 9{,}75$$
$$27a + 9b + 30 + 2 = 16{,}25$$

Umformen des Gleichungssystems für a und b:

$$a + b = -2{,}25$$
$$27a + 9b = -15{,}75$$

Auflösen des Gleichungssystems mit dem Additionsverfahren:

$$a + b = -2{,}25 \quad | \cdot (-9)$$
$$27a + 9b = -15{,}75$$

$$18a = -2{,}25 \cdot (-9) - 15{,}75$$
$$18a = 4{,}5$$
$$a = 0{,}25$$

Setzt man $a = 0{,}25$ in die Gleichung

$a + b = -2{,}25$ ein, erhält man:

$$0{,}25 + b = -2{,}25$$
$$b = -2{,}5$$

Lösung des linearen Gleichungssystems: $a = 0{,}25;\ b = -2{,}5$

Kostenfunktion: $K(x) = 0{,}25x^3 - 2{,}5x^2 + 10x + 2$

Kosten für x = 5: $K(5) = 20{,}75$

Aufgaben

1 Der Graph einer Kostenfunktion K mit $K(x) = x^3 - 12x^2 + 60x + d$ verläuft durch den Punkt P(2 | 170). Wie hoch sind die fixen Kosten?

2 Das Schaubild einer ganzrationalen Funktion f mit $f(x) = \frac{2}{3}x^3 - \frac{1}{6}x^2 + cx + d$ geht durch die Punkte B(1 | 2,5) und C(−2 | −14). Ermitteln Sie c und d.

3 Das Graph einer ganzrationalen Funktion 3. Grades mit $f(x) = -0{,}5x^3 + bx^2 + cx + d$ verläuft durch die Punkte A(0 | −4); B(1 | −1,5) und C(2 | −2).
Bestimmen Sie den Funktionsterm.

4 Das Schaubild einer ganzrationalen Funktion 3. Grades ist symmetrisch zum Ursprung und verläuft durch A(− 2 | − 8) und B(1 | 2,5). Bestimmen Sie den Funktionsterm.

5 Die Abbildung zeigt den Graph einer Kostenfunktion K mit $K(x) = x^3 + bx^2 + cx + d$.
Die fixen Kosten liegen bei 72 GE.
Bestimmen Sie mithilfe der Abbildung einen Funktionsterm der Kostenfunktion.

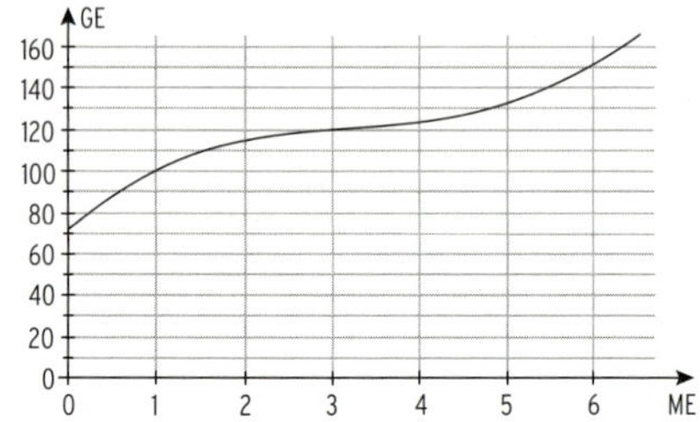

6 Die Gesamtkosten (in GE) für die Produktion eines Betriebes (x in ME) können der Tabelle entnommen werden:

x	0	10	20	40
K (x)	1020	2920	3420	5020

Ermitteln Sie die Kostenfunktion K unter der Annahme, dass es sich um eine Funktion mit $K(x) = ax^3 - 13x^2 + cx + d$ handelt.

7 Die Gesamtkosten K eines Unternehmens in Abhängigkeit von der Ausbringungsmenge x werden durch nachfolgende Funktion beschrieben: $K(x) = ax^3 + bx^2 + 20x + 20$.
Die Gesamtkosten bei einer Produktion von 4 ME betragen 60 GE.
Bei einem Verkaufspreis von 20 GE je ME liegt die Gewinnschwelle bei 2 ME.
Bestimmen Sie die Gesamtkostenfunktion.

8 Mit dem folgenden LGS soll der Term einer ertragsgesetzlichen Kostenfunktion bestimmt werden. Welche Daten über den Kostenverlauf sind bekannt?

$a + b + c + d = \frac{37}{3}$ $\qquad$ $27a + 9b + 3c + d = 17$

$d = 5$ $\qquad$ $216a + 36b + 6c + d = 29$

9 Über die Gewinnsituation eines Unternehmens ist folgendes bekannt: Die Gewinnzone verläuft von 2 ME bis 5 ME. Die fixen Kosten betragen 90 GE. Bei Produktion und Verkauf von 4 ME wird ein Gewinn von 26 GE erzielt. Stellen Sie ein LGS zur Bestimmung der Gewinnfunktion (Polynomfunktion 3. Grades) auf.

Test zur Überprüfung Ihrer Grundkenntnisse

1 Berechnen Sie die Lösungen der folgenden Gleichung.

a) $0{,}125\,x^3 - 3\,x = 0$

b) $-2\,x^3 + x^2 + x = 0$

c) $x^3 - 3\,x^2 - x + 3 = 0$

2 Gegeben sind die Kostenfunktion K durch $K(x) = 0{,}5\,x^3 - 3\,x^2 + 9\,x + 5$
und die Erlösfunktion E mit $E(x) = 7{,}5\,x$.

a) Zeigen Sie, dass gilt: $G(x) = -0{,}5\,x^3 + 3\,x^2 - 1{,}5\,x - 5$
Berechnen Sie die Gewinnzone.

b) Zeigen Sie: Die variablen Stückkosten betragen mindestens 4 GE/ME.

c) Prüfen Sie, ob die Gerade mit der Gleichung $y = 4{,}5\,x + 5$ Tangente an die Kostenkurve ist.
Welche Bedeutung hat die Geradensteigung?

3 Der Gewinn der Zurga AG lässt sich modellieren durch die Funktion G mit
$G(x) = ax^3 + 20x^2 + 3x + d$.
Bestimmen Sie a und d, wenn folgendes bekannt ist:
Die Gewinnschwelle liegt bei 4 ME. Werden 5 ME verkauft, wird ein Gewinn von 61 GE erzielt.

4 Die Abbildung zeigt den Graphen einer Funktion für $x \geq 0$.

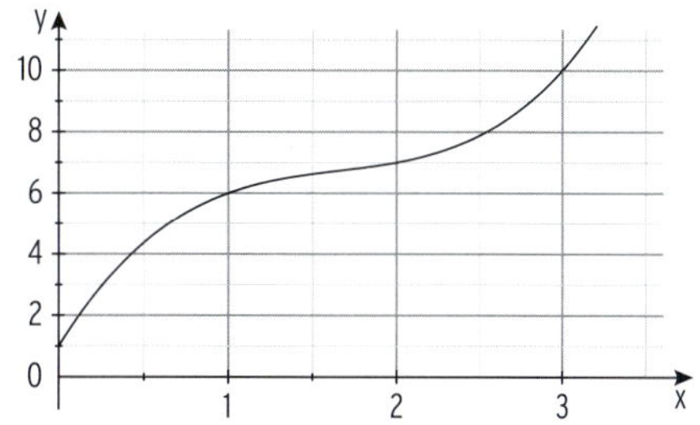

a) Zeigt die Abbildung eine ertragsgesetzliche Kostenkurve? Begründen Sie.

b) Skizzieren Sie den Graphen einer quadratischen Erlösfunktion E in die Abbildung ein, wenn [1; 3] die Gewinnzone ist.
Verwenden Sie die Kopiervorlage im Anhang.

c) Bestimmen Sie einen Funktionsterm der Erlösfunktion.

5 Die Gesamtkosten in GE für die Herstellung eines Produktes, für das der Hersteller ein Monopol besitzt, sind gegeben durch die Funktion K mit $K(x) = 0{,}05\,x^3 - 1{,}2\,x^2 + 10\,x + 156$.
Die Erlösfunktion E ist gegeben durch $E(x) = -1{,}25\,x^2 + 50\,x$; x in ME.

a) Zeichnen Sie die Schaubilder der Kostenfunktion und der Erlösfunktion in ein geeignetes Koordinatensystem.

b) Berechnen Sie die Gewinngrenze, wenn die Gewinnschwelle bei 4 ME liegt.

c) Der maximale Erlös wird bei 20 ME erzielt. Überprüfen Sie.

III Differenzialrechnung

1 Ableitung von ganzrationalen Funktionen

Modellierung einer Situation

Die Fertigungsleitung der Anton Thomalla Motorenbau in Soest stellt der Firmenleitung folgende Daten zur Herstellung von Kleinteilen, die in der Motorenfertigung benötigt werden, zur Verfügung.
Dabei werden 100 Stück zu einer Mengeneinheit (ME) und 100 € zu einer Geldeinheit (GE) zusammengefasst.
Die Fixkosten liegen bei 8250 €. Werden 2 ME produziert, so führt bereits eine Produktionssteigerung um eine sehr geringe Stückzahl zu einer Gesamtkostensteigerung von 1 GE/ME. Kostenzuwächse für weitere Produktionsmengen sind in folgender Tabelle aufgeführt:

Produktionsmenge	1	4
Kostenänderung in GE/ME	2,75	2

Der Erlöszuwachs liegt bei konstant 22,625 GE/ME.
Die Controllingabteilung stellt fest, dass sich die Gesamtkosten durch
$K(x) = 0{,}25\,x^3 - 2\,x^2 + 6\,x + 82{,}5$ berechnen lassen.
Ein Großauftrag erfordert die Verdoppelung der derzeitigen Produktionsmenge von 6 ME.

Die Geschäftsleitung möchte wissen, ob die Berechnung von K(x) stimmt.
Die Geschäftsleitung möchte von der Controllingabteilung Empfehlungen über
- die bestmögliche Produktionsmenge bei Betrachtung der variablen Stückkosten,
- die Annahme oder Ablehnung des Großauftrages.

Bearbeiten Sie diese Situation, nachdem Sie die rechts aufgeführten **Qualifikationen** und **Kompetenzen** erworben haben.

Qualifikationen & Kompetenzen

- Mittlere und lokale Änderungsrate berechnen
- Ableitungsregeln anwenden
- Grenzprozesse mathematisch beschreiben und interpretieren
- Ableitung grafisch veranschaulichen und interpretieren

1.1 Änderungsrate

Bei Wachstumsvorgängen ändert sich im Allgemeinen der Bestand in Abhängigkeit von der Zeit, z. B. die Bevölkerungszahl in Deutschland, der Durchmesser eines Baumes, die Gesamtkosten einer Produktion, die Geschwindigkeit eines Autos, der Zufluss in ein Gefäß usw.
Bei einem Wachstumsvorgang kommt es jedoch nicht nur auf den Bestand an, sondern auch darauf, wie schnell sich der Bestand ändert.
Diese „Schnelligkeit" versucht man mathematisch zu beschreiben.

Beispiel 1

Während eines Dauerregens wird die Wassermenge (Volumen in Liter) in einer Regentonne in Abhängigkeit von der Zeit (in Minuten) gemessen.

Zeit x in min	0	1	3	5
Volumen y in ℓ	25	29,2	37,6	58

Berechnen Sie die Volumenänderung pro Minute.
Übertragen Sie die Messdaten in ein Koordinatensystem.

Lösung

Volumenänderung pro Minute

auf dem Intervall [0; 1] : $\frac{\Delta y}{\Delta x} = \frac{29{,}2 - 25}{1 - 0} = 4{,}2$

auf dem Intervall [1; 3] : $\frac{\Delta y}{\Delta x} = \frac{37{,}6 - 29{,}2}{3 - 1} = \frac{8{,}4}{2} = 4{,}2$

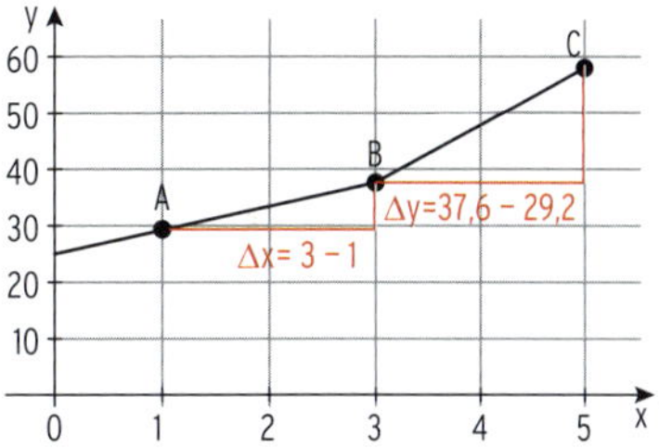

Zeitintervall	[0; 1]	[1; 3]	[3; 5]
Dauer in min (Δx)	1	2	2
Volumenänderung Δy in ℓ	4,2	8,4	20,4
Änderungsrate in $\frac{\ell}{\text{min}}$	4,2	4,2	10,2

$\frac{\Delta y}{\Delta x} = \frac{y_2 - y_1}{x_2 - x_1}$

Das Volumen ändert sich pro Minute auf dem Intervall [0; 1] bzw. [1; 3] um 4,2 ℓ, d. h.: $\frac{\Delta y}{\Delta x} = 4{,}2$.

Mit anderen Worten: $4{,}2\,\frac{\ell}{\text{min}}$ ist die **mittlere Änderungsrate des Volumens.**

Auf dem Intervall [3; 5] ist die **mittlere Änderungsrate** des Volumens $10{,}2\,\frac{\ell}{\text{min}}$.

Die mittlere Änderungsrate $\frac{\Delta y}{\Delta x}$ entspricht der Steigung der Strecke AB bzw. BC.

Festlegung

Die **(mittlere) Änderungsrate** einer Funktion im **Intervall [a; b]** ist der **Differenzenquotient** $\frac{\Delta y}{\Delta x}$.

Mit dem Differenzenquotient kann z. B. beschrieben werden:
- die mittlere Steigung
- die mittlere Kostenzunahme
- die mittlere Wegänderung

Beispiel 2

➲ Bei der Produktion eines Artikels werden die Gesamtkosten in € pro Tag in Abhängigkeit von der Ausbringungsmenge x (in Stück) festgelegt durch:
$K(x) = x^2 + 3x + 100;\ x \geq 0$.
Von $x = 5$ soll die Produktionsmenge um 10 Stück erhöht werden.
Bestimmen Sie den mittleren Kostenzuwachs.
Bestimmen Sie den momentanen Kostenzuwachs für $x = 5$.

Lösung

x	5	15
K(x)	140	370

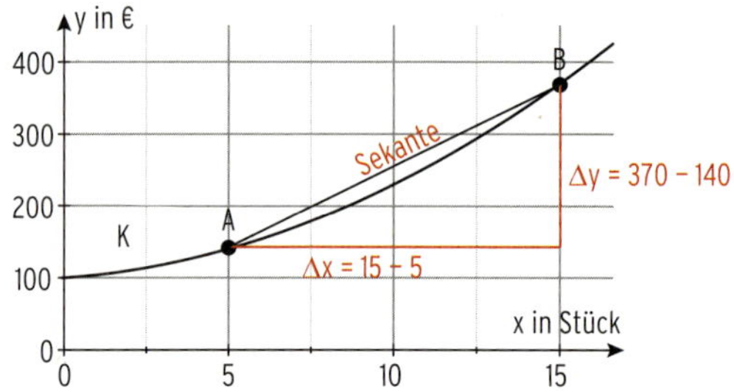

Mittlere Änderungsrate von K auf [5; 15]

$$\frac{\Delta y}{\Delta x} = \frac{K(x_2) - K(x_1)}{x_2 - x_1}$$

$$\frac{\Delta y}{\Delta x} = \frac{K(15) - K(5)}{15 - 5} = \frac{370 - 140}{10}$$

$$\frac{\Delta y}{\Delta x} = 23$$

Erhöht man die Produktion von 5 Stück auf 15 Stück, so erhöhen sich die Kosten durchschnittlich um 23 €/Stück.

Bedeutung der (mittleren) Änderungsrate

Die Änderungsrate ist die Steigung m der Sekante (AB), d. h. $m = \frac{\Delta y}{\Delta x}$.

Dies entspricht der mittleren Kostenzunahme.

Da sich die Kurve und die Strecke AB auf dem Intervall [5; 15] unterscheiden, ist 23 nur ein Näherungswert und nicht die tatsächliche Kostenzunahme (**Grenzkosten**) bei der Produktion von 5 Stück.

Diesen Näherungswert kann man verbessern, indem man die Abstände Δx verkleinert, d. h. den Punkt B näher an den Punkt A „wandern" lässt.

Welche momentane Kostenzunahme liegt nun tatsächlich nach 5 Stück vor?

Dazu berechnet man die Änderungsraten für $\Delta x \to 0$.

Intervall $[5; x_2]$	[5; 10]	[5; 6]	[5; 5,1]	[5; 5,01]	
$\Delta x = x_2 - 5$	10 – 5 = 5	6 – 5 = 1	5,1 – 5 = 0,1	5,01 – 5 = 0,01	$\to 0$
$\Delta y = K(x_2) - K(5)$	230 – 140 = 90	154 – 140 = 14	141,31 – 140 = 1,31	140,1301 – 140 = 0,1301	
$\frac{\Delta y}{\Delta x} = \frac{K(x_2) - K(5)}{x_2 - 5}$	$\frac{90}{5} = 18$	$\frac{14}{1} = 14$	$\frac{1,31}{0,1} = 13,1$	$\frac{0,1301}{0,01} = 13,01$	$\to 13$

Die **momentane Änderungsrate (Grenzkosten)** bei 5 Stück beträgt $13 \frac{€}{\text{Stück}}$.

Hinweis: Mittlere Änderungsrate von K im Intervall $[5; x_2]$: $\frac{\Delta y}{\Delta x} = \frac{K(x_2) - K(5)}{x_2 - 5}$

Für $\Delta x = x_2 - 5 \to 0$ erhält man die momentane Änderungsrate von K an der Stelle $x = 5$.

Beispiel 3

➲ Gegeben ist die Funktion f mit $f(x) = -\frac{1}{2}x^2 + 3x;\ x \in \mathbb{R}$.

a) Berechnen Sie die mittlere Änderungsrate im Intervall [1; 3].

b) Ermitteln Sie die momentane Änderungsrate an der Stelle x = 1 bzw. an der Stelle x = 4.

Lösung

a) Mittlere Änderungsrate auf [1; 3]: $\frac{\Delta y}{\Delta x} = \frac{f(3) - f(1)}{3 - 1} = \frac{4{,}5 - 2{,}5}{2} = 1$

Die Steigung der Sekante durch (1 | 2,5) und (3 | 4,5) ist 1.

b) Mittlere Änderungsrate auf $[x_1; x_2]$: $\frac{f(x_2) - f(x_1)}{x_2 - x_1}$

Für $x_1 = 1$: $\frac{f(x_2) - f(1)}{x_2 - 1}$

Untersuchung für $\Delta x = x_2 - 1 \rightarrow 0$

Tabelle

Intervall $[1; x_2]$	[1; 1,1]	[1; 1,01]	[1; 1,001]	[1; 1,0001]
$\Delta x = x_2 - 1$	0,1	0,01	0,001	0,0001
$\frac{f(x_2) - f(1)}{x_2 - 1}$	1,95	1,995	1,9995	1,99995

Die mittlere Änderungsrate strebt gegen 2. Die momentane Änderungsrate in x = 1 ist 2.

Untersuchung für $x_1 = 4$: $\frac{f(x_2) - f(4)}{x_2 - 4}$ und $\Delta x = x_2 - 4 \rightarrow 0$

Tabelle

Intervall $[4; x_2]$	[4; 4,1]	[4; 4,01]	[4; 4,001]
$\Delta x = x_2 - 4$	0,1	0,01	0,001
$\frac{f(x_2) - f(4)}{x_2 - 4}$	− 1,05	− 1,005	− 1,0005

Die mittlere Änderungsrate stebt gegen − 1. Die momentane Änderungsrate in x = 4 ist − 1.

Grafische Interpretation:

Die Tangente an der Stelle x = 1 hat die Steigung 2.

Die Tangente an der Stelle x = 4 hat die Steigung − 1.

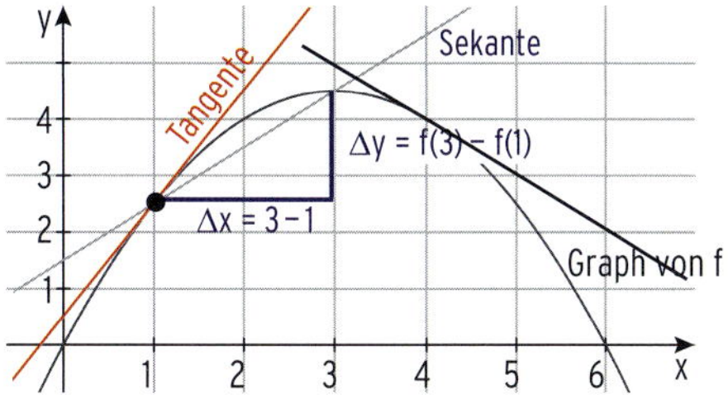

Hinweis: Die momentane Änderungsrate entspricht der Steigung der Tangente.

Beachten Sie

Die **mittlere Änderungsrate** von f auf $[x_1; x_2]$: $\frac{f(x_2) - f(x_1)}{x_2 - x_1}$ strebt für $x_2 \rightarrow x_1$ gegen die **momentane Änderungsrate von f** an der Stelle x_1.
(Grenzwert der mittleren Änderungsrate)

Aufgaben

1 Berechnen Sie die mittleren Änderungsraten von f mit $f(x) = x^2 - x + 1$ auf den Intervallen: [0; 3], [1; 1,5] und [−4; −2,5].

2 Gegeben ist die Erlösfunktion E mit $E(x) = -\frac{3}{4}x^2 + 3x$.

a) Welche mittlere Änderungsrate des Erlöses ist zu erwarten, wenn die verkaufte Menge von 0 ME auf 2 ME gesteigert werden kann?

b) Bestimmen Sie die Gleichung der Sekante g durch $P(2 | E(2))$ und $Q(3 | E(3))$. Zeichnen Sie das Schaubild von E und die Sekante in ein Koordinatensystem.

c) Berechnen Sie die momentane Änderungsrate von E an der Stelle $x = 2$. Interpretieren Sie Ihr Ergebnis grafisch und ökonomisch.

3 Gegeben ist die folgende Kostenfunktion. Beantworten Sie mithilfe der Abbildung: Wie hoch sind die Durchschnittskosten pro Einheit auf $[0; x_0]$ und die Grenzkosten für die Produktionsmenge x_0?

a)

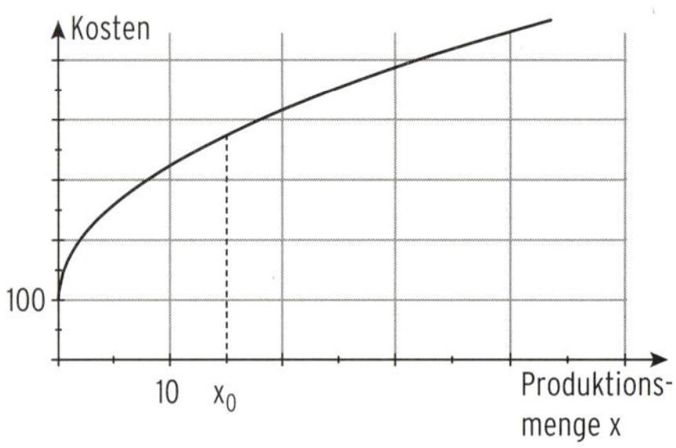

b)

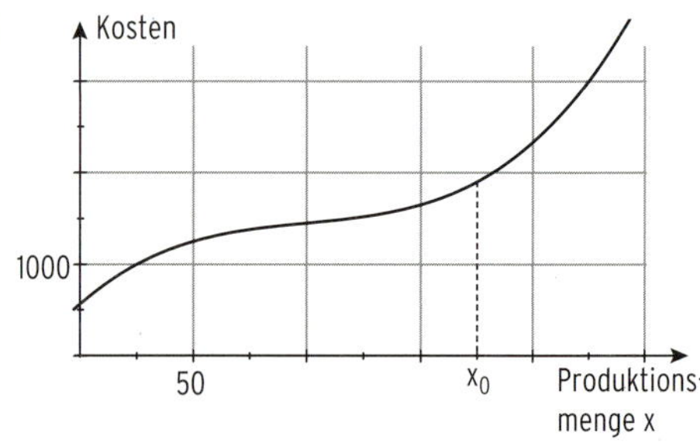

4 Eine Glasvase kühlt nach der Herstellung ab (siehe Abbildung).

a) Interpretieren Sie die Grafik.

b) Zu welcher Zeit ist die „Geschwindigkeit", mit der die Vase abkühlt, am größten?

c) Wie groß ist die durchschnittliche Temperaturänderung für die ersten 10 Minuten?

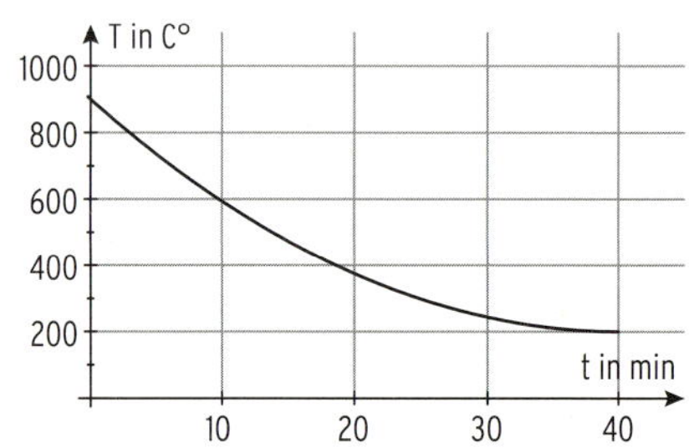

5 Die Abbildung zeigt das Schaubild einer Gewinnfunktion auf [0; 8]. Bestimmen Sie mithilfe der Abbildung:

a) G(2); G(6); $\frac{G(6) - G(2)}{6 - 2}$

b) Die momentane Gewinnänderung in $x = 4$ bzw. in $x = 5$.

c) Die Ausbringungsmenge, für die G(x) am größten ist.

d) Die Ausbringungsmenge, für die die momentane Gewinnänderung am größten ist.

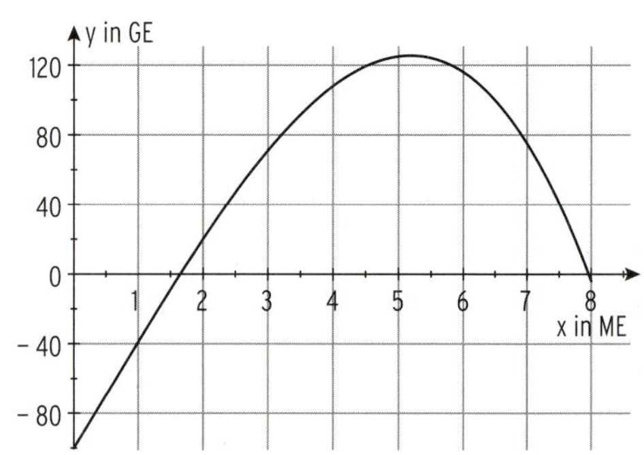

1.2 Definition der Ableitung

Die Berechnung der momentanen Änderungsrate kann mühsam sein. Deshalb leitet man Regeln her, die es gestatten, die momentane Änderungsrate anzugeben. Diese Regeln ersetzen eine allgemeine Methode zur Berechnung der momentanen Änderungsrate.

Berechnung der Tangentensteigung

Gegeben ist die Funktion f mit $f(x) = x^2$ mit Graph K_f.

a) Zunächst wollen wir die Steigung der Tangente an die Normalparabel im Punkt P(1|1) berechnen. Wie bei der Herleitung der momentanen Änderungsrate geht man von einer Sekante aus und lässt den Punkt Q auf den Punkt P zuwandern, sodass die **Tangente** als **Grenzlage der Sekanten** entsteht.

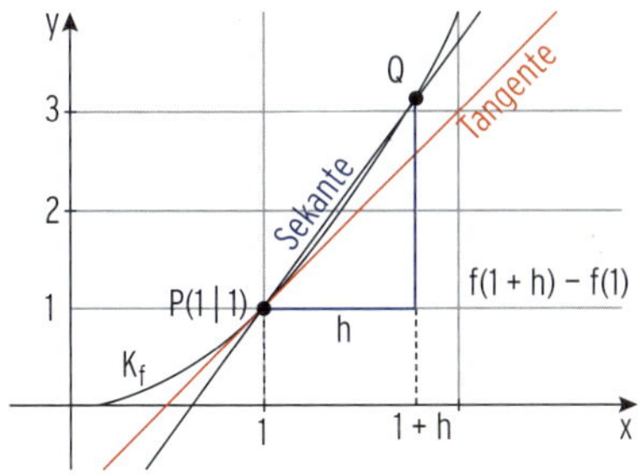

Berechnung der Sekantensteigung m_s

Es gilt: $m_s = \frac{f(x_2) - f(x_1)}{x_2 - x_1}$

Mit $x_1 = 1$ und $x_2 = 1 + h$: $m_s = \frac{f(1+h) - f(1)}{1 + h - 1} = \frac{(1+h)^2 - 1}{h}$

$m_s = \frac{2h + h^2}{h} = \frac{h(2 + h)}{h}$

$m_s = 2 + h$

Für $h \to 0$ strebt $(2 + h) \to 2$. Man erhält die Steigung m_t der Tangente: $m_t = 2$.
Man bezeichnet die momentane Änderungsrate bzw. die Steigung der Tangente an die Kurve im Punkt P(1|1) als **Ableitung** von **f** an der Stelle 1.

Es gilt: $m_t = 2 = f'(1)$ Lesen Sie: f „Strich" von 1

Festlegung

Die Steigung m_t der Tangente an das Schaubild von f im Punkt P ist die **Steigung des Schaubildes** im Punkt P.
f′(1) ist die Steigung des Schaubildes von f im Kurvenpunkt P(1|f(1)).

Beachten Sie

Die Ableitung bzw. die momentane Änderungsrate kann verschiedene Bedeutungen haben, z. B.:

- Momentane Änderungsrate des Weges (Momentangeschwindigkeit)
- Momentane Zunahme der Wassermenge pro Zeiteinheit (Zuflussgeschwindigkeit)
- Grenzkosten einer Produktion
- Abkühlgeschwindigkeit (einer Glasvase)
- Geburtenrate einer Bevölkerung

b) Berechnung der Steigung der Normalparabel im (beliebigen) Punkt $P(u \mid f(u))$

Steigung m_S der **Sekante** (PQ): $m_S = \frac{f(x_2) - f(x_1)}{x_2 - x_1}$

Mit $x_1 = u$ und $x_2 = u + h$ erhält man:

$$m_S = \frac{f(u+h) - f(u)}{u + h - u} = \frac{f(u+h) - f(u)}{h}$$

$$= \frac{(u+h)^2 - u^2}{h} = \frac{2hu + h^2}{h} = \frac{h(2u + h)}{h} = 2u + h$$

Für $h \to 0$ strebt $(2u + h) \to 2u$.

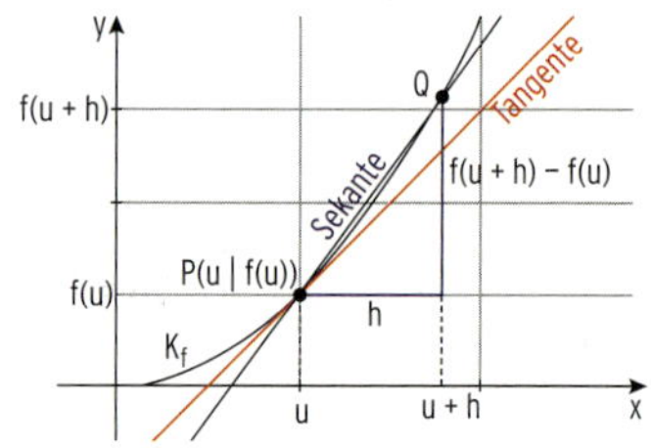

Die Steigung $f'(u)$ der Tangente an die Normalparabel im Punkt $P(u \mid f(u))$ ist $2u$: $f'(u) = 2u$

Ersetzt man den beliebigen u-Wert durch x, so gilt für alle $x \in \mathbb{R}$: $f(x) = x^2 \Rightarrow f'(x) = 2x$.

f′(x) ist die Ableitung von f an der Stelle x.

In der folgenden Tabelle sind für einige x-Werte die Steigungen $f'(x)$ im zugehörigen Parabelpunkt $P(x \mid f(x))$ berechnet.
Mit $f(x) = x^2$ und $f'(x) = 2x$
erhält man folgende Tabelle:

x	−2	−0,5	0	1,5
f′(x)	−4	−1	0	3

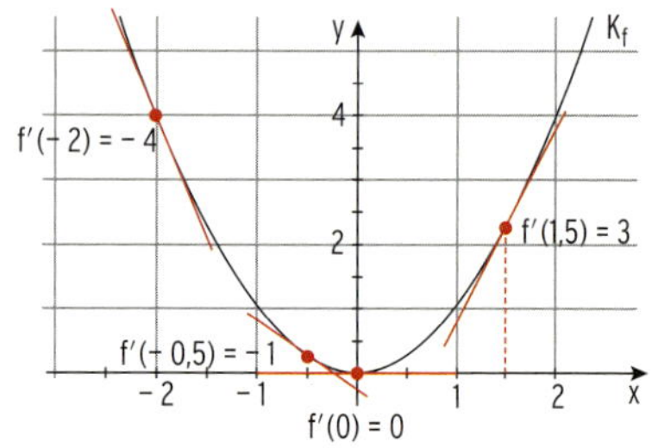

Beachten Sie

Der Quotient $\frac{\Delta y}{\Delta x} = \frac{f(x_2) - f(x_1)}{x_2 - x_1}$ heißt **Differenzenquotient.**

Mit $x_1 = x$ und $x_2 = x + h$ erhält man: $\frac{\Delta y}{\Delta x} = \frac{f(x+h) - f(x)}{h}$

Der Grenzwert des Differenzenquotienten heißt **Differenzialquotient.**

$\frac{\Delta y}{\Delta x}$ strebt für $\Delta x \to 0$ gegen $\frac{dy}{dx} = f'(x)$ (**Ableitung** von f an der Stelle x).

Schreibweise: $f'(x) = \lim\limits_{h \to 0} \frac{f(x+h) - f(x)}{h} = \frac{dy}{dx}$

f′(x) gibt für jede Stelle x die **Steigung des Schaubildes von f** an.

Hinweis: Eine Funktion f heißt differenzierbar, wenn an jeder Stelle aus dem Definitionsbereich der **Differenzialquotient** existiert. Differenzieren heißt Ableiten.

Aufgaben

1 Die Abbildung zeigt das Schaubild von f.
Bestimmen Sie $f'(0)$, $f'(2)$, $f'(3)$ mithilfe der Abbildung.

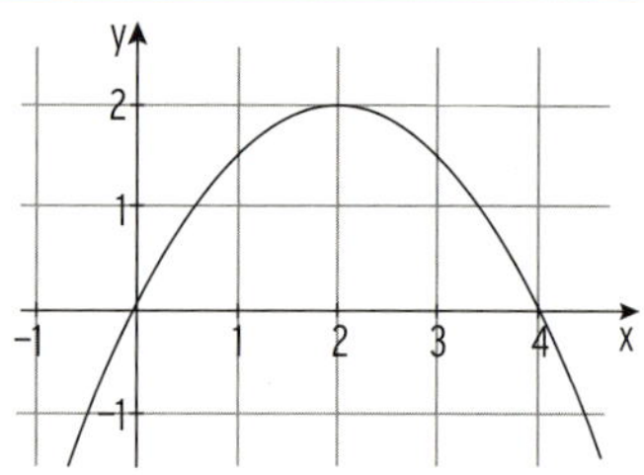

2 Berechnen Sie die Ableitung von f an der Stelle $x = 2$ mithilfe des Differenzenquotienten $\frac{f(2+h) - f(2)}{h}$.

a) $f(x) = x^2 + 3$ b) $f(x) = x^2 + 4x$ c) $f(x) = 4x - 1$

1.3 Ableitungsregeln

Potenzregel

Beispiel

➲ Wie lautet die Ableitung der Funktion f mit $f(x) = x^3$?

Lösung

Ableitung an der festen Stelle u:

Mittlere Änderungsrate (Steigung der Sekante): $m_S = \frac{f(x_2) - f(x_1)}{x_2 - x_1}$

Mit $x_1 = u$ und $x_2 = u + h$ erhält man: $m_S = \frac{f(u+h) - f(u)}{u + h - u} = \frac{f(u+h) - f(u)}{h}$

$$m_S = \frac{(u+h)^3 - u^3}{h} = \frac{h(3u^2 + 3uh + h^2)}{h}$$

$$m_S = 3u^2 + 3uh + h^2$$

Für $h \to 0$ strebt $(3u^2 + 3uh + h^2)$ gegen $3u^2$.

Die Ableitung von f an der festen Stelle u lautet $f'(u) = 3u^2$.

Beachten Sie

Die Ableitung von f mit $f(x) = x^3$ ist $f'(x) = 3x^2$.

Vorgehensweise beim Ableiten einer **Potenzfunktion:**

$f(x) = x \quad \Rightarrow \quad f'(x) = 1 = 1 \cdot x^{1-1}$

$f(x) = x^2 \quad \Rightarrow \quad f'(x) = 2x = 2 \cdot x^{2-1}$

$f(x) = x^3 \quad \Rightarrow \quad f'(x) = 3x^2 = 3 \cdot x^{3-1}$

Merkregel

„Alte" Hochzahl als Faktor vor x setzen, „neue Hochzahl" = „alte" Hochzahl minus 1.

$f(x) = x^4 \quad \Rightarrow \quad f'(x) = 4 \cdot x^{4-1} = 4x^3$

$f(x) = x^5 \quad \Rightarrow \quad f'(x) = 5 \cdot x^{5-1} = 5 \cdot x^4$

$f(x) = x^{-1} \quad \Rightarrow \quad f'(x) = -1 \cdot x^{-1-1} = -1 \cdot x^{-2} = -\frac{1}{x^2}$

$f(x) = x^n \quad \Rightarrow \quad f'(x) = n x^{n-1}$

$\frac{1}{x} = x^{-1}$

Potenzregel der Ableitung

Die Ableitung von f mit $\mathbf{f(x) = x^n}$ ist $\mathbf{f'(x) = n \cdot x^{n-1}}$; $n \in \mathbb{Z}$.

Faktor- und Summenregel

Beispiel 1

➲ Wie lautet die Ableitung der quadratischen Funktion f mit $f(x) = ax^2$; $a \neq 0$?

Lösung

Ableitung an der festen Stelle u: $m_S = \frac{f(x_2) - f(x_1)}{x_2 - x_1}$

Mit $x_1 = u$ und $x_2 = u + h$ erhält man: $m_S = \frac{f(u+h) - f(u)}{h} = \frac{a(u+h)^2 - au^2}{h}$

$$m_S = \frac{a(u^2 + 2uh + h^2) - au^2}{h} = \frac{ah(2u+h)}{h}$$

$$m_S = a(2u + h)$$

Für $h \to 0$ strebt $a(2u + h)$ gegen $2au$.

Ergebnis: $f'(u) = 2au$

Beachten Sie Die Ableitung von f mit $f(x) = ax^2$ ist $f'(x) = 2ax$.

Beispiele

$f(x) = \frac{1}{3}x^2 \Rightarrow f'(x) = \frac{1}{3} \cdot 2x = \frac{2}{3}x$

$f(x) = -4x^2 \Rightarrow f'(x) = -4 \cdot 2x = -8x$

Faktorregel:

Konstante Faktoren bleiben beim Ableiten erhalten.

$f(x) = 7x^3 \Rightarrow f'(x) = 7 \cdot 3x^2 = 21x^2$

$f(x) = 3x^2 \Rightarrow f'(x) = 3 \cdot 2x = 6x$

Beispiel 2

➲ Wie lautet die Ableitung der quadratischen Funktion f mit $f(x) = ax^2 + c$; $a \neq 0$?

Lösung

Verschiebt man eine Parabel in y-Richtung, so ändert sich die Form der Parabel nicht, damit kann sich auch die Steigung an einer festen Stelle u **nicht** ändern.

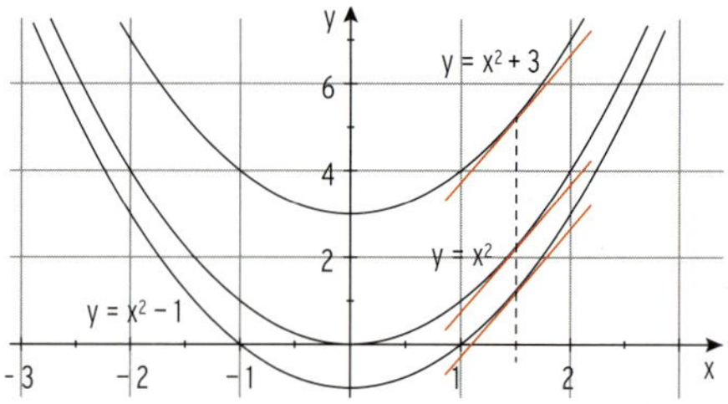

$g(x) = x^2$	$\uparrow 3$	$f(x) = x^2 + 3$	Ableitung $f'(x) = g'(x) = 2x$
$g(x) = 2x^2$	$\downarrow 1$	$f(x) = 2x^2 - 1$	Ableitung $f'(x) = g'(x) = 4x$
$g(x) = ax^2$	$\uparrow c$	$f(x) = ax^2 + c$	Ableitung $f'(x) = g'(x) = 2ax$

Beachten Sie Die Ableitung von f mit $f(x) = ax^2 + c$ ist $f'(x) = 2ax$.

Hinweis: Beim Ableiten wird ein **konstanter Summand** zu null.

Beispiele

$f(x) = 3x^2 + 4 \Rightarrow f'(x) = 6x$

$f(x) = -x^2 + 2x + c \Rightarrow f'(x) = -2x + 2$

$f(x) = -5x^3 - 12x + 2 \Rightarrow f'(x) = -15x^2 - 12$

$f(x) = 7 \Rightarrow f'(x) = 0$

Summenregel

Die **Ableitung einer Summe** ist die **Summe der Ableitungen** der Summanden.

Beispiele

$f(x) = x^2 - 4x + 3 \quad \Rightarrow f'(x) = 2x - 4$

$f(x) = -\frac{3}{2}x^2 + \frac{3}{4}x \quad \Rightarrow f'(x) = -3x + \frac{3}{4}$

$f(x) = x^3 - 5x^2 + 3x + 1 \quad \Rightarrow f'(x) = 3x^2 - 10x + 3$

$f(x) = 4(x + x^4) \quad \Rightarrow f'(x) = 4(1 + 4x^3) = 4 + 16x^3$

$f(x) = x + \frac{7}{x} + 2 = x + 7x^{-1} + 2 \quad \Rightarrow f'(x) = 1 - 7x^{-2} = 1 - \frac{7}{x^2}$

$f(x) = -\frac{1}{8}(x^2 - 4x) \quad \Rightarrow f'(x) = -\frac{1}{8}(2x - 4) = -\frac{1}{4}x + \frac{1}{2}$

$f(x) = ax^3 + bx^2 + cx + d \quad \Rightarrow f'(x) = 3ax^2 + 2bx + c$

Ableitungsregeln

Faktorregel:	**Konstante Faktoren** bleiben beim Ableiten erhalten. $f(x) = a \cdot g(x) \Rightarrow f'(x) = a \cdot g'(x)$
Summenregel:	Die **Ableitung einer Summe** ist die **Summe der Ableitungen** der Summanden. $f(x) = g(x) + h(x) \Rightarrow f'(x) = g'(x) + h'(x)$
Potenzregel:	$f(x) = x^n \Rightarrow f'(x) = n \cdot x^{n-1};\ n \in \mathbb{Z}$

Aufgaben

1 Leiten Sie ab.

a) $f(x) = -2x^4 + 3x^2 - 4x + 2$

b) $f(x) = 0{,}5x^4 - x^3 + 2{,}5x^2$

c) $f(x) = \frac{1}{4}x^4 + \frac{3}{8}x^3 - \frac{4}{5}x^2$

d) $f(x) = \frac{1}{32}x^3 + \frac{3}{7}x - \frac{4}{x}$

e) $f(x) = -x^4 - 6x^2 - 2{,}25$

f) $f(x) = -\frac{5}{6}x^2 + \frac{2}{3}x + \frac{5}{2}$

g) $f(x) = -x^3 + 6x^2 - 2x + 20$

h) $f(x) = 0{,}5x^2 - 2x - \frac{8}{x}$

i) $f(x) = -\frac{x^3}{4} + \frac{x^2}{3} - \frac{2}{x}$

j) $f(x) = -2 + 3x - 2x^3$

k) $f(x) = \frac{1}{16}(x^5 + x^3 - 1)$

l) $f(x) = x(x^2 - 1{,}5x - 4)$

m) $f(x) = 0{,}125x^4 - 1{,}5x^2 - 3$

n) $f(x) = \frac{1}{8}(x^3 - 12x^2 + 16)$

o) $f(x) = ax^2 + bx + c + \frac{d}{x}$

p) $K(x) = ax^3 + bx^2 + cx + d$

Funktionen und deren Ableitungen in der Betriebswirtschaft

	Beispiel	
Gesamtkostenfunktion K	$K(x) = x^3 - 28x^2 + 300x + 500$	
Grenzkostenfunktion K′ (Differentialkostenfunktion)	$K'(x) = 3x^2 - 56x + 300$	
Variable Grenzkostenfunktion K_v'	$K_v'(x) = 3x^2 - 56x + 300$	
Stückkostenfunktion k	$k(x) = x^2 - 28x + 300 + \frac{500}{x}$	
Grenzstückkostenfunktion k′	$k'(x) = 2x - 28 - \frac{500}{x^2}$	
Erlösfunktion E	$E(x) = -10x^2 + 400x$	oder $E(x) = 25x$
Grenzerlösfunktion E′	$E'(x) = -20x + 400$	$E'(x) = 25$

$K'(x) = K_v'(x)$

Höhere Ableitungen

Beispiel

➲ Leiten Sie die Funktion f mit $f(x) = -\frac{1}{8}x^3 - \frac{3}{4}x^2 + 5;\ x \in \mathbb{R}$ dreimal ab.

Lösung

Ableitung von f:	$f'(x) = -\frac{3}{8}x^2 - \frac{3}{2}x$	1. Ableitung von f
Ableitung von f′:	$(f'(x))' = f''(x) = -\frac{3}{4}x - \frac{3}{2}$	2. Ableitung von f
Ableitung von f″:	$(f''(x))' = f'''(x) = -\frac{3}{4}$	3. Ableitung von f

Bemerkung: f″ (2. Ableitung von f) ist die **Ableitungsfunktion** von f′.
Einsetzen der x-Werte in f″(x) liefert die Steigungswerte des Graphen von f′.

Aufgaben

1 Leiten Sie die Funktion zweimal ab.

a) $f(x) = -x^3 - 2x^2 + 5x$

b) $f(x) = 2x^4 - x^3 + 3x^2 - 4x - 8$

c) $E(x) = \frac{1}{2}x^2 - \frac{1}{16}x^3$

d) $f(x) = -1{,}5x^4 + 5x^2$

e) $f(x) = \frac{3}{8}x^3 - x^2 + \frac{3}{x}$

f) $K(x) = \frac{1}{50}(x^3 - 30x^2 + 1800x + 1000)$

2 Gegeben ist die Gesamtkostenfunktion K mit $K(x) = x^3 - 6x^2 + 14x + 18$ und die Erlösfunktion E mit $E(x) = 13{,}2x$.

a) Bestimmen Sie die Grenzkostenfunktion, die Grenzstückkostenfunktion, die Funktion der variablen Grenzstückkosten, die Grenzerlösfunktion und die Grenzgewinnfunktion.

b) Zeigen Sie: $K''(2) = 0$

3 Die Stückkosten für die Herstellung eines Produktes lassen sich beschreiben durch $k(x) = 0{,}5x^2 - 3x + 8 + \frac{8}{x}$ für $x > 0$.
Berechnen Sie $k'(4)$ und $k''(4)$. Zeigen Sie: $k''(x) > 0$ für $x > 0$.

1.4 Ableitung und Steigung

Beispiel 1

➲ K_f ist der Graph der Funktion f mit $f(x) = x^3 - 3x^2;\ x \in \mathbb{R}$.

a) Bestimmen Sie für $x \in \{-1; 0; 2; 3\}$ die y-Werte der zugehörigen Kurvenpunkte. Bestimmen Sie die Steigungen im jeweiligen Kurvenpunkt.

b) Erläutern Sie die Bedeutung von $f'(-1)$ und $f'(2)$ für das Schaubild von f. Vergleichen Sie $f(-1)$ mit $f'(-1)$.

Lösung

a) y-Werte: $f(x) = x^3 - 3x^2$

Ableitung: $f'(x) = 3x^2 - 6x$

x	−1	0	2	3
f(x)	−4	0	−4	0
f′(x)	9	0	0	9

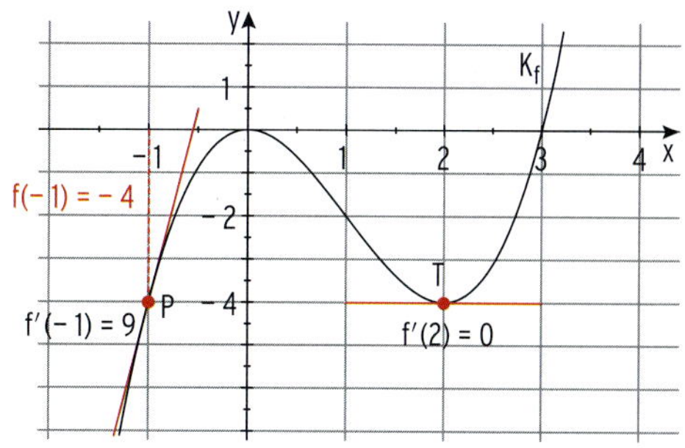

b) **$f'(-1) = 9$** bedeutet: Die **Kurve** hat an der Stelle $x = -1$ die **Steigung** 9.

$f'(2) = 0$ bedeutet: Die Kurve hat an der Stelle $x = 2$ die Steigung 0, die Tangente an die Kurve in $x = 2$ verläuft **waagrecht** (parallel zur x-Achse).

$f(-1) = -4$ ist der **y-Wert des Kurvenpunktes** $P(-1|-4)$.

$f'(-1) = 9$ ist die Steigung der **Tangente** an die Kurve im Punkt $P(-1|f(-1))$.

Beachten Sie

Einsetzen des x-Wertes **in f(x)** ergibt den **Funktionswert**, d.h. die y-Koordinate des zugehörigen Kurvenpunktes.

$P(-1|f(-1))$ bedeutet: Der Punkt P liegt auf dem Graphen der Funktion f.

Einsetzen des x-Wertes **in f′(x)** ergibt die **Steigung** der Kurve (der Tangente) im zugehörigen Kurvenpunkt.

Bemerkung:

Gilt für eine Stelle u

$f(u) > 0$, so bedeutet dies: Der zugehörige Kurvenpunkt liegt **oberhalb** der x-Achse.

Gilt für eine Stelle u

$f'(u) > 0$, so bedeutet dies: Das Schaubild von f ist an der Stelle u **steigend**.

Beispiel 2

➲ Gegeben ist das Schaubild der Gewinnfunktion G.

a) Welche Informationen lassen sich dem Graph von G entnehmen?

b) Bestimmen Sie $G'(4)$ nach Augenmaß. Welche Bedeutung hat dieser Wert?

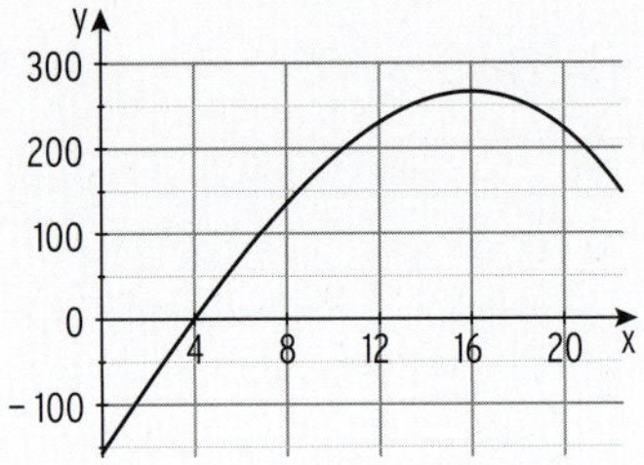

Lösung

a) Wir lesen ab: $G(16) \approx 265$; $G'(16) = 0$:
In $H(16|265)$ hat der Graph eine **waagrechte Tangente.**
Für $x < 16$ gilt: $G'(x) > 0$, d.h., der Gewinn ist zunehmend (**wachsende** Kurve).
Für $x > 16$ gilt: $G'(x) < 0$, d.h., der Graph ist abnehmend (**fallende** Kurve).

b) Tangente in $x = 4$ einzeichnen und die Steigung der Tangente ablesen: $G'(4) = \frac{150}{4} = 37{,}5$.
Der Grenzgewinn in der Gewinnschwelle beträgt 37,5 GE/ME, d.h. bei Produktionssteigerung um eine kleine Einheit nimmt der Gewinn um 37,5 GE/ME zu.

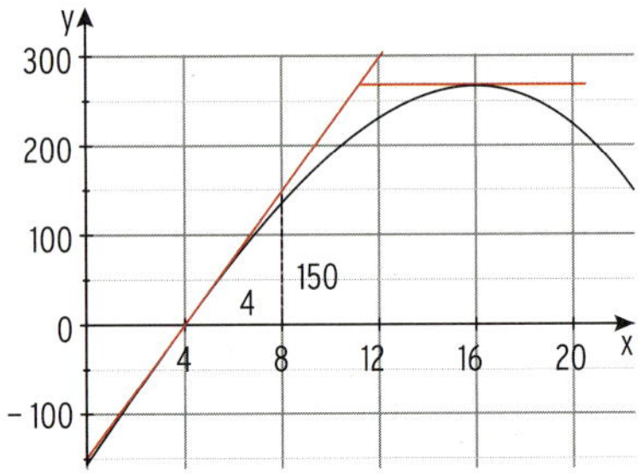

Beachten Sie

Besitzt K_f im Kurvenpunkt $P(u|f(u))$ eine **waagrechte Tangente**, so ist die Steigung in P **null** und es gilt: $f'(u) = 0$.

Aufgaben

1 Gegeben ist die Funktion f mit $f(x) = \frac{1}{2}x^2 - 3x$; $x \in \mathbb{R}$ mit Schaubild K_f.

a) Bestimmen Sie die Steigung von K_f an den Stellen $x = 0$ bzw. $x = 4$.

b) Welche Steigung hat die Tangente an K_f im Punkt $P(-1|f(-1))$?

2 Bestimmen Sie die Steigung des Graphen von f mit $f(x) = 3x^3 - 5x^2$ an der Stelle $x = -1$ und in den Schnittpunkten des Graphen mit der x-Achse. In welchen Punkten hat der Graph eine waagrechte Tangente? Geben Sie die exakten Koordinaten an.

3 g' ist die 1. Ableitungsfunktion von g. Welche Aussage können Sie über das Schaubild der zugehörigen Funktion g machen, wenn gilt:

a) g' hat eine Nullstelle in $x_0 = -2$.

b) Das Schaubild von g' schneidet die y-Achse in $S(0|-3)$.

Tangente

Beispiel

➲ Die Gesamtkosten eines Unternehmens werden beschrieben durch die Funktion K mit $K(x) = x^3 - 7x^2 + 20x + 40;\ 0 \leq x \leq 10$.
Der Marktpreis für eine ME beträgt 25 GE.

a) Bestimmen Sie die Gleichung der Tangente an die Kostenkurve im Punkt P(1|...) und im Punkt Q(4|...). Vergleichen Sie.

b) Untersuchen Sie, ob die Gerade g mit der Gleichung $y = 25x - 35$ Tangente an die Kostenkurve ist.

c) Gibt es eine Tangente an die Kostenkurve mit der Steigung 2?
Interpretieren Sie Ihre Ergebnisse ökonomisch.

Lösung

a) Ableitung: $K'(x) = 3x^2 - 14x + 20$

Die Ableitung der Kostenfunktion ist die **Grenzkostenfunktion.**

Tangente in P(1|...):

In P(1|...) berühren sich Tangente und Kurve.

Steigung in $x = 1$: $K'(1) = 9$

Koordinaten von P und Steigung in die Hauptform $y = mx + b$ einsetzen ergibt mit

$x = 1;\ m = K'(1) = 9;\ y = K(1) = 54$: $54 = 9 + b$

$b = 45$

Tangentengleichung: $y = 9x + 45$

Tangente in $x = 4$:

Steigung in $x = 4$: $K'(4) = 12$

mit $K(4) = 72$ erhält man den Berührpunkt Q(4 | 72)

Einsetzen in $y = mx + b$: $72 = 12 \cdot 4 + b$

$b = 24$

Tangentengleichung: $y = 12x + 24$

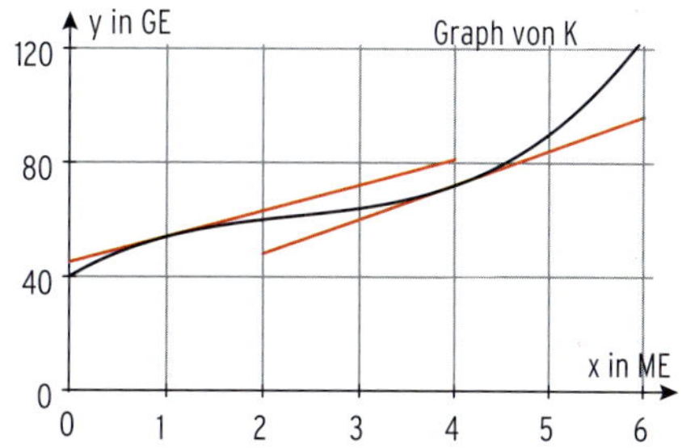

Ökonomische Bedeutung:

Produziert man 1 ME und erhöht die Produktion um eine kleine Einheit, so erhöhen sich die Kosten um 9 GE/ME. Produziert man 4 ME und erhöht die Produktion um eine kleine Einheit, so erhöhen sich die Kosten um 12 GE/ME.

Die Kosten steigen für $x = 4$ **stärker** als für $x = 1$: $K'(4) > K'(1)$

Beachten Sie

Die Tangente an das Schaubild von f ist eine Gerade durch den Kurvenpunkt $P(u \mid f(u))$ mit der Steigung $f'(u)$. Einsetzen in die Hauptform $y = mx + b$ liefert die Tangentengleichung.

b) Ableitung: $K'(x) = 3x^2 - 14x + 20$

Bedingung für die Berührstelle: $K'(x) = 25 \Leftrightarrow 3x^2 - 14x + 20 = 25$

$3x^2 - 14x - 5 = 0$

Bemerkung: Gegeben ist ein **Steigungswert,** gesucht wird ein **x-Wert.**

Lösung der Gleichung $x^2 - \frac{14}{3}x - \frac{5}{3} = 0$

ergibt: $x_1 = 5;\ x_2 = -\frac{1}{3}$

$x_1 = 5$ ist einzige positive Lösung.

In $x_1 = 5$ hat K eine Stelle mit Steigung 25.

Ist die **Gerade g Tangente,** so berührt sie die Kurve K in $x = 5$.

$B(5 | K(5)) = B(5 | 90)$ ist der mögliche Berührpunkt.

Entscheidung durch **Punktprobe.**

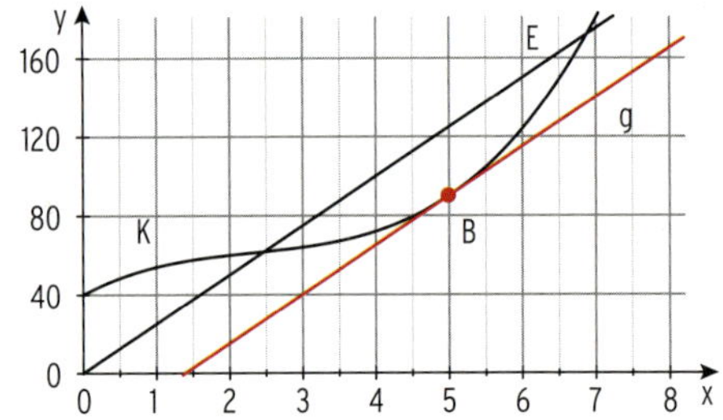

Einsetzen von $B(5 | 90)$ in die Geradengleichung $y = 25x - 35$ ergibt: $90 = 25 \cdot 5 - 35$ wahre Aussage.

g ist Tangente an K.

Interpretation: Die Tangente verläuft parallel zur Erlösgeraden mit $y = 25x$.
Der Abstand der beiden Geraden in y-Richtung ist der **maximal mögliche Gewinn.**

c) **Bedingung** für die Berührstelle: $K'(x) = 2$ $\quad 3x^2 - 14x + 20 = 2$

$3x^2 - 14x + 18 = 0$

$x^2 - \frac{14}{3}x + 6 = 0$

Die quadratische Gleichung hat wegen $D = -\frac{5}{9} < 0$ keine Lösung.

Es gibt also **keine Tangente** an K mit Steigung 2.

Interpretation: Die Gesamtkostenkurve hat auf $D_{ök}$ eine Steigung größer als 2.
Die **Grenzkosten** sind stets größer als 2 GE/ME.

Beachten Sie

Eine **Tangente** an den Graphen einer **ertragsgesetzlichen Kostenfunktion K** hat eine **positive Steigung.**
Für die Grenzkosten (Differenzialkosten) K′ gilt: $K'(x) \geq 0$. Unter den **Grenzkosten an der Stelle x** versteht man die **Kostenänderung** bei einer Änderung der Ausbringungsmenge um eine beliebig kleine Einheit.

Aufgaben

1 Gegeben ist die Funktion f mit $f(x) = -\frac{1}{4}x^3 + \frac{3}{2}x^2;\ x \in \mathbb{R}$.
Bestimmen Sie die Gleichungen der Tangenten in den Kurvenpunkten $A(0 | f(0))$, $B(1 | f(1))$ und $C(-1 | f(-1))$.

2 Die Parabel K_f ist das Schaubild der Funktion f mit $f(x) = \frac{1}{2}x^2 - 2x - 1;\ x \in \mathbb{R}$.

a) Ist die Gerade G mit $y = -0{,}5x - 2$ Tangente an K_f? Begründen Sie Ihre Antwort.

b) Auf welchem Bereich haben die Tangenten an K_f einen Anstieg größer als 10?

c) Eine Gerade hat die Gleichung $y = a;\ a \in \mathbb{R}$.
Für welche Werte von a hat diese Gerade keinen, einen bzw. zwei gemeinsame Punkte mit dem Schaubild K_f von f?

3 Die Abbildung zeigt den Graphen einer Kostenfunktion K.

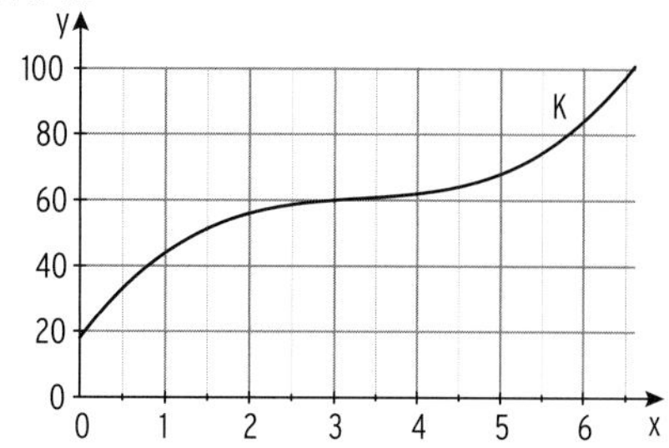

a) Auf welchem Bereich haben die Tangenten an K einen Anstieg größer als 10?

b) Bestimmen Sie nach Augenmaß $K'(0)$ und $K'(3)$. Interpretieren Sie ökonomisch.

Folgende Aussagen sind wahr oder falsch:

c) $K'(1) > K'(2)$

d) $K'(4) < 0$

e) $K'(x) > 0$ für alle $x > 0$. Entscheiden Sie.

4 Die Wertetabelle gehört zu einer Gewinnfunktion 3. Grades.

x	0	1	2	3	4	5	6
G(x)	−5	−1,3	2,3	4	1,7	−6,7	−23
G′(x)	3	4	3	0	−5	−12	−21

Bestimmen Sie mithilfe der Wertetabelle

a) die Gewinnzone näherungsweise.

b) die gewinnmaximale Produktionsmenge und den maximalen Gewinn.

c) die Gleichung der Tangente an die Gewinnkurve in $x = 0$.

d) die Gleichung der Tangente an die Gewinnkurve in $x = 6$.

5 Die Gesamtkosten und der Umsatz eines Monopolisten werden beschrieben durch die Funktion K mit $K(x) = 0{,}05x^3 - 1{,}2x^2 + 10x + 156;\ 0 \leq x \leq 26$ und die Funktion E mit $E(x) = -1{,}25x^2 + 50x$.

a) Untersuchen Sie, ob die Gerade g mit der Gleichung $y = 10x + 320$ Tangente an den Graphen der Erlösfunktion E ist.

b) Bestimmen Sie eine zu g parallele Tangente an den Graphen der Kostenfunktion.

c) Gibt es eine Tangente an K mit Steigung 0?

d) Interpretieren Sie Ihre Ergebnisse von a) bzw. c) ökonomisch.

6 Die Gesamtkosten eines Unternehmens werden beschrieben durch die Funktion K mit $K(x) = 0{,}02x^3 - 1{,}9x^2 + 62x + 250;\ 0 \leq x \leq 90$.
Der Marktpreis für eine ME beträgt 49,5 GE.

a) Derzeit werden 50 ME produziert. Bestimmen Sie die zugehörigen Grenzkosten.

b) Bestimmen Sie die Gleichung der Tangente an die Kostenkurve für $x = 50$.

Test zur Überprüfung Ihrer Grundkenntnisse

1 Leiten Sie ab.

a) $f(x) = 5x^3 - \frac{3}{2}x^2 + 2x + 1$

b) $f(x) = \frac{1}{8}(x^3 - 3x^2)$

c) $f(x) = ax^3 + bx^2 + c$

d) $f(x) = \frac{x}{4} + \frac{5}{x}$

2 Gegeben ist die Funktion f mit $f(x) = x^3 - 2x^2;\ x \in \mathbb{R}$ mit Schaubild K_f.

a) Berechnen Sie $f'(-1)$.

b) Für welche x-Werte gilt $f'(x) = -1$?

c) Bestimmen Sie die Gleichung der Tangente an K_f im Punkt $P(2\,|\,f(2))$.

d) Welche Parallele zur x-Achse berührt K_f?

3 Gegeben ist die Kostenfunktion K durch $K(x) = 0{,}25x^3 - 0{,}5x^2 + 2x + 9$.

a) Bestimmen Sie $K'(x)$, $K_v'(x)$, $k'(x)$, $k_v'(x)$.

b) Zeigen Sie: Die Grenzkosten sind stets positiv.

c) Wie lautet die Gleichung der Tangente an die Kostenkurve in $x = 3$?
Interpretieren Sie ökonomisch.

d) Zeigen Sie: Die Gerade mit der Gleichung $y = 3x + 7$ ist Tangente an die Kostenkurve.
Berechnen Sie den Berührpunkt.

4 Der Gewinn der Firma Hirter für ein Produkt lässt sich berechnen durch
$G(x) = -0{,}5x^3 - 0{,}5x^2 + 17x - 16;\ x \geq 0$.

a) Bestimmen Sie die mittlere Gewinnänderung auf dem Bereich von 1 ME bis 3 ME.
Gibt es eine Produktionsmenge, für die die momentane Gewinnänderung mit dieser mittleren Gewinnänderung übereinstimmt?
Wenn ja, ermitteln Sie diese Produktionsmenge.

b) Bestimmen Sie die Gleichung der waagrechten Tangente an die Gewinnkurve.

5 Zeigen Sie: Für jede Kostenfunktion K gilt $K'(x) = K_v'(x)$.

6 Die Gesamtkosten in GE für ein Produkt eines Betriebes werden durch die Funktion K mit
$K(x) = 2x^3 - 20x^2 + 74x + 204,\ x \in [0; 11]$; x in ME, bestimmt.

a) Zu welchem konstanten Preis p verkauft der Betrieb sein Produkt, wenn die Gewinnschwelle bei 3 ME liegt?

b) Der Marktpreis beträgt nun 100 GE/ME.
Für welche Ausbringungsmenge gilt: $K'(x) = E'(x)$?
Interpretieren Sie Ihr Ergebnis mithilfe einer Skizze.

2 Kurvenuntersuchung ganzrationaler Funktionen

Modellierung einer Situation

Seit einiger Zeit ist bei neu zugelassenen Pkw festzustellen, dass die Autohersteller immer häufiger ihre Neuwagen mit LED-Scheinwerfern ausstatten. Die älteren Xenon-Scheinwerfer werden durch LED-Scheinwerfern ersetzt. Daher wird mit einer steigenden Nachfrage nach LED-Scheinwerfern gerechnet. Die Firma Auto-Fosch stellt zur Zeit beide Arten von Scheinwerfern her. Die Gesamtkosten und die Erlöse für die Xenon-Scheinwerfer sind in einer Tabelle aufgelistet.

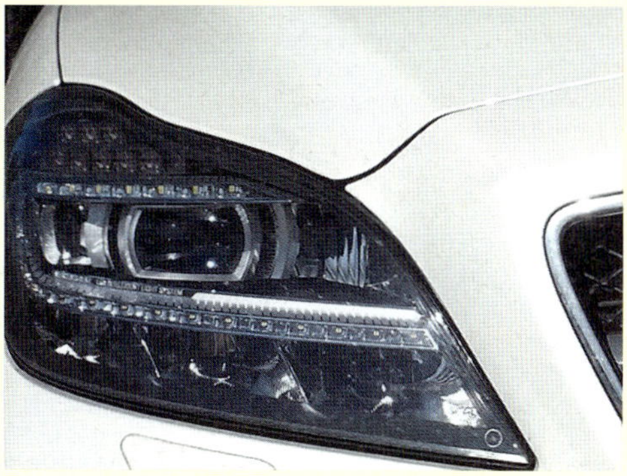

Produktionsmenge in ME	0	1	2	4	6	8
Gesamtkosten in GE	24	43,75	60	88	120	168
Erlös in GE	0	30	60	120	180	240

Die Controllingabteilung stellt fest, dass sich die Gesamtkosten für LED-Scheinwerfer durch $K_{LED}(x) = \frac{1}{8}(3x^3 - 38x^2 + 165x + 1512)$ berechnen lassen.

Zur Zeit werden 8 ME von jedem Scheinwerfertyp hergestellt und beim Verkauf derselbe Gewinn erzielt.

Die Geschäftsleitung von Auto-Fosch erwägt eine Einstellung der Xenon-Scheinwerfer-Herstellung.

Welche Empfehlung wird die Controlling-Abteilung der Geschäftsleitung geben?

Bearbeiten Sie diese Situation, nachdem Sie die rechts aufgeführten **Qualifikationen** und **Kompetenzen** erworben haben.

Qualifikationen & Kompetenzen

- Extrempunkte und Wendepunkte bestimmen
- Funktionen auf Monotonie und Krümmung untersuchen
- Graph einer Funktion im Sachzusammenhang interpretieren
- Wirtschaftliche Situationen analysieren

2.1 Monotonie

Bemerkung: Ergeben sich für **wachsende x-Werte** auch **wachsende** oder gleich bleibende **y-Werte,** so heißt die Funktion f **monoton wachsend.**

Beispiel a)

f mit $f(x) = 2x - 3$

f ist (streng) monoton wachsend auf $\mathbb{R}$.

Hinweis: f ist **streng** monoton wachsend, wenn sich für wachsende x-Werte auch wachsende y-Werte ergeben.

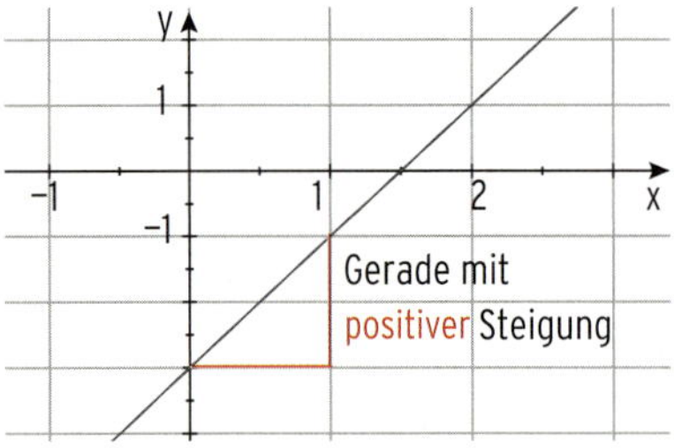

Bemerkung: Ergeben sich für **wachsende x-Werte fallende** oder gleich bleibende **y-Werte,** so heißt die Funktion f **monoton fallend.**

Beispiel b)

f mit $f(x) = -0{,}5x + 1$

f ist (streng) monoton fallend auf $\mathbb{R}$.

Hinweis: f ist **streng** monoton fallend, wenn sich für wachsende x-Werte fallende y-Werte ergeben.

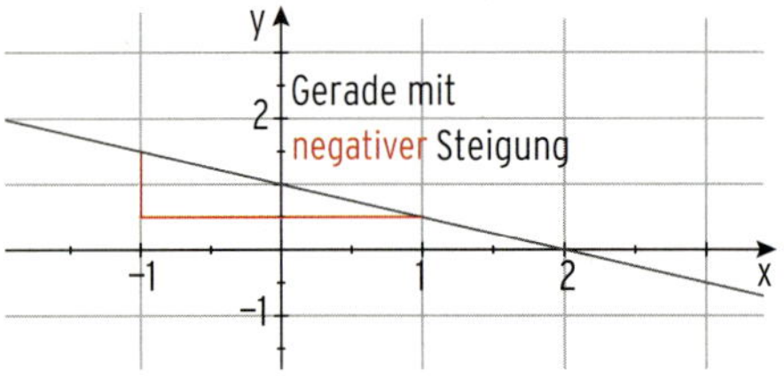

Bei nichtlinearen Funktionen können Bereiche festgelegt werden, in denen die Funktion f für alle x-Werte aus diesem Bereich wachsend bzw. fallend ist.

Beispiel c)

f mit $f(x) = -\frac{1}{2}x^2 + 2x$

Ableitung: $f'(x) = -x + 2$

Stellen mit Steigung 0: $f'(x) = 0$

$$-x + 2 = 0$$

$$x = 2$$

x-Wert des Scheitelpunkts: $x_S = 2$

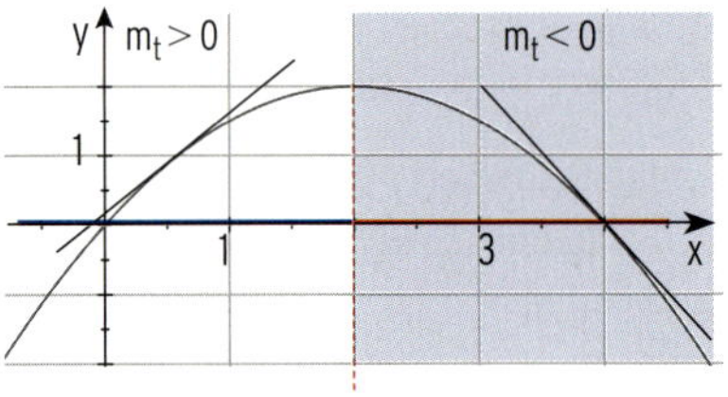

Für $x < 2$	Für $x = 2$	Für $x > 2$
$f'(x) > 0$	$f'(2) = 0$	$f'(x) < 0$
positive Steigung		negative Steigung
wachsend		fallend

f ist (streng) **monoton**

Beachten Sie

Gilt auf einem Bereich I (Intervall I)

$\left.\begin{matrix} f'(x) \geq 0 \\ f'(x) \leq 0 \end{matrix}\right\}$ für alle $x \in I$, so heißt die Funktion f monoton $\left\{\begin{matrix} \textbf{wachsend} \\ \textbf{fallend} \end{matrix}\right\}$ auf I.

Monotonieuntersuchung

Schaubild K_f von f

Funktionswert f(x) ist der **y-Wert des Kurvenpunktes** von K_f.

f′(x) ist der **Steigungswert** von K_f.

Steigungswert = 0

VZW von f′(x) von

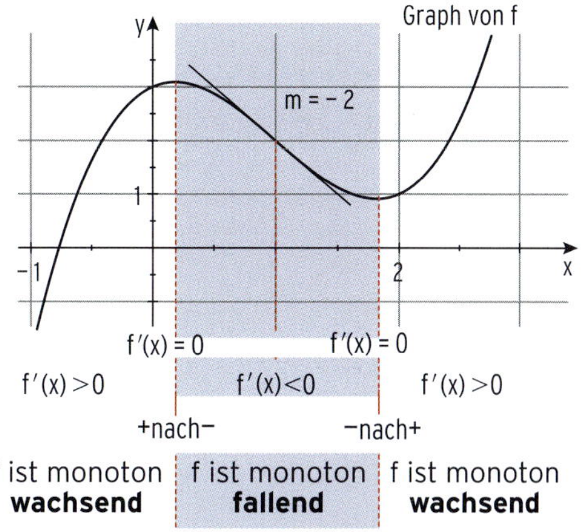

Beispiel 1

➲ Eine Nachfragefunktion ist monoton fallend auf einem ökonomisch sinnvollen Bereich.

a) Geben Sie den maximalen ökonomisch sinnvollen Definitionsbereich an.

b) Zeigen Sie: p_N mit $p_N(x) = -0{,}2x^2 - 0{,}5x + 25$ ist eine Nachfragefunktion.

Lösung

a) **Nullstellen** von p_N: $p_N(x) = 0$

$-0{,}2x^2 - 0{,}5x + 25 = 0 \Rightarrow x = 10$

($x = -12{,}5 < 0$ ökonomisch nicht relevant);

$x_{Sätt} = 10$ ist die **Sättigungsmenge.**

Maximaler ökonomisch sinnvoller Definitionsbereich wegen $x \geq 0$ und $x \leq 10$ gilt:

$D_{ök} = [0; 10]$

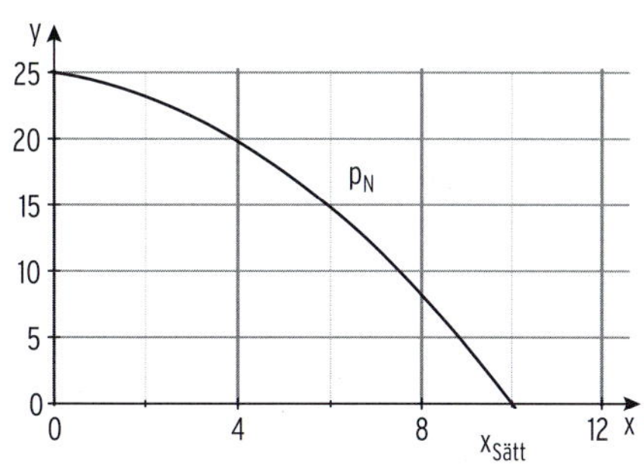

b) Ableitung: $p'_N(x) = -0{,}4x - 0{,}5$

Bedingung für monoton fallend: $p'_N(x) \leq 0$

$-0{,}4x - 0{,}5 \leq 0 \Leftrightarrow x \geq -1{,}25$

p_N ist **monoton fallend** für $x \geq -1{,}25$, also für $x \geq 0$.

Beachten Sie

Auf $D_{ök}$ gilt für eine **Nachfragefunktion** p_N: $p_N(x) \geq 0 \wedge p'_N(x) \leq 0$,

für eine **Angebotsfunktion** p_A: $p_A(x) \geq 0 \wedge p'_A(x) \geq 0$.

Beispiel 2

➲ Die Abbildung zeigt den Graphen K_f einer Funktion f. In welchen Intervallen ist die Steigung von K_f positiv oder negativ? Skizzieren Sie das Schaubild der Ableitungsfunktion von f.

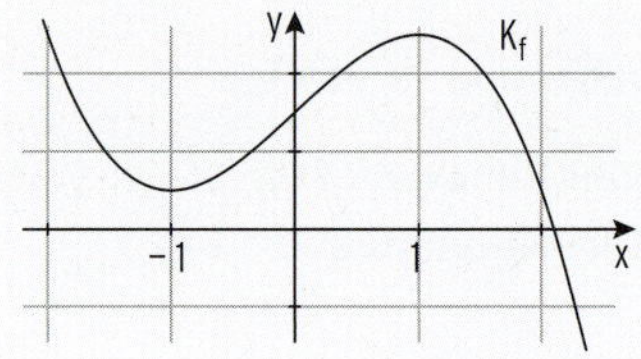

Lösung

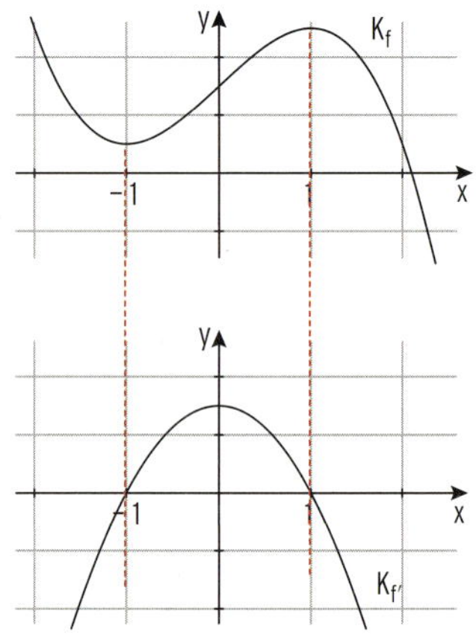

Schaubild K_f:

Die Steigung ist **positiv** auf $]-1; 1[$

(f ist monoton **wachsend,** $f'(x) \geq 0$).

Die Steigung ist **null** für $x = -1$ oder $x = 1$.

Sie ist negativ $x < -1$ oder $x > 1$ (f ist monoton **fallend).**

$K_{f'}$ schneidet die x-Achse in $x = -1$ oder $x = 1$

(Stellen mit $f'(x) = 0$).

In $x = -1$ **VZW** von $f'(x)$ von − nach +,

In $x = 1$ **VZW** von $f'(x)$ von + nach −,

in $x = 0$ hat K_f die **größte** Steigung.

Bemerkungen zum grafischen Differenzieren:

Gegeben ist das Schaubild einer Funktion f in einer Abbildung. Die Aufgabenstellung „Skizzieren Sie das Schaubild der Ableitungsfunktion" verlangt **grafisches Differenzieren.**

Dabei ist zu beachten:

Hat der Graph von f eine **waagrechte Tangente,** so hat **f′** eine **Nullstelle.**

Der Wechsel von **wachsend** zu **fallend** bei f bedeutet, $f'(x)$ wechselt das Vorzeichen von + nach −.

Der Wechsel von **fallend** zu **wachsend** bei f bedeutet, $f'(x)$ wechselt das Vorzeichen von − nach +.

Aufgaben

1 Bestimmen Sie aus der Abbildung die Bereiche, in denen das Schaubild der Funktion f monoton wächst bzw. fällt.

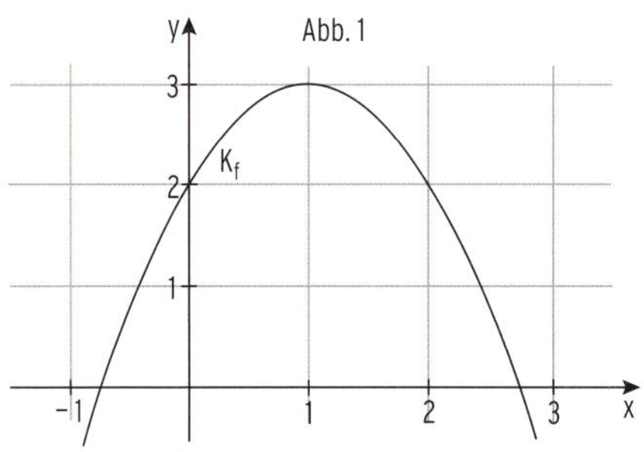

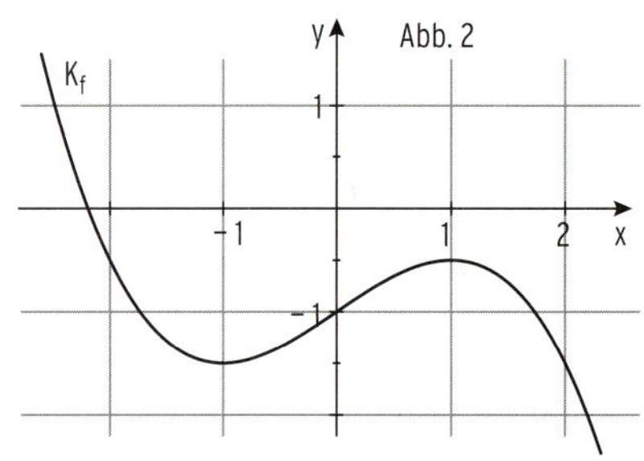

2 Die Abbildung zeigt den Graphen einer Funktion f.
Bestimmen Sie das Schaubild von f′ durch grafisches Ableiten.
Verwenden Sie die Kopiervorlage im Anhang.

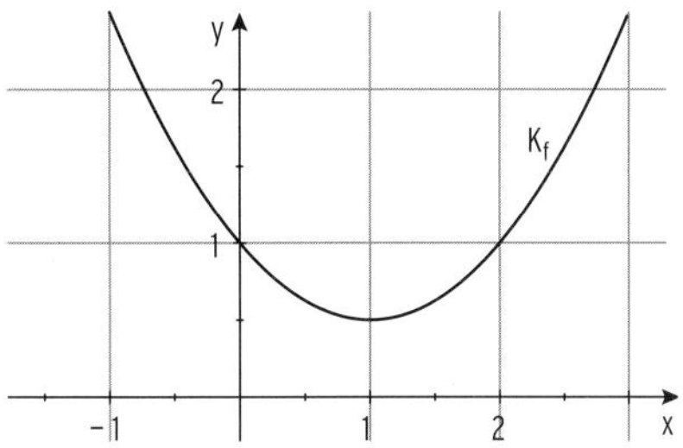

Abb. 1

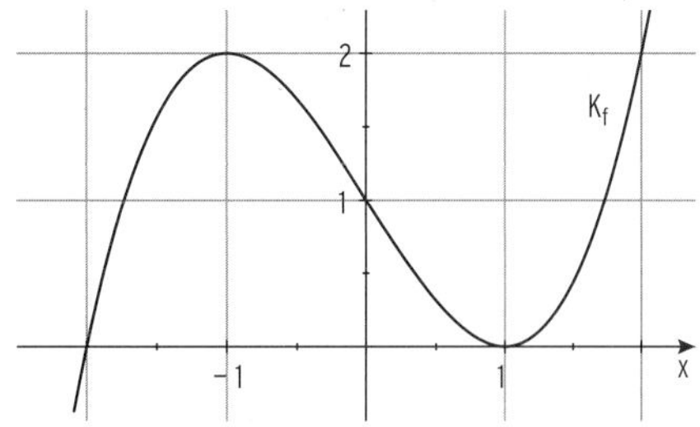

Abb. 2

3 Die Abbildung zeigt den Graphen der Ableitungsfunktion f′ von f.
Bestimmen Sie den Graphen einer möglichen Funktion f.
Welche Eigenschaften hat der Graph von f?

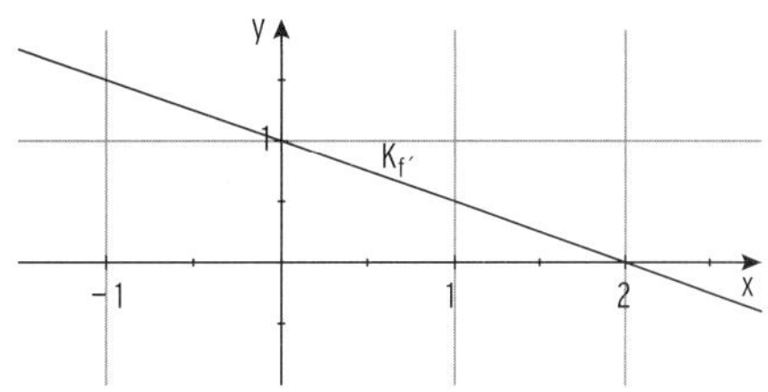

4 Die Abb. 1 zeigt eine Gesamtkostenkurve.
Entscheiden Sie, welche Kurve aus Abb. 2 das Schaubild der Grenzkosten ist. Begründen Sie Ihre Wahl.

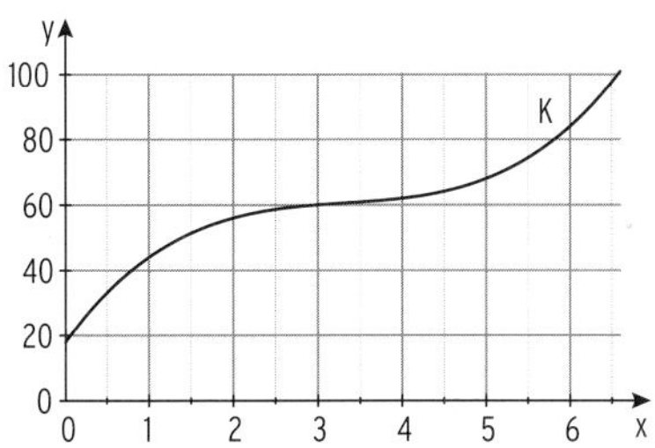

Abb. 1

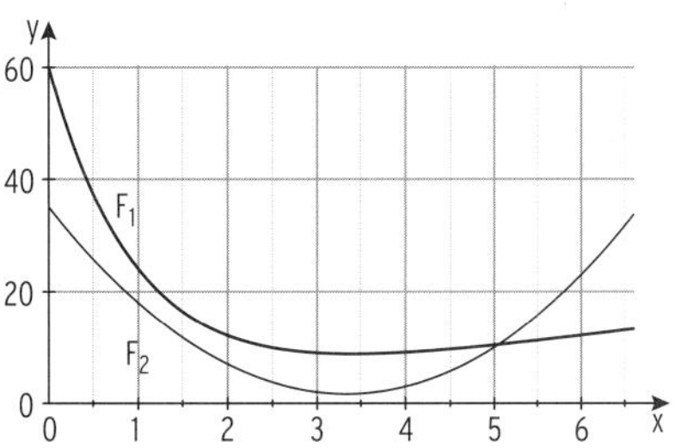

Abb. 2

5 Nach Einführung des neuen Gerätes wird der Markt durch die Funktionen p_1 und p_2 mit $p_1(x) = 0{,}05\,x^2 - 2\,x + 20$ mit $x \in D_{ök}$ und $p_2(x) = -0{,}05\,x^2 + 1{,}5\,x + 8{,}75$ mit $x \in D_{ök}$ beschrieben. Als ökonomische Kernaussage gilt auf einem Markt: Je höher der Preis, desto größer die angebotene Menge und je höher der Preis, desto geringer die nachgefragte Menge. Entscheiden Sie, welche der beiden gegebenen Funktionsgleichungen die Angebots- bzw. die Nachfragefunktion darstellt. Begründen Sie Ihre Zuordnung mithilfe der Monotoniekriterien. Bestimmen Sie den maximalen ökonomisch sinnvollen Definitionsbereich für beide Funktionen und die Gleichgewichtsmenge. Verwenden Sie die Kopiervorlage im Anhang. Beschriften Sie die Abbildung.

6 Zeigen Sie: K mit $K(x) = \frac{1}{12}x^3 - \frac{3}{8}x^2 + \frac{3}{2}x + 10$ ist für $x > 0$ monoton wachsend.
Bestimmen Sie die Produktionsmenge, bei der die Steigung der Gesamtkostenkurve am kleinsten ist. Bestimmen Sie diese Steigung.

7 Ein Betrieb arbeitet mit der Gewinnfunktion G mit $G(x) = -0{,}5x^3 + 4x^2 - 0{,}5x - 20$.
Für welche Produktionsmengen nimmt der Gewinn zu?

2.2 Extrempunkte

Beispiel 1

➲ Die Funktion f mit $f(x) = \frac{1}{12}x^3 - \frac{7}{4}x^2 + 10x + \frac{17}{3}$ beschreibt näherungsweise die wöchentlichen Verkaufszahlen von Rasenmähern. Dabei ist x die Zeit in Wochen nach Wiedereröffnung der Geschäftsräume. Untersuchen Sie die Entwicklung der Verkaufszahlen.

Lösung

Das Schaubild von f wird gezeichnet. Die Verkaufszahlen nehmen zu bis zur Woche 4 mit 23 Stück, danach nehmen sie ab bis zur Woche 10 mit 14 verkauften Rasenmähern, um danach wieder zuzunehmen.

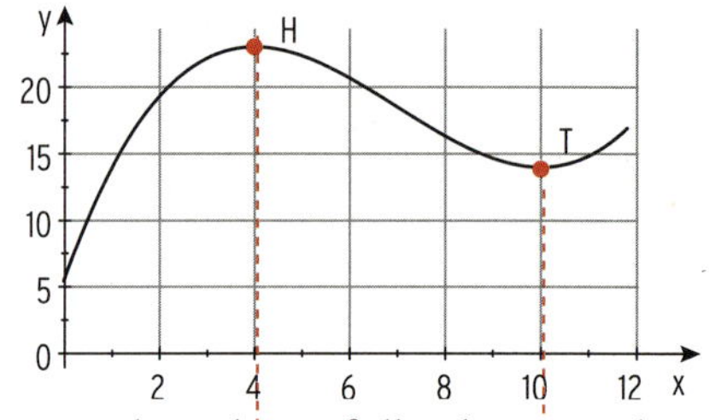

Erläuterungen

Man liest ab: f ist monoton	**wachsend**	**fallend**	**wachsend**
für	$x < 4$	$4 < x < 10$	$x > 10$
	$f'(x) > 0$	$f'(x) < 0$	$f'(x) > 0$

Im Übergang
von **wachsend zu fallend** liegt ein **Hochpunkt,** $f'(4) = 0$ H
von **fallend zu wachsend** liegt ein **Tiefpunkt.** $f'(10) = 0$ T

Beachten Sie

Ein Kurvenpunkt $P(x_1 | f(x_1))$ heißt $\left\{\begin{matrix}\textbf{Hochpunkt}\\ \textbf{Tiefpunkt}\end{matrix}\right\}$, wenn $f(x_1)$ der $\left\{\begin{matrix}\textbf{größte}\\ \textbf{kleinste}\end{matrix}\right\}$ **Funktionswert** für alle x aus einer Umgebung von x_1 ist.

Dieser $\left\{\begin{matrix}\textbf{größte}\\ \textbf{kleinste}\end{matrix}\right\}$ Funktionswert $f(x_1)$ heißt **relatives (lokales)** $\left\{\begin{matrix}\textbf{Maximum}\\ \textbf{Minimum}\end{matrix}\right\}$.

Notwendige Bedingung für (lokale) Extremstellen: $f'(x_1) = 0$.
Dabei liegt x_1 im Innern des Definitionsbereichs.

Hochpunkte bzw. Tiefpunkte nennt man **Extrempunkte** des Schaubildes K_f von f.
Der x-Wert des Extrempunktes heißt Extremstelle.

Nachweis für Extrempunkte (1. Möglichkeit):
Nachweis mit **Vorzeichenwechsel** (VZW von f′(x)):

VZW von f′(x) an der Stelle	**x = 4**	**x = 10**
	von	von
	+ nach **−**	**−** nach **+**
führt auf einen	**Hochpunkt**	**Tiefpunkt**
	mit $f(4) = 23$ und	$f(10) = 14$
	H(4 | 23)	**T(10 | 14)**

Hinweis: $f'(x) = \frac{1}{4}x^2 - \frac{7}{2}x + 10$
$f'(3) = 1{,}75 > 0$; $f'(4) = 0$; $f'(5) = -1{,}25 < 0$

Nachweis mithilfe der zweiten Ableitung von f (2. Möglichkeit):

Schaubild von f

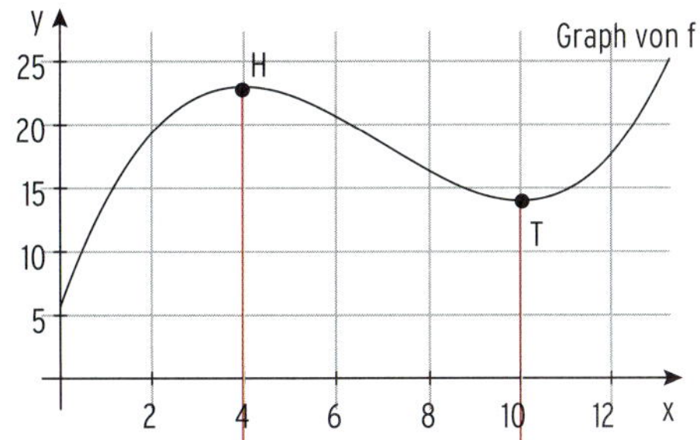

Schaubild von f′

$f''(x)$ ist die **Steigung** des Schaubildes von f' an der Stelle x.

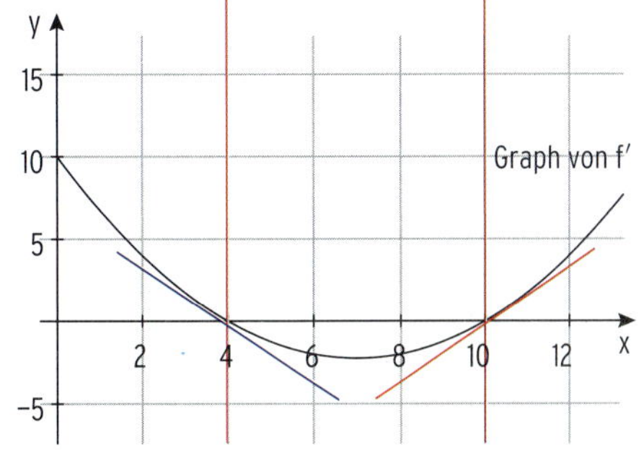

Die **Steigung** des Graphen von f' an der Stelle	$x = 4$	$x = 10$
	ist **negativ**	ist **positiv**
Das bedeutet:	$f''(4) < 0$	$f''(10) > 0$
Das Schaubild von f hat dort einen	**Hochpunkt**	**Tiefpunkt**

Hinweis: $x = 4$ ist **Maximalstelle**, $x = 10$ ist **Minimalstelle.**

Berechnung von $f''(4)$ und $f''(10)$

Zweite Ableitung von f: $f''(x) = \frac{1}{2}x - \frac{7}{2}$

Einsetzen der x-Werte in $f''(x)$: $f''(4) = -\frac{3}{2} < 0$ $f''(10) = \frac{3}{2} > 0$

Bestimmung von Extrempunkten

- **Notwendige Bedingung: $f'(x) = 0$** liefert die Stellen $x_1, x_2, \ldots$ mit waagrechter Tangente.
- **Nachweis für Hochpunkt bzw. Tiefpunkt** durch **Einsetzen von x_1** in $f''(x)$
  Ist $\begin{Bmatrix} f''(x_1) < 0 \\ f''(x_1) > 0 \end{Bmatrix}$, so hat der Graph von f einen $\begin{Bmatrix} \textbf{Hochpunkt } H(x_1 \mid f(x_1)) \\ \textbf{Tiefpunkt } T(x_1 \mid f(x_1)) \end{Bmatrix}$.

Beispiel 2

➲ Gegeben ist die Funktion f mit $f(x) = -\frac{1}{3}x^3 + 2x^2 - 3x;\ x \in \mathbb{R}$ mit Graph K_f.
Berechnen Sie die Koordinaten der Hoch- und Tiefpunkte.

Lösung

Ableitungen: $f'(x) = -x^2 + 4x - 3;\ f''(x) = -2x + 4$

Hinreichende Bedingung für Extremstellen: $f'(x) = 0 \wedge f''(x) \neq 0$

Notwendige Bedingung: $f'(x) = 0$ $\qquad -x^2 + 4x - 3 = 0$

Stellen mit waagrechter Tangente: $\qquad x_1 = 1;\ x_2 = 3$

Nachweis durch Einsetzen der x-Werte in **$f''(x)$**

$f''(1) = 2 > 0$: f hat in $x = 1$ ein (relatives) Minimum, K_f hat einen Tiefpunkt an der Stelle $x_1 = 1$.

$f''(3) = -2 < 0$: f hat in $x = 3$ ein (relatives) Maximum, K_f hat einen Hochpunkt an der Stelle $x_2 = 3$.

Mit $f(1) = -\frac{4}{3}$ und $f(3) = 0$ erhält man:

Tiefpunkt $T\left(1 \middle| -\frac{4}{3}\right)$; Hochpunkt $H(3|0)$

Schaubild K_f:

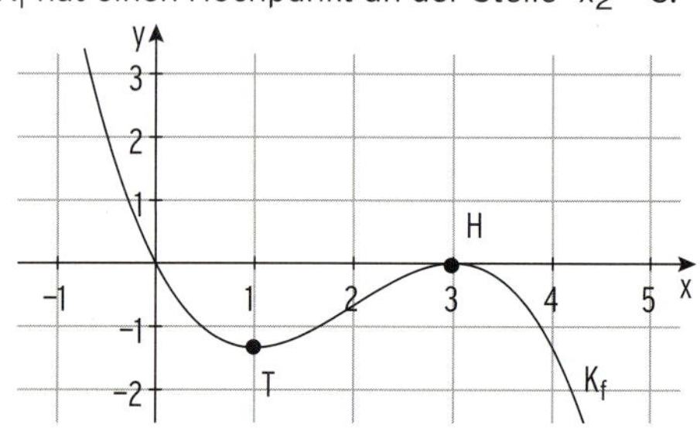

Aufgaben

1 Untersuchen Sie das Schaubild K_f auf Hoch- und Tiefpunkte. Wo schneidet K_f die x-Achse? Skizzieren Sie K_f in ein Achsenkreuz.

a) $f(x) = \frac{1}{2}x^3 - x^2 - \frac{5}{2}x + 3$ b) $f(x) = -x^3 + 3x - 2$ c) $f(x) = \frac{3}{8}x^3 - \frac{3}{4}x^2$

2 Berechnen Sie die Koordinaten der Hoch- und Tiefpunkte von K_f.

a) $f(x) = -\frac{1}{4}x^2 + x - 2$ b) $f(x) = \frac{1}{6}(x^3 - 9x)$ c) $f(x) = x^3 - \frac{3}{2}x^2 + 5$

3 Die Abbildung zeigt den Graphen K_f einer Funktion f mit $f(x) = ax^3 - \frac{1}{2}x^2 - \frac{5}{4}x + \frac{3}{2}$.
Bestimmen Sie a mithilfe der Zeichnung.
Ermitteln Sie Hoch- und Tiefpunkt von K_f.

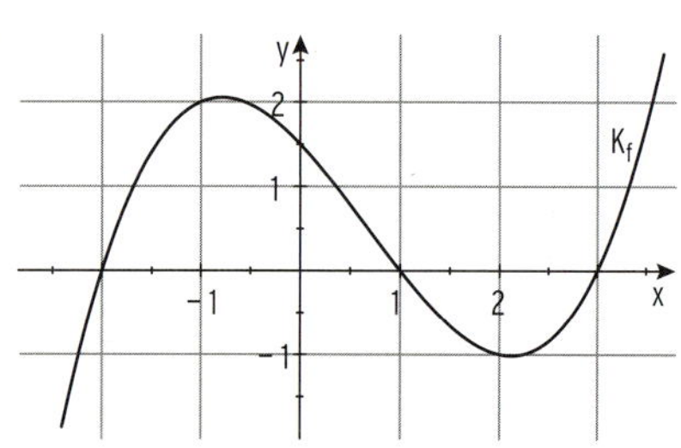

Hoch- und Tiefpunkte in Anwendungen

Beispiel 1

➲ Die Gewinnsituation eines Unternehmens lässt sich beschreiben durch eine ganzrationale Funktion 3. Grades mit $G(x) = -0{,}2x^3 + 2{,}6x^2 - 5{,}2x - 8;\ x \in [0; 11]$.

a) Zeichnen Sie die Gewinnkurve G in ein geeignetes Koordinatensystem ein.

b) Bestimmen Sie den Hochpunkt H der Gewinnkurve mithilfe der Ableitung. Interpretieren Sie die Koordinaten von H ökonomisch.

Lösung

a) Schaubild

Wir lesen ab: Gewinnzone [4; 10]

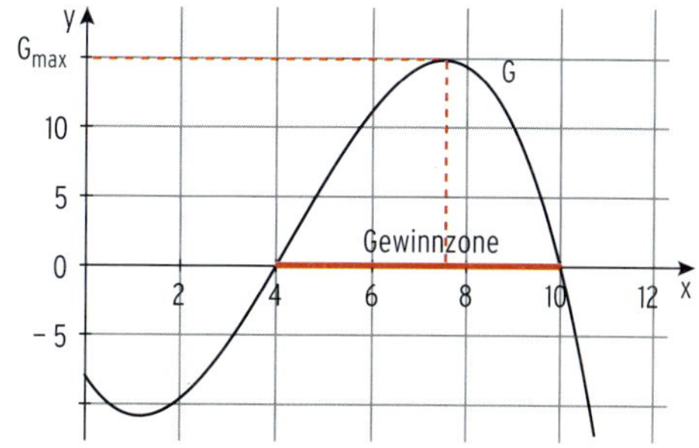

b) **Hochpunkt H der Gewinnkurve**

Ableitungen: $G'(x) = -0{,}6x^2 + 5{,}2x - 5{,}2$

$G''(x) = -1{,}2x + 5{,}2$

Hinweis: G′ heißt **Grenzgewinnfunktion.**

Bedingung: $G'(x) = 0 \wedge G''(x) < 0$

Notwendige Bedingung: $G'(x) = 0$

$-0{,}6x^2 + 5{,}2x - 5{,}2 = 0$

Die quadratische Gleichung hat die Lösungen $x_1 \approx 1{,}15;\ x_2 \approx 7{,}5$

Mit $G''(x_1) > 0$ folgt: $x_1 \approx 1{,}15$ ist keine Maximalstelle

Mit $G''(x_2) < 0$ folgt: $x_2 \approx 7{,}5$ ist Maximalstelle der Gewinnfunktion

Mit $G(7{,}5) = 14{,}9$ erhält man den **Hochpunkt** $H(7{,}5 \mid 14{,}9)$.

$G(x_2) = 14{,}9$ ist das Gewinnmaximum.

Interpretation

Der Gewinn wird **am größten**, wenn die Gewinnfunktion ihren maximalen Wert annimmt. G(x) wird maximal für einen Wert **innerhalb** der Gewinnzone, da G(x) am Rand der Gewinnzone jeweils null ist.

Der **maximale Gewinn** liegt bei $x_{max} = 7{,}5$ und beträgt etwa 14,9 GE.

Hinweis: Für $0 < x < 4$ und $x > 10$ macht das Unternehmen einen **Verlust.**
$x_1 = 1{,}15$ liegt **nicht** in der Gewinnzone, ist also irrelevant.
$x_2 = 7{,}5$ liegt in der Gewinnzone, ist also Maximalstelle einer Gewinnfunktion.

Beachten Sie

Die Gewinnfunktion G 3. Grades nimmt für x_{max} ein **Maximum** an, wenn gilt:

$$G'(x_{max}) = 0 \wedge G''(x_{max}) < 0$$

An der Stelle x_{max} liegt das **Gewinnmaximum.**

$G(x_{max})$ ist der **maximale Gewinn in Geldeinheiten** (GE).

Alternative Bedingung für G_{max}: $E'(x) = K'(x)$ **Grenzerlös = Grenzkosten**

Hinweis: Der Nachweis mit $G''(x_{max}) < 0$ kann entfallen, wenn bekannt ist, dass x_{max} in der Gewinnzone liegt ($x_{max} \in [x_{GS}; x_{GG}]$).

Beispiel 2

Die Gesamtkostenfunktion K ist gegeben durch
$K(x) = x^3 - x^2 + 2x + 4$; x in ME, K(x) in GE.

a) Zeigen Sie, dass K keinen Extrempunkt besitzt. Interpretieren Sie Ihr Ergebnis im wirtschaftlichen Sinn.

b) Bestimmen Sie die Kostenänderung für einen Auftrag zur Produktion von 2 ME.

Lösung

a) Ableitungen: $K'(x) = 3x^2 - 2x + 2$; $K''(x) = 6x - 2$
Bedingung für Extremstellen: $K'(x) = 0 \wedge K''(x) \neq 0$
Notwendige Bedingung für Extremstellen: $K'(x) = 0$

$$3x^2 - 2x + 2 = 0$$
$$x^2 - \frac{2}{3}x + \frac{2}{3} = 0$$

Diese Gleichung hat wegen $D = -\frac{5}{9} < 0$ keine Lösung, K hat also keine Extremstellen.

Mit wachsenden Produktionszahlen wachsen auch die Kosten. Eine Kostenfunktion ist (streng) **monoton wachsend.**
Die **Steigungen der Kostenkurve** sind stets **positiv**: $K'(x) > 0$

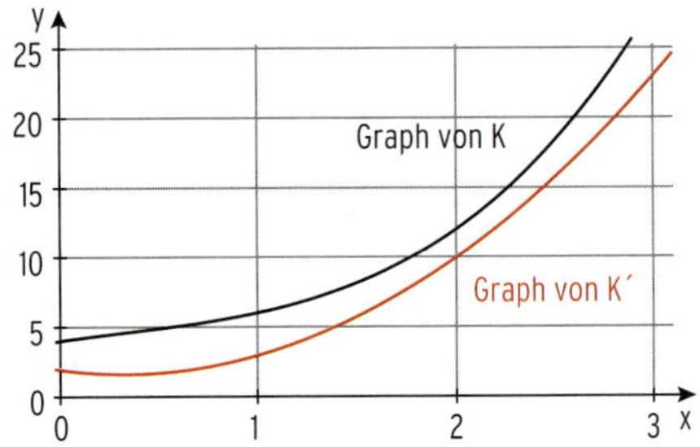

Beachten Sie

Für die Ableitungsfunktion K′ der ertragsgesetzlichen Gesamtkostenfunktion K gilt:
- $K'(x) > 0$
- der Graph von K′ hat einen Tiefpunkt

b) $K'(2) = 10$
Erhöht man bei einer Ausbringungsmenge von 2 ME die Ausbringungsmenge um eine beliebig kleine Einheit, so beträgt die Kostenänderung 10 GE/ME.

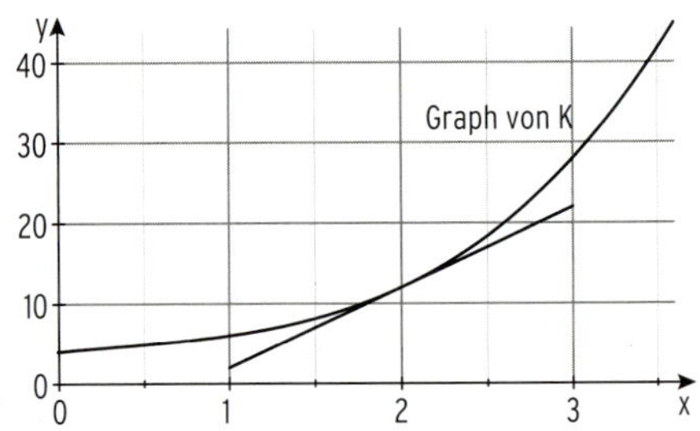

Beispiel 3

Die Preis-Absatz-Funktion p_N eines Industrieunternehmens für ein neues Produkt ist durch $p_N(x) = \frac{1}{32}x^2 - \frac{5}{8}x + 3$ gegeben.

a) Bestimmen Sie für die Erlösfunktion E den maximalen ökonomisch sinnvollen Definitionsbereich.

b) Berechnen Sie die erlösmaximale Ausbringungsmenge und den maximalen Erlös.

c) Wie hoch ist der zugehörige Marktpreis? .

Lösung

Erlösfunktion E mit $E(x) = p_N(x) \cdot x = \frac{1}{32}x^3 - \frac{5}{8}x^2 + 3x$

a) **Maximal ökonomisch sinnvoller Definitionsbereich**

Bedingung: $p_N(x) = 0$ $\frac{1}{32}x^2 - \frac{5}{8}x + 3 = 0$

Lösungen: $x_1 = 8;\ x_2 = 12$

Mit $p_N(0) = 3$ gilt: p_N ist fallend für $0 \leq x \leq 8$.

Für $x > 8$ (und $x < 12$) gilt $p_N(x) < 0$, also ökonomisch nicht sinnvoll.

Sättigungsmenge $x_{Sätt} = 8$, damit $D_{ök} = [0;\ 8]$

b) Ableitungen: $E'(x) = \frac{3}{32}x^2 - \frac{5}{4}x + 3;\ E''(x) = \frac{3}{16}x - \frac{5}{4}$

Hinweis: E′ heißt **Grenzerlösfunktion.**

Bedingung für Erlösmaximum: $E'(x) = 0 \wedge E''(x) < 0$

Notwendige Bedingung: $E'(x) = 0$ $\frac{3}{32}x^2 - \frac{5}{4}x + 3 = 0$

Die quadratische Gleichung hat die Lösungen $x_1 \approx 3{,}14;\ x_2 \approx 10{,}19$

Mit $E''(3{,}14) < 0$ ergibt sich die Maximalstelle $x_1 \approx 3{,}14$

$x_2 \approx 10{,}19$ liegt nicht im ökonomisch sinnvollen Definitionsbereich $D_{ök}$.

Mit $E(3{,}14) = 4{,}23$ erhält man den **Hochpunkt** $H(3{,}14 \mid 4{,}23)$.

Erlösmaximale Ausbringungsmenge: 3,14 ME

Maximaler Erlös: 4,23 GE

Hinweis: Da $x_2 \approx 10{,}19 \notin D_{ök}$ kommt nur die Produktionsmenge $x_1 \approx 3{,}14$ als erlösmaximale Produktionsmenge in Frage. Der Nachweis mit $E''(x)$ kann entfallen.

c) Aus $p_N(3{,}14) = 1{,}35$ erhält man den **zugehörigen Marktpreis** in Höhe von 1,35 GE/ME.

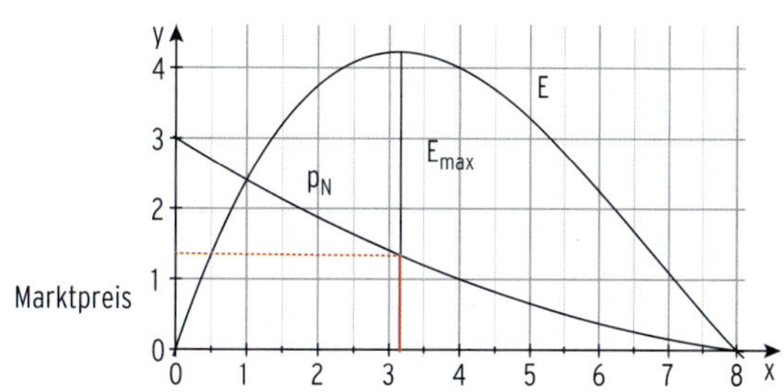

Aufgaben

1 Gegeben ist die Gewinnfunktion G durch $G(x) = -x^3 + 10x^2 - 15x - 18$.

a) Bestimmen Sie die gewinnmaximale Ausbringungsmenge in ME sowie die maximale Gewinnhöhe in GE.

b) Welche Bedeutung haben die positiven Schnittstellen von G und x-Achse?

c) Der Erlös je ME beträgt 20 GE. Untersuchen Sie, ob die Gesamtkosten für $x = 4$ größer als 60 GE sind. Erläutern Sie Ihre Vorgehensweise.

2 Gegeben ist die Gesamtkostenfunktion K durch $K(x) = \frac{1}{2}x^3 - 3x^2 + 8x + 8$.
Die Kapazitätsgrenze liegt bei 6 Mengeneinheiten (ME).

a) Zeigen Sie, dass K keinen Extrempunkt besitzt. Interpretieren Sie Ihr Ergebnis im wirtschaftlichen Sinn.

b) Berechnen Sie für einen Verkaufspreis von 8 GE pro ME den maximalen Gewinn.

c) Dem Betrieb gelingt es, die Fixkosten um 2 GE zu senken. Welche Auswirkungen hat dies auf das Gewinnmaximum?

d) Berechnen Sie die Grenzkosten für 5 ME. Interpretieren Sie Ihr Ergebnis.

3 Die Gesamtkosten K einer Mineralwasserfirma werden beschrieben durch
$K(x) = \frac{1}{12}x^3 - \frac{3}{8}x^2 + \frac{3}{2}x + 10;\ x \geq 0$.
Überprüfen Sie: Wenn die Betriebsleitung einen Verkaufspreis von 8 GE/ME wählt, sind maximal 25 GE Gewinn möglich.

4 Für den anstehenden Abschluss wollen die Schüler T-Shirts drucken lassen und zum Verkauf anbieten. Dafür haben sie die folgende Preis-Absatz-Funktion p_N ermittelt: $p_N(x) = \frac{1}{250}x^2 - \frac{2}{5}x + 10$.

a) Bestimmen Sie den maximalen ökonomisch sinnvollen Definitionsbereich für p_N.

b) Bestimmen Sie, bei welchem Preis eine Absatzmenge von 25 ME zu erwarten ist sowie die zu erwartenden Absatzzahlen bei einem Preis von 5 GE.
Ermitteln Sie den Höchstpreis und die maximal absetzbare Menge.

c) Berechnen Sie die erlösmaximale Ausbringungsmenge, den maximalen Erlös und den zugehörigen Preis.

5 Die täglichen Absatzzahlen eines Magazins, das 14-tägig erscheint, lassen sich beschreiben durch die Funktion a mit $a(t) = -\frac{3}{14}t^3 + 3t^2$.
Dabei ist t die Zeit in Tagen und a(t) in ME angegeben, eine ME entspricht 100 Zeitschriften.

a) An welchem Tag werden am meisten Zeitschriften verkauft? Wie viele sind das?

b) An welchen Tagen nehmen die Absatzzahlen um 1000 Zeitschriften pro Tag zu?

2.3 Wendepunkte

DerAmazonas fließt zunächst in einer **Rechtskurve** und danach in einer **Linkskurve** (vgl. Abbildung).

Im Übergang von **Rechtskurve** zu **Linkskurve oder** von **Linkskurve** zu **Rechtskurve** liegt ein **Wendepunkt.** Die Kurve wechselt ihre **Krümmung.**

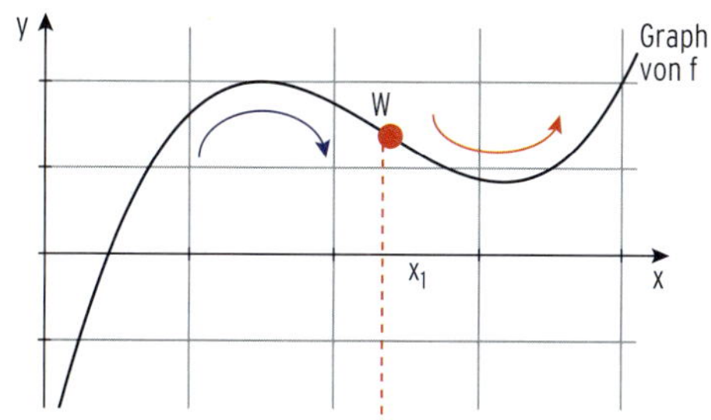

Rechtskrümmung Steigung nimmt ab | **Linkskrümmung** Steigung nimmt zu

Ist x_1 **Wendestelle** von f, so ist x_1 die Stelle mit **kleinster Steigung,** also Extremstelle von f′.

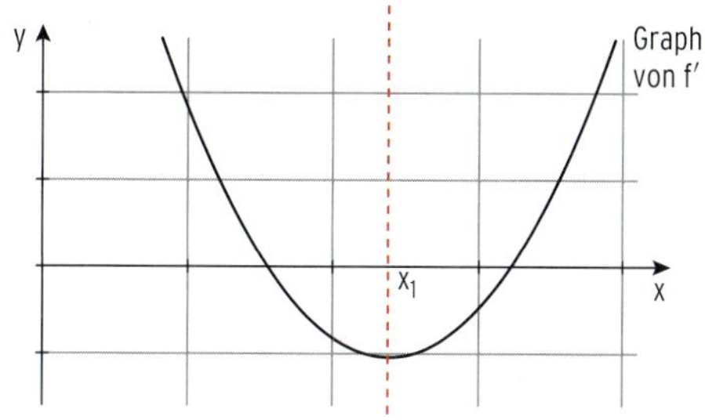

f′ fallend | f′ wachsend

Daraus folgt:
Notwendige Bedingung für die Wendstelle x_1:
Steigung des Graphen von f′ in x_1 ist null, also:
$(f')'(x_1) = 0$
↓
$f''(x_1) = 0$

Nachweis für die Wendestelle x_1:
$f''(x)$ hat einen Vorzeichenwechsel von – nach +
oder
$f'''(x_1) > 0$

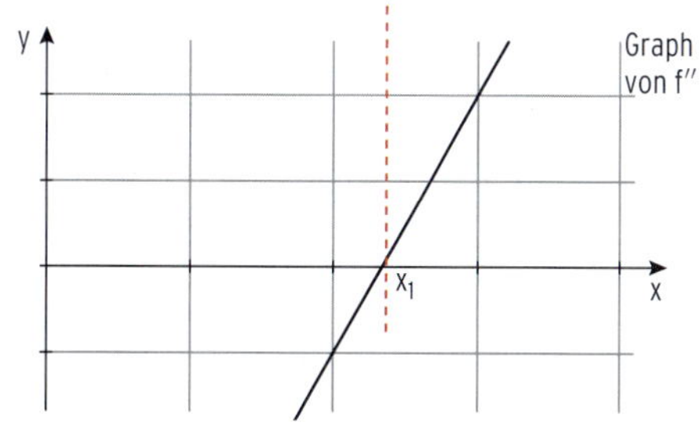

$f''(x) < 0$ $f''(x_1) = 0$ $f''(x) > 0$
f″ wachsend
$f'''(x_1) > 0$

Hinweis: $f'''(x_1)$ ist die Steigung des Schaubildes von f″ an der Stelle x_1.

Bestimmung von Wendepunkten

- **Notwendige Bedingung: $f''(x) = 0$ liefert die Stellen x_1, x_2, ...**
- **Nachweis** durch Einsetzen von x_1 in $f'''(x)$
  Ist $f'''(x_1) \neq 0$, so hat der Graph von f den Wendepunkt $W(x_1 | f(x_1))$

Beachten Sie

In der Wendestelle x_1 ändert sich die **Krümmung** der Kurve K_f von f.
$f''(x_1) > 0$ bedeutet: K_f ist in x_1 linksgekrümmt.
$f''(x_1) < 0$ bedeutet: K_f ist in x_1 rechtsgekrümmt.

Beispiel

Gegeben ist die Funktion f mit $f(x) = \frac{1}{2}x^3 - 3x^2 + \frac{9}{2}x$; $x \in \mathbb{R}$ und Schaubild K_f.

a) Bestimmen Sie den Wendepunkt von K_f.
b) Untersuchen Sie das Krümmungsverhalten von K_f.
c) Geben Sie die Gleichung der Tangente an K_f in W an.

Lösung

a) **Ableitungen:** $f'(x) = \frac{3}{2}x^2 - 6x + \frac{9}{2}$; $f''(x) = 3x - 6$; $f'''(x) = 3$

Bedingung für Wendestellen: $f''(x) = 0 \wedge f'''(x) \neq 0$

Notw. Bedingung für Wendestellen: $f''(x) = 0$ — $3x - 6 = 0 \Leftrightarrow x = 2$

Nachweis durch Einsetzen des x-Wertes in $f'''(x)$: $f'''(2) = 3 \neq 0$

Wendestelle: $x = 2$

Mit $f(2) = 1$ ergibt sich der **Wendepunkt** $W(2\,|\,1)$.

b) Im Wendepunkt ändert sich das Krümmungsverhalten von K_f.

Wendestelle: $x = 2$

$f''(x)$ ändert in $x = 2$ das Vorzeichen von − nach +.

Mit $f''(x) < 0$ für $x < 2$ gilt:
K_f ist **rechtsgekrümmt** für $x < 2$.

Mit $f''(x) > 0$ für $x > 2$ gilt:
K_f ist **linksgekrümmt** für $x > 2$.

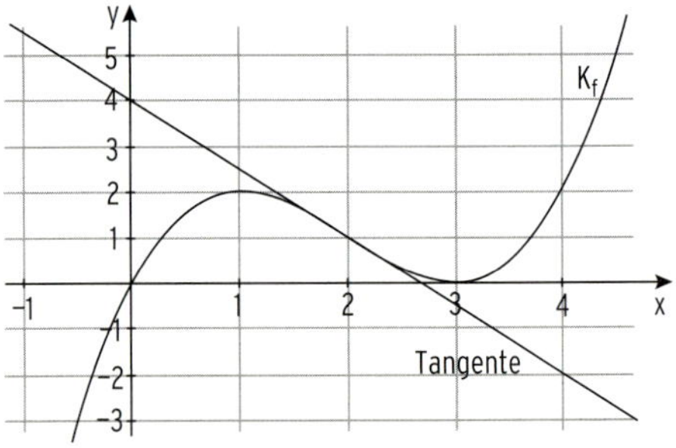

c) **Tangente** in $W(2\,|\,1)$:

Hauptform: $y = mx + b$

Steigung in W: $f'(2) = -\frac{3}{2}$

Einsetzen von $m = -\frac{3}{2}$ und $W(2\,|\,1)$ ergibt: $1 = -\frac{3}{2} \cdot 2 + b \Leftrightarrow b = 4$

Gleichung der Wendetangente: $y = -\frac{3}{2}x + 4$

Bemerkung: Die Tangente an das Schaubild K_f von f im Wendepunkt heißt **Wendetangente.**
Im Wendepunkt hat das Schaubild K_f von f die **größte bzw. die kleinste Steigung** (größte bzw. kleinste momentane Änderungsrate von f′).

Beispiele mit Anwendungsbezug

Beispiel 1

➲ Die Gesamtkosten eines Unternehmens lassen sich beschreiben durch die ganzrationale Kostenfunktion K mit $K(x) = x^3 - 9x^2 + 28x + 25$; $x \geq 0$, x in ME, K(x) in GE.
Die Kapazitätsgrenze liegt bei 7 ME. Skizzieren Sie die zugehörige Kostenkurve.
Berechnen Sie den Wendepunkt und die Steigung der Wendetangente.
Interpretieren Sie Ihr Ergebnis im Sachzusammenhang.

Lösung

Ableitungen: $K'(x) = 3x^2 - 18x + 28$

$K''(x) = 6x - 18$; $K'''(x) = 6 \neq 0$

Bed. für Wendepunkt: $K''(x) = 0 \wedge K'''(x) \neq 0$

$K''(x) = 0$ $\quad 0 = 6x - 18 \Leftrightarrow x = 3$

Mit $K'''(x) = 6 \neq 0$ und $K(3) = 55$ ergibt sich der Wendepunkt $W(3\,|\,55)$.

Steigung der Wendetangente: $K'(3) = 1$

Im **Wendepunkt hat K die kleinste Steigung** $K'(3) = 1$

In $x = 3$ ist der **Kostenzuwachs** am geringsten.

Die **minimale Kostenänderung** beträgt 1 GE/ME.

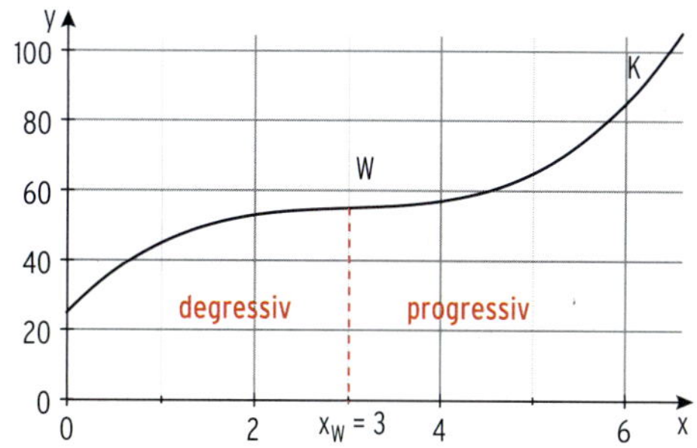

Erläuterung:

Bis zur Wendestelle x_W wachsen die Kosten **degressiv** (K ist **rechtsgekrümmt;** $K''(x) < 0$), für $x > x_W$ wachsen die Kosten **progressiv** (K ist **linksgekrümmt;** $K''(x) > 0$).

Progressives Wachstum

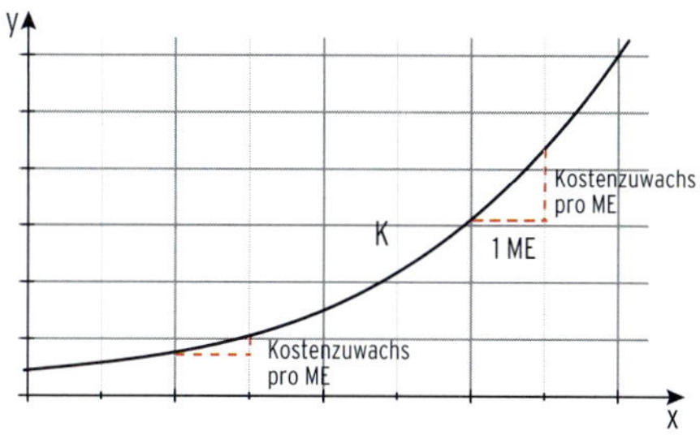

Die Steigungen nehmen zu.
K ist linksgekrümmt.
$K''(x) > 0$

Degressives Wachstum

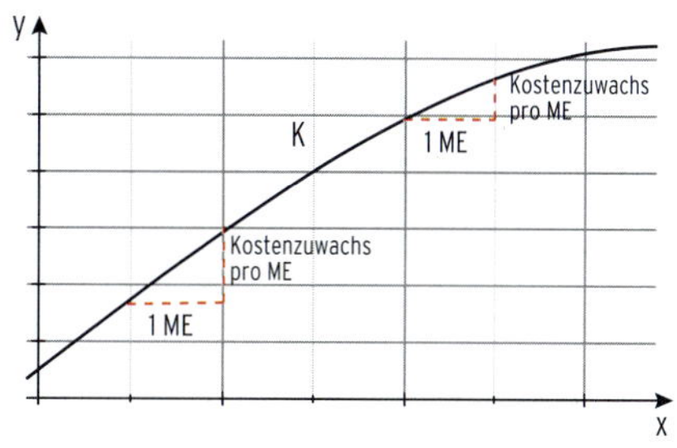

Die Steigungen nehmen ab.
K ist rechtsgekrümmt.
$K''(x) < 0$

Beachten Sie

K ist **progressiv** steigend $\Leftrightarrow$ K ist monoton steigend und linksgekrümmt.
K ist **degressiv** steigend $\Leftrightarrow$ K ist monoton steigend und rechtsgekrümmt.

Beispiel 2

Weisen Sie rechnerisch nach, dass die Angebotsfunktion p_A mit $p_A(x) = \frac{1}{12}x^2 + x + 2$; $x \geq 0$, monoton steigend und ihr Graph linksgekrümmt verläuft.

Lösung

Ableitungen: $p_A'(x) = \frac{1}{6}x + 1$; $p_A''(x) = \frac{1}{6}$

p_A ist **monoton steigend,** wenn $p_A'(x) \geq 0$:

$\frac{1}{6}x + 1 \geq 0 \Leftrightarrow x \geq -6$, also auch für $x \geq 0$.

p_A ist **linksgekrümmt,** wenn $p_A''(x) > 0$: $\frac{1}{6} > 0$

Die Angebotsfunktion p_A verläuft für $x \geq 0$ monoton steigend und linksgekrümmt.

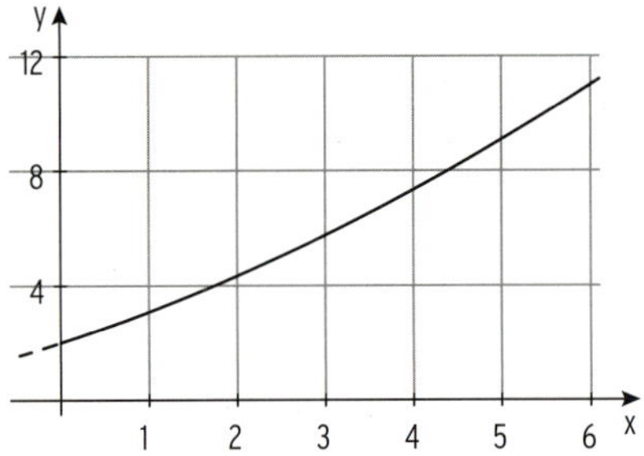

Aufgaben

1 Untersuchen Sie das Schaubild K_f von f auf Wendepunkte.

a) $f(x) = -2x^3 + 3x^2 + 15x + 3$ b) $f(x) = \frac{1}{4}x^3 - \frac{1}{2}x^2 + x + 5$ c) $f(x) = \frac{2}{3}x^3 - 2x + 3$

2 Ermitteln Sie die exakten Koordinaten des Wendepunktes des Graphen K_f von f.

a) $f(x) = -\frac{1}{8}x^3 + \frac{1}{4}x^2 + \frac{5}{2}x + 3$ b) $f(x) = 6x^2 - \frac{2}{3}x^3$

3 Machen Sie eine Aussage über das Krümmungsverhalten des Graphen K_f von f.
Wie lautet die Gleichung der Wendetangente?

a) $f(x) = \frac{3}{2}x - \frac{3}{8}x^3$ b) $f(x) = x^3 - 3x^2 - x + 3$

4 Die Abbildung zeigt das Schaubild der 1. Ableitungsfunktion einer Funktion f.
Begründen Sie mithilfe der Zeichnung, dass das Schaubild von f einen Hoch-, einen Tief- und einen Wendepunkt mit positiver Steigung besitzt.

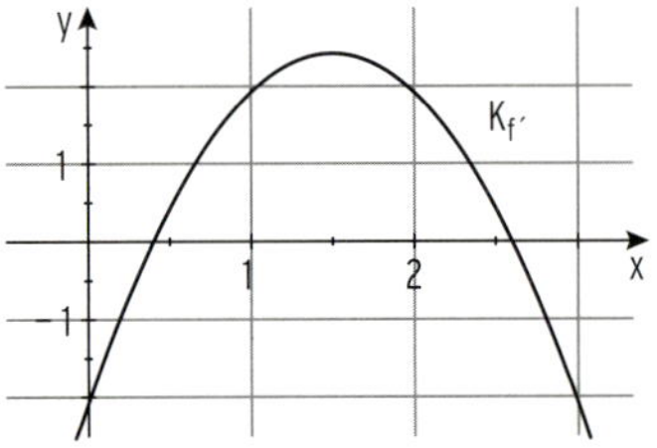

5 Für einen Monopolisten gilt die Erlösfunktion E mit $E(x) = \frac{1}{250}x^3 - \frac{2}{5}x^2 + 10x$.
Für welche Produktionsmengen ist die Erlöskurve rechtsgekrümmt?
Was bedeutet dies ökonomisch?

6 Gegeben ist die Gesamtkostenfunktion K durch $K(x) = \frac{1}{5}x^3 - 8x^2 + 110x + 180$.
Bestimmen Sie den Wendepunkt des Graphen von K und die Steigung der Wendetangente.
Interpretieren Sie Ihre Ergebnisse im Sachzusammenhang.

7 Die Kosten eines Betriebes in GE für x ME lassen sich durch eine Funktion K mit $K(x) = x^3 - 6x^2 + 14x + 18$; $0 \leq x \leq 6$ berechnen.
Auf welchem Bereich ist das Schaubild der Kostenkurve linksgekrümmt?

8 Der Hersteller eines neuen Stoffes gibt eine Marktuntersuchung in Auftrag.
Es wurde festgestellt, dass die Nutzer dieses Stoffes Preisvorstellungen entsprechend der Nachfragefunktion p_N mit $p_N(x) = -0{,}1x^2 - x + 12$ haben. Er bietet sein Produkt entsprechend der Angebotsfunktion p_A mit $p_A(x) = \frac{1}{10}x^2 + 2x$ an.
Bestimmen Sie den maximalen, ökonomisch sinnvollen Definitionsbereich dieser Marktsituation und begründen Sie Ihre Antwort. Berechnen Sie algebraisch das Marktgleichgewicht. Weisen Sie rechnerisch nach, dass die Nachfragefunktion monoton fallend und ihr Graph rechtsgekrümmt verläuft.

9 Die Abbildung zeigt das Schaubild einer Ertragsfunktion E.
Begründen Sie, ob folgende Aussagen wahr oder falsch sind.

(1) E hat zwei Wendestellen.
(2) E ist degressiv wachsend auf [0; 4].
(3) $E''(2) < E''(8)$
(4) Die maximale Ertragsänderung liegt bei 8 ME.
(5) E' ist monoton fallend für $4 \leq x \leq 8$.

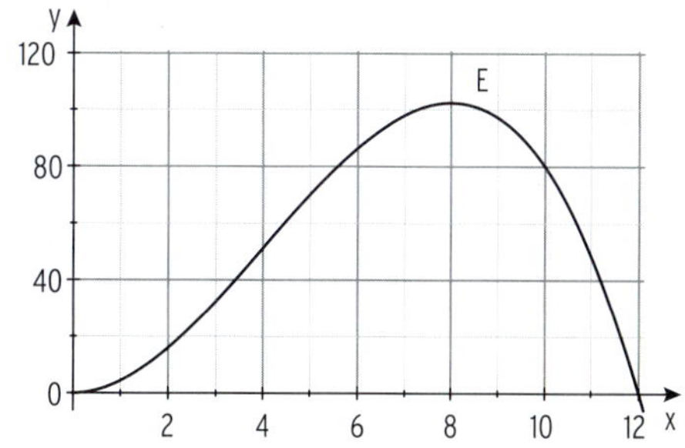

10 Bei der Herstellung eines Produktes entstehen Kosten.
Welche Diagramme beschreiben die Entwicklung der Gesamtkosten in Abhängigkeit von der Stückzahl?
Erläutern Sie, indem Sie den Kostenverlauf jeweils beschreiben.

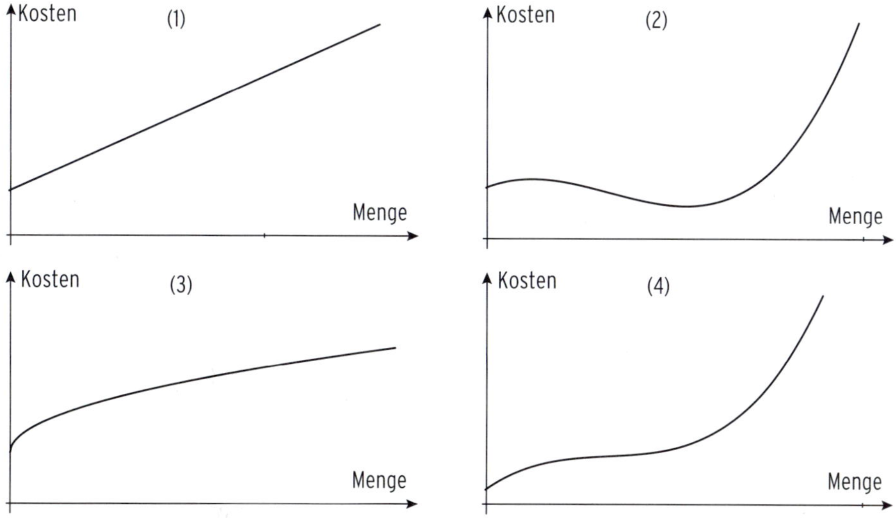

2.4 Beispiele zur Kurvenuntersuchung

Beispiel 1

➲ Gegeben ist die Funktion f mit $f(x) = -x^3 + x^2 + 5x + 3$; $x \in \mathbb{R}$. Ihr Schaubild ist K_f.
Untersuchen Sie K_f auf Hoch-, Tief- und Wendepunkte.
Ermitteln Sie die Schnittpunkte von K_f mit den Koordinatenachsen.
Zeichnen Sie K_f in ein Koordinatensystem.

Lösung

Ableitungen: $f'(x) = -3x^2 + 2x + 5$; $f''(x) = -6x + 2$; $f'''(x) = -6$

Extrempunkte

Bedingung für Extremstellen: $f'(x) = 0 \wedge f''(x) \neq 0$

Notwendige Bedingung $f'(x) = 0$ $\qquad -3x^2 + 2x + 5 = 0$

$x^2 - \frac{2}{3}x - \frac{5}{3} = 0$

pq-Formel: $\qquad x_1 = -1$; $x_2 = \frac{5}{3}$

$f''(-1) = 8 > 0$, d.h. $x_1 = -1$ ist Minimalstelle

$f''(\frac{5}{3}) = -8 < 0$, d.h. $x_2 = \frac{5}{3}$ ist Maximalstelle

Mit $f(-1) = 0$: $\qquad$ **Tiefpunkt** $T(-1 \mid 0)$

mit $f(\frac{5}{3}) = \frac{256}{27}$: $\qquad$ **Hochpunkt** $H\left(\frac{5}{3} \mid \frac{256}{27}\right)$

gerundete Werte: H (1,67 | 9,48)

Wendepunkte

Bedingung für Wendestellen: $f''(x) = 0 \wedge f'''(x) \neq 0$

Notw. Bedingung für Wendestellen: $f''(x) = 0$ $\qquad -6x + 2 = 0 \Rightarrow x = \frac{1}{3}$

Nachweis durch Einsetzen von $x = \frac{1}{3}$ in $f'''(x)$: $\qquad f'''(\frac{1}{3}) = -6 \neq 0$

Mit $f(\frac{1}{3}) = \frac{128}{27}$ erhält man den **Wendepunkt** $W\left(\frac{1}{3} \mid \frac{128}{27}\right)$.

gerundete Werte: W(0,33 | 4,74)

Schnittpunkte mit der x-Achse

$x_1 = -1$ ist Nullstelle von f

Polynomdivision mit $(x + 1)$ ergibt: $(-x^3 + x^2 + 5x + 3) : (x + 1) = -x^2 + 2x + 3$

weitere Nullstellen, wenn $\qquad -x^2 + 2x + 3 = 0$

pq-Formel: $\qquad x_2 = -1$; $x_3 = 3$

Hinweis: $x_1 = x_2 = -1$ ist doppelte Nullstelle von f (Extremstelle von f)

Schnittpunkte mit der x-Achse: $N_{1|2}(-1 \mid 0)$; $N_3(3 \mid 0)$

Schnittpunkt mit der y-Achse

Mit $f(0) = 3$ erhält man $S_y(0 \mid 3)$.

Schaubild von f

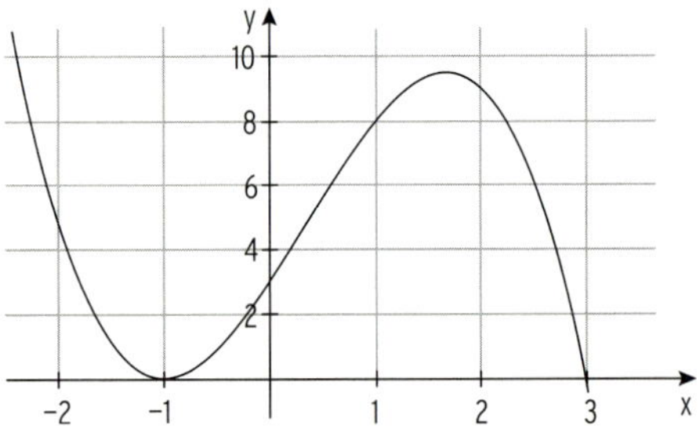

Beispiel 2

➲ Gegeben ist die Funktion f mit $f(x) = -\frac{1}{6}x^3 + x^2 - 1$; $x \in \mathbb{R}$. Ihr Schaubild ist K_f.
Untersuchen Sie K_f auf Hoch-, Tief- und Wendepunkte.
Ermitteln Sie den Schnittpunkt von K_f mit der y-Achse.
Zeichnen Sie K_f.

Lösung

Ableitungen: $f'(x) = -\frac{1}{2}x^2 + 2x$; $f''(x) = -x + 2$; $f'''(x) = -1$

Extrempunkte

Bedingung für Extremstellen: $f'(x) = 0 \wedge f''(x) \neq 0$

Notw. Bedingung für Extremstellen: $f'(x) = 0$ $\quad -\frac{1}{2}x^2 + 2x = 0$

x ausklammern ergibt: $\quad x_1 = 0$; $x_2 = 4$

$f''(0) = 2 > 0$, d. h. $x_1 = 0$ ist Minimalstelle

$f''(4) = -2 < 0$, d. h. $x_2 = 4$ ist Maximalstelle

Mit $f(0) = -1$: **Tiefpunkt** $T(0\,|\,-1)$;

mit $f(4) = \frac{13}{3}$: **Hochpunkt** $H\left(4\,\middle|\,\frac{13}{3}\right)$

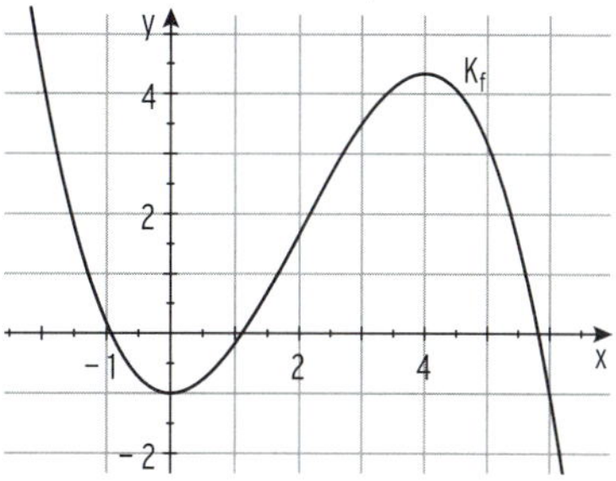

Wendepunkte

Bedingung für Wendestellen: $f''(x) = 0 \wedge f'''(x) \neq 0$

Notw. Bedingung für Wendestellen: $f''(x) = 0$

$-x + 2 = 0 \Leftrightarrow x = 2$

Mit $f'''(2) = -1 \neq 0$ und $f(2) = \frac{5}{3}$

erhält man den **Wendepunkt** $W\left(2\,\middle|\,\frac{5}{3}\right)$.

Schnittpunkte mit der y-Achse: $S_y(0\,|\,-1)$.

Aufgaben

1 Berechnen Sie die exakten Koordinaten der Achsenschnittpunkte, der Extrem- und Wendepunkte des Graphen der Funktion f. Skizzieren Sie den Graphen von f.

c)

a) $f(x) = \frac{1}{3}x^3 - 2x$

b) $f(x) = \frac{3}{4}(x^3 - 2x^2 - 4x + 8)$

c) $f(x) = -x^3 + 6x^2 - 9x + 4$

d) $f(x) = x^3 + 4x^2 - 11x - 30$

e) $f(x) = \frac{1}{9}x^3 - \frac{1}{6}x^2 - 2x$

f) $f(x) = -\frac{1}{4}x^3 + 3x^2$

2 K_f ist der Graph der Funktion f mit $f(x) = -4x^3 + 6x^2 - 1$; $x \in \mathbb{R}$.
Wo liegen die Extrempunkte von K_f? Berechnen Sie die ungerundeten Koordinaten.
Was kann man aus der Lage der Extrempunkte über Anzahl und Lage der Schnittpunkte von K_f mit der x-Achse schließen?

3 Eine ganzrationale Funktion h hat folgende Eigenschaften:

(1) $h(0) = 2$ $\quad$ (2) $h'(x) = 0$ für $x = -4$ und für $x = 2$

(3) $h'(x) \leq 0$ für $x \geq 2$ $\quad$ (4) $h''(x) > 0$ für $-4 < x < 0$

Welche Bedeutung hat jede einzelne Eigenschaft für das Schaubild von h?
Skizzieren Sie ein mögliches Schaubild von h.

Was man wissen sollte … über eine Kurvenuntersuchung

Gemeinsame Punkte des Schaubildes K_f von f mit den Koordinatenachsen

a) Mit der x-Achse: $f(x) = 0$ liefert die Schnittstellen bzw. die Berührstellen.

Hinweis: x_0 ist **doppelte** Nullstelle von f $\Rightarrow$ x_0 ist Extremstelle von f.
K_f von f berührt die x-Achse in x_0, der Extrempunkt liegt auf der x-Achse.
x_0 ist **dreifache** Nullstelle von f $\Rightarrow$ x_0 ist Wendestelle von f.
K_f von f hat einen Sattelpunkt auf der x-Achse.

b) Mit der y-Achse: $x = 0$ in $f(x)$ einsetzen liefert den y-Wert des Schnittpunkts.

Extrempunkte

Bedingung für Extremstellen: $f'(x_0) = 0 \wedge f''(x_0) \neq 0$

Einsetzen von x_0 in $f''(x)$:

$f''(x_0) < 0$: f besitzt in x_0 ein relatives (lokales) Maximum; $H\left(x_0 \mid f(x_0)\right)$

$f''(x_0) > 0$: f besitzt in x_0 ein relatives (lokales) Minimum; $T\left(x_0 \mid f(x_0)\right)$

Wendepunkte

Bedingung für Wendestellen: $f''(x_1) = 0 \wedge f'''(x_1) \neq 0$

Einsetzen von x_1 in $f'''(x)$:

Ist $f'''(x_1) \neq 0$, so hat K_f von f den Wendepunkt $W\left(x_1 \mid f(x_1)\right)$.

Hinweis: Bedeutung der folgenden Bedingungen für das Schaubild von f.

- **$f(x) = 0$** liefert die Schnittstellen bzw. die Berührstellen mit der x-Achse **(Nullstellen von f).**
- **$f'(x) = 0$** liefert die **Stellen mit waagrechter Tangente.**
- **$f''(x) = 0$** liefert die möglichen **Wendestellen.**
- **$f(x) > 0$:** Das Schaubild von f verläuft oberhalb der x-Achse.
  $f(x) < 0$: Das Schaubild von f verläuft unterhalb der x-Achse.
- **$f'(x) > 0$:** Das Schaubild von f ist (streng) monoton wachsend.
  $f'(x) < 0$: Das Schaubild von f ist (streng) monoton fallend.
- **$f''(x) > 0$:** Das Schaubild von f ist eine Linkskurve.
  $f''(x) < 0$: Das Schaubild von f ist eine Rechtskurve.

Bemerkung: Einen gegebenen x-Wert setzt man ein

- in $f(x)$ zur Bestimmung des **Funktionswertes** (y-Koordinate),
- in $f'(x)$ zur Bestimmung der **Steigung,**
- in $f''(x)$ zur Bestimmung der **Krümmung.**

Test zur Überprüfung Ihrer Grundkenntnisse

1 Untersuchen Sie das Schaubild der Funktion f auf Hoch- und Tiefpunkte.

a) $f(x) = x^3 - \frac{9}{2}x^2 + 6x + 3$

b) $f(x) = x - 3 + x^2$

c) $f(x) = x^3 + 3x^2 + x$

d) $f(x) = -\frac{1}{4}(x^3 - 12x^2)$

2 Gegeben ist die Funktion f mit $f(x) = x^3 - 2x^2 + x;\ x \in \mathbb{R}$.
Ermitteln Sie die Monotoniebereiche von f.

3 Die Funktion f mit $f(x) = -x^3 + 3x^2 - 1;\ x \in \mathbb{R}$, hat das Schaubld K_f.
Bestimmen Sie die Gleichung der Wendetangente von K_f.

4 Machen Sie eine Aussage über das Krümmungsverhalten des Graphen K_f von f.
Skizzieren Sie K_f.

a) $f(x) = \frac{3}{2}x - \frac{3}{8}x^3$

b) $f(x) = x^3 + x^2 - 2x + 2$

5 Die Abbildung zeigt das Schaubild K_f einer Funktion f.
Begründen Sie, ob folgende Aussagen wahr oder falsch sind.

(1) K_f hat zwei Wendepunkte.

(2) f' ist wachsend auf [4; 8].

(3) $f''(2) < f''(8)$

(4) Die maximale momentane Änderungsrate von f liegt bei 8.

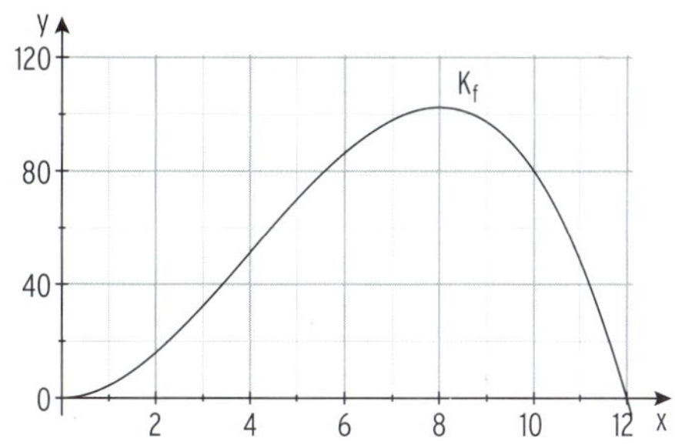

6 Der Graph der Funktion f mit $f(x) = \frac{1}{5}(x^3 - 3x^2 + 3x - 9);\ x \in \mathbb{R}$ sei K_f.
Überprüfen Sie, ob K_f im Wendepunkt eine waagrechte Tangente hat.

2.5 Weitere Anwendungen der Differenzialrechnung

Modellierung einer Situation

Die Firma Sport-Burr KG stellt Sportartikel her, unter anderem ein Skibike.
Die von der Firma in Auftrag gegebene Marktstudie bezüglich der monatlichen Nachfrage nach diesem neuen Sportgerät ergab folgendes Ergebnis:

Preis pro Skibike	900	750	600
Nachfragemenge in Stück	4	10	16

Die Fertigungsabteilung liefert nachfolgende Informationen über die Gesamtkostenfunktion:
Bei einer Produktionsmenge von 2 Stück betragen die Grenzkosten 63 € pro Stück. Bei einer Produktion von 10 ME sind die variablen Stückkosten minimal.
Die Kostenfunktion K ist zum Teil bekannt: $K(x) = \frac{3}{4}x^3 + bx^2 + cx + 3336$.

Der neue Besitzer der Produktionshalle will die Monatsmiete verdoppeln. Dadurch erhöhen sich ab dem nächsten Monat die fixen Kosten der Skibike-Herstellung auf 6000 €.

Untersuchen Sie die Auswirkungen dieser Veränderung und erstellen Sie für die Geschäftsleitung einen fundierten Bericht mit geeigneten Vorschlägen.

Bearbeiten Sie diese Situation, nachdem Sie die rechts aufgeführten **Qualifikationen** und **Kompetenzen** erworben haben.

Qualifikationen & Kompetenzen

- Wirtschaftliche Situationen analysieren
- Verschiedene Lösungsansätze bewerten

2.5.1 Kurvenuntersuchung in wirtschaftlichen Anwendungen

Kosten, Erlös und Gewinn bei vollständiger Konkurrenz

Beispiel

Die Fertigungsabteilung der Firma Waldner berechnet die Gesamtkosten K mithilfe einer ganzrationalen Funktion K mit $K(x) = 1{,}25\,x^3 - 7{,}5\,x^2 + 20\,x + 16$.
Die Kapazitätsgrenze liegt bei 6 ME. Der Verkaufspreis liegt bei 20 GE je ME.

a) Zeichnen Sie die Kostenkurve K und die Erlösgerade in ein Achsenkreuz ein.
b) Überprüfen Sie: Die Gewinnzone beginnt bei etwa 1,7 ME und endet bei etwa 5,6 ME.
c) Entnehmen Sie aus der Zeichnung einen Näherungswert für den maximalen Gewinn.
d) Wie groß ist der maximale Gewinn?
Bestimmen Sie den zugehörigen Bruttogewinn (Deckungsbeitrag).
e) Dem Betrieb gelingt es, die Fixkosten um 2 GE zu senken. Welche Auswirkungen hat dies auf das Gewinnmaximum?

Lösung

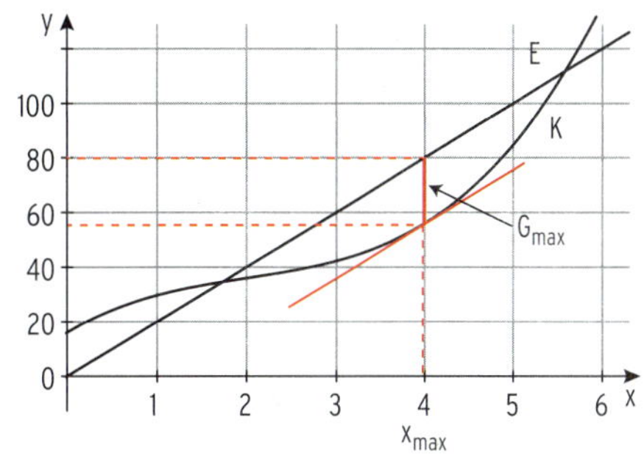

a) Verkaufspreis 20 GE je ME bedeutet:
Erlösfunktion E mit $E(x) = 20\,x$.

b) $G(x) = E(x) - K(x)$
$G(x) = -1{,}25\,x^3 + 7{,}5\,x^2 - 16$
$G(1{,}7) = -0{,}47$; $G(1{,}8) = 1{,}01$
In etwa 1,7 wechselt G(x) das Vorzeichen
$x_1 = 1{,}7 = x_{GS}$;
$G(5{,}5) = 2{,}91$; $G(5{,}6) = -0{,}32$
In etwa 5,6 wechselt G(x) das Vorzeichen
$x_2 = 5{,}6 = x_{GG}$
Fertigt und verkauft der Betrieb zwischen 1,7 und 5,6 ME, so erzielt er einen Gewinn.

c) Wir legen eine **Parallele zur Erlösgeraden** an die Kostenkurve.
Die **Berührstelle von Parallele und K** ist die Stelle mit maximaler Differenz der Funktionswerte. **Aus der Zeichnung entnehmen** wir die Differenz von E(x) und K(x) in der **Berührstelle** $x_{max} \approx 4$: Der maximale Gewinn G_{max} beträgt etwa 25 GE.
Bemerkung: In x_{max} stimmen die Grenzkosten und der Grenzerlös überein.
Es gilt: $K'(x_{max}) = E'(x_{max})$

Beachten Sie

Zeichnerische Bestimmung des maximalen Gewinns
Die **Parallele zur Erlösgeraden** berührt die Kostenkurve K an der Stelle x_{max}.
Die Differenz von Erlös und Kosten an der Stelle x_{max}: $E(x_{max}) - K(x_{max})$ gibt den **maximalen Gewinn** an.

Beachten Sie

In der **Gewinnzone** gilt:
Übersteigt der Erlöszuwachs den Kostenzuwachs, so wächst der Gewinn.
Die Steigung der Erlösgeraden (Stückerlös p) ist größer als die Steigung der Kostenkurve (Kostenzuwachs K′).
Stimmen Kostenzuwachs und Stückerlös überein (die Kostenkurve verläuft „parallel" zur Erlösgerade), so wird der **maximale Gewinn erzielt.**

d) Aus $G(x) = E(x) - K(x)$ folgt: $G(x) = 20x - (1{,}25x^3 - 7{,}5x^2 + 20x + 16)$
Gewinnfunktion G mit: $G(x) = -1{,}25x^3 + 7{,}5x^2 - 16$
Ableitungen: $G'(x) = -3{,}75x^2 + 15x$; $G''(x) = -7{,}5x + 15$
Relatives Maximum
Bedingung für **relatives Maximum** $G'(x) = 0 \wedge G''(x) < 0$
Notw. Bed.: $G'(x) = 0$ $\quad -3{,}75x^2 + 15x = 0$
Lösung durch Ausklammern: $\quad x(-3{,}75x + 15) = 0$
Satz vom Nullprodukt: $\quad x_1 = 0$; $x_2 = 4$
Mit $G''(4) < 0$ erhält man eine Maximalstelle in $x = 4$.
Mit $G(4) = 24$ gilt: Der maximale Gewinn liegt bei $x_{max} = 4$ und beträgt 24 GE.
Hinweis: Der Nachweis mit $G''(x)$ erübrigt sich, da $x_2 = 4$ die einzige Lösung in der Gewinnzone ist. x_{max} ist die **gewinnmaximale Ausbringungsmenge.**

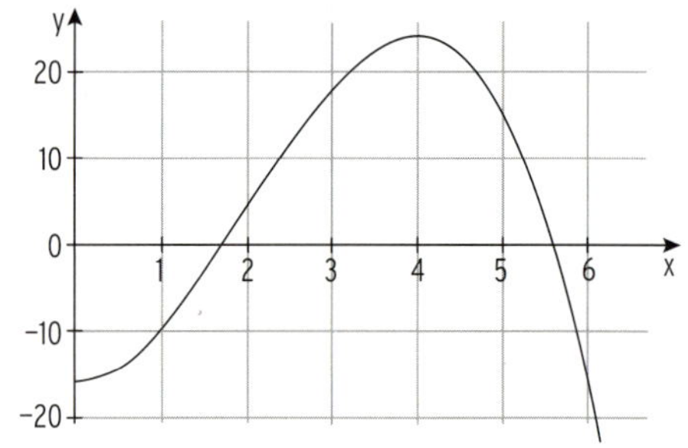

Der **Bruttogewinn (Deckungsbeitrag)** ist der Betrag, der sich nach Abzug der variablen Kosten vom Erlös ergibt, also der Betrag, den das Produkt zur Deckung der Fixkosten leistet.
Für den **Deckungsbeitrag D** gilt: $D(x) = E(x) - K_v(x) = G(x) + K_{fix}$
$D(4) = G(4) + 16 = 40$
Der maximale Deckungsbeitrag beträgt 40 GE.

Hinweis: $D(x_{GS}) = D(x_{GG}) = K_{fix} = 16$

e) Die Verringerung der Fixkosten um 2 GE hat eine Verschiebung der Gesamtkostenkurve um 2 in y-Richtung nach unten zur Folge.
Da die Erlösgerade unverändert bleibt, wird die Differenz $E(x) - K(x)$ um 2 größer.
Das heißt, das **Gewinnmaximum erhöht sich** um 2 GE.

Kosten, Erlös und Gewinn bei Angebotsmonopol

Beispiel 1

Für die Preis-Absatz-Funktion p_N eines Monopolisten gilt: $p_N(x) = -3x + 90$.
K mit $K(x) = \frac{1}{60}(x^3 - 30x^2 + 1860x + 1400)$ beschreibt für $x \geq 0$ die Gesamtkosten.

a) Bestimmen Sie den maximalen ökonomisch sinnvollen Definitionsbereich.

b) Bei welcher Absatzmenge wird der größte Gewinn erzielt? Wie hoch ist dann der Marktpreis?

Lösung

a) **Ökonomisch sinnvoller Definitionsbereich:**
Aus $p_N(x) = -3x + 90 = 0 \Leftrightarrow x = 30$ folgt $D_{ök} = [0; 30]$.

b) Aus $p_N(x) = -3x + 90$ und $E(x) = p_N(x) \cdot x$
erhält man die **Erlösfunktion E** mit: $E(x) = -3x^2 + 90x$
Gewinnfunktion G mit $G(x) = E(x) - K(x)$: $G(x) = -\frac{1}{60}(x^3 + 150x^2 - 3540x + 1400)$

Gewinnmaximale Ausbringungsmenge
Bedingung: $G'(x) = 0 \wedge G''(x) < 0$
$G'(x) = 0$ $-\frac{1}{60}(3x^2 + 300x - 3540) = 0 \Leftrightarrow x^2 + 100x - 1180 = 0$
Lösung mit pq-Formel: $x_1 \approx 10{,}66$; $x_2 \approx -110{,}66 < 0$
$x_1 \approx 10{,}66$ ist die einzige sinnvolle Lösung.
Maximaler Gewinn: $G_{max} = G(10{,}66) = 301{,}32$

Gewinnmaximaler Preis
Der maximale Gewinn wird in $x_{max} = 10{,}66$ erwirtschaftet.
Angebotspreis bei maximalem Gewinn:
Einsetzen von x_{max} in $p_N(x) = -3x + 90$
ergibt: $p_c = p_N(10{,}66) = 58{,}02$
Gewinnmaximaler Preis: 58,02 GE/ME

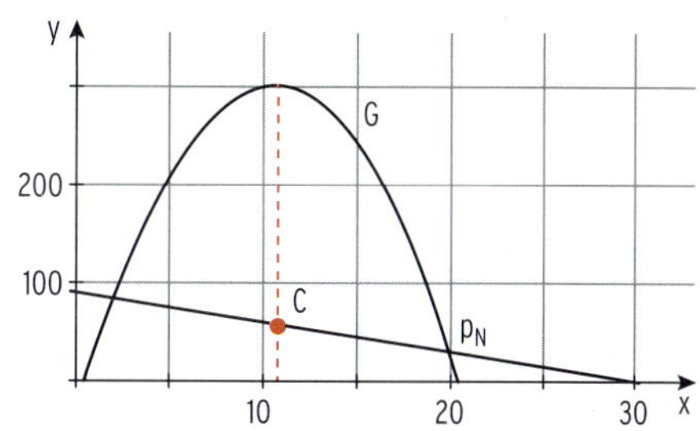

Dieser Preis wird auch **Cournot'scher Preis** genannt. Der Punkt C (10,66 | 58,02) heißt **Cournot'scher Punkt.** Legt der Monopolist seinen Verkaufspreis auf 58,02 GE pro ME fest, so erzielt er den größten Gewinn. (Vergleichen Sie auch Seite 125.)

Beachten Sie

Die Gerade mit der Gleichung $x = x_{max}$ schneidet das Schaubild der **Preis-Absatz-Funktion** im **Cournot'schen Punkt** $C(x_c \mid p_c)$.
Die x-Koordinate des Cournot'schen Punktes bezeichnet die Absatzmenge, bei der der **maximale Gesamtgewinn** erzielt wird, die y-Koordinate von C ist der zugehörige Stückpreis.

Gewinnmaximale Absatzmenge: $x_{max} = x_c$

Gewinnmaximaler Preis: $p_c = p_N(x_c) = \frac{E(x_c)}{x_c}$.

Beispiel 2

➲ Für die Gesamtkostenfunktion K eines Monopolisten gilt: $K(x) = x^3 - 12x^2 + 60x + 96$.
Er produziert mit der Preis-Absatzfunktion $p_N(x) = -10x + 120$.
Zwischen welchen Grenzen muss der Monopolist den Preis festsetzen, um einen Gewinn zu erzielen?

Lösung

Erlösfunktion E: $E(x) = p_N(x) \cdot x = -10x^2 + 120x$

Gewinnfunktion: $G(x) = E(x) - K(x) = -10x^2 + 120x - (x^3 - 12x^2 + 60x + 96)$

$G(x) = 0$ führt auf die Lösungen: $(x_1 \approx -7{,}58 < 0)$; $x_2 \approx 1{,}58$; $x_3 = 8$

Gewinnschwelle: $x_{GS} = 1{,}58$

Gewinngrenze: $x_{GG} = 8$

Preisfestlegung: $p_N(1{,}58) = 104{,}2$;

$p_N(8) = 40$

Der Preis muss zwischen 40 GE/ME und 104,2 GE/ME liegen.

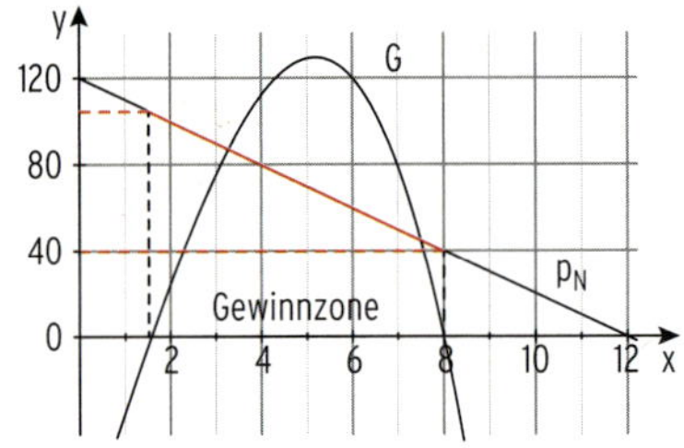

Gesamtkosten, Erlös und Gewinn

bei vollständiger Konkurrenz	**bei Angebotsmonopol**

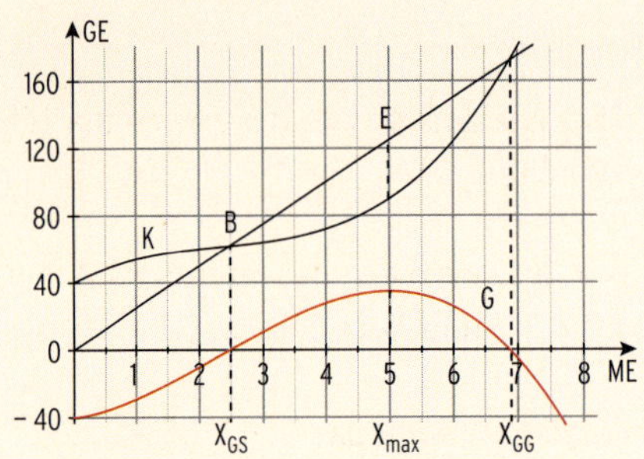

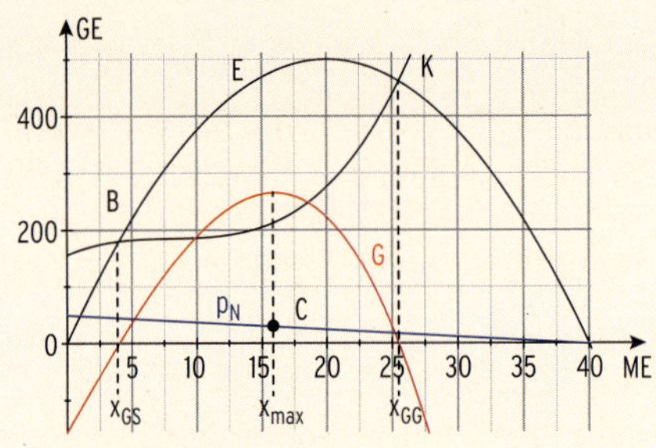

Kostenfunktion: $K(x) > 0$; K monoton steigend

Konstanter Stückpreis p

Erlösfunktion: $E(x) = p \cdot x$

Erlösgerade

Preis-Absatzfunktion: $p_N(x) = ax + b$

Erlösfunktion: $E(x) = p_N(x) \cdot x$

Erlösparabel

Gewinnfunktion: $G(x) = E(x) - K(x)$

Gewinnzone: $G(x) = 0$ führt auf die Gewinnschwelle x_{GS} und die Gewinngrenze x_{GG}.

Break-Even-Punkt $B(x_{GS} \mid K(x_{GS}))$

Gewinnmaximum in x_{max}

Gewinnmaximaler Preis: $p_N(x_{max})$

Cournot'scher Punkt $C(x_{max} \mid p_N(x_{max}))$

Aufgaben

1 Die Gesamtkosten eines Polypolisten in Abhängigkeit von der Ausbringungsmenge x in Mengeneinheiten (ME) werden beschrieben durch die Funktion K mit
$K(x) = \frac{1}{4}x^3 - 6x^2 + 50x + 280$; K (x) in Geldeinheiten (GE).
Die Kapazitätsgrenze liegt bei 24 ME.
Die produzierte Ware wird für 44 GE pro ME verkauft.

a) Zeichnen Sie das Schaubild von K und der Erlösfunktion E in ein Koordinatensystem.

b) Die Gewinnschwelle liegt zwischen 9 ME und 10 ME. Bestimmen Sie die Gewinnschwelle auf eine Dezimale gerundet.

c) Welche Menge muss das Unternehmen produzieren, um maximalen Gewinn zu erzielen? Geben Sie diesen an.

d) Wie groß ist die durchschnittliche Zunahme der Kosten je Stück, wenn die Produktion von 10 auf 15 Stück erhöht wird?

e) Bei welcher Ausbringungsmenge ist der Kostenzuwachs am geringsten? Wie groß ist dieser? Interpretieren Sie Ihr Ergebnis.

2 Gesamtkostenfunktion und Erlösfunktion eines Monopolisten sind durch
$K(x) = x^3 - 12x^2 + 60x + 98$ und $E(x) = -10x^2 + 120x$ gegeben.
Die Kapazitätsgrenze wird bei einer Produktion von 12 ME erreicht.

a) Die Gewinnzone endet etwa bei 8 ME. Überprüfen Sie.

b) Bei 4 ME beträgt der Gewinn 110 GE. Bei welcher Produktionsmenge beträgt der Gewinn ebenfalls 110 GE?

c) Bestimmen Sie das Gewinnmaximum.

d) Welchen Preis muss der Monopolist festlegen, damit er maximalen Gewinn erwirtschaftet? Bestimmen Sie die Koordinaten des Cournot'schen Punktes.

3 Die Firma Anton Thomalle in Soest baut Motoren. Die Gesamtkosten des Motors ES1A in € betragen $K(x) = 0{,}1x^3 - 7x^2 + 220x + 800$; der Erlös pro Stück liegt bei 250 €.
Die Kapazitätsgrenze liegt bei 80 Stück.

a) An der Kapazitätsgrenze wird ein positiver Gewinn erzielt. Stimmt das?

b) Wie viel Gewinn kann die Firma höchstens erzielen?

c) Prüfen Sie, ob die Unternehmung bei Produktion und Verkauf von 8 ME einen positiven Deckungsbeitrag erzielt. Wie groß ist dieser gegebenenfalls?

4 Die Jäger GmbH beschreibt ihre Kosten mit folgender Funktion:
$K(x) = \frac{1}{8}x^3 - \frac{7}{4}x^2 + 15x + 36$; dabei ist x in ME und K (x) in GE angegeben.
Das Produkt wird zum Preis von 15 GE/ME am Markt verkauft.
Das Unternehmen will seinen maximalen Gewinn steigern, ist sich aber unschlüssig, welche Strategie es verfolgen soll.
Es stehen zwei alternative Varianten zur Auswahl:
Variante A: Die Fixkosten werden um 10 % gesenkt.
Variante B: Die variablen Kosten werden um 5 % gesenkt.
Begründen Sie durch Rechnung, welche Variante für das Unternehmen günstiger ist.

Betriebsminimum und kurzfristige Preisuntergrenze

Beispiel

➲ Die Gesamtkostenfunktion K eines Unternehmens ist
$K(x) = x^3 - 75x^2 + 2100x + 8000$.
Das Unternehmen muss aus Konkurrenzgründen seinen Verkaufspreis senken und ist bereit, die fixen Kosten als Verlust in Kauf zu nehmen. Beraten Sie das Unternehmen.

Lösung

Der Verkaufspreis muss so gestaltet sein, dass die minimalen variablen Stückkosten gedeckt sind. In diesem Fall macht das Unternehmen einen Verlust in Höhe der Fixkosten.
Für die variablen Stückkosten (Kosten pro ME) gilt: $k_v(x) = \frac{K_v(x)}{x}$

Aus $K(x) = x^3 - 75x^2 + 2100x + 8000$
folgt mit $K_{fix} = 8000$ $K_v(x) = x^3 - 75x^2 + 2100x$
und daraus die **variablen Stückkosten** k_v: $k_v(x) = x^2 - 75x + 2100$
Relatives Minimum von k_v: $k'_v(x) = 0$ $2x - 75 = 0 \Leftrightarrow x = 37{,}5$
Hinweis: Die k_v-Parabel ist nach oben geöffnet und nimmt in x_S ein Minimum an.
Minimum: $k_v(37{,}5) = 693{,}75$
Für $x = 37{,}5$ nimmt $k_v(x)$ ein **(relatives und absolutes) Minimum** an.
Betriebsminimum $x_{BM} = 37{,}5$. Das **Minimum der variablen Stückkosten** beträgt 693,75 GE/ME. **Kurzfristige Preisuntergrenze (KPU):** KPU = 693,75 GE/ME

Ergebnis: 693,75 GE pro ME ist der **kleinstmögliche** Preis, zu dem das Unternehmen seine Ware verkaufen kann, wenn die fixen Kosten als Verlust in Kauf genommen werden.

Hinweis: Ein absolutes Minimum (Maximum) wird auch als globales Minimum (Maximum) bezeichnet.

Beachten Sie

Das **Betriebsminimum x_{BM}** ist die Ausbringung (x-Wert), bei der die **variablen Stückkosten minimal** sind.
Bedingung für x_{BM}: $k_v'(x_{BM}) = 0$
(Der Nachweis $k_v''(x_{BM}) > 0$ ist für K ertragsgesetzlich stets erfüllt.)
Das Minimum der variablen Stückkosten $k_v(x_{BM})$ stellt die **kurzfristige Preisuntergrenze** (KPU) dar, denn kurzfristig lässt sich der Verkaufspreis bis auf diese variablen Stückkosten senken, wenn das Unternehmen die fixen Kosten als Verlust in Kauf nimmt.

Die **Grenzkostenkurve** schneidet die **Kurve der variablen Stückkosten k_v** in deren Tiefpunkt (in x_{BM}) (falls dieser existiert).
In x_{BM} sind **folgende Bedingungen erfüllt:**
$k_v'(x) = 0$ (waagrechte Tangente an die k_v-Kurve)
$K'(x) = k_v(x)$
(Schnittpunkt von K′-Kurve und k_v-Kurve)
am Beispiel: $K(x) = 0{,}1x^3 - 1{,}2x^2 + 4{,}9x + 4$

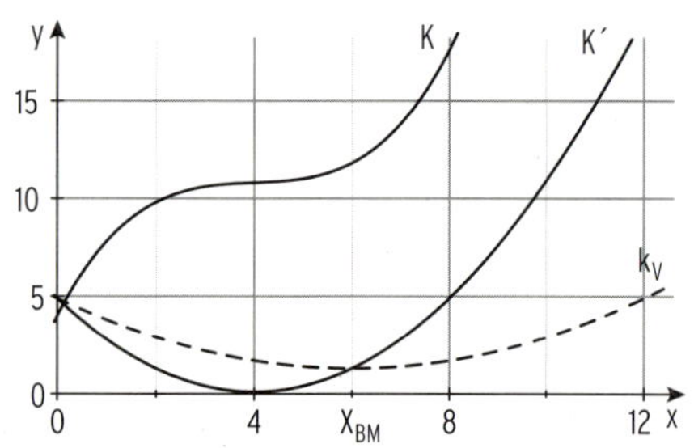

Betriebsoptimum und langfristige Preisuntergrenze

Beispiel

➲ Die Gesamtkosten für ein Produkt eines Unternehmens werden bestimmt durch die Funktion K mit $K(x) = x^3 - 75x^2 + 2100x + 8000,\; x \in [0; 60]$.
Das Unternehmen muss aus Konkurrenzgründen seinen Verkaufspreis senken. Beraten Sie das Unternehmen.

Lösung

Um langfristig bestehen zu können, muss der Verkaufspreis mindestens so hoch sein wie die Stückkosten. Bei diesem Preis wird kein Gewinn und kein Verlust gemacht.

Für die **Stückkosten** (Gesamtkosten pro ME) gilt: $k(x) = \frac{K(x)}{x}$

$k(x) = x^2 - 75x + 2100 + \frac{8000}{x}$

Bedingung für Minimum: $k'(x) = 0$ und $k''(x) > 0$

$\frac{1}{x} = x^{-1}$

$\left(\frac{1}{x}\right)' = -\frac{1}{x^2}$ $\left(\frac{1}{x^2}\right)' = -\frac{2}{x^3}$

Ableitungen mit der **Potenzregel:**

$k'(x) = 2x - 75 - \frac{8000}{x^2}$; $k''(x) = 2 + \frac{16000}{x^3}$

Notwendige Bedingung: $k'(x) = 0$ $\quad 2x - 75 - \frac{8000}{x^2} = 0 \quad | \cdot x^2$

$2x^3 - 75x^2 - 8000 = 0$

Sinnvolle Lösung: $x = 40$

Mit $k''(40) > 0$: **für $x = 40$ nimmt $k(x)$ ein (relatives und absolutes) Minimum an.**

Einsetzen in $k(x)$ ergibt: $k(40) = 900$

Ergebnis: Für $x = 40$ nimmt $k(x)$ das Minimum $k(40) = 900$ an.

Für 40 ME betragen die Stückkosten 900 GE pro ME.

Schaubild der **Stückkostenfunktion k:**
Da die Stückkosten für kleine und für sehr große Produktionsmengen gegen unendlich streben, ist das **relative Minimum** von k stets auch das **absolute Minimum von k.**
Ergebnis: Das Produkt muss mindestens für 900 GE/ME verkauft werden, um langfristig am Markt bestehen zukönnen.

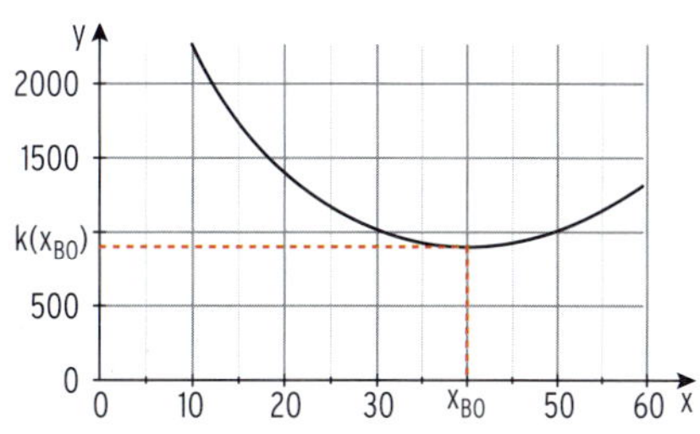

Erläuterungen:

Die Ausbringungsmenge, bei der die **Stückkosten minimal** sind, nennt man **Betriebsoptimum** $x_{BO} = 40$. Setzt man $x_{BO} = 40$ in $k(x)$ ein, so erhält man das **Minimum der Stückkosten:** $k(40) = 900$ (GE). Diesen Geldwert bezeichnet man als **langfristige Preisuntergrenze (LPU),** denn 900 GE pro ME ist der **kleinstmögliche Verkaufspreis,** zu dem das Unternehmen seine Ware verkaufen kann, bei einer verlustfreien Produktion. Bei Produktion und Verkauf von 40 ME sind bei einem Stückerlös von 900 GE **alle Kosten gedeckt,** das Unternehmen macht keinen Verlust und keinen Gewinn.

Beachten Sie

Das Betriebsoptimum x_{BO} ist die **Ausbringungsmenge (x-Wert),** bei der die **Stückkosten minimal** sind.
Bedingung für x_{BO}: $k'(x_{BO}) = 0$ und $k''(x_{BO}) > 0$.
Das Minimum der Stückkosten $k(x_{BO})$ gilt als **langfristige Preisuntergrenze LPU.**
Senkt das Unternehmen den Verkaufspreis (je ME) bis auf die minimalen Stückkosten, so sind bei der Produktion fixe und variable Kosten gerade noch gedeckt.

Vergleich von Betriebsoptimum und Betriebsminimum

am Beispiel K mit $K(x) = x^3 - 75x^2 + 2100x + 8000$ und $E(x) = 1500x$:
Das **Betriebsminimum** liegt bei $x = x_{BM} = 37{,}5$.
Bei einem Stückerlös von $k_v(x_{BM}) = 693{,}75$ GE **(kurzfristige Preisuntergrenze)** werden nur die (minimalen) variablen Kosten gedeckt.
Das **Betriebsoptimum** liegt bei $x = x_{BO} = 40$.
Bei einem Stückerlös von $k(x_{BO}) = 900$ GE **(langfristige Preisuntergrenze)** werden die (minimalen) Kosten gedeckt.
Bei einem **Verkaufspreis** von mehr als 900 GE je ME übersteigt der Erlös die Kosten in der Gewinnzone.

kurzfristige Preisuntergrenze 693 GE (je ME)	<	langfristige Preisuntergrenze 900 GE (je ME)	<	Stückerlös Verkaufspreis je ME 1500 GE

Betriebsminimum x_{BM}

Bedingung: $k_v'(x) = 0$

Kurzfristige Preisuntergrenze:
$k_v(x_{BM})$

Betriebsoptimum x_{BO}

Bedingung: $k'(x) = 0$

Langfristige Preisuntergrenze:
$k(x_{BO})$

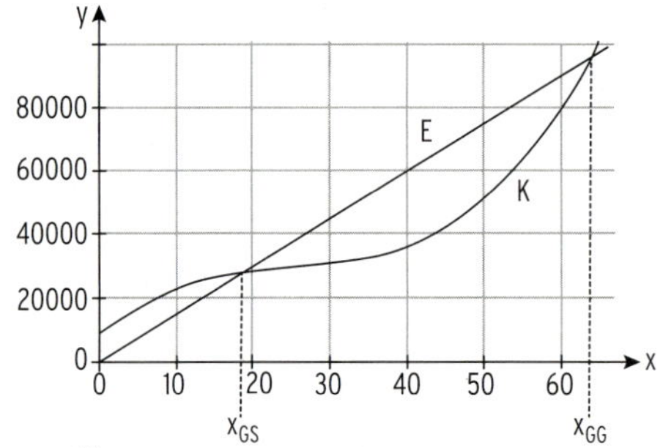

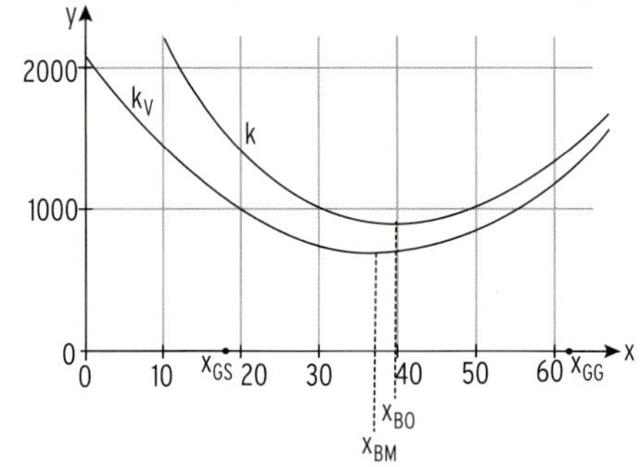

Der Graph der **Funktion der variablen Stückkosten k_v** und der Graph der **Funktion der Stückkosten k** unterscheiden sich für **große x-Werte** kaum: $k_v(x) \approx k(x)$

Grafische Interpretation des Betriebsminimums

Beispiel

➲ Die Gesamtkosten K eines Betriebs in GE für die Produktion von x ME werden beschrieben durch $K(x) = 0{,}2x^3 - 3x^2 + 20x + 54;\ 0 \le x \le 13$.
Welche Tangente an die Kostenkurve verläuft durch den Punkt P(0 | 54)?
Interpretieren Sie aus ökonomischer Sicht.

Lösung

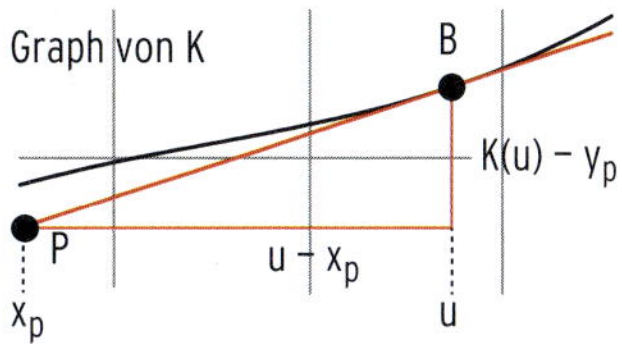

Für die **Tangente** in einem beliebigen Kurvenpunkt B(u | K(u)) durch den Punkt P (Die **Berührstelle x = u ist nicht bekannt.)** gilt:

$K'(u) = \frac{K(u) - y_P}{u - x_P}$

Mit $y_P = 54$ und $x_P = 0$ gilt: $K'(u) = \frac{K(u) - 54}{u - 0}$

$K(u) = 0{,}2u^3 - 3u^2 + 20u + 54;\ K'(u) = 0{,}6u^2 - 6u + 20$

Steigungsdreieck mit den Eckpunkten P(0 | 54) und B (Berührpunkt).

Einsetzen ergibt:	$0{,}6u^2 - 6u + 20 = \frac{0{,}2u^3 - 3u^2 + 20u + 54 - 54}{u}$
Vereinfachen ergibt:	$0{,}6u^2 - 6u + 20 = 0{,}2u^2 - 3u + 20$
Gleichung in Nullform:	$0{,}4u^2 - 3u = 0$
Auflösen ergibt die **Berührstellen:**	$u_1 = 0;\ u_2 = 7{,}5$

Gleichung der Tangente im Berührpunkt
$B_2(7{,}5 \mid 119{,}625)$ mit Steigung $K'(5) = 8{,}75$
Gleichung der Tangente in B_2: $y = 8{,}75x + 54$

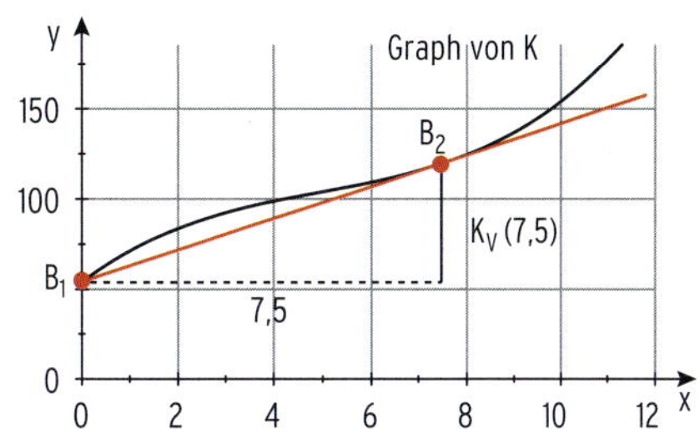

Interpretation:
Die Steigung der Tangente an den Graphen von K **in** u_2 **= 7,5** entspricht den **minimalen variablen Stückkosten:**

$m = K'(7{,}5) = \frac{K_v(7{,}5)}{7{,}5} = 8{,}75$

$K_v'(7{,}5) = K'(7{,}5)$

Der **Preis** von 8,75 GE/ME deckt nur die **minimalen variablen Stückkosten**. Die Berührstelle ist das **Betriebsminimum** x_{BM}.
Die **variablen Stückkosten** sind in 7,5 ME minimal und betragen 8,75 GE/ME.

Beachten Sie

Für die Berührstelle $u \neq 0$ einer Tangente durch den **Punkt (0 | K(0))** an die Kostenkurve (**Betriebsminimum**) gilt: $K_v'(u) = \frac{K_v(u)}{u}$
Im **Betriebsminimum** sind die **variablen Stückkosten am geringsten.**

Hinweis: Gleichung der Tangente in B_1: $y = 20x + 54$
Die **Grenzkosten** in $B_1(0 \mid 54)$ betragen $K'(0) = 20$.

Grafische Interpretation des Betriebsoptimums

Beispiel 1

➲ Die Gesamtkosten K eines Betriebs in GE für die Produktion von x ME werden beschrieben durch $K(x) = 0{,}2x^3 - 3x^2 + 20x + 48{,}6;\ 0 \le x \le 12$.

a) Zeigen Sie: Das Betriebsoptimum liegt bei 9 ME. Bestimmen Sie die langfristige Preisuntergrenze

b) Die Tangente an die Kostenkurve in x = 9 verläuft durch den Ursprung. Überprüfen Sie.

c) Interpretieren Sie aus ökonomischer Sicht.

Lösung

a) Stückkosten: $k(x) = 0{,}2x^2 - 3x + 20 + \frac{48{,}6}{x}$

Ableitung: $k'(x) = 0{,}4x - 3 - \frac{48{,}6}{x^2}$

Probe mit x = 9: $k'(9) = 0{,}4 \cdot 9 - 3 - \frac{48{,}6}{9^2}$

$k'(9) = 0$

Mit $k''(x) = 0{,}4 + \frac{2 \cdot 48{,}6}{x^3} > 0$ gilt: $k''(9) > 0$

In x = 9 nimmt k ihren kleinsten Wert an: $x = x_{BO} = 9$

langfristige Preisuntergrenze: $k(9) = 14{,}6$

b) **Tangente an die Kostenkurve in x = 9**

$K'(9) = 14{,}6;\ K(9) = 131{,}4$

einsetzen in die Hauptform $y = mx + b$:

$131{,}4 = 14{,}6 \cdot 9 + b$

$b = 0$

Gleichung der Tangente: $y = 14{,}6\,x$

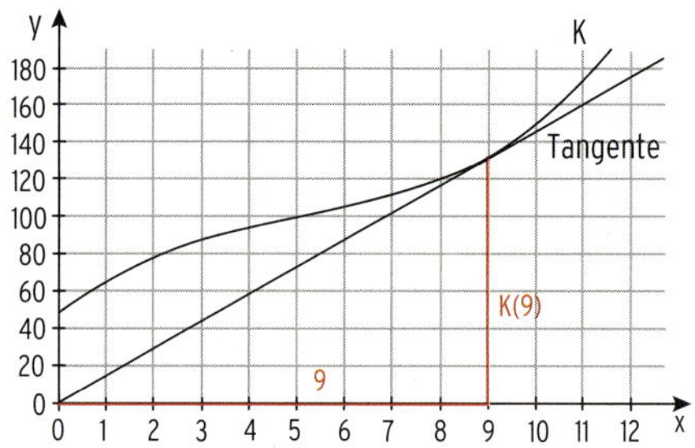

c) **Interpretation:**

Für die Berührstelle x = 9 gilt: $K'(9) = \frac{K(9)}{9} = 14{,}6$

Die Steigung der Tangente entspricht den **minimalen Stückkosten:** $m = K'(u) = \frac{K(u)}{u}$.

Der **Mindestpreis** für eine verlustfreie Produktion liegt bei 14,6 GE/ME.

Die Berührstelle ist das **Betriebsoptimum x_{BO}.**

Die **Stückkosten** sind in x = 9 minimal und betragen 14,6 GE/ME.

Beachten Sie

Für die Berührstelle $u \neq 0$ einer Tangente durch den **Ursprung** an die Kostenkurve **(Betriebsoptimum)** gilt: $K'(u) = \frac{K(u)}{u}$

Im **Betriebsoptimum** sind die **Stückkosten am geringsten.**

Beispiel 2

➲ Die Gesamtkosten K eines Unternehmens lassen sich darstellen durch
$K(x) = x^3 - 14x^2 + 66x + 40;\ 0 \leq x \leq 11$.
Bestimmen Sie zeichnerisch einen Näherungswert für das Betriebsoptimum.

Lösung

Die **Tangente vom Ursprung aus an die Kostenkurve** berührt K im **optimalen Kostenpunkt** (OKP) mit Abszisse x_{BO}.
Wir lesen aus der Zeichnung ab:
$x_{BO} = 7{,}3$.
Die **Steigung** m der Tangente ist $k(x_{BO})$.

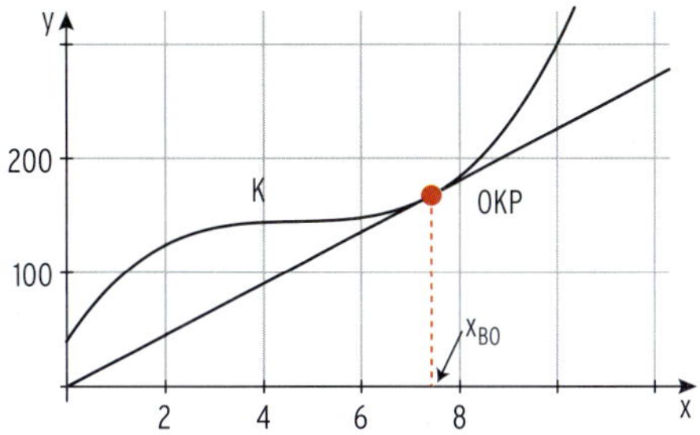

Erläuterung der grafischen Bestimmung des Betriebsoptimums

Stückkostentabelle

x	2	4	7,3	8
$K(x)$	124	144	164,8	184
$k(x) = \frac{K(x)}{x}$	62	36	22,6	23

Wir lesen ab:
Für $x = 7{,}3 = x_{BO}$ ergeben sich die **kleinsten Stückkosten.**

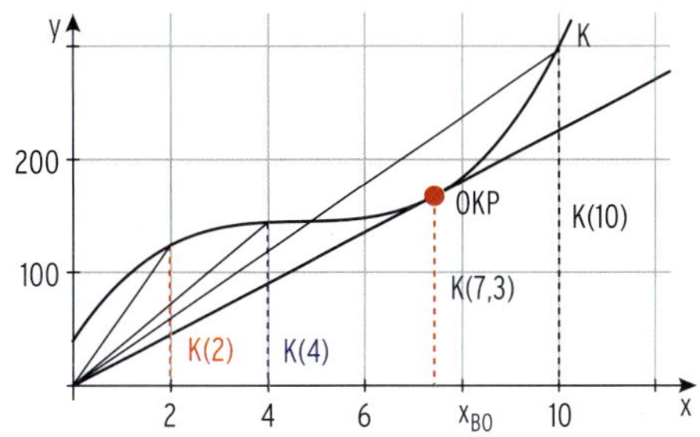

Zusammenfassung

x_{BO} ist die **Ausbringungsmenge,** bei der das **Verhältnis von Gesamtkosten** und **Ausbringungsmenge** am günstigsten ist: $\frac{K(x_{BO})}{x_{BO}} = k(x_{BO})$ ist minimal.

Die Stückkosten sind an der Stelle x_{BO} minimal, wenn die Ursprungsgerade Tangente an K in x_{BO} ist.

Bedingungen für x_{BO}: $\mathbf{k'(x) = 0}$
(In x_{BO} gilt: die Stückkosten sind minimal.)
Oder: $\mathbf{K'(x) = k(x) = \frac{K(x)}{x}}$

(In x_{BO} gilt: Steigung der Tangente $k(x_{BO})$ = Steigung der Kostenkurve $K'(x_{BO})$.)

Vorgehensweise zur grafischen Bestimmung von x_{BO}

Vom Ursprung $O(0|0)$ aus wird die **Tangente an die Gesamtkostenkurve** gelegt.
Der Berührpunkt heißt **optimaler Kostenpunkt (OKP).**
Die Abszisse (x-Koordinate) ist das **Betriebsoptimum** x_{BO}.

Aufgaben

1 Die Gesamtkosten eines Polypolisten in Abhängigkeit von der Ausbringungsmenge x in Mengeneinheiten (ME) werden beschrieben durch die Funktion K mit
$K(x) = \frac{1}{4}x^3 - 6x^2 + 50x + 280$; K(x) in Geldeinheiten (GE).
Die Kapazitätsgrenze liegt bei 24 ME.
Die produzierte Ware wird für 44 GE pro ME verkauft.

a) Zeigen Sie: Das Betriebsoptimum liegt bei etwa 14,6 ME. Bestimmen Sie die langfristige Preisuntergrenze.

b) Bestimmen Sie die kurzfristige Preisuntergrenze.

2 Die Gesamtkosten für ein Produkt eines Unternehmens werden bestimmt durch die Funktion K mit $K(x) = 0{,}01x^3 - 6x^2 + 1500x + 100\,000$, $x \in [0; 700]$.

a) Sichert ein Verkaufspreis von 1500 GE pro ME eine verlustfreie Produktion? Wenn ja, geben Sie eine mögliche Produktionsmenge an.

b) Die Geschäftsleitung behauptet, dass der Verkaufspreis für eine verlustfreie Produktion bis auf 910 GE/ME gesenkt werden kann. Überprüfen Sie diese Behauptung. Wie viele ME müssen dann produziert und verkauft werden?

3 Firma Esram ist Monopolist für Spezialleuchtmittel.
Die Gesamtkosten der Herstellung der Sparlampe XXL lassen sich beschreiben durch
$K(x) = 0{,}2x^3 - 0{,}8x^2 + 1{,}6x + 2$; x in ME, K(x) in GE.
Die Preis-Absatz-Funktion p_N wird durch $p_N(x) = \frac{11}{3} - \frac{2}{3}x$ gegeben.

a) Berechnen Sie die Gewinnzone und den maximalen Gewinn des Unternehmens.

b) Ermitteln Sie das Betriebsminimum. Erläutern Sie seine Bedeutung für die Produktionsmengen- und Preisplanung im Unternehmen.

4 Die Firma Anton Thomalle in Soest baut Motoren. Die Gesamtkosten des Motors ES1A in € betragen $K(x) = 0{,}1x^3 - 7x^2 + 220x + 800$; der Erlös pro Stück liegt bei 250 €.
Die Kapazitätsgrenze liegt bei 80 Stück.

a) Zu welchem kleinstmöglichen Preis kann die Unternehmung verkaufen, wenn sie die fixen Kosten als Verlust in Kauf nimmt?

b) Eine Lösung der Gleichung $k'(x) = 0$ liegt zwischen 37 und 38 ME. Bestimmen Sie die Lösung auf eine Dezimale gerundet. Welcher Verkaufspreis ist für eine verlustfreie Produktion nötig? Beraten Sie die Firma Anton Thomalle.

5 Der Computerladen AIKO hat für das Notebook die Gesamtkosten K mit
$K(x) = 0{,}02x^3 - 5{,}8x^2 + 591x + 12450$ angegeben (x in ME; K(x) in GE).
Das Unternehmen kann aufgrund des Maschinenparks maximal 300 ME produzieren.

a) Bestimmen Sie die Funktionsgleichung der variablen Gesamtkostenfunktion K_v. Bestimmen Sie die Stelle, an welcher der Graph der Grenzkostenfunktion ein Minimum besitzt. Interpretieren Sie diese Stelle aus ökonomischer Sicht.

b) Zeigen Sie: $x_{BO} = 157{,}5$. Bestimmen Sie den Mindestpreis, damit der Hersteller langfristig keinen Verlust erleidet.

c) Bestimmen Sie für einen Preis von $p = 599$ den maximalen Deckungsbeitrag.

6 Das Unternehmen Tigema produziert Trikots. Die Gesamtkosten in GE sind gegeben durch $K(x) = x^3 - 30x^2 + 1860x + 1400$; x in ME. Die Kapazitätsgrenze für die Produktion liegt bei 30 ME. Dem Unternehmen liegt ein Auftrag über 15 ME vor.

a) Bestimmen Sie die Gesamtkosten, die variablen Kosten und die variablen Stückkosten für den Auftrag. Warum hat die Gesamtkostenfunktion K keine Nullstelle? Erklären Sie aus ökonomischer Sicht.

b) Die Berechnung des Betriebsoptimums führt auf die Gleichung $x^3 - 15x^2 - 700 = 0$. Eine Lösung liegt bei etwa 17,3. Überprüfen Sie beide Behauptungen. Welche ökonomische Bedeutung hat diese Stelle?

7 Die Kostensituation des Industrieunternehmens Besler und Sohn soll untersucht werden. Die Grenzkosten werden beschrieben durch die Funktion K′ mit $K'(x) = 2x^2 - 16x + 40$. Die Fixkosten belaufen sich auf 28 GE. Die Kapazitätsgrenze liegt bei 12 ME.

a) Zeigen Sie, dass für die Gesamtkostenfunktion K gilt: $K(x) = \frac{2}{3}x^3 - 8x^2 + 40x + 28$.

b) Bestimmen Sie die Funktion der variablen Gesamtkosten, der variablen Stückkosten und der gesamten Stückkosten.
Ordnen Sie diese 3 Funktionen und die Gesamtkostenfunktion K in der Abbildung den verschiedenen Kostenfunktionen zu.

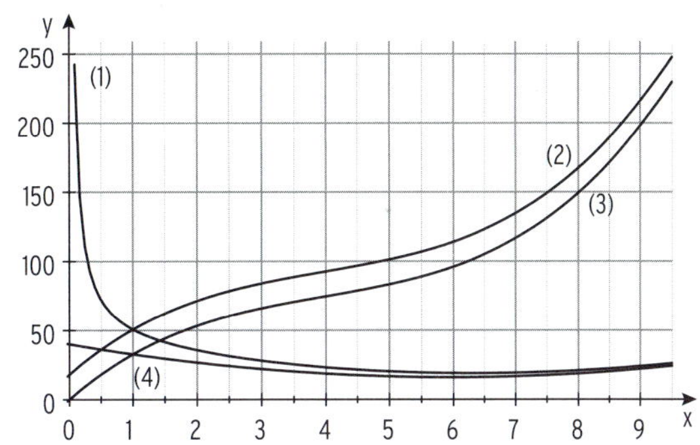

c) Beschreiben Sie den Verlauf der Gesamtkosten. Verwenden Sie die Begriffe degressiv und progressiv. In welchem Punkt ändert sich das Verhalten?

d) Zeigen Sie: $x_{BO} = 6{,}5$.

e) Der Konkurrenzdruck hat sich erhöht. Das Unternehmen stellt Überlegungen an, wie weit der Preis für einen bestimmten Zeitraum gesenkt werden kann.
Erstellen Sie einen geeigneten Vorschlag.

8 Die Gesamtkosten K eines Unternehmens in GE für die Produktion von x ME werden beschrieben durch $K(x) = 0{,}2x^3 - 11x^2 + 220x + 3675$ für $0 \le x \le 50$.
Die Gerade mit $y = 185x$ ist Tangente an die Kostenkurve K.
Bestimmen Sie die Berührstelle.
Interpretieren Sie Ihre Ergebnisse aus ökonomischer Sicht.

Produktlebenszyklus

Der **Produktlebenszyklus** beschreibt den **Lebenslauf eines Produktes** von der Einführung (Fertigstellung) bis zum Zeitpunkt der Herausnahme aus dem Markt.

Beispiel

Die Firma Sport-Burr KG hat einen neuen Ski entwickelt. Für dieses Produkt wird von einem Produktlebenszyklus ausgegangen, der durch die Absatzfunktion A mit $A(t) = -t^3 + 18t^2 + 39t$ beschrieben werden kann. Die Zeit t wird in Wochen angegeben und der Absatz A(t) in Stück. Die Produkteinführung erfolgt zum Zeitpunkt $t = 0$.

a) Beschreiben Sie den Verlauf dieses Graphen mathematisch und interpretieren Sie ihn aus ökonomischer Sicht.

b) Untersuchen Sie die Absatzsituation für den neuen Ski.

Lösung

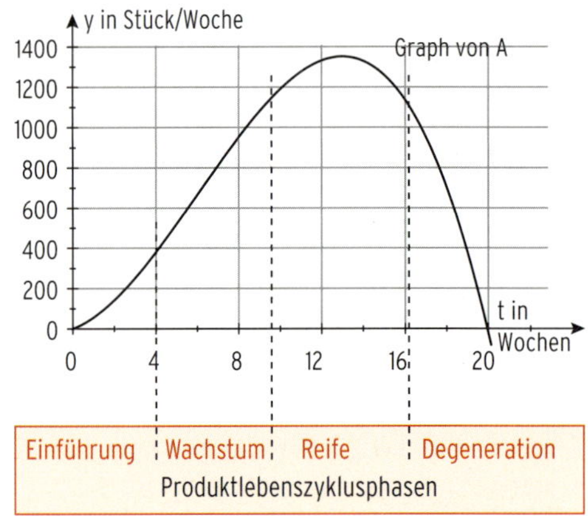

a) Bei $t = 0$ ist die Produkteinführung. Der Graph verläuft durch den Ursprung und steigt zunächst monoton an, der Anstieg ist progressiv, dann degressiv (nach dem Wendepunkt) Das Produkt wird von den Kunden akzeptiert, viele Kunden kaufen sofort den neuen Ski.
Nachdem der Hochpunkt erreicht wurde, fällt der Graph monoton und progressiv.
Nachdem der Boom vorüber ist, kaufen viele Kunden den neuen Ski dieses Herstellers nicht mehr, z. B. weil ein Konkurrenzprodukt auf den Markt gekommen ist.
Der Graph weist eine weitere Nullstelle auf, der Ski wird nicht mehr verkauft.

Beachten Sie

A ist **progressiv wachsend (fallend),** d. h. A wächst (fällt) immer schneller.
A ist **degressiv wachsend (fallend),** d. h. A wächst (fällt) immer langsamer.

b) Die **Absatzzone** beginnt und endet in den Nullstellen derAbsatzfunktion.
Bedingung für die Nullstellen von A: $A(t) = 0$ $\quad -t^3 + 18t^2 + 39t = 0$
Lösung durch z. B. GTR: $t_1 = 0;\ t_2 \approx 19{,}95;\ t_3 \approx -1{,}95$
Die Nullstelle $t_3 = -1{,}95 < 0$ ist ökonomisch nicht sinnvoll.
Die Absatzzone erstreckt sich von $t = 0$ bis $t = 19{,}95$, also etwa über 20 Wochen.
Dieser Zeitraum entspricht dem **ökonomisch sinnvollen Definitionsbereich** der Absatzfunktion: $D_{ök} = [0; 19{,}95]$.

Maximaler Absatz

Ableitungen: $A'(t) = -3t^2 + 36t + 39$ (**Grenzabsatz**); $A''(t) = -6t + 36$

Bedingung: $A'(t) = 0$ $\quad -3t^2 + 36t + 39 = 0$ für $t_1 = 13$; $t_2 = -1$

Mit $A''(13) < 0$ ist $t_1 = 13$ lokale Maximalstelle

Relatives und absolutes Maximum in $t = 13$: $A(13) = 1352$

Der maximale Absatz liegt in der Woche 13 bei ca. 1352 Stück/Woche.

Beachten Sie

Die **Absatzänderung A′(t)** ist **maximal in der Wendestelle oder am Rand des Definitionsbereichs.**

Die Wendestelle der Absatzkurve ist die Maximalstelle der Grenzabsatzkurve.

Bedingung für die Wendestelle: $A''(t) = 0 \quad -6t + 36 = 0$ für $t = 6$

Das Schaubild von A besitzt einen Wendepunkt in $t_W = 6$.

Für $t < 6$: zunehmender Absatzzuwachs; der Absatz wächst **progressiv.**

Für $t = 6$: maximaler Absatzzuwachs; der Absatz wächst am stärksten.

für $6 < t < 13$: abnehmender Absatzzuwachs; der Absatz wächst **degressiv.**

Für $t > 13$: Absatzrückgang; der Absatz fällt **progressiv.**

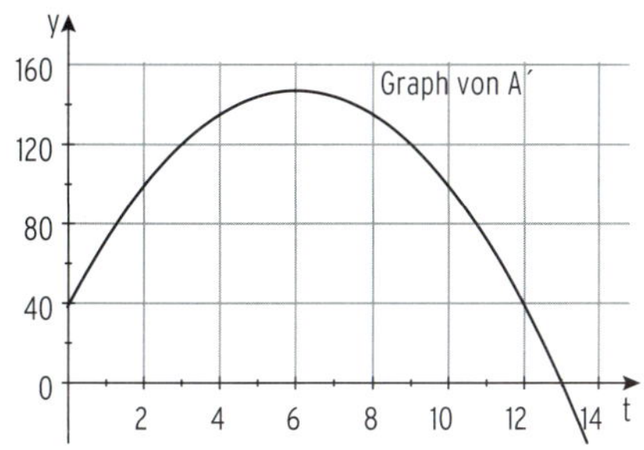

Beachten Sie für eine Absatzfunktion A

Bestimmung der **Absatzzone:** $\quad$ **$A(t) = 0$**

Wenn die Maximalstelle keine Randstelle ist, gilt

- für den **maximalen Absatz:** $\quad$ **$A'(t) = 0$** und **$A''(t) < 0$**
- für die **maximale Absatzänderung:** $\quad$ **$A''(t) = 0$** und **$A'''(t) \neq 0$**

Beachten Sie

Ein **Produktlebenszyklus** oder auch **Produktlebensdauerzyklus** ist ein Modell zur Beurteilung der Altersstruktur eines Produktionsprogrammes eines Betriebes.

Wird ein Produktlebenszyklus durch eine **Absatzfunktion** A beschrieben, so wird der Absatz A (t) in ME pro Zeiteinheit (ZE) angegeben.

Wird ein Produktlebenszyklus durch eine **Umsatzfunktion** U beschrieben, so wird der Umsatz U (t) in Geldeinheiten pro Zeiteinheit (GE/ZE) angegeben.

Eine Zeiteinheit ist z. B ein Monat oder ein Jahr.

Aufgaben

1 Der Produktlebenszyklus eines Luxusgutes kann durch die Absatzfunktion A mit $A(t) = 0{,}15\,t^3 - 2{,}4\,t^2 + 9{,}6\,t;\ t \geq 0$ beschrieben werden.
Dabei ist A (t) der Absatz in Stück/Jahr, t ist die Zeit in Jahren seit der Produkteinführung.
Bestimmen Sie den maximalen, ökonomisch sinnvollen Definitionsbereich $D_{ök}$.
Wie hoch ist der maximale Absatz?
In welchem Jahr nimmt der Absatz am stärksten zu, in welchem am stärksten ab?

2 Der Produktlebenszyklus für eine neue Bodylotion wird beschrieben durch die Umsatzfunktion U mit $U(t) = -\frac{1}{8}t^3 + 2\,t^2$.
Dabei ist t die Zeit in Monaten nach der Einführung, U (t) der monatliche Umsatz in GE.

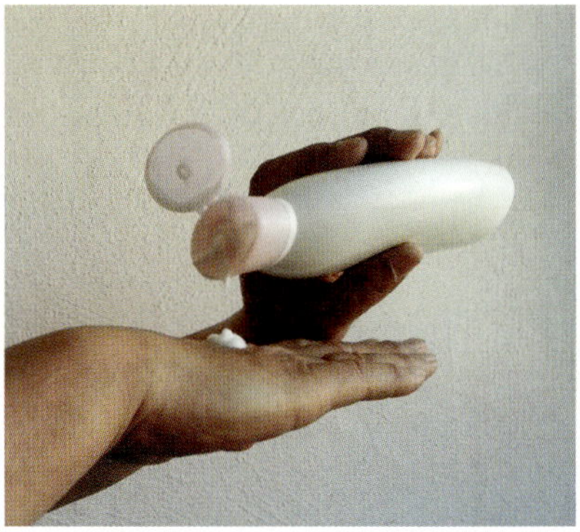

a) Untersuchen Sie die Umsatzsituation ($D_{ök}$; Maximum).
b) Das Produkt soll vom Markt genommen werden, wenn der Umsatz unter 40 % des maximalen Umsatzes sinkt. Eine Umfrage lässt vermuten, dass dies nach ca. 15 Monaten der Fall ist. Überprüfen Sie.

3 Die ALDA AG stellt verschiedene Produkte der Autoelektronik her. Der Lebenszyklus eines Produktes lässt sich mithilfe der Absatzfunktion A mit $A(t) = \frac{1}{2}t^3 - 18\,t^2 + 144\,t$ darstellen.
Die Zeit t wird in Zeiteinheiten (ZE) und der Absatz A (t) in Mengeneinheiten pro Zeiteinheit (ME/ZE) angegeben. t = 0 ist der Zeitpunkt der Produkteinführung.
Untersuchen Sie die Absatzsituation.

4 Die Abbildung beschreibt den Lebenszyklus eines Produktes.
Dabei ist t in ZE, der Absatz A (t) in ME/ZE angegeben.
Nehmen Sie Stellung zu folgenden Behauptungen.

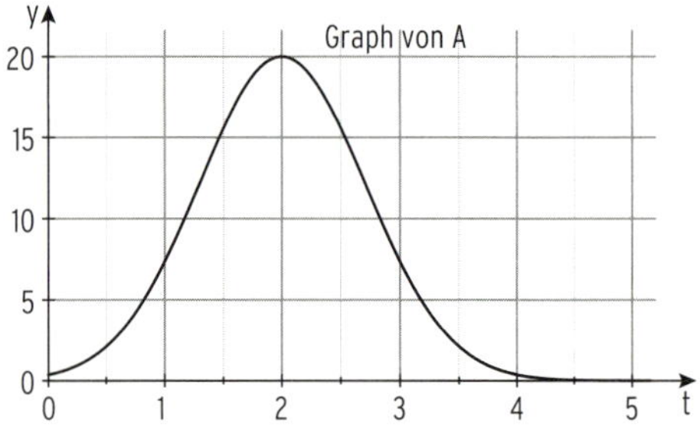

a) A′ ist wachsend im Intervall [0; 1].
b) A ist degressiv fallend für $t > 3$.
c) Der maximale Absatzrückgang erfolgt nach etwa 2,75 ZE.
d) $A''(1{,}5) < 0$
e) $A'(1) = 2$
f) Der Absatz nimmt am stärksten nach etwa 1,5 ZE zu.

Test zur Überprüfung Ihrer Grundkenntnisse

1 Die Kosten K (in GE) eines Unternehmens für die Herstellung von Holzspielzeug hängt von der Ausbringungsmenge x (in ME) wie folgt ab: $K(x) = x^3 - 14x^2 + 100x + 600$.

a) Zeigen Sie, das Betriebsoptimum liegt bei 10 ME. Berechnen Sie die langfristige Preisuntergrenze.

b) Ermitteln Sie den maximalen Gewinn, wenn der Marktpreis konstant bei 125 GE/ME liegt.

2 Ein Monopolist produziert laktosefreie Milch. Das Agrarinstitut stellte die Nachfragefunktion p_N mit $p_N(x) = -1{,}5x + 16{,}8$ fest. Die Mengen x sind in Mengeneinheiten (ME), Preise in Geldeinheiten (GE) angegeben.
Die Gesamtkosten sind gegeben durch $K(x) = 0{,}4x^3 - 2{,}4x^2 + 4{,}8x + 16{,}8$; $K(x)$ in GE.

a) Bestimmen Sie die Erlösfunktion E, die Erlösschwelle, Erlösgrenze und das Erlösmaximum.

b) Weisen Sie nach, dass mit $G(x) = -0{,}4x^3 + 0{,}9x^2 + 12x - 16{,}8$ die Gewinnfunktion G gegeben ist.

c) Die Gewinnschwelle liegt zwischen 1 ME und 2 ME. Bestimmen Sie die Gewinnschwelle auf eine Dezimalstelle genau.

d) Berechnen Sie das Gewinnmaximum. Ermitteln Sie den Cournot'schen Punkt und erläutern Sie seine ökonomische Bedeutung.

3 Die Firma TAROBALD Motorentechnik GmbH besitzt seit einigen Jahren das Patent auf einen speziellen Ölfilter.
Es gilt die Kostenfunktion K mit $K(x) = \frac{1}{30}x^3 - \frac{9}{2}x^2 + 270x + 6000$; $x \geq 0$; $K(x)$ in GE.
Die Kapazitätsgrenze liegt bei $x = 150$ ME.

a) Bestimmen Sie die Funktionsterme der fixen Stückkosten, der variablen Stückkosten, der Stückkosten und der Grenzstückkosten. Berechnen Sie den ökonomisch sinnvollen Definitionsbereich dieser vier Funktionen.

b) Berechnen Sie das Betriebsminimum und die kurzfristige Preisuntergrenze. Interpretieren Sie Ihr Ergebnis aus ökonomischer Sicht.

4 Berechnen Sie die Produktionsmenge mit minimalen Grenzkosten und die Produktionsmenge, bei der die variablen Stückkosten minimal sind für die Kostenfunktion K mit $K(x) = 1{,}5x^3 - 13x^2 + 40x + 15$.
In welchem Verhältnis stehen die beiden Produktionsmengen?

2.5.2 Aufstellen von Kurvengleichungen aus gegebenen Bedingungen

Beispiel 1

➲ K_f ist das Schaubild der Funktion f mit $f(x) = a\,x(x-1)(x-3)$; $x \in \mathbb{R}$, $a \neq 0$.
Im Ursprung hat K_f die Steigung 6.
Bestimmen Sie a.

Lösung

$f(x) = a\,x(x-1)(x-3) = a(x^3 - 4x^2 + 3x)$

Ableitung von f: $f'(x) = a(3x^2 - 8x + 3)$

K_f hat in x = 0 die Steigung 6:

$f'(0) = 6$

$a \cdot 3 = 6$

$a = 2$

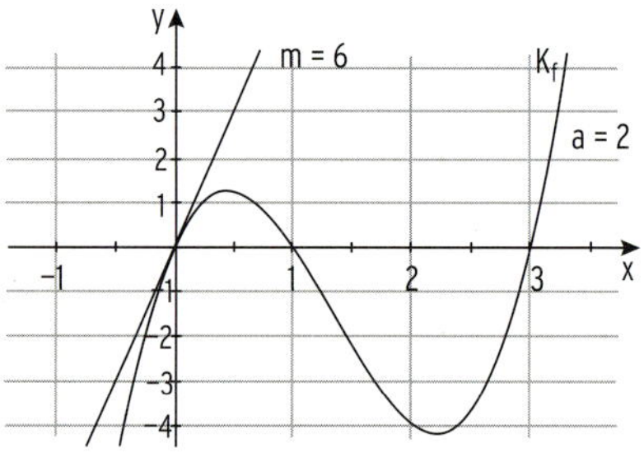

Beispiel 2

➲ Gegeben ist die Funktion f mit $f(x) = a\,x^3 + b\,x^2$; $x \in \mathbb{R}$.
Das Schaubild von f hat den Wendepunkt W(1|8).
Bestimmen Sie den Funktionsterm f(x).

Lösung

Ableitungen von f: $f'(x) = 3a\,x^2 + 2b\,x$; $f''(x) = 6a\,x + 2b$

Eigenschaft	Bedingung	Gleichung
W ist ein Kurvenpunkt	$f(1) = 8$	$a + b = 8$
W ist ein Wendepunkt	$f''(1) = 0$	$6a + 2b = 0$

Die zwei Bedingungen führen auf ein lineares Gleichungssystem (LGS) für a und b.

$$\begin{aligned} a + b &= 8 \quad |\cdot(-2) \\ 6a + 2b &= 0 \end{aligned}$$

Das Additionsverfahren ergibt: $4a = -16$

Ergebnis für a: $a = -4$

Einsetzen von $a = -4$ in die Gleichung $a + b = 8$ führt auf $b = 12$.

Funktionsterm: $f(x) = -4x^3 + 12x^2$

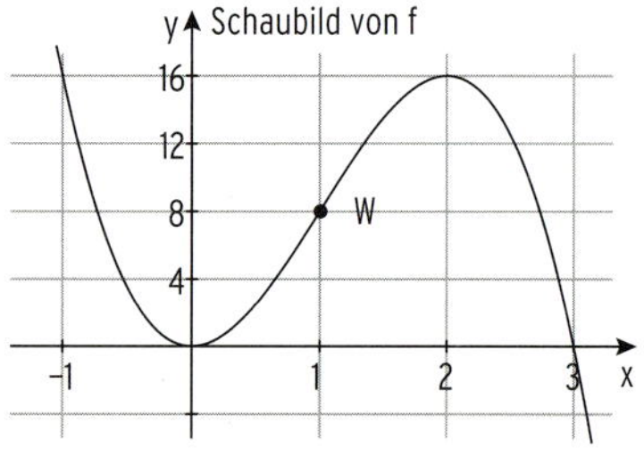

Was man wissen sollte ... über das Aufstellen von Kurvengleichungen aus gegebenen Bedingungen

Funktionsterm einer **linearen Funktion** f: $f(x) = ax + c$

Funktionsterm einer **quadratischen Funktion** f: $f(x) = ax^2 + bx + c$

Funktionsterm einer **ganzrationalen Funktion** f dritten Grades: $f(x) = ax^3 + bx^2 + cx + d$

Häufig auftretende Formulierungen und die entsprechenden Bedingungen beim Aufstellen von Kurvengleichungen:

Formulierung in der Aufgabe	Bedingungen
Das Schaubild von f	
• verläuft durch $P(\mathbf{u} \mid v)$:	$f(\mathbf{u}) = v$
• berührt die x-Achse in $x = \mathbf{u}$:	$\begin{cases} f(\mathbf{u}) = 0 \\ f'(\mathbf{u}) = 0 \end{cases}$
• hat in $x = \mathbf{u}$ die Steigung 5:	$f'(\mathbf{u}) = 5$
• hat in $P(\mathbf{u} \mid v)$ eine Tangente mit Steigung − 2:	$\begin{cases} f(\mathbf{u}) = v \\ f'(\mathbf{u}) = -2 \end{cases}$
• hat den Extrempunkt $T(\mathbf{u} \mid v)$:	$\begin{cases} f(\mathbf{u}) = v \\ f'(\mathbf{u}) = 0 \end{cases}$
• hat den Wendepunkt $W(\mathbf{u} \mid v)$:	$\begin{cases} f(\mathbf{u}) = v \\ f''(\mathbf{u}) = 0 \end{cases}$
• berührt das Schaubild von g in $x = u$:	$\begin{cases} f(\mathbf{u}) = g(\mathbf{u}) \\ f'(\mathbf{u}) = g'(\mathbf{u}) \end{cases}$

Aufgaben

1 Der Graph einer ganzrationalen Funktion f dritten Grades hat in $W(1 \mid 3)$ einen Wendepunkt und in $T(3 \mid 1)$ einen Tiefpunkt. Geben Sie die Bedingungen für f(x) an und stellen Sie das zugehörige lineare Gleichungssystem auf.

2 Die Funktion f ist eine ganzrationale Funktion 3. Grades.
Das Schaubild der Funktion f hat im Ursprung die Steigung 3.
$W\left(4 \mid \frac{4}{3}\right)$ ist der Wendepunkt des Schaubildes von f.
Bestimmen Sie f (x).

3 Bestimmen Sie einen geeigneten Funktionsterm.

a) Der Graph einer ganzrationalen Funktion ist zum Ursprung symmetrisch und hat in $H(2 \mid 3)$ einen Hochpunkt.

b) Das Schaubild von f mit $f(x) = x^4 + bx^2 + c$ hat in $P(1 \mid 4)$ die Steigung 2.

Beispiel 3

Ein Betrieb erzielt für seine Ware einen Verkaufserlös von 9 GE pro ME.
Die Gesamtkosten K sind durch eine ganzrationale Funktion 3. Grades mit $K(x) = x^3 + bx^2 + cx + d$ bestimmt.
Die fixen Kosten betragen 10 GE.
Bei einer Ausbringung von 2 ME besteht Kostendeckung. Bei 4 ME betragen die Stückkosten 6,5 GE. Bestimmen Sie die Erlösfunktion und die Gesamtkostenfunktion.

Lösung

Erlösfunktion E mit $p = 9$: $E(x) = 9x$

Kostenfunktion K: $K(x) = x^3 + bx^2 + cx + d$

Bedingungen und LGS für b, c, d:

1. **fixe Kosten** 10 GE: $d = 10$
2. **Kostendeckung** in $x = 2$ bedeutet:
   $x_{GS} = 2$ ist Gewinnschwelle: $K(2) = E(2) = 18$ — $8 + 4b + 2c + d = 18$
3. **Stückkosten** $k(4) = 6{,}5 \Rightarrow K(4) = 4 \cdot 6{,}5 = 26$ — $64 + 16b + 4c + d = 26$

Einsetzen von $d = 10$ und vereinfachen ergibt ein LGS für b und c:

$$4b + 2c = 0 \quad | \cdot(-4)$$
$$16b + 4c = -48$$

Additionsverfahren ergibt: $-4c = -48$

$c = 12$

Einsetzen in die 1. Gleichung ($4b + 2c = 0$) ergibt: $b = -6$

Gesamtkostenfunktion K mit $K(x) = x^3 - 6x^2 + 12x + 10$

Beispiel 4

Die Erlösfunktion eines Monopolisten hat die Form $E(x) = ax^2 + bx$.
Bestimmen Sie a und b, wenn der maximale Erlös bei 2,5 ME erreicht wird und 12,5 GE beträgt.
Geben Sie die Preis-Absatzfunktion an.

Lösung

$E(x) = ax^2 + bx$ Ableitung von E: $E'(x) = 2ax + b$

E hat in $x = 2{,}5$ die Steigung 0: $E'(2{,}5) = 0$ — $5a + b = 0 \quad | \cdot(-2{,}5)$

$E(2{,}5) = 12{,}5$ — $6{,}25a + 2{,}5b = 12{,}5$

Addition ergibt: $-6{,}25a = 12{,}5$

$a = -2$

eingesetzt in $5a + b = 0$ ergibt: $b = 10$

Erlösfunktion E: $E(x) = -2x^2 + 10x$

Preis-Absatzfunktion p: $p(x) = -2x + 10$

Beispiel 5

➲ Ein Unternehmen arbeitet mit der Gesamtkostenfunktion K vom Typ $K(x) = a x^3 + b x^2 + c x + d$. Der Verkaufspreis je ME beträgt 15 GE.
Bei einer Produktionsmenge von 2 ME liegt das Minimum der Grenzkosten.
Bei dieser Produktionsmenge gilt außerdem: Die Kosten sind gerade gedeckt, die variablen Stückkosten betragen 6 GE und die Grenzkosten 2 GE.
Stellen Sie das LGS zur Bestimmung von a, b, c und d auf.

Lösung

Ansatz für die **Kostenfunktion** K:	$K(x) = a x^3 + b x^2 + c x + d$
Grenzkosten K′ mit	$K'(x) = 3 a x^2 + 2 b x + c$
2. Ableitung von K:	$K''(x) = 6 a x + 2 b$
Erlösfunktion E mit p = 15:	$E(x) = 15 x$
variable Stückkosten:	$k_v(x) = a x^2 + b x + c$
Bedingungen und LGS für a, b, c, d:	
1. Minimum der Grenzkosten $K''(2) = 0$	$12a + 2b = 0$
2. Kostendeckung für x = 2: $K(2) = 30$	$8a + 4b + 2c + d = 30$
3. $k_v(2) = 6$	$4a + 2b + c = 6$
4. Grenzkosten für x = 2: $K'(2) = 2$	$12a + 4b + c = 2$

Beachten Sie

Funktion der **Gesamtkosten:**	$K(x) = a x^3 + b x^2 + c x + d$
Funktion der **Grenzkosten** (Differentialkosten):	$K'(x) = 3 a x^2 + 2 b x + c$
Funktion der **Stückkosten:**	$k(x) = a x^2 + b x + c + \frac{d}{x}$
Funktion der **variablen Stückkosten:**	$k_v(x) = a x^2 + b x + c$
Fixkosten:	$K(0) = d$
Funktion der **fixen Stückkosten:**	$k_{fix}(x) = \frac{d}{x}$
Erlösfunktion bei vollständiger Konkurrenz:	$E(x) = p \cdot x$
Erlösfunktion bei Angebotsmonopol:	$E(x) = p(x) \cdot x$
Gewinnfunktion:	$G(x) = E(x) - K(x)$
Betriebsminimum x_{BM}	$k_v'(x) = 0$
kurzfristige Preisuntergrenze	$k_v(x_{BM})$
Betriebsoptimum x_{BO}	$k'(x) = 0$
langfristige Preisuntergrenze	$k(x_{BO})$
Gewinnmaximum:	$G'(x_{max}) = 0 \wedge G''(x_{max}) < 0$

Aufgaben

1 Die Erlösfunktion eines Monopolisten hat die Form $E(x) = ax^2 + bx$.
Bestimmen Sie a und b, wenn der maximale Erlös bei 4 ME erreicht wird und 25 GE beträgt.
Geben Sie die Preis-Absatzfunktion an.

2 Bei der Herstellung einer Ware entstehen einem Betrieb je Arbeitstag 720 GE fixe Kosten.
Die Grenzkosten K′ werden durch $K'(x) = a\,x^2 + b\,x + 50$ bestimmt. Im Betriebsoptimum $x_{BO} = 60$ ergeben sich variable Stückkosten von 26 GE.
Bestimmen Sie die Gleichung der Gesamtkostenfunktion.

3 Die Gesamtkostenfunktion K des Unternehmens ist vom Typ $K(x) = x^3 + b\,x^2 + c\,x + d$.
Die Fixkosten betragen 36 GE.
Bei einer Produktion von 6 ME entstehen Gesamtkosten von 96 GE, bei 4 ME fallen Grenzkosten in Höhe von 4 GE an.
Bestimmen Sie die Kostenfunktion und die Erlösfunktion bei konstantem Stückpreis, wenn die Gewinngrenze bei 9 ME liegt.

4 Eine Firma erzielt für ihre Ware einen Stückpreis von 100 GE.
Die Gesamtkosten K(x) werden durch eine ganzrationale Funktion 3. Grades in Abhängigkeit von der erzeugten Menge x dargestellt. Die fixen Kosten betragen 72 GE.
Bei einer Ausbringung von 1 ME wird Kostendeckung erreicht, bei 9 ME wird ein maximaler Gewinn von 576 GE erzielt. Bestimmen Sie das LGS zur Ermittlung von K(x).

5 Die Gesamtkosten einer Unternehmung hängen von der Produktionsmenge ab und werden durch $K(x) = ax^3 - 30\,x^2 + c\,x + d$ beschrieben.
Der Verkaufspreis je Mengeneinheit ist durch den Markt vorgegeben und beträgt 69,5 GE.
Die fixen Kosten betragen 100 GE. Das Betriebsminimum liegt bei 7,5 ME. Die kurzfristige Preisuntergrenze beträgt 37 GE. Bestimmen Sie den Funktionsterm für die Kostenfunktion.

6 Die Gesamtkostenfunktion einer Unternehmung ist ertragsgesetzlich.
Das Minimum der Grenzkosten liegt bei einer Ausbringungsmenge von 15 ME.
Bei einer Produktion von 10 ME entstehen Stückkosten von 510 GE, bei 5 ME betragen die variablen Stückkosten 160 GE und die Differentialkosten 125 GE/ME.
Überprüfen Sie, ob $K(x) = 0{,}2\,x^3 - 9\,x^2 + 200\,x + 3800$ die Bedingungen erfüllt.

7 Für die Nachfragefunktion p_N gilt $p_N(x) = -0{,}15\,x + 79$.
Für die Angebotsfunktion p_A gilt die Vorschrift der Form: $p_A(x) = a\,x^2 + b\,x + c$.
Für die Angebotsfunktion gelten folgende Bedingungen:
Beträgt der Marktpreis des Gutes 10 GE, so wird das Gut nicht mehr angeboten.
Das Marktgleichgewicht wird bei einer Absatzmenge von 60 ME erreicht.
Im Marktgleichgewicht ist die Steigung $\frac{9}{5}$.
Bestimmen Sie die Angebotsfunktion.

2.5.3 Extremwertaufgaben

Beispiel 1

➲ Aus einem Werkstück soll ein Dreieck herausgefräst werden. Die Berandung des Werkstücks wird beschrieben durch die Funktion f mit $f(x) = -0{,}5\,x^2 + 2;\ -2 \leq x \leq 2$ (siehe Abbildung). Das Dreieck mit der Spitze O(0 | 0) hat seine beiden Ecken auf dem Schaubild K von f. Welches Dreieck hat den größtmöglichen Flächeninhalt?

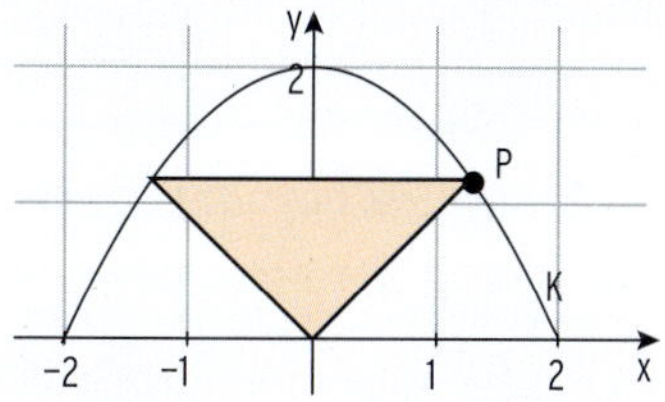

Lösung

Wir wählen den Eckpunkt $P(a \mid -0{,}5\,a^2 + 2)$ auf K für $0 \leq a \leq 2$.
Für jede Wahl von a erhält man ein Dreieck mit dem Flächeninhalt A(a).
Jedem $a \in [0;\ 2]$ wird durch die Funktion $A\colon a \mapsto A(a)$ ein Flächeninhalt zugeordnet.

Zielfunktion: $A(a) = \frac{1}{2} \cdot 2a \cdot f(a) = a \cdot (-0{,}5\,a^2 + 2)$

$A(a) = -0{,}5\,a^3 + 2a;\ D = [0;\ 2]$

Untersuchung von A auf ein Maximum
Ableitungen: $A'(a) = -1{,}5\,a^2 + 2;\ A''(a) = = -1{,}5\,a$

Notwendige Bedingung: $A'(a) = 0$ $\quad -1{,}5\,a^2 + 2 = 0$
Mit $a > 0$: $\quad a \approx 1{,}15$

Nachweis: $A''(1{,}15) < 0$
A hat ein relatives Maximum für $a = 1{,}15$.
Relatives Maximum: $A_{max} = A(1{,}15) = 1{,}54$

Randwerte
Für die Randstellen $a = 0$ und $a = 2$ gilt:
$A(0) = A(2) = 0 < A(1{,}15)$

Ergebnis: Das Dreieck mit den Punkten $P(1{,}15 \mid 1{,}34)$, $Q(-1{,}15 \mid 1{,}34)$ und $O(0 \mid 0)$ hat den größten Flächeninhalt.

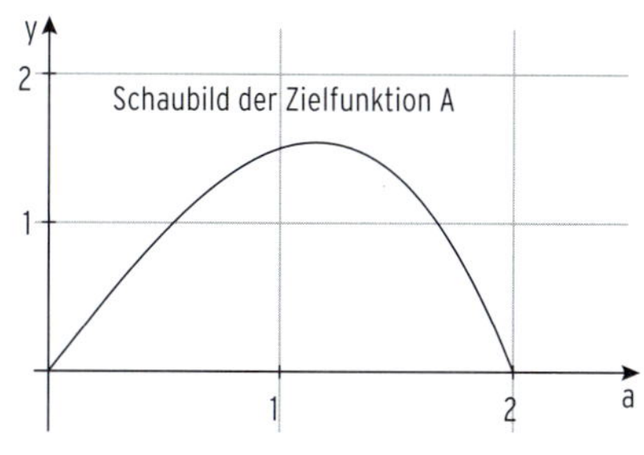

Hinweis zum relativen und absoluten Extremum auf [a; b]:
f(a) ist ein **relatives (lokales) Maximum.**
$f(x_1)$ ist ein **absolutes (globales) Minimum.**
$f(x_2)$ ist ein **relatives (lokales) Maximum.**
f(b) ist ein **absolutes (globales) Minimum.**

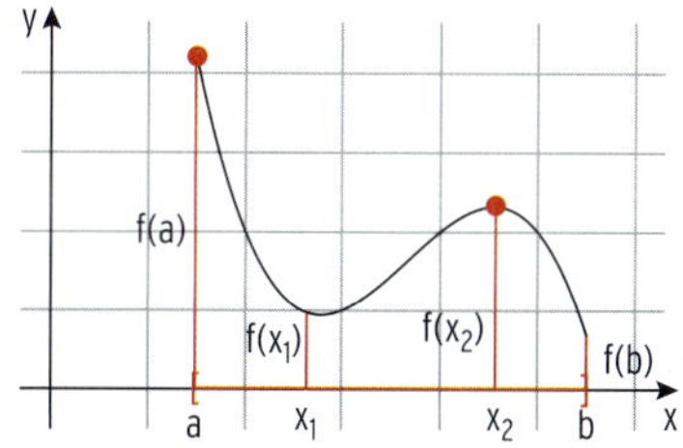

Beispiel 2

➲ Jan ist Auszubildender bei der Firma Stefan Osann, Bürobedarf in Soest. Er soll aus einem DIN-A4-Karton eine nach oben offene Schachtel für Werbegeschenke mit maximalem Volumen entwickeln.
Zeigen Sie, dass das Volumen der Schachtel durch die Funktion V mit $V(x) = 4x^3 - 102x^2 + 630x$ gegeben ist.

Lösung

Ein DIN A4 Karton ist 210 mm breit und 297 mm lang, für die Rechnung wählt er 21 cm und 30 cm.
Die Schachtel hat die Form eines Quaders.
Volumen der Schachtel:
V = Länge · Breite · Höhe
Länge: $30 - 2x$
Breite: $21 - 2x$
Höhe: x mit $0 \le x \le 10{,}5$

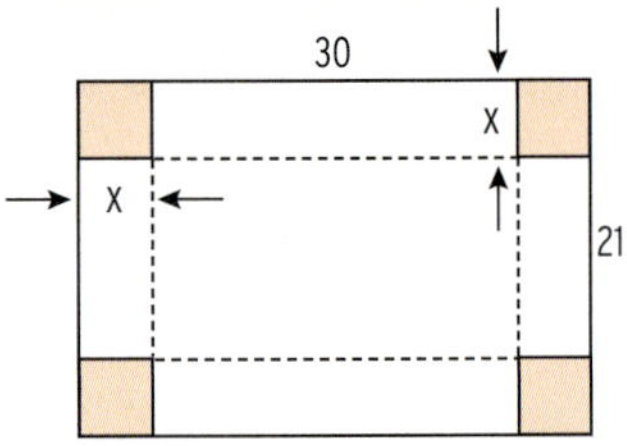

Funktion V, die jeder Höhe x das Volumen zuordnet:
Zielfunktion
V mit $V(x) = (30 - 2x)(21 - 2x)x;\ \ x \in [0; 10{,}5]$

Untersuchung auf ein Maximum
Ausmultiplizieren zum Ableiten:
$V(x) = (30 - 2x)(21 - 2x)x = 4x^3 - 102x^2 + 630x$
Ableitungen: $V'(x) = 12x^2 - 204x + 630;$
$V''(x) = 24x - 204$

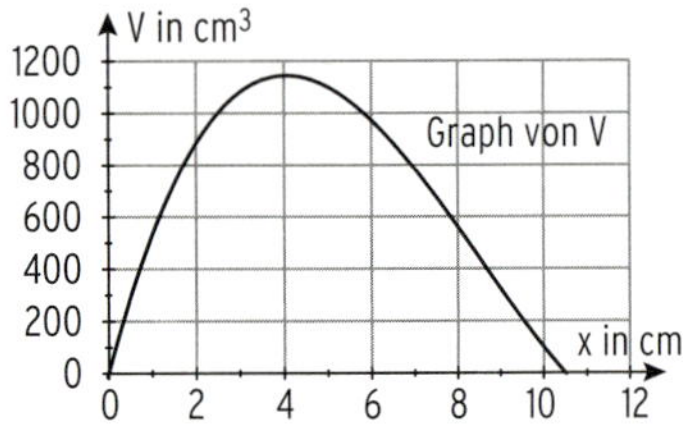

Bedingung für lokales Maximum: $V'(x) = 0$
$12x^2 - 204x + 630 = 0$
$x^2 - 17x + 52{,}5 = 0$
Lösung mit der Formel ergibt: $x_1 \approx 4{,}1;\ x_2 \approx 12{,}9$
Mit $12{,}9 > 10{,}5$ und $V''(4{,}1) < 0$ erhält er: $x_1 \approx 4{,}1$ ist lokale Maximalstelle.
Das zugehörige Volumen in cm³ beträgt $V(4{,}1) = 1144{,}1$
Der **Vergleich mit den Randwerten** $V(0) = 0$
$V(10{,}5) = 0$
ergibt: Das lokale Maximum ist auch das **absolute (globale) Maximum.**
Die Schachtel mit maximalem Volumen von etwa 1144,1 cm³ hat folgende Maße in cm:
Höhe 4,1, Länge $30 - 2 \cdot 4{,}1 = 21{,}8$; Breite $21 - 2 \cdot 4{,}1 = 12{,}8$
Die Maße sind optimal, da die Post das Päckchen ohne Aufpreis transportiert.
Zusätzlich hat es für kleine Geschenke eine praktische Größe.

Beispiel 3

Für die Produktion von Fertigteilen stehen zwei Verfahren zur Verfügung. Dabei gelten die Kostenfunktionen K_1 mit $K_1(x) = 0{,}4\,x^3 - 2\,x^2 + 8\,x + 80$ und K_2 mit $K_2(x) = 0{,}6\,x^3 - 2{,}2\,x^2 + 3\,x + 80$.

a) Für welche Produktionszahlen ist Verfahren 2 günstiger?

b) Für welche Produktionszahl $x \leq 5$ ist der Kostenunterschied am größten? Geben Sie diesen Maximalwert an.

Lösung

a) Schnittstelle der beiden Kostenkurven durch Gleichsetzen:

$K_1(x) = K_2(x)$ $\quad$ $0{,}4\,x^3 - 2\,x^2 + 8\,x + 80 = 0{,}6\,x^3 - 2{,}2\,x^2 + 3\,x + 80$

Nullform: $\quad$ $0{,}2\,x^3 - 0{,}2\,x^2 - 5\,x = 0$

Diese Gleichung hat die Lösungen: $x_1 \approx -4{,}5$; $x_2 = 0$; $x_3 \approx 5{,}5$

Nur die positive Lösung ist relevant.

Mit $K_1(1) = 86{,}4$ und $K_2(1) = 81{,}4$ gilt:

Verfahren 2 ist günstiger für $x < 5{,}5$.

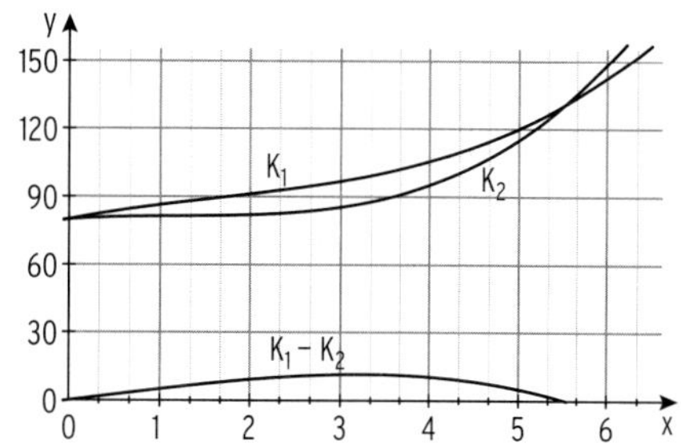

b) **Differenzfunktion**

Wegen $K_1(x) > K_2(x)$ für $0 < x < 5$ gilt: $\quad$ $d(x) = K_1(x) - K_2(x)$

$d(x) = -0{,}2\,x^3 + 0{,}2\,x^2 + 5\,x$

Differenzfunktion mit Definitionsbereich:

$d(x) = -0{,}2\,x^3 + 0{,}2\,x^2 + 5\,x;\ 0 \leq x \leq 5$

Schaubild der Differenzfunktion für $0 < x < 5$:

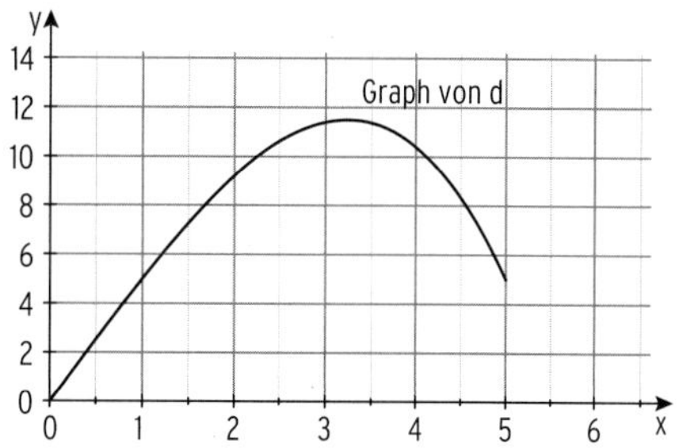

d nimmt in $x \approx 3{,}2$ ein lokales Maximum an: $d(3{,}2) \approx 11{,}5$

Wegen $d(0) = 0$ und $d(5) = 5$ (Randwerte) nimmt d in $x \approx 3{,}2$ ein absolutes Maximum an.

Ergebnis:

Der größte Kostenunterschied entsteht bei einer Produktion von etwa 3,2 ME.

Aufgaben

1 Gegeben ist die Funktion f mit $f(x) = \frac{1}{8}x^3 - 2x$; $x \in \mathbb{R}$, mit Schaubild K_f.
Die Punkte $P(u \mid f(u))$ und $Q(u \mid 0)$ bilden zusammen mit dem Ursprung O ein Dreieck.

a) Zeichnen Sie für $u = 3$ das Dreieck in ein Koordinatensystem ein und bestimmen Sie den Flächeninhalt A(3).

b) Bestimmen Sie für $0 \le u \le 4$ den Flächeninhalt A in Abhängigkeit von u.
Welches Dreieck hat den absolut größten Flächeninhalt?

2 K_f ist das Schaubild von f mit $f(x) = -x^2 + 6x - 5$; $x \in \mathbb{R}$.
In die Fläche zwischen K_f und der x-Achse wird ein Dreieck einbeschrieben (siehe Abb.). Geben Sie eine Zielfunktion an, mit deren Hilfe das Dreieck mit maximalem Flächeninhalt bestimmt werden kann.

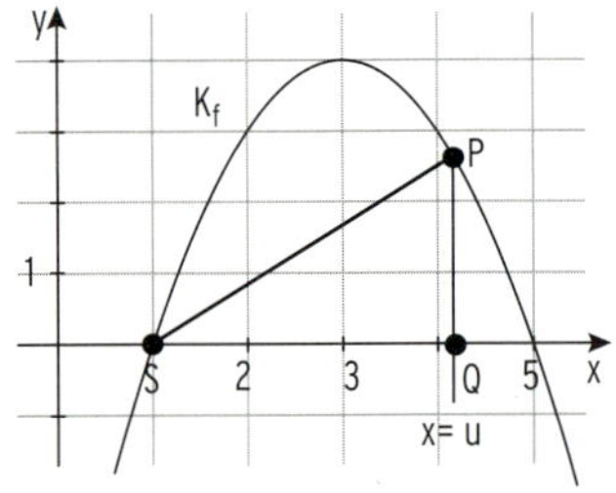

3 Die Berandung des Werkstücks (siehe Abb.) wird durch die Funktion f mit $f(x) = -0{,}25x^2 + 4$ beschrieben. Aus dem Werkstück soll eine möglichst große rechteckige Platte ausgeschnitten werden.

a) Welches Rechteck hat den größtmöglichen Flächeninhalt?

b) Hat dieses Rechteck auch den größtmöglichen Umfang? Begründen Sie.

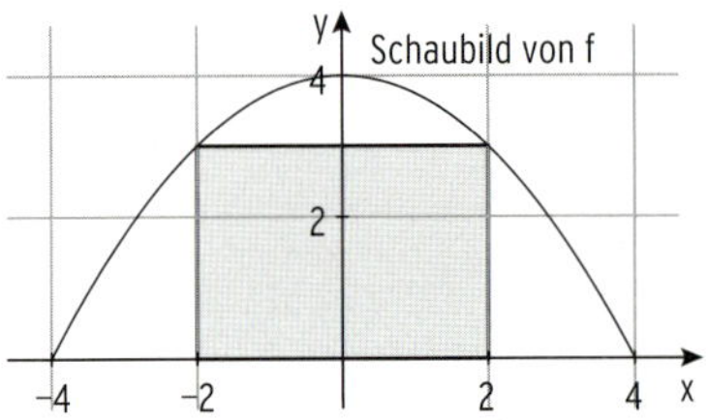

4 Die Firma Weber Metallbau hat eine runde Glasfront über ihrem Ausstellungsraum (siehe Skizze).
In diese Fläche soll eine möglichst große rechteckige Werbetafel für die Hausausstellung eingepasst werden.

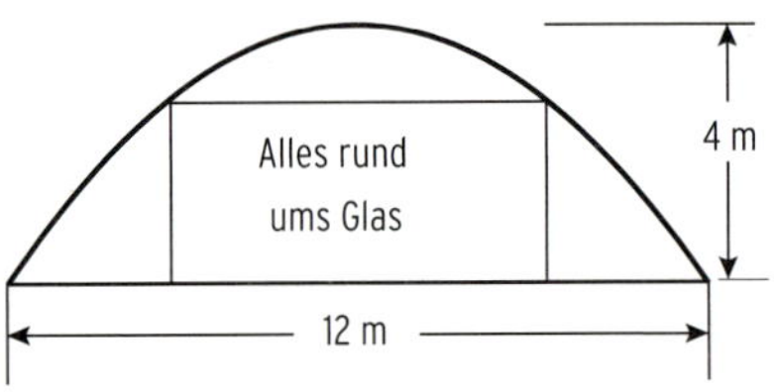

5 Für die Produktion von Fertigteilen stehen zwei Verfahren zur Verfügung.
Dabei gelten die Kostenfunktionen K_1 und K_2 mit $K_1(x) = 2x^3 - 0{,}5x^2 + 4x + 40$ und $K_2(x) = 3x^3 - 3{,}7x^2 + 1{,}5x + 40$; x in ME; $K_1(x)$ und $K_2(x)$ in GE.

a) Für welche Produktionszahlen ist Verfahren 1 günstiger?

b) Für welche Produktionszahl $x \le 3{,}5$ ist der Kostenunterschied am größten?
Geben Sie diese maximale Kostendifferenz an.

IV Integralrechnung

Modellierung einer Situation

Gegeben ist die Funktion f mit
$f(x) = \frac{1}{3}(2x^3 + 4x^2 - 10x - 12);\ x \in \mathbb{R}$.
Der Graph dieser Funktion ist G.
Der Graph der Funktion f beschreibt modellhaft das Profil eines Kanals für $-1 \leq x \leq 2$ sowie die links angrenzende Uferböschung mit Erhebung, 1 LE ≙ 1 m. Die x-Achse befindet sich auf der Höhe der Kanalwasseroberfläche.

a) Wie breit ist der Kanal und wie breit ist die Böschung auf Wasserhöhe? Begründen Sie.

b) Berechnen Sie die größte Tiefe des Kanals und die maximale Höhe der linken Uferböschung relativ zur Wasseroberfläche.

c) Berechnen Sie die Querschnittsfläche des Kanals.

d) Aufgrund von Bauarbeiten ist die Trockenlegung eines 15 m langen Teilstücks des Kanals erforderlich. Dazu muss Wasser abgeleitet werden. Wie viel m^3 Wasser müssen abgeleitet werden?

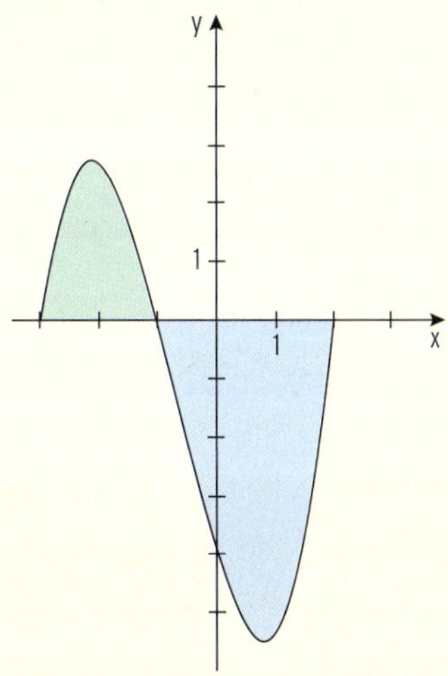

Bearbeiten Sie diese Situation, nachdem Sie die rechts aufgeführten **Qualifikationen** und **Kompetenzen** erworben haben.

Qualifikationen & Kompetenzen

- Stammfunktion bestimmen
- Flächeninhalte berechnen
- Integrale berechnen und interpretieren
- Realitätsbezogene Zusammenhänge mathematisch modellieren

1 Einführung

Beispiel 1

Ein Heißluftballon bewegt sich in einer Richtung fort. Die Geschwindigkeit wird in Abhängigkeit von der vergangenen Zeit in ein Koordinatensystem eingetragen.
Es ergibt sich vom Start bis zur Landung des Ballons dabei folgendes Schaubild.

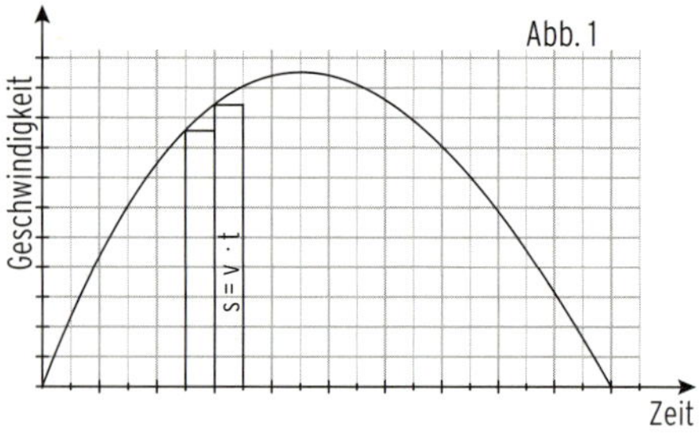

Die Geschwindigkeit ist nicht konstant.
Bei konstanter Geschwindigkeit ergibt sich der zurückgelegte Weg aus dem Produkt Zeit · Geschwindigkeit ($s = v \cdot t$). Geometrisch ergibt sich daher eine (Rechtecks-) Fläche.
Die Summe der Inhalte aller Rechtecke ergibt näherungsweise den zurückgelegten Weg.
Der Inhalt des Flächenstücks zwischen der Kurve und der Zeit-Achse entspricht also dem zurückgelegten Weg.
$v(t)$ sei der Term des Graphen der Ballongeschwindigkeit.
Gesucht ist dann der Funktionsterm $s(t)$ der zugehörigen Weg-Zeit-Funktion
mit der Ableitung $s'(t) = v(t)$,
denn die Geschwindigkeit ist die Ableitung der Weg-Zeit-Funktion.

Beispiel 2

Aus Abb. 2 lassen sich die Stückkosten für eine beliebige Produktionsmenge x entnehmen.
Sie werden beschrieben durch den Graph von f mit $f(x) = 1{,}5$ (GE/ME).
Für 3 ME betragen die variablen Kosten also insgesamt 1,5 GE/ME · 3 ME = 4,5 GE.
Für x ME betragen die variablen Kosten in GE: $1{,}5 \cdot x$.

Der **Inhalt der Fläche** zwischen dem Graph von f und der x-Achse auf [0; 3] entspricht
- den variablen Kosten für 3 ME,
- dem **Funktionswert** $F(x) = 1{,}5x$ an der Stelle 3: $F(3) = 4{,}5$.

Die Funktion F mit $F(x) = 1{,}5x$ heißt **Stammfunktion** von f und es gilt: $F'(x) = f(x)$.

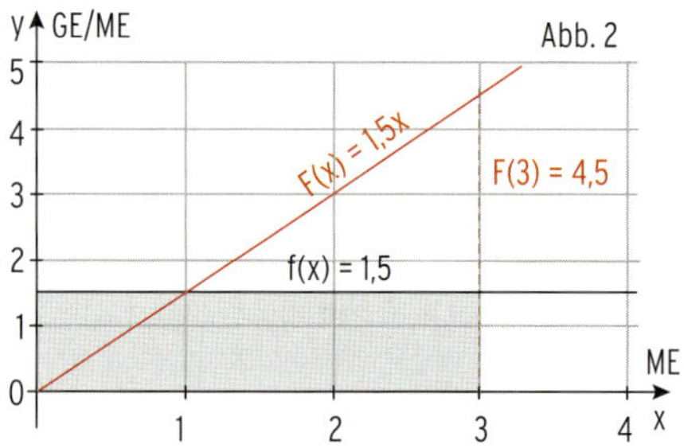

Beispiel 3

Aus der Argen, einem Fluss im Allgäu, werden 2 m^3 Wasser pro Sekunde in einen Kanal abgeleitet.

Die gesamte Abflussmenge nach 3,5 Sekunden beträgt $2\frac{m^3}{s}\cdot 3{,}5\,s = 7m^3$.
Die gesamte Abflussmenge in m^3 nach x_1 Sekunden beträgt $F(x_1) = 2x_1$.

Abb. 3
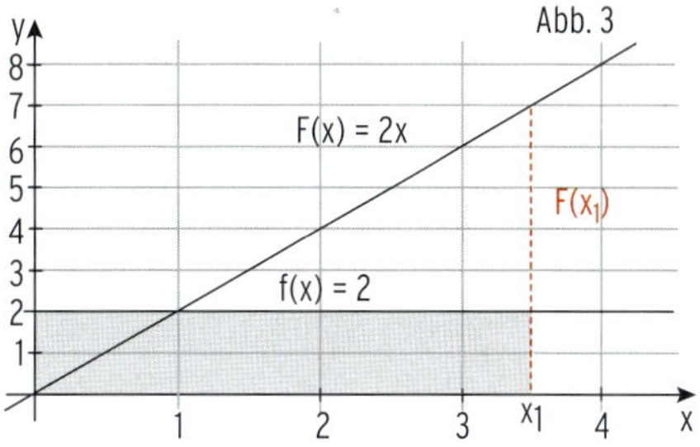

Der **Funktionswert** $F(x_1) = 2x_1$ entspricht dem Inhalt der markierten Fläche.

Die Funktion F mit $F(x) = 2x$ heißt **Stammfunktion** von f und es gilt: $F'(x) = f(x)$.

Beispiel 4

Abb. 4 zeigt den Graph von f mit $f(x) = 1{,}5x + 1$.
Maßzahl der Fläche zwischen dem Graph von f und der x-Achse für $0 \leq x \leq a$:
$F(a) = \frac{f(a)+1}{2}\cdot a = \frac{3}{4}a^2 + a$
Für $x = a$ erhält man $F(x) = 0{,}75x^2 + x$.
Die Funktion F ist eine **Stammfunktion** von f mit $f(x) = 1{,}5x + 1$.
Probe: $F'(x) = 1{,}5x + 1 = f(x)$

Abb. 4
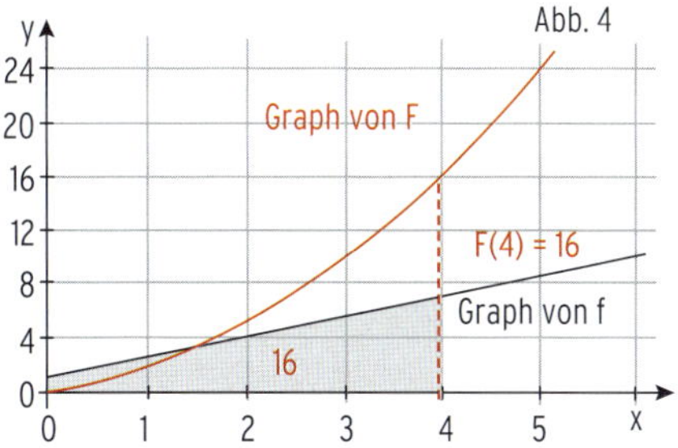

Der **Inhalt einer Fläche** lässt sich mithilfe einer **Stammfunktion** berechnen.

2 Stammfunktion und unbestimmtes Integral

Stammfunktion

Beispiel

➲ Gegeben ist eine Funktion f mit $f(x) = x^2$. Bestimmen Sie den Funktionsterm einer Funktion F, für die gilt: $F'(x) = f(x)$.

Lösung

$F'(x) = f(x)$ entsteht durch **Ableiten** von F, F entsteht durch **Aufleiten** von f.

Aufleiten ergibt $F(x) = \frac{1}{3}x^3$

oder $F(x) = \frac{1}{3}x^3 + 1$ oder $F(x) = \frac{1}{3}x^3 - 5$

Für beliebig viele Funktionen F, die sich nur um eine additive Konstante unterscheiden, gilt: $F'(x) = x^2$.

Festlegung: Eine ableitbare (differenzierbare) **Funktion F** heißt **Stammfunktion der Funktion f**, wenn gilt: $F'(x) = f(x)$

Bestimmung von Stammfunktionen

Beispiele

f(x)	F(x)	Probe durch Ableiten: F′(x)
x	$\frac{1}{2}x^2 - 3$	x
x^3	$\frac{1}{4}x^4 + 1$	x^3
x^n	$\frac{1}{n+1}x^{n+1} + c$	x^n; $n \neq -1$
$3x$	$3 \cdot \frac{1}{2}x^2$	$3x$
$a \cdot x^n$	$a \cdot \frac{1}{n+1}x^{n+1} + c$	$a \cdot x^n$; $n \neq -1$
$2x^2 - 5$	$\frac{2}{3}x^3 - 5x - 4$	$2x^2 - 5$

Bemerkung: Ist F Stammfunktion von f, so ist auch F^* mit $F^*(x) = F(x) + c$ für jedes $c \in \mathbb{R}$ Stammfunktion von f.

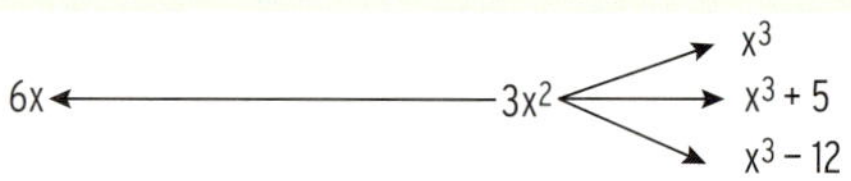

eine Ableitung **viele Stammfunktionen**

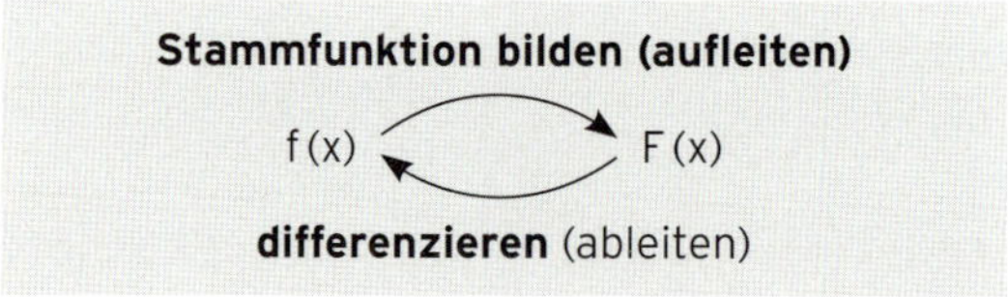

Aufgaben

1 Bestimmen Sie eine Stammfunktion von f. Machen Sie die Probe.

a) $f(x) = 6$ b) $f(x) = 7x + 8$ c) $f(x) = 4 - 3x + \frac{5}{2}x^2$

d) $f(x) = -2x^3 + 5x$ e) $f(x) = 3x^4 - x^2 - 1$ f) $f(x) = \frac{1}{3}x^3 - 2x^2$

2 F ist eine Stammfunktion von f. Bestimmen Sie F(x).

a) $f(x) = \frac{1}{8}x^3 - \frac{2}{5}x^2$ b) $f(x) = \frac{1}{32}x^4 + \frac{4}{5}x^3 - 3$ c) $f(x) = -7x^3 + \frac{3}{8}x^2$

d) $f(x) = (x-2)(x+3)$ e) $f(x) = x^2(4x-3)$ f) $f(x) = 1 - 4x + \frac{3}{2}x^2 + x^3$

g) $f(x) = -\frac{2}{3}(x^4 + 6x^2 - 3)$ h) $f(x) = ax^4 + bx^3 + cx$ i) $f(x) = \frac{1}{2}(x^4 - 3x^2)$

3 Ermitteln Sie F(x).

a) $f(x) = 1 - \frac{5}{2}x^2$ b) $f(x) = x - x^2$ c) $f(x) = \frac{x}{2} - \frac{x^3}{3}$

d) $f(x) = \frac{1}{3}x - \frac{3}{2}x^4$ e) $f(x) = 4(x^4 - x)$ f) $f(x) = -\frac{1}{18}x^3 - \frac{2}{7}x$

Weitere Fragestellungen zu Stammfunktionen

Beispiel 1

➲ Gegeben ist die Funktion f durch $f(x) = 4x^3 + \frac{3}{2}x + 3;\ x \in \mathbb{R}$. Das Schaubild einer Stammfunktion F von f verläuft durch den Punkt P(−2|7). Bestimmen Sie F(x).

Lösung

Eine Stammfunktion F von f: $F(x) = x^4 + \frac{3}{4}x^2 + 3x + c;\ c \in \mathbb{R}$

Punktprobe mit P(−2|7): $7 = (-2)^4 + \frac{3}{4}(-2)^2 + 3(-2) + c$

$c = -6$

Gesuchte **Stammfunktion** F mit $F(x) = x^4 + \frac{3}{4}x^2 + 3x - 6$

Beispiel 2

➲ Für die erste Ableitung der Funktion f gilt $f'(x) = \frac{1}{2}x^3 + 3x^2$.
Das Schaubild von f schneidet die x-Achse in $x = 2$. Bestimmen Sie f(x).

Lösung

Aufleiten ergibt: $f(x) = \frac{1}{8}x^4 + x^3 + c;\ c \in \mathbb{R}$

Punktprobe mit S(2|0): $0 = \frac{1}{8} \cdot 2^4 + 2^3 + c = 2 + 8 + c$

$c = -10$

Funktionsterm $f(x) = \frac{1}{8}x^4 + x^3 - 10$

Aufgaben

1 Geben Sie eine Stammfunktion F von f mit $F(0) = -1$ an.

a) $f(x) = 4x - 3$ **b)** $f(x) = x^3 - x^4 + 2$ **c)** $f(x) = 4x^2 + x - 1$

2 Bestimmen Sie eine Stammfunktion, deren Schaubild die x-Achse in 1 schneidet.

a) $f(x) = 3x^2 + x$ **b)** $f(x) = 2x^3 - 3x + 2$

3 Welche Stammfunktion F von f erfüllt die gegebene Eigenschaft?

a) $f(x) = x^2$; der Graph von F verläuft durch A(3|0).

b) $f(x) = 3x^2 - 6x$; der Graph von F schneidet die y-Achse in −1.

c) $f(x) = 0{,}25x^4 + x^2 + 3$; $F(-1) = 2$

d) $f(x) = 1 - 2x^2$; $F(2) = \frac{2}{3}$

e) $f(x) = 6x - 4$; F hat eine Nullstelle in $x_0 = -1$.

4 Gegeben ist die Funktion f mit $f(x) = \frac{1}{6}x^2(x - 6)$; $x \in \mathbb{R}$.

a) Weisen Sie nach: F mit $F(x) = \frac{1}{24}(x^4 - 8x^3)$ ist eine Stammfunktion von f.

b) Begründen Sie, dass F genau eine Extremstelle hat.

5 Das Schaubild einer Stammfunktion F von f mit $f(x) = -8x^3 + x^2 - 3$ verläuft durch den Punkt A(−1|2). Bestimmen Sie F(x).

6 Die erste Ableitung einer Funktion f lässt sich durch $f'(x) = \frac{1}{3}x^2 + 4x$ beschreiben. Das Schaubild der zugehörigen Funktion verläuft durch den Punkt P(4|0). Bestimmen Sie den Funktionsterm f(x).

7 Die Abbildung zeigt das Schaubild einer Stammfunktion F von f mit $f(x) = 4 - x$; $x \in \mathbb{R}$. Bestimmen Sie F(x).

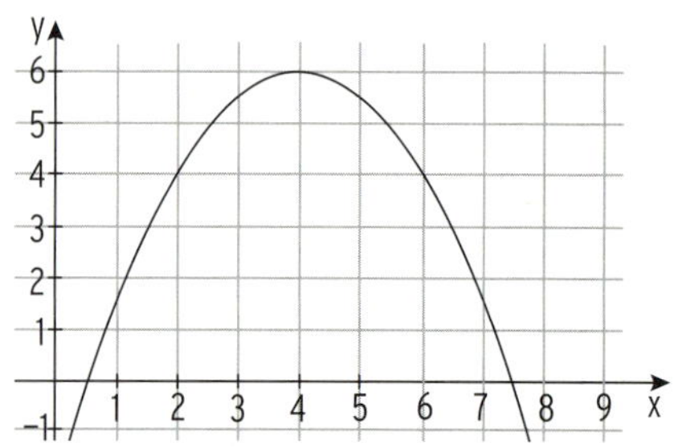

8 Für die zweite Ableitung der Funktion f gilt $f''(x) = 1 - 2x$. Das Schaubild von f verläuft durch den Ursprung mit Steigung 2. Bestimmen Sie f(x).

9 Die Funktion f ist gegeben durch $f(x) = -\frac{4}{3}x^3 + bx + 4$; $x \in \mathbb{R}$, $b \in \mathbb{R}$. Das Schaubild einer Stammfunktion F von f verläuft durch die Punkte P(3|−7) und $Q\left(1 \middle| \frac{11}{3}\right)$. Bestimmen Sie F(x).

10 Bestimmen Sie a und b so, dass F mit $F(x) = \frac{1}{5}x^2 + 5 - 4x$ eine Stammfunktion von f mit $f(x) = ax + b$ ist.

Grafisches Aufleiten und Ableiten

Beispiel 1

➲ Die Funktion F ist eine Stammfunktion der Polynomfunktion f. Die Abbildung zeigt das Schaubild von F. Leiten Sie hieraus Aussagen über Nullstellen und Extremstellen von f ab.

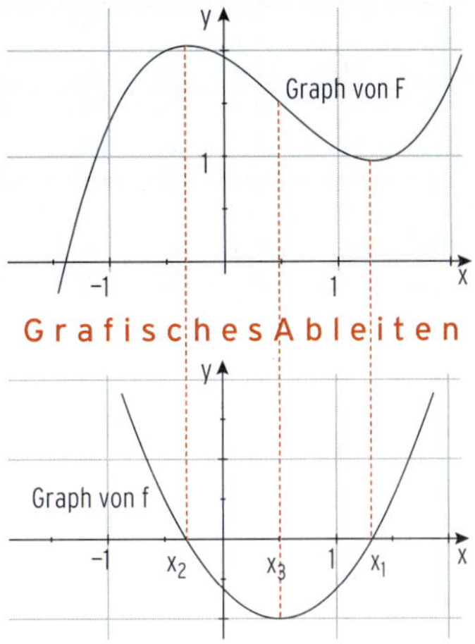

Lösung

Es gilt: $F'(x) = f(x)$. Der Graph von F hat waagrechte Tangenten bei $x_1 \approx 1{,}3$ bzw. bei $x_2 \approx -0{,}3$; d. h., an diesen Stellen gilt: $F'(x) = 0$, d. h., x_1 und x_2 sind Nullstellen von f.

Der Graph von F hat einen **Wendepunkt** bei $x_3 \approx 0{,}5$, d. h., x_3 ist **Extremstelle** von f.

x_3 ist Minimalstelle von f, da der Graph von F in x_3 die kleinste Steigung hat.

Beispiel 2

➲ Die Funktion F ist eine Stammfunktion der Funktion f. Die Abbildung zeigt das Schaubild von f. Skizzieren Sie ein mögliches Schaubild von F. Welche Aussagen lassen sich über die Funktion F machen?

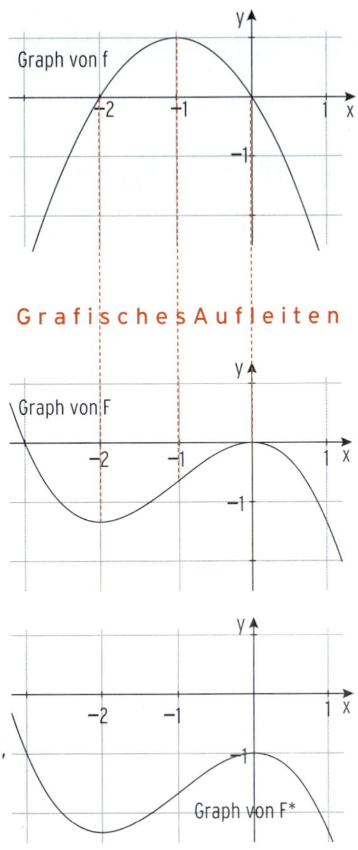

Lösung

Es gilt: $F'(x) = f(x)$

$f(x)$ ist der **Steigungswert** des Graphen von F an der Stelle x.

- Der Graph von f hat Nullstellen in $x_1 = -2$ und $x_2 = 0$, d. h., der Graph von F hat waagrechte Tangenten in x_1 und x_2. In $x_1 = -2$ wechselt $f(x)$ das Vorzeichen von − nach + d. h., der Graph von F hat in $x_1 = -2$ eine Minimalstelle. Entsprechend: Der Graph von F hat in $x_2 = 0$ eine Maximalstelle.
- Der Graph von f hat eine Extremstelle in $x_3 \approx -1$. An dieser Stelle gilt: $f'(x) = F''(x) = 0$, d. h., der Graph von F hat einen **Wendepunkt** in x_3.

Hinweis: Verschiebt man den Graph von F in y-Richtung, so ergibt sich der Graph einer weiteren Stammfunktion F* von f.

Beispiel 3

➲ Die Abbildung zeigt den Graphen einer Funktion f. Skizzieren Sie das Schaubild einer Stammfunktion von f.

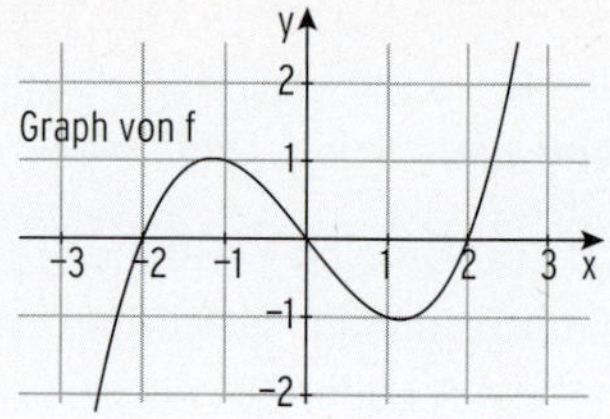

Lösung

Es gilt: $F'(x) = f(x)$.

f(x) ist der **Steigungswert** des Graphen von F an der Stelle x.

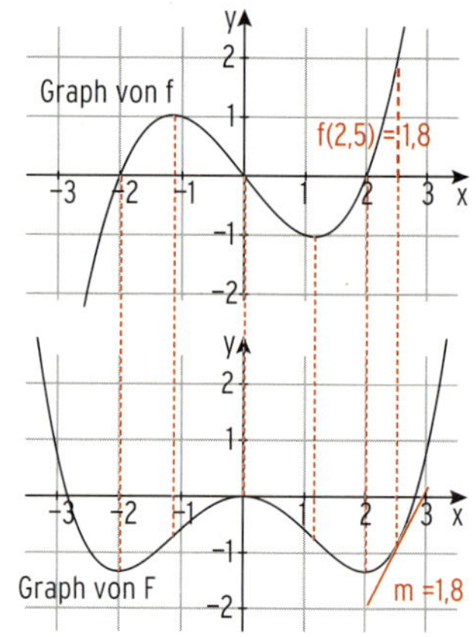

- Der Graph von f hat Nullstellen in $x_1 = -2$; $x_2 = 0$; $x_3 = 2$ d.h., der Graph von F hat waagrechte Tangenten in x_1, x_2 und x_3. In $x_1 = -2$ wechselt f(x) das Vorzeichen von − nach + d.h., der Graph von F hat in $x_1 = -2$ eine Minimalstelle.
  Entsprechend gilt:
  Der Graph von F hat in $x_2 = 0$ eine Maximalstelle und in $x_3 = 2$ eine Minimalstelle
- Der Graph von f hat Extremstellen in $x_4 \approx -1{,}2$ und $x_5 \approx 1{,}2$ (x_4 und x_5 sind Nullstellen von f′ mit VZW). An diesen Stellen gilt: $f'(x) = F''(x) = 0$, d.h., der Graph von F hat **Wendepunkte** in x_4 und x_5.

Hinweis: Verschiebt man den Graph von F in y-Richtung, so ergibt sich der Graph einer weiteren Stammfunktion F* von f.

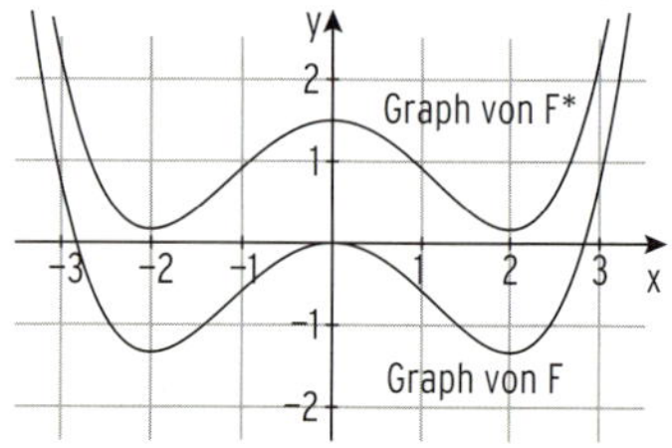

Beachten Sie den Zusammenhang von F und f

Eine **Extremstelle x_1 von F** ist eine **Nullstelle von f:** $F'(x_1) = f(x_1) = 0$.
Eine **Wendestelle x_2 von F** ist eine **Extremstelle von f:** $F''(x_2) = f'(x_2) = 0$.

Merkregel: ← ableiten — N E W — aufleiten →

N steht für Nullstelle mit Vorzeichenwechsel (einfache, dreifache, ... Nullstelle).

Aufgaben

1 Die Abbildung zeigt das Schaubild einer Stammfunktion F von f.
Skizzieren Sie das Schaubild von f.

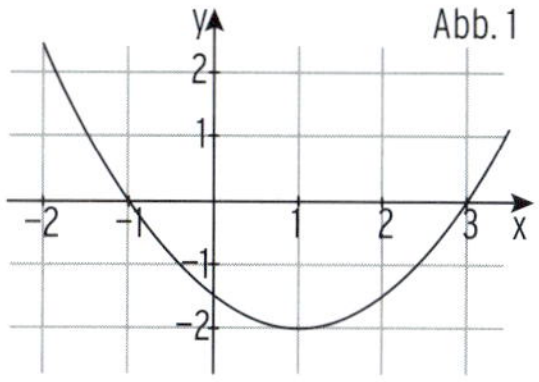

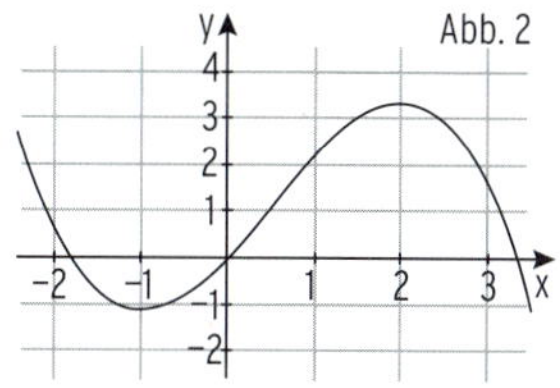

2 Die Abbildung zeigt das Schaubild einer Funktion von f.
Skizzieren Sie das Schaubild einer Stammfunktion F von f.

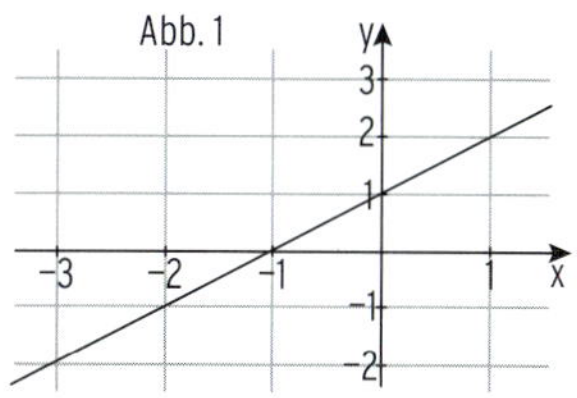

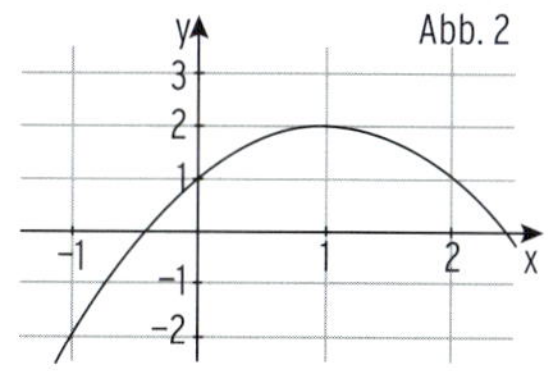

3 In der Abbildung sind die Schaubilder von f und einer Stammfunktion F von f gezeichnet.
Ordnen Sie zu und begründen Sie Ihre Wahl.

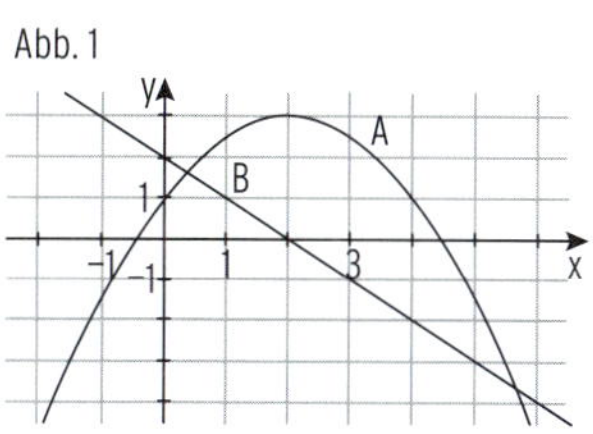

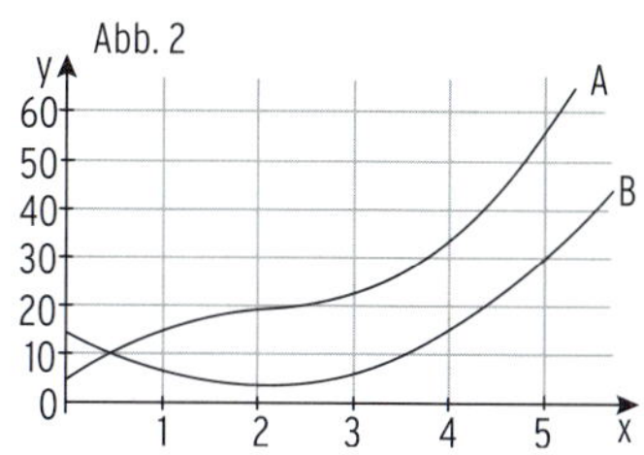

4 Die Abbildung zeigt das Schaubild einer Stammfunktion F von f.
Machen Sie Aussagen über Extremstellen und Nullstellen von f.
Skizzieren Sie das Schaubild von f. Ist das Schaubild von f symmetrisch?

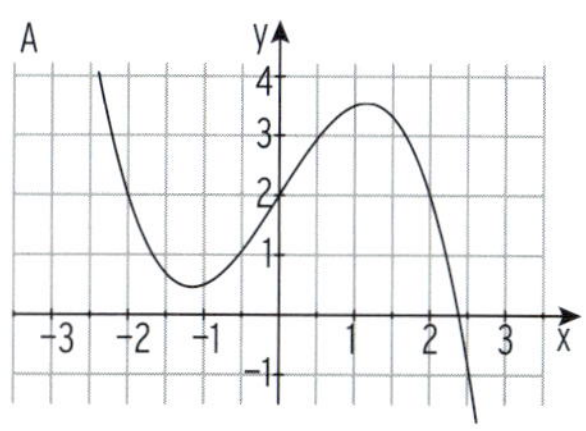

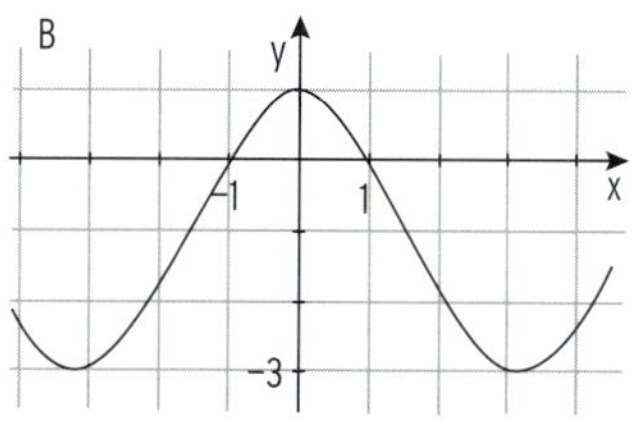

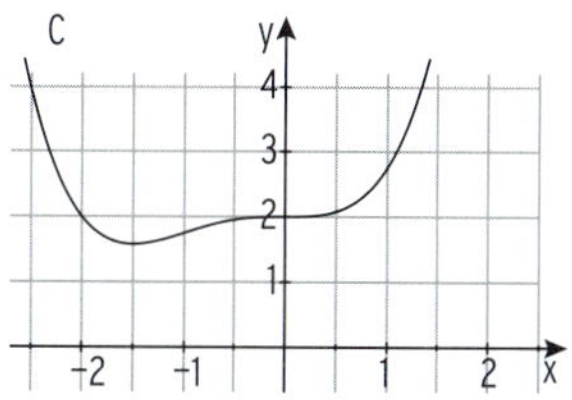

5 Hat f auf D = ℝ eine Stammfunktion F, so hat f auch eine Stammfunktion, deren Schaubild durch den Ursprung verläuft. Nehmen Sie Stellung zu dieser Behauptung.
Nennen Sie Beispiele oder gegebenenfalls ein Gegenbeispiel.

6 Bestimmen Sie zur Funktion f mit $f(x) = 4x^3 - 4x;\ x \in \mathbb{R}$, zwei verschiedene Stammfunktionen F und H. Bilden Sie $F(2) - F(1)$ bzw. $H(2) - H(1)$ und vergleichen Sie. Interpretieren Sie das Ergebnis.

7 Die Abbildung zeigt das Schaubild K_f einer Funktion f.
Leiten Sie hieraus Aussagen über Extrem- und Wendestellen einer möglichen Stammfunktion F von f ab. Skizzieren Sie das Schaubild einer Funktion F.

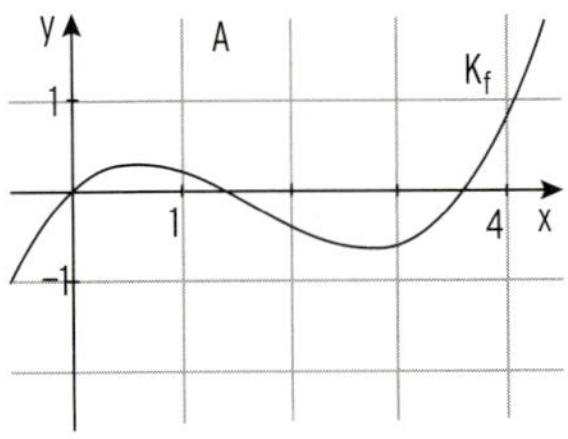

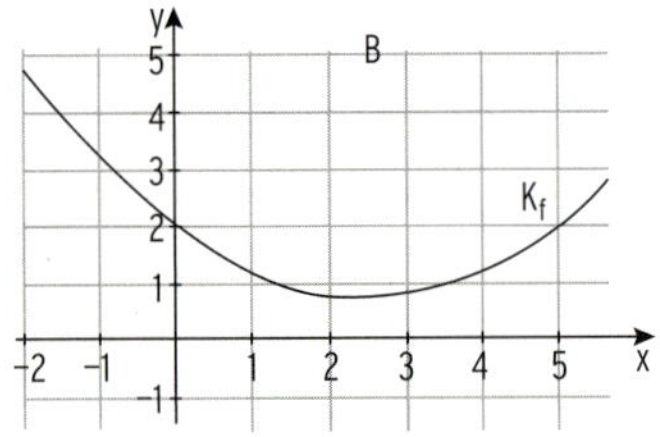

8 Eine Funktion f hat eine Nullstelle $x_0 = 3$. Welche Aussage können Sie über das Schaubild einer zugehörigen Stammfunktion F im Punkt $P(x_0 \mid \square)$ machen?

9 Die Abbildung zeigt das Schaubild K_f einer Funktion f.
Skizzieren Sie das Schaubild einer Stammfunktion von f, die durch $A(1 \mid 4)$ verläuft.

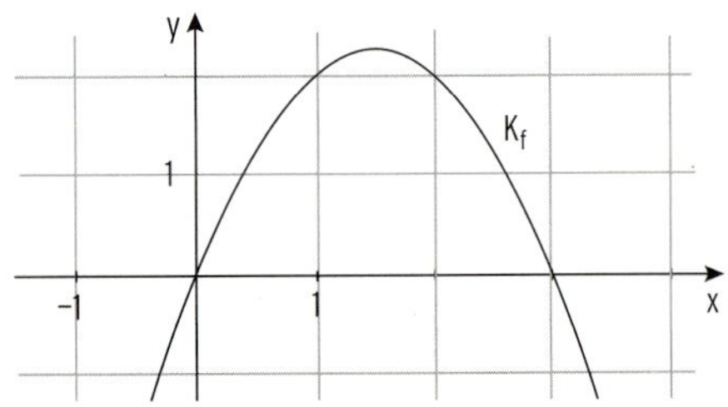

10 Die Abbildung zeigt einen Ausschnitt aus dem Schaubild einer Funktion f. Entscheiden Sie, ob folgende Aussagen über das Schaubild K_F einer Stammfunktion F von f wahr oder falsch sind. Begründen Sie Ihre Entscheidungen.

A:
- $x = 3$ ist Wendestelle von K_F.
- An der Stelle $x = -1$ hat K_F einen Tiefpunkt.
- K_F ist monoton steigend für $x > 0$.

B:
- K_F hat einen Hochpunkt, einen Tiefpunkt und einen Wendepunkt.
- An der Stelle $x = 1$ hat K_F eine Tangente parallel zu $g\colon y = -\frac{1}{2}x$.
- K_F ist rechtsgekrümmt für $x > 0$.

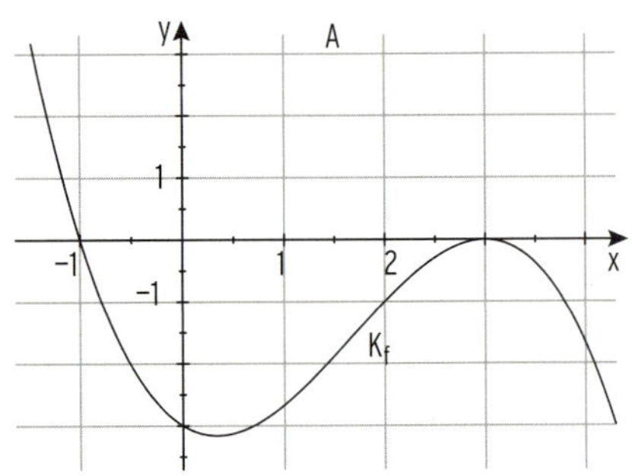

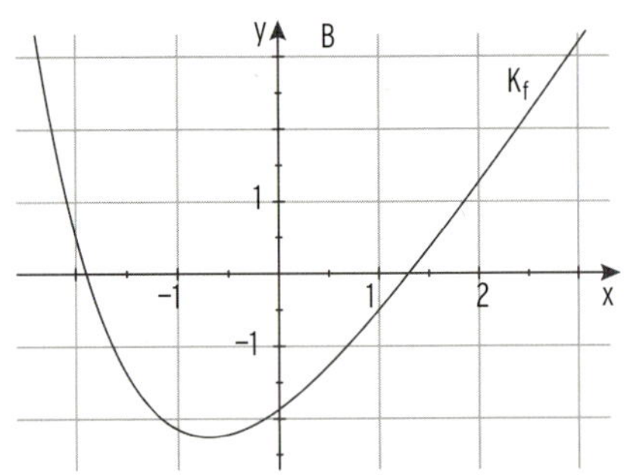

Das unbestimmte Integral

Den Übergang von einer Funktion zu einer Stammfunktion nennt man Integration („Aufleitung").

Beispiel

$f(x) = x^2 + 2x$ $\qquad$ $F(x) = \frac{1}{3}x^3 + x^2 + c = \underbrace{\int (x^2 + 2x)\,dx}_{\text{neue Schreibweise}}$

> **Beachten Sie**
>
> Die Menge aller Stammfunktionen von f heißt **unbestimmtes Integral** von f.
> Neue Schreibweise: $\mathbf{F(x) = \int f(x)\,dx}$ (gelesen: Integral über f von x dx)
> Die **Integration** (Aufleitung) ist die **Umkehrung** der **Differenziation** (Ableitung)

integrieren (aufleiten)

$F'(x) = f(x)$ ⇄ $F(x) = \int f(x)\,dx$

differenzieren (ableiten)

Beispiele

1) $\int (3x + 4 - 2x^3)\,dx = \frac{3}{2}x^2 + 4x - \frac{2}{4}x^4 + c = \frac{3}{2}x^2 + 4x - \frac{1}{2}x^4 + c$

2) $\int \left(-\frac{x^3}{4} + \frac{2}{3}x^2 - 5x + 2\right)dx = -\frac{1}{16}x^4 + \frac{2}{9}x^3 - \frac{5}{2}x^2 + 2x + c$

3) $\int x^2\,dx = \frac{1}{3}x^3 + c$; $\int t^2\,dt = \frac{1}{3}t^3 + c$

> **Beachten Sie**
>
> $\int a x^n\,dx = \frac{a}{n+1}x^{n+1} + c$; $n \neq -1$

Aufgaben

1 Bestimmen Sie das unbestimmte Integral.

a) $\int 7\,dx$ $\quad$ b) $\int \left(\frac{1}{3}x^2 + 5x - 3\right)dx$ $\quad$ c) $\int dx$

d) $\int (0{,}5x^3 + 2x^2 + x + 3)\,dx$ $\quad$ e) $\int (ax^3 + bx + c)\,dx$ $\quad$ f) $\int \left(x^4 - \frac{3}{5}x^2 + x - 1\right)dx$

g) $\int (0{,}5x^2 - 0{,}25x^3)\,dx$ $\quad$ h) $\int \left(\frac{1}{8}t^2 + \frac{5}{3}t\right)dt$ $\quad$ i) $\int (t^2 + 4t^3)\,dt$

2 Bestimmen Sie $\int f(x)\,dx$.

a) $f(x) = \frac{1}{12}x^3 + 2x$ $\quad$ b) $f(x) = \frac{3}{8}x^4 + \frac{3}{4}x^2 + 1$ $\quad$ c) $f(x) = \frac{1}{2}x^3 + 5x^2$

3 Das bestimmte Integral

Beispiel 1

➲ Herr Bohn lässt Wasser in die Badewanne einlaufen. Das Diagramm zeigt die momentane Durchflussmenge w in ℓ pro min in Abhängigkeit von der Zeit t in min. Interpretieren Sie das Diagramm.

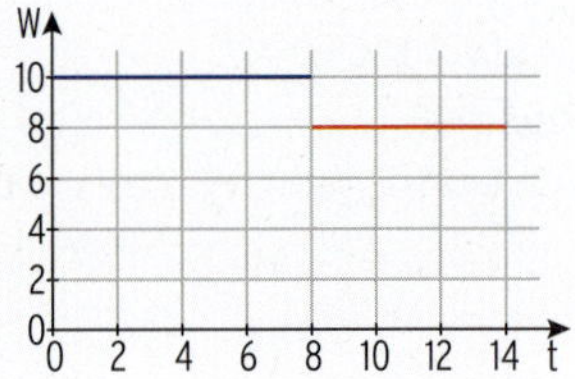

Lösung

Die momentane Durchflussmenge beträgt in den ersten 8 Minuten 10 ℓ pro Minute.
In weiteren 6 Minuten laufen 8 ℓ pro Minute ein.
Die Badewanne hat ein Fassungsvermögen von 128 ℓ ($8 \cdot 10 + 6 \cdot 8 = 128$).
Dieses **Fassungsvermögen** entspricht dem **Inhalt der Fläche** zwischen den Geraden mit $y = 10$ bzw. $y = 8$ und der t-Achse.

Beispiel 2

➲ Gegeben ist die Funktion f mit $f(x) = 0{,}5x;\ x > 0$.
Die zugehörige Gerade K_f schließt mit der x-Achse eine Fläche ein.
Berechnen Sie den Inhalt A der Fläche über dem Intervall [0; 2], [0; 3,5], [0; x].
Wie lässt sich der Inhalt A über [2; 3,5] bzw. über [a; b] $(b > a > 0)$ bestimmen?

Lösung

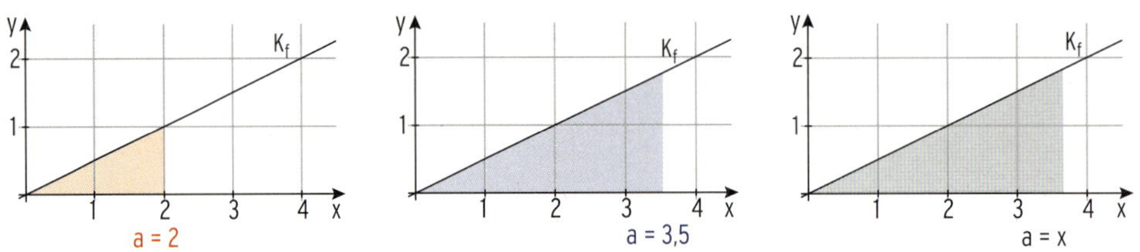

Inhalt der Fläche zwischen der Geraden K_f und der x-Achse

für a = 2: $A_1 = \frac{1}{2} \cdot 2 \cdot 1 = 1$

für **a = 3,5:** $A_2 = \frac{1}{2} \cdot 3{,}5 \cdot 1{,}75 = 3{,}0625$

für **a = x (x > 0):** $A_3 = \frac{1}{2} \cdot x \cdot \frac{1}{2}x = \frac{1}{4}x^2$

Wir stellen fest: $F(x) = \frac{1}{4}x^2$ ist der Funktionsterm einer Stammfunktion F von f.

Der Inhalt der Fläche zwischen K_f und der x-Achse über [0; x] lässt sich mit einer Stammfunktion F von f bestimmen, indem man die Grenze x einsetzt: $A_1 = F(2)$; $A_2 = F(3{,}5)$
Inhalt der Fläche zwischen Gerade und x-Achse

über [2; 3,5]: $A = F(3{,}5) - F(2) = 2{,}0625$

über [a; b]: $A = F(b) - F(a) = \frac{1}{4}b^2 - \frac{1}{4}a^2$

Wie lässt sich der Inhalt der Fläche zwischen einer krummlinigen Kurve und der x-Achse berechnen?

Beispiel 3

➲ Gegeben ist die Parabel P der Funktion f mit $f(x) = x^2$. Bestimmen Sie den Inhalt der Fläche zwischen Parabel P, x-Achse und der Geraden mit $x = 2$ im 1. Feld.

Lösung

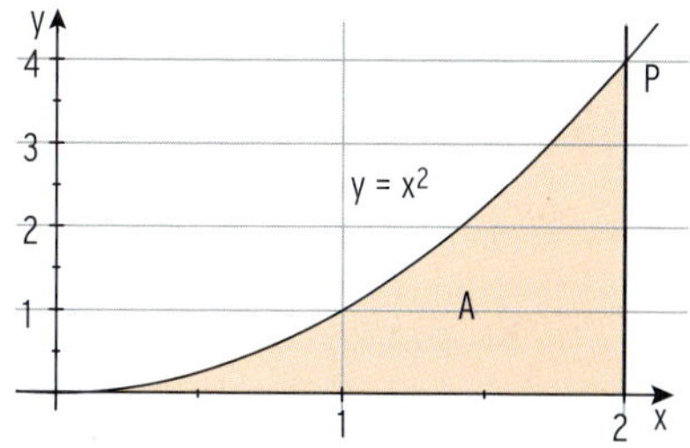

Man bildet eine **Stammfunktion** von f: $F(x) = \frac{1}{3}x^3$

Setzt man für x den Wert 2 ein, so erhält man $F(2) = \frac{8}{3}$ als Maßzahl des Flächeninhaltes zwischen Parabel, x-Achse und der Geraden mit $x = 2$.

Vermutung: $A = F(2) = \frac{8}{3}$

Beweis:

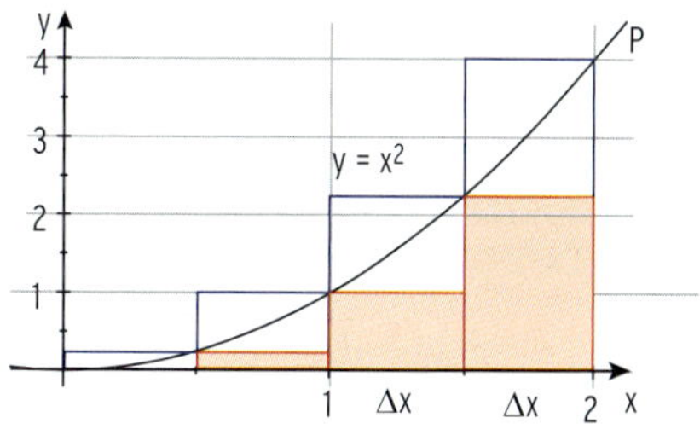

Näherungsweise Bestimmung des Flächeninhaltes durch 4 Rechtecke der Breite $\Delta x = 0{,}5$.

Von unten: $U_4 = \Delta x \cdot (f(0) + f(0{,}5) + f(1) + f(1{,}5))$

Untersumme $U_4 = \frac{1}{2} \cdot \left(\frac{1}{4} + 1 + \frac{9}{4}\right) = 1{,}75$

Von oben: $O_4 = \Delta x \cdot (f(0{,}5) + f(1) + f(1{,}5) + f(2))$

Obersumme $O_4 = 3{,}75$

Der gesuchte Flächeninhalt liegt zwischen 1,75 und 3,75.

Je größer die Anzahl der Rechtecke ist, umso genauer wird die Näherung.

Näherung durch n Rechtecke mit Breite $\Delta x = \frac{2}{n}$:

Von unten: $U_n = \frac{2}{n} \cdot \left(\frac{2}{n}\right)^2 \cdot (1^2 + 2^2 + 3^2 + \ldots + (n-1)^2)$

Mit $1^2 + 2^2 + 3^2 + \ldots + (n-1)^2 = \frac{1}{6}n(n-1)(2n-1)$ erhält man die

Untersumme $U_n = \left(\frac{2}{n}\right)^3 \cdot \frac{1}{6}n(n-1)(2n-1) = \frac{4}{3} \cdot \left(2 - \frac{3}{n} + \frac{1}{n^2}\right)$.

Für $n \to \infty$ strebt der Term $\left(2 - \frac{3}{n} + \frac{1}{n^2}\right)$ gegen den Wert 2, also $U_n \to \frac{8}{3}$.

Von oben erhält man die Obersumme $O_n = \frac{4}{3} \cdot \left(2 + \frac{3}{n} + \frac{1}{n^2}\right)$.

Für $n \to \infty$ strebt der Term $\left(2 + \frac{3}{n} + \frac{1}{n^2}\right)$ gegen den Wert 2, also $O_n \to \frac{8}{3}$.

Strebt die Anzahl der Rechtecke gegen unendlich, so strebt der Flächeninhalt der Rechtecke gegen $\frac{8}{3}$. Die Vermutung $A = \frac{8}{3}$ ist bestätigt.

Beachten Sie $\lim\limits_{n \to \infty} \sum\limits_{i=1}^{n} f(x_i)\Delta x = \int\limits_0^2 f(x)\,dx = \frac{8}{3}$

Diesen Grenzwert nennt man **bestimmtes Integral von f** mit $f(x) = x^2$ von 0 bis 2.

Hinweis: Für $n \to \infty$ wird aus dem Summenzeichen das Integralzeichen und aus Δx wird dx. Das Symbol dx soll an die Breite der Rechtecke erinnern.

Beispiel 4

a) Berechnen Sie $\int_0^b x^2\,dx$; $\int_a^b x^2\,dx$.

b) Bestimmen Sie $\int_1^4 x^2\,dx$ und interpretieren Sie den Integralwert.

Lösung

a) Wir unterteilen das Intervall [0; b] in n gleiche Teile mit $\Delta x = \frac{b}{n}$ und erhalten die

Obersumme $O_n = \frac{b}{n}\cdot\left(\frac{b}{n}\right)^2\cdot(1^2 + 2^2 + 3^2 + \ldots + n^2)$

$= \left(\frac{b}{n}\right)^3\cdot\frac{1}{6}n(n+1)(2n+1) = \frac{b^3}{6}\cdot\left(2 + \frac{3}{n} + \frac{1}{n^2}\right) \to \frac{b^3}{3}$ für $n \to \infty$

Ergebnis: Für das gesuchte Integral gilt: $\lim\limits_{n\to\infty} O_n = \int_0^b x^2\,dx = \frac{b^3}{3}$ (*)

Es gilt: $\int_0^a x^2\,dx = \frac{a^3}{3}$ (vgl. *) und daraus $\int_a^b x^2\,dx = \frac{b^3}{3} - \frac{a^3}{3}$

Für die Funktion f mit $f(x) = x^2$ erhält man: $\int_a^b f(x)\,dx = F(b) - F(a)$

Dabei ist F mit $F(x) = \frac{x^3}{3}$ eine Stammfunktion von f.

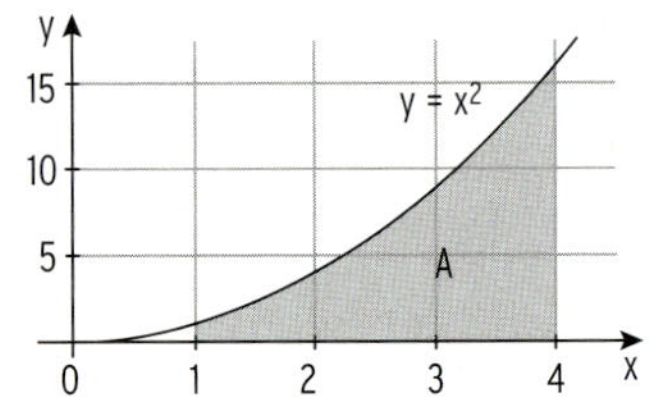

b) $\int_1^4 x^2\,dx = F(4) - F(1) = \frac{1}{3}\cdot 4^3 - \frac{1}{3}\cdot 1^3 = 21$

Der Inhalt A der Fläche zwischen dem Graph von f und der x-Achse auf [1; 4] beträgt 21 (FE).

Man kann **vermuten,** dass **allgemein gilt:**

Beachten Sie

Ist **F eine Stammfunktion** einer beliebigen Funktion f, so lässt sich das bestimmte Integral von f über [a; b] bestimmen durch $\int_a^b f(x)\,dx = F(b) - F(a)$.

Zum Beweis der Vermutung definieren wie eine Funktion mit der oberen Grenze als Variable.

Beachten Sie

Die Funktion I_a mit $I_a(x) = \int_a^x f(t)\,dt$ heißt **Integralfunktion von f zur unteren Grenze a.** Sie ordnet jeder Zahl x genau die Zahl $\int_a^x f(t)\,dt$ zu.

Geometrische Deutung: $\int_{0,5}^x t^2\,dt$ gibt den Inhalt der Fläche zwischen dem Schaubild von f mit $f(t) = t^2$ und der t-Achse von 0,5 bis x ($x \geq 0{,}5$) an. Wenn die Vermutung zutrifft, muss die Integralfunktion I_a eine Stammfunktion von f sein, es muss gelten $\left(\int_a^x f(t)\,dt\right)' = f(x)$.

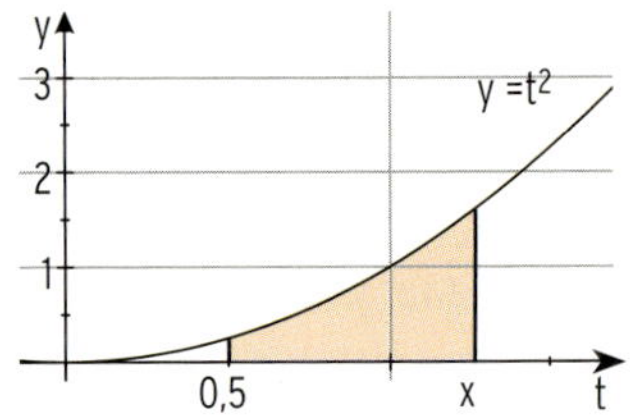

Diesen Zusammenhang beschreibt der **1. Hauptsatz der Differenzial- und Integralrechnung.**

1. Hauptsatz der Differenzial- und Integralrechnung

Jede Integralfunktion I_a einer Funktion f ist eine Stammfunktion von f.

$$I_a(x) = \int_a^x f(t)\,dt \Rightarrow I_a'(x) = f(x)$$

Beweis:

Für alle $x \in [a; b]$ ist f eine (stetige) Funktion, also gilt: $I_a'(x) = \lim\limits_{h \to 0} \frac{I_a(x+h) - I_a(x)}{h}$

Es ist zu zeigen, dass der Grenzwert existiert und gleich f(x) ist.

f nimmt auf [a; b] einen größten (f_{max}) und einen kleinsten (f_{min}) Funktionswert an.

Also gilt:

$h \cdot f_{min}$	$\leq I_a(x+h) - I_a(x) \leq$	$h \cdot f_{max}$
kleines Rechteck	rote Fläche	großes Rechteck

Daraus folgt: $f_{min} \leq \frac{I_a(x+h) - I_a(x)}{h} \leq f_{max}$

Für $h \to 0$ streben f_{min} und f_{max} gegen f(x), also ist

$f(x) \leq \lim\limits_{h \to 0} \frac{I_a(x+h) - I_a(x)}{h} \leq f(x)$

und somit $\lim\limits_{h \to 0} \frac{I_a(x+h) - I_a(x)}{h} = f(x) \Rightarrow I_a'(x) = f(x)$.

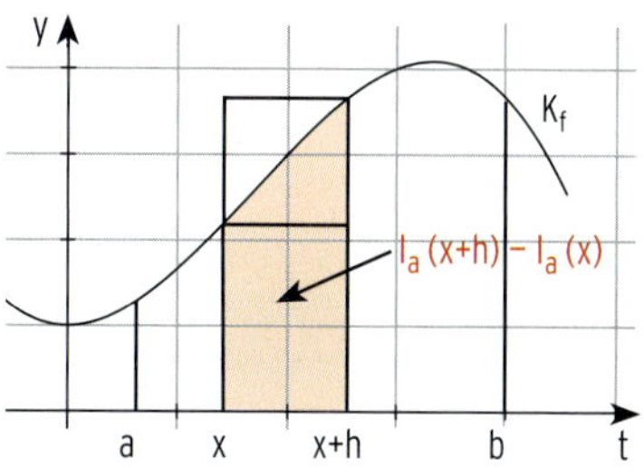

Die Ableitungsfunktion der Integralfunktion von f ist gleich der Funktion f.

Zusammenhang von bestimmtem Integral $\int_a^b f(x)\,dx$ und Stammfunktion:

Eine Integralfunktion ist eine Stammfunktion von f.

Es gilt: $\int_a^x f(t)\,dt = F(x) + c$; für $x = b$: $\int_a^b f(t)\,dt = F(b) + c$;

für $x = a$: $\int_a^a f(t)\,dt = F(a) + c = 0 \Leftrightarrow c = -F(a)$; einsetzen ergibt $\int_a^b f(t)\,dt = F(b) - F(a)$.

Das bestimmte Integral über f kann mithilfe einer beliebigen Stammfunktion von f in der folgenden Weise berechnet werden:

2. Hauptsatz der Differenzial- und Integralrechnung

Ist F eine beliebige Stammfunktion einer Funktion f, so gilt: $\int_a^b f(x)\,dx = F(b) - F(a)$.

Hinweis: Für $F(b) - F(a)$ schreibt man $[F(x)]_a^b$, also $\int_a^b f(x)\,dx = [F(x)]_a^b = F(b) - F(a)$.

Unterscheiden Sie: Das unbestimmte Integral ist eine Menge von Funktionen (Stammfunktionen): $\int f(x)\,dx = F(x) + c$

Das bestimmte Integral ist eine reelle Zahl: $\int_a^b f(x)\,dx = F(b) - F(a)$

Berechnung von bestimmten Integralen

Beispiel

➲ Berechnen Sie. **a)** $\int_{-1}^{3} (x^2 - 1)\,dx$ **b)** $\int_{0}^{2} (x^3 - x^2 + 2x + 3)\,dx$

Lösung

a) $\int_{-1}^{3} (x^2 - 1)\,dx = \left[\frac{1}{3}x^3 - x\right]_{-1}^{3} = \frac{1}{3}(3)^3 - 3 - \left(\frac{1}{3}(-1)^3 - (-1)\right) = 6 - \frac{2}{3} = \frac{16}{3}$

b) $\int_{0}^{2} (x^3 - x^2 + 2x + 3)\,dx = \left[\frac{1}{4}x^4 - \frac{1}{3}x^3 + x^2 + 3x\right]_{0}^{2} = 4 - \frac{8}{3} + 4 + 6 - 0 = \frac{34}{3}$

Hinweis: Für die Berechnung eines bestimmten Integrals ist **die Konstante c ohne Einfluss.** $\int_{1}^{3} x^2\,dx = \left[\frac{1}{3}x^3 + c\right]_{1}^{3} = F(3) - F(1) = 9 + c - \left(\frac{1}{3} + c\right) = \frac{26}{3}$ **unabhängig von c**

Berechnung des Integrals $\int_{a}^{b} f(x)\,dx$ in folgenden Schritten

1) Eine **Stammfunktion F von f** bilden (ohne die Konstante c).
2) Obere Grenze $x = b$ in $F(x)$ einsetzen, untere Grenze $x = a$ in $F(x)$ einsetzen.
3) Differenz bilden: $F(b) - F(a)$

Schreibweise: $\int_{a}^{b} f(x)\,dx = [F(x)]_{a}^{b} = F(b) - F(a)$

Gelesen: **Integral von a bis b über f von x dx.**

Hinweis: Die **Bestimmung einer Stammfunktion** heißt **Integration.**

In $\int f(x)\,dx$ heißt **x Integrationsvariable** und **f(x) Integrand.**

Aufgaben

1 Berechnen Sie den Integralwert.

a) $\int_{0}^{2} (2x + 1)\,dx$ b) $\int_{-1}^{3} 0{,}5\,x^3\,dx$ c) $\int_{0}^{4} \left(x^2 - \frac{x}{3}\right)dx$

2 Bestimmen Sie die folgenden Integrale.

a) $\int_{-1}^{2} (0{,}5\,x^2 + 6x - 1)\,dx$ b) $\int_{-2}^{2} (0{,}25\,x^3 + x)\,dx$ c) $\int_{0}^{-1} \left(3x + \frac{5}{2}x^3\right)dx$

d) $\int_{-1}^{4} (ax + x^3)\,dx$ e) $\int_{-2}^{u} \left(x^4 - \frac{1}{4}x^2\right)dx$ f) $\int_{-1}^{2} \left(\frac{1}{12}(x^4 - x)\right)dx$

3 Maria hat berechnet: $\int_{-2}^{2} (x^3 - 3x)\,dx = 0$. Nehmen Sie Stellung.

Integrationsregeln

Die folgenden Regeln sollen die Integration vereinfachen.

Beispiel 1

➲ Bestimmen Sie: $\int_0^2 x^2\,dx$ und $\int_0^2 0{,}5\,x^2\,dx$. Gibt es einen Zusammenhang?

Lösung

$\int_0^2 x^2\,dx = \frac{8}{3}$

$\int_0^2 0{,}5\,x^2\,dx = \frac{4}{3}$

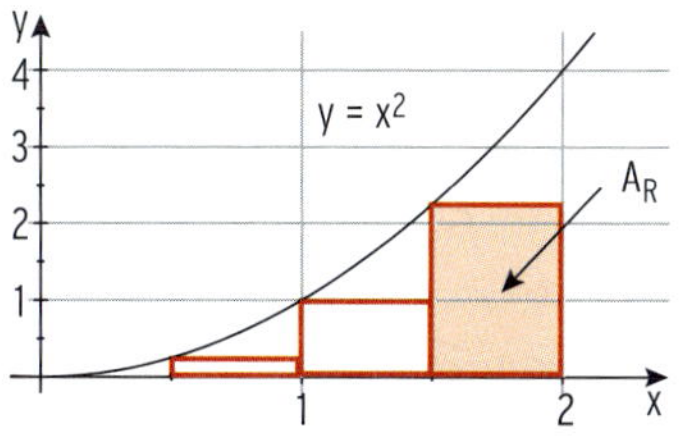

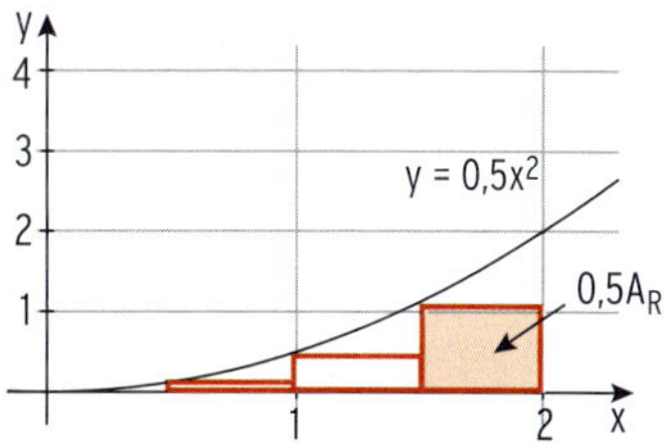

Das rot markierte Rechteck in der rechten Abbildung ist halb so groß wie das rot markierte Rechteck in der linken Abbildung. Dies gilt für alle entsprechenden Rechtecksinhalte.

Zusammenhang: $\int_0^2 0{,}5\,x^2\,dx = 0{,}5\int_0^2 x^2\,dx$

Faktorregel: $\int_a^b c\cdot f(x)\,dx = c\cdot\int_a^b f(x)\,dx$

Konstante Faktoren können vor das Integral gezogen werden.

Beispiel 2

➲ Bestimmen Sie: $\int_0^2 x^2\,dx$, $\int_0^2 1\,dx$ und $\int_0^2 (x^2+1)\,dx$. Gibt es einen Zusammenhang?

Lösung

$\int_0^2 x^2\,dx = \left[\frac{1}{3}x^3\right]_0^2 = \frac{8}{3}$

$\int_0^2 1\,dx = [x]_0^2 = 2$

$\int_0^2 (x^2+1)\,dx = \frac{14}{3}$

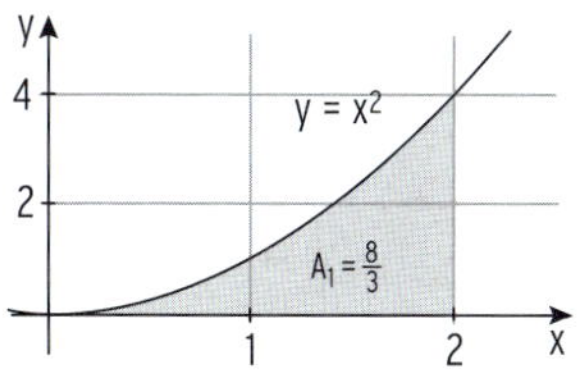

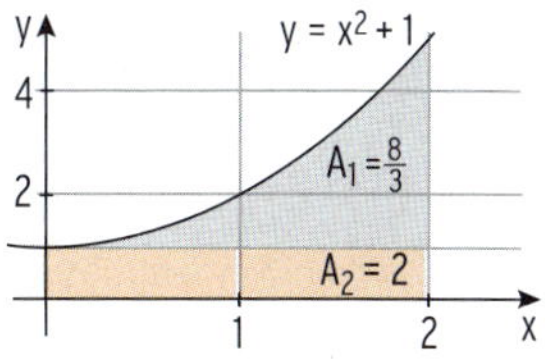

Zusammenhang: $\int_0^2 x^2\,dx + \int_0^2 1\,dx = \int_0^2 (x^2+1)\,dx$

Summenregel: $\int_a^b f(x)\,dx \pm \int_a^b g(x)\,dx = \int_a^b \big(f(x) \pm g(x)\big)\,dx$

Beispiel 3

➲ Bestimmen Sie: $\int_0^1 x^2\,dx$, $\int_1^3 x^2\,dx$ und $\int_0^3 x^2\,dx$. Gibt es einen Zusammenhang?

Lösung

$\int_0^1 x^2\,dx = \frac{1}{3}$; $\int_1^3 x^2\,dx = \frac{26}{3}$; $\int_0^3 x^2\,dx = 9$

Zusammenhang: $\int_0^1 x^2\,dx + \int_1^3 x^2\,dx = \int_0^3 x^2\,dx$

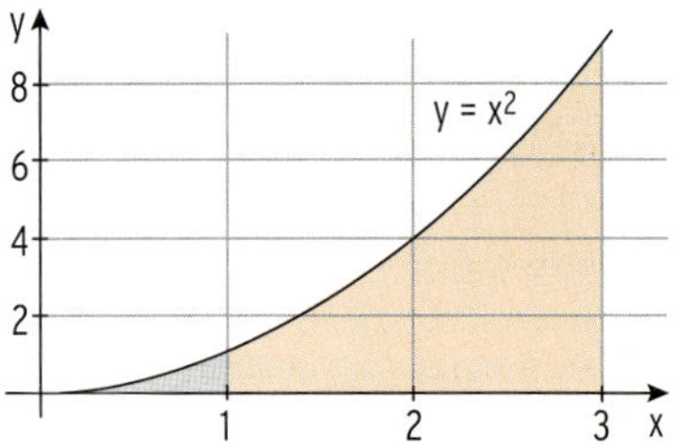

Intervalladditivität: $\int_a^b f(x)\,dx + \int_b^c f(x)\,dx = \int_a^c f(x)\,dx$

Beispiel 4

➲ Bestimmen Sie: $\int_a^b f(x)\,dx$ und $\int_b^a f(x)\,dx$. Gibt es einen Zusammenhang?

Lösung

$\int_a^b f(x)\,dx = F(b) - F(a)$; $\int_b^a f(x)\,dx = F(a) - F(b) = -(F(b) - F(a))$; $\int_a^b f(x)\,dx = -\int_b^a f(x)\,dx$

Vertauschen der Intervallgrenzen: $\int_a^b f(x)\,dx = -\int_b^a f(x)\,dx$

Beispiel 5

➲ Das Integral $\int_0^4 f(x)\,dx = -6$ ist bekannt.

Machen Sie Aussagen über $\int_0^4 0{,}25\,f(x)\,dx$ und $\int_4^0 f(x)\,dx$.

Lösung

$\int_0^4 0{,}25\,f(x)\,dx = 0{,}25 \cdot \int_0^4 f(x)\,dx = 0{,}25 \cdot (-6) = -1{,}5$ Anwendung der Faktorregel

$\int_4^0 f(x)\,dx = -\int_0^4 f(x)\,dx = -(-6) = 6$

$\int_4^0 f(x)\,dx = 6$ Vertauschen der Integralgrenzen

Aufgaben

1 Das Integral $\int_{-2}^{2} f(x)\,dx = 3$ ist bekannt. Machen Sie Aussagen über

a) $\int_{-2}^{2} (2f(x))\,dx$; **b)** $\int_{-2}^{2} (f(x) + 1)\,dx$; **c)** $\int_{-2}^{2} (-f(x))\,dx$; **d)** $\int_{2}^{-2} (-f(x))\,dx$.

2 Berechnen Sie $\int_{0}^{3} (x^2 - 2)\,dx$ und $\int_{3}^{0} (x^2 - 2)\,dx$. Vergleichen Sie die Ergebnisse.

3 Formulieren Sie einen möglichen Zusammenhang zwischen folgenden Integralen:

a) $\int_{-1}^{1} (x^3 + 1)\,dx$; $\int_{-1}^{1} (-1 - 4x)\,dx$; $\int_{-1}^{1} (x^3 - 4x)\,dx$ **b)** $\int_{0}^{\pi} x^2\,dx$; $\int_{0}^{1} x^2\,dx$; $\int_{1}^{\pi} x^2\,dx$

4 Für eine Funktion f sind folgende Integrale bekannt: $\int_{-1}^{1} f(x)\,dx = 4$; $\int_{-1}^{4} f(x)\,dx = 25$.

Bestimmen Sie $\int_{1}^{4} f(x)\,dx$ und $\int_{4}^{-1} f(x)\,dx$. Was gilt für $\int_{2}^{2} f(x)\,dx$?

5 Welche der Behauptungen für die Funktion f mit $f(x) = \frac{1}{5}x^4 + x^2 + 1$ sind richtig bzw. falsch? Begründen Sie.

a) $\int_{1}^{4} f(x)\,dx = \int_{4}^{1} f(x)\,dx$ **b)** $\int_{-3}^{0} f(x)\,dx + \int_{0}^{1} f(x)\,dx = \int_{-3}^{1} f(x)\,dx$

c) $\int_{0}^{5} (-f(x))\,dx = \int_{5}^{0} f(x)\,dx$ **d)** $\int_{-a}^{a} f(x)\,dx = 0$ für $a \neq 0$.

6 Das Schaubild der Funktion f begrenzt mit der x-Achse eine Fläche (siehe Abbildung). Bestimmen Sie die folgenden Integralwerte und erläutern Sie Ihre Ergebnisse:

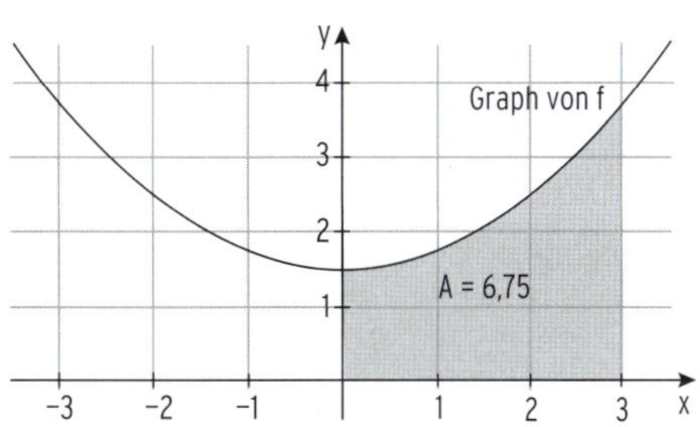

a) $\int_{0}^{3} f(x)\,dx$ **b)** $\int_{3}^{0} f(x)\,dx$

c) $\int_{0}^{3} (-f(x))\,dx$ **d)** $\int_{-3}^{0} f(x)\,dx$

e) $\int_{0}^{3} (f(x) - 1)\,dx$ **f)** $\int_{-3}^{3} f(x)\,dx$

7 Zeigen Sie am Beispiel der Funktion f mit $f(x) = x - 2x^4$, dass gilt:

$\int_{-1}^{0} f(x)\,dx + \int_{0}^{1} f(x)\,dx = \int_{-1}^{1} f(x)\,dx$.

4 Flächeninhaltsberechnung mithilfe der Integralrechnung

4.1 Fläche zwischen Kurve und x-Achse

Beispiele

K_f: $f(x) = -\frac{1}{3}x^2 + \frac{1}{3}x + 2$

$$\int_{-2}^{2} f(x)\,dx = \left[-\frac{1}{9}x^3 + \frac{1}{6}x^2 + 2x\right]_{-2}^{2}$$

$$\int_{-2}^{2} f(x)\,dx = \frac{56}{9} \approx 6{,}22$$

Die Fläche zwischen Kurve und x-Achse liegt **oberhalb** der x-Achse.
Die Fläche hat den Inhalt $\frac{56}{9}$.

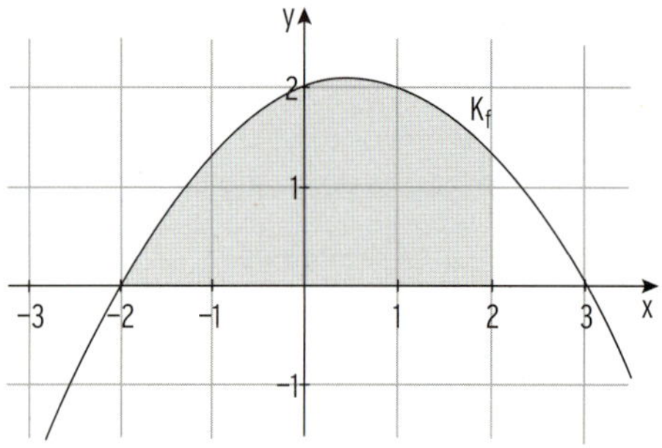

K_g: $g(x) = \frac{1}{3}x^2 - \frac{1}{3}x - 2$

$$\int_{-2}^{2} g(x)\,dx = -\frac{56}{9} < 0$$

Das Integral liefert **nicht** den Inhalt der Fläche.
Die Fläche zwischen Kurve und x-Achse liegt **unterhalb** der x-Achse.
Die Fläche hat den Inhalt $\frac{56}{9}$.
(K_g entsteht aus K_f durch Spiegelung an der x-Achse.)

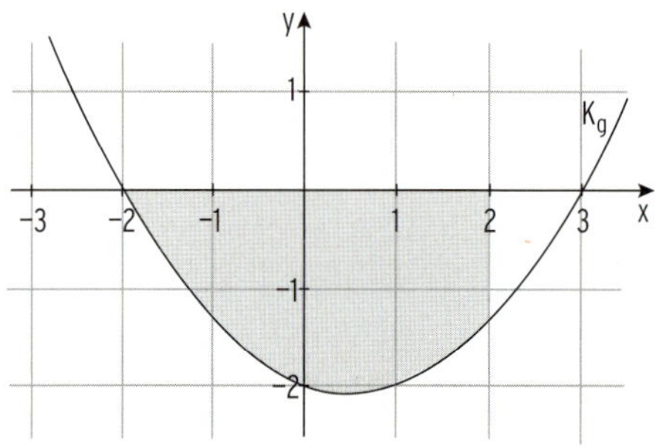

K_h: $h(x) = 0{,}5\,x^3$

$$\int_{-2}^{2} h(x)\,dx = \left[\frac{1}{8}x^4\right]_{-2}^{2} = 0$$

Das Integral liefert **nicht** den Inhalt der Fläche.
Die Fläche zwischen Kurve und x-Achse liegt **unterhalb** und **oberhalb** der x-Achse.
Wegen $\int_{0}^{2} h(x)\,dx = 2$ und der Symmetrie von K_h zu O hat die Fläche den Inhalt $2 \cdot 2 = 4$.

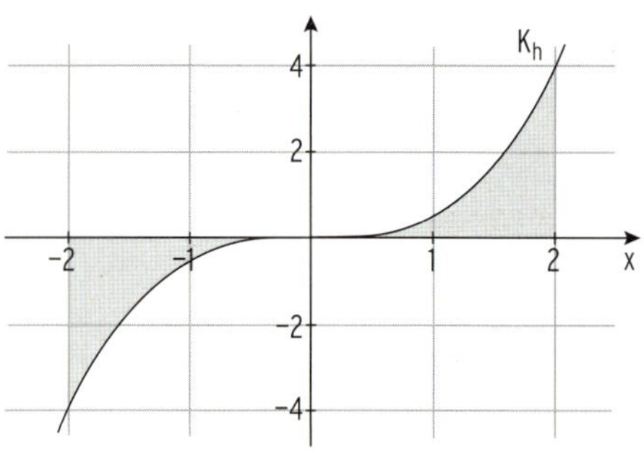

Man stellt fest:
Nur wenn die Fläche zwischen einer Kurve K_f und der x-Achse **oberhalb der x-Achse liegt,** liefert das zugehörige **Integral** den **Flächeninhalt.**

Die Fläche liegt oberhalb der x-Achse

Beispiel

➲ Gegeben ist die Funktion f mit $f(x) = 0{,}5x^2 + 1;\ x \in \mathbb{R}$ mit Schaubild K_f.

K_f schließt mit der x-Achse auf [0; 2] eine Fläche ein. Berechnen Sie den Inhalt.

Lösung

K_f von f verläuft wegen $0{,}5x^2 + 1 \geq 1$
oberhalb der x-Achse: $f(x) > 0$

$$\int_0^2 (0{,}5x^2 + 1)\,dx = \left[\tfrac{1}{6}x^3 + x\right]_0^2 = \tfrac{4}{3} + 2 = \tfrac{10}{3} \approx 3{,}33$$

Inhalt der Fläche: $A = \frac{10}{3}$

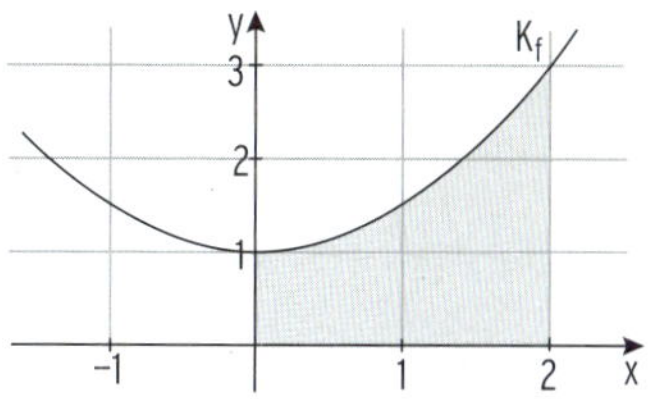

Beachten Sie Verläuft K_f von f für alle $x \in [a; b]$ **oberhalb der x-Achse**, so liefert das Integral $\int_a^b f(x)\,dx$ die Maßzahl für den **Flächeninhalt zwischen K_f, der x-Achse und den Geraden mit den Gleichungen x = a und x = b:** $A = \int_a^b f(x)\,dx$

Die Fläche liegt unterhalb der x-Achse

Beispiel

➲ Der Graph der Funktion f mit $f(x) = \frac{1}{2}x^2 - 2;\ x \in \mathbb{R}$, die Koordinatenachsen und die Gerade mit $x = 1$ begrenzen eine Fläche. Berechnen Sie den Inhalt dieser Fläche.

Lösung

Nullstellen von f: $f(x) = 0$

$\frac{1}{2}x^2 - 2 = 0 \Leftrightarrow x^2 = 4$

Wurzelziehen ergibt $x_1 = -2;\ x_2 = 2 > 1$

f hat keine Nullstelle auf [0; 1].

Berechnung des Flächeninhalts:

$$\int_0^1 f(x)\,dx = \left[\tfrac{1}{6}x^3 - 2x\right]_0^1$$
$$= \tfrac{1}{6} - 2 = -\tfrac{11}{6} \approx -1{,}83$$

Die Fläche hat den Inhalt $A = \frac{11}{6}$.

Hinweis: $A = \left|-\frac{11}{6}\right| = \frac{11}{6}$

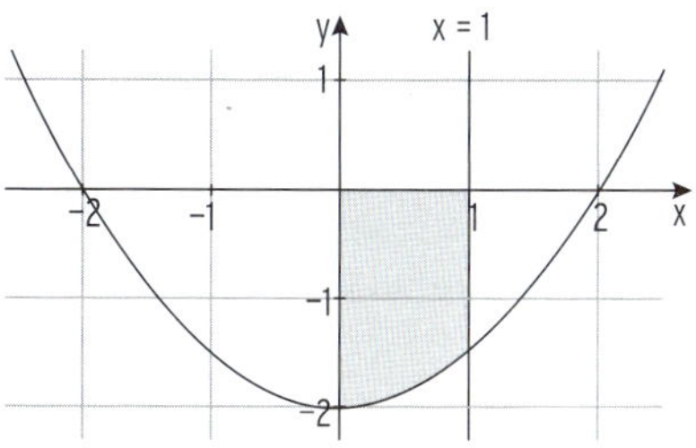

Beachten Sie Verläuft K_f von f für alle $x \in [a; b]$ **unterhalb der x-Achse,** liefert $\int_a^b f(x)\,dx$ **eine negative Zahl.** Für den **Inhalt der Fläche** zwischen Kurve, x-Achse und den Geraden mit den Gleichungen $x = a$ und $x = b$ gilt: $A = -\int_a^b f(x)\,dx$.

Schreibweise mit **Betrag**: $A = \left|\int_a^b f(x)\,dx\right|$

Die Funktion f hat eine Nullstelle im Integrationsintervall

Beispiel 1

➲ K_f ist das Schaubild der Funktion f mit $f(x) = -\frac{1}{2}x^2 + \frac{1}{2}x + 3$; $x \in \mathbb{R}$.
Wie groß ist die Fläche, die von K_f und der x-Achse auf [−2; 4] eingeschlossen wird?

Lösung

Nullstelle von f: $f(x) = 0$ ergibt $x_1 = -2$; $x_2 = 3$

f hat 2 einfache Nullstellen auf dem Integrationsintervall [−2; 4].

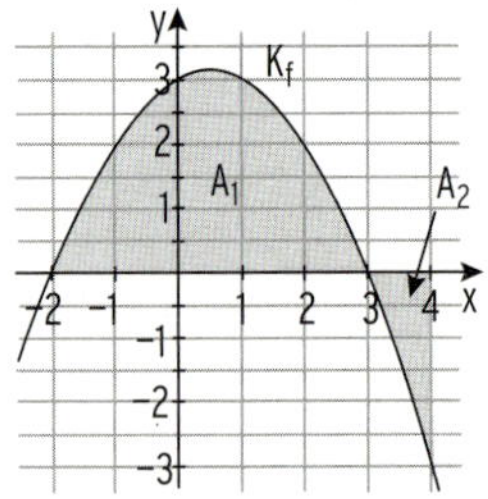

Das Integral $\int_{-2}^{4} f(x)\,dx = 9$ **liefert nicht den Inhalt der Fläche.**

Der gesuchte Inhalt muss also **in zwei Schritten** berechnet werden:

$$\int_{-2}^{3} f(x)\,dx = \left[-\frac{1}{6}x^3 + \frac{1}{4}x^2 + 3x\right]_{-2}^{3} = \frac{125}{12} \approx 10{,}42$$

$A_1 \approx 10{,}42$; die zugehörige Fläche liegt **oberhalb der x-Achse.**

$\int_{3}^{4} f(x)\,dx = -\frac{17}{12} \approx -1{,}42 < 0$; $A_2 \approx 1{,}42$; die zugehörige Fläche liegt **unterhalb der x-Achse.**

$$A_{ges} = A_1 + A_2 = \frac{125}{12} + \frac{17}{12} = \frac{142}{12} \approx 11{,}83$$

Beispiel 2

➲ Der Graph von f mit $f(x) = x^2 - 5x + 4$; $x \in \mathbb{R}$, begrenzt mit der x-Achse und den Geraden mit $x = 0$ und $x = 3$ eine Fläche. Bestimmen Sie den Inhalt dieser Fläche.

Lösung

Nullstellen von f: $f(x) = 0$ $\quad x^2 - 5x + 4 = 0$

$x = 1 \vee x = 4$

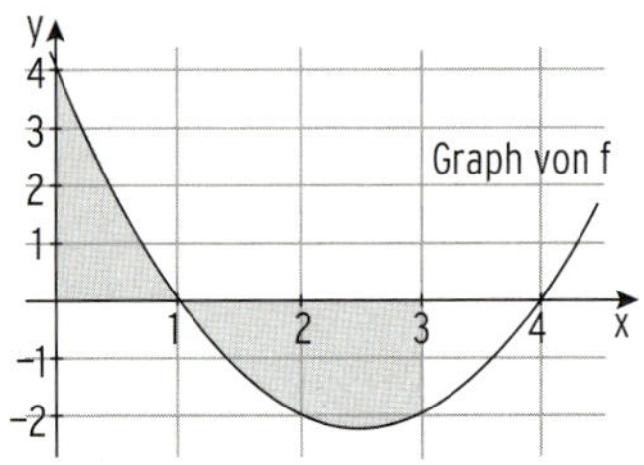

Stammfunktion von f: $F(x) = \frac{1}{3}x^3 - \frac{5}{2}x^2 + 4x$

Da f auf [0; 3], in $x = 1$, das **Vorzeichen wechselt, muss der Inhalt in zwei Schritten berechnet werden:**

- $\int_{0}^{1} f(x)\,dx \approx 1{,}83$
- $\int_{1}^{3} f(x)\,dx \approx -3{,}33$

$A_{ges} \approx 1{,}83 + 3{,}33 = 5{,}16$ Der Inhalt der **Gesamtfläche** beträgt etwa 5,16.

Hinweis: $\int_{0}^{3} f(x)\,dx = \int_{0}^{1} f(x)\,dx + \int_{1}^{3} f(x)\,dx = -1{,}5$

Das Integral $\int_{0}^{3} f(x)\,dx = -1{,}5$ liefert **nicht den gesuchten Inhalt,** sondern den Wert der **Flächenbilanz.** Der Inhalt der Fläche unterhalb der x-Achse ist 1,5 größer als der Inhalt der Fläche oberhalb der x-Achse.

Beispiel 3

➲ K_f ist das Schaubild der Funktion f mit $f(x) = \frac{1}{8}x^3 - \frac{1}{2}x^2;\ x \in \mathbb{R}$.

Wie groß ist die Fläche, die von K_f und der x-Achse auf [−1; 5] begrenzt wird?

Lösung

Nullstellen von f: $f(x) = 0 \quad x_{1|2} = 0;\ x_3 = 4$

f hat auf dem Integrationsintervall [−1; 5] eine Nullstelle ohne VZW ($x_{1|2} = 0$) und eine Nullstelle mit VZW ($x_3 = 4$).

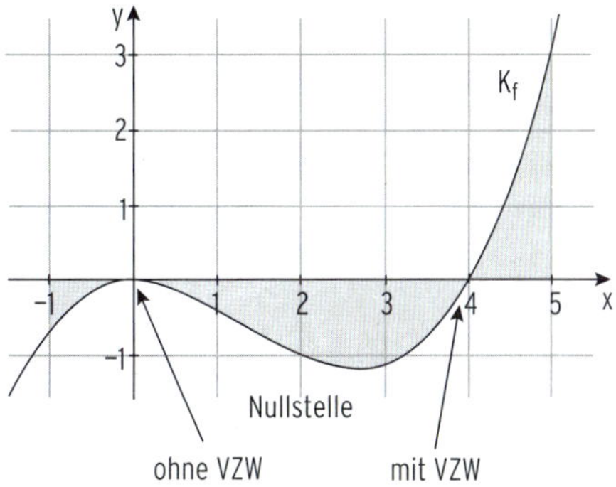

Das Integral $\int_{-1}^{5} f(x)\,dx = -1{,}5$ liefert **nicht den Inhalt der Fläche.**

Flächeninhaltsberechnung:

- $\int_{-1}^{4} f(x)\,dx \approx -2{,}86$
- $\int_{4}^{5} f(x)\,dx \approx 1{,}36$

Gesamtinhalt: $A_{ges} \approx 2{,}86 + 1{,}36 = 4{,}22$

Bemerkung: Bei der Flächeninhaltsberechnung darf man **über eine doppelte Nullstelle (Nullstelle ohne Vorzeichenwechsel) hinweg** integrieren.

Hinweis: $\int_{-1}^{5} f(x)\,dx = \int_{-1}^{4} f(x)\,dx + \int_{4}^{5} f(x)\,dx \approx -2{,}86 + 1{,}36 = -1{,}50$ (Wert der Flächenbilanz)

Der Inhalt der Fläche unterhalb der x-Achse ist um 1,5 größer als der Inhalt der Fläche oberhalb der x-Achse.

Berechnung des Inhalts der Fläche zwischen dem Graph von f und der x-Achse auf [a; b]

1) Berechnung der Nullstellen von f auf [a; b]: $f(x) = 0$ liefert $x_1, x_2, \ldots$
2) Berechnung der Integrale
   - $\int_{a}^{x_1} f(x)\,dx$
   - $\int_{x_1}^{x_2} f(x)\,dx$
   - $\int_{x_2}^{b} f(x)\,dx$
3) **Addition der Beträge der Integralwerte** ergibt den **gesamten Flächeninhalt:**
   $A = A_1 + A_2 + A_3$

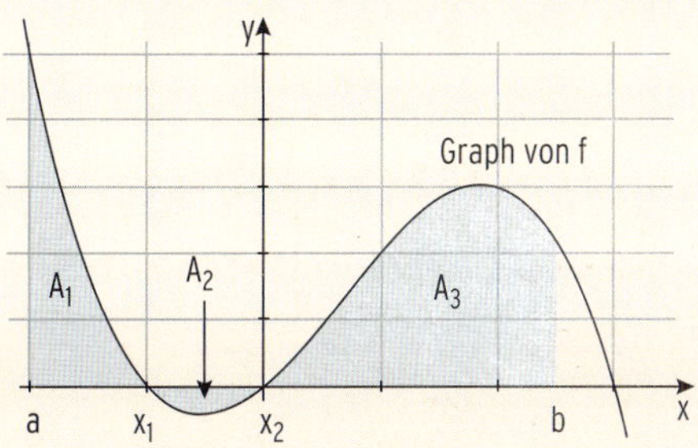

Aufgaben

1 Bestimmen Sie den Inhalt der gefärbten Fläche.

K_f: $f(x) = -\frac{1}{2}x^2 - x$

K_g: $g(x) = x^3 - 6x^2 + 9x - 4$

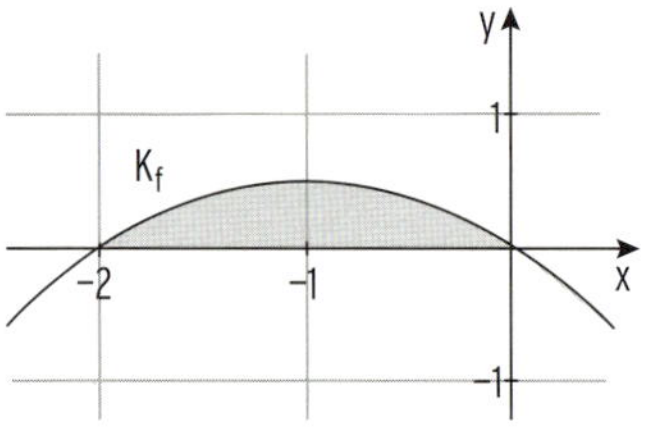

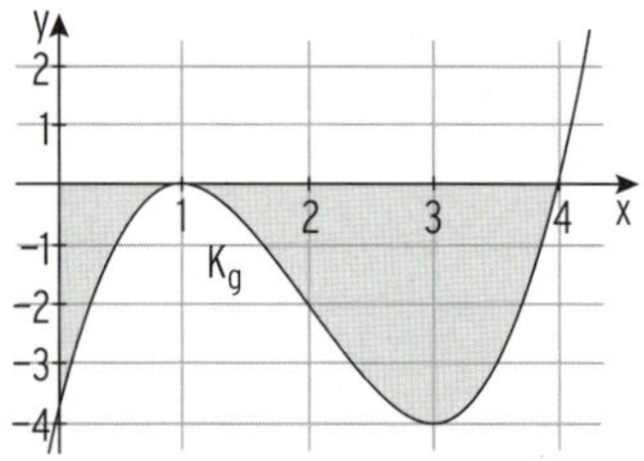

2 Gegeben ist die Funktion f. Berechnen Sie den Inhalt der Fläche zwischen dem Graph von f und der x-Achse über dem Intervall [a; b]. f hat keine Nullstelle in [a; b].

a) $f(x) = \frac{1}{4}x^2 + x$; [1; 3] **b)** $f(x) = \frac{1}{4}x^3 - \frac{3}{4}x^2 + 5$; [−1; 0]

3 Gegeben ist die Funktion f mit $x \in \mathbb{R}$. Skizzieren Sie das Schaubild von f. Bestimmen Sie eine Stammfunktion von f und damit den Inhalt der Fläche, die vom Graph von f und der x-Achse eingeschlossen wird.

a) $f(x) = (x-2)(x+1)$ **b)** $f(x) = -\frac{2}{3}x^3 + 4x^2$ **c)** $f(x) = -\frac{1}{3}x^4 + 2x^3 - 3x^2$

4 K_f ist das Schaubild der Funktion f mit $f(x) = \frac{1}{8}x^3 - \frac{3}{4}x^2 + 5$; $x \in \mathbb{R}$.
Berechnen Sie den Inhalt der Fläche, die von K_f, den Koordinatenachsen und der Parallelen zur y-Achse durch den Tiefpunkt eingeschlossen wird.

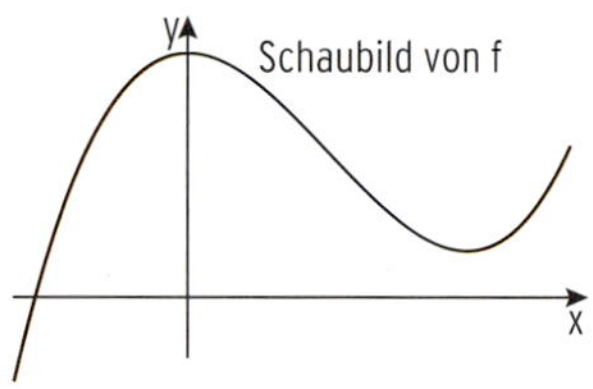

5 Die Funktion f mit $f(x) = 4 - 0{,}5x^3$; $x \in \mathbb{R}$, hat das Schaubild K_f. K_f und die Koordinatenachsen begrenzen eine Fläche. Berechnen Sie ihren Inhalt.

6 Bestimmen Sie den Inhalt der gefärbten Fläche.

K_f: $f(x) = x^3 + 2x^2 + x + 2$

K_g: $g(x) = -2{,}4x + x^2$

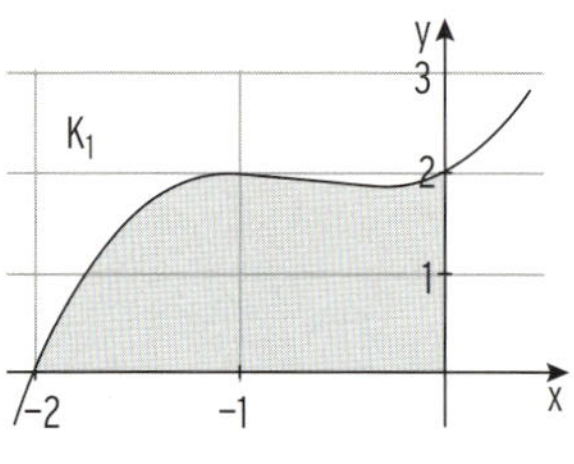

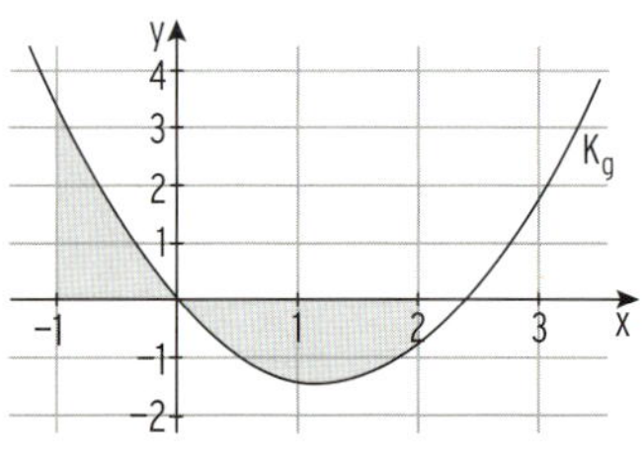

7 Das Schaubild der Funktion f mit $f(x) = \frac{1}{4}x(x^2 - 6x + 8)$; $x \in \mathbb{R}$, schließt mit der x-Achse zwei Flächenstücke ein. Zeigen Sie: Die Flächenstücke sind inhaltsgleich.

8 Interpretieren Sie das Ergebnis von $\int_{-1}^{3} (-x + 1)\,dx$.

9 Die Abbildung zeigt den Graph der Funktion f.
Wählen Sie aus {0,73; −1; 2,53; −1,067; 6,62; 1,27} für jedes Integral einen geeigneten Integralwert aus:
$\int_{0}^{1} f(x)\,dx$, $\int_{2}^{1} f(x)\,dx$, $\int_{2}^{-2} f(x)\,dx$
Begründen Sie Ihre Wahl.

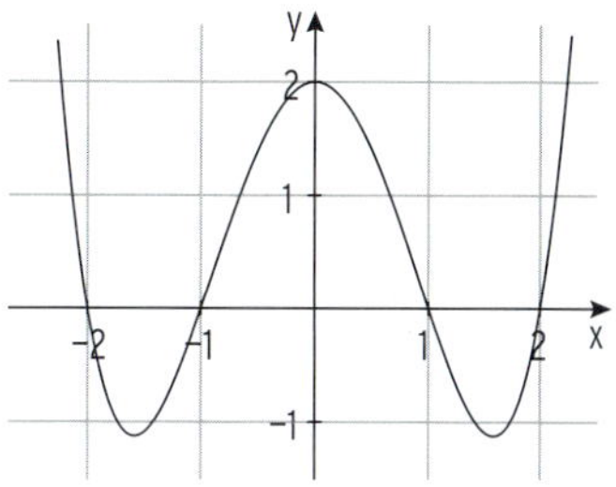

10 Nehmen Sie Stellung: $\int_{-3}^{3} f(x)\,dx = 0$. Welche Aussagen lassen sich über den Graphen von f machen?

11 Gegeben ist die Funktion f mit $f(x) = 3 - x^2;\ x \in \mathbb{R}$.
Der Graph von f und die x-Achse schließen im I. und II. Quadranten eine Fläche vollständig ein (1 LE ≙ 1 m). Diese Fläche A beschreibt modellhaft die Querschnittsfläche eines Lärmschutzwalls. Zum Aufschütten des Lärmschutzwalls stehen 1870 m³ Material zur Verfügung. Berechnen Sie, wie viel Meter des Walls damit aufgeschüttet werden können.

12 Der symmetrische, acht Meter breite und vier Meter hohe Giebel eines Berliner Altbaus muss instandgesetzt werden. Auf dem Foto sehen Sie ein derartiges Haus.
Der Giebelrand wird beschreiben durch die Funktion f mit
$f(x) = \frac{1}{64}x^4 - \frac{1}{2}x^2 + 4;\ x \in [-4; 4]$.

Für die Fassadenfarbe gibt der Hersteller eine Ergiebigkeit von 350 cm³ Farbe pro m² an. Berechnen Sie, wie viele Dosen Farbe für einen zweimaligen Anstrich des Giebels mindestens geliefert werden müssen, wenn es 2-, 4- und 5-Liter-Dosen gibt.

13 F ist eine Stammfunktion von f mit $f(x) = x^2 - 4{,}5x + 6;\ x \in \mathbb{R}$.
Berechnen Sie $F(6) - F(0)$. Interpretieren Sie.

14 Der Graph von f ist zum Ursprung symmetrisch und verläuft für $x > 0$ unterhalb der x-Achse. Er schließt mit der x-Achse im Intervall [0; 4] eine Fläche mit Inhalt A = 10 ein.
Geben Sie den Wert der folgenden Integrale an.

a) $\int_{0}^{4} f(x)\,dx$ **b)** $\int_{0}^{-4} f(x)\,dx$ **c)** $\int_{4}^{-4} f(x)\,dx$ **d)** $\int_{4}^{-4} (-f(x))\,dx$

4.2 Fläche zwischen zwei Kurven

Beispiel 1

➲ K_f ist der Graph von f mit
$f(x) = -x^2 + 2x + 6$,
K_g ist der Graph von g mit $g(x) = x^2$.
K_f und K_g umschließen die markierte Fläche.
Berechnen Sie den Inhalt dieser Fläche.

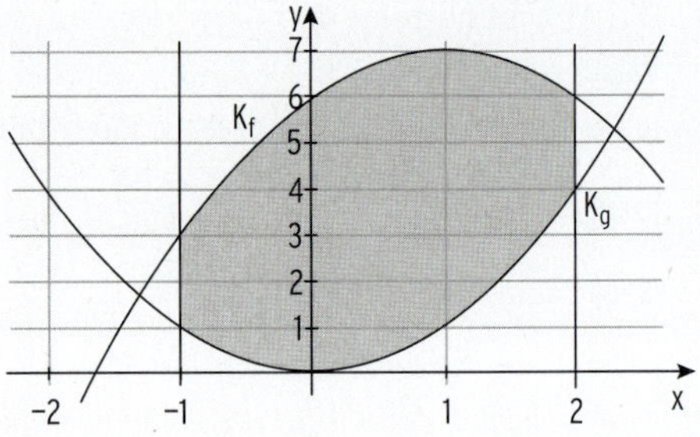

Lösung

K_f verläuft oberhalb der x-Achse.

Inhalt der Fläche zwischen der Kurve K_f und der x-Achse in den Grenzen

$x = -1$ und $x = 2$: $\int_{-1}^{2} f(x)\,dx = \left[-\frac{1}{3}x^3 + x^2 + 6x\right]_{-1}^{2} = 18$

$A_1 = 18$

K_g verläuft oberhalb der x-Achse.

Inhalt der Fläche zwischen der Kurve K_g, der x-Achse und den Geraden mit $x = -1$ und

$x = 2$: $\int_{-1}^{2} g(x)\,dx = \left[\frac{1}{3}x^3\right]_{-1}^{2} = 3$

$A_2 = 3$

$f(x) \geq g(x)$ für $-1 \leq x \leq 2$; K_f verläuft oberhalb von K_g für $-1 \leq x \leq 2$.

Inhalt der Fläche zwischen K_f und K_g: $A = A_1 - A_2 = 18 - 3 = 15$

Berechnung mit einem Integral:

$$\int_{-1}^{2} f(x)\,dx - \int_{-1}^{2} g(x)\,dx = \int_{-1}^{2} (f(x) - g(x))\,dx$$

$$= \int_{-1}^{2} (-x^2 + 2x + 6 - x^2)\,dx = \int_{-1}^{2} (-2x^2 + 2x + 6)\,dx$$

$$= \left[-\frac{2}{3}x^3 + x^2 + 6x\right]_{-1}^{2} = 15$$

Hinweis: Mit dem Integral $\int_{-1}^{2} (f(x) - g(x))\,dx$ wird der Inhalt der Fläche zwischen dem Schaubild der Differenzfunktion $f - g$ und der x-Achse bestimmt.

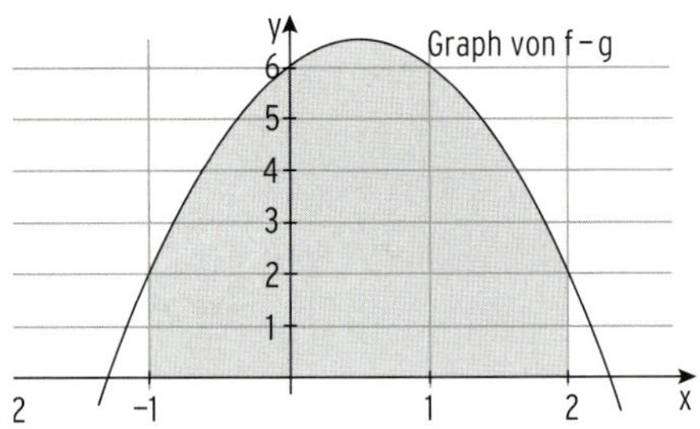

Beispiel 2

Gegeben sind die Funktionen f und g mit $f(x) = -\frac{1}{2}x^2 + x + 2$ und $g(x) = x$; $x \in \mathbb{R}$.

Die Schaubilder K_f von f und K_g von g begrenzen eine Fläche (siehe Abbildung) Berechnen Sie den Inhalt dieser Fläche.

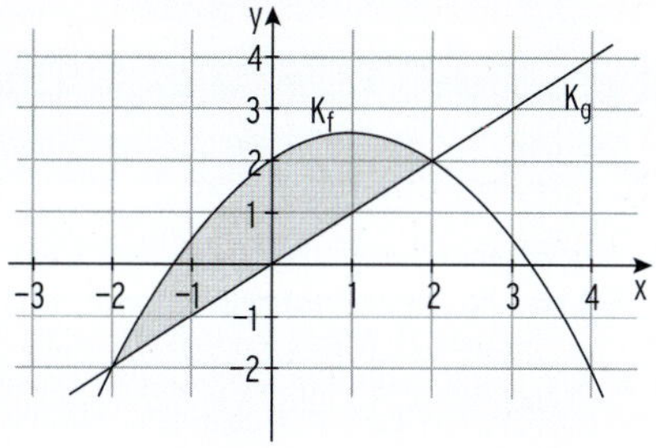

Lösung

K_f und K_g schneiden sich in $x = -2$ und $x = 2$.
Nach Verschiebung um c in y-Richtung ($c > 2$) liegt die eingeschlossene inhaltsgleiche Fläche oberhalb der x-Achse.
Der Inhalt lässt sich mithilfe der Integration über die Differenzfunktion mit $f(x) + c - (g(x) + c)$ bestimmen.

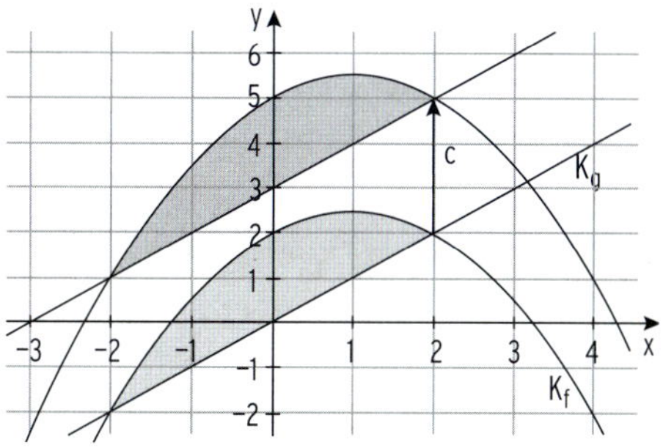

$$\int_{-2}^{2} \left(f(x) + c - (g(x) + c)\right)dx = \int_{-2}^{2} (f(x) - g(x))\,dx$$

Flächeninhaltsberechnung:

Inhalt der Fläche zwischen K_f und K_g:

$$\int_{-2}^{2} (f(x) - g(x))\,dx = \int_{-2}^{2} \left(-\frac{1}{2}x^2 + x + 2 - x\right)dx$$

$$= \int_{-2}^{2} \left(-\frac{1}{2}x^2 + 2\right)dx = \left[-\frac{1}{6}x^3 + 2x\right]_{-2}^{2} = \frac{16}{3}$$

Der Inhalt der Fläche zwischen K_f und K_g beträgt $\frac{16}{3}$.

Hinweis: $\int_{-2}^{2} (g(x) - f(x))\,dx = -\frac{16}{3}$

Beachten Sie

Für $f(x) \geq g(x)$ auf [a; b] gilt:

Der Inhalt der Fläche zwischen K_f von f und K_g von g auf dem Intervall [a; b] ist

$$A = \int_{a}^{b} (f(x) - g(x))\,dx,$$

unabhängig **von der Lage der Kurven** K_f von f und K_g von g **im Koordinatensystem.**

Für $f(x) \leq g(x)$ auf [a; b] gilt:

$$A = -\int_{a}^{b} (f(x) - g(x))\,dx.$$

Hinweis: Die Nullstellen von f und g sind ohne Belang.

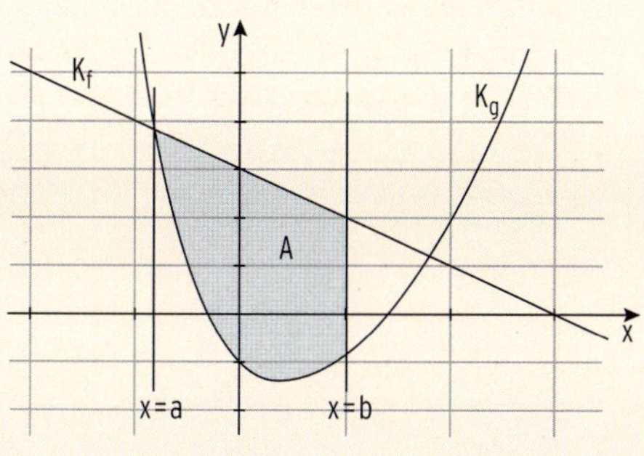

Aufgaben

1 Die Schaubilder K_f von f und K_g von g begrenzen eine Fläche.
Ermitteln Sie den Inhalt A dieser Fläche.

a) $f(x) = 2x - x^2;\ g(x) = x - 2$

b) $f(x) = -x^2 + 2;\ g(x) = 0{,}5x^2 + 2x$

2 Gegeben ist das Schaubild K_f von f mit $f(x) = -\frac{1}{3}x^3 + 3x;\ x \in \mathbb{R}$, und die Tangente t an K_f in $x = -\frac{3}{2}$.

a) K_f und t schneiden sich auf der x-Achse. Überprüfen Sie.

b) Berechnen Sie die Maßzahl der von K_f und t begrenzten Fläche.

3 K_f ist der Graph von f mit
$f(x) = \frac{1}{8}(x^3 - 3x^2 - 9x + 27);\ x \in \mathbb{R}$.

a) K_f und die Gerade g umschließen eine Fläche vollständig. Beschreiben Sie, wie Sie den Inhalt A_1 dieser Fläche berechnen können.
Bestimmen Sie den Inhalt dieser Fläche.

b) K_f und die x-Achse begrenzen eine Fläche mit dem Inhalt A_2. Zeigen Sie: $A_1 = A_2$.

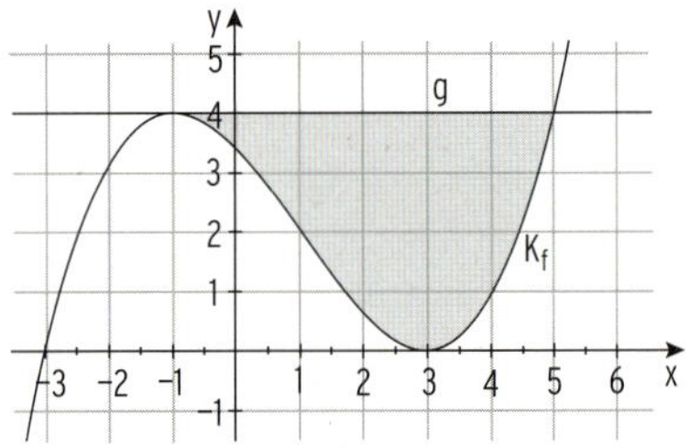

4 Berechnen Sie den Inhalt der markierten Fläche.

a)

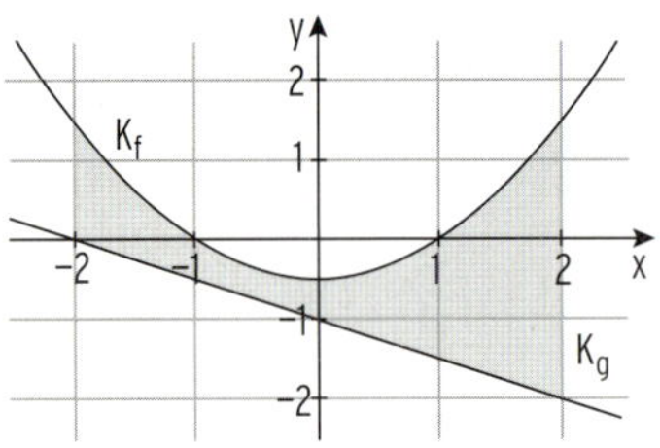

b)

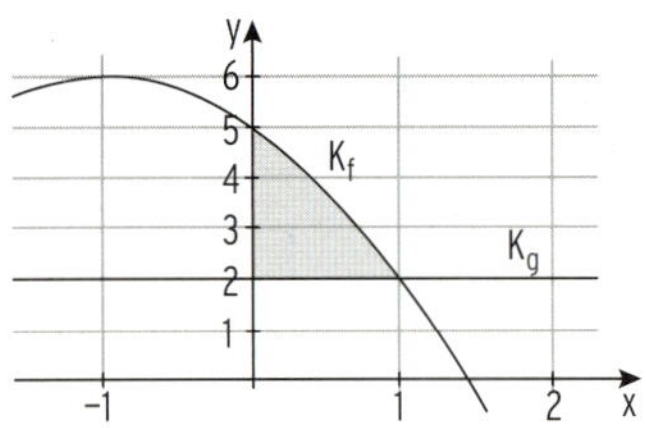

5 Für den Inhalt der grau markierten Fläche gilt $A = \frac{16}{3}$.
Bestimmen Sie mithilfe von A die Inhalte der rot markierten Flächen. K_f ist das Schaubild von f.
Begründen Sie Ihre Lösungen.

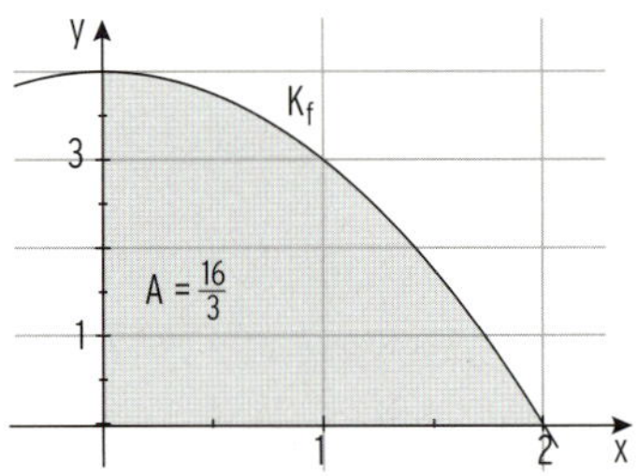

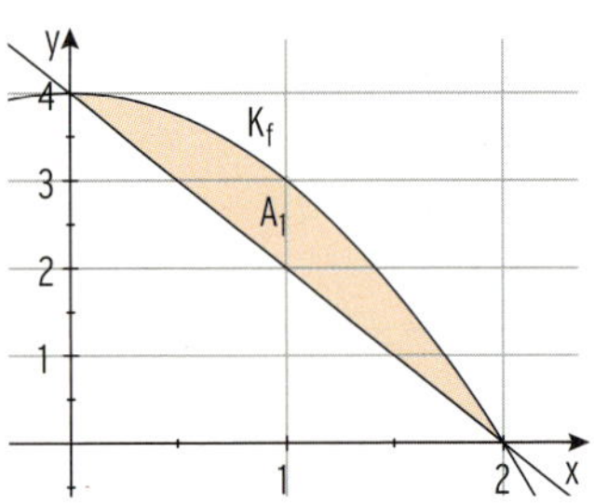

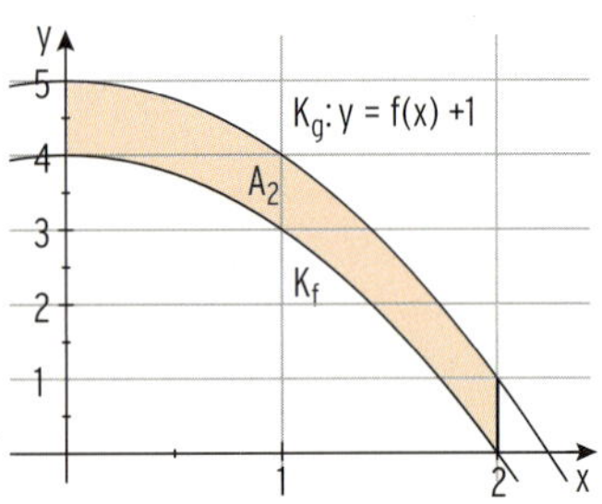

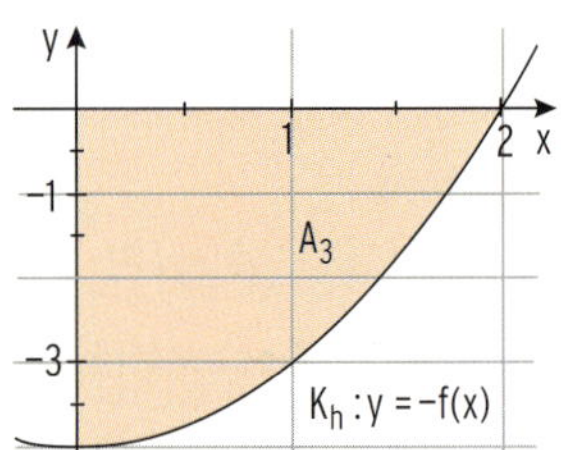

Schnittstellen im Integrationsintervall

Beispiel

Gegeben sind die Funktionen f und g durch $f(x) = 1{,}75\,x + 0{,}75$; $x \in \mathbb{R}$, und $g(x) = x^3 - 2x^2 + 2$; $x \in \mathbb{R}$. Die zugehörigen Graphen K_f und K_g schließen zwei Flächenstücke ein. Gibt $\int_{-1}^{2{,}5} (f(x) - g(x))\,dx$ den Gesamtinhalt dieser Fläche an? Begründen Sie Ihre Antwort.

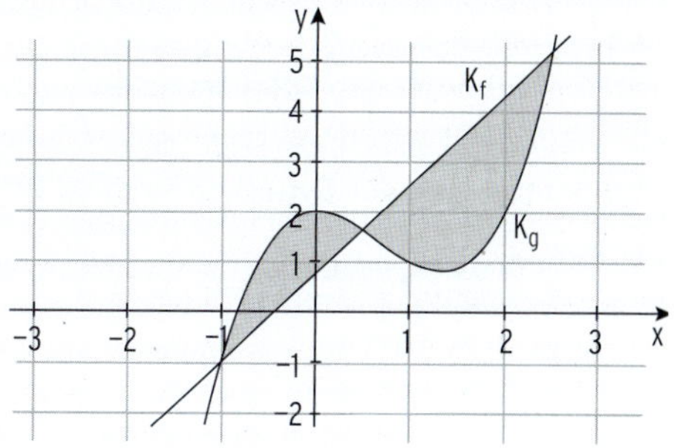

Lösung

Schnittstellen von K_f und K_g aus der Abbildung: $x_1 = -1$; $x_2 = 0{,}5$; $x_3 = 2{,}5$

Integration:

$$\int_{-1}^{2{,}5} (f(x) - g(x))\,dx$$
$$= \int_{-1}^{2{,}5} (-x^3 + 2x^2 + 1{,}75\,x - 1{,}25)\,dx$$
$$= \left[-\tfrac{1}{4}x^4 + \tfrac{2}{3}x^3 + 0{,}875\,x^2 - 1{,}25\,x\right]_{-1}^{2{,}5}$$
$$\approx 1{,}79$$

Der **Vergleich mit der Abbildung** zeigt, dass der Inhalt der Gesamtfläche **größer als** 1,79 ist. Das Integral $\int_{-1}^{2{,}5} (f(x) - g(x))\,dx$ gibt **nicht** den Gesamtinhalt dieser Fläche an.

Abschätzung des Inhaltes mit Kästchen:
Wenn ein Kästchen den Inhalt 1 hat, ist der **Gesamtinhalt** größer als 2.

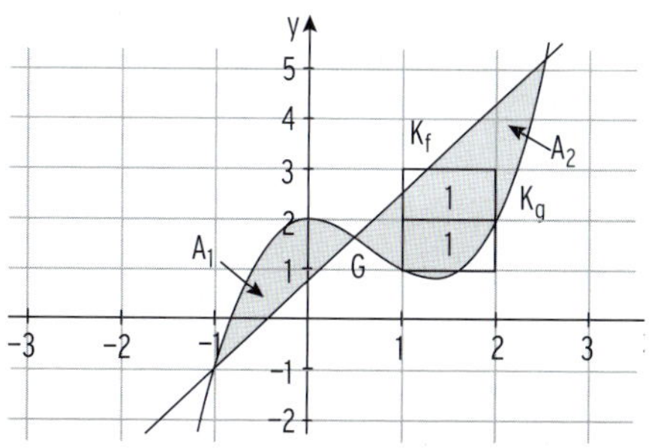

Da die Graphen von f und g eine Schnittstelle auf [−1; 2,5] haben, müssen die **Inhalte der Teilflächen getrennt berechnet** werden **(Integration von Schnittstelle zu Schnittstelle).**

- $\int_{-1}^{0{,}5} (f(x) - g(x))\,dx \approx -1{,}54$ $\qquad A_1 \approx 1{,}54$
- $\int_{0{,}5}^{2{,}5} (f(x) - g(x))\,dx \approx 3{,}33$ $\qquad A_2 \approx 3{,}33$

Inhalt der **Gesamtfläche:** $\qquad A_{ges} = A_1 + A_2 \approx 1{,}54 + 3{,}33 = 4{,}87$

Beachten Sie

Inhalt der Fläche, die von den Kurven K_f von f und K_g von g auf dem Intervall [a; b] umschlossen wird.

a) **Berechnung der Schnittstellen**

Bed.: $f(x) = g(x) \Rightarrow f(x) - g(x) = 0$ liefert die Schnittstellen $x_1, x_2, \ldots$

b) **Integration der Differenzfunktion mit** $f(x) - g(x)$

- $\int_a^{x_1} (f(x) - g(x))\,dx$
- $\int_{x_1}^{b} (f(x) - g(x))\,dx$

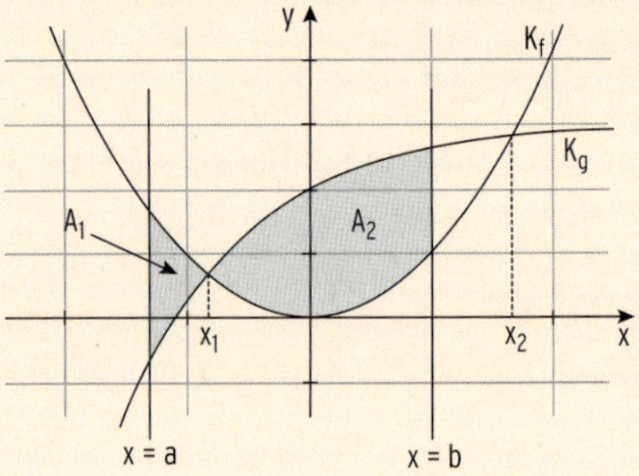

c) **Addition der Beträge der Integralwerte** ergibt den Inhalt der **Gesamtfläche.**

$A_{ges} = A_1 + A_2$

Hinweis: Nicht über eine **Schnittstelle mit Vorzeichenwechsel** hinweg integrieren.

Vergleichen Sie die Vorgehensweise:

Fläche zwischen der Kurve K_f von f und der x-Achse auf dem Intervall [a; b]

a) **Berechnung der Nullstellen:**

Bed.: $f(x) = 0$ liefert die Nullstellen $x_1, x_2, \ldots$

b) **Integration über f(x)dx**

- $\int_a^{x_1} f(x)\,dx$
- $\int_{x_1}^{b} f(x)\,dx$

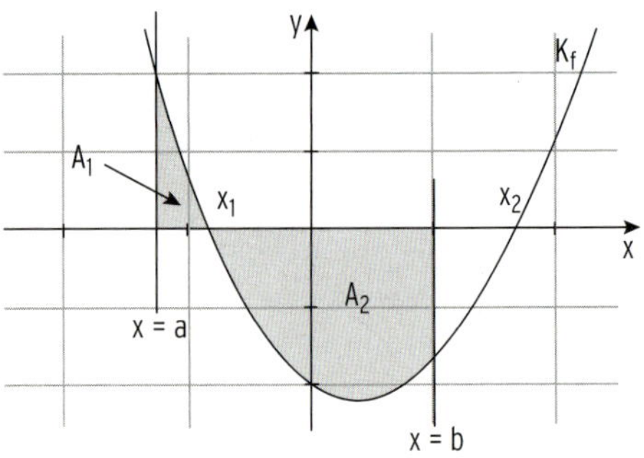

c) **Addition der Beträge der Integralwerte** ergibt den Inhalt der **Gesamtfläche.**

$A_{ges} = A_1 + A_2$

Hinweis: Nicht über eine **Nullstelle mit Vorzeichenwechsel** hinweg integrieren.

Aufgaben

1 Berechnen Sie den Inhalt der markierten Fläche.

a)

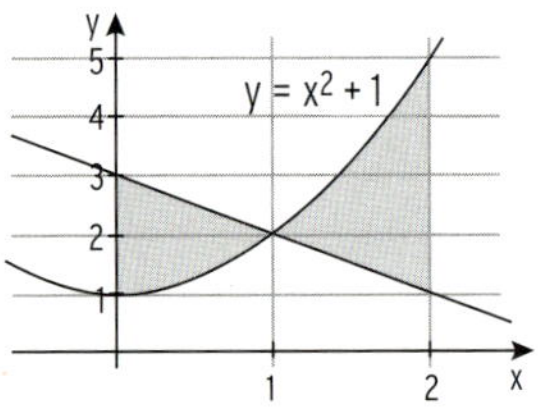

b)

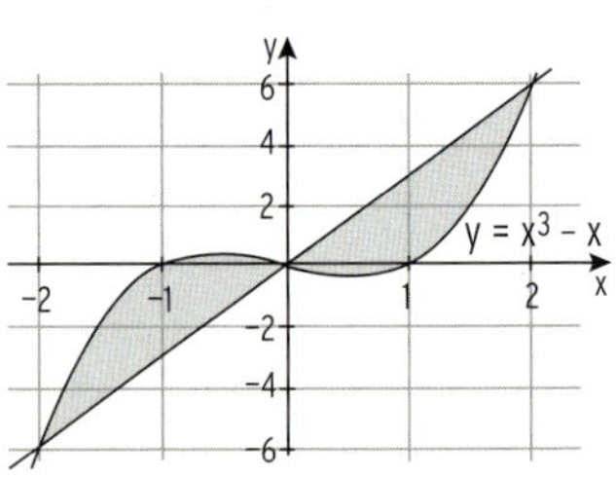

2 K_f ist der Graph der Funktion f mit $f(x) = \frac{1}{2}x^3 - 3x^2 + 4x;\ x \in \mathbb{R}$.

a) Geben Sie eine Stammfunktion von f an und berechnen Sie den Inhalt der Fläche, die von K_f und der x-Achse im 1. Feld eingeschlossen wird.

b) K_f schließt mit der Parabel P von g mit $g(x) = \frac{1}{4}x^2 - \frac{1}{2}x;\ x \in \mathbb{R}$, zwei Flächenstücke ein. Wie groß ist die Fläche, die den Punkt D(1 | 0) enthält?

3 K_f ist das Schaubild der Funktion f mit $f(x) = 2x(x-2)(x-1);\ x \in \mathbb{R}$.

a) Skizzieren Sie K_f.

b) Die Tangente an K_f im Ursprung begrenzt mit K_f eine Fläche. Berechnen Sie den Inhalt. Markieren Sie die Fläche in Ihrer Skizze.

4 Für $x \in \mathbb{R}$ sind zwei Funktionen f und g gegeben mit $f(x) = 2(x^3 - 4x^2 + 4x)$ und $g(x) = \frac{2}{3}x^2$. Die zugehörigen Graphen begrenzen eine Fläche.

Berechnen Sie den Inhalt A dieser Fläche.

5 K_f und K_g sind die Graphen der Funktionen f und g mit $f(x) = \frac{1}{3}x^3 - 2x^2 + 3x + \frac{2}{3};\ x \in \mathbb{R}$ und $g(x) = 2;\ x \in \mathbb{R}$.

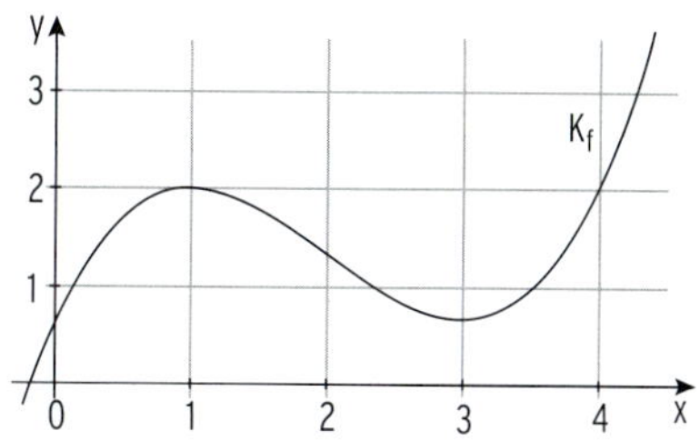

a) Zeigen Sie: K_g berührt K_f in $x = 1$ und schneidet K_f in $x = 4$.

b) K_f und K_g begrenzen im 1. Quadranten eine Fläche. Berechnen Sie den Inhalt dieser Fläche.

6 K_f ist das Schaubild der Funktion f mit $f(x) = -x^2(3 - x);\ x \in \mathbb{R}$. Die Gerade g schneidet die Kurve K_f in $x_1 = 1$ und $x_2 = 3$. K_f, g und die x-Achse schließen im 4. Feld eine Fläche ein. Berechnen Sie deren Inhalt.

7 Gegeben ist die Funktion f durch
$f(x) = -x^3 + 4x^2 - 3x;\ x \in \mathbb{R}$
und der Graph von g in der Abbildung.
Die Graphen von f und g begrenzen für $1 \le x \le 3$ einen See. Der Graph von f bildet modellhaft die nördliche und die zu g gehörende Parabel die südliche Uferbegrenzungslinie.
Die x-Achse verläuft in West-Ost-Richtung (1 LE ≙ 1 km).
Berechnen Sie die Größe der Seefläche.

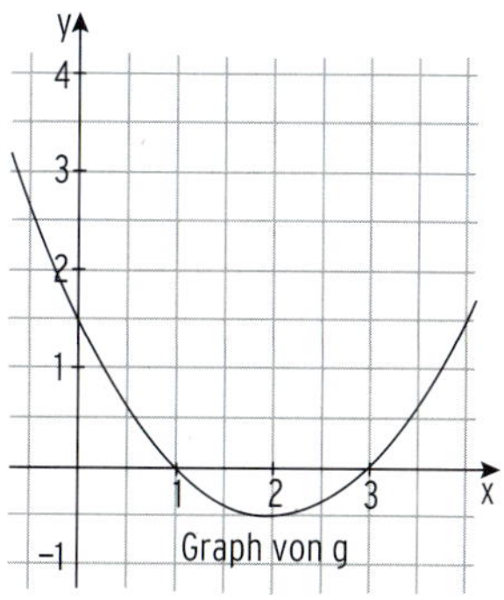

Test zur Überprüfung Ihrer Grundkenntnisse

1 Bestimmen Sie eine Stammfunktion von f.

a) $f(x) = -\frac{3}{2}x + 4x^4$ **b)** $f(x) = \frac{1}{7}(x^3 + 3x^2 + 4)$

2 Bestimmen Sie eine Stammfunktion F von f mit $f(x) = \frac{1}{2}(x + 5x^3)$ und $F(0) = 3$.

3 Gegeben ist die Funktion f mit $f(x) = -0{,}25(x-1)(x-2)$; $x \in \mathbb{R}$, mit Schaubild K_f.
K_f schließt auf [0; 2] mit der x-Achse zwei Flächenstücke ein.
Berechnen Sie den Gesamtinhalt.

4 Zeigen Sie: Gegeben ist die Funktion f mit $f(x) = \frac{1}{4}x^2 + 4$; $x \in \mathbb{R}$, ihr Schaubild ist K_f.
Ermitteln Sie die Gleichung der Tangente t an K_f im Punkt $P(2 \mid f(2))$.
Die Tangente t, die y-Achse und K_f schließen im 1. Quadranten eine Fläche ein.
Berechnen Sie deren Flächeninhalt.

5 K_f ist der Graph der Funktion f
mit $f(x) = \frac{3}{8}x^2 + 1$; $x \in \mathbb{R}$.
Die Abbildung zeigt K_f sowie die Gerade mit der Gleichung $x = u$.
Berechnen Sie den Inhalt der grau unterlegten Fläche für $u = 1{,}5$.
Es gibt genau ein u, so dass der Flächeninhalt zwischen K_f, den Koordinatenachsen und der Geraden mit $x = u$ den Wert 4 annimmt.
Begründen Sie.

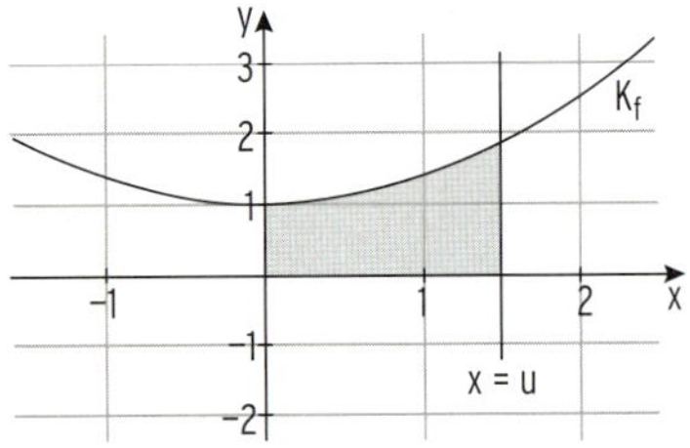

6 Gegeben ist das Schaubild einer Funktion f mit dem Definitionsbereich [−4,5; 4,5].
Begründen Sie für jede der folgenden Behauptungen, ob sie wahr oder falsch ist

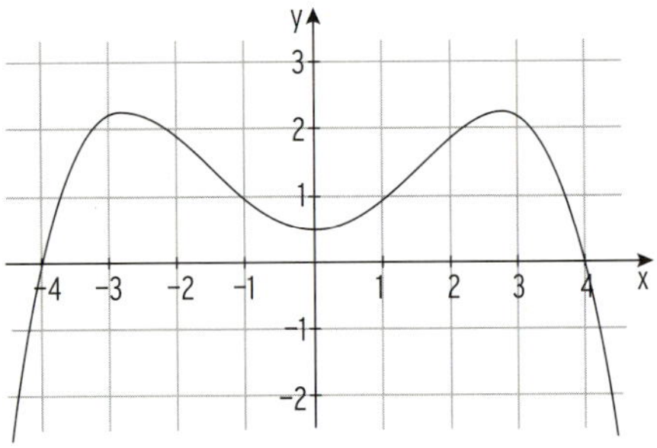

(1) Die Tangente an das Schaubild von f an der Stelle $x = -2$ hat die Steigung − 2.

(2) Das Schaubild jeder Stammfunktion von f hat an der Stelle $x = 0$ eine waagerechte Tangente.

(3) Jede Stammfunktion von f hat drei Wendestellen.

(4) $\int_{-4}^{4} f(x)\,dx > 6$

(5) $\int_{0}^{4} f'(x)\,dx = 0$

5 Anwendung der Integralrechnung in der Wirtschaft

Konsumenten- und Produzentenrente

Die **Konsumentenrente** ist die Summe der Ersparnisse der Konsumenten, der Gesamtnutzen aller Nachfrager. Die **Produzentenrente** ist der Umsatzvorteil (Erlösvorteil) der Produzenten aus einem höheren Marktpreis (als dem Gleichgewichtspreis, vgl. Seite 102).

Beispiel

➲ Angebot und Nachfrage nach Handys mit Navigationssystem werden durch die Angebotsfunktion p_A und die Nachfragefunktion p_N mit

$p_N(x) = 160 - 0{,}5x^2$ und $p_A(x) = x^2 + 10$ mit $0 \leq x \leq 15$

beschrieben. Dabei gibt x die angebotene bzw. nachgefragte Menge in ME und $p_A(x)$ bzw. $p_N(x)$ den jeweiligen Preis in GE/ME an.

Berechnen Sie das Marktgleichgewicht, die Produzentenrente und die Konsumentenrente.

Lösung

Marktgleichgewicht: $p_A(x) = p_N(x)$

$$160 - 0{,}5x^2 = x^2 + 10$$
$$1{,}5x^2 = 150$$

nur eine positive Lösung $x_1 = 10 \quad (x_2 = -10 < 0)$

Gleichgewichtspreis: $p_N(10) = 110$

Marktgleichgewicht MGG (10 | 110)

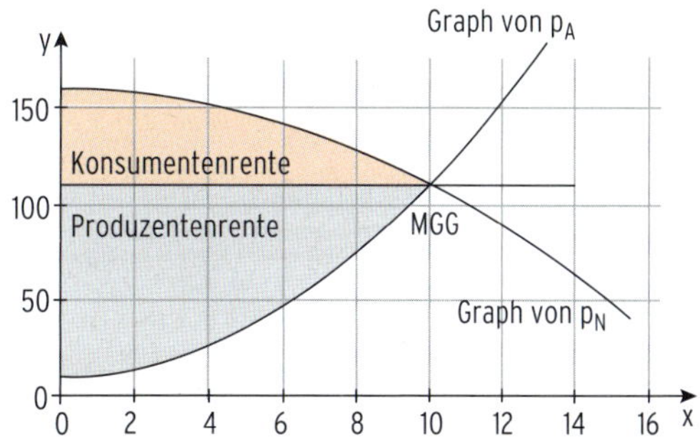

Produzentenrente:

$$PR = 110 \cdot 10 - \int_0^{10} p_A(x)dx \approx 666{,}67$$

Konsumentenrente:

$$KR = \int_0^{10} p_N(x)dx - 1100 \approx 333{,}33$$

Die Produzentenrente beträgt ca. 667 GE und die Konsumentenrente beträgt ca. 333 GE.

Beachten Sie

Konsumentenrente: $KR = \int_a^{x_G} (p_N(x) - p_G)dx = \int_a^{x_G} p_N(x)dx - x_G \cdot p_G$

Inhalt der **Fläche** zwischen dem Graph der Nachfragefunktion und der Preislinie.

Produzentenrente: $PR = \int_a^{x_G} (p_G - p_A(x))dx = x_G \cdot p_G - \int_a^{x_G} p_A(x)dx$

Inhalt der **Fläche** zwischen dem Graph der Angebotsfunktion und der Preislinie.

Die Funktionen p_A und p_N sind für $x \geq a$ definiert.

Aufgaben

1 Die Nachfrage nach einem bestimmten Produkt ergibt sich aus der Nachfragefunktion p_N mit $p_N(x) = 10 - 0{,}04x^2$. Die Angebotsfunktion p_A ist gegeben durch $p_A(x) = 0{,}75x + 2$.
Stellen Sie auch das Marktgleichgewicht, die Produzenten- und die Konsumentenrente grafisch dar.
Bestimmen Sie die Konsumenten- und die Produzentenrente und interpretieren Sie Ihr Ergebnis aus ökonomischer Sicht.

2 Gegeben ist die Nachfragefunktion $p_N(x) = 12 - 0{,}05x^2$; $x \geq 1$.
Die Angebotsfunktion lautet $p_A(x) = 0{,}85x + 2$; $x \geq 1$.
Bestimmen Sie die Konsumenten- und die Produzentenrente.

3 Ein Unternehmen verkauft 120 ME seiner Ware zu einem Stückpreis von 90 GE. Die Marktforschung hat ermittelt, dass bei einer Erhöhung des Stückpreises um 10 GE die Nachfrage um 20 ME sinkt. Für die Angebotsfunktion p_A gilt: $p_A(x) = 0{,}65 + 35$

a) Bestimmen Sie die Preis-Absatz-Funktion p_N und den Erlös für $x \in \{60; 80; 150\}$.

b) Auf dem Markt stellt sich durch Gegenüberstellung ein Gleichgewichtspreis ein. Bestimmen Sie das Marktgleichgewicht rechnerisch und grafisch.

c) Welchen Preis kann der Anbieter bei einer verkauften Menge von 50 ME erzielen?

d) Ermitteln Sie die Konsumenten- und die Produzentenrente.

4 Die Abbildung zeigt die Nachfragekurve mit $p_N(x) = 0{,}1x^2 - 8x + 150$ für $x \geq 3$ und das Schaubild der Angebotsfunktion.

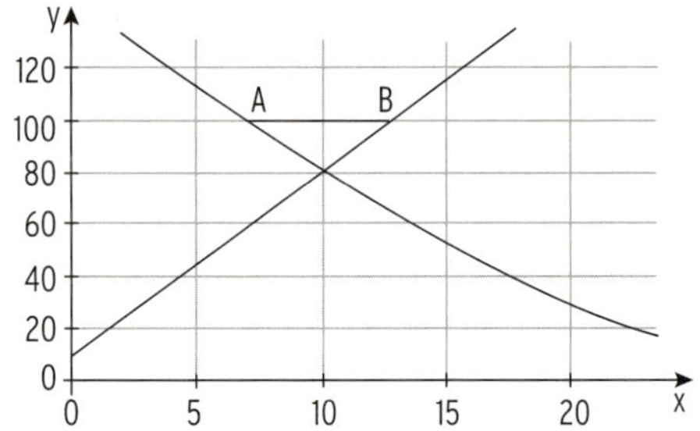

a) Bestimmen Sie rechnerisch das Marktgleichgewicht.

b) Welcher Sachverhalt wird durch die Strecke AB dargestellt?

c) Berechnen Sie die Konsumenten- und die Produzentenrente.

5 Auf dem Markt für Pumpen lässt sich die Nachfrage beschreiben durch $p_N(x) = 16 - 0{,}25x^2$ und das Angebot durch $p_A(x) = 2x + 4$; $x \geq 0$.
Stellen Sie die Situation grafisch dar.
Berechnen Sie die Gleichgewichtsmenge und den Gleichgewichtspreis.
Bestimmen Sie die Konsumenten- und die Produzentenrente.

Von der Änderungsrate zum Bestand

Beispiel 1

Der Hersteller JUKO hat beschlossen, seine Produktion zu erweitern. Dafür muss er Investitionen vornehmen, die die Gesamtkosten verändern. Die Gesamtkosten werden durch die Funktion K mit $K(x) = 0{,}5x^2 + 20$ angenähert.

Dabei wird x in ME und K(x) in GE angegeben.

Bestimmen Sie das Integral $\int_1^4 K'(x)dx$ und interpretieren Sie das Ergebnis aus mathematischer und aus ökonomischer Sicht.

Lösung

Berechnung des Integrals: $\int_1^4 K'(x)dx = [K(x)]_1^4 = K(4) - K(1) = 28 - 20{,}5 = 7{,}5$

Das Integral berechnet den Inhalt der Fläche zwischen der x-Achse und dem Graphen der Grenzkostenfunktion in dem Intervall [1; 4].

Der Inhalt der Fläche beträgt 7,5. Aus ökonomischer Sicht gibt dieser Wert die **Erhöhung der Gesamtkosten** an, wenn sich die Produktionsmenge von 1 ME auf 4 ME erhöht.

Beispiel 2

Der Konzern EABW befürchtet aufgrund der aktuellen wirtschaftlichen Lage, dass sich die Gewinnsituation verändert. Die Gewinnfunktion G wird durch die Gleichung $G(x) = -0{,}5x^2 + 15x - 28$ dargestellt. Die Kapazitätsgrenze liegt bei 25 ME.

Bestimmen Sie die Gewinnschwelle x_{GS} und ermitteln Sie das Integral $\int_{x_{GS}}^{25} G'(x)dx$. Interpretieren Sie das Ergebnis aus mathematischer und aus ökonomischer Sicht.

Lösung

Gewinnschwelle x_{GS}: $G(x) = 0 \Leftrightarrow x = 2 \vee x = 28$

$x_{GS} = 2$ ist die Gewinnschwelle: $\int_2^{25} G'(x)dx = G(25) - G(2) = G(25) = 34{,}5$

Interpretation: Das Integral berechnet den Inhalt der Fläche zwischen der x-Achse und dem Graph der Grenzgewinnfunktion in dem Intervall [2; 25].

Der Inhalt der Fläche beträgt ca. 34,5.

Aus ökonomischer Sicht gibt dieser Wert den zusätzlichen Gewinn bzw. die Gewinnänderung an, wenn die Produktion von 2 ME auf 25 ME erhöht wird.

f′(x) (Änderungsrate von f)	$\int_a^b f'(x)dx = f(b) - f(a)$ (Bestandsänderung)
• Grenzkosten (K′(x))	Zunahme der Gesamtkosten bei einer Produktionserhöhung von a auf b
• Grenzgewinn (G′(x))	Gesamtänderung des Gewinns bei einer Produktionserhöhung von a auf b
• Grenzerlös (E′(x))	Gesamtänderung des Erlöses bei einer Produktionserhöhung von a auf b

Aufgaben

1 Der Kostenzuwachs eines Betriebes für die Produktion von x ME lässt sich beschreiben durch $K'(x) = 3x^2 - 14x + 135$, x in ME; K′(x) in $\frac{\text{Geldeinheit}}{\text{Mengeneinheit}}\left(\frac{GE}{ME}\right)$.
Berechnen Sie folgende Integrale und interpretieren Sie Ihre Ergebnisse ökonomisch.

a) $\int_0^5 K'(x)\,dx$ **b)** $\int_5^{10} K'(x)\,dx$ **c)** $20 + \int_0^{10} K'(x)\,dx$

2 Ein Unternehmen stellt Glaskugeln für Großabnehmer her. Die Gesamtkosten und der Erlös lassen sich in Abhängigkeit der produzierten ME beschreiben durch

$K(x) = 0{,}1x^3 - 5x^2 + 125x + 900$ und durch $E(x) = -2{,}5x^2 + 350x$.

Zwischen 10 ME und 30 ME erzielt das Unternehmen keinen Verlust.

Bestimmen Sie das Integral $\int_{10}^{30} (E'(x) - K'(x))\,dx$ und interpretieren Sie das Ergebnis aus mathematischer und aus ökonomischer Sicht.

3 Ermitteln Sie die Grenzkostenfunktion K′, wenn die Gesamtkostenfunktion K mit $K(x) = 0{,}4x^3 - 2{,}4x^2 + 5x + 16{,}8$; x in ME, gegeben ist.
Skizzieren Sie den Graphen der Grenzkostenfunktion K′ in einem geeigneten Koordinatensystem.
Berechnen Sie den Inhalt der Fläche unter dem Graphen von K′ im Intervall [0; 3] und interpretieren Sie Ihr Ergebnis aus wirtschaftlicher Sicht.

4 Die Gerade in der Abbildung beschreibt den Grenzerlös eines Monopolisten in GE/ME auf $0 \leq x \leq 7$.
Berechnen Sie den Inhalt der markierten Fläche und interpretieren Sie Ihr Ergebnis.

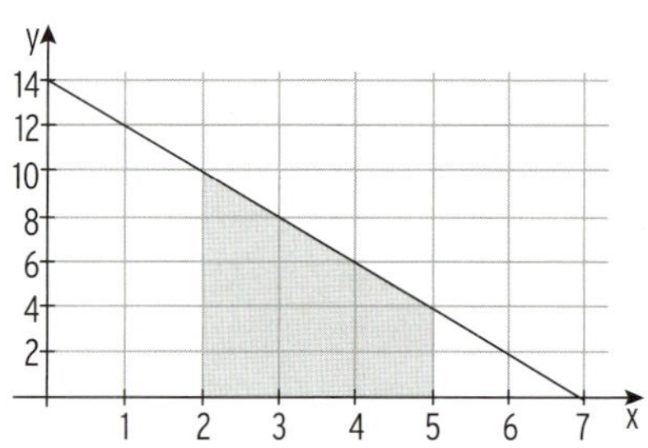

Gesamtmenge

Beispiel

➲ Das Unternehmen Agrema untersucht den zu erwartenden Absatz seines Produktes. Das Unternehmen vermutet einen Verlauf, der folgender Funktionsgleichung genügt:

$a(t) = -\frac{1}{4}t^3 + \frac{9}{2}t^2 + 10t$; t in Wochen, a(t) in ME/Woche, t = 0 ist der Zeitpunkt der Produkteinführung.

a) Langfristig erwartet Agrema einen Gesamtabsatz von 4000 ME. Überprüfen Sie.

b) Das Produkt soll bereits zum Zeitpunkt t = 18 vom Markt genommen werden. Berechnen Sie den Gesamtabsatz, auf den Agrema in diesem Fall verzichtet. Kennzeichnen Sie den Gesamtabsatzverzicht in einer Zeichnung.

Lösung

a) $a(1) = 14{,}25$; d. h. 14,25 ME/Woche, konstant über eine Woche ergibt: 14,25 ME Absatz in dieser Woche.

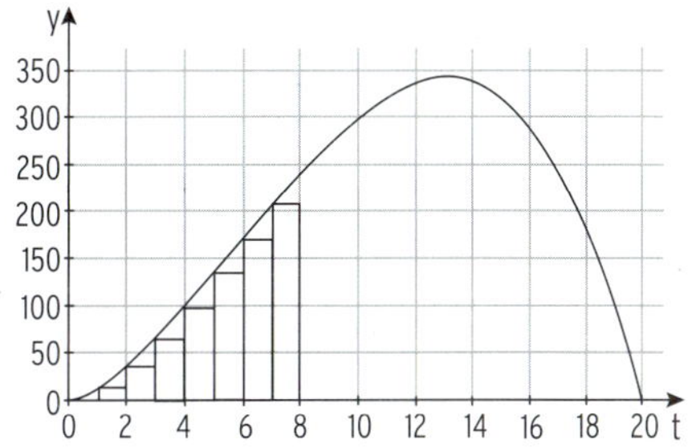

Die Summe der Flächeninhalte aller Rechtecke ergibt **näherungsweise** den Gesamtabsatz in ME:

$14{,}25 + 36 + 63{,}75 + \ldots + 99{,}75 = 3990$

Hinweis: Vergleichen Sie die Einheiten: $\frac{\text{ME}}{\text{Woche}} \cdot \text{Woche}$ ergibt ME.

Der **Gesamtabsatz** lässt sich durch den **Inhalt der Fläche** zwischen dem Graph von a und der t-Achse bestimmen:

Nullstellen der Absatzfunktion: a(t) = 0 $\quad t = 0 \vee t = 20 \ (\vee\ t = -2 < 0)$

Gesamtabsatz: $\int_0^{20} a(t)dt = \left[-\frac{1}{16}t^4 + \frac{3}{2}t^3 + 5t^2\right]_0^{20}$

$= 4000$

b) Gesamtabsatzverzicht

$\int_{18}^{20} a(t)dt = 193$

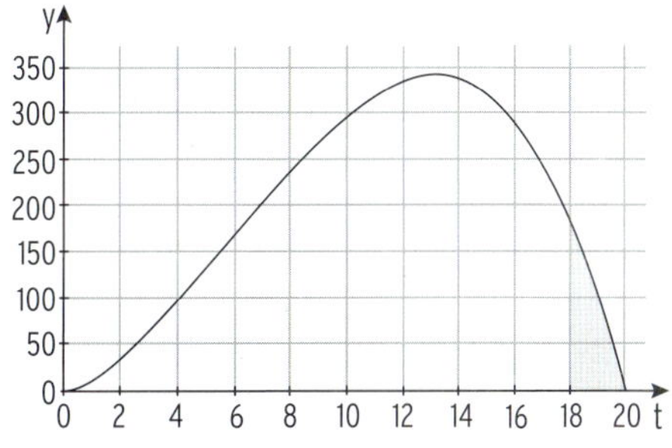

Der Gesamtabsatzverzicht beträgt 193 ME .

Mittelwert

Beispiel 1

➲ Die Gesamtkosten eines Produktes können der Abbildung entnommen werden. Wie groß sind die durchschnittlichen Gesamtkosten?

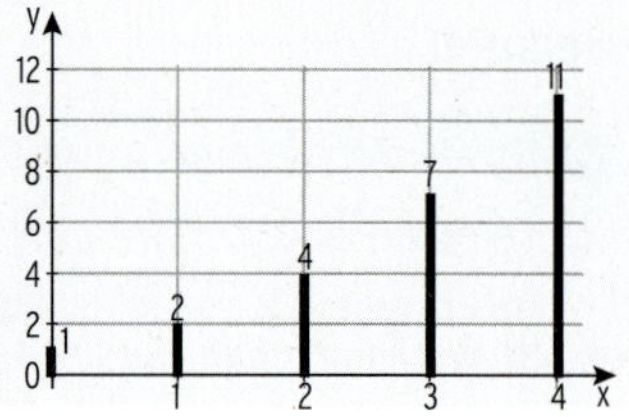

Lösung

Mittelwert (arithmetisches Mittel) der Kostenwerte K_1 bis K_5:

$\overline{m} = \frac{1}{5}(K_1 + K_2 + K_3 + K_4 + K_5) = \frac{1}{5}(1 + 2 + 4 + 7 + 11) = \mathbf{5}$

Die mittleren Gesamtkosten betragen 5 GE.

Beachten Sie

Der **Mittelwert $\overline{m}$** von n Werten $a_1, a_2, \dots a_n$ ist die Zahl $\overline{m} = \frac{1}{n}(a_1 + a_2 + \dots + a_n)$

Beispiel 2

➲ Die Gesamtkosten eines Produktes werden durch folgende Funktion f modelliert:
$K(x) = \frac{1}{2}x^2 + \frac{1}{2}x + 1$; x in ME; K(x) in GE.
Bestimmen Sie die mittleren Gesamtkosten auf [0; 4].

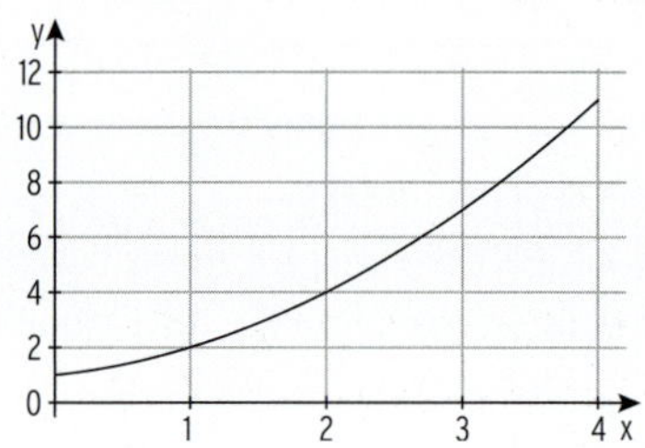

Lösung

Addition der Funktionswerte von K dividiert durch die Anzahl n der Werte ergibt den Mittelwert

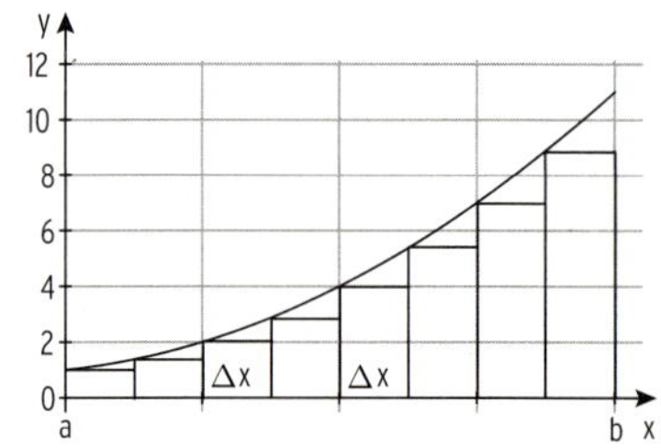

$\overline{m} = \frac{\text{Summe der Kostenwerte}}{n}$

Für die Anzahl n gilt: $n = \frac{b - a}{\Delta x}$

Daraus ergibt sich: $\overline{K} = \frac{\text{Summe der Kostenwerte}}{\frac{b - a}{\Delta x}}$

$\overline{K} = \frac{\text{Summe der Kostenwerte}}{b - a} \cdot \Delta x$

Für $n \to \infty$ strebt $\Delta x \to 0$ und damit $\overline{K} = \lim\limits_{n \to \infty} \frac{1}{b - a} \sum\limits_{i=1}^{n} K(x_i)\,\Delta x = \frac{1}{b - a}\int\limits_a^b K(x)\,dx$

Beachten Sie auch die Einheiten: b − a in ME, K in GE, x in ME.

Berechnung der mittleren Gesamtkosten auf [0; 4]

$$\overline{K} = \frac{1}{4-0} \int_0^4 K(x)\,dx \approx \frac{1}{4} \cdot \left[\frac{1}{6}x^3 + \frac{1}{4}x^2 + x\right]_0^4$$
$$\overline{K} \approx \frac{1}{4} \cdot 18{,}67 = 4{,}67$$

Die durchschnittlichen Gesamtkosten bei einer Produktion von bis zu 4 ME betragen etwa 4,67 GE.

Erläuterung:

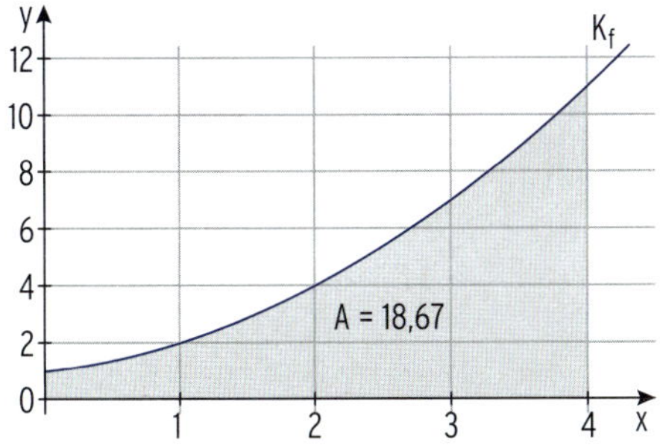

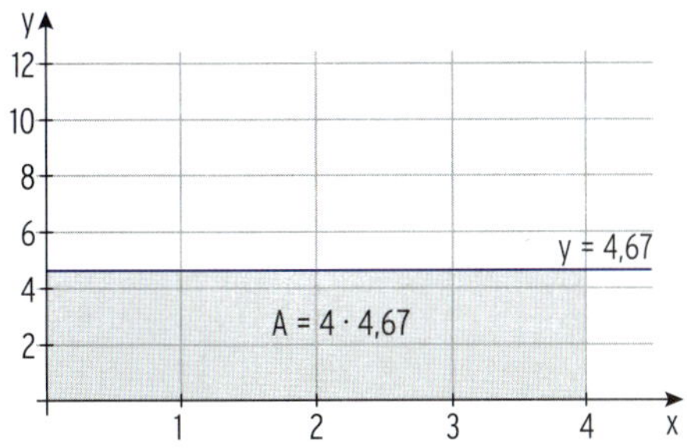

Es gilt: $4 \cdot 4{,}67 = \int_0^4 K(x)\,dx$

Die Fläche zwischen K und der x-Achse auf [0; 4] ist inhaltsgleich zur Fläche zwischen der Geraden mit y = 4,67 und der x-Achse auf [0; 4].

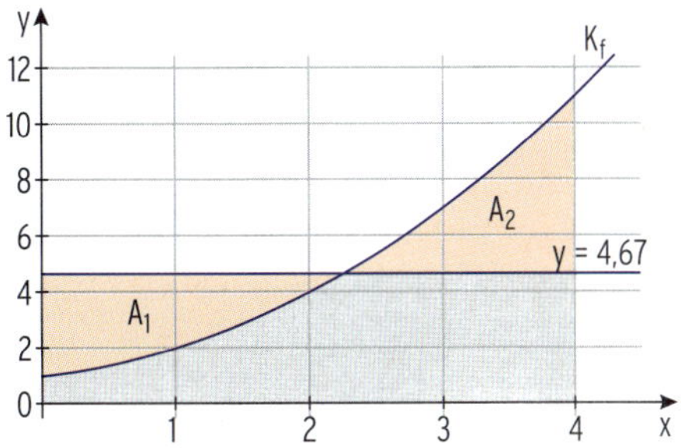

Die Flächenstücke A_1 und A_2 haben den gleichen Inhalt.
Der Mittelwert der Funktionswerte beträgt
$4{,}67 = \frac{1}{4} \cdot \int_0^4 K(x)\,dx$.

Beachten Sie

Für den **Mittelwert $\overline{m}$ der Funktionswerte** von f auf [a; b] gilt:

$$\overline{m} = \frac{1}{b-a} \int_a^b f(x)\,dx$$

Aufgaben

1 Ein Unternehmen stellt Glaskugeln für Großabnehmer her. Die Gesamtkosten in Abhängigkeit der produzierten ME x lassen sich beschreiben durch $K(x) = 0{,}1x^3 - 5x^2 + 125x + 900$.

a) Ermitteln Sie die durchschnittlichen Gesamtkosten auf [0; 10].

b) Berechnen Sie die durchschnittlichen variablen Stückkosten für $10 \leq x \leq 30$. Interpretieren Sie Ihr Ergebnis aus ökonomischer Sicht.

c) Der Erlös lässt sich beschreiben durch $E(x) = -2{,}5x^2 + 350x$. Wie groß ist der duchschnittliche Erlös auf [10; 20]?

d) Bestimmen Sie im Intervall [20; 50] die durchschnittliche Differenz zwischen dem tatsächlich erzielbaren Marktpreis und den jeweiligen variablen Stückkosten.

2 Eine Firma produziert einen neuen MP3-Player. Die wöchentlichen Verkaufszahlen werden beschrieben durch $f(t) = -t^2 + 20t;\ t \geq 0$.
Wie viele MP3-Player werden in den ersten 10 Wochen durchschnittlich pro Woche verkauft?

3 Ein Supermarkt führt eine neue Zahnpasta ein. In einem Modell beschreibt die Funktion f der Form $f(x) = -\frac{1}{20}x^2 + 6x + 2$ die Entwicklung der wöchentlichen Verkaufszahlen. Dabei ist x die Zeit in Wochen nach der Einführung, f(x) die verkaufte Stückzahl innerhalb der Woche x.

a) Bestimmen Sie näherungsweise, wie viel Tuben Zahnpasta der Supermarkt in den ersten 52 Wochen durchschnittlich pro Woche verkauft.

b) Nach einem halben Jahr sind insgesamt mehr als 1800 Tuben verkauft. Überprüfen Sie die Behauptung.

4 Die Entwicklung des Heizölpreises im Laufe eines Jahres (in Euro pro 100 ℓ bei einer Abnahme von 3000 ℓ) wird modelliert durch
$f(t) = -0{,}03t^3 + 0{,}49t^2 - 1{,}76t + 54{,}5$
(t in Monaten; $t = 0 \mathrel{\widehat{=}} 1.$ Januar).
Bestimmen Sie den höchsten und den niedrigsten Heizölpreis im Jahresverlauf.
Ermitteln Sie den Durchschnittspreis im Laufe dieses Jahres.

5 Die Funktion G^* mit
$G^*(x) = -\frac{1}{4}x^3 + 2x^2 + x - 8$;
x in Jahren, $G^*(x)$ in GE/Jahr, beschreibt den jährlichen Gewinn in den letzten 8 Jahren. Der gesamte Gewinn G dieser 8 Jahre lässt sich mithilfe der Fläche zwischen dem Schaubild von G^* und der x-Achse veranschaulichen. Berechnen Sie G.

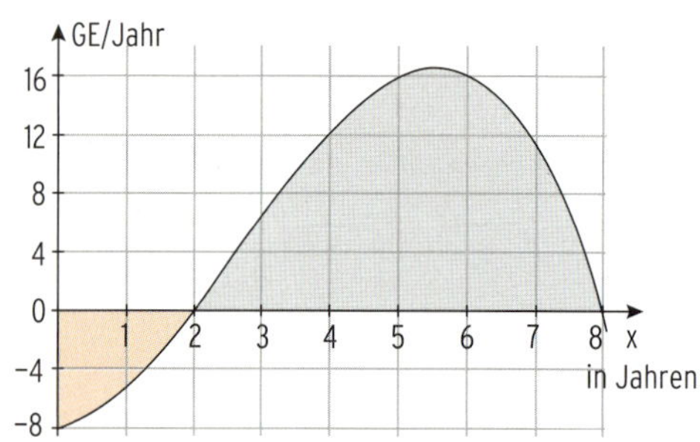

V Optionale Lerngebiete 2

1 Exponentialfunktionen

Modellierung einer Situation

1) Eine Flüssigkeit wird auf 90 °C erhitzt. Dann lässt man sie bei einer Umgebungstemperatur von 20 °C abkühlen. Bei diesem Experiment erhält man folgende Messreihe:

t in Minuten	0	1	2	3	4	5	6	7
Temperatur in °C	90	58	40	31	26	22	22	21

- Stellen Sie die Messdaten in einem Koordinatensystem dar.
  Untersuchen Sie, ob die Funktion f mit $f(t) = 2{,}30t^2 - 24{,}68t + 84{,}92$ das Experiment beschreibt. Zeichnen Sie die Kurve in das Koordinatensystem ein.
- Bestimmen Sie mithilfe der Messwerte eine Exponentialfunktion, die die Flüssigkeitstemperatur in Abhängigkeit von der Zeit beschreibt. Die Umgebungstemperatur wird nicht unterschritten.
  Zeichnen Sie das Schaubild der Exponentialfunktion in das gemeinsame Koordinatensystem ein. Vergleichen Sie die beiden Näherungskurven.

2) In eine Tasse wird 90 °C heißer Tee eingeschenkt. Der Tee kühlt auf die Zimmertemperatur von 20 °C ab. Die Funktion h mit $h(t) = 20 + 70\,e^{-0{,}2t}$ beschreibt diesen Abkühlvorgang. Dabei ist t die Zeit in Minuten und h(t) die Temperatur in °C.

- Berechnen Sie die Zeit, die vergeht, bis der Tee auf die Trinktemperatur (50 °C) abgekühlt ist.
- Berechnen Sie die momentane Abkühlgeschwindigkeit nach 1 Minute und nach 10 Minuten. Interpretieren Sie Ihre Ergebnisse.

Bearbeiten Sie diese Situation, nachdem Sie die rechts aufgeführten **Qualifikationen** und **Kompetenzen** erworben haben.

Qualifikationen & Kompetenzen

- Realitätsbezogene Zusammenhänge mit Exponentialfunktionen mathematisch modellieren
- mathematisch argumentieren
- Probleme mathematisch lösen
- Die mathematische Fachsprache verwenden

1.1 Einführungsbeispiele

Beispiel 1

➲ Papa Kurt schenkt seinem Sohn 1000 €.
Er bietet ihm folgende Alternative an:

a) Der Sohn erhält jedes Jahr weitere 50 €.

b) Der Betrag 1000 € wird zu 5 % Zinsen angelegt.

Wie entwickelt sich das Kapital des Sohnes im Laufe von 20 Jahren?
Wie würden Sie den Sohn beraten?

Lösung

a) Nach 10 Jahren: 1500 €

Nach 20 Jahren: 2000 €

Kapital nach n Jahren:

$K_n = 1000 + 0{,}05 \cdot 1000 \cdot n$

$K_n = 1000 + 50\,n$

Konstante jährliche Zunahme um d = 50.

Das Kapital erhöht sich jedes Jahr um 50 €, also **linear.**

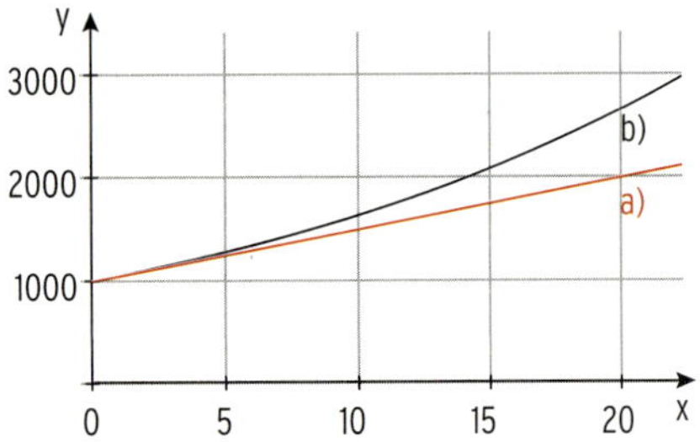

Bemerkung: f mit $f(x) = 1000 + 50x$; $x \in \mathbb{R}$, ist eine **lineare Funktion.**

Beachten Sie

Beim **linearen Wachstum** nimmt die Größe y immer **um den gleichen Summanden d zu,** wenn die Größe x um 1 zunimmt.

b) Kapital nach 1 Jahr: $K_1 = 1000 \cdot 1{,}05 = 1050$

Kapital nach 2 Jahren: $K_2 = 1050 \cdot 1{,}05 = (1000 \cdot 1{,}05) \cdot 1{,}05 = 1000 \cdot 1{,}05^2$

$K_2 = 1102{,}5$

Kapital nach 10 Jahren: $K_{10} = 1000 \cdot 1{,}05^{10} = 1628{,}89$

Kapital nach 20 Jahren: $K_{20} = 1000 \cdot 1{,}05^{20} = 2653{,}30$

Kapital nach n Jahren: $K_n = 1000 \cdot 1{,}05^n$

Jedes Jahr wächst das Kapital mit dem **Wachstumsfaktor q = 1,05.**

Das Kapital erhöht sich **exponentiell.**

Ergebnis: Alternative b) ist vorteilhafter (s. Abb.).

Bemerkung: f mit $f(x) = 1000 \cdot 1{,}05^x$; $x \in \mathbb{R}$, ist eine **Exponentialfunktion.**

Beachten Sie

Beim **exponentiellen Wachstum** wächst die Größe y immer **mit dem festen Faktor q,** wenn die Größe x um 1 zunimmt.

Beispiel 2

➲ Nimmt man Milch aus dem Kühlschrank, hat sie eine Temperatur von 6 °C, danach erwärmt sie sich.
Die Zimmertemperatur beträgt 20 °C.
Dieser Vorgang lässt sich durch den Funktionsterm beschreiben:
$f(x) = 20 - 14 \cdot 2^{-0{,}144x}$; $x \geq 0$,
x in Minuten, f (x) in °C.
Machen Sie Aussagen zum Temperaturverlauf.

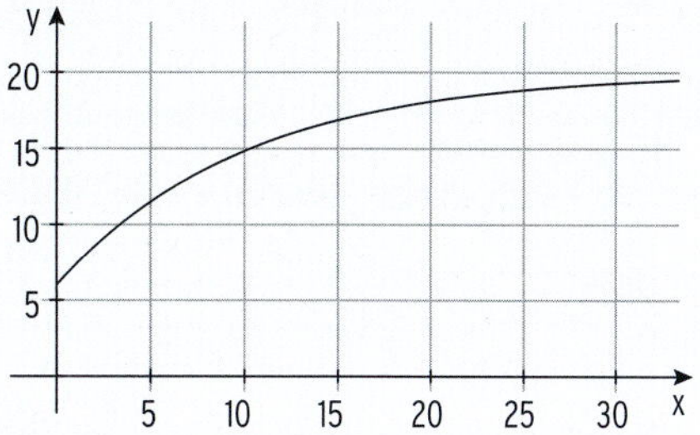

Lösung

Man stellt fest: Die Erwärmung verläuft **nicht linear.**
Wertetabelle

x	0	1	10	20	30
f (x)	6	7,33	14,84	18,10	19,30

Die Erwärmung ist abgeschlossen, wenn die Milch Zimmertemperatur (20 °C) hat.
Für $x \to \infty$ strebt die Temperatur $f(x) \to 20$.
Vergleich von f (1) mit f (0) ergibt: In der 1. Minute erwärmt sich die Milch um 1,33 °C.
Von der 20. bis zur 30. Minute erwärmt sich die Milch um
$\frac{19{,}30\,°C - 18{,}10\,°C}{10\,min} = 0{,}12\,\frac{°C}{min}$.

Die „Erwärmungsgeschwindigkeit" ist am Anfang am größten.

Beispiel 3

➲ Eine Bakterienkultur vermehrt sich in den ersten fünf Stunden exponentiell.
Die **Exponentialfunktion f** mit $f(t) = 2200 \cdot 1{,}804^t$ beschreibt die Anzahl der Bakterien nach t Stunden.
Beschreiben Sie, wie sich die Anzahl der Bakterien entwickelt.

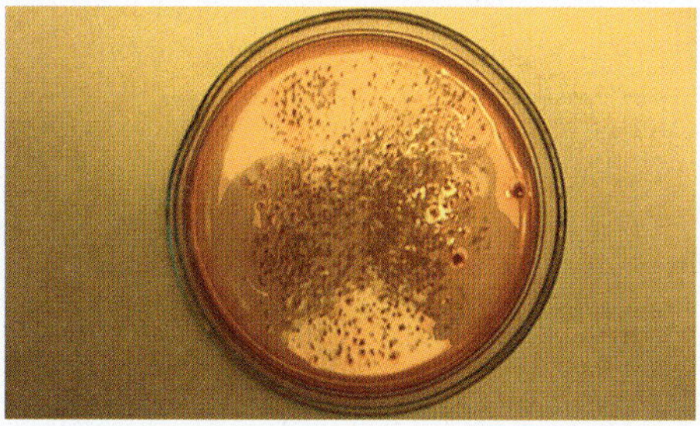

Lösung

f (0) = 2200 Anfangsbestand
Wachstumsfaktor q = 1,804
Stündlich nimmt die Zahl der Bakterien um 80,4 % zu.
Nach etwa 4,8 Stunden wird die Zahl 40 000 überschritten.

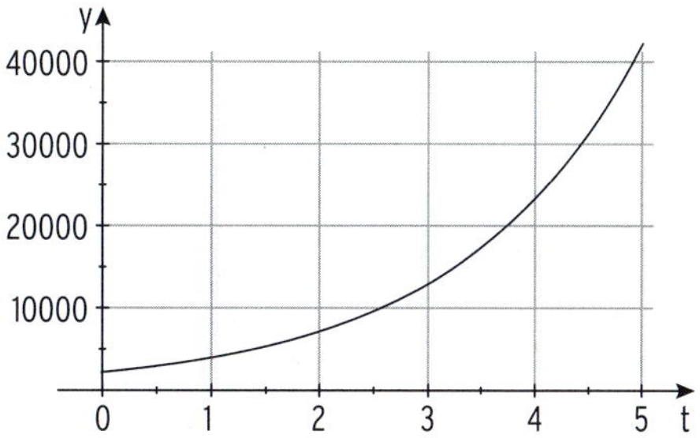

1.2 Definition einer Exponentialfunktion

Bei den bisher betrachteten Funktionen (z. B. f mit $f(x) = x^2$) war die Basis x variabel und die Hochzahl eine konstante natürliche Zahl. Ist die **Hochzahl x variabel** und die Basis eine positive Zahl, dann ergibt sich ein neuer Funktionstyp, die **Exponentialfunktion.**

Exponentialfunktion f mit $f(x) = a^x$; $a > 0$; $a \neq 1$; $x \in \mathbb{R}$

Beispiel

f mit $f(x) = 2^x$; $x \in \mathbb{R}$

x	f(x)
-10	9,7·1ō4
-4	0,0625
-2	0,25
0	1
2	4

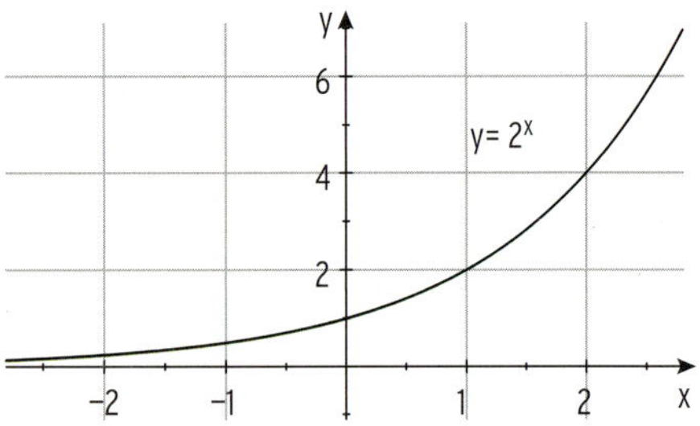

Funktionswerte: $f(0) = 2^0 = 1$; $f(-1) = 2^{-1} = \frac{1}{2}$

$f(-10) = 2^{-10} = \frac{1}{2^{10}} \approx 0{,}00098$

Eigenschaften: Die Funktionswerte f(x) sind (monoton) **wachsend.**
Die Funktionswerte f(x) streben für $x \to -\infty$ gegen null; der Graph von f nähert sich immer mehr der x-Achse an.
Die x-Achse ist **waagrechte Asymptote (Näherungsgerade).**

Spiegelt man das Schaubild von f **an der y-Achse,** ersetzt man x durch (−x) und man erhält das Schaubild von g mit $g(x) = 2^{-x}$; $x \in \mathbb{R}$.

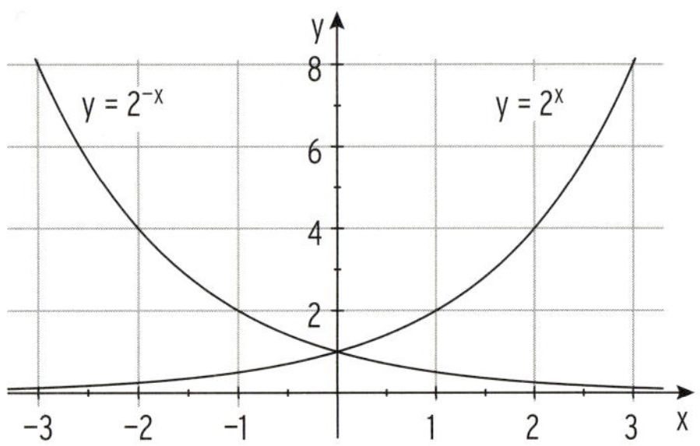

Seite 467

Funktionswerte: $g(0) = 2^0 = 1$; $g(1) = 2^{-1} = \frac{1}{2}$

$g(4) = 2^{-4} = \frac{1}{2^4} = 0{,}0625$

Eigenschaften: Die Funktionswerte g(x) sind (monoton) **fallend.**
g(x) strebt für $x \to \infty$ gegen null.
Die x-Achse ist **waagrechte Asymptote.**

> **Beachten Sie**
>
> Das Schaubild einer Exponentialfunktion f mit $f(x) = a^x$; $x \in \mathbb{R}$; $a > 0$, $a \neq 1$, verläuft durch den Punkt S(0 | 1), denn $a^0 = 1$. Die x-Achse ist **waagrechte Asymptote.**

Aufgaben

1 Wie viele Reiskörner liegen auf dem 64. Feld eines Schachbretts, wenn man auf das 1. Feld ein Reiskorn, auf das 2. zwei, auf das 3. vier, auf das 4. acht Reiskörner usw. legt? Vergleichen Sie Ihr Ergebnis mit der Weltjahresproduktion von Reis.

2 Die Abbildung zeigt Ausschnitte aus den Schaubildern der Funktionen f mit $f(x) = 3^{0{,}5x} - 1$ und g mit $g(x) = 3^{0{,}5x-1}$; $x \in \mathbb{R}$.
Ordnen Sie jedem Schaubild einen Funktionsterm zu und begründen Sie Ihre Entscheidung.

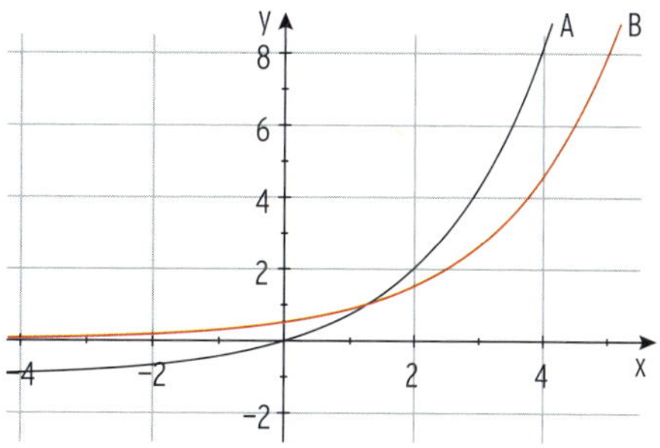

3 Frieder lässt einen Ball aus 2 m Höhe auf einen festen Boden fallen.
Der Ball springt nach jedem Aufprall jeweils auf 90 % der Höhe zurück, aus welcher er gefallen ist. Welche Höhe erreicht der Ball nach dem 5. bzw. 8. Aufprall?
Welcher Funktionsterm f(n) gibt die Höhe nach dem n-ten Aufprall an?

4 Für $a > 0$ sind die Funktionen f mit $f(x) = a^x$; $x \in \mathbb{R}$, und g mit $g(x) = \frac{2}{a}x + 1$; $x \in \mathbb{R}$, gegeben.
Für welchen Wert von a schneiden sich die zugehörigen Schaubilder K_f und K_g an der Stelle $x_1 = 1$?

5 Die Funktion f mit $f(x) = 3^x$; $x \in \mathbb{R}$, hat das Schaubild K_f.
Durch Verschiebung von K_f um 1 nach oben entsteht K_g, durch Verschiebung von K_f um 1 nach links entsteht K_h.
Skizzieren Sie K_f, K_g und K_h in ein Achsenkreuz.
Wie lauten die Gleichungen der Kurven K_g und K_h?
Wo schneiden sich K_g und K_h?

1.3 Die Euler'sche Zahl e

Beispiel

➲ Nehmen wir an, wir hätten 1€ bei einer (sehr großzügigen) Bank zu 100 % angelegt. Nach einem bestimmten Zeitabschnitt (z. B. nach einem Monat) wird der Zins dem Konto gutgeschrieben und ab dem nächsten Zeitabschnitt (ab dem nächsten Monat) mitverzinst. Wie groß ist dann das Kapital am Ende des Jahres?

Lösung

Die Zinsgutschrift erfolgt	**Kapital am Ende des Jahres**
jährlich	$K_1 = 1 + \frac{100}{100} = 2$
vierteljährlich	$K_4 = \underbrace{\left(1 + \frac{1}{4}\cdot\frac{100}{100}\right)}_{1.}\underbrace{\left(1 + \frac{1}{4}\cdot\frac{100}{100}\right)}_{2.}\underbrace{\left(1 + \frac{1}{4}\cdot\frac{100}{100}\right)}_{3.}\underbrace{\left(1 + \frac{1}{4}\cdot\frac{100}{100}\right)}_{4.\text{ Quartal}}$
Kapital nach dem 4. Quartal	$K_4 = \left(1 + \frac{1}{4}\right)^4 = 2{,}44$
monatlich	$K_{12} = \underbrace{\left(1 + \frac{1}{12}\cdot\frac{100}{100}\right)}_{1.}\underbrace{\left(1 + \frac{1}{12}\cdot\frac{100}{100}\right)}_{2.}\cdot\underbrace{\ldots}_{\ldots}\cdot\underbrace{\left(1 + \frac{1}{12}\cdot\frac{100}{100}\right)}_{12.\text{ Monat}}$
Kapital nach dem 12. Monat	$K_{12} = \left(1 + \frac{1}{12}\right)^{12} = 2{,}61$
täglich	$K_{360} = \left(1 + \frac{1}{360}\right)^{360} = 2{,}71$
in n gleichen Abschnitten eines Jahres:	$K_n = \left(1 + \frac{1}{n}\right)^n$

Schreibt man die Zinsen in immer kürzeren Abständen (d. h., n geht gegen unendlich) dem Kapital gut, so spricht man von einer **stetigen Verzinsung.**

Das Kapital von 1€ steigt am Ende des Jahres jedoch nicht ins Unendliche, sondern strebt gegen eine feste Zahl, wie man anhand der Tabelle erkennen kann.

n	1	10	100	1000	10 000
$(1+\frac{1}{n})^n$	2	2,5937...	2,7048...	2,7169...	2,7181...

Für $n \to \infty$ wächst das Kapital auf das 2,718...-Fache.

Die (irrationale) Zahl 2,718... heißt **Euler'sche Zahl e.**

Euler'sche Zahl e = 2,718 281 828 459...

Das Kapital nimmt also bei einer Verzinsung von 100 % und unendlich häufigem Zinszuschlag in einem Jahr **(stetige Verzinsung)** den Wert $\mathbf{K^* = K \cdot e}$ an.

Beachten Sie

Die Euler'sche Zahl e ist der Grenzwert von $\left(1 + \frac{1}{n}\right)^n$ für $n \to \infty$.

Schreibweise: $e = \lim\limits_{n \to \infty} \left(1 + \frac{1}{n}\right)^n$

1.4 Exponentialfunktionen zur Basis e

In den Naturwissenschaften, in der Technik und in den Wirtschaftswissenschaften sind die **Exponentialfunktionen** von überragender Bedeutung. Dabei spielt die **Basis e** eine besondere Rolle: e = 2,718 281 828 ...

Beachten Sie

Die **Exponentialfunktion zur Basis e** ist die Funktion f mit $\mathbf{f(x) = e^x}$; $x \in \mathbb{R}$.

Viele mathematische Probleme können mit einer **Exponentialfunktion zur Basis e (e-Funktion) beschrieben werden.**

Untersuchung der Exponentialfunktion f mit $f(x) = e^x$ bzw. g mit $g(x) = e^{-x}$; $x \in \mathbb{R}$

Wertetabelle

x	$y = e^x$	$y = e^{-x}$
-2	0.1353	7.389
-1	0.3678	2.7182
0	1	1
1	2.7182	0.3678

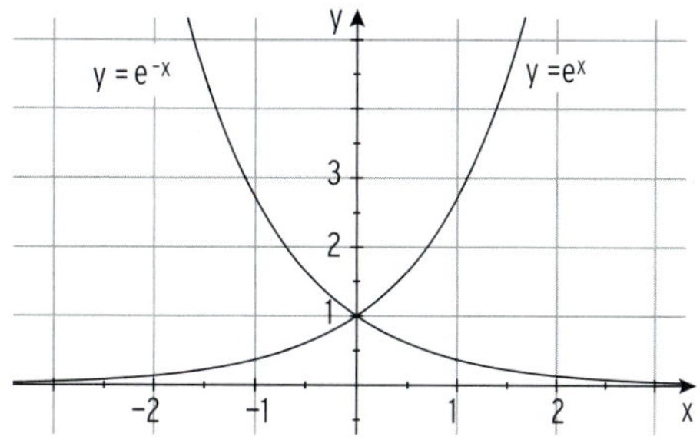

Eigenschaften

1. Das zugehörige Schaubild verläuft **oberhalb** der x-Achse: $e^x > 0$; $e^{-x} > 0$
   Es gibt keine Schnittpunkte mit der x-Achse.

2. Wertetabelle für $y = e^x$

x	$-\infty \leftarrow$	− 12	− 8	− 4
y	$0 \leftarrow$	0,000006	0,0003	0,018

$e^x \to 0$ für $x \to -\infty$

Die x-Achse ist waagrechte Asymptote.

Wertetabelle für $y = e^{-x}$

x	4	8	12	$\to \infty$
y	0,018	0,0003	0,000006	$\to 0$

$e^{-x} \to 0$ für $x \to \infty$:

3. S(0 | 1) liegt auf dem Graph, denn $e^0 = 1$.

Seite 467

Potenzwerte: $e^0 = 1$
$e = e^1 \approx 2{,}718$
$e^{10} \approx 22\,026$
$e^{-10} \approx 4{,}5 \cdot 10^{-5}$
$e^{-1} = \frac{1}{e} \approx 0{,}368$

e^0
1
e^1
2,718281828
e^{-1}
0,3678794412

Aufgaben

1 Zeichnen Sie das Schaubild der Funktion f mithilfe einer Wertetabelle.
Untersuchen Sie das Verhalten der Funktionswerte für $x \to \pm\infty$.

a) $f(x) = e^{1-x}$ **b)** $f(x) = 0{,}5\,e^{x} - 2$ **c)** $f(x) = 45\,e^{0{,}0125\,x}$

2 Gegeben ist der Graph K_f der Funktion f mit $f(x) = e^{x}$.
Die beiden Kurven K_g und K_h entstehen aus K_f.
Bestimmen Sie die zugehörigen Funktionsterme.

a)

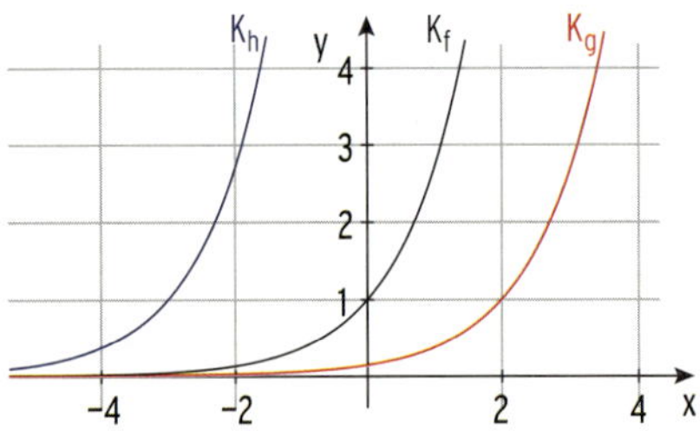

b)

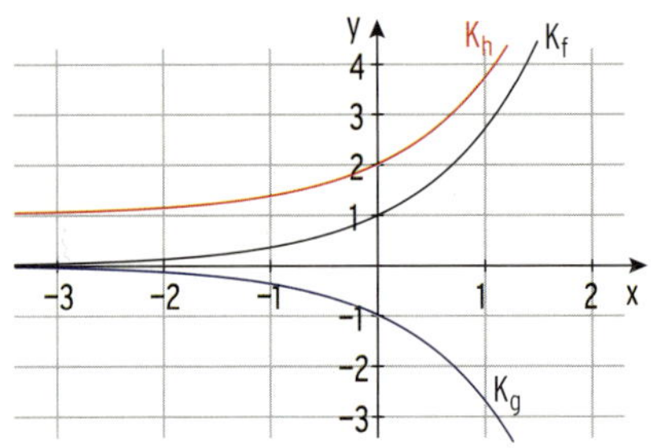

3 K_f ist der Graph der Funktion f mit $f(x) = e^{-x}$.
Durch Abbildung von K_f entsteht das Schaubild der Funktion g mit $g(x) = ae^{-x} + b$.
Bestimmen Sie a und b, wenn es sich um eine

a) Verschiebung um 3 nach oben,

b) Spiegelung an der x-Achse,

c) Streckung in y-Richtung mit dem Faktor 0,5 und eine Verschiebung um 6 nach unten,

d) Verschiebung um 2 nach rechts handelt.

Welche gemeinsame Eigenschaft haben alle Kurven?

4 Welches Schaubild in der nebenstehenden Abbildung gehört zu der Funktion f mit $f(x) = e^{1-2x}$?
Begründen Sie Ihre Wahl.

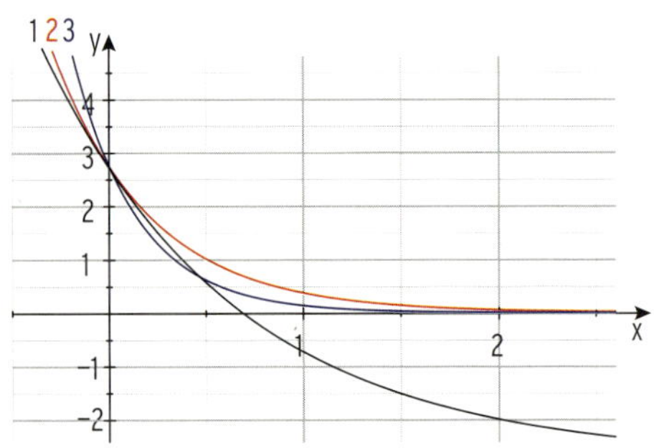

5 Ein Bestand von 2000 Bakterien vermehrt sich exponentiell innerhalb von 4 Stunden auf 2600.
Zeigen Sie, dass sich der Bakterienbestand in Abhängigkeit von der Zeit t (in h) durch die Wachstumsfunktion $B(t) = 2000 \cdot e^{0{,}06559\,t}$; $t \geq 0$, beschreiben lässt.
Nach etwa 25 Stunden sind es 10 000 Bakterien. Überprüfen Sie.

1.5 Schaubilder von Exponentialfunktionen

Beispiel 1

➲ Gegeben ist das Schaubild K_f der Funktion f mit $f(x) = e^x - 2;\ x \in \mathbb{R}$.
Wie verläuft K_f? Kennzeichnen Sie $f(-1)$.
Ist die Nullstelle von f kleiner als 0,7?
Wie entsteht das Schaubild K_g von g mit $g(x) = f(x + 1)$ aus K_f?

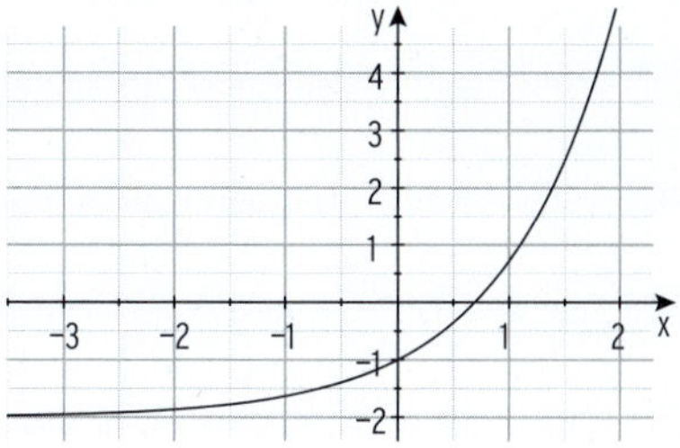

Lösung

Verlauf von K_f:

- K_f verläuft vom 3. in das 1. Feld.
- K_f nähert sich für $x \to -\infty$ der Geraden mit $y = -2$ an **(waagrechte Asymptote).**
- K_f ist steigend, f ist (streng) monoton wachsend.
- $SP_y(0\,|\,-1)$

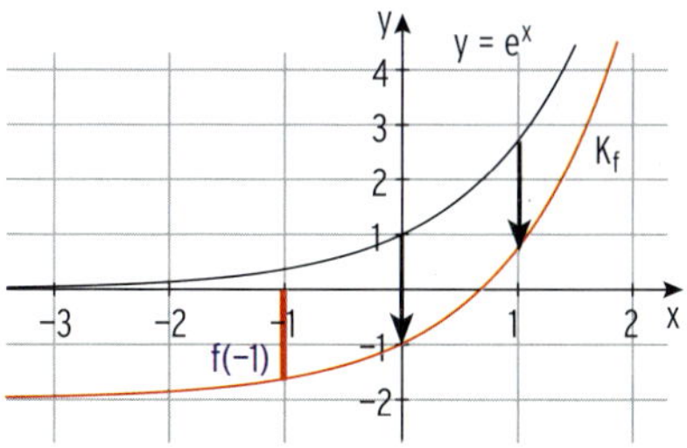

Hinweis: Der Graph K_h von h mit $h(x) = e^x$ (Asymptote: $y = 0$) wird um 2 nach unten **verschoben** und man erhält K_f (Asymptote: $y = -2$).

$f(0{,}7) = 0{,}013... > 0$

Die Nullstelle von f ist kleiner als 0,7

$g(x) = f(x + 1) = e^{x+1} - 2$; K_f wird um 1 **nach links verschoben.**

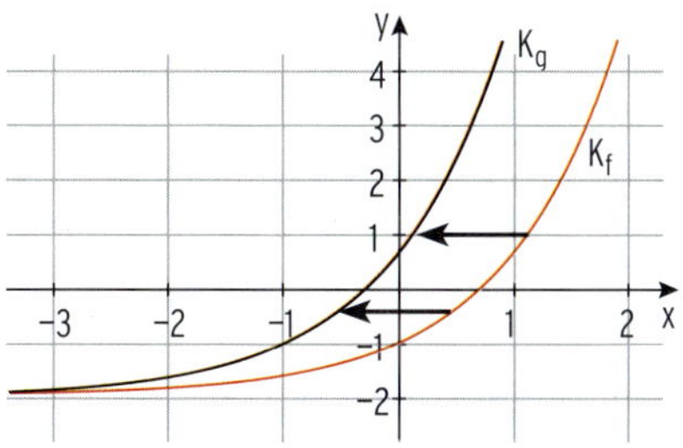

Beispiel 2

➲ Gegeben ist die Exponentialfunktion f mit $f(x) = -1{,}2\,e^{-0{,}3x} + 2{,}5;\ x \in \mathbb{R}$.
Skizzieren Sie K_f. Beschreiben Sie den Verlauf von K_f.
Wo schneidet das Schaubild K_f von f die Koordinatenachsen?

Lösung

K_f verläuft vom 3. in das 1. Feld. K_f nähert sich für $x \to \infty$ der Geraden mit $y = 2{,}5$ an **(waagrechte Asymptote).**

K_f ist steigend.

$f(0) = 1{,}3$; $SP_y(0\,|\,1{,}3)$

Nullstelle $x_N \approx -2{,}5$; $SP_x(-2{,}5\,|\,0)$

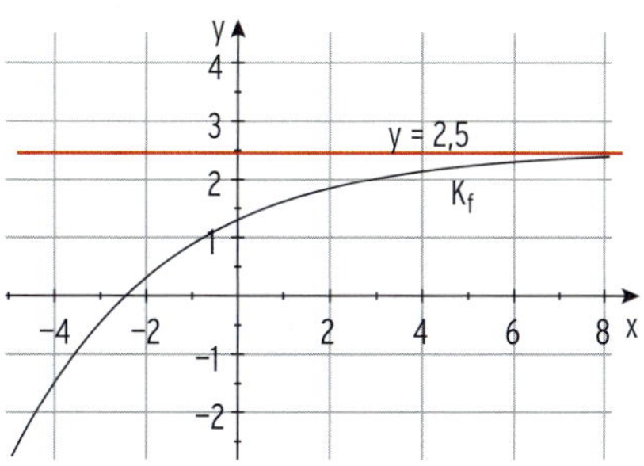

Beispiel 3

➲ Die Abbildung zeigt den Graph K_f von f mit $f(x) = xe^{-x}$; $x \in \mathbb{R}$.
Beschreiben Sie den Verlauf von K_f.

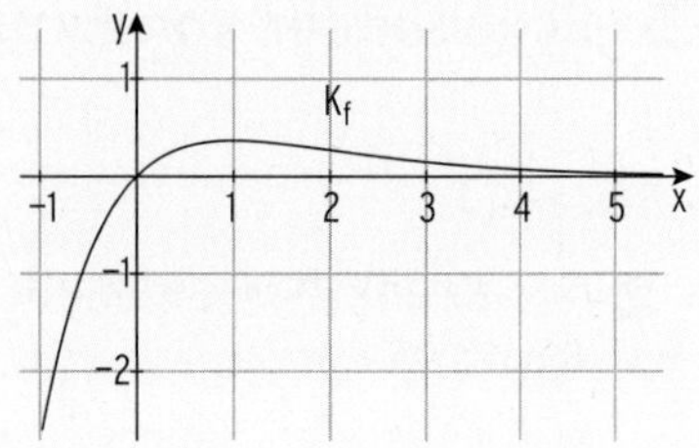

Lösung

Verlauf von K_f

- vom 3. in das 1. Feld
- $S_y(0|0)$
- nähert sich für $x \to \infty$ der x-Achse an **(waagrechte Asymptote: y = 0)**

Verhalten von f(x) für x $\to \infty$:

Anhand der Wertetabelle erkennt man, dass das Produkt xe^{-x} gegen null strebt.

X	Y1
2	0.2706
10	4.5E-4
20	4.1E-8
30	2E-12

4.5E − 4 bedeutet: $4{,}5 \cdot 10^{-4} = 0{,}00045$

Hinweis: Für $x \to \infty$ strebt e^{-x} „schneller" gegen null als $x \to \infty$, damit gilt: $f(x) = xe^{-x} \to 0$.
Die **waagrechte Asymptote** hat die Gleichung y = 0.

Beispiel 4

➲ Gegeben ist die Funktion f durch $f(x) = \frac{1}{4}x^2\,e^x$; $x \in \mathbb{R}$.
Beschreiben Sie den Verlauf des Schaubildes K_f von f.

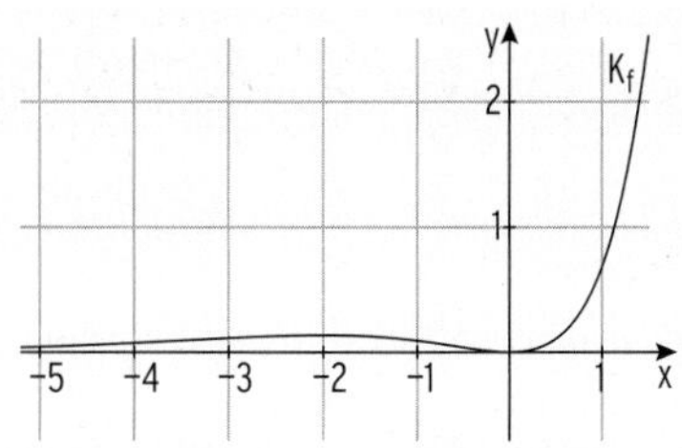

Lösung

Verlauf von K_f

- vom 2. in das 1. Feld
- $S_y(0|0) = N$
- nähert sich für $x \to -\infty$ der x-Achse an **(waagrechte Asymptote: y = 0)**

Verhalten von f(x) für x $\to -\infty$:

Anhand der Wertetabelle erkennt man, dass das Produkt $\frac{1}{4}x^2\,e^x$ gegen null strebt.

X	Y1
0	0
-5	0.0421
-10	1.1E-3
-15	1.7E-5

1,1E−3 bedeutet: $1{,}1 \cdot 10^{-3} = 0{,}0011$

Hinweis: Für $x \to -\infty$ strebt e^x „schneller" gegen null als $\frac{1}{4}x^2$ gegen ∞, damit gilt: $f(x) = \frac{1}{4}x^2\,e^x \to 0$. Die **waagrechte Asymptote** hat die Gleichung y = 0.

Asymptoten bei Schaubildern von Exponentialfunktionen

K_f: $f(x) = 0{,}5\,e^x$
$e^x \to 0$ für $x \to -\infty$
K_f hat eine **waagrechte Asymptote:**
y = 0 (x-Achse)

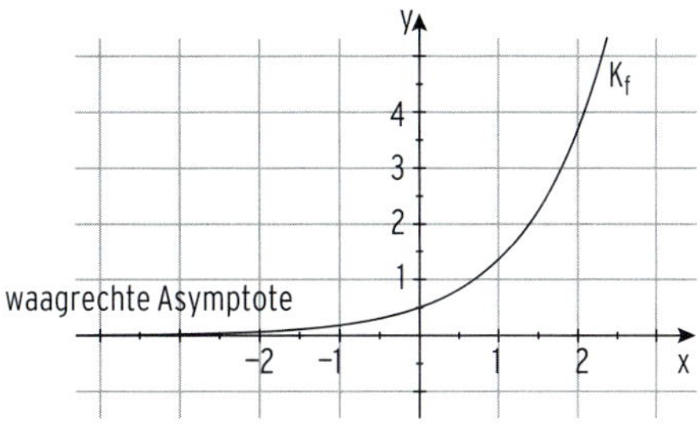

K_f: $f(x) = e^{-x} + 1$
$e^{-x} \to 0$ für $x \to \infty$
K_f hat eine **waagrechte Asymptote:**
y = 1

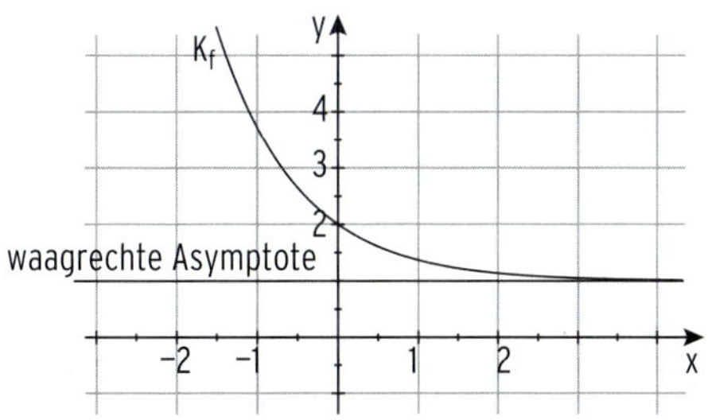

Beachten Sie

Das Schaubild von f mit $f(x) = e^{mx} + c$; $x \in \mathbb{R}$; $m \neq 0$,
hat die **waagrechte Asymptote** mit der Gleichung $y = c$.

K_f: $f(x) = -\frac{3}{2}x\,e^{-0{,}5x}$
Für $x \to \infty$ strebt $e^{-0{,}5x}$ schneller gegen null als $-\frac{3}{2}x$ gegen $-\infty$.
$f(x) = -\frac{3}{2}x\,e^{-0{,}5x} \to 0$ für $x \to \infty$.
K_f hat eine **waagrechte Asymptote:**
y = 0 (x-Achse)

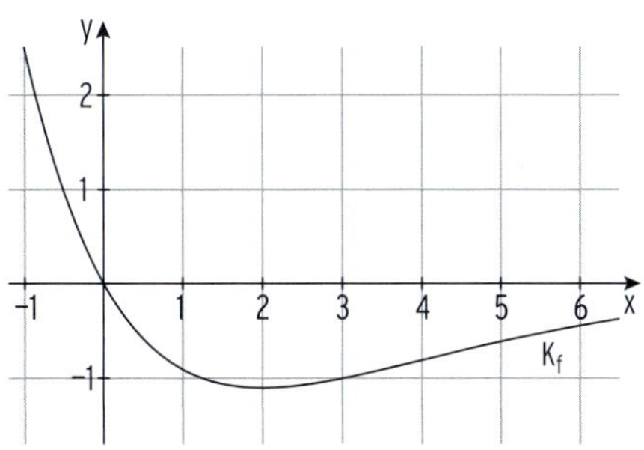

Beachten Sie

Wegen $e^{mx} \to 0$, $m \neq 0$, für $x \to \infty$ bzw. $x \to -\infty$ hat das Schaubild von f mit
$f(x) = c \cdot x^n \cdot e^{mx}$; $x \in \mathbb{R}$; $n \in \mathbb{N}^*$
die **x-Achse als waagrechte Asymptote** mit der Gleichung $y = 0$.

Aufgaben

1 Gegeben ist die Funktion f mit $f(x) = 2e^x;\ x \in \mathbb{R}$.
Skizzieren Sie das Schaubild K_f von f. Wie verläuft K_f?
Kennzeichnen Sie $f(-1)$. Wo schneidet K_f die y-Achse?
Begründen Sie, warum K_f keine gemeinsamen Punkte mit der x-Achse hat.
Formulieren Sie einen Zusammenhang von $f(x)$ und $f(x+1)$.
Wie verändert sich der Funktionswert, wenn man x um 1 verkleinert?

2 Gegeben ist die Funktion f mit $f(x) = 2 - e^{-x};\ x \in \mathbb{R}$.
Beschreiben Sie den Verlauf des Graphen K_f von f.
Zeigen Sie, die Nullstelle von f liegt zwischen −0,69 und −0,70.
Wie entsteht K_f von f aus dem Graphen von g mit $g(x) = e^{-x};\ x \in \mathbb{R}$?

3 K_f ist das Schaubild der Funkion f mit $f(x) = (2x - 1)e^x;\ x \in \mathbb{R}$.

a) Skizzieren Sie K_f. Beschreiben Sie den Verlauf von K_f.

b) Für $x < -4{,}50$ haben die zugehörigen Kurvenpunkte einen Abstand von der x-Achse, der kleiner als $\frac{1}{10}$ ist. Überprüfen Sie diese Behauptung.

4 Die Schaubilder gehören zu einer Funktion vom Typ $f(x) = a\,x\,e^{b\,x}$.
Welche Aussagen lassen sich über a und b machen?

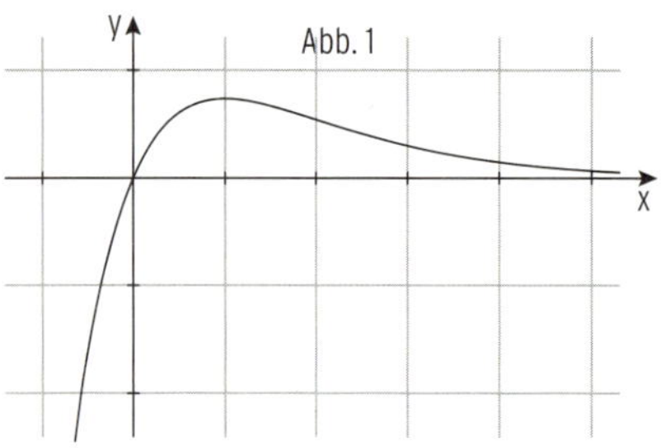

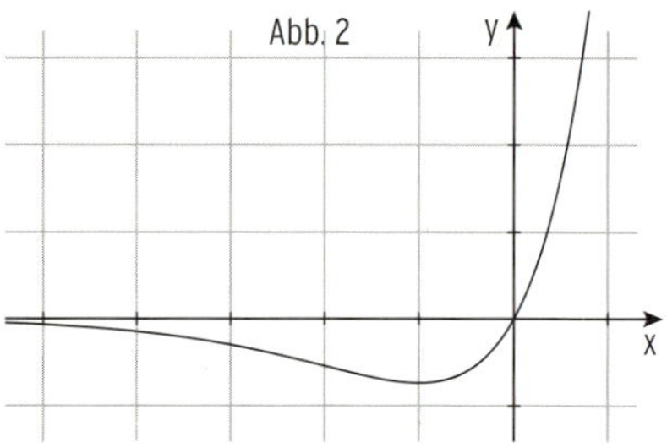

5 Gegeben sind die Funktionen f mit $f(x) = (1 - 3x) \cdot e^{-0{,}5x}$ und $g(x) = 2e^{-x} + 1;\ x \in \mathbb{R}$ mit den Schaubildern K_f und K_g.
Die Gerade mit der Gleichung $x = 0{,}5$ schneidet K_f im Punkt P und K_g im Punkt Q.
Berechnen Sie die Länge der Strecke PQ.

6 Gegeben ist die Funktion f mit $f(x) = 2 - e^{2x}$ und die Funktion g mit $g(x) = e^{-2x};\ x \in \mathbb{R}$.

a) Zeichnen Sie die Schaubilder der beiden Funktionen.

b) Lösen Sie die Gleichungen $f(x) = 0{,}5$; $g(x) = 4$ und $f(x) = g(x)$ mithilfe Ihrer Zeichnung.
Interpretieren Sie Ihr Ergebnis geometrisch.

7 Welches Schaubild gehört zu welcher Funktion? Begründen Sie Ihre Wahl.

A: $f(x) = 0{,}5\,e^{x} - 2$ B: $f(x) = (x - 1)\,e^{x-1}$ C: $f(x) = 3 - 0{,}5e^{-x}$

D: $f(x) = x^2e^{-x}$ E: $f(x) = e^{-x} + 2$ F: $f(x) = e^{x} \cdot x - 1$

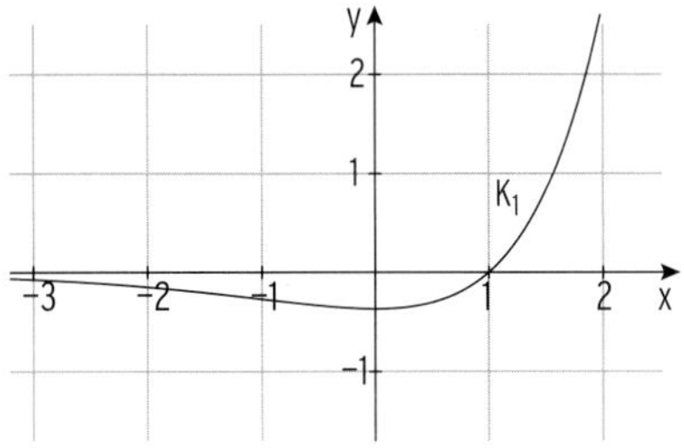

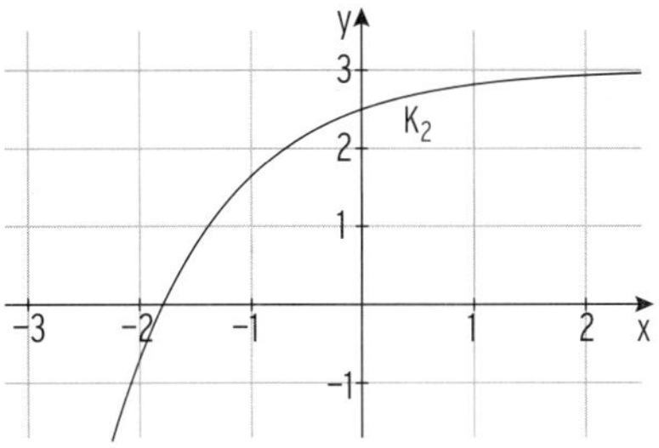

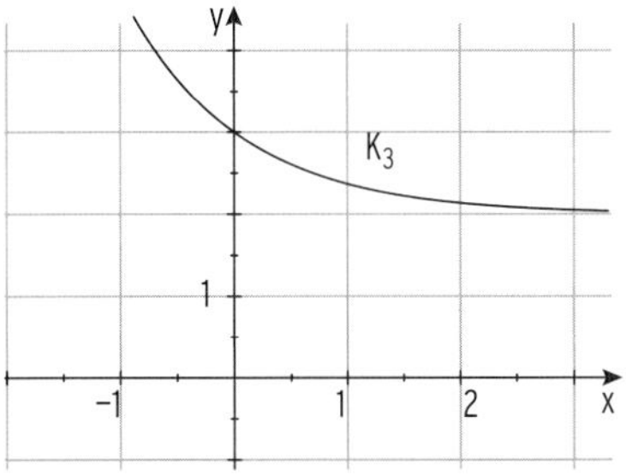

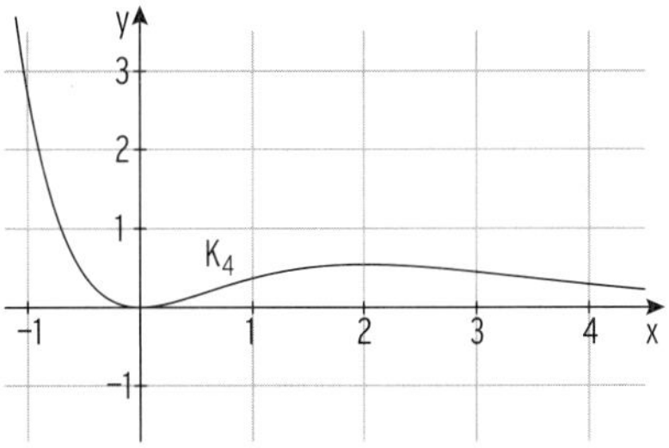

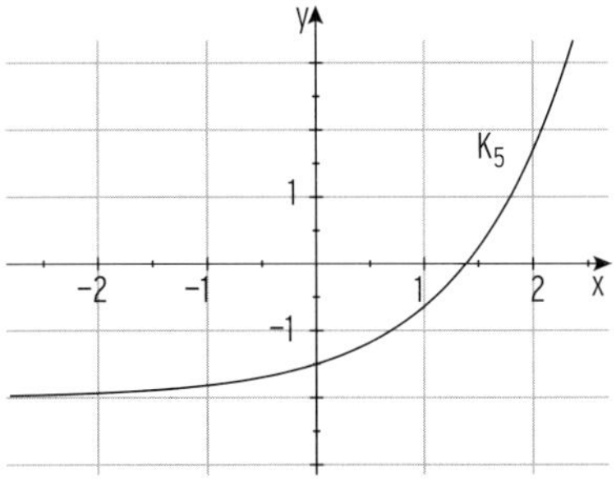

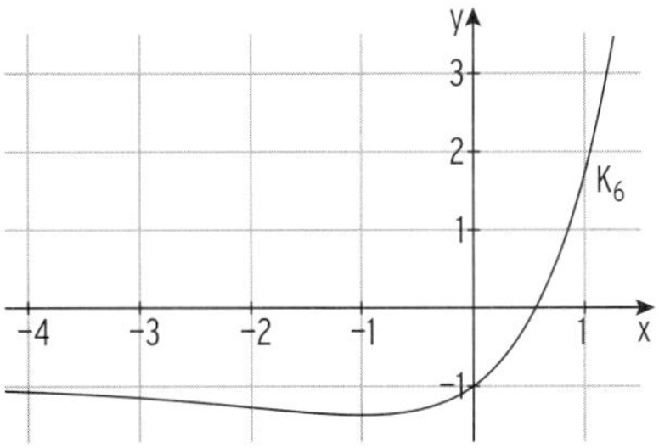

8 Die Schaubilder gehören zu einer Funktion vom Typ $f(x) = a\,e^{-x} + b$.
Bestimmen Sie a und b und begründen Sie Ihre Wahl.

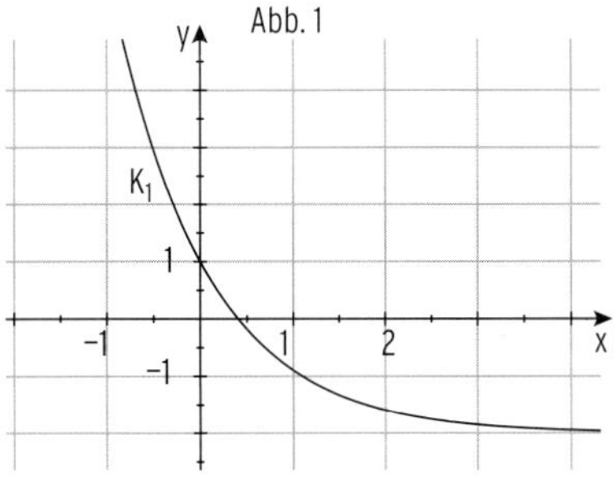

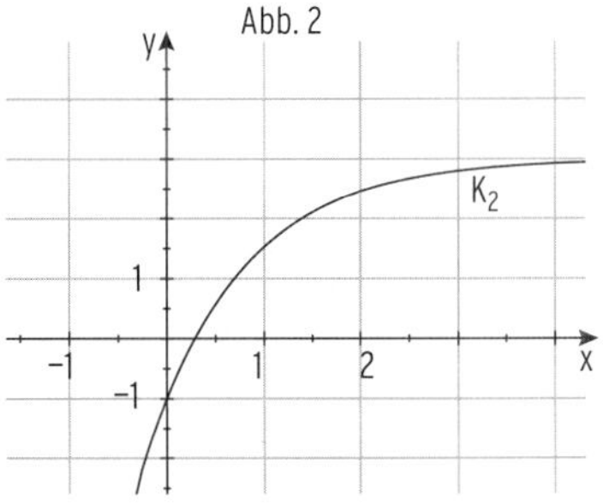

1.6 Exponentialgleichungen und geometrische Interpretation

1.6.1 Der natürliche Logarithmus

In der Gleichung $2^x = 8$ ist die Hochzahl x gesucht.
Die **Exponentialgleichung** $2^x = 8$ hat die Lösung $x = 3$.
Die gesuchte Hochzahl $x = 3$ heißt **Logarithmus von 8 zur Basis 2.**

Schreibweise:	$\mathbf{3 = \log_2(8)}$
Exponentialgleichung zur Basis e:	$e^x = 4$
Die gesuchte Hochzahl x heißt:	$x = \log_e(4) = \ln(4)$ (**Logarithmus** zur Basis e)
	$x \approx 1{,}386$, d.h., $e^{1{,}386} \approx 4$

Die **Hochzahl** $\mathbf{x = \ln(4)}$ heißt der **natürliche Logarithmus von 4.**

> **Beachten Sie**
>
> **Logarithmus-Definition:** $e^x = b \Leftrightarrow x = \ln(b),\ b > 0$
> ln(b) ist die **Hochzahl zur Basis** e, sodass die Potenz den Wert b hat.

Beispiele	$\ln(e^2) = 2$	denn $e^2 = e^2$
	$\ln\left(\frac{1}{e}\right) = -1$	denn $e^{-1} = \frac{1}{e}$
	$\ln(1) = 0$	denn $e^0 = 1$
	$e^{\ln(0{,}5)} = 0{,}5$	
Folgerungen	$e^{\ln(5)} = 5$	**allgemein:** $e^{\ln(b)} = b$
	$\ln(e^4) = 4$	**allgemein:** $\ln(e^x) = x$
	$\ln(1) = 0$	
	$\ln(e) = 1$	

Hinweis: Den **Logarithmus zur Basis e** kann man mithilfe des Taschenrechners (mit der ln-Taste) bestimmen.
Z.B. $\ln(3{,}5) = 1{,}25276...$
$\ln(0{,}5) = -0{,}6931...$
$\ln(-1)$ ist nicht definiert, da $e^x > 0$ für alle $x \in \mathbb{R}$.

```
ln (3.5)
             1.252762968
ln (0.5)
            -0.6931471806
ln (-1)
  Math.-Fehler
```

Aufgaben

1 Bestimmen Sie auf zwei Dezimalen gerundet.

a) $\ln\left(\frac{e}{2}\right)$ b) $\ln(3e)$ c) $\ln(0{,}5)$ d) $\ln(100)$
e) $2\ln(5)$ f) $\frac{\ln(5)}{2}$ g) $3\ln(2) - 1$ h) $\ln(2) - \ln\left(\frac{1}{2}\right)$

2 Berechnen Sie ohne Hilfsmittel.

a) $\ln(e)$ b) $\ln(e^{-3})$ c) $e^{\ln(2)}$ d) $\frac{1}{2}e^{\ln(1{,}5)}$
e) $6e^{\ln(0{,}5)}$ f) $\ln(e^4)$ g) $(e^{\ln(4)})^2$ h) $1 - 4\ln\left(\frac{1}{e}\right)$

1.6.2 Exponentialgleichungen

Gleichungstyp 1: Lösung durch Anwendung der Logarithmus-Definition

Beispiele

Bestimmen Sie die ungerundeten Lösungen folgender Exponentialgleichungen.

1) $e^x = 5$

Lösung

Anwenden der Definition: $e^x = 5$

Exakte Lösung: $x = \ln(5)$

2) $\frac{1}{2}e^{1-x} - 3 = 0$

Lösung $\frac{1}{2}e^{1-x} = 3$

$e^{1-x} = 6$

Anwenden der Definition: $1 - x = \ln(6)$

Exakte Lösung: $x = 1 - \ln(6)$

$e^{\triangle} = \square$

$\triangle = \ln(\square)$

3) $e^{2x} - 2e = 0$

Lösung $e^{2x} - 2e = 0$

$e^{2x} = 2e$

Anwenden der Definition: $2x = \ln(2e)$

Exakte Lösung: $x = 0{,}5\ln(2e)$

Hinweis: e wird wie eine Zahl behandelt.

4) $e^{-2x} + 3 = 0$

Lösung $e^{-2x} = -3$

Unlösbar wegen: $e^{-2x} > 0$

Die **Hochzahl x = ln(4)** heißt der **natürliche Logarithmus von 4.**

Beachten Sie

Gleichungen der Form $a \cdot e^u - b = 0$ (u ist ein Term in x.) werden **vereinfacht** zu $e^u = \frac{b}{a}$

Anwendung der Logarithmus-Definition ergibt: $u = \ln\left(\frac{b}{a}\right)$

Auflösen von u nach x ergibt für $\frac{b}{a} > 0$ die Lösung.

Aufgaben

1 Lösen Sie folgende Exponentialgleichungen.

a) $e^x = 30$	b) $e^{3x} = 12$	c) $e^{1-x} = 1000$
d) $\frac{e^{-x}}{2} - 3 = 0$	e) $-e^{x-1} - 2 = 0$	f) $-3e^{-3x} + 6e = 0$
g) $5 - e^{0{,}25x} = 0$	h) $e^{-\frac{1}{2}x+3} = 4$	i) $-2e^{-\frac{1}{8}x} + 13 = 0$
j) $0{,}2e^{0{,}2x} = 10$	k) $2e^{-0{,}1x} = 1{,}5$	l) $6e^{\ln(3)\cdot x} - 18 = 0$

2 Für welche Werte von a hat die Gleichung $e^x - \frac{a}{2} = 0$ eine Lösung?
Geben Sie die Lösung in Abhängigkeit von a an.

Gleichungstyp 2: Lösung durch Anwendung des Satzes vom Nullprodukt

Beispiele

Lösen Sie die folgenden Exponentialgleichungen.

1) $x\,e^{2x} = 0$

Lösung

Satz vom **Nullprodukt:** $e^x = 0 \vee x = 0$

Einzige Lösung wegen $e^x \neq 0$: $x = 0$

2) $(4x + 2)e^{-x} = 0$

Lösung

Satz vom **Nullprodukt:** $e^{-x} = 0 \vee 4x + 2 = 0$

$4x + 2 = 0$

Einzige Lösung wegen $e^{-x} \neq 0$: $x = -0{,}5$

Beachten Sie

Die Gleichung $c \cdot x^n \cdot e^{mx} = 0;\ c \neq 0;\ n \in \mathbb{N}^*$, hat wegen $e^{mx} \neq 0$ die Lösung $x = 0$.

Aufgaben

1 Lösen Sie folgende Exponentialgleichung.

a) $2x\,e^{2x} = 0$ b) $0{,}5x^2 e^{-x} = 0$ c) $-\frac{1}{2}(x + 3)\,e^{x+3} = 0$

d) $\frac{2}{3}x\,e^{0{,}25x} = 0$ e) $\frac{x}{2}e^x = 0$ f) $\frac{x^2}{4}e^{-0{,}4x} = 0$

2 Lösen Sie die Aufgaben exakt.

a) $4 - e^{-x} = 0$ b) $e^{3x-2} - 5 = 0$ c) $4\,e^{0{,}4x+2} - 6 = 0$

d) $\frac{1}{4}(6 - e^{-x}) = 0$ e) $(x - 5)e^x = 0$ f) $-\frac{5}{3}x\,e^{4x} = 0$

3 Bestimmen Sie die Lösung auf zwei Dezimalen gerundet.

a) $200\,e^{0{,}0125x} = 450$ b) $300\,e^{0{,}75t} = 450$

4 Für welche Werte von a hat die Gleichung $a\,e^{-0{,}14x} + 1 = 0$ keine Lösung?

5 Bestimmen Sie a so, dass $x = \ln(3)$ Lösung der Gleichung $a\,e^x - 9 = 0$ ist.

6 Gegeben ist die Gleichung $e^x - e + a = 0$.

a) Für welche Werte von a hat die Gleichung eine Lösung?

b) Bestimmen Sie a so, dass $x = \ln(2)$ Lösung der Gleichung ist.

7 Lösen Sie die Gleichung mit Hilfsmittel.

a) $e^x = 3x$ b) $1 + 3e^{2x} = e^{-0{,}5x}$

1.6.3 Bestimmung von Schnittpunkten

Beispiel 1

➲ Gegeben ist die Funktion f durch $f(x) = e^{\frac{1}{2}x} - 2e$; $x \in \mathbb{R}$, mit dem Schaubild K_f.

a) Wie verläuft K_f im Koordinatensystem? Skizzieren Sie K_f.
In welchem Bereich verläuft K_f unterhalb der x-Achse?
Bestimmen Sie den Schnittpunkt von K_f mit der y-Achse.

b) K_f wird in y-Richtung verschoben, sodass die verschobene Kurve die x-Achse in 2 schneidet. Bestimmen Sie einen möglichen Funktionsterm.

Lösung

a) **Verlauf von K_f:**

- Vom 3. in das 1. Feld,
- nähert sich für $x \to -\infty$ der Geraden mit $y = -2e$ an **(waagrechte Asymptote),**
- monoton steigend,
- K_f hat einen SP mit der x-Achse.
- $S_y(0\,|\,1 - 2e)$ gerundet $S_y(0\,|\,-4{,}44)$.

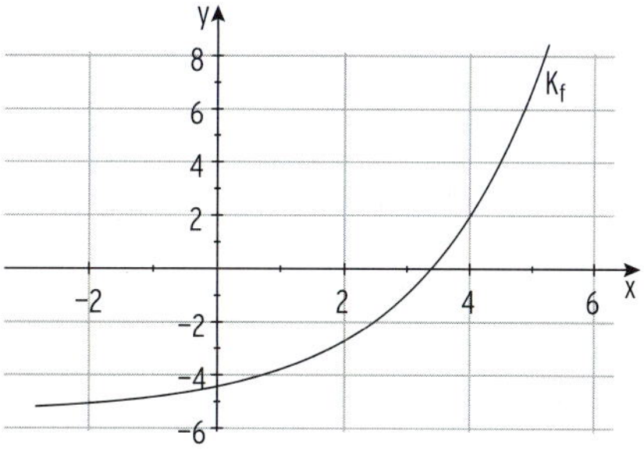

Schnittpunkt mit der x-Achse:

Bedingung: $f(x) = 0$ $\qquad e^{\frac{1}{2}x} - 2e = 0$

$e^{\frac{1}{2}x} = 2e \Rightarrow \frac{1}{2}x = \ln(2e)$

Nullstelle: $\qquad x = 2\ln(2e)$

gerundet: $x = 3{,}39$

SP mit der x-Achse: $\qquad N(2\ln(2e)\,|\,0)$

Für $x < 2\ln(2e)$ gilt $f(x) < 0$; K_f **verläuft unterhalb der x-Achse.**

b) Punkt auf K_f mit x-Koordinate 2: $\qquad f(2) = e^1 - 2e = -e$

$P(2\,|-e)$ wird nach $P^*(2\,|\,0)$ verschoben.
K_f muss also um e nach oben verschoben werden.

Funktionsterm: $g(x) = e^{\frac{1}{2}x} - e$

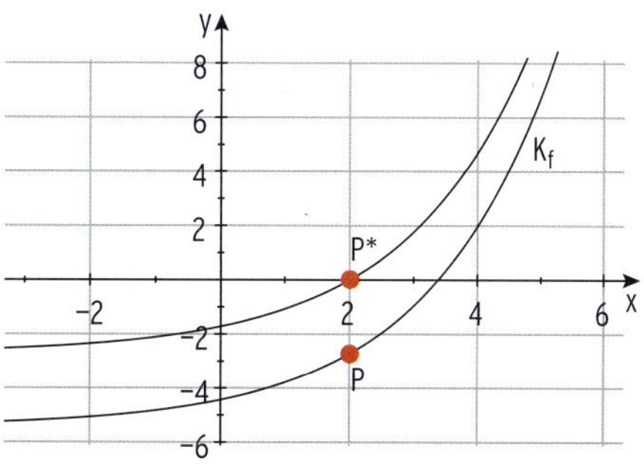

Beispiel 2

Gegeben ist die Exponentialfunktion f durch $f(x) = 0{,}5xe^{2x}$; $x \in \mathbb{R}$.

a) Zeigen Sie, dass das Schaubild K_f von f nur einen gemeinsamen Punkt mit der x-Achse hat.

b) Das Schaubild von g mit $g(x) = 0{,}25e^{2x}$; $x \in \mathbb{R}$, ist K_g.
K_f und K_g schneiden sich. Bestimmen Sie den Schnittpunkt.

Lösung

a) **Schnittpunkt mit der x-Achse:**

Bedingung: $f(x) = 0$	$0{,}5xe^{2x} = 0$
Satz vom Nullprodukt ($e^{2x} \neq 0$):	$0{,}5x = 0$
	$x = 0$

Wegen $e^x \neq 0$ ($e^x > 0$) ist $x = 0$ die **einzige** Nullstelle von f.
K_f von f hat nur einen gemeinsamen Punkt mit der x-Achse.

b) **Schnittstelle von** K_f und K_g:

Gleichsetzen:	$f(x) = g(x)$
	$0{,}5xe^{2x} = 0{,}25e^{2x}$
Nullform:	$0{,}5xe^{2x} - 0{,}25e^{2x} = 0$
e^{2x} ausklammern:	$e^{2x}(0{,}5x - 0{,}25) = 0$
$e^{2x} \neq 0$	$0{,}5x - 0{,}25 = 0$
Schnittstelle:	$x = 0{,}5$

K_f und K_g schneiden sich in $x = 0{,}5$.
Schnittpunkt $S(0{,}5 \mid 0{,}25e)$

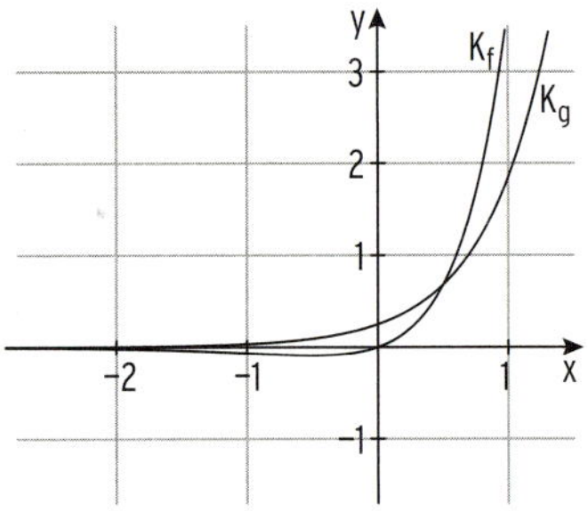

Aufgaben

1 Untersuchen Sie das Schaubild K_f der gegebenen Funktion f mit $x \in \mathbb{R}$ auf Achsenschnittpunkte (exakte Werte verlangt) und auf Asymptoten. Zeichnen Sie K_f.

a) $f(x) = \frac{1}{2}e^{2x} - 2$ b) $f(x) = 2x\,e^{2x}$ c) $f(x) = -1 + 2\,e^{1{,}25x}$
d) $f(x) = e^{-0{,}4x} - 3$ e) $f(x) = 10(x - 3)e^{-0{,}5x}$ f) $f(x) = (x-2)^2 \cdot e^{\frac{x}{2}}$

2 Gegeben sind die Funktionen f und g durch $f(x) = 0{,}5e^x - 2$ und $g(x) = 2 - e^x$; $x \in \mathbb{R}$.

a) Zeigen Sie: Die Nullstelle von f ist doppelt so groß wie die Nullstelle von g.
Zeichnen Sie K_f und K_g in ein Koordinatensystem ein.
Berechnen Sie die exakten Koordinaten des Schnittpunktes S von K_f und K_g.

b) P und Q sind die Schnittpunkte von K_f und K_g mit der y-Achse.
Berechnen Sie den exakten Inhalt des Dreiecks PSQ.

3 K_h ist der Graph von h mit $h(x) = \frac{3}{4}x^2\,e^x$, K_g ist der Graph von g mit $g(x) = \frac{3}{2}e^x$; $x \in \mathbb{R}$.
Berechnen Sie die exakten Koordinaten der Schnittpunkte von K_h und K_g.

Exponentialgleichungen mit der Basis $a > 0$

Beispiel 1

➲ Ein Kapital wird zu einem Zinssatz von 5 % angelegt.
Nach wieviel Jahren hat sich das Kapital verdoppelt?

Lösung

Ansatz: $K_0 \cdot 1{,}05^x = 2K_0 \quad | : K_0$

Exponentialgleichung: $1{,}05^x = 2$

Zum Lösen solcher Gleichungen verwendet man das 3. Logarithmengesetz.

Beide Seiten **logarithmieren:** $\ln(1{,}05^x) = \ln(2)$

Mit $\ln(1{,}05^x) = x \cdot \ln(1{,}05)$ erhält man: $x \cdot \ln(1{,}05) = \ln(2)$

Nach x auflösen: $x = \frac{\ln(2)}{\ln(1{,}05)} \approx 14{,}2$

Nach ca. 14 Jahren hat sich das Kapital verdoppelt.

Beachten Sie

Logarithmengesetze: Für $u, v > 0$ gilt:

1. $\ln(u \cdot v) = \ln(u) + \ln(v)$
2. $\ln\left(\frac{u}{v}\right) = \ln(u) - \ln(v)$
3. $\ln(u^r) = r \cdot \ln(u)$

Beispiel 2

➲ Für welche $x \in \mathbb{R}$ gilt $1{,}5^x = 10$?

Lösung

Exponentialgleichung: $1{,}5^x = 10$

Logarithmieren: $\ln(1{,}5^x) = \ln(10)$

Mit $\ln(1{,}5^x) = x \cdot \ln(1{,}5)$ erhält man: $x \cdot \ln(1{,}5) = \ln(10)$

Nach x auflösen: $x = \frac{\ln(10)}{\ln(1{,}5)} \approx 5{,}68$

Aufgaben

1 Lösen Sie folgende Exponentialgleichung.

a) $1{,}075^x = 2$ b) $2500 \cdot 0{,}855^x = 1000$ c) $60 \cdot 10^{-0{,}025x} = 20$

2 Nach wieviel Jahren hat sich ein Kapital verdreifacht, wenn es zu einem Zinssatz von 4 % angelegt wird?

3 Geben Sie mögliche Werte für a und b an, sodass die Gleichung $a^x = b$ die Lösung $x = 2$, $x = 0$ bzw. keine Lösung hat. Begründen Sie: $2^x = b$ hat höchstens eine Lösung.

1.7 Modellierung und anwendungsorientierte Aufgaben

Exponentielles Wachstum

Beispiel 1

Auf einem Konto sind 1000,00 € fest angelegt.
Der jährliche Zinssatz beträgt 8 %.

a) Wie kann man das Kapital nach einer beliebigen Zeit berechnen?

b) Nach welcher Zeit hat sich das Kapital auf 1400,00 € erhöht?

c) Nach wie vielen Jahren verdoppelt sich das Kapital?

Lösung

a) Kapital nach t Jahren (mit Zins und Zinseszins) $y = 1000 \cdot 1{,}08^t$

Dieses **exponentielle Wachstum** wird mit der **Exponentialfunktion** f mit $f(t) = 1000 \cdot 1{,}08^t$; t in Jahren, beschrieben.

In der Praxis wählt man als **Basis die Zahl e.**

Mit $1{,}08 = e^{\ln 1{,}08}$ erhält man: $f(t) = 1000 \cdot 1{,}08^t = 1000\,(e^{\ln 1{,}08})^t = 1000\,e^{0{,}0770\,t}$

Zum Zeitpunkt $t = 0$ ergibt sich für das Kapital: $f(0) = 1000$ **(Anfangsbestand).**

Festlegung: $k = \ln(1{,}08) = 0{,}0770 > 0$ ist die **Wachstumskonstante.**

Hinweis: Das Kapital vermehrt sich mit dem **Wachstumsfaktor** 1,08.

$y = 1000\,e^{0{,}0770\,t}$ bezeichnet man als **Wachstumsgleichung.**

> **Beachten Sie**
>
> Prozesse **exponentiellen Wachstums** können mit einer Exponentialfunktion beschrieben werden: $f(t) = a\,e^{kt}$; $t \geq 0$.
> $k > 0$ ist die Wachstumskonstante; $a = f(0)$ ist der Anfangsbestand.

b) Bedingung für t: $f(t) = 1400$ $\quad 1000\,e^{0{,}0770\,t} = 1400 \Leftrightarrow e^{0{,}0770\,t} = 1{,}4$

Gesuchter t-Wert $\quad 0{,}0770\,t = \ln(1{,}4)$

$t \approx 4{,}4$

Ergebnis: Nach ungefähr 4,4 Jahren hat man 1400,00 € auf dem Konto.

c) Bed. für die **Verdoppelungszeit:** $f(t) = 2 \cdot f(0)$

$2000 = 1000\,e^{0{,}0770\,t} \Leftrightarrow e^{0{,}0770\,t} = 2$

Logarithmieren ergibt: $t = \frac{\ln(2)}{0{,}0770} \approx 9{,}0 \quad \left(t_V = \frac{\ln(2)}{k}\right)$

Die **Verdoppelungszeit** wird mit t_V bezeichnet und beträgt 9 Jahre.

> **Beachten Sie**
>
> Die **Verdoppelungszeit t_V** ist die Zeit, in der sich der Bestand **verdoppelt.**
> t_V ist unabhängig vom Anfangswert: $t_V = \frac{\ln(2)}{k}$.

Beispiel 2

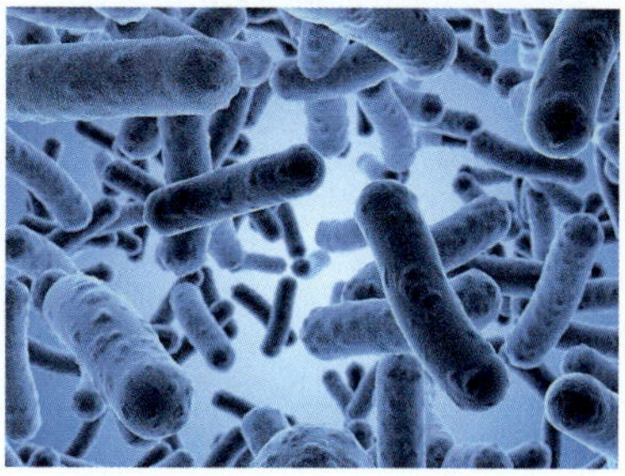

Die Anzahl der Bakterien einer Kultur wurde im Laufe von 5 Wochen gemessen:

t (in Wochen)	0	1	2	3	4	5
Bestand f (t)	825	968	1135	1333	1564	1836

a) Begründen Sie die Annahme, dass f (t) ungefähr exponentiell zunimmt.
Bestimmen Sie das Wachstumsgesetz.

b) Wie groß ist voraussichtlich der Bestand nach den ersten 10 Wochen? In welcher Zeit verdoppelt sich die Zahl der Individuen?

Lösung

a) **Exponentielles Wachstum** liegt vor, wenn die Anzahl der Individuen in einer Woche stets mit dem gleichen Faktor wächst.

$\frac{f(1)}{f(0)} \approx 1{,}173; \ \frac{f(2)}{f(1)} \approx 1{,}173; \ \frac{f(3)}{f(2)} \approx 1{,}174 \ \Rightarrow \ \frac{f(t+1)}{f(t)} \approx 1{,}174$

Der **Wachstumsfaktor** beträgt also etwa 1,174.

Die Anzahl der Individuen nimmt in einer Woche um 17,4 % des letzten Bestandes zu (Bestand zu Wochenbeginn).

Wachstumsgesetz $f(t) = 825 \cdot 1{,}174^t$

Mit $1{,}174 = e^{\ln 1{,}174} = e^{0{,}16}$ erhält man f (t) in e-Basis: $f(t) = 825 \cdot e^{0{,}16t}$

> **Beachten Sie**
>
> **Exponentielles Wachstum** bedeutet: $\frac{f(t+1)}{f(t)} = e^k$
>
> Wachstum um den gleichen Faktor in der gleichen Zeiteinheit.

Hinweis: Hier bietet sich der **Einsatz eines elektronischen Hilfsmittels** an.
Stichwort: **Exponentielle Regression.**

b) **Bestand nach 10 Wochen:**

$f(10) = 825\, e^{0{,}16 \cdot 10} \approx 4082{,}2$

Nach 10 Wochen sind etwa 4082 Individuen vorhanden.

Verdoppelungszeit:

Bedingung: $f(t) = 2 \cdot f(0)$ $\quad e^{0{,}16t} = 2$

Logarithmieren: $t = \frac{\ln(2)}{0{,}16} \approx 4{,}33$

Die **Verdoppelungszeit** t_V beträgt etwa 4,3 Wochen.

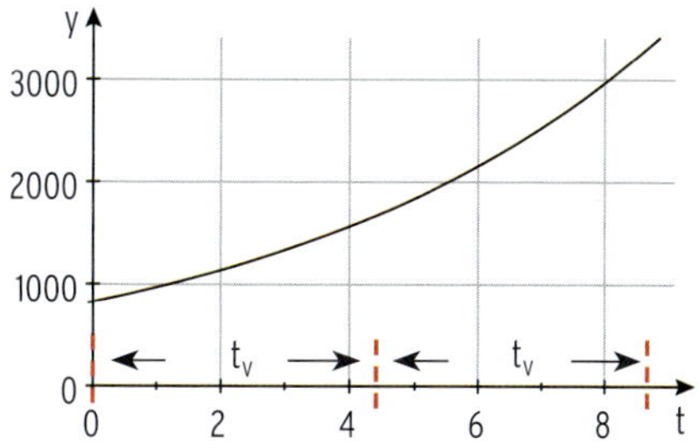

Beispiel 3

➲ Ein Zerfallsprozess eines radioaktiven Präparats lässt sich beschreiben durch $f(t) = a \cdot e^{kt}$; t in Tagen.

a) Berechnen Sie a und k, wenn nach 5 Tagen noch 12 g, nach 10 Tagen noch 4,3 g vorhanden sind.

b) Nach wie vielen Tagen sind 90 % der ursprünglichen Masse des Präparats zerfallen?

c) Berechnen Sie die Halbwertszeit.

Lösung

a) Bestimmung von a und k: $f(5) = 12$: $a \cdot e^{k \cdot 5} = 12$ (1)

$f(10) = 4{,}3$: $a \cdot e^{k \cdot 10} = 4{,}3$ (2)

Aus (1): $a = 12e^{-5k}$; einsetzen in (2): $12e^{-5k} \cdot e^{k \cdot 10} = 12e^{5k} = 4{,}3$

$e^{5k} = \frac{4{,}3}{12}$

Auflösen nach k: $k \approx -0{,}2053$

Aus $a \cdot e^{-0{,}2053 \cdot 5} = 12$ folgt: $a \approx 33{,}5$

Zerfallsgleichung: $f(t) = 33{,}5 \cdot e^{-0{,}2053 \cdot t}$

Bemerkung: $k \approx -0{,}2053 < 0$ ist die **Zerfallskonstante,**
$f(0) = a \approx 33{,}5$ ist der **Anfangsbestand.**

b) 90 % der ursprünglichen Masse des Präparats sind zerfallen, d. h., 10 % sind noch vorhanden.

Bedingung für t: $f(t) = 0{,}1 \cdot 33{,}5$ $33{,}5e^{-0{,}2053t} = 3{,}35 \Leftrightarrow e^{-0{,}2053t} = 0{,}1$

Logarithmieren ergibt: $t \approx 11{,}2$

Ergebnis: Nach etwa 11,2 Tagen sind 90 % der ursprünglichen Masse zerfallen.

c) **Halbwertszeit** ist die Zeit, in der sich die Masse einer radioaktiven Substanz auf die Hälfte des Anfangswertes vermindert.

Bedingung für die Halbwertszeit: $f(t) = 0{,}5 \cdot 33{,}5$

$33{,}5e^{-0{,}2053t} = 0{,}5 \cdot 33{,}5 \Leftrightarrow e^{-0{,}2053t} = 0{,}5$

Logarithmieren ergibt: $t = \frac{\ln(0{,}5)}{-0{,}2053} \approx 3{,}38$

$t = t_H = 3{,}38 \left(t_H = \frac{\ln(0{,}5)}{k} = -\frac{\ln(2)}{k}\right)$

Die **Halbwertszeit wird mit** t_H bezeichnet und beträgt etwa 3,4 Tage.

Beachten Sie

Prozesse **exponentiellen Wachstums** und **Zerfalls** können mithilfe einer Exponentialfunktion beschrieben werden: $f(t) = f(0) \cdot e^{kt}$; $t \geq 0$

Dabei gilt: f (0) ist der **Anfangsbestand**, e^k ist der **Wachstumsfaktor** (Zerfallsfaktor).

Für $k > 0$ ist k die **Wachstumskonstante,** für $k < 0$ ist k die **Zerfallskonstante.**

f (t) gibt den vorhandenen Bestand zum Zeitpunkt t an.

Halbwertszeit und **Verdoppelungszeit** sind unabhängig vom Anfangswert: $t_H = -\frac{\ln(2)}{k}$ bzw. $t_V = \frac{\ln(2)}{k}$.

Aufgaben

1 Die Wasserrose vermehrt sich auf einem See mit 8 ha Größe.
Die bedeckte Fläche nimmt wöchentlich um 30 % zu. Anfangs sind 150 m^2 der Oberfläche bedeckt. Analysieren Sie die Situation.

2 Um wie viel % nimmt ein eingesetztes Kapital in 8 Jahren zu, wenn der jährliche Zinssatz 4,6% beträgt?

3 Der Tabelle kann man die Bevölkerungsentwicklung eines Landes für den Zeitraum von 30 Jahren entnehmen (Angabe in Millionen).

Zeit t in Jahren	0	10	20	30
Anzahl N in Millionen	3,9	5,3	7,2	9,78

Bei einer Bevölkerungszahl von über 13 Millionen droht Wasserknappheit.
Modellieren Sie die Bevölkerungsentwicklung. Bewerten Sie Ihr Modell.

4 Eine radioaktive Substanz zerfällt nach dem Gesetz $g(t) = g(0)\,e^{-0{,}0122\,t}$.
Dabei gibt g(t) die Masse des Präparates in Gramm zum Zeitpunkt t (t in Tagen) nach Beginn der Messung an.

a) Welche Masse war zu Beginn der Messung $(t = 0)$ vorhanden, wenn nach 20 Tagen noch 24 g übrig sind? Geben Sie das Zerfallsgesetz an (Kontollergebnis: $g(t) = 30{,}6\,e^{-0{,}0122\,t}$).

b) Nach wie viel Tagen ist nur noch 1 % der ursprünglichen Masse vorhanden?

c) Berechnen Sie die tägliche Zerfallsrate in Prozent und die Halbwertszeit der radioaktiven Substanz.

5 Ein Wetterballon misst während seines Aufstieges den Luftdruck p in hPa (Hektopascal). Die Tabelle zeigt den Zusammenhang zwischen der Höhe h (über NN) und dem Luftdruck p.

h (in m)	0	500	1000	2000
p (in hPa)	1016	953	895	787

a) Begründen Sie die Annahme, dass p ungefähr exponentiell abnimmt. Bestimmen Sie das Abnahmegesetz.

b) Berechnen Sie die beim Luftdruck 500 hPa erreichte Höhe.

6 Zur Untersuchung eines Organs werden dem Patienten 59 mg eines Farbstoffes gespritzt.
Der gesunde Körper baut pro Minute 4 % des Momentanbestandes ab.
Ist der Patient gesund, wenn nach 20 Minuten noch 30 mg Farbstoff im Blut sind?

7 Ein Auto verliert pro Jahr 20 % an Wert.

a) In welchem Zeitraum sinkt der Wert auf die Hälfte des Neuwagenpreises?

b) Welchen Prozentsatz seines Neuwertes hat es noch nach 6 Jahren?

c) Berechnen Sie den jährlichen Wertverlust der ersten drei Jahre, jeweils bezogen auf den Neuwert.

1.8 Differenzialrechnung bei Exponentialfunktionen

1.8.1 Ableitungsregeln

Ableitung der natürlichen Exponentialfunktion

Beispiel

➲ Gegeben ist die Funktion f mit $f(x) = e^x$; $x \in \mathbb{R}$.
Ein elektronisches Hilfsmittel erstellt eine Wertetabelle für $f(x)$ und $f'(x)$. Welche Vermutung lässt sich formulieren?

X	Y1	Y'1
-1	0.3678	0.3678
0	1	1
1	2.7182	2.7182
2	7.389	7.389

Lösung

Vermutung: Die Funktion f mit $f(x) = e^x$; $x \in \mathbb{R}$, hat die Ableitung $f'(x) = e^x$.

Erläuterung: Ableitung an der Stelle 0

mithilfe des **Differenzenquotienten**:

$$m = \frac{f(0+h) - f(0)}{h} = \frac{e^{0+h} - e^0}{h} = \frac{e^h - 1}{h}$$

Aufgrund der Grafik kann man erkennen, dass der Grenzwert des Differenzenquotienten für $h \to 0$ den Wert 1 hat, also $f'(0) = \lim\limits_{h \to 0} \frac{e^h - 1}{h} = 1$.

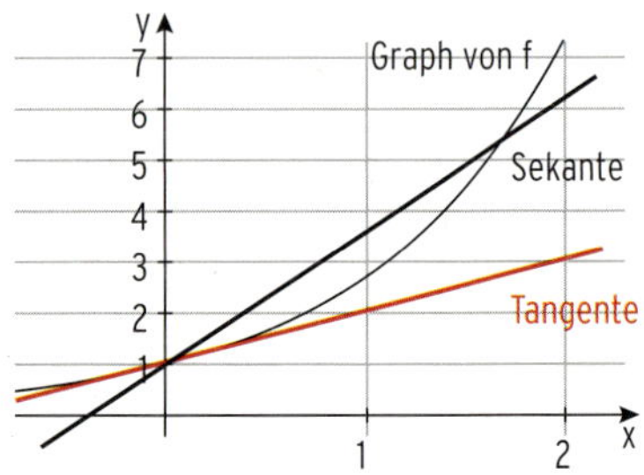

Ableitung von f mit $f(x) = e^x$ an der Stelle x_0

Differenzenquotient: $\frac{f(x_0 + h) - f(x_0)}{h} = \frac{e^{x_0 + h} - e^{x_0}}{h} = \frac{e^{x_0} \cdot e^h - e^{x_0}}{h} = e^{x_0} \cdot \frac{e^h - 1}{h}$

Grenzwert für $h \to 0$: $f'(x_0) = \lim\limits_{h \to 0} \left(e^{x_0} \cdot \frac{e^h - 1}{h} \right) = e^{x_0} \cdot 1 = e^{x_0}$

Beachten Sie

Ersetzt man x_0 durch x, so gilt für $f(x) = e^x$: $f'(x) = e^x$.
Die Ableitung der „e-Funktion" ist die „e-Funktion" selbst.

Verdeutlichung:

$f(0) = f'(0)$

$f(1) = f'(1)$

$f(x) = f'(x)$

Der y-Wert eines Kurvenpunktes stimmt mit der Steigung in diesem Punkt überein.

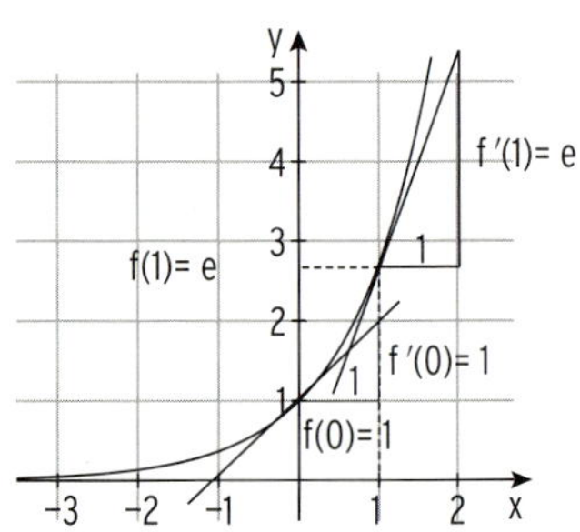

Beispiele

$f(x) = 3e^x + 4 \Rightarrow f'(x) = 3e^x$

$f(x) = 2 - e^x \Rightarrow f'(x) = -e^x$

$f(x) = 2x + 0{,}5e^x \Rightarrow f'(x) = 2 + 0{,}5e^x$

$f(x) = -5x^3 - 5e^x \Rightarrow f'(x) = -15x^2 - 5e^x$

$f(x) = \frac{e^x}{4} + 5 \Rightarrow f'(x) = \frac{e^x}{4}$

$f(x) = -0{,}125e^x - x \Rightarrow f'(x) = -0{,}125e^x - 1$

Kettenregel der Ableitung

Beispiel

Gegeben ist die Funktion f mit $f(x) = e^{0,5x}$.
Mit Hilfsmittel wird eine Wertetabelle erstellt für f(x) und f'(x).
Wie lautet vermutlich die Ableitung von f?

X	Y1	Y'1
-1	0.6065	0.3032
0	1	0.5
1	1.6487	0.8243
2	2.7182	1.3591

Lösung

Vermutung: $f'(x) = 0,5\, e^{0,5x}$.

Zur Bestätigung der Vermutung benötigt man eine neue Ableitungsregel, die **Kettenregel.**

Herleitung der Kettenregel
Die Funktion f ist eine Verkettung der Funktionen u und h: $f(x) = h(u(x))$,
$u: x \mapsto u(x)$ ist die innere Funktion,
$h: u \mapsto h(u)$ ist die äußere Funktion.

Ableitung der Funktion f an der Stelle x_0

Der Differenzenquotient von f lässt sich mithilfe der Differenzenquotienten von h und u darstellen:

$$\frac{f(x) - f(x_0)}{x - x_0} = \frac{h(u(x)) - h(u(x_0))}{x - x_0} = \frac{h(u(x)) - h(u(x_0))}{u(x) - u(x_0)} \cdot \frac{u(x) - u(x_0)}{x - x_0}$$

Für $x \to x_0$ gilt auch $u(x) \to u(x_0)$.
Der Grenzübergang $x \to x_0$ liefert: $f'(x_0) = h'(u(x_0)) \cdot u'(x_0)$

Beachten Sie

Ist die Funktion f eine Verkettung $f(x) = h(u(x))$, so gilt für die Ableitung von f:

$$f'(x) = \underbrace{h'(u(x))}_{\text{Ableitung nach u}} \cdot \underbrace{u'(x)}_{\text{Ableitung nach x}}$$

Merkregel: „äußere mal innere Ableitung“

Bestätigung der Vermutung für $f(x) = e^{0,5x}$ durch Ableiten mit der Kettenregel

$f(x) = e^{0,5x}$ — innere Funktion: $u(x) = 0,5x$ und $u'(x) = 0,5$

äußere Funktion: $h(u) = e^u$; $h'(u) = e^u$

Ableitung

$$f'(x) = h'(u) \cdot u'(x) = e^u \cdot 0,5 = e^{0,5x} \cdot 0,5 = 0,5\, e^{0,5x}$$

Kettenregel für eine Exponentialfunktion f mit $f(x) = e^{u(x)}$: $f'(x) = e^{u(x)} \cdot u'(x)$

Beispiele

1) $f(x) = e^{-2x}$ — innere Funktion: $u(x) = -2x$; $u'(x) = -2$
äußere Funktion: $h(u) = e^u$; $h'(u) = e^u$

Ableitung: $f'(x) = h'(u) \cdot u'(x) = e^u \cdot (-2)$
$f'(x) = e^{-2x} \cdot (-2) = -2\,e^{-2x}$

2) $f(x) = \frac{1}{8}e^{3x+1}$ — innere Funktion: $u(x) = 3x + 1$; $u'(x) = 3$
äußere Funktion: $h(u) = \frac{1}{8}\,e^u$; $h'(u) = \frac{1}{8}\,e^u$

Ableitung: $f'(x) = \frac{1}{8}\,e^u \cdot 3 = \frac{1}{8}e^{3x+1} \cdot 3$
$f'(x) = \frac{3}{8}e^{3x+1}$

3) $f(x) = e^{1-4x} + 5x$ — $f'(x) = e^{1-4x} \cdot (-4) + 5 = -4\,e^{1-4x} + 5$

Aufgaben

1 Bestimmen Sie $f'(x)$.

a) $f(x) = -0{,}5e^x + 7$ **b)** $f(x) = 3 - \frac{1}{5}e^x$ **c)** $f(x) = 6x - e^x + 1$

2 Bestimmen Sie die erste und zweite Ableitung von f.

a) $f(x) = 2 - 5e^{-0{,}2x}$ **b)** $f(x) = -\frac{1}{5}e^{-1{,}2x}$ **c)** $f(x) = 6x - e^{-kx}$

d) $f(x) = 1 - 3e^{2-2x}$ **e)** $f(x) = 6 - \frac{3}{2}\,e^{mx}$ **f)** $f(x) = 2x - 2e^{4-3x}$

3 Bestimmen Sie $f'(0)$ und $f''(1)$.

a) $f(x) = x - \frac{5}{2}e^{-0{,}2x}$ **b)** $f(x) = 1 - \frac{1}{3}e^{2x}$ **c)** $f(x) = \frac{x^2}{6} - e^{-3x}$

4 Gegeben ist die Funktion f mit $f(x) = x^2 - 3e^{1-0{,}5x}$; $x \in \mathbb{R}$.
Zeigen Sie: $f''(x) = 2 - \frac{3}{4}e^{1-0{,}5x}$.

5 Gegeben ist die Funktion f mit $f(x) = 5x + 2e^{4-x}$; $x \in \mathbb{R}$.

a) In welchem Punkt hat das Schaubild von f den Anstieg 1?

b) Welcher der drei Ableitungswerte $f'(0)$; $f'(1)$; $f'(-1)$ ist der größte?

6 Die Tangente an das Schaubild von f mit $f(x) = e^{-0{,}25x}$ in $x = -4$ schneidet die x-Achse im Ursprung. Überprüfen Sie.

7 Gegeben ist die Funktion f mit $f(x) = e + 3e^{-x}$; $x \in \mathbb{R}$.
Gibt es einen Punkt auf dem Graphen von f mit der Steigung 2?
Begründen Sie Ihre Antwort.

8 Die Funktion f mit $f(x) = 4 - 2{,}2e^{-0{,}12x}$ beschreibt für $x \geq 0$ die Höhe eines Strauches.
Berechnen Sie: $f'(0)$, $f'(20)$ und $f'(100)$ und interpretieren Sie diese Werte.

Produktregel der Ableitung

Gegeben ist die Funktion f mit $f(x) = x\,e^x$.
Wie bestimmt man $f'(x)$?
Zum Ableiten einer Summe benötigt man die **Summenregel:**
Die Ableitung einer Summe ist die **Summe** der Ableitungen der Summanden.

Eine entsprechende „einfache" Regel für ein Produkt gibt es nicht, wie man an einem Beispiel erkennen kann.

$$f(x) = x^2 \cdot (x^2 - 3) = x^4 - 3x^2$$
$$\downarrow \quad \downarrow \qquad\qquad \downarrow$$
$$2x \cdot 2x \neq 4x^3 - 6x$$

Man erkennt: Ein Produkt kann nicht faktorweise abgeleitet werden!
Für die Ableitung eines Produktes gibt es eine Regel, die Produktregel.

Produktregel

Ist die Funktion f gegeben durch	$\mathbf{f(x) = u(x) \cdot v(x)}$,
so gilt für die Ableitung:	$\mathbf{f'(x) = u'(x) \cdot v(x) + u(x) \cdot v'(x)}$
In Kurzform:	$\mathbf{(u \cdot v)' = u' \cdot v + u \cdot v'}$

Beispiele

1) $f(x) = x \cdot e^x = u(x) \cdot v(x)$

Faktor: $u(x) = x$	$u'(x) = 1$
Faktor: $v(x) = e^x$	$v'(x) = e^x$
Mit der **Produktregel:**	$f'(x) = 1 \cdot e^x + x \cdot e^x$
	$f'(x) = (1 + x)e^x$

2) $f(x) = (2x - 1)e^{4x}$

Faktor: $u(x) = 2x - 1$	$u'(x) = 2$
Faktor: $v(x) = e^{4x}$	$v'(x) = 4e^{4x}$ **(Kettenregel)**
Mit der **Produktregel:**	$f'(x) = 2 \cdot e^{4x} + (2x - 1) \cdot 4e^{4x}$
	$f'(x) = (8x - 2)e^{4x}$

Aufgaben

1 Bestimmen Sie $f'(x)$.

a) b)

a) $f(x) = (x + 1)e^x$ **b)** $f(x) = x^2e^{-0{,}25x}$ **c)** $f(x) = (x + 1)e^{-2x}$

d) $f(x) = (3 - 2x)e^{-0{,}5x}$ **e)** $f(x) = (x + 2)e^{2x}$ **f)** $f(x) = (x + 3)e^{4x-3}$

2 Gegeben ist die Funktion f mit $f(x) = xe^{-x}$; $x \in \mathbb{R}$.
Formulieren Sie eine Vermutung für die 4-te Ableitung.

1.8.2 Kurvenuntersuchung

Beispiel

➲ Gegeben ist die Funktion f mit $f(x) = x^2 \cdot e^{-x}$; $x \in \mathbb{R}$.

a) Skizzieren Sie den Graphen K_f von f und beschreiben Sie den Verlauf.

b) Berechnen Sie die exakten Koordinaten der Extrempunkte von K_f.

c) Bestimmen Sie die Gleichung der Tangente an K_f in $x = 4$. Zeichnen Sie die Tangente in Ihre Skizze ein.

d) Bestimmen Sie die Wendestellen. Auf die 3. Ableitung wird verzichtet.

Lösung

a) Skizze:

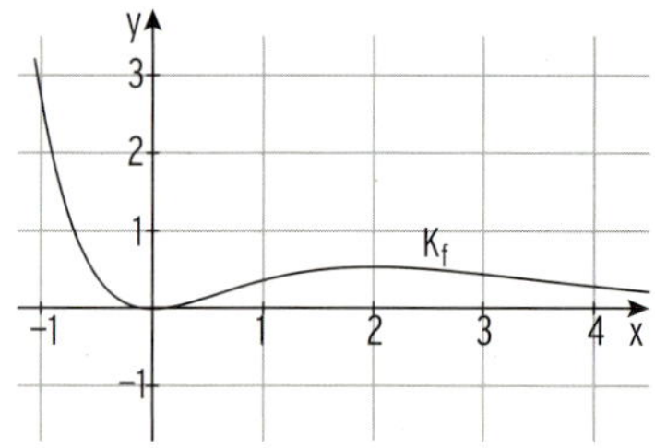

Verlauf von K_f:

Verlauf vom 2. in den 1. Quadranten.

K_f berührt die x-Achse im Ursprung.

Die x-Achse ist Asymptote für $x \to \infty$.

b) Ableitungen:

$f(x) = x^2 \cdot e^{-x}$; $f'(x) = 2x \cdot e^{-x} - x^2 \cdot e^{-x} = (2x - x^2) \cdot e^{-x}$

$f''(x) = (2 - 2x) \cdot e^{-x} - (2x - x^2) \cdot e^{-x} = (2 - 4x + x^2) \cdot e^{-x}$

Extrempunkte:

Bedingung: $f'(x) = 0 \wedge f''(x) \neq 0$

Notwendige Bed.: $f'(x) = 0$ $\quad (2x - x^2) \cdot e^{-x} = 0$

mit $e^{-x} \neq 0$ $\quad 2x - x^2 = 0$

Satz vom Nullprodukt: $\quad x(2 - x) = 0$

$x_1 = 0$; $x_2 = 2$

Nachweis durch Einsetzen der x-Werte in $f''(x)$

$f''(0) = 2 > 0$: f hat in $x = 0$ ein (relatives) Minimum, K_f hat einen Tiefpunkt an der Stelle $x_1 = 1$.

$f''(2) = -2e^{-2} < 0$: f hat in $x = 2$ ein (relatives) Maximum, K_f hat einen Hochpunkt an der Stelle $x_2 = 2$.

Mit $f(0) = 0$ erhält man den Tiefpunkt $T(0 \mid 0)$.

Mit $f(2) = 4e^{-2}$ erhält man den Hochpunkt $H(2 \mid 4e^{-2})$, gerundet $H(2 \mid 0{,}54)$.

c) Tangente an K_f in $x = 4$:

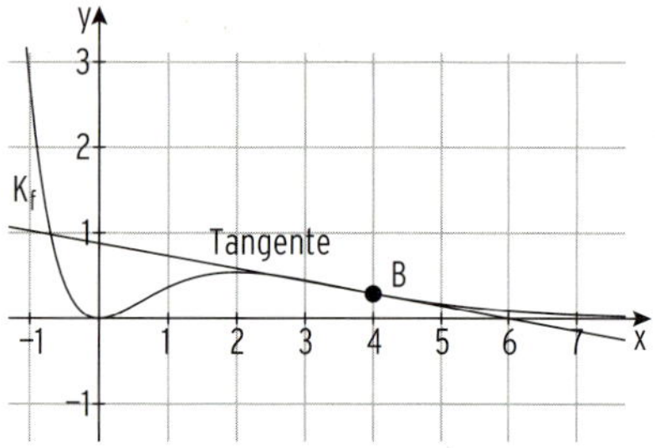

Berührpunkt: $f(4) = 16e^{-4}$ $\quad B(4 \mid 16e^{-4})$

Steigung: $f'(4) = -8e^{-4}$

Aus $y = mx + b$ ergibt sich:

$16e^{-4} = -8e^{-4} \cdot 4 + b$

$b = 48e^{-4}$

Tangentengleichung: $y = -8e^{-4} \cdot x + 48e^{-4}$

d) Wendestellen:

Bedingung: $f''(x) = 0$ $\quad (2 - 4x + x^2) \cdot e^{-x} = 0$

mit $e^{-x} \neq 0$ $\quad 2 - 4x + x^2 = 0$

Wendestellen $\quad x_1 \approx 0{,}59$; $x_2 \approx 3{,}41$

Aufgaben

1 Untersuchen Sie das Schaubild K_f von f auf Extrem- und Wendepunkte. Bestimmen Sie die Gleichung der Asymptoten vom K_f. Skizzieren Sie K_f.

a) $f(x) = 0{,}5xe^{-x}$ **b)** $f(x) = \frac{1}{8}e^{3x} - 2x$ **c)** $f(x) = (x - 1)e^{0,2}$

2 Zeichnen Sie das Schaubild von f mit $f(x) = 3(2x - 1)e^x$ und die Tangente im Kurvenpunkt P (0,5 | f(0,5)) in ein Koordinatensystem ein.
Bestimmen Sie die Gleichung der Tangente im Kurvenpunkt P.

3 Gegeben ist die Funktion f durch $f(x) = e^{0,5x}(x - 3)$; $x \in \mathbb{R}$.
Bestimmen Sie die Wertemenge von f. Untersuchen Sie das Schaubild K_f von f auf Wendepunkte und geben Sie die Gleichung der Wendetangente an.

4 K_f ist das Schaubild der Funktion f mit $f(x) = -4x^2e^x$; $x \in \mathbb{R}$.

a) Zeigen Sie: $f'(x) = -4(x^2 + 4x + 2)\,e^x$.
Berechnen Sie die Koordinaten der lokalen Extrempunkte.

b) Zeigen Sie: Die Tangente an K_f in $x = -1$ verläuft durch den Ursprung.

c) K_f schneidet die Parabel mit der Gleichung $y = -x^2$ in zwei Punkten.
Berechnen Sie die Koordinaten dieser Punkte.

5 Die Abbildung zeigt das Schaubild einer Funktion f (siehe Anlage im Anhang).
Skizzieren Sie das Schaubild von f′ und von f″ in das Koordinatensystem ein.
Erläutern Sie Ihre Vorgehensweise.

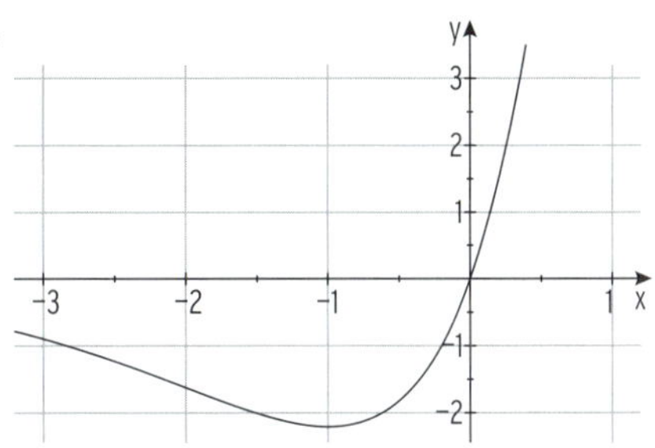

6 Für den Verkauf der T-Shirts lautet die Gewinnfunktion: $G(x) = 10xe^{-\frac{1}{10}x}$.
Zeigen Sie, dass der Grenzgewinn mit $G'(x) = 10e^{-\frac{1}{10}x} - xe^{-\frac{1}{10}x}$ beschrieben wird.
Berechnen Sie die Gewinnschwelle und das Gewinnmaximum.
Bestimmen Sie die Wendestelle von G und interpretieren Sie ihre ökonomische Bedeutung.

7 Der Verlauf einer Virusinfektion wird beschrieben durch f mit $f(t) = t^2e^{-\frac{t}{3}}$; $t \geq 0$.
f(t) ist die Anzahl der Infizierten in 100, t ist die Zeit in Wochen.

a) Berechnen Sie die Maximalstelle von f exakt.

b) Machen Sie eine begründete Aussage über die Anzahl der Wendestellen von f.

c) Die Anzahl der Infizierten beträgt höchstens 400. Nehmen Sie Stellung.

d) In welchem Zeitraum sind mindestens 200 Infizierte vorhanden?

8 Der Hersteller einer bekannten Automarke rechnet für ein Produkt mit der Nachfragefunktion p_N mit $p_N(x) = x\,e^{1-3x}$; $0 \leq x \leq 1{,}4$; x in ME, $p_N(x)$ in GE / ME.
Eine Nachfragefunktion ist streng monoton fallend. Ermitteln Sie unter dieser Bedingung den ökonomisch sinnvollen Definitionsbereich für die Nachfragefunktion und das zugehörige Intervall der Nachfragepreise.

1.8.3 Produktlebenszyklus

Der **Produktlebenszyklus** beschreibt den **Lebenslauf eines Produktes** von der Einführung (Fertigstellung) bis zum Zeitpunkt der Herausnahme aus dem Markt (vgl. Seite 212)

Beispiel

➲ Das Unternehmen CARE hat ein neues Deo entwickelt. Für dieses Produkt wird von einem Produktlebenszyklus ausgegangen, der durch die Umsatzfunktion u mit $u(t) = 5te^{-0{,}4t}$ beschrieben werden kann. Die Zeit t wird in Zeiteinheiten (ZE) angegebenund der Umsatz u(t) in GE pro ZE.
Die Produkteinführung erfolgt zum Zeitpunkt t = 0.

a) Beschreiben Sie den Verlauf dieses Graphen mathematisch und interpretieren Sie ihn aus ökonomischer Sicht.

b) Bestimmen Sie den maximalen Umsatz für das neue Deo. Ermitteln Sie den Zeitpunkt, an dem die Umsatzänderung am stärksten ist. Das Produkt sollte vom Markt genommen werden, wenn der maximale Umsatz um 40 % unterschritten wird, spätestens aber, wenn der größte Umsatzrückgang zu verzeichnen ist. Ermitteln Sie den Zeitpunkt, an dem das Produkt vom Markt genommen werden sollte.

Lösung

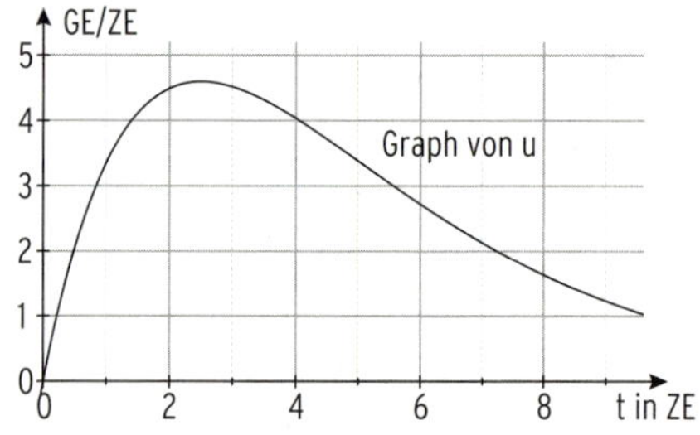

a) Bei t = 0 ist die Produkteinführung.
Der Graph verläuft durch den Ursprung und steigt zunächst an, der Anstieg ist degressiv.
Das Produkt wird von den Kunden akzeptiert, viele Kunden kaufen sofort das neue Deo.
Nachdem der Hochpunkt erreicht wurde, fällt der Graph, erst progressiv, dann degressiv (nach dem Wendepunkt).
Nachdem der Boom vorüber ist, kaufen viele Kunden das Deo dieses Herstellers nicht mehr, z. B. weil ein Konkurrenzprodukt auf den Markt gekommen ist.
Der Graph weist für $t \to \infty$ ein asymptotisches Verhalten auf. Die Asymptote ist die x-Achse. Das Produkt könnte immer weiter verkauft werden, da der Graph die t-Achse nur in t = 0 schneidet.

> **Beachten Sie**
>
> u ist **progressiv wachsend (fallend),** d. h. u wächst (fällt) immer schneller.
> u ist **degressiv wachsend (fallend),** d. h. u wächst (fällt) immer langsamer.

b) **Maximaler Umsatz**
Ableitungen: $u'(t) = (5 - 2t)e^{-0{,}4t}$; $u''(t) = (0{,}8t - 4)\,e^{-0{,}4t}$
Bedingung: $u'(t) = 0$ $\qquad 5 - 2t = 0$, also $t = \frac{5}{2}$
wegen $e^{-0{,}4t} > 0$ und VZW von $u'(t)$ von + nach − in $t = \frac{5}{2}$ gilt:
Relatives und absolutes Maximum in $t = \frac{5}{2}$: $u(\frac{5}{2}) = 4{,}60$
Der maximale Umsatz liegt zum Zeitpunkt 2,5 ZE bei ca. 4,60 GE/ZE.

Zeitpunkt der größten Umsatzänderung

Ableitungsfunktion u′ mit

$u'(t) = (5 - 2t)e^{-0{,}4t}$ (Grenzumsatz)

Der Verlauf des Graphen macht deutlich, dass die zu vergleichenden Zeitpunkte durch die Randstelle in t = 0 und die Minimalstelle gegeben werden:

Randextrempunkt: u′(0) = 5; P(0 | 5)

Tiefpunkt: T(5 | u′(5)) = T(5 | − 0,68)

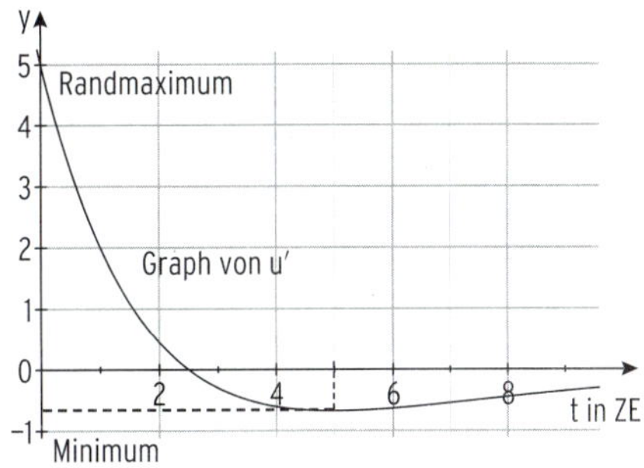

Bei der Umsatzänderung betrachtet man die Beträge:

u′(0) = 5 Umsatz**zunahme** pro ZE in t = 0: 5 GE/ZE

u′(5) = − 0,68 Umsatz**abnahme** pro ZE in t = 5: 0,68 GE/ZE

Größte Umsatzänderung in t = 0

Maximaler Umsatzrückgang

t = 5 ist die Minimalstelle der Grenzumsatzfunktion u′.

t = 5 ist die Wendestelle der Umsatzfunktion u, d. h., dort ist der Umsatzrückgang bei einer kleinen zusätzlich umgesetzten Einheit am stärksten.

Bei 5 ZE liegt der Umsatz bei ca. 3,38 GE/ZE, die Umsatzänderung beträgt ca. − 0,68, d. h., der Umsatz geht um 0,68 GE/ZE pro ZE zurück.

Umsatz geht um 40 % zurück, d.h., es werden nur noch 60 % des maximalen Umsatzes erzielt: 0,6 · 4,60 = 2,76.

Bestimmung des Zeitpunktes

u(t) = 2,76 $5te^{-0{,}4t} = 2{,}76$

$t_1 \approx 0{,}74$ oder $t_2 \approx 5{,}94$

Bei 0,74 ZE steigt der Umsatz, deshalb ist dieser Zeitpunkt nicht relevant.

Bei 5,94 ZE ist der maximale Umsatzrückgang schon überschritten, d. h., das Produkt sollte nach 5 ZE vom Markt genommen werden.

Beachten Sie

Wenn die Maximalstelle **keine Randstelle** ist, gilt

- **für den maximalen Umsatz:** $u'(t) = 0$ **und** $u''(t) < 0$
- **für die maximale Umsatzänderung (betragsmäßig):** $u''(t) = 0$ **und** $u'''(t) \neq 0$

Beachten Sie

Ein **Produktlebenszyklus** oder auch **Produktlebensdauerzyklus** ist ein Modell zur Beurteilung der Altersstruktur eines Produktionsprogrammes eines Betriebes.

Wird ein Produktlebenszyklus durch eine **Absatzfunktion** A beschrieben, so wird der Absatz A(t) in ME pro Zeiteinheit (ZE) angegeben.

Wird ein Produktlebenszyklus durch eine **Umsatzfunktion** U beschrieben, so wird der Umsatz U(t) in Geldeinheiten pro Zeiteinheit (GE/ZE) angegeben.

Eine Zeiteinheit ist z. B ein Monat oder ein Jahr.

Aufgaben

1 Das Unternehmen Maro hat ein neues elektronisches Gerät entwickelt. Für dieses Produkt wird von einem Produktlebenszyklus ausgegangen, der durch die Umsatzfunktion u mit $u(t) = 20te^{-\frac{1}{2}t}$ beschrieben werden kann.
Die Zeit t wird in Monaten angegeben und der Umsatz u (t) in GE pro Monat.
Eine GE entspricht 100 000 €.
Die Produkteinführung erfolgt zum Zeitpunkt t = 0.

a) Skizzieren Sie den Verlauf des Graphen im Intervall [0; 9]. Beschreiben Sie den Verlauf dieses Graphen mathematisch und interpretieren Sie ihn aus ökonomischer Sicht.

b) Ermitteln Sie den Extrempunkt der Umsatzfunktion u und interpretieren Sie die Koordinaten aus ökonomischer Sicht.

c) Ermitteln Sie den Zeitpunkt, an dem die Umsatzänderung am stärksten ist.
Das Produkt sollte vom Markt genommen werden, wenn der maximale Umsatz um 45 % unterschritten wird, spätestens aber, wenn der größte Umsatzrückgang zu verzeichnen ist. Ermitteln Sie den Zeitpunkt, an dem das Produkt vom Markt genommen werden sollte.

2 Der Produktlebenszyklus eines neuen Produktes wird modelliert durch

$$A(t) = 10te^{-0,1t}.$$

Dabei ist t die Zeit in Monaten nach der Einführung, A(t) der monatliche Absatz in ME.

a) Bestimmen Sie den maximalen monatlichen Absatz.

b) In welchen Monaten gab es die größte Absatzsteigerung bzw. den größten Rückgang? Wie groß war der monatliche Absatz zu diesen Zeitpunkten?

c) Wie viele Monate liegt der Absatz über 20 ME?

3 Das Unternehmen Agrema untersucht den zu erwartenden Absatz, also den Lebenszyklus seines Produktes. Das Unternehmen vermutet einen exponentiellen Verlauf, der folgender Funktionsgleichung genügt: $f(t) = 1{,}5t^2e^{-0,25t}$; t in ZE, f(t) in ME/ZE.

a) Berechnen Sie die maximale Absatzzahl. Wann wird diese erwartet?

b) Das Unternehmen beabsichtigt, das Produkt vom Markt zu nehmen beim stärksten Absatzrückgang oder spätestens wenn das Produkt nur noch 25 % des maximalen Absatzes erzielt. Berechnen Sie den Zeitpunkt.

c) Pro ZE können nur 12 ME produziert werden. Nehmen Sie Stellung zu der Aussage: „Für mehr als 4 ZE sind die Absatzzahlen größer als die Produktionsmengen."

Test zur Überprüfung Ihrer Grundkenntnisse

1 Lösen Sie folgende Gleichungen.

a) $e^{x-4} = 2$ b) $e^{x} = 2e^{-x}$ c) $\left(2 + \frac{3}{2}x\right)e^{x+1} = 0$

2 Bestimmen Sie f′(x).

a) $f(x) = 2xe^{x-4}$ b) $f(x) = 3x - \frac{2}{3}e^{-4x}$ c) $f(x) = (1 + 3x)e^{-0,5x}$

3

a) Der Graph von g mit $g(x) = ae^{-x} + b$ verläuft durch die Punkte A (0 | 4) und B (1 | 2). Bestimmen Sie a und b.

b) Die Abbildung zeigt das Schaubild einer Funktion, die zum Typ $f(x) = ae^{kx} + b$ gehört. Machen Sie Aussagen über a, b und k.

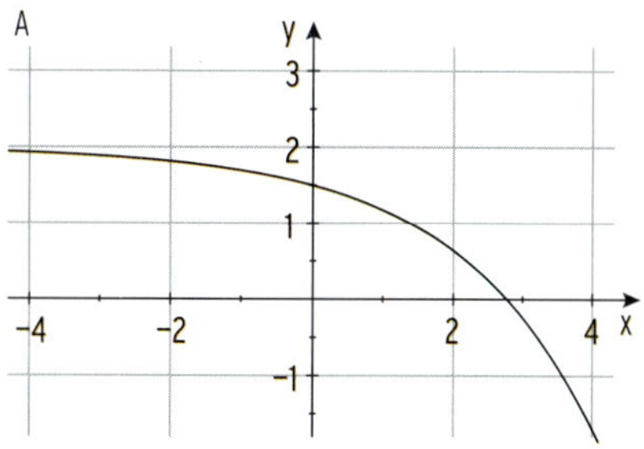

4 Gegeben ist die Exponentialfunktion f mit $f(x) = -\frac{1}{2}e^{x} + 3;\ x \in \mathbb{R}$, mit Schaubild C. Beschreiben Sie den Verlauf von C. In welchem Bereich verläuft C unterhalb der x-Achse?

5 K_f ist das Schaubild der Funktion f mit $f(x) = (3 - x)e^{x};\ x \in \mathbb{R}$.

a) Berechnen Sie die Koordinaten des Extrempunktes von K_f.

b) K_f wird um 2 nach rechts verschoben und mit Faktor 2 in y-Richtung gestreckt. Dadurch entsteht K_g.
Wo schneidet K_g die x-Achse? Begründen Sie Ihre Antwort.

6 Am 01.01.2009 lebten etwa 6,8 Milliarden Menschen auf der Erde. In welchem Jahr überschreitet die Erdbevölkerung die 10-Milliarden-Grenze, wenn man ein jährliches Wachstum von 1,8 % unterstellt?
Nach Berechnungen der Vereinten Nationen sollen bis 2050 etwa 9,1 Milliarden auf der Erde leben. Vergleichen Sie.

7 Die ALDA AG stellt verschiedene Produkte der Autoelektronik her. Der Lebenszyklus eines Produktes lässt sich mithilfe der Absatzfunktion a mit $a(t) = 2t^2e^{-0,5t}$ darstellen. Die Zeit t wird in Zeiteinheiten (ZE) und der Absatz a(t) in Mengeneinheiten pro Zeiteinheit (ME/ZE) angegeben. t = 0 ist der Zeitpunkt der Produkteinführung. Ermitteln Sie mithilfe der notwendigen Bedingung den Zeitpunkt, zu dem der Absatzrückgang für das Produkt maximal ist. Bestimmen Sie den Absatzrückgang und den Absatz zu diesem Zeitpunkt.

2 Gebrochenrationale Funktionen

Modellierung einer Situation

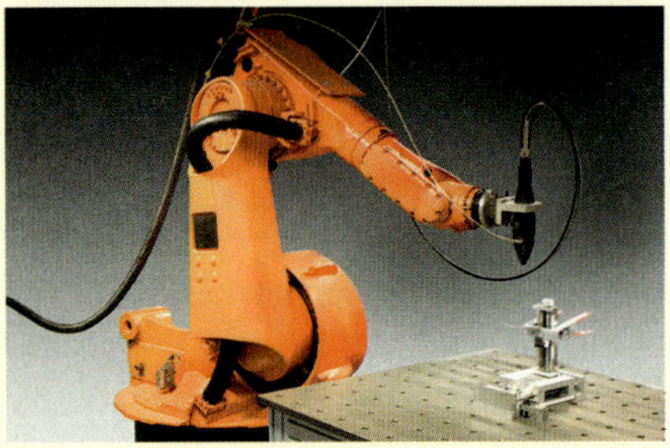

Der Zulieferbetrieb ZFW für die Roboterindustrie stellt Hydraulikteile her.
Die Fertigungskosten je ME werden näherungsweise beschrieben durch $k(x) = \frac{10x + 300}{x + 20}$;
x ist die Anzahl der gefertigten Mengeneinheiten, k(x) wird in GE/ME angegeben.

Um einen Überblick über die Stückkosten zu erhalten, soll Herr Cerone von der Buchhaltung die Stückkosten und deren momentane Änderungsrate für die unterschiedlichen Produktionszahlen 2, 10 und 100 berechnen.
Mit welchen Stückkosten ist langfristig zu rechnen?
Überprüfen Sie die Aussage: Ab 10 ME ändern sich die Stückkosten höchstens um 0,1 GE/ME.

Erfahrungsgemäß lässt sich der Angebotspreis beschreiben durch $p_A(x) = 1{,}5x + 6$, der Nachfragepreis durch $p_N(x) = \frac{105}{x + 1}$; $p_A(x)$, $p_N(x)$ in GE/ME.
Bei welchem Preis stellt sich das Marktgleichgewicht ein?
Wie groß ist der Gewinn für die ZFW bei diesem Preis?

Bearbeiten Sie diese Situation, nachdem Sie die rechts aufgeführten **Qualifikationen** und **Kompetenzen** erworben haben.

Qualifikationen & Kompetenzen

- Realitätsbezogene Zusammenhänge mit gebrochenrationalen Funktionen beschreiben, darstellen und deuten
- Schaubilder von gebrochenrationalen Funktionen skizzieren und untersuchen
- Stückkostenbetrachtung

2.1 Einführung

Beispiel

Ein Betrieb bestimmt seine Gesamtkosten K mithilfe des Funktionsterms
$K(x) = 2x + 50;\ x \in [0; 11]$.

a) Berechnen Sie die Stückkosten bei einer Ausbringungsmenge von x = 8 ME.
b) Bestimmen Sie den Funktionsterm für die Stückkostenfunktion.

Lösung

a) Gesamtkosten K für x = 8: $K(8) = 66$

Stückkosten k bei 8 ME: $k(8) = \frac{66}{8} = 8{,}25$

Ergebnis: Werden 8 ME produziert, betragen die Kosten 8,25 GE für 1 ME.

b) Die Stückkosten k(x) ergeben sich durch: $k(x) = \frac{K(x)}{x}$

Funktionsterm mit Definitionsbereich: $k(x) = \frac{2x + 50}{x};\ 0 < x \leq 11$

Die Variable x steht im Nenner.
In diesem Fall handelt es sich um einen neuen Funktionstyp.
Man nennt diesen Funktionstyp **gebrochenrationale Funktion.**

Definition

Eine **gebrochenrationale Funktion f** ist gegeben durch

$$f(x) = \frac{Z(x)}{N(x)} = \frac{\textbf{Zählerpolynom}}{\textbf{Nennerpolynom}}$$

mit der **maximalen Definitionsmenge D** = $\mathbb{R}\backslash\{x \mid N(x) = 0\}$.

Festlegung: Die größte Hochzahl von x im Zählerpolynom heißt **Zählergrad;** die größte Hochzahl von x im Nennerpolynom heißt **Nennergrad.**

Hinweis: Ist das Nennerpolynom N(x) eine Konstante, so ist f eine ganzrationale Funktion.
Z. B.: f mit $f(x) = \frac{x}{2} = \frac{1}{2}x$ ist eine ganzrationale Funktion.

Beispiele für Funktionsterme gebrochenrationaler Funktionen:

$f(x) = \frac{1}{x}$; $g(x) = \frac{5 - 2x}{x - 2}$; $h(x) = \frac{x^2 + 4x + 1}{x} = x + 4 + \frac{1}{x}$; $k(x) = 2x - 3 + \frac{2}{x} = \frac{2x^2 - 3x + 2}{x}$

2.2 Die Grundfunktion f mit $f(x) = \frac{1}{x}$

Wertetabelle

x	$-\infty \leftarrow$	-10	-5	-1	$-0{,}1$	$\rightarrow 0$
y	$0 \leftarrow$	$-0{,}1$	$-0{,}2$	-1	-10	$\rightarrow -\infty$

x	$0 \leftarrow$	0,1	1	5	10	$\rightarrow \infty$
y	$\infty \leftarrow$	10	1	0,2	0,1	$\rightarrow 0$

Verhalten der Funktionswerte für $x \rightarrow \infty$ bzw. für $x \rightarrow -\infty$

Aus der Wertetabelle:

Streben die x-Werte gegen $+\infty$ bzw. gegen $-\infty$, streben die f(x)-Werte gegen null.

Die Kurve nähert sich in beiden Fällen der x-Achse an. Die x-Achse ist **Näherungsgerade.**

Man nennt diese Näherungsgerade mit der Gleichung y = 0 **waagrechte Asymptote.**

Schreibweise: $f(x) = \frac{1}{x} \rightarrow 0$ für $x \rightarrow \infty$ $\qquad \lim\limits_{x \to \infty} \frac{1}{x} = 0$

$f(x) = \frac{1}{x} \rightarrow 0$ für $x \rightarrow -\infty$ $\qquad \lim\limits_{x \to -\infty} \frac{1}{x} = 0$

Verhalten der Funktionswerte für $x \rightarrow 0$

Aus der Wertetabelle:

Streben die x-Werte gegen null, streben die f(x)-Werte für $x > 0$ gegen $+\infty$,

für $x < 0$ gegen $-\infty$.

Die Kurve K nähert sich in beiden Fällen immer mehr der y-Achse an.

Die y-Achse ist **Näherungsgerade** mit der Gleichung x = 0.

Man nennt diese Näherungsgerade **senkrechte Asymptote.**

Die Funktion f ist für 0 nicht definiert, der Nenner darf nicht null sein.

Eine Definitionslücke mit den beschriebenen Eigenschaften der f(x)-Werte nennt man eine **Polstelle.** $x_1 = 0$ ist eine Polstelle.

Die Funktion f mit $f(x) = \frac{1}{x}$; $x \neq 0$

Das Schaubild der Funktion f mit $f(x) = \frac{1}{x}$; $x \neq 0$

- hat keine Schnittpunkte mit den Achsen.
- hat eine waagrechte Asymptote (y = 0)
  $\lim\limits_{x \to \infty} \left(\frac{1}{x}\right) = 0$; $\quad \lim\limits_{x \to -\infty} \left(\frac{1}{x}\right) = 0$.
- hat eine senkrechte Asymptote (x = 0):
  $f(x) \rightarrow \infty$ für $x \rightarrow 0$ und $x > 0$
  $f(x) \rightarrow -\infty$ für $x \rightarrow 0$ und $x < 0$
  $x_1 = 0$ ist eine Polstelle.
- ist symmetrisch zum Ursprung.

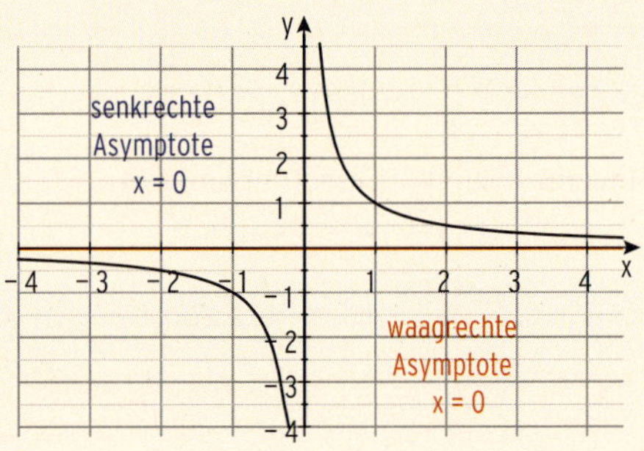

Verschiebung des Schaubildes der Grundfunktion f

a) Verschiebung in y-Richtung

Beispiel 1

➲ Verschieben Sie das Schaubild K_f der Funktion f mit $f(x) = \frac{1}{x}$; $x \neq 0$, um 1 nach unten.
Geben Sie den Funktionsterm g(x) der verschobenen Kurve K_g an.
Untersuchen Sie K_g auf Schnittpunkte mit der x-Achse und auf Asymptoten.

Lösung

Schaubilder K_f und K_g

Die verschobene Kurve K_g ist das Schaubild der Funktion g mit $g(x) = \frac{1}{x} - 1$; $x \neq 0$.

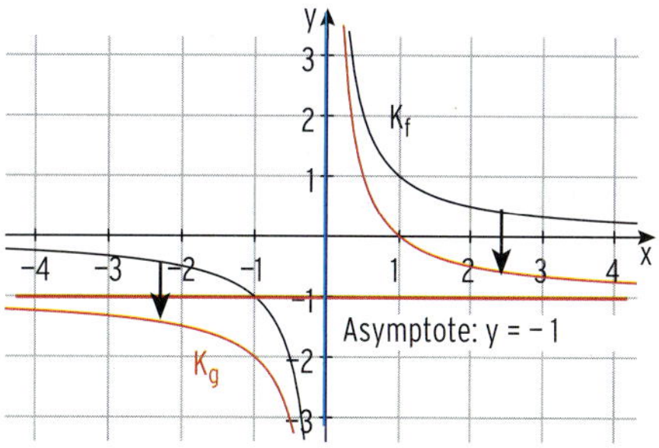

Schnittpunkt mit der x-Achse

Bed.: g(x) = 0

$\frac{1}{x} - 1 = 0 \Rightarrow \frac{1}{x} = 1 \Rightarrow x = 1$

N(1 | 0)

Asymptoten

Bei der Verschiebung in y-Richtung bleibt die senkrechte Asymptote erhalten: x = 0.

Die waagrechte Asymptote wird wie K_f um 1 nach unten verschoben: y = – 1.

b) Verschiebung in x-Richtung

Beispiel 2

➲ Verschieben Sie das Schaubild K_f der Funktion f mit $f(x) = \frac{1}{x}$; $x \neq 0$, um 2 nach links.
Geben Sie den Funktionsterm g(x) der verschobenen Kurve K_g an.
Bestimmen Sie die maximale Definitionsmenge von g.
Untersuchen Sie K_g auf den Schnittpunkt mit der y-Achse und auf Asymptoten.

Lösung

Die verschobene Kurve K_g ist das Schaubild der Funktion g mit $g(x) = \frac{1}{x+2}$; $x \neq -2$.

Hinweis: Bei der Verschiebung um 2 nach links ersetzt man $\boxed{x}$ durch $\boxed{x + 2}$.

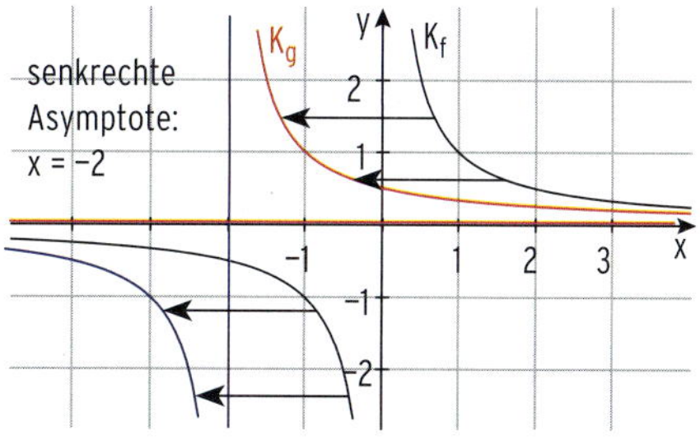

Maximale Definitionsmenge: $D = \mathbb{R}\setminus\{-2\}$

Hinweis: Maximale Definitionsmenge $D_{max} = \mathbb{R}\setminus\{\text{Nullstellen des Nenners}\}$

Schnittpunkt mit der y-Achse

Bed.: $x = 0$ $g(0) = \frac{1}{2}$ $S_y(0 \mid \frac{1}{2})$

Asymptoten

Bei der Verschiebung in x-Richtung bleibt die waagrechte Asymptote erhalten: $y = 0$.
Die senkrechte Asymptote wird wie K_f um 2 nach links verschoben: $x = -2$.

Aufgaben

1 Bestimmen Sie D_{max} und die Asymptoten. Wie entsteht K_f aus der Kurve K_g: $y = \frac{1}{x}$?
Skizzieren Sie das Schaubild K_f der Funktion f.

a) $f(x) = \frac{1}{x} + 2$ **b)** $f(x) = \frac{1}{x-3}$ **c)** $f(x) = \frac{1-3x}{x}$ **d)** $f(x) = 1 - \frac{1}{x}$

2 Gegeben ist die Funktion f mit $f(x) = \frac{2}{x}$; $x \in \mathbb{R}^*$. Verschieben Sie das Schaubild K_f von f um 3 nach rechts und um 2 nach unten. Geben Sie den neuen Funktionsterm an.

3 Für die Funktion f wurde folgende Wertetabelle erstellt:

x	-2	-1	0	1	2	3	4
f(x)	$-\frac{1}{3}$	$-\frac{1}{2}$	-1	–	1	$\frac{1}{2}$	$\frac{1}{3}$

Skizzieren Sie ein mögliches Schaubild von f. Geben Sie einen Funktionsterm an.
Welche Symmetrie könnte das zugehörige Schaubild haben?

4 Die Abbildung zeigt das Schaubild K_f von f.
Bestimmen Sie die Asymptotengleichungen.
Geben Sie einen möglichen Funktionsterm an.

a)

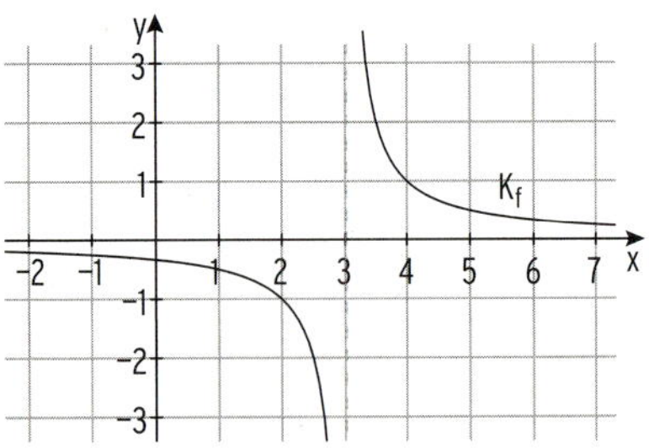

b)

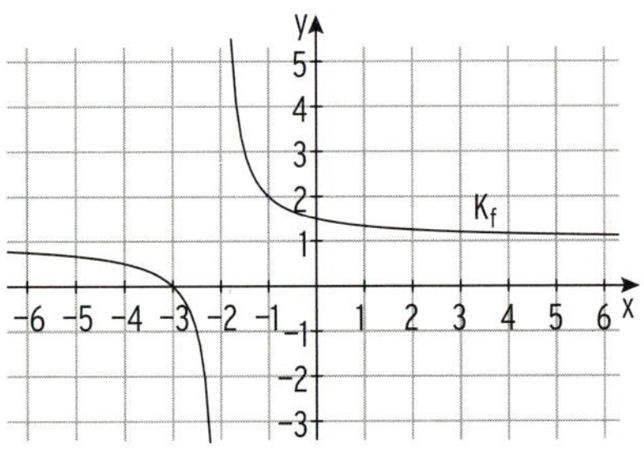

2.3 Schaubilder von gebrochenrationalen Funktionen

Beispiel 1

➲ Gegeben ist die Funktion f mit $f(x) = \frac{5-2x}{x-3}$; $x \in D$.
Bestimmen Sie die maximale Definitionsmenge D der Funktion f.
Untersuchen Sie das Schaubild K_f von f auf Schnittpunkte mit den Koordinatenachsen und auf Asymptoten. Zeichnen Sie K_f.

Lösung

Schaubild

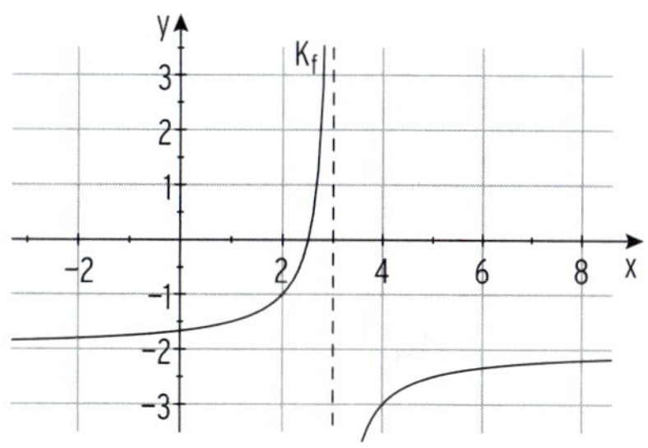

Definitionsmenge

Definitionslücke (Nullstelle des Nenners):

$x - 3 = 0 \Leftrightarrow x = 3$

Definitionsmenge: $D = \mathbb{R}\setminus\{3\}$

Schnittpunkte mit den Koordinatenachsen

- **mit der x-Achse**

Bed.: $f(x) = 0$ — $\frac{5-2x}{x-3} = 0 \Leftrightarrow 5 - 2x = 0$

Nullstelle von f (des Zählers): $x = 2{,}5$

$N(2{,}5 \mid 0)$

Bemerkung: $f(x) = \frac{Z(x)}{N(x)} = 0 \Leftrightarrow Z(x) = 0$; $x \in D$

Die **Nullstelle x_0** $\in D_f$ **des Zählers (die Nullstelle von f)** führt zum **Schnittpunkt mit der x-Achse.**

- **mit der y-Achse**

Bed.: $x = 0$ — $f(0) = -\frac{5}{3}$

$S_y(0 \mid -\frac{5}{3})$

Asymptoten

Verhalten von f(x) für $x \to 3$ (Definitionslücke)

Für $x \to 3$ und $x > 3$ gilt: $f(x) \to -\infty$

Für $x \to 3$ und $x < 3$ gilt: $f(x) \to \infty$

„Vorzeichenwechsel"

Gleichung der senkrechten Asymptote: $\mathbf{x = 3}$

Erläuterung:

$x_1 = 3$ ist eine **einfache Nullstelle des Nenners,**
d. h., der **Nenner wechselt das Vorzeichen (VZW).**
Für $x \to 3$ strebt der Zähler gegen die Zahl − 1. $x_1 = 3$ ist Polstelle mit Vorzeichenwechsel.

Verhalten von f(x) für x → ∞ bzw. x → – ∞ (Kurzschreibweise: für | x | → ∞)

$$f(x) = \frac{5-2x}{x-3} = \frac{x(\frac{5}{x}-2)}{x(1-\frac{3}{x})} = \frac{\overbrace{\frac{5}{x}-2}^{\to -2}}{\underbrace{1-\frac{3}{x}}_{\to 1}} \to \frac{-2}{1} = -2;\ \text{d. h.,}\ \lim_{|x|\to\infty} f(x) = -2$$

Das Schaubild K_f von f nähert sich für x → ∞ bzw. x → – ∞ der Geraden g mit der Gleichung y = – 2 immer mehr an, d. h.,

für x → ∞ bzw. x → – ∞ gilt:

Die Differenz f(x) – (– 2) strebt gegen null: $\lim_{|x|\to\infty} (f(x) - (-2)) = 0$.

Die **Näherungsgerade** mit y = – 2 heißt **waagrechte Asymptote.**

Schaubild K_f von f:

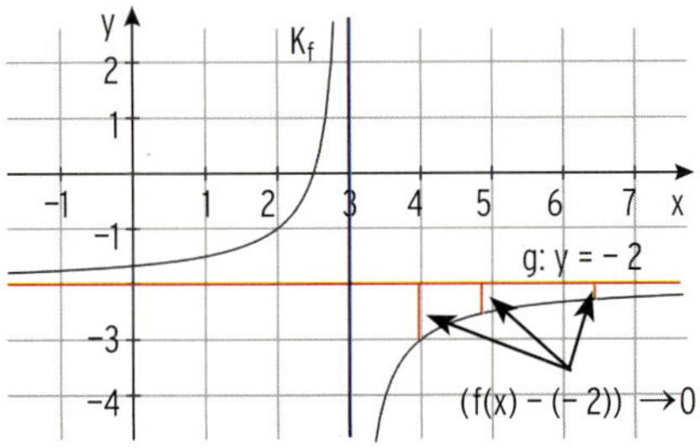

Beachten Sie

Sind **Nennergrad und Zählergrad gleich,** bestimmen die Faktoren vor der höchsten Potenz von x im Zähler und im Nenner die Gleichung der waagrechten Asymptote.
Ist der **Nennergrad größer als der Zählergrad,** dann ist die x-Achse waagrechte Asymptote.

Beispiele:

1) f mit $f(x) = \frac{1-4x}{3x-1}$
Nennergrad = Zählergrad = 1
Das Schaubild von f hat eine waagrechte Asymptote mit der Gleichung $y = -\frac{4}{3}$.

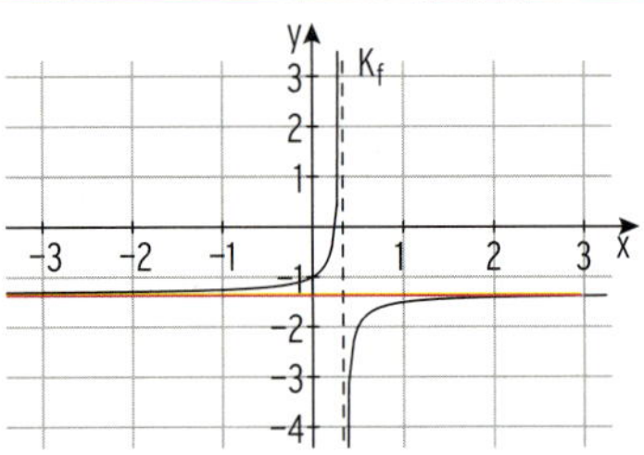

2) f mit $f(x) = \frac{3}{2x+4}$
Nennergrad > Zählergrad
Das Schaubild von f hat die x-Achse als waagrechte Asymptote.

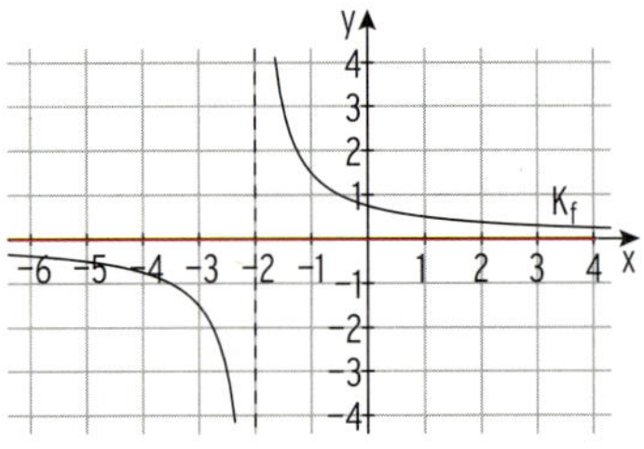

Beispiel 2

Gegeben ist die Funktion f mit $f(x) = \frac{2x^2+1}{x}$; $x \in \mathbb{R}\backslash\{0\}$.
Untersuchen Sie das Schaubild K_f von f auf Asymptoten. Skizzieren Sie K_f.

Lösung

Asymptoten

Senkrechte Asymptote

Die Definitionslücke $x_1 = 0$ ist einfache Nullstelle des Nenners und keine des Zählers, also Polstelle mit VZW.

Gleichung der senkrechten Asymptote: $x = 0$

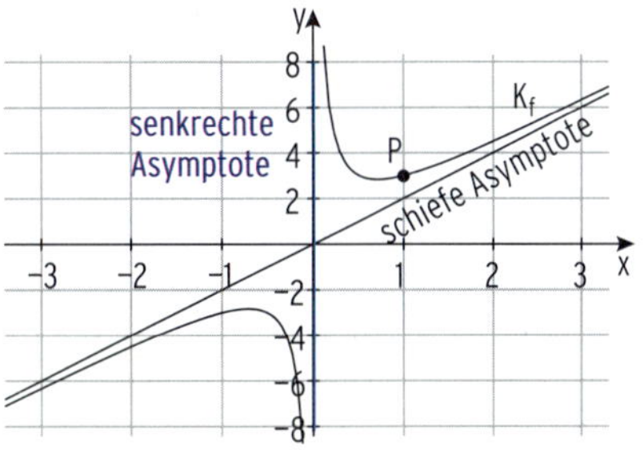

Asymptote für $|x| \to \infty$

$f(x) = \frac{2x^2+1}{x} = 2x + \frac{1}{x}$

Streben die x-Werte gegen ∞ bzw. gegen $-\infty$, spielt der Summand $\frac{1}{x}$ eine immer geringere Rolle, d. h., der Summand 2x bestimmt immer mehr die Größe der Funktionswerte; die Funktionswerte f(x) unterscheiden sich immer weniger von 2x. K_f nähert sich immer mehr der Geraden g mit $y = 2x$ an.

Für $x \to \pm\infty$ gilt: $f(x) - 2x = \frac{1}{x} \to 0$

Die Gerade g mit der Gleichung $y = 2x$ ist **schiefe Asymptote.**

Hinweis: Zum Skizzieren des Graphen bestimmt man einen Kurvenpunkt, z.B. P(1 | 3).

Beachten Sie

Ist der **Zählergrad um 1 größer als der Nennergrad,** hat K_f eine **schiefe Asymptote.**

Beispiel 3

Das Schaubild gehört zu einer Funktion vom Typ $f(x) = ax + \frac{1}{x-b}$.
Bestimmen Sie a und b.

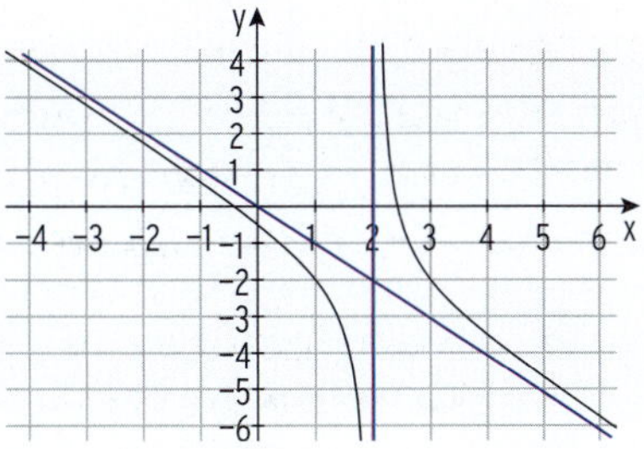

Lösung

$x_1 = 2$ ist eine Polstelle.

Nenner: $x - 2$ $\qquad$ $b = 2$

Schiefe Asymptote: $y = -x$

Vergleich mit $f(x) = ax + \frac{1}{x-b}$ ergibt: $\qquad$ $a = -1$

Weitere Beispiele für typische Kurvenverläufe

a) $f(x) = \frac{1}{(x-1)^2}$

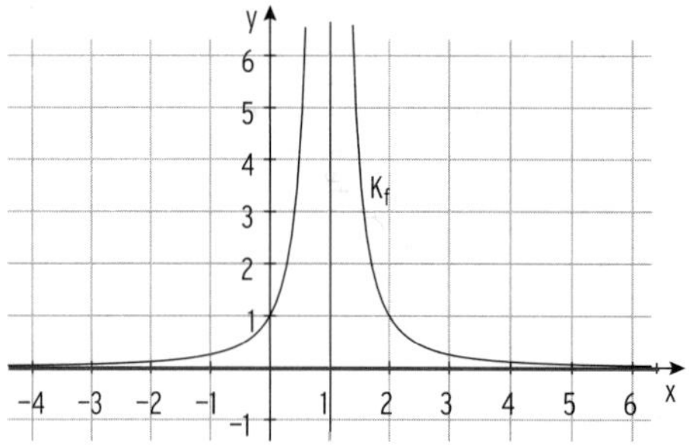

senkrechte Asymptote: $x = 1$
$x_1 = 1$ ist eine Polstelle ohne VZW.

Nennergrad > Zählergrad
waagrechte Asymptote: $y = 0$

b) $f(x) = \frac{2}{x^2-1} = \frac{2}{(x-1)(x+1)}$

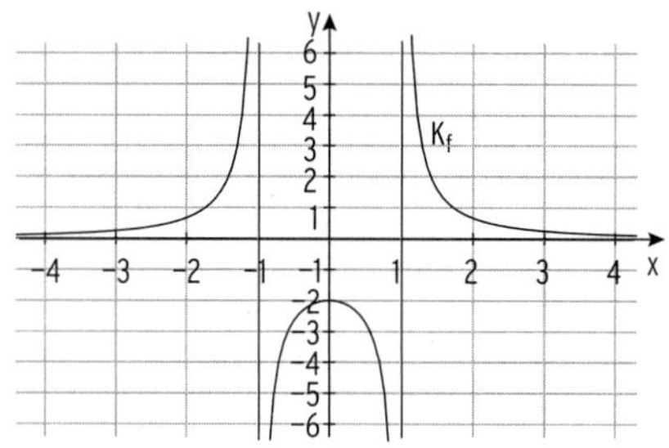

senkrechte Asymptoten: $x = 1$; $x = -1$
$x_1 = 1$ ist eine Polstelle mit VZW.
$x_2 = -1$ ist eine Polstelle mit VZW.

Nennergrad > Zählergrad
waagrechte Asymptote: $y = 0$

c) $f(x) = \frac{x}{x^2-1} = \frac{x}{(x-1)(x+1)}$

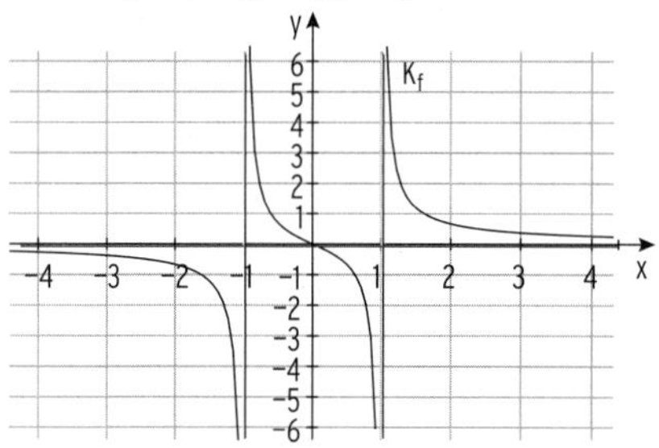

senkrechte Asymptoten: $x = 1$; $x = -1$
$x_1 = 1$ ist eine Polstelle mit VZW.
$x_2 = -1$ ist eine Polstelle mit VZW.

Nennergrad > Zählergrad
waagrechte Asymptote: $y = 0$

d) $f(x) = \frac{x^2}{x^2+1}$

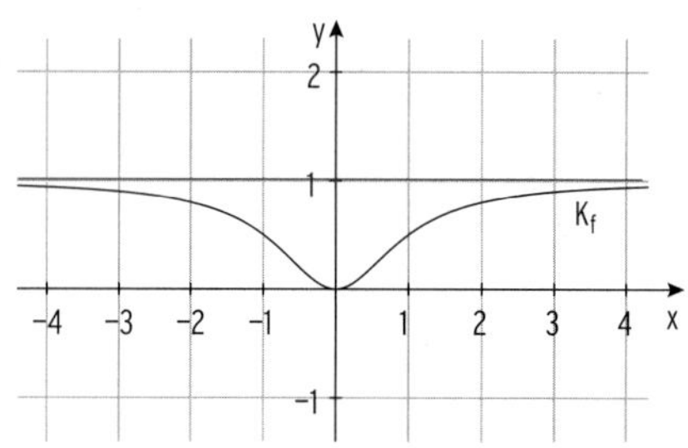

keine senkrechten Asymptoten

Nennergrad = Zählergrad = 2
waagrechte Asymptote: $y = 1$

Was man wissen sollte ... über gebrochenrationale Funktionen

Gebrochenrationale Funktion

f mit $f(x) = \frac{Z(x)}{N(x)} = \frac{\text{Zählerpolynom}}{\text{Nennerpolynom}}$

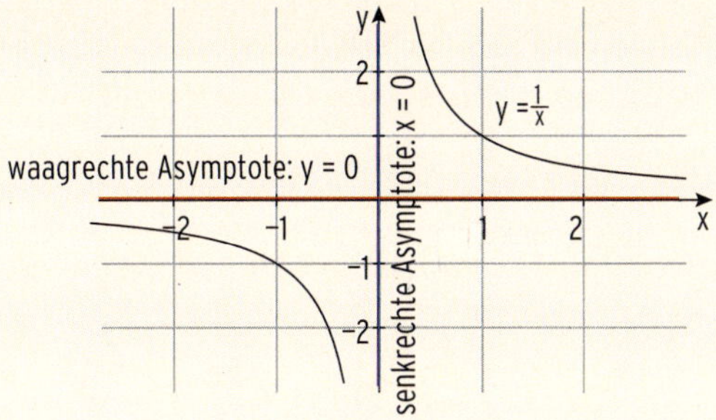

Maximaler **Definitionsbereich**

$D = \mathbb{R}\setminus\{x \mid N(x) = 0\}$

x_1 ist Definitionslücke, wenn $N(x_1) = 0$.

Nullstellen von f

Bed.: $f(x) = 0 \Leftrightarrow Z(x) = 0$ mit $x \in D$

Asymptoten

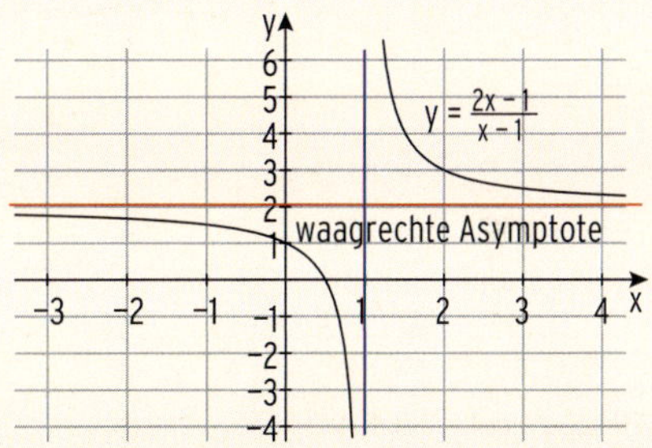

Waagrechte Asymptote

Zählergrad < Nennergrad:

x-Achse ist waagrechte Asymptote.

Zählergrad = Nennergrad:

Parallele zur x-Achse ist waagrechte Asymptote.

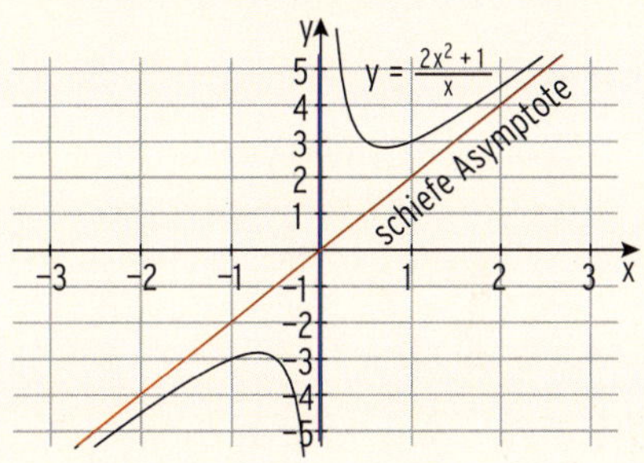

Schiefe Asymptote

Der **Zählergrad ist um 1 größer als der Nennergrad:**

Der Graph hat eine schiefe Asymptote.

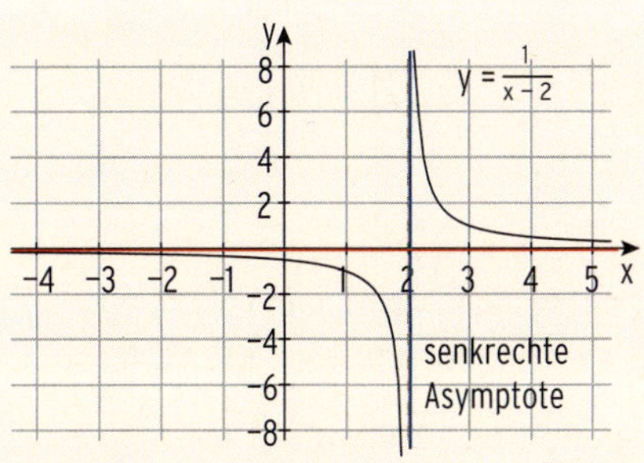

Senkrechte Asymptote

x_1 ist Polstelle.

Gleichung der senkrechten Asymptote: $x = x_1$

$$f(x) = \frac{Z(x)}{N(x)}$$

Das **Nennerpolynom N(x)** → braucht man zur Bestimmung der Definitionsmenge und der senkrechten Asymptote.

Das **Zählerpolynom Z(x)** → braucht man zur Bestimmung der Schnittpunkte mit der x-Achse.

Aufgaben

1 Bestimmen Sie den maximalen Definitionsbereich der gegebenen Funktion f. Untersuchen Sie ihr Schaubild K_f auf Achsenschnittpunkte und Asymptoten. Skizzieren Sie K_f in ein Achsenkreuz ein.

b) e)

a) $f(x) = \frac{5}{x}$

b) $f(x) = \frac{x+2}{x}$

c) $f(x) = \frac{4-2x}{x+1}$

d) $f(x) = \frac{x+2}{3-2x}$

e) $f(x) = 2 - \frac{4}{1+x}$

f) $f(x) = \frac{1}{(x+2)^2}$

2 Untersuchen Sie das Schaubild K_f von f auf Asymptoten. Skizzieren Sie K_f in ein Achsenkreuz ein.

a) d)

a) $f(x) = \frac{x^2+1}{2x}$

b) $f(x) = x + 1 - \frac{2}{x}$

c) $f(x) = \frac{1}{2}x + 2 + \frac{2}{x-2}$

d) $f(x) = -x - \frac{1}{x+1}$

3 Die Abbildung zeigt das Schaubild K_f von f. Bestimmen Sie einen möglichen Funktionsterm.

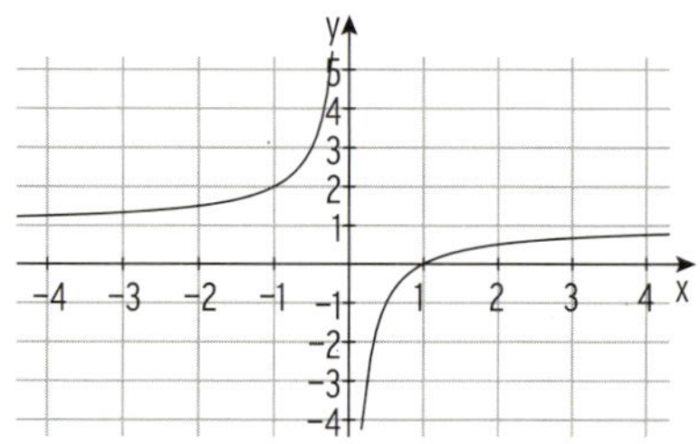

4 Das Schaubild einer Funktion f hat die senkrechte Asymptote mit x = 3, die waagrechte Asymptote mit y = 2 und verläuft durch den Punkt P(4 | 9). Geben Sie einen möglichen Funktionsterm f(x) an.

5 Gegeben sind die Funktionen f, g, h und k mit $x \in D$:

$f(x) = \frac{x}{x-1}$; $g(x) = x - 1 + \frac{1}{x-1}$; $h(x) = \frac{3x-1}{x}$; $k(x) = -x - \frac{2}{x}$

Ordnen Sie der jeweiligen Funktion ihr Schaubild zu. Begründen Sie Ihre Wahl.

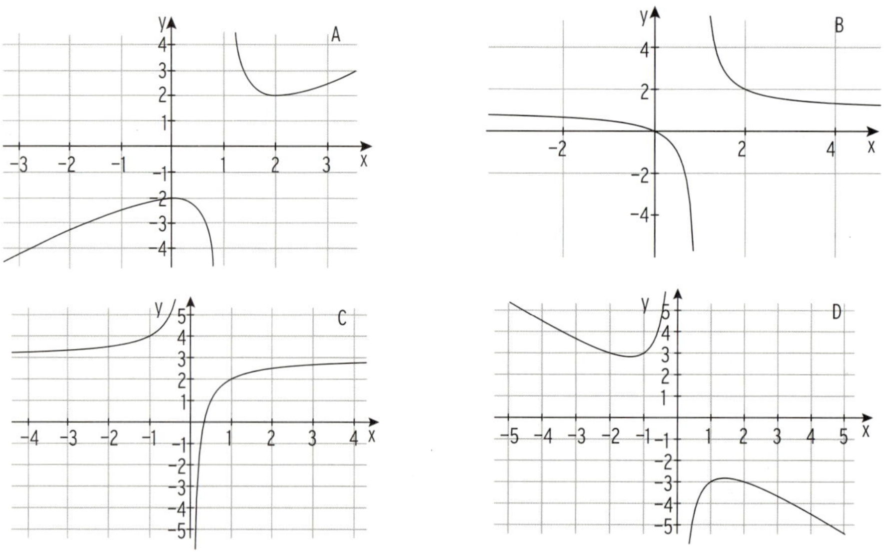

2.4 Hebbare Definitionslücken

Beispiel 1

➲ Gegeben ist die Funktion f mit $f(x) = \frac{x^2 - 1}{x + 1}$; $x \in \mathbb{R}\setminus\{-1\}$.
Zeichnen Sie das Schaubild K_f von f. Untersuchen Sie K_f bei $x_0 = -1$.

Lösung

Anhand des Schaubildes erkennt man:
Die Definitionslücke $x_1 = -1$ ist **keine Polstelle.**
Für $x \to -1$ streben die Funktionswerte **nicht** gegen unendlich.

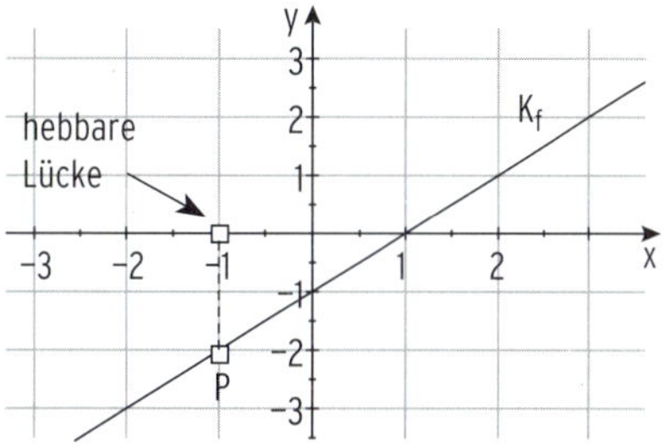

Zur weiteren Untersuchung vereinfacht man den Funktionsterm für $x \in \mathbb{R}\setminus\{-1\}$:

$$f(x) = \frac{x^2 - 1}{x + 1} = \frac{(x + 1)(x - 1)}{x + 1} = x - 1$$

Für $x \neq -1$ liegen die Punkte auf einer Geraden mit $y = x - 1$.

Für $x = -1$ existiert kein Punkt auf K_f.

$x_1 = -1$ heißt **hebbare Lücke,** denn es fehlt nur ein Punkt P, um die Lücke im Schaubild zu beheben und die Kurve ohne Absetzen durchzeichnen zu können.

Der Punkt P hat die Koordinaten $(-1 \mid -2)$, da für $x \to -1$ gilt: $f(x) = x - 1 \to -2$

Beispiel 2

➲ K_f ist das Schaubild der Funktion f mit $f(x) = \frac{x + 1}{x^2 - 1}$; $x \in \mathbb{R}\setminus\{\pm 1\}$.
Untersuchen Sie f auf Polstellen und hebbare Lücken.

Lösung

Produktdarstellung: $f(x) = \frac{x + 1}{x^2 - 1} = \frac{x + 1}{(x - 1)(x + 1)} = \frac{1}{x - 1}$

Die weitere Untersuchung erfolgt mit dem (gekürzten) Funktionsterm $f(x) = \frac{1}{x - 1}$.

$x_1 = 1$ ist Polstelle.

Verhalten von f(x) für $x \to -1$: $f(x) \to \frac{1}{-2} = -\frac{1}{2}$

Der Punkt $P(-1 \mid -0{,}5)$ existiert nicht auf K_f.

$x_2 = -1$ ist eine hebbare Lücke.

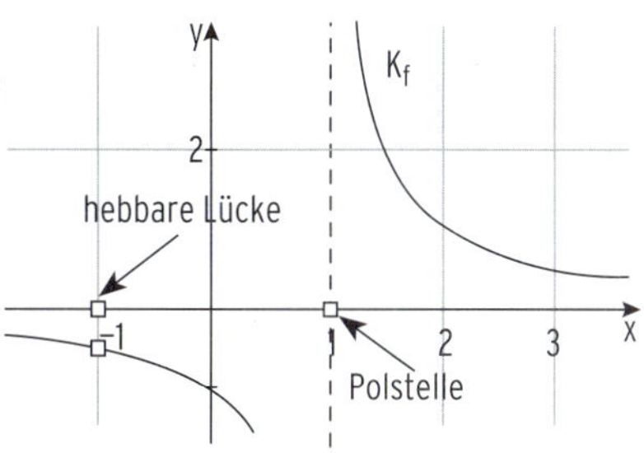

Beachten Sie

Liefert **N(x) = 0 und Z(x) = 0** die **gleiche Lösung x_1,** kürzt man mit **$(x - x_1)$.**
Erst dann entscheidet sich, ob die **Definitionslücke x_1 Polstelle oder hebbare Lücke ist.**

Beispiel 3

Gegeben ist die Funktion f mit $f(x) = \frac{(x-1)^2}{x^2-1}$; $x \in \mathbb{R}\backslash\{\pm 1\}$.
Untersuchen Sie das Schaubild K_f von f auf Polstellen und hebbare Lücken.

Lösung

Kürzen des Funktionsterms: $f(x) = \frac{(x-1)^2}{x^2-1} = \frac{(x-1)^2}{(x-1)(x+1)} = \frac{x-1}{x+1}$

Anhand des gekürzten Terms kann man ablesen:

Die Definitionslücke $x_1 = -1$ ist eine **Polstelle.**

Definitionslücke $x_2 = 1$:

Verhalten von f(x) für $x \to 1$:

$f(x) = \frac{x-1}{x+1} \to \frac{0}{2} = 0$

Der Punkt P(1 | 0) existiert nicht auf K_f.

$x_2 = 1$ ist eine **hebbare Lücke.**

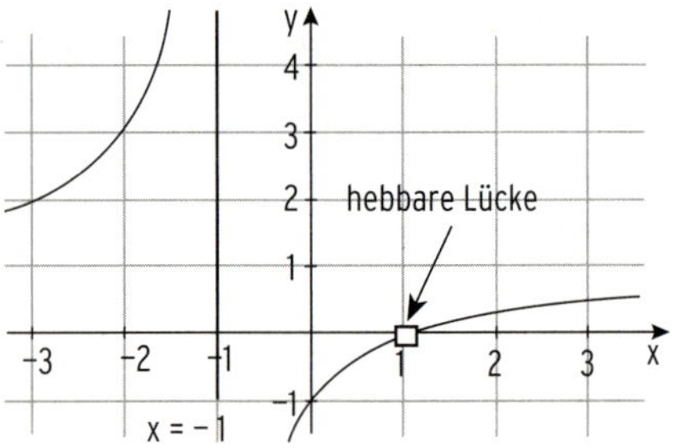

Beachten Sie

Die Funktion f kann an der hebbaren Lücke $x_1 = 1$ durch folgende Festsetzung erweitert werden:

$$h(x) = \begin{cases} f(x) & \text{für } x \in \mathbb{R}\backslash\{\pm 1\} \\ 0 & \text{für } x = 1 \end{cases}$$

Die Funktion h ist an der Stelle $x_1 = 1$ definiert.

Man kann das Schaubild von h an der Stelle $x_1 = 1$ „durchzeichnen".

Die Funktion h ist die **stetige Fortsetzung** von f.

Aufgaben

1 Bestimmen Sie den maximalen Definitionsbereich der gegebenen Funktion f. Untersuchen Sie ihr Schaubild K_f auf Achsenschnittpunkte, Asymptoten und hebbare Lücken. Skizzieren Sie K_f in ein Achsenkreuz ein.

a) $f(x) = \frac{x^2-1}{(x+1)^2}$

b) $f(x) = \frac{(x+1)^2}{x^2-1}$

c) $f(x) = \frac{2x-2}{(x+3)(x-1)}$

d) $f(x) = \frac{x^2-x}{x-1}$

e) $f(x) = 3\,\frac{x+4}{(x+3)^2}$

f) $f(x) = 3 + \frac{x-1}{x+2}$

2 Gegeben ist die Funktion f durch $f(x) = \frac{x^2-3x+2}{x(x-t)}$; $x \in D$.
Bestimmen Sie Werte für t so, dass ihr Schaubild K_f eine hebbare Lücke hat.

2.5 Gebrochenrationale Funktionen in Anwendungen

Stückkosten

Eine weitere Bezugsgröße für die Kostenkalkulation sind die **Stückkosten.**
Die **Stückkosten** (auch **Durchschnittskosten**) bezeichnen die Kosten pro Stück bzw. pro Ausbringungseinheit (ME).
Der Vergleich von Preis (Stückerlös) und Stückkosten bestimmt, ob das Unternehmen mit **Gewinn** produziert oder nicht.
Wir unterscheiden **Stückkosten und variable Stückkosten.**

Beispiel

Die Gesamtkosten sind gegeben durch $K(x) = x^3 - 10x^2 + 35x + 18$.

Bei einer Produktion von 4 ME

- entstehen **Gesamtkosten** von $K(4) = 62$ (GE), und damit **Stückkosten für x = 4:** $k(4) = \frac{62}{4} = 15{,}5$ (GE/ME).
- entstehen **variable Kosten** von $K_v(4) = 44$ (GE), und damit **variable Stückkosten** $k_v(4) = \frac{44}{4} = 11$ (GE/ME).

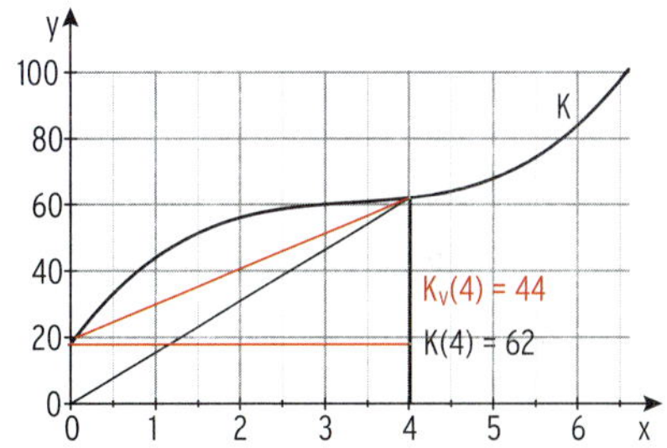

Verkauft der Betrieb eine ME der produzierten Ware für 20 GE (Stückerlös), so erzielt der Betrieb bei einer Produktion von $x = 4$ ME einen **Gewinn.**
Der Preis pro ME (20 GE/ME) ist **höher als die Stückkosten** (15,5 GE/ME).
Verkauft der Betrieb eine ME der produzierten Ware für 13 GE (Stückpreis), so erzielt der Betrieb bei einer Produktion von $x = 4$ ME **keinen Gewinn.**
Der Preis pro ME (13 GE/ME) ist **niedriger als die Stückkosten** (15,5 GE/ME).
Der Stückpreis deckt nur die variablen Stückkosten (11 GE/ME) ab.

Beachten Sie

Stückkosten = Gesamtkosten in GE pro Mengeneinheit $k(x) = \frac{K(x)}{x}$
Variable Stückkosten = Variable Gesamtkosten in GE pro ME $k_v(x) = \frac{K_v(x)}{x}$

Bei einer Produktion von x ME entstehen Gesamtkosten K mit $K(x) = x^3 - 10x^2 + 35x + 18$.
Dann betragen – die **Gesamtkosten pro ME (Stückkosten):** $k(x) = x^2 - 10x + 35 + \frac{18}{x}$
– die **variablen Kosten pro ME:** $k_v(x) = x^2 - 10x + 35$.

Beachten Sie

Ist die Gesamtkostenfunktion K eine ganzrationale Funktion 3. Grades mit dem Funktionsterm $K(x) = ax^3 + bx^2 + cx + d$,
so gilt für den Funktionsterm der Funktion der **variablen Stückkosten** $k_v(x) = ax^2 + bx + c$
und für den Funktionsterm der **Stückkostenfunktion** $k(x) = ax^2 + bx + c + \frac{d}{x}$.
k ist eine **gebrochenrationale Funktion.**

Beispiel 1

➲ Die Herstellung von Kleinteilen der Anton Thomalla Motorenbau ist sehr anlagenintensiv. Das Unternehmen ist bestrebt, die Anlage auszulasten und die durchschnittlichen Fixkosten zu senken. Die Fixkosten der Kleinteileproduktion liegen bei 560 € pro Woche. Modellieren Sie die anteiligen Fixkosten pro ME an Kleinteilen.

Lösung

Für die Fixkosten gilt: $K_{fix} = 560$

Für die Fixkosten pro ME gilt:

$k_{fix}(x) = \frac{K_{fix}}{x} = \frac{560}{x}$

(durchschnittliche Fixkosten)

Die Funktion k_{fix} mit $k_{fix}(x) = \frac{560}{x}$; $x > 0$

ist eine **gebrochenrationale Funktion.**

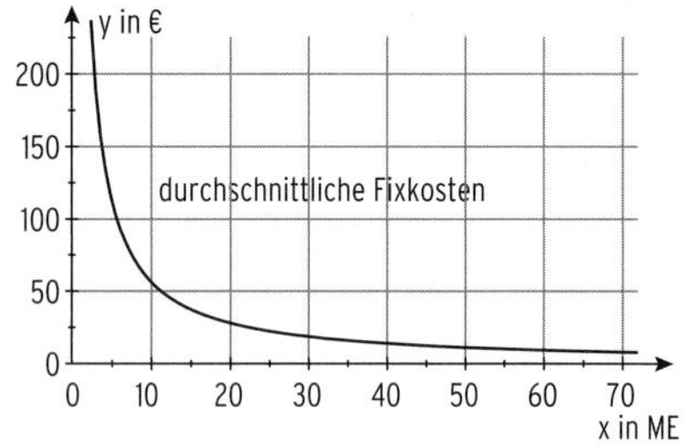

Die Funktion k_{fix} ist ökonomisch sinnvoll nur für $x > 0$.

Verhalten der Funktionswerte für $x \to \infty$: $k_{fix}(x) = \frac{560}{x} \to 0$

für $x \to 0$: $k_{fix}(x) \to \infty$

Ökonomische Bedeutung:

Bei kleinen Stückzahlen fallen die Fixkosten stärker ins Gewicht. Bei großen Stückzahlen fallen die Fixkosten nicht mehr ins Gewicht.

Beispiel 2

➲ Die Gesamtkosten der Herstellung von Kleinteilen bei der Anton Thomalla Motorenbau lassen sich mit $K(x) = 12x + 560$, x in ME; K(x) in €, berechnen.
Modellieren Sie die Stückkosten (Gesamtkosten pro ME an Kleinteilen).

Lösung

Gesamtkosten K mit $K(x) = 12x + 560$

Für die Kosten pro ME gilt:

$k(x) = \frac{K(x)}{x} = \frac{12x + 560}{x} = 12 + \frac{560}{x}$; $x > 0$

(Stückkosten)

Verhalten der Funktionswerte für $x \to \infty$: $k(x) \to 12$

für $x \to 0$: $k(x) \to \infty$

Der Graph von k hat eine **waagerechte Asymptote** mit der Gleichung $y = 12$.

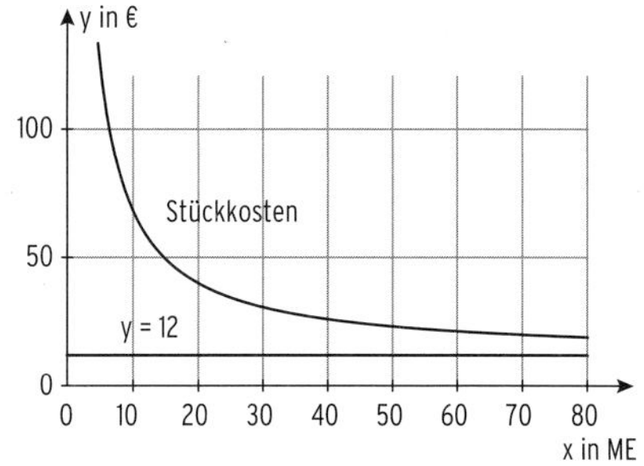

Ökonomische Bedeutung: Bei großen Stückzahlen fallen die Fixkosten nicht mehr ins Gewicht. Die Gesamtkosten pro ME streben gegen die **variablen Stückkosten.**
Bei kleinen Stückzahlen fallen die Fixkosten (Fixkosten pro ME) stärker ins Gewicht.

Hinweis: Variable Gesamtkosten K_v mit $K_v(x) = 12x$
Die **variablen Stückkosten** betragen konstant 12 €/ME.

Beispiel 3

Die Gesamtkosten der Produktion eines Unternehmens werden durch die Kostenfunktion K mit $K(x) = \frac{1}{8}x^3 - \frac{7}{4}x^2 + 15x + 36$; $0 \leq x \leq 26$, beschrieben.

a) Bestimmen Sie Funktion der Stückkosten k und der variablen Stückkosten k_v.
Zeichnen Sie die Schaubilder in ein geeignetes Koordinatensystem ein.

b) Zeigen Sie: Für x = 2 betragen die Stückkosten 30 GE pro ME.
Für welche Produktionsmengen liegen die Stückkosten unterhalb von 30 GE/ME?

Lösung

a) Gesamtkostenfunktion: $K(x) = \frac{1}{8}x^3 - \frac{7}{4}x^2 + 15x + 36$

Stückkostenfunktion k: $k(x) = \frac{K(x)}{x} = \frac{1}{8}x^2 - \frac{7}{4}x + 15 + \frac{36}{x}$

Variable Kosten:

K_v mit $K_v(x) = \frac{1}{8}x^3 - \frac{7}{4}x^2 + 15x$

Variable Stückkosten:

k_v mit $k_v(x) = \frac{K_v(x)}{x} = \frac{1}{8}x^2 - \frac{7}{4}x + 15$

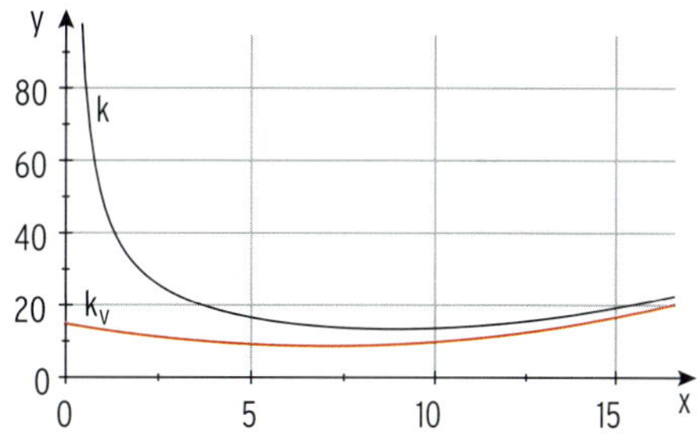

b) $k(2) = \frac{1}{8} \cdot 2^2 - \frac{7}{4} \cdot 2 + 15 + \frac{36}{2} = 30$

Für x = 2 betragen die Stückkosten 30 GE/ME.

Bedingung für die gesuchten x-Werte: $k(x) < 30$

Wir lösen die Gleichung k(x) = 30: $\frac{1}{8}x^2 - \frac{7}{4}x + 15 + \frac{36}{x} = 30 \quad | \cdot 8x$

Umformung: $x^3 - 14x^2 - 120x + 288 = 0$

Polynomdivsion mit (x − 2): $(x^3 - 14x^2 - 120x + 288) : (x - 2) = x^2 - 12x - 144$

Quadratische Gleichung: $x^2 - 12x - 144 = 0$

Lösung der quadratischen Gleichung: $x_2 \approx 19{,}42$; $(x_3 \approx -7{,}42)$

sinnvolle Lösungen: $x_1 \approx 2$; $x_2 \approx 19{,}42$

Mithilfe einer Skizze von k:

Für Produktionsmengen zwischen 2 und 19,4 ME liegen die Stückkosten unterhalb von 30 GE/ME.

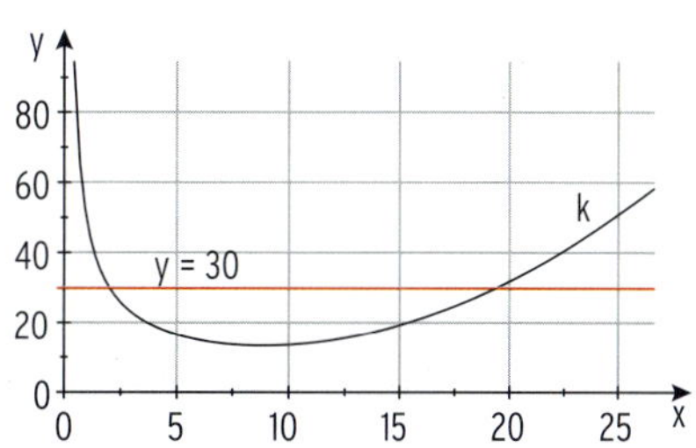

Aufgaben

1 Das Werbehaus Soest stellt auch Werbeplakate her. Die Gesamtkosten für ein Werbeplakat setzen sich zusammen aus 650 € Fixkosten und 185 € variablen Kosten je Stück.

a) Bestimmen Sie die Funktionen der Gesamtkosten, der durchschnittlichen Fixkosten, der variablen Kosten und der Stückkosten.

b) Untersuchen Sie das Verhalten der durchschnittlichen Fixkosten und der Stückkosten für große Stückzahlen.

c) Das Werbehaus Soest erzielt einen Gewinn bei Stückkosten unter 250 €.
Machen Sie eine Aussage über den Verkaufspreis und die Verkaufszahlen.

2 Die Gesamtkostenfunktion der Hasso AG ist gegeben durch $K(x) = \frac{1}{8}x^3 - x^2 + \frac{7}{2}x + 20$.

a) Zu welchem konstanten Stückpreis wird das Produkt verkauft, wenn die Gewinnschwelle bei 2 ME liegt? Berechnen Sie Kosten und Erlös an der Gewinngrenze.
Für welche Produktionsmenge beträgt der Gewinn 40 GE?

b) Für welche Produktionsmenge stimmen die Stückkosten mit den Stückkosten in der Gewinnschwelle überein?

c) Für welche Produktionsmengen liegen die variablen Stückkosten unter 10 GE?

3 Die Fixkosten für die Produktion von Schrauben belaufen sich auf 300 GE.
Werden 10 Mengeneinheiten (ME) hergestellt, erhöhen sich die Gesamtkosten um 300 GE.
Bei 20 ME betragen die Gesamtkosten 900 GE.

a) Prüfen Sie, ob die Gesamtkosten durch die Kostenfunktion K mit
$K(x) = \frac{1}{10}x^3 - 3x^2 + 50x + 300$ richtig beschrieben werden.

b) Bestimmen Sie den mittleren Kostenzuwachs der Stückkosten auf dem Intervall [5; 10].

c) Der Verkaufspreis pro ME wird auf 60 GE festgelegt.
Auf welchem Bereich wird dann mit Gewinn produziert?
Für welche Produktionsmengen entsteht ein Gewinn von 200 GE?

4 Für die Gesamtkosten in GE gilt: $K(x) = 0{,}02x^3 - 18x^2 + 6000x + 500\,000$; x in ME.

a) In welchem Bereich betragen die variablen Stückkosten weniger als 3000 GE?

b) Bei einer Produktion von 200 ME wird Kostendeckung erzielt.
Bestimmen Sie die lineare Erlösfunktion und die Gewinnzone.

c) Zeigen Sie, dass eine Ursprungsgerade Tangente an die Kostenkurve in $x = 500$ ist. Bestimmen Sie den Berührpunkt und die Steigung der Geraden.
Interpretieren Sie Ihre Ergebnisse im Sachzusammenhang.

5 Gegeben ist die Gesamtkostenfunktion K mit $K(x) = \frac{1}{3}x^3 - 3x^2 + 10x + 5$.
Die Kapazitätsgrenze liegt bei 10 ME. Bestimmen Sie die Funktionen der variablen Gesamtkosten, der variablen Stückkosten und der gesamten Stückkosten.
Ermitteln Sie alle Kosten für eine Produktion von 4 ME bzw. 10 ME.

6 Die Fertigungskosten für die Serienfertigung eines Flugzeugteils werden näherungsweise beschrieben durch

$k(x) = \frac{20x + 6000}{x + 60}$; k(x) in GE.

Dabei bedeutet x die Anzahl der hergestellten Teile.
Die Abbildung zeigt das Schaubild von k.

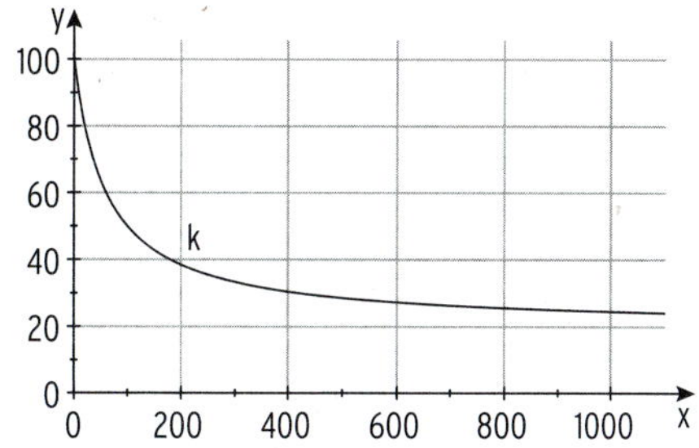

a) Interpretieren Sie den Verlauf von k anwendungsbezogen.
Mit welchen Fertigungskosten pro Stück ist langfristig zu rechnen?

b) Nach 249 gefertigten Flugzeugteilen steht ein neues Herstellungsverfahren zur Verfügung. Die Produktionskosten für ein nach dem neuen Verfahren hergestelltes Flugzeugteil werden näherungsweise beschrieben durch $k_1(x) = \frac{15x - 1500}{x - 240}$.
Ab welcher Stückzahl führt das neue Verfahren zu günstigeren Herstellungskosten?
Zeichnen Sie die Schaubilder von k und k_1 in ein gemeinsames Achsenkreuz ein.

7 Bei einer Serienproduktion verhalten sich die Stückkosten gemäß der Funktion k mit $k(x) = \frac{4x+5}{3x+1}$; $x > 0$: k(x) in €/ME. Skizzieren Sie das Schaubild von k.
Die Produktion lohnt sich erst, wenn die Stückkosten unter 1,5 €/ME liegen.
Was lässt sich aus dem Verlauf von k für die Verkaufspreisgestaltung folgern?

8 Die Preis-Absatz-Funktion eines Monopolisten für Medizintechnik ist gegeben durch
$p_N(x) = \frac{120 - 8x}{x + 20}$, x in ME, $p_N(x)$ in GE/ME.

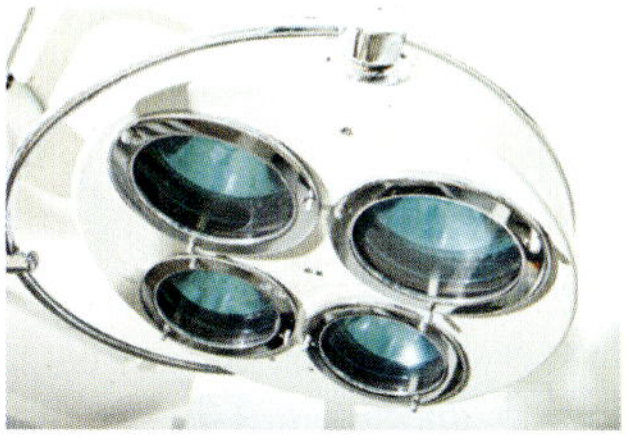

a) Bestimmen Sie die Sättigungsmenge und den Höchstpreis.

b) Die Abbildung zeigt das Schaubild von E.
Übertragen Sie das Schaubild von E in Ihr Heft.
Zeichnen Sie das Schaubild von p_N in Ihr Achsenkreuz ein.
Geben Sie den Funktionsterm der Erlösfunktion E an.

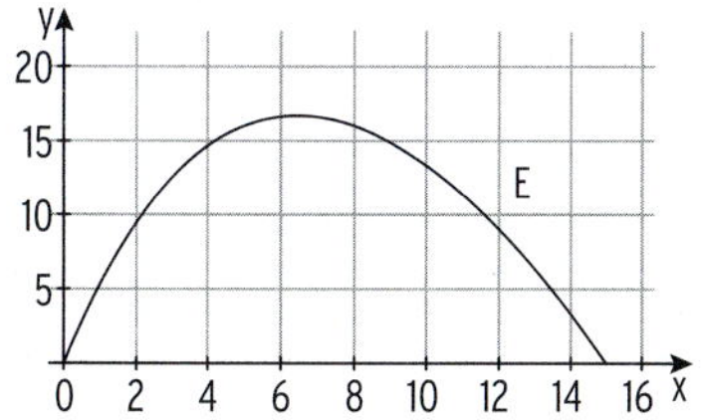

c) Für welche produzierte und verkaufte Menge liegt der Erlös über 15 GE?
Kennzeichnen Sie Ihr Ergebnis in Ihrer Zeichnung.

Marktgleichgewicht

Beispiel

Die Firma Waldner stellt Medizintechnik her.
Die Nachfrage lässt sich beschreiben durch $p_N(x) = \frac{4}{x+1}$, das Angebot durch $p_A(x) = 0{,}25x + 1$; x in ME, $p_N(x)$ und $p_A(x)$ in GE/ME.
Stellen Sie die Situation grafisch dar. Berechnen Sie das Marktgleichgewicht.

Lösung

Gleichsetzen: $p_N(x) = p_A(x)$ $\qquad \frac{4}{x+1} = 0{,}25x + 1$

Umformung: $4 = 0{,}25x^2 + 1{,}25x + 1$ bzw. $x^2 + 5x - 12 = 0$

Lösung $(x > 0)$: $x = 1{,}77...$

Die Gleichgewichtsmenge beträgt etwa 1,8 ME.

Gleichgewichtspreis $p_A(1{,}77) = 1{,}44$

Marktgleichgewicht MGG(1,77 | 1,44)

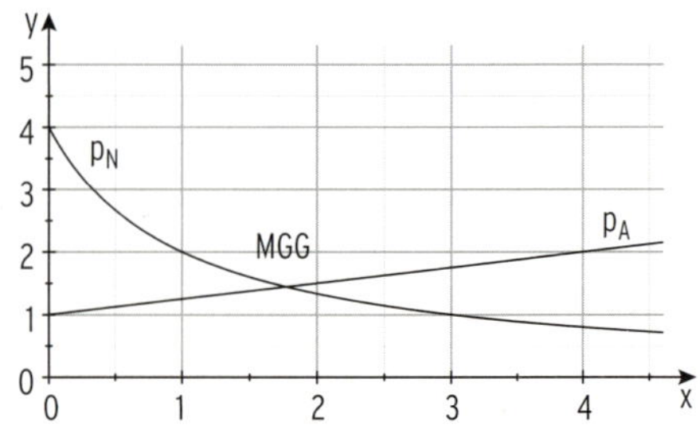

Marktgleichgewicht siehe auch Seite 101.

Aufgaben

1 Für ein bestimmtes Gut gilt die Nachfragefunktion p_N mit $p_N(x) = \frac{15900}{x + 170} - 60$ sowie die Angebotsfunktion p_A mit $p_A(x) = \frac{3}{20}x + 10$.

a) Ermitteln Sie den maximal ökonomisch sinnvollen Definitionsbereich der Nachfragefunktion. Bestimmen Sie die Sättigungsmenge und den Höchstpreis.

b) Berechnen Sie das Marktgleichgewicht.

2 Vor Einführung des Mindestlohns ließ sich der deutsche Arbeitsmarkt anhand der Funktionen p_A und p_N modellhaft beschreiben.
Dabei ist p_A mit $p_A(x) = \frac{-10}{x-3}$ der Lohn in €/h und x die angebotene Arbeitszeit der Arbeitnehmer in Milliarden Stunden (Mrd. h).
Die Funktion p_N mit $p_N(x) = \frac{10+x}{x+0{,}5}$ gibt den Lohn in €/h und x die nachgefragte Arbeitszeit der Arbeitgeber in Mrd. h an.

a) Bestimmen Sie den mathematischen und ökonomisch sinnvollen Definitionsbereich für jede Funktion. Geben Sie den Definitionsbereich für den gesamten Arbeitsmarkt an. Stellen Sie die Marktsituation in einem Koordinatensystem geeignet dar.

b) Ermitteln Sie das Marktgleichgewicht und interpretieren Sie Ihr Ergebnis im Sachzusammenhang. Runden Sie Ihr Ergebnis auf zwei Nachkommastellen.

c) Stellen Sie den Mindestlohn von 8,50 € pro Stunde in dem bereits angefertigten Koordinatensystem dar.
Lösen Sie die Gleichung $p_N(x) = 8{,}50$ und interpretieren Sie Ihr Ergebnis.

Wirtschaftlichkeit

Definition

Die Wirtschaftlichkeit eines Betriebs ist das Verhältnis von Ertrag und Kosten.

Die Produktion ist **wirtschaftlich,** wenn der Ertrag (Erlös) größer als die Kosten ist.

Wirtschaftlichkeitsfunktion W mit $W(x) = \frac{E(x)}{K(x)}$

Beispiel

➲ Gegeben ist die Gesamtkostenfunktion K mit $K(x) = 0{,}25x + 80$ und die Erlösfunktion E mit $E(x) = 1{,}2x$.

a) Zeichnen Sie den Graphen der Wirtschaftlichkeitsfunktion W mit $W(x) = \frac{E(x)}{K(x)}$ in ein geeignetes Koordinatensystem ein.

b) Lösen Sie die Gleichung $W(x) = 1$. Welche Bedeutung hat diese Lösung?

c) Welchen Einfluss hat eine Preiserhöhung von 10 % auf die Wirtschaftlichkeit des Betriebs?

Lösung

a) Graph von W

mit $W(x) = \frac{1{,}2x}{0{,}25x + 80}$; $x \geq 0$

Hinweis: W ist für $x \geq 0$ definiert, da $K(x) > 0$ und $E(x) \geq 0$ für alle $x \geq 0$ ist.

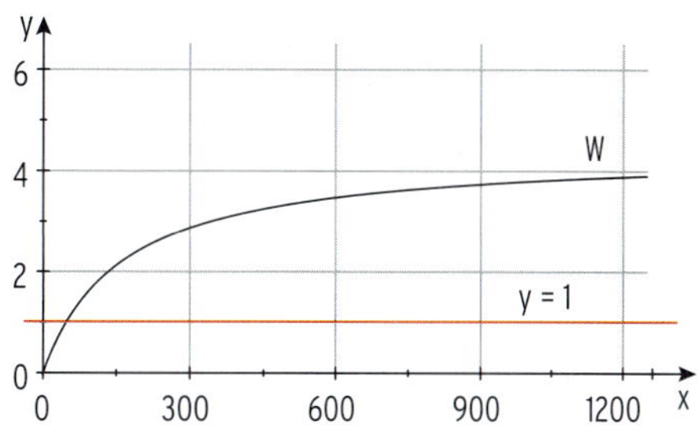

b) Die Bedingung $W(x) = 1$ ergibt: $\frac{1{,}2x}{0{,}25x + 80} = 1 \quad | \cdot (0{,}25x + 80)$

$1{,}2x = 0{,}25x + 80$

Lösung der Gleichung führt auf $x_1 \approx 84{,}2$

$W(x) = 1$ d. h., $E(x) = K(x)$

und damit ist $x_1 = 84{,}2$ die **Gewinnschwelle.**

$W(x) = \frac{E(x)}{K(x)} > 1 \Rightarrow E(x) > K(x)$

$W(x) > 1$, wenn x in der Gewinnzone liegt.

Der Betrieb **arbeitet wirtschaftlich,** wenn die Produktion über 84,2 ME liegt.

c) Eine Preiserhöhung von 10 % bewirkt eine Erhöhung der Wirtschaftlichkeit ebenfalls um 10 %.

$E_{neu}(x) = 1{,}1E(x)$: $W_{neu}(x) = \frac{E_{neu}(x)}{K(x)} = \frac{1{,}1E(x)}{K(x)} = 1{,}1W(x)$

Produktivität

Definition

Die Produktivität eines Betriebs ist das Verhältnis von Output und Input.

Der Output wird durch die Produktionsfunktion P(x) in Abhängigkeit vom Input x beschrieben. **Produktivität p(x)** mit $p(x) = \frac{P(x)}{x}$

Hinweis: Output und Input können verschiedene Einheiten haben.
P(x) beschreibt z. B. die geförderte Menge an Eisenerz in Tonnen in Abhängigkeit von der Anzahl der eingesetzten Maschinen.
$P(2) = 6$ (Tonnen); $p(2) = \frac{6 \text{ (Tonnen)}}{2 \text{ (Maschinen)}} = 3 \left(\frac{\text{Tonnen}}{\text{Maschine}}\right)$

Beispiel

Gegeben ist die Produktionsfunktion P durch $P(x) = -x^3 + 6x^2 + x$; $0 \leq x \leq 6{,}1$, x in Arbeitsstunden, P(x) in ME.

a) Zeichnen Sie die Graphen der Produktionsfunktion P und der Produktivität p in ein geeignetes Koordinatensystem ein.

b) Ermitteln Sie die maximale Produktivität. Interpretieren Sie ökonomisch.

Lösung

a) **Schaubilder von P und p**
$p(x) = \frac{P(x)}{x} = -x^2 + 6x + 1$; $0 < x \leq 6{,}1$

Hinweis: p ist für x = 0 nicht definiert.

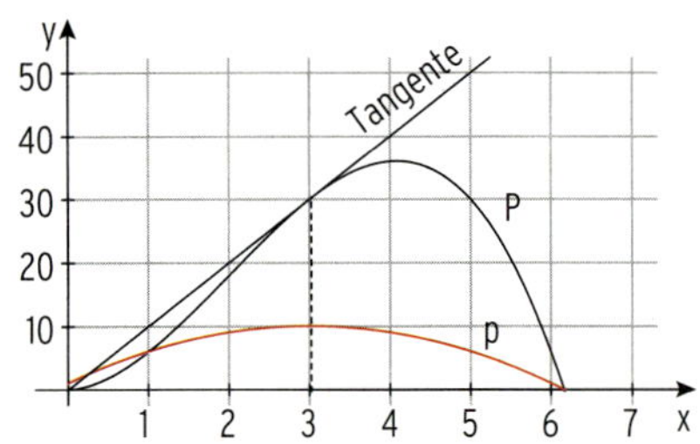

b) **Scheitelpunkt des Schaubildes von p**
$x_S = -\frac{-6}{2} = 3$

Maximale Produktivität: $p(3) = 10$

Interpretation:
Nach 3 Arbeitsstunden wird die größte Produktivität erreicht.
Sie beträgt 10 ME/h.
Die größte durchschnittliche Produktion pro Stunde wird bei 3 Stunden erzielt.

Hinweis: Legt man vom Ursprung die Tangente an die Kurve der Produktionsfunktion an, so ist die Steigung dieser Tangente die maximale Produktivität.

Umsatzrentabilität

Definition

Die **Umsatzrentabilität** eines Betriebs ist das **Verhältnis** von Gewinn und Ertrag (Umsatz). Sie wird in Prozent ausgedrückt.

$$\textbf{Umsatzrentabilität} = \frac{\text{Gewinn}}{\text{Umsatz}} \cdot 100\ \%$$

Umsatzrentabilitätsfunktion R mit $R(x) = \frac{G(x)}{E(x)}$

Hinweis: Diese Größe gibt den prozentualen Anteil des Gewinns am Umsatz des Unternehmens an und beschreibt dadurch die Profitabilität des Unternehmens.

Beispiel

➲ Gegeben ist die Gesamtkostenfunktion K mit $K(x) = \frac{1}{8}x^2 + \frac{1}{2}x + 200$ und die Erlösfunktion E mit $E(x) = 13x$; x in ME.

a) Zeichnen Sie den Graph der Umsatzrentabilitätsfunktion R für $x > 1$. Berechnen Sie die Nullstellen von R. Interpretieren Sie Ihr Ergebnis.

b) Der Unternehmer strebt eine Umsatzrentabilität von 10 % an. Bei welcher Ausbringung kann er das Ziel erreichen?

Lösung

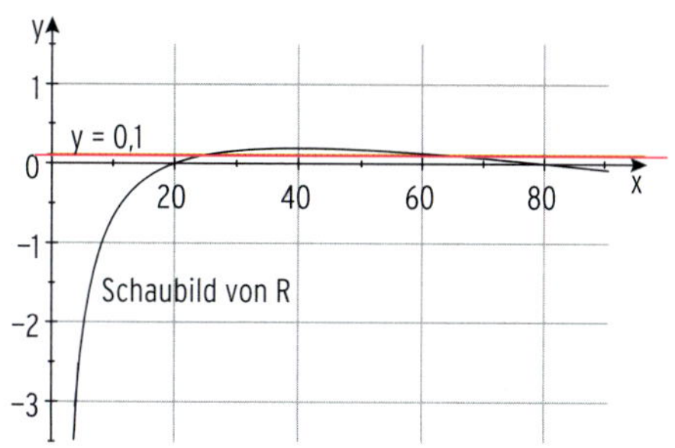

a) Gewinnfunktion G mit $G(x) = E(x) - K(x)$

$G(x) = -\frac{1}{8}x^2 + \frac{25}{2}x - 200$

Umsatzrentabilitätsfunktion R

$R(x) = \frac{G(x)}{E(x)} = \frac{-\frac{1}{8}x^2 + \frac{25}{2}x - 200}{13x}$

$R(x) = \frac{-x^2 + 100x - 1600}{104x}$

Nullstellen von R

Bedingung: $R(x) = 0 \Leftrightarrow G(x) = 0$ $\quad -\frac{1}{8}x^2 + \frac{25}{2}x - 200 = 0$

Zwei **positive** Lösungen: $\quad x_1 = 20;\ x_2 = 80$

Die Lösungen entsprechen der Gewinnschwelle und der Gewinngrenze.

Bemerkung: In der **Gewinnschwelle** (x-Wert des Break-Even-Punkts) und der **Gewinngrenze** beträgt die Umsatzrentabilität 0 %.

b) **Umsatzrentabilität von 10 %**

Bedingung: $R(x) = 0{,}1$ $\quad 0{,}1 = \frac{-x^2 + 100x - 1600}{104x}$

$-x^2 + 100x - 1600 = 10{,}4x$

Zwei **positive** Lösungen: $\quad x_1 \approx 24{,}6;\ x_2 \approx 65{,}0$

Bei einer verkauften Ausbringung von etwa 25 bzw. 65 ME kann er das Ziel erreichen.

Aufgaben

1 Gegeben ist die Gesamtkostenfunktion K mit $K(x) = \frac{1}{40}x^2 + 2x + 160$ und die Erlösfunktion E mit $E(x) = 10{,}5x$; x in ME.

a) Bestimmen Sie die Wirtschaftlichkeitsfunktion W. Lösen Sie $W(x) = 1$. Interpretieren Sie Ihr Ergebnis aus wirtschaftlicher Sicht.

b) Geben Sie den Term der Umsatzrentabilitätsfunktion R für $x > 1$ an. Bestimmen Sie die Nullstellen von R. Interpretieren Sie Ihr Ergebnis.

c) Der Unternehmer strebt eine Umsatzrentabilität von mindestens 20 % an. In welchem Bereich wird dieses Ziel erreicht?

2 Gegeben ist die Gesamtkostenfunktion K mit $K(x) = 0{,}1x^3 - 3x^2 + 50x + 300$ und die Erlösfunktion E mit $E(x) = 60x$.

a) Zeichnen Sie den Graphen der Wirtschaftlichkeitsfunktion W mit $W(x) = \frac{E(x)}{K(x)}$ in ein geeignetes Koordinatensystem ein. Auf welchem Bereich gilt $W(x) \geq 1$?

b) Bei welcher Ausbringungsmenge beträgt die Umsatzrentabilität genau 0 %?

c) Der Unternehmer will eine Umsatzrentabilität von ca. 10 % erzielen . Wie viele ME muss er produzieren und verkaufen?

3 Die Abbildung zeigt die Kostenkurve und die Erlösgerade für ein Unternehmen.

a) Bestimmen Sie den Funktionsterm von K und E anhand der Zeichnung.

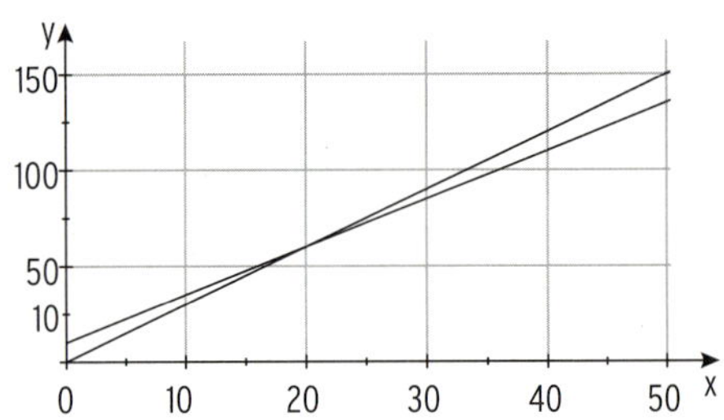

b) Skizzieren Sie den Graph der Wirtschaftlichkeitsfunktion und machen Sie Aussagen über deren Verlauf. Welche Wirtschaftlichkeit kann maximal erreicht werden?

c) Der Unternehmer strebt eine Umsatzrentabilität von 10 % an. Bei welcher Ausbringung kann er das Ziel erreichen?

d) Zeigen Sie, dass eine Umsatzrentabilität von 20 % nicht möglich ist.

4 K mit $K(x) = 4 + \frac{1}{10}x^2$; $0 \leq x \leq 10$, beschreibt die Kosten bei einer Produktion von x Stück einer Ware. Ermitteln Sie den Stückpreis p, sodass gilt $W(2) = 1{,}25$.

5 Der landwirtschaftliche Betrieb von Herrn Kempter baut u. a. Weizen an. Um den Ertrag zu erhöhen, setzt Herr Kempter Dünger ein. Die Produktionsfunktion P mit $P(x) = -0{,}1x^3 + 0{,}8x^2 + 0{,}1x$; $0 \leq x \leq 7$ beschreibt näherungsweise den Weizenertrag in Abhängigkeit von der eingesetzten Düngermenge. Dabei gibt x die Düngermenge in Zentner (50 kg) und P(x) den Weizenertrag in Tonnen an. Ermitteln Sie die maximale Produktivität.

2.6 Differenzialrechnung bei gebrochenrationalen Funktionen

2.6.1 Ableitungsregeln

Bekannte Ableitungsregeln

Die „einfachen" gebrochenrationalen Funktionen kann man mit bekannten Regeln ableiten.

Potenzregel: $f(x) = \frac{1}{x} = x^{-1} \Rightarrow f'(x) = -1 \cdot x^{-2} = -\frac{1}{x^2}$

bzw. $(\frac{1}{x})' = -\frac{1}{x^2}$

$f(x) = \frac{1}{x^2} = x^{-2} \Rightarrow f'(x) = -2 \cdot x^{-3} = -\frac{2}{x^3}$

bzw. $(\frac{1}{x^2})' = -\frac{2}{x^3}$

Faktorregel: **Konstante Faktoren** bleiben erhalten.

$f(x) = a \cdot \frac{1}{x} = \frac{a}{x} \Rightarrow f'(x) = a \cdot (-\frac{1}{x^2}) = -\frac{a}{x^2}$

Summenregel: Die **Ableitung einer Summe** ist die **Summe der Ableitungen** der Summanden.

$f(x) = \frac{x^2+1}{x} = x + \frac{1}{x} \Rightarrow f'(x) = 1 - \frac{1}{x^2}$

Beispiele

$f(x) = \frac{5}{x} = 5x^{-1}$ $\quad f'(x) = -5x^{-2} = -\frac{5}{x^2}$

$f(x) = \frac{3}{2x} = \frac{3}{2}x^{-1}$ $\quad f'(x) = -\frac{3}{2}x^{-2} = -\frac{3}{2x^2}$

$f(x) = \frac{2}{x^2} = 2x^{-2}$ $\quad f'(x) = -4x^{-3} = -\frac{4}{x^3}$

$f(x) = 2 - \frac{5}{2x}$ $\quad f'(x) = -\frac{5}{2x^2} \cdot (-1) = \frac{5}{2x^2}$

$f(x) = 3x + \frac{4}{x^2}$ $\quad f'(x) = 3 + \frac{4}{x^3} \cdot (-2) = 3 - \frac{8}{x^3}$

Aufgaben

1 Bestimmen Sie f'(x).

a) $f(x) = \frac{2}{5x}$ b) $f(x) = 4 - \frac{1}{2x}$ c) $f(x) = 3x^2 - \frac{2}{x^2}$

2 Leiten Sie die Funktion f zweimal ab.

a) $f(x) = -\frac{2}{3x}$ b) $f(x) = 2x - \frac{3}{2x}$ c) $f(x) = 1 + 3x - \frac{4}{x}$

3 Für eine ertragsgesetzliche Kostenfunktion gilt: $K(x) = 0{,}1x^3 - 3x^2 + 50x + 300$

a) Bestimmen Sie die 2. Ableitung der Stückkostenfunktion.

b) Bestimmen Sie k'(10) und k'(20). Interpretieren Sie.

c) Bestimmen Sie k''(5), k''(10) und k''(20) und interpretieren Sie Ihre Werte.

Kettenregel der Ableitung

Beispiel

➲ Eine Abbildung zeigt das Schaubild einer Funktion, die andere das Schaubild der zugehörigen Ableitungsfunktion. Ordnen Sie zu. Begründen Sie Ihre Zuordnung.

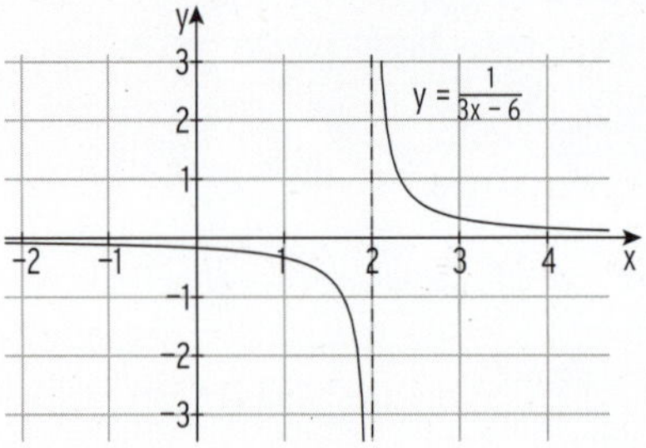

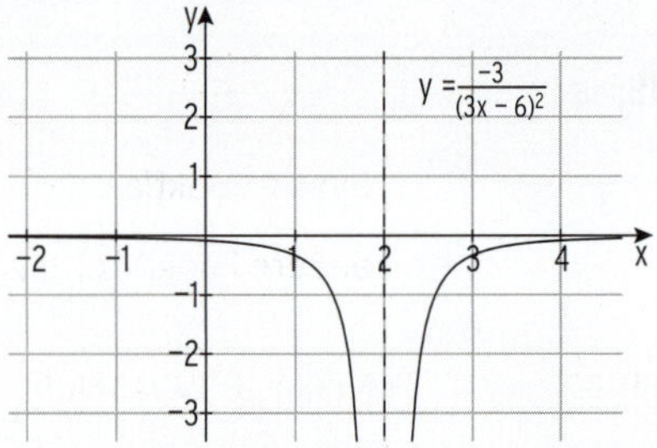

Lösung

f mit $f(x) = \frac{1}{3x-6}$; g mit $g(x) = \frac{-3}{(3x-6)^2}$

Aus der Zeichnung liest man ab: Alle Steigungen des Schaubilds von f sind negativ. Alle Punkte auf dem Schaubild von g liegen unterhalb der x-Achse.

g ist die Ableitungsfunktion von f.

Zum Beweis benötigt man eine **neue Ableitungsregel, die Kettenregel.**

Herleitung der Kettenregel

Die Funktion f ist eine Verkettung der Funktionen u und h: $f(x) = h(u(x))$,

u: $x \mapsto u(x)$ ist die innere Funktion,

h: $u \mapsto h(u)$ ist die äußere Funktion.

Ableitung der Funktion f an der Stelle x_0

Differenzenquotient von f:

$$\frac{f(x) - f(x_0)}{x - x_0} = \frac{h(u(x)) - h(u(x_0))}{x - x_0} = \frac{h(u(x)) - h(u(x_0))}{u(x) - u(x_0)} \cdot \frac{u(x) - u(x_0)}{x - x_0}$$

Für $x \to x_0$ gilt auch $u(x) \to u(x_0)$.

Der Grenzübergang $x \to x_0$ liefert: $f'(x_0) = h'(u(x_0)) \cdot u'(x_0)$

Kettenregel

Ist die Funktion f eine **Verkettung** $f(x) = h(u(x))$,

so gilt für die Ableitung von f: $f'(x) = h'(u(x)) \cdot u'(x)$

Ableitung nach u (für $h'(u(x))$) – Ableitung nach x (für $u'(x)$)

Merkregel: „äußere mal innere Ableitung“

Bestätigung für $f(x) = \frac{1}{3x-6}$ durch Ableiten mit der Kettenregel:

$f(x) = \frac{1}{3x-6}$ innere Funktion: $u(x) = 3x - 6$ und $u'(x) = 3$

äußere Funktion: $h(u) = \frac{1}{u}$ und $h'(u) = -\frac{1}{u^2}$

Ableitung: $f'(x) = h'(u) \cdot u'(x) = -\frac{1}{u^2} \cdot 3 = -\frac{1}{(3x-6)^2} \cdot 3 = -\frac{3}{(3x-6)^2}$

Beispiele

1) $f(x) = \frac{2}{3x+5}$ innere Funktion: $u(x) = 3x + 5$; $u'(x) = 3$

äußere Funktion: $h(u) = \frac{2}{u}$; $h'(u) = -\frac{2}{u^2}$

Ableitung: $f'(x) = h'(u) \cdot u'(x) = -\frac{2}{u^2} \cdot 3 = -\frac{2}{(3x+5)^2} \cdot 3 = -\frac{6}{(3x+5)^2}$

2) $f(x) = \frac{3}{(4x+1)^2}$ innere Funktion: $u(x) = 4x + 1$; $u'(x) = 4$

äußere Funktion: $h(u) = \frac{3}{u^2}$; $h'(u) = -\frac{6}{u^3}$

Ableitung: $f'(x) = h'(u) \cdot u'(x) = -\frac{6}{u^3} \cdot 4 = -\frac{6}{(4x+1)^3} \cdot 4 = \frac{-24}{(4x+1)^3}$

oder in Kurzform:

$f(x) = 3 \cdot (4x+1)^{-2}$

Ableitung: $f'(x) = 3 \cdot (-2) \cdot (4x+1)^{-3} \cdot 4 = \frac{-24}{(4x+1)^3}$

3) $f(x) = \frac{-6}{1-2x} = -6(1-2x)^{-1}$

Ableitungen: $f'(x) = -6 \cdot (-1) \cdot (1-2x)^{-2} \cdot (-2)$

$= -12(1-2x)^{-2} = \frac{-12}{(1-2x)^2}$

$f''(x) = -12 \cdot (-2) \cdot (1-2x)^{-3} \cdot (-2) = \frac{-48}{(1-2x)^3}$

Aufgaben

1 Leiten Sie die Funktion f zweimal ab.

a) $f(x) = \frac{1}{5x+5}$ b) $f(x) = \frac{-3}{2x-1}$

c) $f(x) = \frac{5}{x^2+1}$ d) $f(x) = \frac{4}{(x-1)^2}$

2 Gegeben ist die Funktion f mit $f(x) = \frac{-5}{1-2x}$; $x \in \mathbb{R} \setminus \{0{,}5\}$.
Bestimmen Sie $f'(0)$; $f'(1)$ und $f'(-1)$. Was fällt Ihnen auf?

3 Gegeben ist die Funktion f mit $f(x) = \frac{3}{1-x}$; $x \in \mathbb{R}$.
Zeigen Sie durch eine Rechnung: $f''(0) > f'(0)$. Skizzieren Sie das Schaubild von f und interpretieren Sie Ihr Ergebnis geometrisch.

Quotientenregel der Ableitung

Beispiel

Gegeben ist die Funktion f mit $f(x) = \frac{2x+1}{x+4}$; $x \in D$.
Wie bestimmt man $f'(x)$?
Zum Ableiten einer Summe benötigt man die **Summenregel:**
Die Ableitung einer Summe ist die **Summe** der Ableitungen der Summanden.

Eine entsprechende „einfache" Regel für einen Quotienten gibt es nicht, wie man an einem Beispiel erkennen kann.

$$f(x) = \frac{x+1}{x} \quad = \quad 1 + \frac{1}{x}$$

$$\downarrow \qquad\qquad\qquad \downarrow$$

$$\frac{1}{1} = 1 \quad \neq \quad -\frac{1}{x^2}$$

Man erkennt: Einen Quotienten kann man nicht ableiten, indem man Zähler und Nenner ableitet.
Für die Ableitung eines Quotienten gibt es eine Regel, die Quotientenregel.

Quotientenregel

Ist die Funktion f gegeben durch	$f(x) = \frac{u(x)}{v(x)}$; $v(x) \neq 0$,
so gilt für die Ableitung:	$f'(x) = \frac{u'(x) \cdot v(x) - u(x) \cdot v'(x)}{(v(x))^2}$
In Kurzform:	$\left(\frac{u}{v}\right)' = \frac{u'v - uv'}{v^2}$

Ableitung von f mit $f(x) = \frac{2x+1}{x+4} = \frac{u(x)}{v(x)}$

Zählerterm: $u(x) = 2x + 1$; $u'(x) = 2$

Nennerterm: $v(x) = x + 4$; $v'(x) = 1$

Mit der **Quotientenregel:** $f'(x) = \frac{2 \cdot (x+4) - (2x+1) \cdot 1}{(x+4)^2}$

1. Ableitung $f'(x) = \frac{7}{(x+4)^2}$

Beispiele

1) $f(x) = \frac{2x+3}{6x+1} = \frac{u(x)}{v(x)}$

Zählerterm: $u(x) = 2x + 3$ — $u'(x) = 2$

Nennerterm: $v(x) = 6x + 1$ — $v'(x) = 6$

Mit der **Quotientenregel:** $f'(x) = \frac{2 \cdot (6x+1) - (2x+3) \cdot 6}{(6x+1)^2}$

1. Ableitung $f'(x) = \frac{-16}{(6x+1)^2}$

2) $f(x) = \frac{3x^2 + 1}{2x - 5}$

Zählerterm: $u(x) = 3x^2 + 1$ $\quad u'(x) = 6x$

Nennerterm: $v(x) = 2x - 5$ $\quad v'(x) = 2$

Mit der **Quotientenregel:** $\quad f'(x) = \frac{6x \cdot (2x - 5) - (3x^2 + 1) \cdot 2}{(2x - 5)^2}$

1. Ableitung: $\quad f'(x) = \frac{6x^2 - 30x - 2}{(2x - 5)^2}$

Berechnung der 2. Ableitung

Zählerterm: $u(x) = 6x^2 - 30x - 2$ $\quad u'(x) = 12x - 30$

Nennerterm: $v(x) = (2x - 5)^2$ $\quad v'(x) = 2(2x - 5) \cdot 2 = 4(2x - 5)$ (Kettenregel)

Mit der **Quotientenregel:** $\quad f''(x) = \frac{(12x - 30) \cdot (2x - 5)^2 - (6x^2 - 30x - 2) \cdot 4(2x - 5)}{(2x - 5)^4}$

Ausklammern von (2x − 5): $\quad f''(x) = \frac{(2x - 5)((12x - 30) \cdot (2x - 5) - (6x^2 - 30x - 2) \cdot 4)}{(2x - 5)^4}$

Kürzen mit (2x − 5): $\quad f''(x) = \frac{(12x - 30) \cdot (2x - 5) - (6x^2 - 30x - 2) \cdot 4}{(2x - 5)^3}$

2. Ableitung: $\quad f''(x) = \frac{158}{(2x - 5)^3}$

3) $f(x) = \frac{3x^2 + 1}{x^2 - 5}$

Zählerterm: $u(x) = 3x^2 + 1$ $\quad u'(x) = 6x$

Nennerterm: $v(x) = x^2 - 5$ $\quad v'(x) = 2x$

Anwendung der Quotientenregel ergibt: $\quad f'(x) = \frac{6x \cdot (x^2 - 5) - (3x^2 + 1) \cdot 2x}{(x^2 - 5)^2}$

1. Ableitung: $\quad f'(x) = \frac{-32x}{(x^2 - 5)^2}$

Berechnung der 2. Ableitung

Zählerterm: $u(x) = -32x$ $\quad u'(x) = -32$

Nennerterm: $v(x) = (x^2 - 5)^2$ $\quad v'(x) = 4x(x^2 - 5)$ (Kettenregel)

Anwendung der Quotientenregel ergibt: $\quad f''(x) = \frac{-32 \cdot (x^2 - 5)^2 + 32x \cdot 4x(x^2 - 5)}{(x^2 - 5)^4}$

Ausklammern von $(x^2 - 5)$: $\quad f''(x) = \frac{(x^2 - 5)(-32 \cdot (x^2 - 5) + 32x \cdot 4x)}{(x^2 - 5)^4}$

Kürzen mit (2x − 5): $\quad f''(x) = \frac{-32 \cdot (x^2 - 5) + 32x \cdot 4x}{(x^2 - 5)^3}$

2. Ableitung: $\quad f''(x) = \frac{96x^2 + 160}{(x^2 - 5)^3}$

Aufgaben

a) d)

1 Leiten Sie die Funktion f ab.

a) $f(x) = \frac{2x - 3}{3x + 5}$ b) $f(x) = \frac{2x^2 + 3}{6 - 5x}$

c) $f(x) = \frac{1}{4x + 7}$ d) $f(x) = \frac{6x - 5}{2x^2 + 1}$

e) $f(x) = \frac{x^2 + 1}{2x}$ f) $f(x) = \frac{x^2 - 1}{x^2 + 1}$

2 Bilden Sie die erste und die zweite Ableitung der Funktion f.

a) $f(x) = \frac{2x}{3x^2 + 5}$ b) $f(x) = \frac{x^2}{2 - x^2}$

c) $f(x) = \frac{6}{(3 - x)^2}$ d) $f(x) = \frac{x^2 + 3x}{x + 1}$

3 Gegeben ist die Funktion f durch $f(x) = \frac{x^2}{x + 1}$; $x \neq -1$.

Bestimmen Sie x so, dass $f'(x) = -1$ ist.

4 Gegeben ist die Funktion f mit $f(x) = \frac{x^2 - 5}{x + 3}$; $x \in D_{max}$.

a) Geben Sie den maximalen Definitionsbereich von f an.

b) Ermitteln Sie f′(2). Wie verhält sich f′(x) für $x \to \infty$?

c) Bestimmen Sie eine Stelle x für die gilt: $f'(x) = 0$

5 Eine Abbildung zeigt das Schaubild einer Funktion, die andere das Schaubild der zugehörigen Ableitungsfunktion. Ordnen Sie zu. Begründen Sie Ihre Zuordnung.

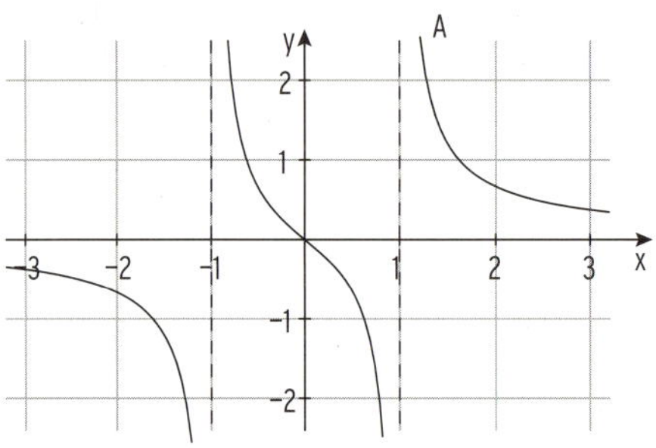

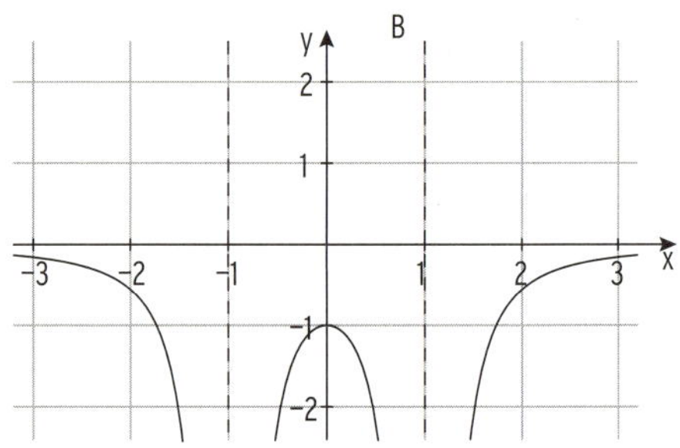

6 Jo berechnet die 1. Ableitung der Funktion f mit $f(x) = \frac{2x - 3}{x^2 - 2}$; $x \in D$.

$f'(x) = \frac{2x(2x - 3) - (x^2 - 2) \cdot 2}{(x^2 - 2)^2}$

$f'(x) = \frac{4x^2 - 6x - 2}{x^2 - 2}$

Überprüfen Sie die Rechnung und korrigieren Sie mögliche Fehler.

2.6.2 Kurvendiskussion

Beispiel 1

➲ Gegeben ist die Funktion f mit $f(x) = \frac{2}{x-1}$; $x \in \mathbb{R}\setminus\{1\}$.
Das Schaubild von f ist K_f.

a) Untersuchen Sie K_f auf Schnittpunkte mit den Koordinatenachsen und auf Asymptoten. Skizzieren Sie K_f.

b) Bestimmen Sie die Gleichung der Tangente an K_f im Schnittpunkt von K_f mit der y-Achse.

c) Zeigen Sie: f ist monoton fallend für $x > 1$.
Auf welchem Bereich ist K_f rechtsgekrümmt?

Lösung

a) $f(0) = -2$
Schnittpunkt von K_f mit der y-Achse:
$S_y(0 \mid -2)$.
K_f schneidet die x-Achse nicht; $f(x) \neq 0$,
da $Z(x) = 2$.
K_f hat eine senkrechte Asymptote
mit der Gleichung $x = 1$
und die x-Achse als waagrechte Asymptote.

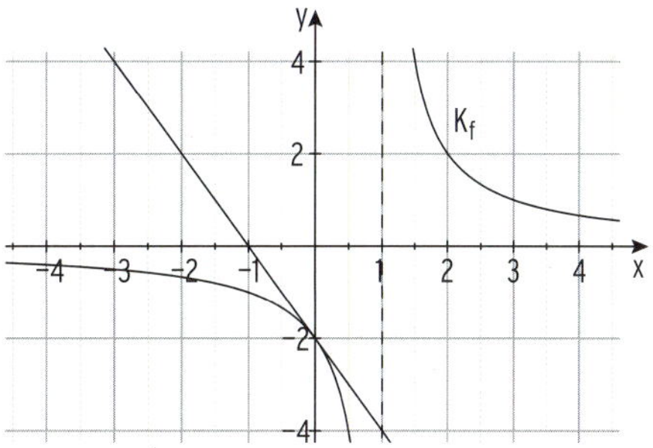

b) Ableitung mit der Kettenregel: $f'(x) = -\frac{2}{(x-1)^2}$

Steigung in $S_y(0 \mid -2)$: $f'(0) = -2$
Tangente an K_f in S_y: $y = -2x - 2$

c) Es ist zu zeigen: $f'(x) \leq 0$ für alle $x > 1$

Wegen $(x-1)^2 > 0$ für alle $x > 1$ gilt: $-\frac{2}{(x-1)^2} \leq 0$

f ist monoton fallend für alle $x > 1$.

Bedingung für Rechtskrümmung: $f''(x) < 0$

Mit der Kettenregel: $f''(x) = \frac{4}{(x-1)^3}$
Für $x > 1$: $(x-1)^3 > 0$
Für $x < 1$: $(x-1)^3 < 0$
d.h. $f''(x) < 0$ für $x < 1$
K_f ist links der senkrechten Asymptote eine Rechtskurve.

Beachten Sie

Die Funktion f ist monoton **wachsend** auf [a; b], wenn $f'(x) \geq 0$ ist auf [a; b].

Der Graph von f ist **linksgekrümmt** auf [a; b], wenn $f''(x) > 0$ ist auf [a; b].

Beispiel 2

Gegeben ist die Funktion f mit $f(x) = \frac{2x^2}{x^2+1}$; $x \in D_{max}$ mit Schaubild K_f.

a) Bestimmen Sie den maximalen Definitionsbereich von f.
Untersuchen Sie K_f auf Schnittpunkte mit den Koordinatenachsen und auf Asymptoten. Skizzieren Sie K_f.

b) Zeigen Sie: O(0 | 0) ist Tiefpunkt. Berechnen Sie die Wendepunkte von K_f.
Auf die 3. Ableitung wird verzichtet.

Lösung

a) Maximaler Definitionsbereich von f:

N(x) = 0 hat keine Lösung $D_{max} = \mathbb{R}$

$f(x) = 0 \Leftrightarrow 2x^2 = 0$

Gemeinsamer Punkt von K_f mit der x-Achse: $N_{1|2}(0|\,0) = S_y$

K_f hat keine senkrechte Asymptote.

Für $x \to \pm\infty$ strebt f(x) gegen 2.

K_f hat eine waagrechte Asymptote

mit der Gleichung y = 2.

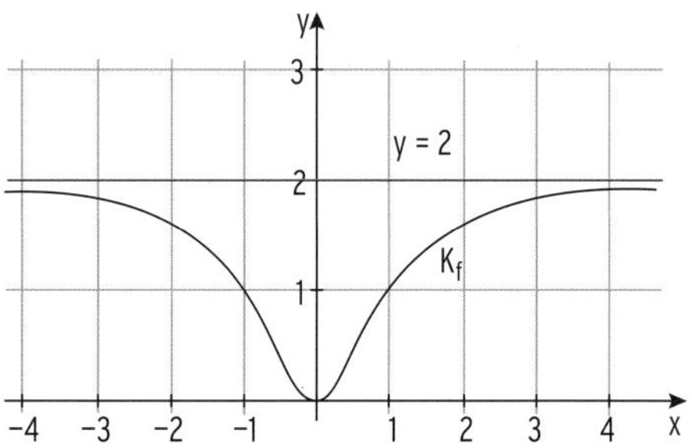

b) Ableitungen:

$f(x) = \frac{2x^2}{x^2+1}$ $u(x) = 2x^2$; $u'(x) = 4x$

$v(x) = x^2 + 1$; $v'(x) = 2x$

1. Ableitung $f'(x) = \frac{4x(x^2+1) - 2x^2 \cdot 2x}{(x^2+1)^2} = \frac{4x}{(x^2+1)^2}$

2. Ableitung: $u(x) = 4x$; $u'(x) = 4$

$v(x) = (x^2+1)^2$; $v'(x) = 2(x^2+1)2x = 4x(x^2+1)$

$$f''(x) = \frac{4(x^2+1)^2 - 4x \cdot 4x(x^2+1)}{(x^2+1)^4} = \frac{(x^2+1)(4(x^2+1) - 4x \cdot 4x)}{(x^2+1)^4}$$

Kürzen mit $(x^2 + 1)$: $f''(x) = \frac{-12x^2+4}{(x^2+1)^3}$

O(0 | 0) ist Tiefpunkt, wenn $f'(0) = 0$ und $f''(0) > 0$ ist.

Die Bedingungen sind erfüllt: $f'(0) = 0 \wedge f''(0) = 4 > 0$

Wendestellen

Notwendige Bed.: $f''(x) = 0$ $-12x^2 + 4 = 0$

$x^2 = \frac{1}{3}$

Zwei Wendestellen $x_{1|2} = \pm\sqrt{\frac{1}{3}}$

(vgl. Symmetrie zur y-Achse)

$f(\pm\sqrt{\frac{1}{3}}) = \frac{2 \cdot \frac{1}{3}}{\frac{1}{3}+1} = \frac{1}{2}$

Wendepunkte : $W_{1|2}\left(\pm\sqrt{\frac{1}{3}}\;\middle|\;\frac{1}{2}\right)$

Aufgaben

1 Gegeben ist die Funktion f mit $f(x) = \frac{5-4x}{4x+6}$; $x \in D_{max}$.

a) Bestimmen Sie die maximale Definitionsmenge von f.
Untersuchen Sie das Schaubild K_f von f auf Schnittpunkte mit den Koordinatenachsen, auf Asymptoten, Extrem- und Wendepunkte.
Zeichnen Sie das Schaubild K_f in einem geeigneten Bereich.

b) Skizzieren Sie das Schaubild von f′ in das Koordinatensystem von Teilaufgabe a) ein. Erläutern Sie Ihre Vorgehensweise.

2 Gegeben ist die Funktion f durch $f(x) = \frac{x^2}{x+3}$; $x \in \mathbb{R}\setminus\{-3\}$.
Das Schaubild von f sei K_f.
Untersuchen Sie K_f auf Schnittpunkte mit der x-Achse, senkrechte Asymptoten, Hoch-, Tief- und Wendepunkte.
Zeichnen Sie K_f für $-10 \leq x \leq 8$.

3 K_f ist das Schaubild der Funktion f mit $f(x) = \frac{x}{x-1}$; $x \neq 1$.

a) Zeigen Sie, dass f streng monoton fallend ist für $x > 1$ und rechtsgekrümmt für $x < 1$.

b) In welchen Punkten schneidet K_f das Schaubild K_g von g mit $g(x) = \frac{5}{x-2}$; $x \neq 2$?

4 Untersuchen Sie, ob die Gerade K_g mit $g(x) = \frac{7}{9}x + \frac{4}{3}$ Tangente an das Schaubild K_f von f mit $f(x) = x + \frac{2}{x}$; $x \neq 0$, ist. Bestimmen Sie gegebenenfalls den Berührpunkt.

5 Berechnen Sie die Koordinaten der Schnittpunkte mit der x-Achse, der Hoch-, Tief- und Wendepunkte. Zeichnen Sie das Schaubild K_f der Funktion f.

a) a) $f(x) = \frac{x^2-4}{x^2-1}$ b) $f(x) = \frac{8-4x}{x^2}$ c) $f(x) = \frac{x^2}{1-x}$

6 Die Herstellkosten eines Laptops sind durch folgende Funktion gegeben:
$k(x) = \frac{1200x + 45000}{2x+3}$; x in Stück und k(x) in Euro.
Skizzieren Sie das Schaubild von k. Beschreiben Sie den Verlauf im ökonomischen Sinn.
Zeigen Sie, dass die Herstellkosten fallend sind.

7 Die Abbildung zeigt für $-3 < x < 3$ einen Ausschnitt aus dem Schaubild der Ableitungsfunktion h′ einer Funktion h.
Entscheiden Sie, ob folgende Aussagen richtig, falsch oder unentscheidbar sind.

a) An der Stelle x = 0 hat das Schaubild von h einen Tiefpunkt.

b) $h(x) < 0$ für $-1 < x < 1$

c) An der Stelle x = 0 hat das Schaubild von h eine Tangente, die parallel zur Geraden mit der Gleichung $y = -x + 3$ verläuft.

d) h ist streng monoton wachsend für $x > 1$.

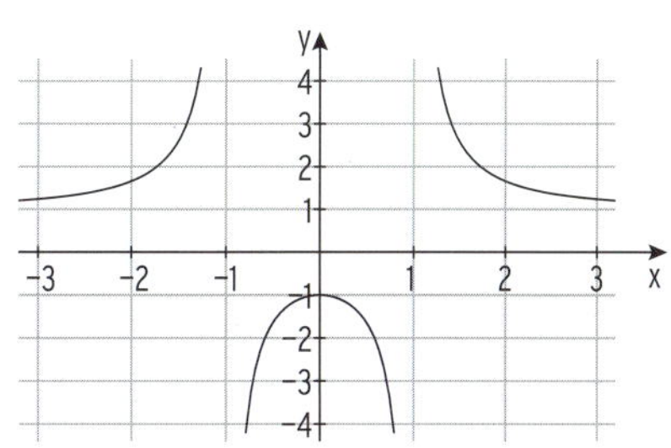

2.6.3 Wirtschaftliche Anwendungen

Stückkosten, Betriebsoptimum

Beispiel 1

➲ Die Gesamtkosten K eines Betriebs werden beschrieben durch
$K(x) = 0{,}05x^3 - 1{,}2x^2 + 10x + 156;\ 0 \leq x \leq 30.$

a) Skizzieren Sie die Stückkostenkurve.

b) Bestimmen Sie die Stückkosten für eine Ausbringungsmenge von x = 10.

c) Bestimmen Sie die durchschnittliche Änderungsrate der Stückkosten k im Intervall [5; 10]. Interpretieren Sie Ihr Ergebnis.

d) Wie groß ist k′(5)? Interpretieren Sie Ihr Ergebnis.

e) Schätzen Sie ab, wie groß die minimalen Stückkosten sind.

Lösung

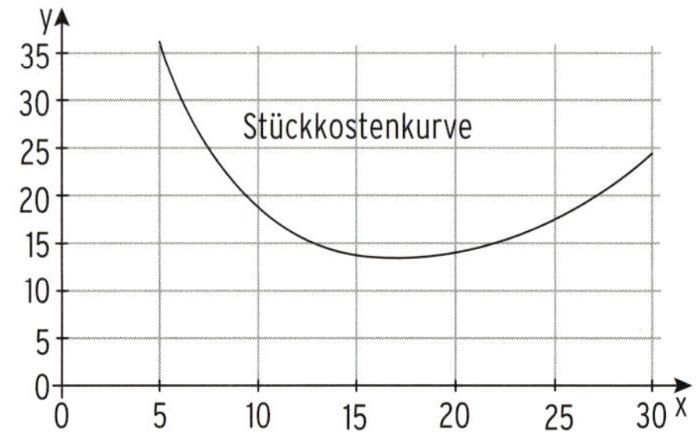

a) Schaubild von k

b) **Stückkostenfunktion k mit $k(x) = \frac{K(x)}{x}$**

$k(x) = 0{,}05x^2 - 1{,}2x + 10 + \frac{156}{x}$

Stückkosten für x = 10: $k(10) \approx 18{,}6$

c) **Durchschnittliche Änderungsrate von k**

$m_s = \frac{k(10) - k(5)}{10 - 5} \approx \frac{18{,}6 - 36{,}45}{5} = -3{,}57$

Wirtschaftliche Bedeutung: Im Intervall [5; 10] nehmen die Stückkosten durchschnittlich um etwa 3,6 GE pro ME ab.

d) **Ableitung von k:** $k'(x) = 0{,}1x - 1{,}2 - \frac{156}{x^2}$

Einsetzen: $k'(5) \approx -6{,}94$

Wirtschaftliche Bedeutung:

In x = 5 nehmen die Stückkosten bei einer hinreichend kleinen Produktionssteigerung um etwa 7 GE pro ME ab.

e) **Minimale Stückkosten**

Aus der Zeichnung: Die kleinsten Stückkosten betragen etwa 13 GE pro ME, wenn man etwa 17 ME produziert.

Oder:

Bedingung für diese Ausbringungsmenge: $k'(x) = 0$

Abschätzung durch Einsetzen einiger x-Werte: $k'(16) = -0{,}2$; $k'(18) = 0{,}1$

Die Ausbringungsmenge mit minimalen Stückkosten liegt etwa bei 17 ME:

$k(17) = 13{,}2$

Die kleinsten Stückkosten betragen etwa 13,2 GE/ME.

Hinweis: Die Lösung der Geichung $k'(x) = 0$ ist mit Hilfsmittel (GTR, CAS) möglich.

Beispiel 2

Die Gesamtkosten K in GE für ein Produkt werden bestimmt durch

$K(x) = \frac{1}{4}x^3 - \frac{7}{2}x^2 + 30x + 72$; $0 \leq x \leq 20$; x in ME.

a) Ermitteln Sie das Betriebsoptimum x_{BO} und die langfristige Preisuntergrenze.
Skizzieren Sie das Schaubild der Stückkostenfunktion k.

b) Das Betriebsminimum liegt bei 7 ME.
Bestimmen Sie die kurzfristige Preisuntergrenze.
Das Produkt wird für 35 GE pro ME verkauft. Vergleichen Sie.

Lösung

a) Schaubild von k

Stückkostenfunktion k mit $k(x) = \frac{K(x)}{x}$

$k(x) = \frac{1}{4}x^2 - \frac{7}{2}x + 30 + \frac{72}{x}$

Minimum der Stückkosten

Mit Hilfsmittel: $x_{BO} \approx 8{,}84$

$k(8{,}84) \approx 26{,}74$

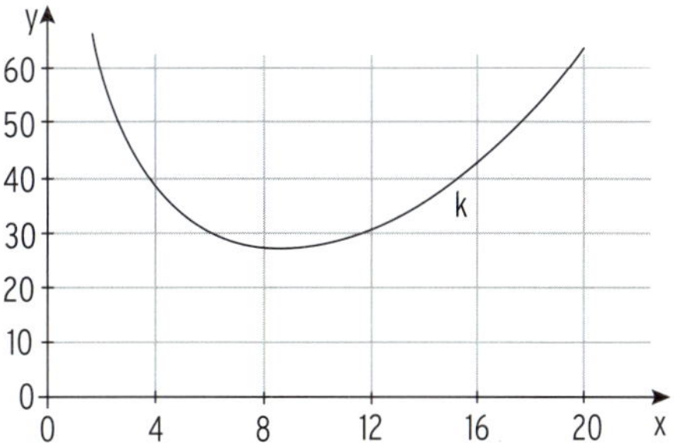

Das Betriebsoptimum liegt etwa bei 8,84 ME, die langfristige Preisuntergrenze etwa bei 26,74 GE (Minimum der Stückkosten).

b) Betriebsminimum: 7 ME

Variable Stückkostenfunktion: $k_v(x) = \frac{1}{4}x^2 - \frac{7}{2}x + 30$

kurzfristige Preisuntergrenze: $k_v(7) = 17{,}75$

Interpretation:

Bei einem Verkaufspreis von 17,75 GE pro ME werden die fixen Kosten als Verlust in Kauf genommen.

Der Verkaufspreis kann bis auf 26,74 GE pro ME gesenkt werden, ohne Verluste zu machen.

Bei einem Verkaufspreis von mehr als 26,74 GE pro ME (z. B. 35 GE/ME) erzielt das Unternehmen einen Gewinn.

kurzfristige Preisuntergrenze 17,75 GE (je ME)	<	langfristige Preisuntergrenze 26,74 GE (je ME)	<	Verkaufspreis je ME 35 GE

Beachten Sie

Das **Betriebsoptimum** x_{BO} ist die Ausbringung (x-Wert), bei der die Stückkosten minimal sind. Bedingung für x_{BO}: $k'(x_{BO}) = 0$ und $k''(x_{BO}) > 0$.

Das Minimum der Stückkosten $k(x_{BO})$ gilt als **langfristige Preisuntergrenze** (LPU).

Senkt das Unternehmen den Verkaufspreis (je ME) bis auf die minimalen Stückkosten, sind bei der Produktion fixe und variable Kosten gerade noch gedeckt.

Aufgaben

1 Die Gesamtkosten K einer Unternehmung lassen sich darstellen durch
$K(x) = \frac{1}{8}x^3 - 20x^2 + 1500x + 50\,000$; $x \in [0; 180]$. Der Stückerlös beträgt p = 2 000 GE.

a) Zeigen Sie rechnerisch: Das Betriebsoptimum liegt bei 100 ME. Bestimmen Sie die langfristige Preisuntergrenze.
Vergleichen Sie mit dem Erlös je ME. Was folgt daraus für die Unternehmung?

b) Begründen Sie: Im Betriebsoptimum ist der Gewinn pro ME maximal. Wie groß ist dann der Gewinn je ME und der Gesamtgewinn?

2 Die Gesamtkostenfunktion K und die Erlösfunktion E sind gegeben durch
$K(x) = 0{,}1\,x^3 - 7x^2 + 220x + 800$ und $E(x) = 250x$. Die Kapazitätsgrenze liegt bei 80 ME.

a) Berechnen Sie die Produktionsmenge, bei der die variablen Stückkosten am niedrigsten sind (Betriebsmimimum). Zu welchem kleinstmöglichen Preis kann die Unternehmung verkaufen, wenn sie die fixen Kosten als Verlust in Kauf nimmt?

b) Die Produktionsmenge, bei welcher der Gewinn je ME am größten ist, liegt bei ca. 38. Bestimmen Sie die Produktionsmenge näherungsweise auf eine Dezimale gerundet. Begründen Sie Ihre Vorgehensweise. Wie groß ist der maximale Gewinn je ME und der Gesamtgewinn bei dieser Produktionsmenge?

c) Prüfen Sie, ob das Betriebsoptimum vor, nach oder bei x = 40 ME liegt. Begründen Sie Ihre Antwort.

3 Bei der Herstellung von x Büchern entstehen die Gesamtkosten $K(x) = \frac{1}{25}x^2 + 6x + 100$. Welcher Preis pro Buch muss mindestens verlangt werden, damit man nicht bei jeder Herstellungsmenge mit Verlust arbeitet?

4 Die Gesamtkostenfunktion K für ein Unternehmen lautet:
$K(x) = 0{,}2\,x^3 - 2{,}2x^2 + 13{,}2x + 7{,}2$;
x in ME; K(x) in GE. Die Abbildung zeigt den Graph der Stückkostenfunktion.
Berechnen Sie das Betriebsminimum, die kurzfristige Preisuntergrenze, das Betriebsoptimum und die langfristige Preisuntergrenze.

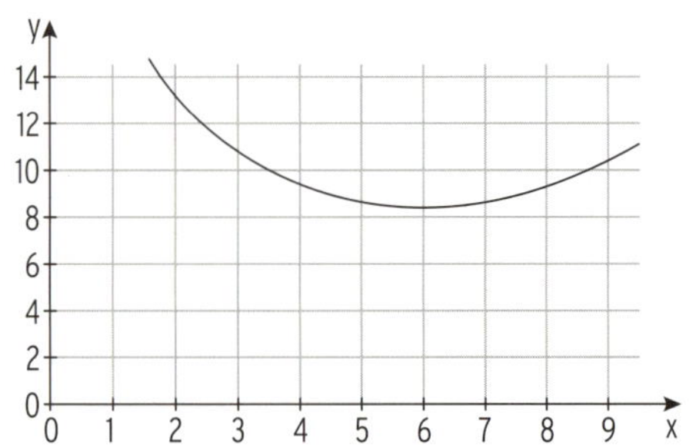

5 Die Gesamtkosten für ein Produkt eines Monopolisten werden bestimmt durch die Funktion K mit $K(x) = 0{,}1x^3 - 5x^2 + 125x + 900$, $x \geq 0$.

a) Bestimmen Sie die Ausbringungsmenge mit den niedrigsten Stückkosten. Wie hoch sind die Stückkosten für diesen x-Wert? Interpretieren Sie diesen Wert.

b) Die Preisabsatzfunktion lautet $p_N(x) = -2{,}5x + 350$. Bei einer Sonderaktion wird das Produkt zum Stückkostenpreis angeboten. Skizzieren Sie den Sachverhalt in ein Koordinatensystem. Für $10 \leq x \leq 50$ schöpft das Unternehmen den tatsächlich erzielbaren Preis nicht aus. Überprüfen Sie.

Angebot und Nachfrage

Beispiel

Nach Einführung des neuen Computerspiels Noxa wird der Monopolmarkt durch die Funktionen p_1 und p_2 mit $p_1(x) = \frac{100 - 5x}{x + 15}$ und $p_2(x) = \frac{5(x-1)}{x+14}$; $x \geq 0$, beschrieben.

a) Als ökonomische Kernaussage gilt auf einem Markt: Je höher der Preis, desto größer ist die angebotenen Menge und je höher der Preis, desto geringer die nachgefragte Menge.
Entscheiden Sie, welche der beiden gegebenen Funktionen die Angebots- bzw. die Nachfragefunktion darstellt. Begründen Sie Ihre Zuordnung mithilfe der Monotoniekriterien.
Bestimmen Sie den ökonomisch sinnvollen Definitionsbereich für beide Funktionen.

b) Es gelte die Nachfragefunktion p_N mit $p_N(x) = \frac{100 - 5x}{x + 15}$; $x \geq 0$.
Ermitteln Sie die Gleichung der Erlösfunktion E.
Auf welchem Bereich ist der Erlös wachsend? Skizzieren Sie die Erlöskurve.

Lösung

a) $p_1(x) = \frac{100 - 5x}{x + 15}$; $p_1'(x) = \frac{(x+15)\cdot(-5) - (100 - 5x)}{(x+15)^2} = \frac{-175}{(x+15)^2}$

$p_2(x) = \frac{5(x-1)}{x+14}$; $p_2'(x) = \frac{(x+14)\cdot 5 - 5(x-1)}{(x+14)^2} = \frac{75}{(x+14)^2}$

Monotoniekriterium:

Wegen $p_1'(x) < 0$ für alle $x \geq 0$, gilt: p_1 ist fallend; p_1 ist die Nachfragefunktion p_N

Wegen $p_2'(x) > 0$ für alle $x \geq 0$, gilt: p_2 ist wachsend; p_2 ist die Angebotsfunktion p_A

Ökonomisch sinnvoller Definitionsbereich für p_N:

Sättigungsmenge: $p_N(x) = 0$ $\quad \frac{100 - 5x}{x + 15} = 0 \Leftrightarrow x = 20$

$D_{ök} = [0; 20]$

Ökonomisch sinnvoller **Definitionsbereich** für p_A:

$p_A(x) = 0$ $\quad \frac{5(x-1)}{x+14} = 0 \Leftrightarrow x = 1$

$D_{ök} = [1; \infty[$

b) Erlösfunktion: $E(x) = p_N(x) \cdot x = \frac{100x - 5x^2}{x + 15}$

Monotonie:

1. Ableitung: $E'(x) = \frac{(100 - 10x)(x+15) - (100x - 5x^2)\cdot 1}{(x+15)^2} = \frac{1500 - 150x - 5x^2}{(x+15)^2}$

Bedingung: $E'(x) = 0$ $\quad 1500 - 150x - 5x^2 = 0$

$x_1 \approx 7{,}9$; $x_2 \approx -37{,}9$

Maximalstelle $\quad x_{max} = 7{,}9$

$E(0) = 0$; $E'(0) = 6{,}66... > 0$

$E(x)$ ist wachsend für $0 < x < 7{,}9$

Der Erlös ist wachsend von 0 ME bis 7,9 ME.

Erlöskurve:

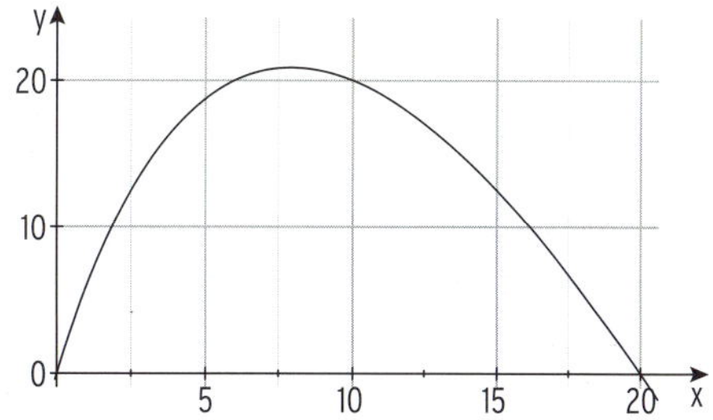

Aufgaben

1 Ein Monopolmarkt wird durch die Funktionen p_1 und p_2 mit
$p_1(x) = 5 \cdot \frac{5 - x}{x + 2}$ und $p_2(x) = 0{,}9x + 1$; $x \in D_{ök}$ beschrieben.

a) Entscheiden Sie, welche der beiden gegebenen Funktionen die Angebots- bzw. die Nachfragefunktion darstellt. Begründen Sie Ihre Zuordnung mithilfe der Monotoniekriterien. Bestimmen Sie den ökonomisch sinnvollen Definitionsbereich für beide Funktionen.

b) Bestimmen Sie die Sättigungsmenge und den Höchstpreis.
Berechnen Sie die erlösmaximle Menge sowie den maximalen Erlös.

c) Ermitteln Sie das Marktgleichgewicht mit der Gleichgewichtsmenge x_G und dem Gleichgewichtspreis p_G.

2 Ein Unternehmen fertigt hochwertige Lasergeräte in geringer Stückzahl. Das Unternehmen ist führend in diesem Marktsegment und hat nahezu eine Monopolstellung erreicht. Für die Markteinführung eines neuen Hochleistungslasers gilt die Preis-Absatz-Funktion p_N mit $p_N(x) = \frac{120 - 2x}{x + 16}$.

a) Bestimmen Sie die Sättigungsmenge und den ökonomisch sinnvollen Definitionsbereich von p_N. Ermitteln Sie die Gleichung der Erlösfunktion E und den maximalen Erlös. Bestimmen Sie algebraisch diejenigen Ausbringungsmengen, bei denen ein Erlös von mehr als 40 GE erzielt wird.

b) In einer neuen Marktsituation gilt p_N als Nachfragefunktion.
Die Gleichung der Angebotsfunktion p_A für das Lasergerät lautet
$p_A(x) = \frac{5x + 20}{x + 20}$; $x \in \mathbb{R}$ und $x \geq 1$. Bestimmen Sie das Marktgleichgewicht.

3 Die Fertigungskosten f(x) in Geldeinheiten (GE), welche bei Serienfertigung für ein AIRBUS-Seitenleitwerk aus Metall angefallen sind, werden näherungsweise beschrieben durch $f(x) = \frac{20x + 5000}{x + 50}$.

Dabei bedeutet x die Anzahl der hergestellten Seitenleitwerke.

a) Interpretieren Sie den Verlauf des Schaubildes C_f von f anwendungsbezogen.
Mit welchen Herstellkosten pro Stück ist langfristig zu rechnen?

b) Zeigen Sie: $f'(x) < 0$ für $x \geq 0$. Was bedeutet dies ökonomisch?

c) Nach Fertigung des 299. Leitwerksexemplars steht eine neue Technologie zur Verfügung, bei der das Flugzeugteil weitgehend aus kohlefaserverstärktem Kunststoff hergestellt wird. Die Herstellkosten für eines dieser deutlich leichteren Leitwerke werden näherungsweise beschrieben durch $g(x) = \frac{15x - 2500}{x - 280}$; $x \geq 300$.
Ab welcher Stückzahl führt die neue Technologie zu günstigeren Herstellkosten?

4 Bei einer Serienproduktion verhalten sich die Stückkosten gemäß der Funktion k mit
$k(x) = \frac{4x+5}{3x+1}$; $x > 0$.
Skizzieren Sie das Schaubild von k.
Untersuchen Sie, ob es ein Betriebsoptimum gibt.
Was lässt sich aus dem Verlauf von k für die Verkaufspreisgestaltung folgern?

Test zur Überprüfung Ihrer Grundkenntnisse

1 Zeichnen Sie das Schaubild K_f der Funktion f. Bestimmen Sie D_{max} und die Asymptoten.

a) $f(x) = 4 + \frac{1}{x}$ b) $f(x) = \frac{1}{x-5}$ c) $f(x) = \frac{2-4x}{x}$

2 Bilden Sie die 1. Ableitung.

a) $f(x) = \frac{4-x}{x+1}$ b) $f(x) = \frac{2}{x-4}$ c) $f(x) = \frac{-4x}{x^2+2}$

3 Gegeben sind die Funktionsterme:

$f(x) = x + \frac{1}{x}$

$g(x) = 2x + \frac{1}{x}$

$h(x) = x + \frac{4}{x}$

Welcher Funktionsterm gehört zum Schaubild ?

Begründen Sie Ihre Antwort.

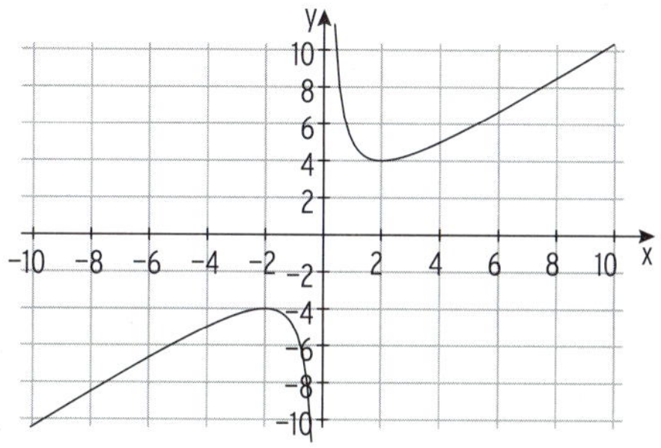

4 Die Funktion f ist gegeben durch $f(x) = \frac{x^2-2x}{x-2}$; $x \in D_{max}$.

Bestimmen Sie den maximalen Definitionbereich D_{max} von f.

Ist die Definitionslücke eine Polstelle oder eine hebbare Lücke? Begründen Sie.

5 Die Gesamtkosten der Produktion eines Unternehmens werden durch die Kostenfunktion K mit $K(x) = \frac{1}{6}x^3 - 2x^2 + 14x + 12$; $0 \leq x \leq 15$ beschrieben.

Die Funktion der Stückkosten wird mit k, die der variablen Stückkosten mit k_v bezeichnet.

a) Die Abbildung zeigt die Schaubilder von k und k_v.
Ordnen Sie zu.
Begründen Sie Ihre Zuordnung.

b) Bestimmen Sie die Funktionsterme k(x) und $k_v(x)$.

c) Zeigen Sie: Die minimalen Stückkosten werden für $x > 6$ (ME) angenommen.
Begründen Sie Ihre Antwort.

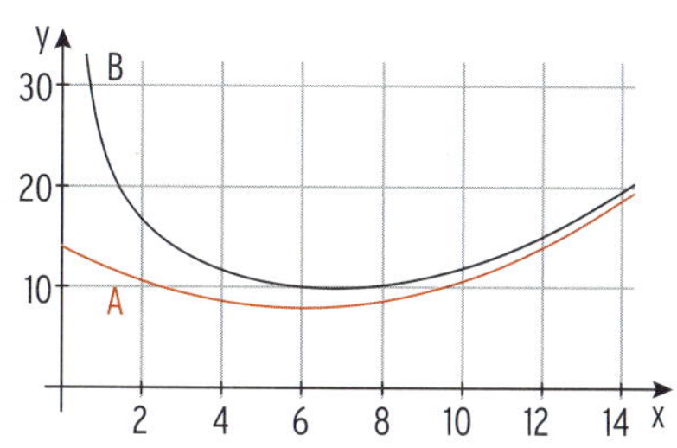

6 Die Firma Stuckenberg stellt Messgeräte für die Medizin her.

Die Angebotsfunktion läss sich beschreiben durch $p_A(x) = 3x + 1$, die Nachfragefunktion durch $p_N(x) = \frac{50}{x+2}$, x in ME, $p_A(x)$ und $p_N(x)$ in GE/ME.

Zeigen Sie, die Nachfragefunktion ist monoton fallend.

Berechnen Sie das Marktgleichgewicht.

3 Lineare Algebra

3.1 Rechnen mit Matrizen

Modellierung einer Situation

In 4 Betrieben werden jeweils dieselben 3 Produkte gefertigt. Die Produktion des Monats Mai werde durch die folgende Produktionsmatrix beschrieben:

$$P = \begin{pmatrix} 11 & 12 & 30 & 15 \\ 12 & 14 & 25 & 20 \\ 8 & 8 & 10 & 9 \end{pmatrix}.$$

a) Geben Sie eine Schätzung für die Jahresproduktion.

b) Bestimmen Sie den Gewinn jedes einzelnen Betriebes für den Monat Mai, wenn die Erlöse pro Einheit durch den Vektor (1,5 2 1,1) und die Kosten pro Einheit durch den Vektor (0,8 1,4 0,7) beschrieben werden.
Die Fixkosten der Monatsproduktion betragen jeweils 5,25 GE.

Vor der Sitzung des Vorstandes erhält der Produktionsleiter eine vertrauliche Mail von seinem Freund aus der Buchhaltung: 17 39 41 91 42 98.
Die beiden verschlüsseln ihre Nachrichten mit der Matrix $\begin{pmatrix} 1 & 2 \\ 2 & 5 \end{pmatrix}$.
Enthält diese Mail eine schlechte Nachricht?

Bearbeiten Sie diese Situation, nachdem Sie die rechts aufgeführten **Qualifikationen** und **Kompetenzen** erworben haben.

Qualifikationen & Kompetenzen

- Matrizen addieren und mit einem Skalar multiplizieren
- Matrizenprodukt berechnen
- Spezielle Matrizen kennen
- Inverse Matrix berechnen
- Matrizengleichung lösen

3.1.1 Einführung

In der Wirtschaft treten Problemstellungen auf, in denen Kosten bzw. Anzahlen von Produkten berechnet werden. Zur Vereinfachung der Tabellendarstellung dient die Darstellung der Angaben in Matrixform.

Beispiel

Eine Juniorenfirma in einer Schule verkauft an drei Verkaufsständen Disketten, Schreibblöcke, Kugelschreiber und Bleistifte. Die folgende Tabelle zeigt die Verkaufszahlen für einen Tag.

	Diskette	Schreibblock	Kugelschreiber	Bleistift
Stand 1	15	10	8	7
Stand 2	12	7	5	5
Stand 3	2	4	11	3

Die Zahlen der Tabelle kann man in einem **Zahlenschema** eindeutig darstellen.

$$\begin{pmatrix} 15 & 10 & 8 & 7 \\ 12 & 7 & 5 & 5 \\ 2 & 4 & 11 & 3 \end{pmatrix}$$

Ein solches Zahlenschema heißt **Matrix.**

Da sie aus 3 Zeilen und 4 Spalten besteht, sagt man: Es liegt eine 3-mal-4-Matrix vor.

Sie hat das **Format** (3, 4) bzw. sie ist vom Typ (3, 4). Die Zahlen in der Matrix heißen **Elemente der Matrix.** Um die Position der Elemente festzulegen, ordnet man jedem Element zwei Zahlen zu, den **Zeilenindex** und den **Spaltenindex.**

Die Zahl 8 steht in der 1. Zeile und in der 3. Spalte.

8 ist das Element a_{13}: $a_{13} = 8$.

$$A = \begin{pmatrix} 15 & 10 & 8 & 7 \\ 12 & 7 & 5 & 5 \\ 2 & 4 & 11 & 3 \end{pmatrix}$$

Die Matrix A besteht aus 4 Spaltenvektoren, z. B. $\begin{pmatrix} 15 \\ 12 \\ 2 \end{pmatrix}$ oder $\begin{pmatrix} 10 \\ 7 \\ 4 \end{pmatrix}$

und aus 3 Zeilenvektoren, z. B. (15 10 8 7) oder (2 4 11 3).

Definition einer Matrix

Ein **Zahlenschema** aus **m** Zeilen und **n** Spalten (m, n ∈ ℕ*) nennt man eine **Matrix** vom Format (m; n) bzw. vom Typ (m; n).

Matrizen werden mit **großen Buchstaben** bezeichnet: A, B, C, ...

$$A = \begin{pmatrix} a_{11} & a_{12} & a_{13} & \cdots & a_{1n} \\ a_{21} & a_{22} & a_{23} & \cdots & a_{2n} \\ \cdots & \cdots & \cdots & \cdots & \cdots \\ a_{m1} & a_{m2} & a_{m3} & \cdots & a_{mn} \end{pmatrix} = (a_{ij})_{mn} \quad \text{mit } i = 1, \ldots, m \text{ und } j = 1, \ldots, n$$

Die Zahlen a_{ij} heißen Elemente von A.

i ist der Zeilenindex; j ist der Spaltenindex.

Eine **Matrix** mit **einer Zeile** nennt man **Zeilenvektor**, mit **einer Spalte Spaltenvektor**.

Schreibweise von Vektoren mit Kleinbuchstaben: $\vec{a} = (15 \quad 10 \quad 8 \quad 7)$ oder $\vec{b} = \begin{pmatrix} 15 \\ 12 \\ 2 \end{pmatrix}$.

22 Ott, Bohner, Deusch, Thun - ISBN 978-3-8120-0386-5

Beispiele

Produktionsmatrix

Aus einer **Produktionstabelle** (Bearbeitungszeit von Produkt A, B auf Maschine 1, 2, 3 in Minuten) entsteht eine **Produktionsmatrix.**

	Produkt A	Produkt B
Maschine 1	2	4
Maschine 2	1,5	2,5
Maschine 3	0,75	3

Produktionsmatrix $P = \begin{pmatrix} 2 & 4 \\ 1{,}5 & 2{,}5 \\ 0{,}75 & 3 \end{pmatrix}$

Z. B.: Die Bearbeitung von Produkt A auf Maschine 1 dauert 2 Minuten.

Verflechtungsmatrix

Aus einer **Verflechtungstabelle** entsteht eine **Verflechtungsmatrix**.

	Bergbau	Energie	Industrie	Endverbraucher
Bergbau	5	500	400	0
Energie	100	25	600	550
Industrie	50	120	800	600

Verflechtungsmatrix

$A = \begin{pmatrix} 5 & 500 & 400 & 0 \\ 100 & 25 & 600 & 550 \\ 50 & 120 & 800 & 600 \end{pmatrix}$

Z. B.: Der Sektor Energie hat im betrachteten Zeitraum 100 Einheiten an den Sektor Bergbau geliefert.

Herstellmatrix

Ein Betrieb stellt aus den Zwischenprodukte Z_1, Z_2 und Z_3 die Endprodukte E_1 und E_2 her

Verflechtungsdiagramm (Gozintograph)

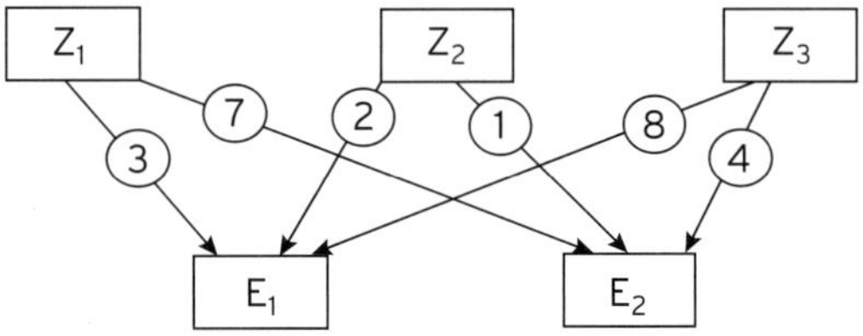

Zwischenprodukt-Endprodukt-Tabelle

	E_1	E_2
Z_1	3	7
Z_2	2	1
Z_3	8	4

Stückliste

Zwischenprodukt-Endprodukt-Matrix

$\mathbf{B} = \begin{pmatrix} 3 & 7 \\ 2 & 1 \\ 8 & 4 \end{pmatrix}$

Herstellmatrix für die Endprodukte

Zur Herstellung einer ME E_1 braucht man 3 ME Z_1, 2 ME Z_2 und 8 ME Z_3.

Die erste Spalte ergibt den **Verbrauchsvektor** für 1 ME von E_1: $\begin{pmatrix} 3 \\ 2 \\ 8 \end{pmatrix}$

Die zweite Spalte ergibt den **Verbrauchsvektor** für 1 ME von E_2: $\begin{pmatrix} 7 \\ 1 \\ 4 \end{pmatrix}$

3.1.2 Addition und skalare Multiplikation

Addition von Matrizen

Beispiel

➲ Gegeben sind die Matrizen $A = \begin{pmatrix} 15 & 10 & 8 & 7 \\ 12 & 7 & 5 & 5 \\ 2 & 4 & 11 & 3 \end{pmatrix}$ und $B = \begin{pmatrix} 2 & 3 & 1 & 4 \\ 15 & 10 & 6 & 2 \\ 3 & 9 & 5 & 3 \end{pmatrix}$.

A und B geben die Verkaufszahlen der Juniorenfirma für die zwei Verkaufstage einer Woche an. Stellen Sie die Verkaufszahlen für diese Woche in einer Matrix C dar.

Lösung

Man erhält die Verkaufszahlen einer Woche durch **Addition** der entsprechenden Elemente von A und B.

1. Tag: A 2. Tag: B Wochenumsatz: C

$$\begin{pmatrix} 15 & 10 & 8 & 7 \\ 12 & 7 & 5 & 5 \\ 2 & 4 & 11 & 3 \end{pmatrix} + \begin{pmatrix} 2 & 3 & 1 & 4 \\ 15 & 10 & 6 & 2 \\ 3 & 9 & 5 & 3 \end{pmatrix} = \begin{pmatrix} 15+2 & 10+3 & 8+1 & 7+4 \\ 12+15 & 7+10 & 5+6 & 5+2 \\ 2+3 & 4+9 & 11+5 & 3+3 \end{pmatrix}$$

Die Elemente der Matrix C erhält man durch **Addition der entsprechenden Elemente von A und B**, d.h., die Matrix C entsteht durch **Addition der Matrizen A und B**.

Matrix $C = \begin{pmatrix} 17 & 13 & 9 & 11 \\ 27 & 17 & 11 & 7 \\ 5 & 13 & 16 & 6 \end{pmatrix}$ $C = A + B$

Festlegung

Zwei Matrizen A und B werden addiert, indem man die **Elemente der Matrizen** A und B, die an der gleichen Position stehen, **addiert**.

$A + B = (a_{ij}) + (b_{ij}) = (a_{ij} + b_{ij})$

Beispiele

$$\begin{pmatrix} 2 & 10 \\ -4 & 1 \end{pmatrix} + \begin{pmatrix} -1 & 7 \\ -5 & -6 \end{pmatrix} = \begin{pmatrix} 1 & 17 \\ -9 & -5 \end{pmatrix}$$

$$\begin{pmatrix} 2 \\ -4 \\ 8 \end{pmatrix} + \begin{pmatrix} 10 \\ 1 \\ 4 \end{pmatrix} = \begin{pmatrix} 2+10 \\ -4+1 \\ 8+4 \end{pmatrix} = \begin{pmatrix} 12 \\ -3 \\ 12 \end{pmatrix}$$

$$\begin{pmatrix} 3 & 5 & 0 \\ -3 & 1 & 1 \\ 5 & 4 & 1 \end{pmatrix} + \begin{pmatrix} 0 & 2 & -3 \\ -3 & 1 & 3 \\ -1 & -3 & -5 \end{pmatrix} = \begin{pmatrix} 3 & 7 & -3 \\ -6 & 2 & 4 \\ 4 & 1 & -4 \end{pmatrix}$$

$$(2 \;\; -1 \;\; 4) + (0 \;\; 6 \;\; -5) = (2 \;\; 5 \;\; -1)$$

$\begin{pmatrix} 2 & 10 \\ -4 & 1 \end{pmatrix} + \begin{pmatrix} -1 \\ -6 \end{pmatrix}$ Keine Addition möglich, da nur **Matrizen von gleichem Format addiert** werden können.

Skalare Multiplikation

Beispiel 1

➲ Die Juniorenfirma möchte Waren für einen Monat einkaufen. Wie lässt sich, ausgehend von den Verkaufszahlen einer Woche (Matrix C), der voraussichtliche Bedarf für vier Wochen errechnen?

Lösung

Verkaufszahlen einer Woche: $C = \begin{pmatrix} 17 & 13 & 9 & 11 \\ 27 & 17 & 11 & 7 \\ 5 & 13 & 16 & 6 \end{pmatrix}$

Voraussichtlicher Bedarf für 4 Wochen:

$$\begin{pmatrix} \mathbf{4}\cdot 17 & \mathbf{4}\cdot 13 & \mathbf{4}\cdot 9 & \mathbf{4}\cdot 11 \\ \mathbf{4}\cdot 27 & \mathbf{4}\cdot 17 & \mathbf{4}\cdot 11 & \mathbf{4}\cdot 7 \\ \mathbf{4}\cdot 5 & \mathbf{4}\cdot 13 & \mathbf{4}\cdot 16 & \mathbf{4}\cdot 6 \end{pmatrix} = \begin{pmatrix} 68 & 52 & 36 & 44 \\ 108 & 68 & 44 & 28 \\ 20 & 52 & 64 & 24 \end{pmatrix} = \mathbf{4}\cdot\begin{pmatrix} 17 & 13 & 9 & 11 \\ 27 & 17 & 11 & 7 \\ 5 & 13 & 16 & 6 \end{pmatrix} = \mathbf{4}\cdot C = C\cdot 4$$

Festlegung

Eine Matrix $A = (a_{ij})$ wird mit einer **reellen Zahl (Skalar) k** multipliziert, indem man jedes Element von A mit der reellen Zahl k multipliziert.

$k\cdot A = k\cdot(a_{ij}) = (ka_{ij});\quad k \in \mathbb{R}$

Beispiele

a) $\frac{1}{2}\begin{pmatrix} 2 & 6 & 1 \\ -3 & 8 & -2 \end{pmatrix} = \begin{pmatrix} 1 & 3 & 0{,}5 \\ -1{,}5 & 4 & -1 \end{pmatrix}$

b) $-2\begin{pmatrix} 0{,}5 & -5 & 0 \\ 2 & -3 & 3{,}5 \\ -1 & 2 & -4 \end{pmatrix} = \begin{pmatrix} -1 & 10 & 0 \\ -4 & 6 & -7 \\ 2 & -4 & 8 \end{pmatrix}$

c) $\begin{pmatrix} -4 \\ -8 \\ 16 \end{pmatrix} = 4\begin{pmatrix} -1 \\ -2 \\ 4 \end{pmatrix}$

Hinweis: Einen gemeinsamen Faktor aller Elemente der Matrix kann man vor die Matrix „ziehen“ (ausklammern).

d) $\begin{pmatrix} \frac{1}{7} & \frac{3}{14} \\ \frac{-3}{7} & \frac{5}{14} \end{pmatrix} = \frac{1}{14}\begin{pmatrix} 2 & 3 \\ -6 & 5 \end{pmatrix}$

e) $3A - 4B = 3\begin{pmatrix} 1 & 4 \\ -2 & 5 \\ 3 & 6 \end{pmatrix} - 4\begin{pmatrix} -2 & -7 \\ 0 & 1 \\ 1 & -3 \end{pmatrix} = \begin{pmatrix} 3 & 12 \\ -6 & 15 \\ 9 & 18 \end{pmatrix} - \begin{pmatrix} -8 & -28 \\ 0 & 4 \\ 4 & -12 \end{pmatrix} = \begin{pmatrix} 11 & 40 \\ -6 & 11 \\ 5 & 30 \end{pmatrix}$

Beachten Sie

$A + B = B + A$	**Kommutativgesetz**
$(A + B) + C = A + (B + C) = A + B + C$	**Assoziativgesetz**
Für $k \in \mathbb{R}$ gilt: $k\cdot A = A\cdot k$ $k\cdot(A + B) = k\cdot A + k\cdot B$	**Multiplikation mit einem Skalar k.**

Beispiel 2

➲ In den Betrieben Hirter und Hart werden die Rohstoffe R_1, R_2 und R_3 verarbeitet. Die folgenden Tabellen geben an, wie viel ME der Rohstoffe wöchentlich gebraucht werden.

Hirter

	R_1	R_2	R_3
Woche 1	8	6	8
Woche 2	6	9	7
Woche 3	5	8	11

Hart

	R_1	R_2	R_3
Woche 1	7	6	7
Woche 2	5	8	7
Woche 3	5	4	10

Wie groß ist der Verbrauch an Rohstoffen für beide Betriebe in den einzelnen Wochen?
Wie groß ist der Unterschied im Verbrauch der beiden Betriebe in den einzelnen Wochen?
Wie groß ist der Verbrauch an Rohstoffen für 5 Betriebe der Größe von Firma Hirter?

Lösung

Verbrauchsmatrix Hirter $A = \begin{pmatrix} 8 & 6 & 8 \\ 6 & 9 & 7 \\ 5 & 8 & 11 \end{pmatrix}$ **Verbrauchsmatrix** Hart $B = \begin{pmatrix} 7 & 6 & 7 \\ 5 & 8 & 7 \\ 5 & 4 & 10 \end{pmatrix}$

Die Verbrauchsmatrizen sind 3×3-Matrizen (3 Zeilen und 3 Spalten).

Hinweis:
Eine $\mathbf{m \times n}$ Matrix besteht aus **m Zeilenvektoren** und **n Spaltenvektoren.**

Verbrauchsvektor bzw. Verbrauchsmatrix für beide Betriebe **zusammen:**

R_1-Verbrauch: $\begin{pmatrix} 8 \\ 6 \\ 5 \end{pmatrix} + \begin{pmatrix} 7 \\ 5 \\ 5 \end{pmatrix} = \begin{pmatrix} 15 \\ 11 \\ 10 \end{pmatrix}$

Rohstoff-Verbrauch: $A + B = \begin{pmatrix} 8 & 6 & 8 \\ 6 & 9 & 7 \\ 5 & 8 & 11 \end{pmatrix} + \begin{pmatrix} 7 & 6 & 7 \\ 5 & 8 & 7 \\ 5 & 4 & 10 \end{pmatrix} = \begin{pmatrix} 15 & 12 & 15 \\ 11 & 17 & 14 \\ 10 & 12 & 21 \end{pmatrix}$ **Addition von zwei Matrizen**

Vergleich des Rohstoffverbrauchs in beiden Betrieben:

Für R_1: $\begin{pmatrix} 8 \\ 6 \\ 5 \end{pmatrix} - \begin{pmatrix} 7 \\ 5 \\ 5 \end{pmatrix} = \begin{pmatrix} 1 \\ 1 \\ 0 \end{pmatrix}$

für alle Rohstoffe: $A - B = \begin{pmatrix} 8 & 6 & 8 \\ 6 & 9 & 7 \\ 5 & 8 & 11 \end{pmatrix} - \begin{pmatrix} 7 & 6 & 7 \\ 5 & 8 & 7 \\ 5 & 4 & 10 \end{pmatrix} = \begin{pmatrix} 1 & 0 & 1 \\ 1 & 1 & 0 \\ 0 & 4 & 1 \end{pmatrix}$ **Subtraktion von zwei Matrizen**

Die Firma Hart braucht nie mehr Rohstoffe (R_1) als Firma Hirter.
Beide Firmen weisen mehrfach den gleichen Rohstoffbedarf auf.
Verbrauch von 5 Betrieben der Größe von Firma Hirter:

Für R_1: $5 \cdot \begin{pmatrix} 8 \\ 6 \\ 5 \end{pmatrix} = \begin{pmatrix} 40 \\ 30 \\ 25 \end{pmatrix}$

für alle Rohstoffe: $5A = 5 \cdot \begin{pmatrix} 8 & 6 & 8 \\ 6 & 9 & 7 \\ 5 & 8 & 11 \end{pmatrix} = \begin{pmatrix} 40 & 30 & 40 \\ 30 & 45 & 35 \\ 25 & 40 & 55 \end{pmatrix}$ **Skalare Multiplikation**

Aufgaben

1 Gegeben sind $A = \begin{pmatrix} 1 & -4 & 2 \\ -2 & 5 & 3 \\ 0 & -1 & 7 \end{pmatrix}$, $B = \begin{pmatrix} 2 & -1 & -1 \\ 0 & -5 & 3 \\ -3 & 1 & 4 \end{pmatrix}$, $\vec{x} = \begin{pmatrix} 5 \\ 1 \\ 3 \end{pmatrix}$ und $\vec{y} = \begin{pmatrix} 4 \\ -1 \\ -2 \end{pmatrix}$. Berechnen Sie.

a) $A + B$ b) $2A - B$ c) $\frac{1}{2}(A + B)$ d) $3A - 4B$ e) $\vec{x} - \vec{y}$ f) $2\vec{x} + 3\vec{y}$

2 Die Brauereien Harle und Brodmann verbrauchen wöchentlich Hopfen, Malz und Wasser. Die Angaben in ME für einen Monat ist in folgenden Tabellen zusammengefasst.

Harle	Hopfen	Malz	Wasser
Woche 1	8	5	13
Woche 2	10	7	6
Woche 3	7	9	6
Woche 4	11	8	10

Brodmann	Hopfen	Malz	Wasser
Woche 1	9	5	13
Woche 2	10	7	7
Woche 3	9	10	6
Woche 4	12	10	12

Wie groß ist der Verbrauch an Rohstoffen für beide Betriebe in den einzelnen Wochen? Wie groß ist der Unterschied im Verbrauch der beiden Betriebe in den einzelnen Wochen? Berechnen Sie jeweils die Summe über die erste Spalte. Erläutern Sie Ihre Ergebnisse.

3 Die folgenden Tabellen zeigen den Lagerbestand an Motoren in den Werken I, II und III zu Quartalsbeginn, die Zugänge und die Abgänge im Quartal. Übertragen Sie die Tabellen in Matrizen und berechnen Sie den Lagerbestand am Quartalsende.

Lagerbestand			
	Werk		
Motor	I	II	III
A	300	410	435
B	280	370	505
C	175	412	525

Zugänge			
	Werk		
Motor	I	II	III
A	600	940	1200
B	870	730	1020
C	425	920	760

Abgänge			
	Werk		
Motor	I	II	III
A	700	1050	1450
B	940	815	1204
C	520	865	785

4 Die folgenden Tabellen weisen die Verkaufszahlen der ersten zwei Monate des Jahres und die Gesamtzahlen für das erste Quartal aus.

Januar			
	Filiale		
Ware	W	R	L
1	26	59	35
2	83	76	35
3	75	102	29

Februar			
	Filiale		
Ware	W	R	L
1	32	91	69
2	73	68	51
3	62	62	57

1. Quartal			
	Filiale		
Ware	W	R	L
1	112	205	156
2	256	198	134
3	156	212	122

a) Berechnen Sie die Verkaufszahlen für den Monat März.

b) Wie viel Waren werden in den einzelnen Filialen voraussichtlich während des ganzen Jahres verkauft? Erstellen Sie eine sinnvolle Schätzung.

3.1.3 Multiplikation von Matrizen

Beispiel

Herbert kauft zum Schuljahresbeginn Schreibwaren ein.
Er führt einen Preisvergleich zwischen der Juniorenfirma und einem Schreibwarenladen durch.

Juniorenfirma

Menge	Stückpreis (in €)	Preis (in €)
4 Schreibblöcke	1,10	4 · 1,10 = 4,40
3 Kugelschreiber	0,60	3 · 0,60 = 1,80
5 Bleistifte	0,40	5 · 0,40 = 2,00
Gesamtpreis:		8,20

Schreibwarenladen

Menge	Stückpreis (in €)	Preis (in €)
4 Schreibblöcke	1,20	4 · 1,20 = 4,80
3 Kugelschreiber	0,50	3 · 0,50 = 1,50
5 Bleistifte	0,45	5 · 0,45 = 2,25
Gesamtpreis:		8,55

Den Gesamtpreis kann man mit dem **Schema von Falk** berechnen.

Juniorenfirma

	$\begin{pmatrix} 1{,}10 \\ 0{,}60 \\ 0{,}40 \end{pmatrix}$ Stückpreisvektor
(4 3 5)	4 · 1,10 + 3 · 0,60 + 5 · 0,40 = **8,20**
Mengenvektor	**Gesamtpreis**

Zeilenvektor $\vec{a}$ mal Spaltenvektor $\vec{b}$ ergibt eine Zahl (Skalar).

	$\vec{b}$
$\vec{a}$	$\vec{a} \cdot \vec{b}$ = Zahl

Beachten Sie

Das Produkt aus einem **Zeilenvektor** und einem **Spaltenvektor** heißt **Skalarprodukt**.
Das Skalarprodukt ist **eine Zahl.**

Juniorenfirma/Schreibwarenladen

	$\begin{pmatrix} 1{,}10 & 1{,}20 \\ 0{,}60 & 0{,}50 \\ 0{,}40 & 0{,}45 \end{pmatrix}$ Stückpreisvektor
(4 3 5)	(8,20 8,55)
Mengenvektor	**Gesamtpreisvektor**

Zeilenvektor $\vec{a}$ mal Matrix B ergibt einen Zeilenvektor.

	B
$\vec{a}$	$\vec{a} \cdot B$ Zeilenvektor

Karl möchte die gleichen Artikel einkaufen wie Herbert, nur braucht er andere Stückzahlen: Mengenvektor $\vec{a} = (7 \;\; 5 \;\; 2)$.

Er führt auch einen Preisvergleich zwischen der Juniorenfirma und dem Schreibwarenladen durch. Der Gesamtpreis, den Herbert und Karl bezahlen müssten, kann wieder mit dem **Falk'schen Schema** berechnet werden.

		Jufi Laden	
		$\begin{pmatrix} 1{,}10 & 1{,}20 \\ 0{,}60 & 0{,}50 \\ 0{,}40 & 0{,}45 \end{pmatrix}$	Stückpreismatrix
Herbert: Karl:	$\begin{pmatrix} 4 & 3 & 5 \\ 7 & 5 & 2 \end{pmatrix}$	$\begin{pmatrix} 8{,}20 & 8{,}55 \\ 11{,}50 & 11{,}80 \end{pmatrix}$	
	Mengenmatrix	**Gesamtpreismatrix**	

Matrix A mal Matrix B ergibt eine Matrix:

	B
A	A·B Matrix

Z. B.: $7 \cdot 1{,}20 + 5 \cdot 0{,}50 + 2 \cdot 0{,}45 = 11{,}80$

Definition der Matrizenmultiplikation

Das Produkt zweier Matrizen $A = (a_{ij})$ und $B = (b_{rs})$ wird nach folgendem Schema berechnet.

	B
A	A·B

$$
\begin{array}{c|c}
 & \begin{pmatrix} b_{11} & b_{12} & \dots & b_{1\ell} & \dots & b_{1p} \\ b_{21} & b_{22} & \dots & b_{2\ell} & \dots & b_{2p} \\ \vdots & \vdots & & \vdots & & \\ b_{n1} & b_{n2} & \dots & b_{n\ell} & \dots & b_{np} \end{pmatrix} = B \\ \hline
A = \begin{pmatrix} a_{11} & a_{12} & \dots & a_{1n} \\ a_{21} & a_{22} & \dots & a_{2n} \\ \vdots & \vdots & & \vdots \\ a_{k1} & a_{k2} & \dots & a_{kn} \\ \vdots & \vdots & & \vdots \\ a_{m1} & a_{m2} & \dots & a_{mn} \end{pmatrix} & \begin{pmatrix} c_{11} & c_{12} & \dots & c_{1\ell} & \dots & c_{1p} \\ c_{21} & c_{22} & \dots & c_{2\ell} & \dots & c_{2p} \\ & & & & & \\ \vdots & \vdots & & c_{k\ell} & & \vdots \\ & & & & & \\ c_{m1} & c_{m2} & \dots & c_{m\ell} & \dots & c_{mp} \end{pmatrix} = A \cdot B
\end{array}
$$

Berechnung des Elementes $c_{k\ell}$: $c_{k\ell} = a_{k1} \cdot b_{1\ell} + a_{k2} \cdot b_{2\ell} + \dots + a_{kn} \cdot b_{n\ell} = \sum_{j=1}^{n} a_{kj} \cdot b_{j\ell}$

Hinweis: A·B kann nur berechnet werden, wenn die Anzahl der Spalten von A mit der Anzahl der Zeilen von B übereinstimmt. $A_{(m;\,n)} \cdot B_{(n;\,p)} = C_{(m;\,p)}$.

Beispiel: $A_{(2;\,3)} \cdot B_{(3;\,4)} = C_{(2;\,4)}$

Beispiel 1

➲ Gegeben sind die Matrizen $A = \begin{pmatrix} 2 & -1 \\ 5 & -3 \end{pmatrix}$ und $B = \begin{pmatrix} 2 & -1 \\ 3 & 0 \end{pmatrix}$.
Berechnen Sie A · B und B · B.

Lösung

$A \cdot B = \begin{pmatrix} 2 & -1 \\ 5 & -3 \end{pmatrix} \cdot \begin{pmatrix} 2 & -1 \\ 3 & 0 \end{pmatrix} = \begin{pmatrix} 1 & -2 \\ 1 & -5 \end{pmatrix}$

$B \cdot B = \begin{pmatrix} 2 & -1 \\ 3 & 0 \end{pmatrix}^2 = \begin{pmatrix} 1 & -2 \\ 6 & -3 \end{pmatrix}$

$B \cdot B = B^2$ Matrixpotenz

Schema von Falk

$$
\begin{array}{c|c}
 & \begin{pmatrix} 2 & -1 \\ 3 & 0 \end{pmatrix} \\ \hline
\begin{pmatrix} 2 & -1 \\ 5 & -3 \end{pmatrix} & \begin{pmatrix} 1 & -2 \\ 1 & -5 \end{pmatrix}
\end{array}
\qquad
\begin{array}{c|c}
 & \textbf{B} \\ \hline
\textbf{A} & \textbf{A} \cdot \textbf{B}
\end{array}
$$

$$
\begin{array}{c|c}
 & \begin{pmatrix} 2 & -1 \\ 3 & 0 \end{pmatrix} \\ \hline
\begin{pmatrix} 2 & -1 \\ 3 & 0 \end{pmatrix} & \begin{pmatrix} 1 & -2 \\ 6 & -3 \end{pmatrix}
\end{array}
\qquad
\begin{array}{c|c}
 & \textbf{B} \\ \hline
\textbf{B} & \textbf{B} \cdot \textbf{B} = \textbf{B}^2
\end{array}
$$

Beispiel 2

➲ Gegeben sind die Matrizen $A = \begin{pmatrix} 2 & -1 & -1 \\ 5 & -3 & -4 \\ -1 & 0 & 1 \end{pmatrix}$, $B = \begin{pmatrix} 2 & -1 & 5 \\ 3 & 0 & -4 \\ 1 & -4 & 0 \end{pmatrix}$ und $E = \begin{pmatrix} 1 & 0 & 0 \\ 0 & 1 & 0 \\ 0 & 0 & 1 \end{pmatrix}$.
Berechnen Sie.

a) $A \cdot B$ und $B \cdot A$

b) $A \cdot E$ und $E \cdot A$

Lösung

a) $A \cdot B = \begin{pmatrix} 0 & 2 & 14 \\ -3 & 11 & 37 \\ -1 & -3 & -5 \end{pmatrix}$ Berechnung im Schema:

	B
A	A·B

$B \cdot A = \begin{pmatrix} -6 & 1 & 7 \\ 10 & -3 & -7 \\ -18 & 11 & 15 \end{pmatrix}$ Berechnung im Schema:

	A
B	B·A

Beachten Sie

$A \cdot B \neq B \cdot A$ (im Allgemeinen) Die Matrizenmultiplikation ist **nicht kommutativ**.

b) $A \cdot E = \begin{pmatrix} 2 & -1 & -1 \\ 5 & -3 & -4 \\ -1 & 0 & 1 \end{pmatrix} \cdot \begin{pmatrix} 1 & 0 & 0 \\ 0 & 1 & 0 \\ 0 & 0 & 1 \end{pmatrix} = A$; $E \cdot A = \begin{pmatrix} 1 & 0 & 0 \\ 0 & 1 & 0 \\ 0 & 0 & 1 \end{pmatrix} \begin{pmatrix} 2 & -1 & -1 \\ 5 & -3 & -4 \\ -1 & 0 & 1 \end{pmatrix} = \begin{pmatrix} 2 & -1 & -1 \\ 5 & -3 & -4 \\ -1 & 0 & 1 \end{pmatrix} = A$

Beachten Sie

$A \cdot E = E \cdot A = A$ E steht für **Einheitsmatrix.**

E ist eine quadratische Matrix mit $e_{ij} = 1$ für $i = j$ und $e_{ij} = 0$ für $i \neq j$.

$E = \begin{pmatrix} 1 & 0 \\ 0 & 1 \end{pmatrix}$ ist die (2; 2) Einheitsmatrix; $E = \begin{pmatrix} 1 & 0 & 0 \\ 0 & 1 & 0 \\ 0 & 0 & 1 \end{pmatrix}$ ist die (3; 3) Einheitsmatrix.

Beispiel 3

➲ Gegeben sind die Rohstoff-Zwischenprodukt-Tabelle und die Zwischenprodukt-Endprodukt-Tabelle. Die zugehörigen Matrizen werden mit A bzw. B bezeichnet.
Berechnen Sie $A \cdot B = C$ und interpretieren Sie das Element c_{13}.

	Z_1	Z_2
R_1	4	2
R_2	3	5

	E_1	E_2	E_3
Z_1	2	1	5
Z_2	7	4	7

Lösung

Rohstoff-Zwischenprodukt-Matrix: $A = \begin{pmatrix} 4 & 2 \\ 3 & 5 \end{pmatrix}$

Zwischenprodukt-Endprodukt-Matrix: $B = \begin{pmatrix} 2 & 1 & 5 \\ 7 & 4 & 7 \end{pmatrix}$

Die Rohstoff-Endprodukt-Matrix C erhält man durch Multiplikation: $A \cdot B = \begin{pmatrix} 4 & 2 \\ 3 & 5 \end{pmatrix} \cdot \begin{pmatrix} 2 & 1 & 5 \\ 7 & 4 & 7 \end{pmatrix} = \begin{pmatrix} 22 & 12 & 34 \\ 41 & 23 & 50 \end{pmatrix} = C$

Bedeutung des Elements $c_{13} = 34$:

Für eine ME E_3 braucht man $4 \cdot 5 + 2 \cdot 7 = 34$ Rohstoffe R_1. Für die Produktion von 1 ME E_3 benötigt man 34 ME R_1 (und 50 ME R_2).

Hinweis: C beschreibt, wie viel ME der einzelnen Rohstoffe für je eine ME der Endprodukte benötigt werden.

Beispiel 4

➲ Ein Betrieb produziert aus den drei Rohstoffen R_1, R_2 und R_3 die Produkte P_1 und P_2. Der Materialfluss in Mengeneinheiten (ME) ist der Tabelle (Stückliste) zu entnehmen.
Ein Kunde erteilt einen Auftrag über 20 ME von P_1 und 15 ME von P_2. Berechnen Sie, wie viele ME der Rohstoffe von jeder Sorte benötigt werden.

	P_1	P_1
R_1	4	6
R_2	0	8
R_3	5	3

Lösung

Aus der Tabelle erhält man die Produktionsmatrix $C = \begin{pmatrix} 4 & 6 \\ 0 & 8 \\ 5 & 3 \end{pmatrix}$.

Die **1. Spalte** der Matrix gibt an, wie viel ME der einzelnen Rohstoffe R_1, R_2 und R_3 für die Herstellung von **1 ME P_1** benötigt werden: 4 ME R_1 und 5 ME R_3.

Die **1. Zeile** der Matrix gibt an, wie viel ME des Rohstoffes R_1 für die Herstellung von **1 ME von P_1 bzw. P_2** benötigt werden.

Berechnung des **Rohstoffbedarfs** am Beispiel von R_1:

			P_1	20
	P_1	P_2	P_2	15
R_1	4	6		$4 \cdot 20 + 6 \cdot 15 = 170$

$$(4 \;\; 6) \cdot \begin{pmatrix} 20 \\ 15 \end{pmatrix} = 170$$

Für die Herstellung von 20 ME von P_1 und 15 ME von P_2 braucht man 170 ME R_1.

Berechnung des Rohstoffbedarfs am Beispiel von R_2:

			P_1	20
	P_1	P_2	P_2	15
R_2	0	8		$0 \cdot 20 + 8 \cdot 15 = 120$

$$(0 \;\; 8) \cdot \begin{pmatrix} 20 \\ 15 \end{pmatrix} = 120$$

Für die Herstellung von 20 ME von P_1 und 15 ME von P_2 braucht man 120 ME R_2.
Multiplikation mit dem Produktionsvektor (als Spaltenvektor) ergibt die benötigte Menge an Rohstoffen.

$$\begin{pmatrix} 4 & 6 \\ 0 & 8 \\ 5 & 3 \end{pmatrix} \begin{pmatrix} 20 \\ 15 \end{pmatrix} = \begin{pmatrix} 170 \\ 120 \\ 145 \end{pmatrix}$$

$$C \cdot \vec{x} = \vec{r}$$

$$C \cdot \vec{x} = \vec{r}$$

Für die Herstellung von 20 ME von P_1 und 15 ME von P_2 braucht man 170 ME von R_1, 120 ME von R_2 und 145 ME von R_3.

Was man wissen sollte ... über das Rechnen mit Matrizen

Addition von Matrizen: A + B

Es können nur Matrizen vom **gleichen Typ** addiert werden.

$A + B = (a_{ij}) + (b_{ij}) = (a_{ij} + b_{ij})$

Eigenschaften

$A + O = O + A = A$	**O: Nullmatrix**
$A + B = B + A$	**Kommutativgesetz**
$(A + B) + C = A + (B + C) = A + B + C$	**Assoziativgesetz**

Skalare Multiplikation: k·A

Multiplikation einer Zahl $k \in \mathbb{R}$ (Skalar) mit einer Matrix.

$k \cdot A = k \cdot (a_{ij}) = (k \cdot a_{ij})$; $k \in \mathbb{R}$

Eigenschaften ($k \in \mathbb{R}$)

$k \cdot A = A \cdot k$

$k \cdot (A + B) = k \cdot A + k \cdot B$

Multiplikation zweier Matrizen: A·B

Die Spaltenzahl der Matrix A muss mit der Zeilenzahl der Matrix B übereinstimmen.
Ist A eine (m; n)- und B eine (n; p)-Matrix, dann gilt für das Format der Ergebnismatrix: **(m; n) · (n; p) ⟶ (m; p)**

Die Matrizenmultiplikation ist **nicht kommutativ**, d.h., $A \cdot B \neq B \cdot A$ (im Allg.).

Eigenschaften ($k \in \mathbb{R}$)

$(A \cdot B) \cdot C = A \cdot (B \cdot C) = A \cdot B \cdot C$	**Assoziativgesetz**
$(A + B) \cdot C = A \cdot C + B \cdot C$	**Distributivgesetz**
$A \cdot (B + C) = A \cdot B + A \cdot C$	
$A \cdot O = O \cdot A = O$	**O: Nullmatrix**
$A \cdot E = E \cdot A = A$	**E: Einheitsmatrix**

$k \cdot (A \cdot B) = (k \cdot A) \cdot B = A \cdot (k \cdot B) = (A \cdot B) \cdot k$

$(k \cdot A)^2 = k^2 \cdot A^2$ mit $A^2 = A \cdot A$

Skalarprodukt

Multiplikation eines **Zeilenvektors** mit einem **Spaltenvektor** ergibt eine **Zahl (Skalar)**.

Hinweis: Die Division zweier Matrizen ist nicht definiert.

Aufgaben

1 Gegeben sind die Matrizen A und B und die Vektoren $\vec{a}$ und $\vec{b}$ durch
$A = \begin{pmatrix} 2 & -3 & 0 \\ -1 & 2 & -5 \\ 0 & -5 & 1 \end{pmatrix}$, $B = \begin{pmatrix} 1 & -4 & 1 \\ 3 & 0 & -1 \\ -2 & 2 & 5 \end{pmatrix}$, $\vec{a} = \begin{pmatrix} -1 \\ 2 \\ 1 \end{pmatrix}$, $\vec{b} = (2 \;\; 3 \;\; -4)$. Berechnen Sie.

a) $A \cdot B$ b) $B \cdot \vec{a}$ c) B^2 d) $(A + E) \cdot B$
e) $\frac{1}{20} \cdot A \cdot \vec{a}$ f) $\vec{b} \cdot A$ g) $\vec{b} \cdot B \cdot A$ h) $\vec{b} \cdot \vec{a}$

2 Gegeben sind die Matrizen A, B und C durch $A = \begin{pmatrix} 2 & 3 & 0 \\ -1 & 5 & 2 \end{pmatrix}$; $B = \begin{pmatrix} 3 & -3 \\ -1 & 1 \\ 0 & 1 \end{pmatrix}$; $C = \begin{pmatrix} 0 & 4 & 0 \\ 2 & 1 & -1 \end{pmatrix}$.
Berechnen Sie.
a) $(2A + C) \cdot B$ b) $2B \cdot C$ c) $A \cdot B - B \cdot A$
Welche Folgerungen ergeben sich aus dem Ergebnis von c)?

3 Gegeben sind die Matrizen A und B durch $A = \begin{pmatrix} 1 & 2 \\ -1 & 3 \\ 2 & 4 \end{pmatrix}$ und $B = \begin{pmatrix} 4 & -2 \\ 0 & 5 \end{pmatrix}$.
Berechnen Sie $A \cdot B$ und $B^3 - 2B$.

4 Berechnen Sie x, sodass $(2{,}5 \;\; 0{,}75 \;\; 0{,}5 \;\; 0{,}25)\begin{pmatrix} x \\ x \\ x \\ x \end{pmatrix} + (12 \;\; 15 \;\; 16 \;\; 20)\begin{pmatrix} x \\ x \\ x \\ x \end{pmatrix} + 50 = 251$ ergibt.

5 Gegeben sind die Matrizen $A = \begin{pmatrix} 1 & 1 & 1 & 2 \\ 2 & 6 & -8 & -1 \end{pmatrix}$ und $B = \begin{pmatrix} 5 & -5 \\ 4 & 4 \\ 2 & -3 \\ -1 & 1 \end{pmatrix}$.
Berechnen Sie $A \cdot B$ und $B \cdot A$. Vergleichen Sie.

6 Gegeben sind die Vektoren $\vec{k} = (2 \;\; 1 \;\; 3)$, $\vec{p} = \begin{pmatrix} -3 \\ 1 \\ 5 \end{pmatrix}$ und die Matrix $C = \begin{pmatrix} 2 & 1 & 1 \\ 1 & 3 & 1 \\ 4 & 2 & 1 \end{pmatrix}$.
Berechnen Sie $\vec{k} \cdot \vec{p}$ und $\vec{k} \cdot C \cdot \vec{p}$.

7 Gegeben sind die Matrizen A und B durch $A = \begin{pmatrix} 4 & 1 & -8 & 5 \\ 2 & 10 & -4 & -1 \\ -5 & 9 & 7 & 3 \\ 4 & 4 & -6 & 7 \end{pmatrix}$ und $B = \begin{pmatrix} -4 & 2 \\ 3 & -1 \\ 0 & 6 \\ 4 & -8 \end{pmatrix}$.

a) Berechnen Sie die Elemente c_{31} und c_{42} des Matrizenproduktes $C = A \cdot B$.
b) Das Element a_{31} der Matrix A wird geändert zu 2,5; das Element b_{22} der Matrix B wird geändert zu 1,5. Berechnen Sie nun das neue Element c_{32} des Matrizenproduktes $C = A \cdot B$.

8 Die Brauerei Harle kann ihre Rohstoffe von zwei Lieferanten beziehen. Die Lieferanten können wochenweise gewechselt werden.

Preis in GE/ME	Hopfen AG Süd	Westmalz AG
Hopfen	40	45
Malz	133	127
Wasser	80	76

Harle	Hopfen	Malz	Wasser
Woche 1	8	5	13
Woche 2	10	7	6
Woche 3	7	9	6
Woche 4	11	8	10

Welchen Lieferanten empfehlen Sie der Brauerei?

9 Das Aktienpaket von Frau Honess umfasst 30 Aktien der Firma Hut, 40 Aktien der Firma Geha und 55 Aktien der Firma Schmal. Die Aktienkurse liegen heute bei 38,40 €, 105,25 € bzw. 455,80 €. Frau Honess werden 55 000 € für das Aktienpaket angeboten.
Beraten Sie Frau Honess, indem Sie eine Matrizenrechnung durchführen.

10 Bestimmen Sie a und b so, dass für die Matrix $A = \begin{pmatrix} 1 & a \\ 2 & b \end{pmatrix}$ gilt: $A^2 = E$.

11 Gegeben ist die Matrix $A = \begin{pmatrix} 1 & 2 \\ 0 & 1 \end{pmatrix}$. Berechnen Sie A^3 und geben Sie A^n an.

12 Berechnen Sie a, b und d, so dass $\begin{pmatrix} 2 & 1 \\ 4 & 3 \end{pmatrix} \cdot \begin{pmatrix} a & 2 \\ 5 & b \end{pmatrix} = \begin{pmatrix} 3 & c \\ d & 26 \end{pmatrix}$.

13 Ein Betrieb stellt aus den zwei Rohstoffen R_1 und R_2 die Produkte E_1, E_2 und E_3 her. Der Materialfluss in ME ist der Tabelle zu entnehmen. Berechnen Sie, wie viel ME der Rohstoffe für die Produktion von 80 ME von E_1, 60 ME von E_2 und 110 ME von E_3 benötigt werden.

	E_1	E_2	E_3
R_1	2	1	3
R_2	4	0	2

14 Gegeben sind die Rohstoff-Zwischenprodukt-Matrix $A = \begin{pmatrix} 1 & 3 & 6 \\ 2 & 5 & 4 \end{pmatrix}$ und die Zwischenprodukt-Endprodukt-Matrix $B = \begin{pmatrix} 3 & 1 & 7 \\ 5 & 4 & 6 \\ 2 & 2 & 3 \end{pmatrix}$.

Berechnen Sie $C = (c_{ij}) = A \cdot B$ und interpretieren Sie das Element c_{21}.

15 Ein Unternehmen stellt drei Erzeugnisse E_1, E_2 und E_3 her, die auf drei Automaten bearbeitet werden. Die Bearbeitungszeit je Stück und die Produktionszahlen von zwei Arbeitsperioden sind in nachstehenden Tabellen zusammengefasst.

	benötigte Zeit (Min.) je Stück		
Automat	E_1	E_2	E_3
1	2	3	2
2	2	5	1
3	1	3	2

	Produktion in Periode	
	I	II
E_1	210	120
E_2	180	220
E_3	320	300

a) Berechnen Sie die Maschinenlaufzeiten der einzelnen Automaten je Arbeitsperiode.

b) Bestimmen Sie die Auslastung der Automaten in %, wenn die maximal zur Verfügung stehende Maschinenlaufzeit für alle Automaten 120 Stunden in Periode I und 100 Stunden in Periode II betrug.

16 Kuhn & Co. stellt Edelstahl her. Der Bedarf in Tonnen für drei Wochen und die Preise der Lieferanten in €/Tonne sind in der Tabelle aufgelistet.

Bedarf	Eisenerz	Steinkohle
Woche 1	8	9
Woche 2	4	8
Woche 3	5	5

Preise	Ruhr AG	Alco AG	Tiess AG
Eisenerz	530	580	570
Steinkohle	430	410	440

Welcher Lieferant ist der kostengünstigste?

3.2 Lineare Gleichungssysteme

Modellierung einer Situation

Der Bootsverleiher Jakob bietet Boote verschiedenen Typs zum Ausleihen an.
Die entsprechenden Preise sind in der nachfolgenden Tabelle aufgelistet.

Bootstyp	Preis je Stunde
Motorboot	40 €
Elektroboot	30 €
Tretboot	15 €

An einem schönen Sommertag sind alle 37 Boote gleichzeitig ausgeliehen.
Die Einnahmen nach einer Stunde betragen 945 €.
Der Bootsverleiher hat 6 Tretboote mehr als Elektroboote.
Wie viele Motor-, Elektro- und Tretboote besitzt der Bootsverleiher jeweils?

In der letzten Stunde vor Ausleihschluss sind nur noch 20 Boote auf dem See.
Die Einnahmen belaufen sich in dieser Abendstunde auf 470 €.
Herr Jakob und sein Freund sind sich uneinig über die Zahl der Motorboote auf dem See.
Herr Jakob behauptet, es sind 4 Motorboote auf dem See, sein Freund dagegen sagt, es sind 5 Motorboote auf dem See.
Wer hat Recht?

Bearbeiten Sie diese Situation, nachdem Sie die rechts aufgeführten **Qualifikationen** und **Kompetenzen** erworben haben.

Qualifikationen & Kompetenzen

- Lineare Gleichungssysteme lösen
- Matrizenschreibweise nutzen

3.2.1 Einführung

Lineare Gleichungssysteme haben eine zentrale Bedeutung in verschiedenen Bereichen der Mathematik. Nicht nur zur Bestimmung einer Parabelgleichung stellen wir ein lineares Gleichungssystem auf. Mit einem linearen Gleichungssystem lassen sich auch zahlreiche Probleme aus Technik und Wirtschaft modellieren und damit lösen. Aus dem Wissen über die unbekannten Größen, die bei diesen Problemen auftauchen, leiten wir Gleichungen her. Eine zentrale Aufgabe der linearen Algebra ist die **Lösung linearer Gleichungssysteme**.

Beispiel

➲ Obstbäuerin Huber liefert Äpfel der Sorten Boskop (B), Jonathan (J) und Elstar (E) an den Großmarkt. Die Lieferungen der letzten 3 Tage (in kg) lassen sich aus der Tabelle ablesen.

	B	J	E
T_1	40	40	100
T_2	80	40	20
T_3	40	80	40

Der Großhändler überweist für die Lieferung am 1. Tag (T_1) 320 €, für die Lieferung am 2. Tag (T_2) 240 € und für die Lieferung am 3. Tag (T_3) 240 €. Wie hoch ist jeweils der Preis pro kg für die einzelnen Apfelsorten?

Lösung

Frau Huber erhält
für 1 kg B x_1 €,
für 1 kg J x_2 € und
für 1 kg E x_3 €.

Sie erhält
für 40 kg B $40x_1$ €,
für 40 kg J $40x_2$ € und
für 100 kg E $100x_3$ €,

insgesamt 320 €.

Zugehörige Gleichung: $40x_1 + 40x_2 + 100x_3 = 320$

Für die Lieferung aller 3 Tage ergibt sich ein **lineares Gleichungssystem (LGS)**:

$$\begin{aligned} 40x_1 + 40x_2 + 100x_3 &= 320 \\ 80x_1 + 40x_2 + 20x_3 &= 240 \\ 40x_1 + 80x_2 + 40x_3 &= 240 \end{aligned}$$

Umformung des LGS mit dem **Gauß'schen Eliminationsverfahren (Gauß-Algorithmus)**

Gleichungen

$$\begin{aligned} 40x_1 + 40x_2 + 100x_3 &= 320 \quad \cdot(-2)\ \cdot(-1) \\ 80x_1 + 40x_2 + 20x_3 &= 240 \quad + \\ 40x_1 + 80x_2 + 40x_3 &= 240 \quad + \end{aligned}$$

$$\begin{aligned} 40x_1 + 40x_2 + 100x_3 &= 320 \\ -40x_2 - 180x_3 &= -400 \\ 40x_2 - 60x_3 &= -80 \quad + \end{aligned}$$

$$\begin{aligned} 40x_1 + 40x_2 + 100x_3 &= 320 \\ -40x_2 - 180x_3 &= -400 \\ -240x_3 &= -480 \end{aligned}$$

Stufenform

Matrixschreibweise

$$\begin{matrix} x_1 & x_2 & x_3 \end{matrix}$$
$$\left(\begin{array}{ccc|c} 40 & 40 & 100 & 320 \\ 80 & 40 & 20 & 240 \\ 40 & 80 & 40 & 240 \end{array}\right) \quad \cdot(-2)\ \cdot(-1)$$

$$\left(\begin{array}{ccc|c} 40 & 40 & 100 & 320 \\ 0 & -40 & -180 & -400 \\ 0 & 40 & -60 & -80 \end{array}\right) \quad +$$

$$\left(\begin{array}{ccc|c} 40 & 40 & 100 & 320 \\ 0 & -40 & -180 & -400 \\ 0 & 0 & -240 & -480 \end{array}\right)$$

Dreiecksform

Die letzte Zeile der Matrix entspricht der Gleichung:

$-240x_3 = -480$

$x_3 = 2$

Die zweite Zeile entspricht der Gleichung:

$-40x_2 - 180x_3 = -400$

Einsetzen von $x_3 = 2$ ergibt:

$-40x_2 - 180 \cdot 2 = -400$

$x_2 = 1$

Die erste Zeile entspricht der Gleichung:

$40x_1 + 40x_2 + 100x_3 = 320$

Einsetzen von $x_2 = 1$ und $x_3 = 2$ ergibt:

$40x_1 + 40 \cdot 1 + 100 \cdot 2 = 320$

$x_1 = 2$

Lösung: $x_1 = 2;\ x_2 = 1;\ x_3 = 2$

Schreibweise: **Lösungsvektor** $\vec{x} = \begin{pmatrix} x_1 \\ x_2 \\ x_3 \end{pmatrix} = \begin{pmatrix} 2 \\ 1 \\ 2 \end{pmatrix}$

Frau Huber erhält für 1 kg Boskop 2 €, für 1 kg Jonathan 1 € und für 1 kg Elstar 2 €.

Beachten Sie

Lineares Gleichungssystem mit m Gleichungen, n Unbekannten $x_1, x_2, x_3, \ldots, x_n$ und den Koeffizienten a_{ij}:

$$\begin{matrix} a_{11}x_1 & + & a_{12}x_2 & + & a_{13}x_3 & + & \ldots & + & a_{1n}x_n & = & b_1 \\ a_{21}x_1 & + & a_{22}x_2 & + & a_{23}x_3 & + & \ldots & + & a_{2n}x_n & = & b_2 \\ \vdots & & \vdots & & \vdots & & \vdots & & & & \\ a_{m1}x_1 & + & a_{m2}x_2 & + & a_{m3}x_3 & + & \ldots & + & a_{mn}x_n & = & b_m \end{matrix}$$

Eine **Lösung** eines linearen Gleichungssystems mit n Unbekannten besteht aus n Zahlen, die allen Gleichungen genügen. Sind $b_1, b_2, \ldots b_m$ alle null, so heißt das LGS **homogen**, ansonsten **inhomogen**.

Beispiel für ein LGS

$$\begin{aligned} 40x_1 + 40x_2 + 100x_3 &= 320 \\ 80x_1 + 40x_2 + 20x_3 &= 240 \\ 40x_1 + 80x_2 + 40x_3 &= 240 \end{aligned}$$

LGS in Matrixschreibweise

$$\left(\begin{array}{ccc|c} 40 & 40 & 100 & 320 \\ 80 & 40 & 20 & 240 \\ 40 & 80 & 40 & 240 \end{array}\right)$$

3.2.2 Umformung und Lösung eines linearen Gleichungssystems

Beispiel 1

➲ Lösen Sie das lineare Gleichungssystem:

$$\begin{aligned} -x_1 - x_2 - 2x_3 &= -3 \\ -12x_1 - 7x_2 - 18x_3 &= -2 \\ 5x_1 + x_2 + 6x_3 &= -9 \end{aligned}$$

Lösung

Gleichungen

$$\begin{aligned} -x_1 - x_2 - 2x_3 &= -3 \quad \cdot(-12);\ \cdot 5 \\ -12x_1 - 7x_2 - 18x_3 &= -2 \quad + \\ 5x_1 + x_2 + 6x_3 &= -9 \quad + \end{aligned}$$

$$\begin{aligned} -x_1 - x_2 - 2x_3 &= -3 \\ 5x_2 + 6x_3 &= 34 \quad :4 \\ -4x_2 - 4x_3 &= -24 \quad +;\ \cdot 5 \end{aligned}$$

$$\begin{aligned} -x_1 - x_2 - 2x_3 &= -3 \\ 5x_2 + 6x_3 &= 34 \\ 4x_3 &= 16 \end{aligned}$$

Stufenform

Matrixschreibweise

$$\begin{array}{ccc} x_1 & x_2 & x_3 \end{array}$$

$$\left(\begin{array}{ccc|c} -1 & -1 & -2 & -3 \\ -12 & -7 & -18 & -2 \\ 5 & 1 & 6 & -9 \end{array}\right) \quad \cdot(-12)\ +;\ \cdot(-1)\ +$$

$$\left(\begin{array}{ccc|c} -1 & -1 & -2 & -3 \\ 0 & 5 & 6 & 34 \\ 0 & -4 & -4 & -24 \end{array}\right) \quad :4\ +;\ \cdot 5$$

$$\left(\begin{array}{ccc|c} -1 & -1 & -2 & -3 \\ 0 & 5 & 6 & 34 \\ 0 & 0 & 4 & 16 \end{array}\right)$$

Dreiecksform

Letzte Gleichung: $4x_3 = 16$ — $x_3 = 4$

Einsetzen von $x_3 = 4$ in $5x_2 + 6x_3 = 34$: — $5x_2 + 6 \cdot 4 = 34$

$x_2 = 2$

Einsetzen von $x_3 = 4$ und $x_2 = 2$ in $-x_1 - x_2 - 2x_3 = -3$: — $-x_1 - 2 - 2 \cdot 4 = -3$

$x_1 = -7$

Das LGS hat die Lösung: $x_1 = -7;\ x_2 = 2;\ x_3 = 4$

Lösungsvektor: $\vec{x} = \begin{pmatrix} -7 \\ 2 \\ 2 \end{pmatrix}$

Das LGS hat **genau eine Lösung**, es ist **eindeutig lösbar**.

Hinweis: Die Matrix $\begin{pmatrix} -1 & -1 & -2 \\ -12 & -7 & -18 \\ 5 & 1 & 6 \end{pmatrix}$ heißt **Koeffizientenmatrix.**

Die Matrix $\left(\begin{array}{ccc|c} -1 & -1 & -2 & -3 \\ -12 & -7 & -18 & -2 \\ 5 & 1 & 6 & -9 \end{array}\right)$ heißt **erweiterte Koeffizientenmatrix.**

Beispiel 2

➲ Gegeben ist das LGS:

$$\begin{aligned} x_1 - \ x_3 &= 1 \\ x_1 + 2x_2 &= 3 \\ -4x_1 + 2x_2 + x_3 &= -10 \end{aligned}$$

Berechnen Sie die Lösung.

Lösung

LGS in Matrixschreibweise

$$\begin{array}{ccc} x_1 & x_2 & x_3 \end{array}$$

$$\left(\begin{array}{ccc|c} 1 & 0 & -1 & 1 \\ 1 & 2 & 0 & 3 \\ -4 & 2 & 1 & -10 \end{array}\right) \quad \text{Zeile 1}\cdot(-1) + \text{Zeile 2}; \quad \text{Zeile 1}\cdot 4 + \text{Zeile 3}$$

Umformung mit dem Gaußverfahren

$$\left(\begin{array}{ccc|c} 1 & 0 & -1 & 1 \\ 0 & 2 & 1 & 2 \\ 0 & 2 & -3 & -6 \end{array}\right) \quad \text{Zeile 2}\cdot(-1) + \text{Zeile 3}$$

Dreiecksform der Koeffizientenmatrix

$$\left(\begin{array}{ccc|c} 1 & 0 & -1 & 1 \\ 0 & 2 & 1 & 2 \\ 0 & 0 & -4 & -8 \end{array}\right)$$

Letzte Gleichung: $-4x_3 = -8$ für $x_3 = 2$

Einsetzen von $x_3 = 2$
in die zweite Gleichung $2x_2 + x_3 = 2$: $2x_2 + 1 \cdot 2 = 2$ für $x_2 = 0$

Einsetzen von $x_3 = 2$ und $x_2 = 0$
in die erste Gleichung $x_1 - x_3 = 1$: $x_1 - 2 = 1$ für $x_1 = 3$

Lösungsvektor: $\vec{x} = \begin{pmatrix} 3 \\ 0 \\ 2 \end{pmatrix}$

Beachten Sie

Die zulässigen Elementarumformungen im **Gauß-Verfahren,**
um die Dreiecksform der Koeffizientenmatrix zu erreichen, sind
die **Multiplikation einer Gleichung mit einer Zahl** ungleich null und
die **Addition von Gleichungen.**

Beispiel 3

➲ Gegeben ist das LGS:

$$\begin{aligned} 2x_1 + x_2 - x_3 &= -3 \\ x_1 - x_2 - 3x_3 &= -7 \\ 3x_1 + \ x_3 &= 10 \end{aligned}$$

Zeigen Sie: Der Vektor $\vec{x} = \begin{pmatrix} 2 \\ -3 \\ 4 \end{pmatrix}$ ist ein Lösungsvektor.

Lösung

$x_1 = 2;\ x_2 = -3$ und $x_3 = 4$:

$2 \cdot 2 - 3 - 4 = -3$	$-3 = -3$	wahr
$2 + 3 - 3 \cdot 4 = -7$	$-7 = -7$	wahr
$3 \cdot 2 + 4 = 10$	$10 = 10$	wahr

Das Einsetzen ergibt drei wahre Aussagen. $\vec{x}$ ist ein Lösungsvektor.

Beispiel 4

➲ In einem Betrieb werden aus den Rohstoffen R_1, R_2 und R_3 die Endprodukte E_1, E_2 und E_3 hergestellt. Die nebenstehende Tabelle beschreibt den Materialfluss pro Mengeneinheit (ME). Der Betrieb hat zurzeit 785 ME von R_1 bzw. R_3 und 1410 ME von R_2 am Lager. Wie viele Endprodukte kann man damit produzieren?

	E_1	E_2	E_3
R_1	11	8	13
R_2	8	20	26
R_3	8	10	13

Lösung

Der Betrieb produziert x ME E_1, y ME E_2 und z ME E_3.

Für die Herstellung von x ME E_1 benötigt man 11 x ME R_1.

Für die Herstellung von y ME E_2 benötigt man 8 y ME R_1.

Für die Herstellung von z ME E_3 benötigt man 13 z ME R_1.

785 ME R_1 werden verbraucht für 11 x ME R_1 und 8 y ME R_1 und 13 z ME R_1:

$$11x + 8y + 13z = 785$$

Die Überlegung für R_2 führt zu $8x + 20y + 26z = 1410$

Die Überlegung für R_3 führt zu $8x + 10y + 13z = 785$

LGS für den Produktionsvektor $\begin{pmatrix} x \\ y \\ z \end{pmatrix}$: $(A \mid \vec{b}) = \left(\begin{array}{ccc|c} 11 & 8 & 13 & 785 \\ 8 & 20 & 26 & 1410 \\ 8 & 10 & 13 & 785 \end{array}\right)$

Umformung in die erweiterte Dreiecksform: $\left(\begin{array}{ccc|c} 11 & 8 & 13 & 785 \\ 0 & 156 & 182 & 9230 \\ 0 & 10 & 13 & 625 \end{array}\right)$

$$\left(\begin{array}{ccc|c} 11 & 8 & 13 & 785 \\ 0 & 156 & 182 & 9230 \\ 0 & 0 & 208 & 5200 \end{array}\right)$$

$$\left(\begin{array}{ccc|c} 11 & 8 & 0 & 460 \\ 0 & 156 & 0 & 4680 \\ 0 & 0 & 1 & 25 \end{array}\right)$$

Das LGS ist **eindeutig lösbar**.

Ergebnis:

Es können 20 ME von E_1, 30 ME von E_2 und 25 ME von E_3 hergestellt werden.

Beachten Sie

Lineares Gleichungssystem **als Matrizengleichung** $A \cdot \vec{x} = \vec{b}$

A: **Koeffizientenmatrix** $\vec{x}$: **Lösungsvektor**

Zur Lösung mit dem **Gauß'schen Eliminationsverfahren wird** $(A \mid \vec{b})$ umgeformt in die **erweiterte Dreiecksform** $(A^* \mid \vec{b}^*)$

Z. B. für ein LGS mit 3 Unbekannten $\left(\begin{array}{ccc|c} 100 & 40 & 100 & 400 \\ 0 & 20 & 20 & 65 \\ 0 & 0 & 10 & 20 \end{array}\right)$

Aufgaben

a) b)

1 Lösen Sie mit dem Gaußverfahren.

a) $\begin{aligned} 2x_1 + x_2 - x_3 &= -3 \\ x_1 - x_2 - 3x_3 &= -7 \\ 3x_1 + x_2 + x_3 &= 7 \end{aligned}$

b) $\begin{aligned} x_1 + x_2 + 2x_3 &= 5 \\ 3x_1 - x_2 - 2x_3 &= -1 \\ -2x_1 + 2x_2 + 2x_3 &= 1 \end{aligned}$

c) $\begin{aligned} 3x_1 + 3x_2 - 3x_3 &= 9 \\ x_2 - 3x_3 &= -12 \\ 6x_1 + x_2 - x_3 &= 18 \end{aligned}$

d) $\begin{aligned} x_2 - x_3 &= 0 \\ 2x_1 + 3x_2 + x_3 &= 6 \\ x_2 + x_3 &= 3 \end{aligned}$

e) $\begin{aligned} x + 2y + 2z &= 5 \\ 2x + y + z &= 4 \\ 2x + 4y + 3z &= 9 \end{aligned}$

f) $\begin{aligned} x + y + z &= 3 \\ 3x + 4y + 3z &= 9 \\ 2x + 2y + 3z &= 5 \end{aligned}$

2 Bestimmen Sie den Lösungsvektor mithilfe des Gauß'schen Eliminationsverfahrens.

a) $\begin{aligned} 5x_1 + x_2 &= 1 \\ 2x_1 + 2x_2 &= -0{,}4 \end{aligned}$

b) $\begin{aligned} 3x + y &= -2x + 4 \\ -x + 5y &= 4y - 2 \end{aligned}$

c) $\begin{aligned} 4(x + 5) &= 3(y + 5) \\ 3x - 3 &= 2y - 2 \end{aligned}$

d) $\begin{aligned} x_1 + x_2 - x_3 &= 0 \\ -x_1 - 2x_2 - 4x_3 &= -3 \\ -x_1 + 3x_2 + x_3 &= -8 \end{aligned}$

e) $\begin{aligned} 5x_1 + 5x_3 &= 10 \\ -x_2 - x_3 &= -4 \\ 2x_1 + 2x_2 &= 10 \end{aligned}$

f) $\begin{aligned} x_1 + 2x_2 + 6x_3 &= 17 \\ -5x_1 + x_2 - x_3 &= 4 \\ 3x_2 - x_3 &= 2 \end{aligned}$

3 Bestimmen Sie den Lösungsvektor.

a) $\left(\begin{array}{ccc|c} 0 & -2 & 1 & -2 \\ 2 & 1 & 2 & 0 \\ 0 & 0 & 4 & 0 \end{array}\right)$

b) $\left(\begin{array}{ccc|c} 1 & -2 & 1 & -2 \\ 0 & 1 & 2 & 2 \\ 0 & 0 & 4 & 22 \end{array}\right)$

c) $\left(\begin{array}{ccc|c} 0 & -2 & 1 & -2 \\ 0 & 0 & 2 & 9 \\ 1 & 0 & 4 & -1 \end{array}\right)$

d) $\left(\begin{array}{cc|c} 2 & -4 & 10 \\ 0 & 3 & 12 \\ 0 & 0 & 0 \end{array}\right)$

e) $\left(\begin{array}{cc|c} 3 & 1 & 0 \\ 1 & -1 & 4 \\ 2 & -1 & 5 \end{array}\right)$

f) $\left(\begin{array}{ccc|c} 1 & 8 & 0 & 4 \\ 0 & 5 & 2 & 6 \\ 0 & 0 & 1 & 5 \end{array}\right)$

4 Lösen Sie das zugehörige lineare Gleichungssystem.

$$\left(\begin{array}{cccc|c} 1 & 1 & 8 & 0 & 4 \\ 0 & 1 & 5 & 2 & 0 \\ 0 & 0 & 0 & 1 & 1 \\ 0 & 1 & 1 & 1 & 5 \end{array}\right)$$

5 Es sind $A = \begin{pmatrix} 1 & -2 & 1 \\ 3 & 2 & 0 \end{pmatrix}$ und $B = \begin{pmatrix} a & -a \\ b & c \\ c & 0{,}5b \end{pmatrix}$ zwei Matrizen $(a, b, c \in \mathbb{R})$.

Welche Werte müssen für a, b und c gewählt werden, damit $A \cdot B = \begin{pmatrix} -9 & 3 \\ 5 & 3 \end{pmatrix}$?

6 Eine Parabel verläuft durch die Punkte A(1 | 3), B(−1 | −3) und C(2 | 12).
Stellen Sie das zugehörige LGS auf und lösen Sie es.
Geben Sie die Parabelgleichung an.

7 Stellen Sie ein LGS aus zwei Gleichungen mit 2 Unbekannten auf, das nur die Lösung (4; 2) hat.

8 Ein Winzer stellt aus verschiedenen Traubensorten T_1, T_2 und T_3 verschiedene Weine W_1, W_2 und W_3 her. Die Tabelle gibt den Materialfluss in ME an.
Um z. B. 1 ME von dem Wein W_1 herzustellen, benötigt er 3 ME von der Traube T_1 und 1 ME von der Traube T_3.
Der Winzer hat noch 448 ME von T_1, 442 ME von T_2 und 330 ME von T_3. Wie viele ME an Weinen können hergestellt werden, wenn die Trauben vollständig aufgebraucht werden?

	W_1	W_2	W_3
T_1	3	1	2
T_2	0	4	1
T_3	1	0	3

9 Für ein Klassenfest kaufen drei Schüler S_1, S_2 und S_3 im gleichen Getränkemarkt Sprudel (A), Saft (B) und Cola (C) ein. Die nebenstehende Tabelle gibt die Anzahl der gekauften Gebinde an. Die Einkäufer legen der Klassenkasse Belege über 80 Euro, 75 Euro und 89 Euro vor.
Wie viel Gewinn erwirtschaftet die Klasse, wenn alle Getränke verkauft werden und der Verkaufspreis von A 20 %, der von B 30 % und der von C 25 % über dem jeweiligen Einkaufspreis liegt?

	A	B	C
S_1	2	4	5
S_2	3	2	6
S_3	2	5	5

10 Ein Betrieb stellt aus den Fertigteilen F1, F2 und F3 die Endprodukte E1, E2 und E3 her. Der Verbrauch an Fertigteilen je ME Endprodukt ist der Tabelle zu entnehmen.
Wie viel Endprodukte lassen sich aus 370 ME F1, 330 ME F2 und 460 ME F3 herstellen?

	E1	E2	E3
F1	1	3	2
F2	4	2	1
F3	5	2	3

11 Ein Händler verkauft 2 Milchkühe und 5 Kälber. Er kauft 13 Schafe ein und es bleiben ihm 1000 € übrig. Verkauft er 3 Milchkühe und 3 Schafe, so kann er genau 9 Kälber kaufen. Verkauft er 6 Kälber und 8 Schafe, so fehlen ihm 600 €, um 5 Milchkühe zu kaufen. Was kosten die einzelnen Tiere?
Stellen Sie ein lineares Gleichungssystem auf und lösen Sie es.

3.3 Inverse Matrix

3.3.1 Einführung

Zur Verschlüsselung von Texten verwendet man z.B. Matrizen. Zunächst benötigt man eine Matrix A, mit deren Hilfe verschlüsselt werden soll. Man braucht aber auch eine Matrix A*, damit man später wieder entschlüsseln kann.

Beispiel

Jedem Buchstaben ordnet man in der Reihenfolge des Alphabets die Zahlen 1 bis 26 zu. Aus dem Wort „Schule" wird, indem man die Buchstaben durchnummeriert, die Zahlenfolge
19 3 8 21 12 5.

Diese Zahlenfolge wird als Matrix aufgeschrieben: $\begin{pmatrix} 19 & 8 & 12 \\ 3 & 21 & 5 \end{pmatrix}$

Wir verschlüsseln mit der Matrix $A = \begin{pmatrix} 1 & 3 \\ 4 & 2 \end{pmatrix}$

durch Multiplikation von links mit A: $\begin{pmatrix} 1 & 3 \\ 4 & 2 \end{pmatrix} \cdot \begin{pmatrix} 19 & 8 & 12 \\ 3 & 21 & 5 \end{pmatrix} = \begin{pmatrix} 28 & 71 & 27 \\ 82 & 74 & 58 \end{pmatrix}$

Der verschlüsselte „Text" lautet also: 28 82 71 74 27 58

Zur Entschlüsselung wird der verschlüsselte Text mit $A^* = \begin{pmatrix} -0{,}2 & 0{,}3 \\ 0{,}4 & -0{,}1 \end{pmatrix}$ multipliziert: $\begin{pmatrix} -0{,}2 & 0{,}3 \\ 0{,}4 & -0{,}1 \end{pmatrix} \cdot \begin{pmatrix} 28 & 71 & 27 \\ 82 & 74 & 58 \end{pmatrix} = \begin{pmatrix} 19 & 8 & 12 \\ 3 & 21 & 5 \end{pmatrix}$

Das Ergebnis wird in eine Zeile geschrieben und dann in Buchstaben zurückübersetzt.

Allgemeine Überlegung:

Die Nachricht B wird verschlüsselt: $A \cdot B = S$

Die verschlüsselte Nachricht S wird entschlüsselt: $A^* \cdot S = B$

$$\underbrace{A^* \cdot A}_{E} \cdot B = B$$

A* macht die Operation rückgängig. $E \cdot B = B$

$$A \cdot A^* = E = \begin{pmatrix} 1 & 0 \\ 0 & 1 \end{pmatrix}$$

A* heißt **Inverse** zu A und wird mit A^{-1} bezeichnet.

> **Beachten Sie**
>
> A sei eine **quadratische Matrix**.
> Die **inverse Matrix** von A wird mit A^{-1} bezeichnet.
> Hat A eine Inverse, so heißt A **invertierbar**.
> Eigenschaft der Inversen: $A \cdot A^{-1} = A^{-1} \cdot A = E$

3.3.2 Berechnung der inversen Matrix

Beispiel 1

Gegeben ist die Matrix A mit $A = \begin{pmatrix} 2 & 5 \\ 1 & 3 \end{pmatrix}$.

Gesucht ist eine Matrix X, die folgende Gleichung erfüllt: $A \cdot X = E$.
Berechnen Sie X.

Lösung

Ansatz: $X = \begin{pmatrix} x_1 & x_3 \\ x_2 & x_4 \end{pmatrix}$

$$\begin{array}{c|c} A \cdot X & \begin{pmatrix} x_1 & x_3 \\ x_2 & x_4 \end{pmatrix} \\ \hline \begin{pmatrix} 2 & 5 \\ 1 & 3 \end{pmatrix} & \begin{pmatrix} 2x_1 + 5x_2 & 2x_3 + 5x_4 \\ x_1 + 3x_2 & x_3 + 3x_4 \end{pmatrix} = \begin{pmatrix} 1 & 0 \\ 0 & 1 \end{pmatrix} \end{array}$$

Aus $A \cdot X = E$ folgen
4 Gleichungen mit 4 Unbekannten
bzw. **zwei Gleichungssysteme** mit der **gleichen Koeffizientenmatrix**.

$$\begin{aligned} 2x_1 + 5x_2 &= 1 \\ x_1 + 3x_2 &= 0 \end{aligned} \qquad \begin{aligned} 2x_3 + 5x_4 &= 0 \\ x_3 + 3x_4 &= 1 \end{aligned}$$

Matrixschreibweise:

$$\begin{array}{cc} x_1 & x_2 \end{array} \qquad\qquad\qquad \begin{array}{cc} x_3 & x_4 \end{array}$$

$$\left(\begin{array}{cc|c} 2 & 5 & 1 \\ 1 & 3 & 0 \end{array}\right) \cdot (-2) \qquad \left(\begin{array}{cc|c} 2 & 5 & 0 \\ 1 & 3 & 1 \end{array}\right) \cdot (-2)$$

$$\left(\begin{array}{cc|c} 2 & 5 & 1 \\ 0 & -1 & 1 \end{array}\right) \cdot 5 \qquad \left(\begin{array}{cc|c} 2 & 5 & 0 \\ 0 & -1 & -2 \end{array}\right) \cdot 5$$

$$\left(\begin{array}{cc|c} 2 & 0 & 6 \\ 0 & -1 & 1 \end{array}\right) \begin{array}{l} |:2 \\ |\cdot(-1) \end{array} \qquad \left(\begin{array}{cc|c} 2 & 0 & -10 \\ 0 & -1 & -2 \end{array}\right) \begin{array}{l} |:2 \\ |\cdot(-1) \end{array}$$

Lösung: $x_1 = 3;\ x_2 = -1;\ x_3 = -5;\ x_4 = 2$

$$\left(\begin{array}{cc|c} 1 & 0 & 3 \\ 0 & 1 & -1 \end{array}\right) \qquad \left(\begin{array}{cc|c} 1 & 0 & -5 \\ 0 & 1 & 2 \end{array}\right)$$

Zusammengefasste Ausgangsmatrix: (A | E)

$$\begin{array}{cc} x_3 & x_4 \\ x_1 & x_2 \end{array}$$

$$\left(\begin{array}{cc|cc} 2 & 5 & 1 & 0 \\ 1 & 3 & 0 & 1 \end{array}\right) \cdot (-2)$$

$$\left(\begin{array}{cc|cc} 2 & 5 & 1 & 0 \\ 0 & -1 & 1 & -2 \end{array}\right) \cdot 5$$

$$\left(\begin{array}{cc|cc} 2 & 0 & 6 & -10 \\ 0 & -1 & 1 & -2 \end{array}\right) \begin{array}{l} |:2 \\ |\cdot(-1) \end{array}$$

Zielmatrix: (E | X)

$$\left(\begin{array}{cc|cc} 1 & 0 & 3 & -5 \\ 0 & 1 & -1 & 2 \end{array}\right)$$

Gesuchte Matrix X: $X = \begin{pmatrix} 3 & -5 \\ -1 & 2 \end{pmatrix}$

Da $A \cdot X = E$, ist X die inverse Matrix von A. Man bezeichnet sie mit A^{-1}.

Probe: $A \cdot X = \begin{pmatrix} 2 & 5 \\ 1 & 3 \end{pmatrix} \cdot \begin{pmatrix} 3 & -5 \\ -1 & 2 \end{pmatrix} = \begin{pmatrix} 1 & 0 \\ 0 & 1 \end{pmatrix} = E$

Beispiel 2

➲ Bestimmen Sie die Inverse von A mit $A = \begin{pmatrix} 2 & -3 \\ 1 & 3 \end{pmatrix}$.

Lösung

Berechnung mit dem Gaußverfahren

Ergänzen Sie A mit E:

$$\left(\begin{array}{cc|cc} 2 & -3 & 1 & 0 \\ 1 & 3 & 0 & 1 \end{array}\right) \quad \cdot(-2)$$

Umformung von (A | E)

$$\left(\begin{array}{cc|cc} 2 & -3 & 1 & 0 \\ 0 & -9 & 1 & -2 \end{array}\right) \quad \cdot(-3)$$

$$\left(\begin{array}{cc|cc} -6 & 0 & -2 & -2 \\ 0 & -9 & 1 & -2 \end{array}\right) \quad \begin{array}{l} | :(-6) \\ | :(-9) \end{array}$$

$$\left(\begin{array}{cc|cc} 1 & 0 & \frac{2}{6} & \frac{2}{6} \\ 0 & 1 & -\frac{1}{9} & \frac{2}{9} \end{array}\right)$$

(E | A^{-1})

$$\left(\begin{array}{cc|cc} 1 & 0 & \frac{1}{3} & \frac{1}{3} \\ 0 & 1 & -\frac{1}{9} & \frac{2}{9} \end{array}\right)$$

Inverse von A:

$$A^{-1} = \begin{pmatrix} \frac{1}{3} & \frac{1}{3} \\ -\frac{1}{9} & \frac{2}{9} \end{pmatrix}$$

Gemeinsamen Faktor ausklammern:

$$A^{-1} = \frac{1}{9}\begin{pmatrix} 3 & 3 \\ -1 & 2 \end{pmatrix}$$

Beispiel 3

➲ Gegeben ist die Matrix A mit $A = \begin{pmatrix} 1 & 0 & 0 \\ 0 & 1 & 1 \\ 2 & 0 & 1 \end{pmatrix}$. Bestimmen Sie die Inverse von A.

Lösung

Berechnung der inversen Matrix mit dem Gaußverfahren

Ergänzen Sie A mit E:

$$\left(\begin{array}{ccc|ccc} 1 & 0 & 0 & 1 & 0 & 0 \\ 0 & 1 & 1 & 0 & 1 & 0 \\ 2 & 0 & 1 & 0 & 0 & 1 \end{array}\right) \quad \cdot(-2)$$

Umformung von (A | E)

$$\left(\begin{array}{ccc|ccc} 1 & 0 & 0 & 1 & 0 & 0 \\ 0 & 1 & 1 & 0 & 1 & 0 \\ 0 & 0 & 1 & -2 & 0 & 1 \end{array}\right) \quad \cdot(-1)$$

(E | A^{-1})

$$\left(\begin{array}{ccc|ccc} 1 & 0 & 0 & 1 & 0 & 0 \\ 0 & 1 & 0 & 2 & 1 & -1 \\ 0 & 0 & 1 & -2 & 0 & 1 \end{array}\right)$$

Inverse von A:

$$A^{-1} = \begin{pmatrix} 1 & 0 & 0 \\ 2 & 1 & -1 \\ -2 & 0 & 1 \end{pmatrix}$$

Hinweis: Existiert die **Inverse** A^{-1} von A, so heißt A **invertierbar**.

Beispiel 4

➲ Gegeben ist die Matrix A mit $A = \begin{pmatrix} 1 & 2 & 2 \\ 1 & 3 & 1 \\ -1 & 2 & -1 \end{pmatrix}$. Bestimmen Sie die Inverse von A.

Lösung

Berechnung der inversen Matrix mit dem Gaußverfahren

Ergänzen Sie A mit E:

$$\left(\begin{array}{ccc|ccc} 1 & 2 & 2 & 1 & 0 & 0 \\ 1 & 3 & 1 & 0 & 1 & 0 \\ -1 & 2 & -1 & 0 & 0 & 1 \end{array}\right) \quad \cdot(-1)$$

Umformung von (A | E)

$$\left(\begin{array}{ccc|ccc} 1 & 2 & 2 & 1 & 0 & 0 \\ 0 & -1 & 1 & 1 & -1 & 0 \\ 0 & 4 & 1 & 1 & 0 & 1 \end{array}\right) \quad \cdot(4)$$

$$\left(\begin{array}{ccc|ccc} 1 & 2 & 2 & 1 & 0 & 0 \\ 0 & -1 & 1 & 1 & -1 & 0 \\ 0 & 0 & 5 & 5 & -4 & 1 \end{array}\right) \quad \cdot 5 \quad \cdot(-2) \quad \cdot(-5)$$

$$\left(\begin{array}{ccc|ccc} 5 & 10 & 0 & -5 & 8 & -2 \\ 0 & 5 & 0 & 0 & 1 & 1 \\ 0 & 0 & 5 & 5 & -4 & 1 \end{array}\right) \quad \cdot(-2)$$

$$\left(\begin{array}{ccc|ccc} 5 & 0 & 0 & -5 & 6 & -4 \\ 0 & 5 & 0 & 0 & 1 & 1 \\ 0 & 0 & 5 & 5 & -4 & 1 \end{array}\right) \quad \begin{array}{l} |:5 \\ |:5 \\ |:5 \end{array}$$

(E | A^{-1})

$$\left(\begin{array}{ccc|ccc} 1 & 0 & 0 & -\frac{5}{5} & \frac{6}{5} & -\frac{4}{5} \\ 0 & 1 & 0 & 0 & \frac{1}{5} & \frac{1}{5} \\ 0 & 0 & 1 & \frac{5}{5} & -\frac{4}{5} & \frac{1}{5} \end{array}\right) = (E \mid A^{-1})$$

Inverse von A:

$$A^{-1} = \frac{1}{5}\begin{pmatrix} -5 & 6 & -4 \\ 0 & 1 & 1 \\ 5 & -4 & 1 \end{pmatrix}$$

Beispiel 5

➲ Zeigen Sie: $B = \begin{pmatrix} 0{,}5 & 0 & 0 \\ -2 & 1 & 1 \\ -2 & 0 & 1 \end{pmatrix}$ ist die Inverse von A mit $A = \begin{pmatrix} 2 & 0 & 0 \\ 0 & 1 & -1 \\ 4 & 0 & 1 \end{pmatrix}$.

Lösung

Probe durch Multiplikation:

$$A \cdot B = \begin{pmatrix} 2 & 0 & 0 \\ 0 & 1 & -1 \\ 4 & 0 & 1 \end{pmatrix} \cdot \begin{pmatrix} 0{,}5 & 0 & 0 \\ -2 & 1 & 1 \\ -2 & 0 & 1 \end{pmatrix}$$

$$A \cdot B = \begin{pmatrix} 1 & 0 & 0 \\ 0 & 1 & 0 \\ 0 & 0 & 1 \end{pmatrix} = E$$

Beziehungsweise:

$$B \cdot A = \begin{pmatrix} 0{,}5 & 0 & 0 \\ -2 & 1 & 1 \\ -2 & 0 & 1 \end{pmatrix} \cdot \begin{pmatrix} 2 & 0 & 0 \\ 0 & 1 & -1 \\ 4 & 0 & 1 \end{pmatrix}$$

$$B \cdot A = \begin{pmatrix} 1 & 0 & 0 \\ 0 & 1 & 0 \\ 0 & 0 & 1 \end{pmatrix} = E$$

Damit ist gezeigt: $B = A^{-1}$.

Hinweis: Ist die Matrix A invertierbar, so gibt es genau eine Inverse von A.

Beispiel 6

Gegeben ist die Matrix A^{-1} mit $A^{-1} = \begin{pmatrix} 6 & -2 & 3 \\ 14 & -4 & 6 \\ 6 & -3 & 4 \end{pmatrix}$.

Bestimmen Sie a und b, so dass gilt: $A = \begin{pmatrix} -1 & a & 0 \\ 10 & -3 & -3 \\ 9 & -3 & b \end{pmatrix}$.

Lösung

Es gilt: $A \cdot A^{-1} = E$

Multipikation $\begin{pmatrix} -1 & a & 0 \\ 10 & -3 & -3 \\ 9 & -3 & b \end{pmatrix} \cdot \begin{pmatrix} 6 & -2 & 3 \\ 14 & -4 & 6 \\ 6 & -3 & 4 \end{pmatrix} = \begin{pmatrix} 1 & 0 & 0 \\ 0 & 1 & 0 \\ 0 & 0 & 1 \end{pmatrix} = E$

Bedingungen für a und b z. B.: $-1 \cdot 6 + 14 \cdot a + 0 \cdot 6 = 1 \Leftrightarrow a = 0{,}5$

$9 \cdot 6 - 3 \cdot 14 + b \cdot 6 = 0 \Leftrightarrow b = -2$

$A = \begin{pmatrix} -1 & 0{,}5 & 0 \\ 10 & -3 & -3 \\ 9 & -3 & -2 \end{pmatrix}$ ist die Inverse von A^{-1}.

Beispiel 7

Für die invertierbaren Matrizen A und B gilt: $A \cdot B = 5\,E$. Zeigen Sie: $A^{-1} = \frac{1}{5} B$.

Lösung

Es gilt: $A \cdot A^{-1} = E$

Einsetzen: $A \cdot \frac{1}{5} B = \frac{1}{5} A \cdot B = \frac{1}{5} \cdot 5\,E = E$

$\frac{1}{5} B$ ist die Inverse von A.

Beispiel 8

Berechnen Sie A^{-1} und $(A^{-1})^{-1}$ von $A = \begin{pmatrix} 4 & 3 \\ 1 & 1 \end{pmatrix}$. Was fällt auf?

Lösung

Berechnung von A^{-1}: $\left(\begin{array}{cc|cc} 4 & 3 & 1 & 0 \\ 1 & 1 & 0 & 1 \end{array}\right) \sim \left(\begin{array}{cc|cc} 4 & 3 & 1 & 0 \\ 0 & -1 & 1 & -4 \end{array}\right) \sim \left(\begin{array}{cc|cc} 4 & 0 & 4 & -12 \\ 0 & -1 & 1 & -4 \end{array}\right) \sim \left(\begin{array}{cc|cc} 1 & 0 & 1 & -3 \\ 0 & 1 & -1 & 4 \end{array}\right)$

$A^{-1} = \begin{pmatrix} 1 & -3 \\ -1 & 4 \end{pmatrix}$

Berechnung von $(A^{-1})^{-1}$: $\left(\begin{array}{cc|cc} 1 & -3 & 1 & 0 \\ -1 & 4 & 0 & 1 \end{array}\right) \sim \left(\begin{array}{cc|cc} 1 & -3 & 1 & 0 \\ 0 & 1 & 1 & 1 \end{array}\right) \sim \left(\begin{array}{cc|cc} 1 & 0 & 4 & 3 \\ 0 & 1 & 1 & 1 \end{array}\right)$ $(A^{-1})^{-1} = A$

Beispiel 9

Jan behauptet: Die Matrix $A = \begin{pmatrix} 1 & 1 & 1 \\ 0 & 1 & 2 \\ 0 & -1 & -2 \end{pmatrix}$ hat keine Inverse. Stimmt das?

Lösung

Berechnung der Inversen: $\left(\begin{array}{ccc|ccc} 1 & 1 & 1 & 1 & 0 & 0 \\ 0 & 1 & 2 & 0 & 1 & 0 \\ 0 & -1 & -2 & 0 & 0 & 1 \end{array}\right) \sim \left(\begin{array}{ccc|ccc} 1 & 1 & 1 & 1 & 0 & 0 \\ 0 & 1 & 2 & 0 & 1 & 0 \\ 0 & 0 & 0 & 0 & 1 & 1 \end{array}\right)$

Die „Nullzeile“ verhindert eine Umformung auf (E | ...). Jan hat Recht. A hat keine Inverse.

Aufgaben

1 Berechnen Sie die Inverse von A.

a) d)

a) $A = \begin{pmatrix} -2 & 1 \\ 1 & 3 \end{pmatrix}$ b) $A = \begin{pmatrix} 1 & 4 \\ -4 & -3 \end{pmatrix}$ c) $A = \begin{pmatrix} 1 & 2 & 1 \\ 0 & 1 & 4 \\ 0 & 0 & 5 \end{pmatrix}$

d) $A = \begin{pmatrix} 2 & 2 & 1 \\ 4 & -2 & 3 \\ -1 & 2 & 1 \end{pmatrix}$ e) $A = \frac{1}{8}\begin{pmatrix} 1 & 0 & 1 \\ 3 & 2 & 2 \\ 4 & 3 & 1 \end{pmatrix}$ f) $A = \begin{pmatrix} 1 & 0 & 0 \\ 0 & 2 & 0 \\ 0 & 0 & -3 \end{pmatrix}$

2 Gegeben ist die Matrix A durch $A = \begin{pmatrix} -2 & 2 & 1 \\ -1 & 1 & 0 \\ 2 & -3 & -1 \end{pmatrix}$. Berechnen Sie:

a) $A^{-1}(A + 2E)$ b) $(A - E)^{-1}$

3 Bestimmen Sie k, x_{12}, x_{21} und x_{33} so, dass $B = k\begin{pmatrix} 7 & x_{12} & 4 \\ x_{21} & 2 & 3 \\ 3 & 3 & x_{33} \end{pmatrix}$ die inverse Matrix von $A = \begin{pmatrix} 1 & 0 & 2 \\ -1 & 2 & 1 \\ 0 & 3 & -2 \end{pmatrix}$ ist.

4 Gegeben ist die Matrix A^{-1} durch $A^{-1} = \frac{1}{4}\begin{pmatrix} 2 & 10 & -7 \\ 0 & 4 & -2 \\ 0 & -8 & 6 \end{pmatrix}$.

Bestimmen Sie a, b und c, so dass $A = \begin{pmatrix} 2 & -1 & c \\ a & 3 & 1 \\ 0 & b & 2 \end{pmatrix}$ ist.

5 Bestimmen Sie r und s so, dass gilt: $r \cdot B + s \cdot B^{-1} = 2\,E$ mit $B = \begin{pmatrix} 3 & -1 \\ 2 & 0 \end{pmatrix}$.

6 Gegeben sind die Vektoren $\vec{k} = (2\ \ 1\ \ 4)$, $\vec{p} = \begin{pmatrix} 5 \\ 2 \\ 1 \end{pmatrix}$ und die Matrix $A = \begin{pmatrix} 1 & 2 & 1 \\ 2 & 1 & 3 \\ 4 & 1 & 5 \end{pmatrix}$.

a) Zeigen Sie: $A^{-1} = \frac{1}{4}\begin{pmatrix} 2 & -9 & 5 \\ 2 & 1 & -1 \\ -2 & 7 & -3 \end{pmatrix}$.

b) Berechnen Sie $\vec{k} \cdot \vec{p}$; $\vec{k} \cdot A^{-1} \cdot \vec{p}$; $3A^{-1} \cdot \begin{pmatrix} 2t \\ 0 \\ t \end{pmatrix}$ und $4(t\ \ 1\ \ -1) \cdot A^{-1}$.

7 Untersuchen Sie, ob die Matrix A eine Inverse besitzt. Wenn ja, bestimmen Sie diese.

a) $A = \begin{pmatrix} 1 & 2 & 1 \\ 0 & 3 & 0 \\ 0 & 0 & 5 \end{pmatrix}$ b) $A = \begin{pmatrix} 1 & 2 & 1 \\ 0 & 0 & 4 \\ 0 & 0 & 5 \end{pmatrix}$ c) $A = \begin{pmatrix} 0 & 1 & 4 \\ 0 & -4 & -3 \\ 0 & -5 & 5 \end{pmatrix}$ d) $A = \begin{pmatrix} 6 & 1 \\ -2 & 3 \\ -3 & 4 \end{pmatrix}$

8 Ordnet man jedem Buchstaben in der Reihenfolge des Alphabets die Zahlen 1 bis 26 zu, so lassen sich Wörter mithilfe der Matrix $A = \begin{pmatrix} 1 & 1 \\ 3 & 2 \end{pmatrix}$ verschlüsseln (vgl. Seite 358).

Ein Wort aus 9 Buchstaben wird durch diese Verschlüsselungsprozedur dargestellt als $\begin{pmatrix} 17 & 23 & 39 & 27 & 6 \\ 49 & 51 & 97 & 75 & 17 \end{pmatrix}$.
17 ist ein willkürlicher Füllwert.
Nennen Sie dieses Wort.

Test zur Überprüfung Ihrer Grundkenntnisse

1 Berechnen Sie.

a) $(0{,}5 \quad 2 \quad 4)\begin{pmatrix} 1 & 2 & 4 \\ 5 & 0 & -4 \\ -1 & 1 & 3 \end{pmatrix}$

b) $\begin{pmatrix} 1 & 2 & 4 \\ 5 & 0 & -4 \\ -1 & 1 & 3 \end{pmatrix}\begin{pmatrix} -5 \\ -1 \\ 1 \end{pmatrix}$

c) $\begin{pmatrix} 1{,}5 & 2 \\ -1 & 2 \end{pmatrix}^2$

d) $\begin{pmatrix} 2 & 0 \\ 1 & 1 \end{pmatrix}^3$

2 Berechnen Sie $\begin{pmatrix} 8 & 4 \\ 4 & 2 \end{pmatrix} \cdot \begin{pmatrix} 2 & -3 \\ -4 & 6 \end{pmatrix}$. Vergleichen Sie mit dem Produkt zweier Zahlen.

3 Berechnen Sie A · B

mit $A = \begin{pmatrix} 1 & 2 & 0 \\ -1 & 1 & 0 \\ 2 & 4 & 1 \end{pmatrix}$ und $B = \begin{pmatrix} 3 & -1 & 1 \\ 1 & -4 & 2 \\ 1 & 0 & 2 \end{pmatrix}$.

4 Multiplizieren Sie aus und berechnen Sie x_1, x_2 und x_3.

$$\begin{pmatrix} 1 & 3 & 4 \\ 0 & 3 & 6 \\ 5 & 12 & 18 \end{pmatrix}\begin{pmatrix} x_1 \\ x_2 \\ x_3 \end{pmatrix} = \begin{pmatrix} 8 \\ 9 \\ 39 \end{pmatrix}$$

5 Berechnen Sie die Inverse von A.

a) $A = \begin{pmatrix} 3 & 4 \\ -1 & 2 \end{pmatrix}$

b) $A = \begin{pmatrix} 1 & 2 & 0 \\ 0 & 2 & 1 \\ 1 & 2 & 1 \end{pmatrix}$

6 Die Verschlüsselung eines Wortes mit der Verschlüsselungsmatrix $\begin{pmatrix} 1 & 0 \\ 7 & -3 \end{pmatrix}$

ergibt die Matrix $\begin{pmatrix} 1 & 9 & 21 \\ 1 & 3 & 93 \end{pmatrix}$.

Welches Wort wurde verschlüsselt?

7 Betrachtet werden die Matrizen A und B mit $A = \begin{pmatrix} 5 & 2 \\ 3 & 1 \end{pmatrix}$ und $B = \begin{pmatrix} -1 & 2 \\ 3 & -5 \end{pmatrix}$ sowie eine Matrix C.

a) Zeigen Sie, dass B die zu A inverse Matrix ist.

b) Für die Matrix C gilt: $C \cdot \begin{pmatrix} 1 \\ 0 \end{pmatrix} = \begin{pmatrix} 4 \\ 2 \end{pmatrix}$ und $C \cdot \begin{pmatrix} 0 \\ 1 \end{pmatrix} = \begin{pmatrix} 2 \\ 3 \end{pmatrix}$.

Begründen Sie, dass gilt: $C \cdot \begin{pmatrix} 1 \\ 1 \end{pmatrix} = \begin{pmatrix} 6 \\ 5 \end{pmatrix}$.

3.4 Ein- und zweistufige Produktionsprozesse

Modellierung einer Situation

Die Weber Metallbau GmbH produziert aus den Bauteilen R_1 und R_2 die Baugruppen Z_1, Z_2 und Z_3. Aus diesen werden die Fassadenelemente E_1, E_2 und E_3 hergestellt.

Der Materialfluss in Mengeneinheiten (ME) ist den Tabellen zu entnehmen.

	Z_1	Z_2	Z_3
R_1	2		1
R_2	0		4

	E_1	E_2	E_3
Z_1	1	1	4
Z_2	3	2	3
Z_3	1	2	2

	E_1	E_2	E_3
R_1	12	10	19
R_2	10	12	14

Eine ME von R_1 kostet 1 Geldeinheit (GE), eine ME von R_2 kostet 3 GE.
Die Fertigungskosten für eine ME von Z_1 betragen 3 GE, für eine ME von Z_2 4 GE und für eine ME Z_3 2 GE.
Die Fertigungskosten für eine ME von E_1 betragen 4 GE, für eine ME von E_2 2 GE und für eine ME von E_3 3 GE.

Das Unternehmen erhält einen Auftrag über 35 ME von E_1, 27 ME von E_2 und 34 ME von E_3. Der Auftraggeber bietet 7200 € für diesen Auftrag. Ein Lieferant bietet 150 ME von Z_1, 200 ME von Z_2 und 100 ME von Z_3 für insgesamt 4800 GE an.

Soll die Weber Metallbau den Auftrag bzw. das Angebot annehmen?

Bearbeiten Sie diese Situation, nachdem Sie die rechts aufgeführten **Qualifikationen** und **Kompetenzen** erworben haben.

Qualifikationen & Kompetenzen

- Produktionsmengen, Rohstoff- und Herstellungskosten ermitteln
- Gewinne berechnen
- Lösungsstrategien entwickeln und vergleichen
- Wirtschaftliche Situationen mathematisch beschreiben

3.4.1 Einführung

Einstufige Produktionsprozesse

Zur Beschreibung einstufiger Prozesse durch Matrizen ist lediglich nur eine Matrix nötig. Dabei beschreibt diese Matrix A den Prozess eines Ausgangsprodukts zu dessen Endprodukt:

$$\text{Ausgangsprodukt} \xrightarrow{\text{Prozess (A)}} \text{Endprodukt.}$$

Diese Matrix A wird häufig auch als Prozess- oder Bedarfsmatrix bezeichnet.

Beispiel

➲ Ein Betrieb fertigt drei verschiedene Endprodukte E_1, E_2 und E_3 unter Verwendung von drei verschiedenen Rohstoffen R_1, R_2 und R_3. Das folgende Verflechtungsdiagramm gibt an, wie viele Mengeneinheiten (ME) Rohstoffe für die Produktion von jeweils 1 ME Endprodukten benötigt werden.

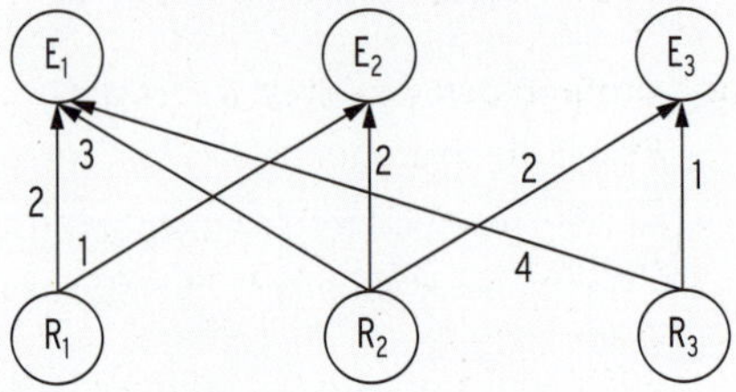

Die Verkaufspreise für die drei Endprodukte in € je ME sind gegeben durch $\vec{p} = (100 \;\; 60 \;\; 50)$.

a) Für einen Auftrag sind je 100 ME von E_1, E_2, und E_3 zu liefern. Berechnen Sie
- den Gesamterlös in €
- die benötigten Rohstoffmengen in ME.

b) Für einen weiteren Auftrag werden von R_1 340 ME, von R_2 860 ME und von R_3 630 ME verarbeitet. Wieviele ME von E_1, E_2, und E_3 werden damit gefertigt?

Lösung

a) Gesamterlös in € (Preis mal Menge): $(100 \;\; 60 \;\; 50) \cdot \begin{pmatrix} 100 \\ 100 \\ 100 \end{pmatrix} = 21\,000$

Benötigte Rohstoffmengen in ME

Rohstoff-Endprodukt-Tabelle

	E_1	E_2	E_3
R_1	2	1	0
R_2	3	2	2
R_3	4	0	1

Rohstoff-Endprodukt-Matrix:

$$C = C_{RE} = \begin{pmatrix} 2 & 1 & 0 \\ 3 & 2 & 2 \\ 4 & 0 & 1 \end{pmatrix}$$

Erläuterung: Für die Produktion von
- **je einer ME E_1** braucht man 2 ME R_1, 3 ME R_2 und 4 ME R_3 (1. Spalte)
- **je einer ME E_2** braucht man 1 ME R_1, 2 ME R_2 und 0 ME R_3 (2. Spalte)
- **je einer ME E_3** braucht man 0 ME R_1, 2 ME R_2 und 1 ME R_3 (3. Spalte)

Multipliziert man die (R,P)-Matrix mit dem Produktionsvektor $\begin{pmatrix}100\\100\\100\end{pmatrix}$, so erhält man

$\begin{pmatrix}2&1&0\\3&2&2\\4&0&1\end{pmatrix}\cdot\begin{pmatrix}100\\100\\100\end{pmatrix}=\begin{pmatrix}300\\700\\500\end{pmatrix}$.

Für diesen Auftrag braucht man 300 ME R_1, 700 ME R_2 und 500 ME R_3.

Erläuterung: Für die Produktion von **je einer ME E_1** braucht man 2 ME R_1, für 100 ME E_1 braucht man $2 \cdot 100$ ME R_1.

Für die Produktion von **je einer ME E_2** braucht man 1 ME R_1, für 100 ME E_2 braucht man $1 \cdot 100$ ME R_1.

Für die Produktion von **je einer ME E_3** braucht man 0 ME R_1, für 100 ME E_2 braucht man 0 ME R_1.

Gesamtverbrauch von R_1: $(2\ \ 1\ \ 0)\cdot\begin{pmatrix}100\\100\\100\end{pmatrix} = 200 + 100 + 0 = 300$

b) **Umfang des weiteren Auftrags**

Es gilt die Beziehung $\qquad C \cdot \vec{x} = \vec{r}$

Einsetzen ergibt ein LGS für die Produktion x_1, x_2 und x_3: $\qquad \begin{pmatrix}2&1&0\\3&2&2\\4&0&1\end{pmatrix}\cdot\begin{pmatrix}x_1\\x_2\\x_3\end{pmatrix}=\begin{pmatrix}340\\860\\630\end{pmatrix}$

Lösung des Gleichungssystems mit dem Gauß-Verfahren:

$$\left(\begin{array}{ccc|c}2&1&0&340\\3&2&2&860\\4&0&1&630\end{array}\right)\sim\left(\begin{array}{ccc|c}2&1&0&340\\0&1&4&700\\0&-2&1&-50\end{array}\right)\sim\left(\begin{array}{ccc|c}2&1&0&340\\0&1&4&700\\0&0&9&1350\end{array}\right)$$

Das LGS ist eindeutig lösbar mit $x_1 = 120$, $x_2 = 100$ und $x_3 = 150$.

Mit den vorrätigen Rohstoffen lassen sich 120 ME P_1, 100 ME P_2 und 150 ME P_3 herstellen.

Aufgaben

1 Ein Betrieb fertigt drei verschiedene Endprodukte E_1, E_2 und E_3 unter Verwendung von drei verschiedenen Rohstoffen R_1, R_2 und R_3. Die nebenstehende Tabelle gibt an, wie viele Mengeneinheiten (ME) Rohstoffe für die Produktion von jeweils 1 ME Endprodukten benötigt werden.

	E_1	E_2	E_3
R_1	2	1	2
R_2	1	1	2
R_3	3	1	1

Die Verkaufspreise für die drei Endprodukte in € je ME sind gegeben durch $\vec{p} = (30\ \ 50\ \ 25)$.

a) Für einen Auftrag sind je 100 ME von E_1, 60 ME von E_2 und 40 ME von E_3 zu liefern. Berechnen Sie den Gesamterlös in € und die benötigten Rohstoffmengen in ME.

b) Für einen weiteren Auftrag werden von R_1 250 ME, von R_2 200 ME und von R_3 250 ME verarbeitet. Wieviele ME von E_1, E_2 und E_3 werden damit gefertigt?

Zweistufige Produktionsprozesse

Zur Beschreibung zweistufiger Prozesse durch Matrizen ist für jede Produktionsstufe eine Matrix nötig. Dabei beschreibt die Matrix A den Prozess eines Ausgangsprodukts zu dessen Zwischenprodukt, die Matrix B den Prozess eines Zwischenprodukts zu dessen Endprodukt:

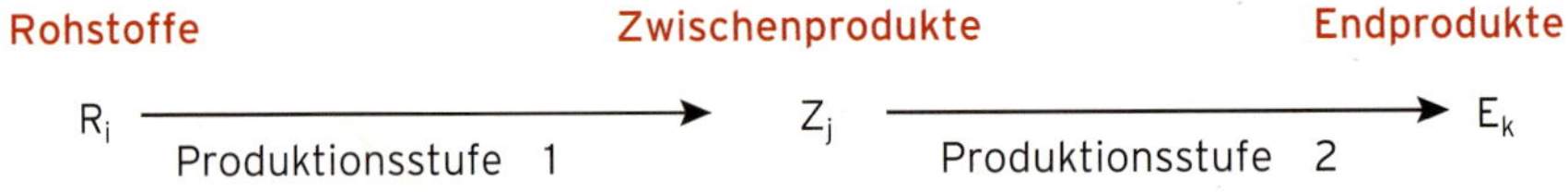

Die Matrizen A und B werden häufig auch als Verflechtungsmatrizen bezeichnet.

Beispiel

Ein Produktionsprozess, bei dem aus den Rohstoffen R_1 und R_2 die Zwischenprodukte Z_1 und Z_2 und aus diesen die Endprodukte E_1 und E_2 gefertigt werden, wird beschrieben durch ein Verflechtungsdiagramm.

Wie viele Rohstoffe braucht man für einen Auftrag über 12 ME E_1 und 20 ME E_2?

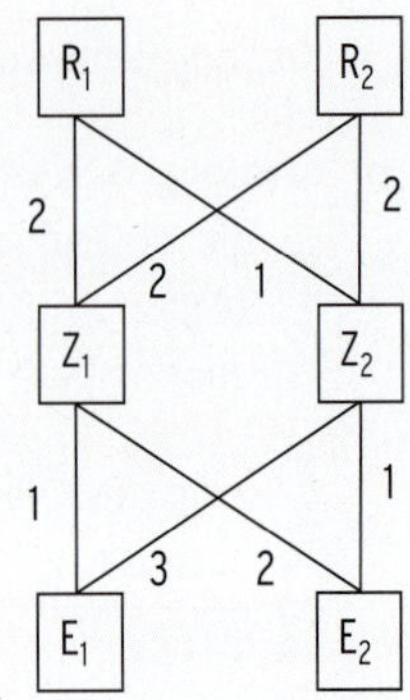

Lösung

Aus dem Diagramm:

Rohstoff-Zwischenprodukt-Matrix $A = A_{RZ} = \begin{pmatrix} 2 & 1 \\ 2 & 2 \end{pmatrix}$

	Z_1	Z_2
R_1	2	1
R_2	2	2

Für die Produktion von

- **je einer ME Z_1** braucht man 2 ME R_1 und 2 ME R_2 (1. Spalte)
- **je einer ME Z_2** braucht man 1 ME R_1 und 2 ME R_2 (2. Spalte)

Aus dem Diagramm:

Zwischenprodukt-Endprodukt-Matrix $B = B_{ZE} = \begin{pmatrix} 1 & 2 \\ 3 & 1 \end{pmatrix}$

	E_1	E_2
Z_1	1	2
Z_2	3	1

Für die Produktion von

- **je einer ME E_1** braucht man 1 ME Z_1 und 3 ME Z_2 (1. Spalte)
- **je einer ME E_2** braucht man 2 ME Z_1 und 1 ME Z_2 (2. Spalte)

Multiplikation von B_{ZE} mit dem Produktionsvektor $\vec{x} = \begin{pmatrix} 12 \\ 20 \end{pmatrix}$ ergibt:

$$B_{ZE} \cdot \vec{x} = \begin{pmatrix} 1 & 2 \\ 3 & 1 \end{pmatrix} \cdot \vec{x} = \begin{pmatrix} 1 & 2 \\ 3 & 1 \end{pmatrix} \cdot \begin{pmatrix} 12 \\ 20 \end{pmatrix} = \begin{pmatrix} 52 \\ 56 \end{pmatrix}$$

Für die Herstellung von 12 ME E_1 und 20 ME E_2 braucht man 52 ME Z_1 und 56 ME Z_2.

Multiplikation von A_{RZ} mit dem Zwischenproduktvektor $\vec{z} = \begin{pmatrix} 52 \\ 56 \end{pmatrix}$ ergibt:

$$A_{RZ} \cdot \vec{z} = \begin{pmatrix} 2 & 1 \\ 2 & 2 \end{pmatrix} \cdot \begin{pmatrix} 52 \\ 56 \end{pmatrix} = \begin{pmatrix} 160 \\ 216 \end{pmatrix}$$

Für die Herstellung von 12 ME E_1 und 20 ME E_2 braucht man 160 ME R_1 und 216 ME R_2.

3.4.2 Verflechtungsmatrizen

In einem zweistufigen Produktionsprozess werden z. B. aus zwei **Rohstoffen** R_1 und R_2 die **Zwischenprodukte** Z_1, Z_2 und Z_3 und daraus die **Endprodukte** E_1, E_2 und E_3 gefertigt.

Beispiel 1

➲ Die Herstellung von je 1 ME von Zwischenprodukt Z_1 erfordert 2 ME des Rohstoffs R_1 und 1 ME des Rohstoffs R_2. Die Produktion von je 1 ME von Zwischenprodukt Z_2 erfordert 3 ME des Rohstoffs R_1 und 2 ME von R_2. Für je 1 ME von Z_3 benötigt man 4 ME des Rohstoffs R_1 und 6 ME des Rohstoffs R_2. Für die Fertigstellung von je 1 ME des Endproduktes E_1 sind 2 ME von Zwischenprodukt Z_1, 1 ME von Z_2 und 5 ME von Z_3 erforderlich. Aus 1 ME Z_1, 0 ME Z_2 und 1 ME von Z_3 wird 1 ME von E_2 erzeugt. Für die Produktion von E_3 sind pro ME jeweils 1 ME Z_1, 2 ME Z_2 und 3 ME von Z_3 erforderlich.

a) Stellen Sie die zugehörigen Stücklisten und die Verflechtungsmatrizen auf.

b) Wie viel ME der Rohstoffe werden für je eine ME der Endprodukte benötigt?

Lösung

a) Darstellung der Verflechtung in **Diagrammen**.

Als **Fertigungsschema**

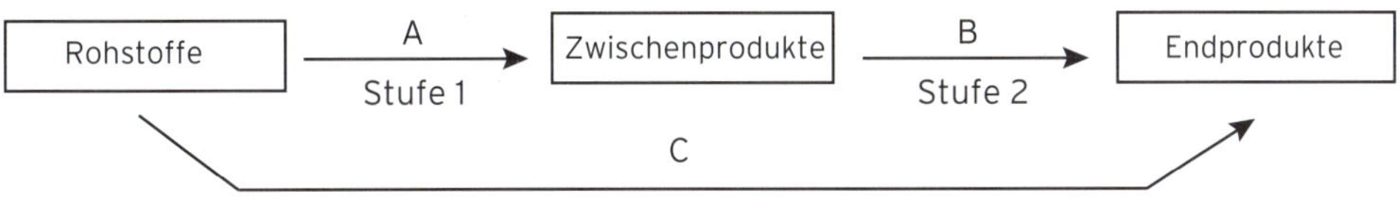

Als **Verflechtungsdiagramm**

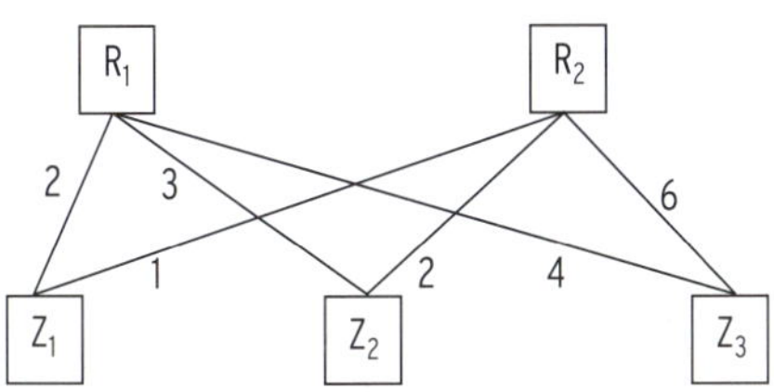

Als **Stückliste (Verflechtungstabelle):**

	Z_1	Z_2	Z_3
R_1	2	3	4
R_2	1	2	6

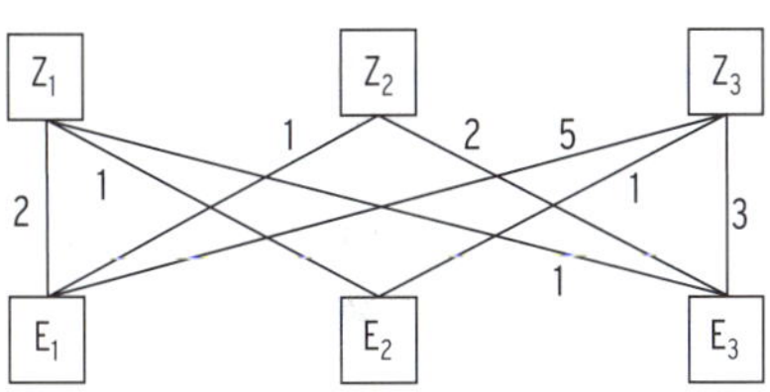

	E_1	E_2	E_3
Z_1	2	1	1
Z_2	1	0	2
Z_3	5	1	3

Aus den **Stücklisten** werden **Verflechtungsmatrizen** gebildet.

$A = \begin{pmatrix} 2 & 3 & 4 \\ 1 & 2 & 6 \end{pmatrix}$ $\quad$ $B = \begin{pmatrix} 2 & 1 & 1 \\ 1 & 0 & 2 \\ 5 & 1 & 3 \end{pmatrix}$

Rohstoff-Zwischenprodukt-Matrix $\quad$ **Zwischenprodukt-Endprodukt-Matrix**

$A = A_{RZ}$ $\quad$ **$B = B_{ZE}$**

Beachten Sie

Die Matrix **A** enthält den **Rohstoffeinsatz** für die **Zwischenprodukte,** die Matrix **B** enthält den **Zwischenprodukteinsatz** für die **Endprodukte.**

b) Berechnung der **Rohstoff-Endprodukt-Matrix C**

Für die Produktion von je einer ME E_1 braucht man

2 ME Z_1; für je 1 ME Z_1 braucht man 2 ME R_1, also insgesamt	4 ME R_1
und 1 ME Z_2; für je 1 ME Z_2 braucht man 3 ME R_1, also insgesamt	3 ME R_1
und 5 ME Z_3; für je 1 ME Z_3 braucht man 4 ME R_1, also insgesamt	20 ME R_1.
Für die Produktion von **je einer ME E_1** braucht man insgesamt	27 ME R_1.

Für die Produktion von je einer ME E_1 braucht man

2 ME Z_1; für je 1 ME Z_1 braucht man 1 ME R_2, also insgesamt	2 ME R_2
und 1 ME Z_2; für je 1 ME Z_2 braucht man 2 ME R_2, also insgesamt	2 ME R_2
und 5 ME Z_3; für je 1 ME Z_3 braucht man 6 ME R_2, also insgesamt	30 ME R_2.
Für die Produktion von **je einer ME E_1** braucht man insgesamt	34 ME R_2.

Multiplikation der **Rohstoff-Zwischenprodukt-Matrix** A mit der 1. Spalte der **Zwischenprodukt-Endprodukt-Matrix** B ergibt:

$$\begin{pmatrix} 2 & 3 & 4 \\ 1 & 2 & 6 \end{pmatrix} \cdot \begin{pmatrix} 2 \\ 1 \\ 5 \end{pmatrix} = \begin{pmatrix} 27 \\ 34 \end{pmatrix}$$

Zur Herstellung je 1 ME des Endproduktes E_1 braucht man 27 ME von Rohstoff R_1 und 34 ME von R_2.

Multiplikation der **Rohstoff-Zwischenprodukt-Matrix** A mit der **Zwischenprodukt-Endprodukt-Matrix B** ergibt:

$$\begin{pmatrix} 2 & 3 & 4 \\ 1 & 2 & 6 \end{pmatrix} \cdot \begin{pmatrix} 2 & 1 & 1 \\ 1 & 0 & 2 \\ 5 & 1 & 3 \end{pmatrix} = \begin{pmatrix} 27 & 6 & 20 \\ 34 & 7 & 23 \end{pmatrix}$$

Rohstoff-Endprodukt-Matrix C

A · B = C

Zur Herstellung je 1 ME
des Endproduktes E_2 braucht man 6 ME von Rohstoff R_1 und 7 ME von R_2,
des Endproduktes E_3 braucht man 20 ME von Rohstoff R_1 und 23 ME von R_2.

Beachten Sie

Die Matrix C enthält den **Rohstoffeinsatz** für die **Endprodukte.**

Beispiel 2

➲ Ein Unternehmen fertigt aus den Baugruppen B_1, B_2 und B_3 drei Typen von Geräten G_1, G_2 und G_3. Für die Herstellung dieser Baugruppen werden die Bauteile T_1, T_2 und T_3 benötigt. Die Matrix A beschreibt den Bedarf an Bauteilen für die Baugruppen, die Matrix C beschreibt den Bedarf an Bauteilen für die Gerätetypen.

$A = \begin{pmatrix} 4 & 2 & 2 \\ 3 & 3 & 2 \\ 1 & 4 & 3 \end{pmatrix}$; $C = \begin{pmatrix} 12 & 18 & 20 \\ 13 & 17 & 21 \\ 15 & 18 & 23 \end{pmatrix}$

Zeigen Sie: Die Matrix, die den Bedarf an Baugruppen für die verschiedenen Geräte angibt, ist $B = \begin{pmatrix} 1 & 2 & 2 \\ 2 & 1 & 3 \\ 2 & 4 & 3 \end{pmatrix}$.

Lösung

Fertigungsschema

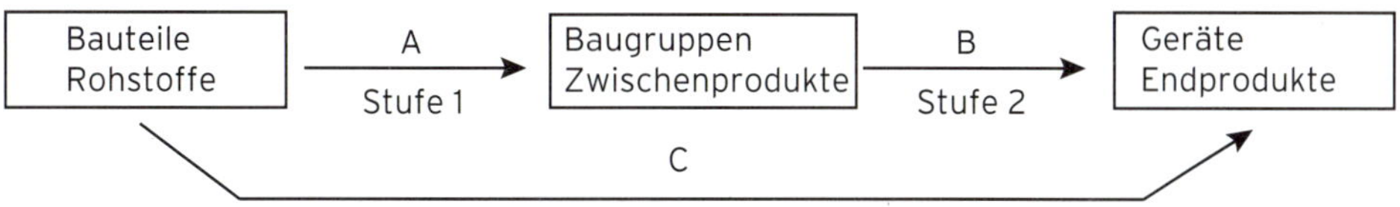

Gegeben: $A = A_{RZ}$; $C = C_{RE}$

Gesucht ist die Matrix $B = B_{ZE}$.

Zusammenhang: $A \cdot B = C$

Multiplikation ergibt $\begin{pmatrix} 4 & 2 & 2 \\ 3 & 3 & 2 \\ 1 & 4 & 3 \end{pmatrix} \cdot \begin{pmatrix} 1 & 2 & 2 \\ 2 & 1 & 3 \\ 2 & 4 & 3 \end{pmatrix} = \begin{pmatrix} 12 & 18 & 20 \\ 13 & 17 & 21 \\ 15 & 18 & 23 \end{pmatrix}$

Damit ist gezeigt: $B = \begin{pmatrix} 1 & 2 & 2 \\ 2 & 1 & 3 \\ 2 & 4 & 3 \end{pmatrix}$

Verflechtungsdiagramm:

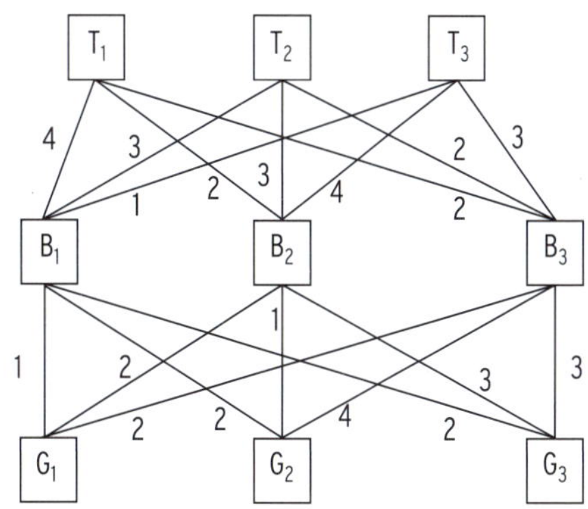

Hinweise:

1) B lässt sich aus $A \cdot B = C$ berechnen:
$B = A^{-1} \cdot C$
(sofern die Inverse von A existiert).

2) **Bedeutung** des Elements $b_{32} = 4$ der Baugruppen-Geräte-Matrix $B = \begin{pmatrix} 1 & 2 & 2 \\ 2 & 1 & 3 \\ 2 & 4 & 3 \end{pmatrix}$:

Zur Herstellung **eines Geräts vom Typ G_2** benötigt man 4 Baugruppen B_3.

3) B ist die Matrix, die den Bedarf an Baugruppen für die verschiedenen Geräte angibt. Für **ein** Gerät, z. B. G_2, benötigt man zwei Baugruppen B_1, eine Baugruppe B_2 und vier Baugruppen B_3.

Beispiel 3

➲ Ein Betrieb produziert aus den Rohstoffen R_1 und R_2 die Zwischenprodukte Z_1, Z_2 und Z_3 und daraus die Endprodukte E_1, E_2 und E_3. Der Materialfluss in Mengeneinheiten (ME) ist dem Diagramm und der Tabelle zu entnehmen.

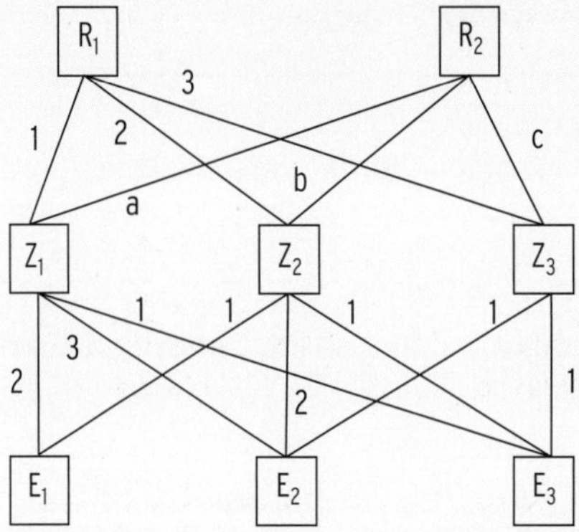

	E_1	E_2	E_3
R_1	...	...	...
R_2	3	8	5

Bestimmen Sie die Rohstoff-Endprodukt-Matrix.
Geben Sie den Verbrauch an Rohstoffen R_2 für je eine ME der Zwischenprodukte an, wenn a, b und c natürliche Zahlen ungleich null sind.

Lösung

Aus dem Diagramm liest man ab:

Rohstoff-Zwischenprodukt-Matrix: $A = A_{RZ} = \begin{pmatrix} 1 & 2 & 3 \\ a & b & c \end{pmatrix}$

Zwischenprodukt-Endprodukt-Matrix: $B = B_{ZE} = \begin{pmatrix} 2 & 3 & 1 \\ 1 & 2 & 1 \\ 0 & 1 & 1 \end{pmatrix}$

Berechnung von $A \cdot B = C$: $C = \begin{pmatrix} 1 & 2 & 3 \\ a & b & c \end{pmatrix} \cdot \begin{pmatrix} 2 & 3 & 1 \\ 1 & 2 & 1 \\ 0 & 1 & 1 \end{pmatrix}$

$$C = \begin{pmatrix} 4 & 10 & 6 \\ 2a + b & 3a + 2b + c & a + b + c \end{pmatrix}$$

Rohstoff-Endprodukt-Matrix: $C = \begin{pmatrix} 4 & 10 & 6 \\ 3 & 8 & 5 \end{pmatrix}$

Durch den Vergleich von $A \cdot B$ mit $C = \begin{pmatrix} 4 & 10 & 6 \\ 3 & 8 & 5 \end{pmatrix}$

$$\begin{pmatrix} 4 & 10 & 6 \\ 2a + b & 3a + 2b + c & a + b + c \end{pmatrix} = \begin{pmatrix} 4 & 10 & 6 \\ 3 & 8 & 5 \end{pmatrix}$$

ergibt sich ein lineares Gleichungssystem für a, b und c:

$$\begin{aligned} a + b + c &= 5 \\ 3a + 2b + c &= 8 \\ 2a + b &= 3 \end{aligned}$$

Mit $a, b, c \in \mathbb{N}^*$ kann die Gleichung $2a + b = 3$ nur gelöst werden für $a = 1$ und $b = 1$.

Einsetzen von $a = b = 1$ in die Gleichungen $3a + 2b + c = 8$
und $a + b + c = 5$ ergibt $c = 3$.

Ergebnis: Für eine ME von Z_1 braucht man 1 ME R_2, für eine ME von Z_2 braucht man 1 ME R_2 und für eine ME von Z_3 braucht man 3 ME R_2.

Was man wissen sollte ... über einen zweistufigen Produktionsprozess

Darstellung eines zweistufigen Produktionsprozesses

- durch **Stücklisten**:

	Z_1	Z_2	Z_3
R_1			
R_2			

	E_1	E_2	E_3
Z_1			
Z_2			
Z_3			

	E_1	E_2	E_3
R_1			
R_2			

- durch **Verflechtungsmatrizen**:

$A = A_{RZ}$ Rohstoff-Zwischenprodukt-Matrix	**$B = B_{ZE}$ Zwischenprodukt-Endprodukt-Matrix**	**$C = C_{RE}$ Rohstoff-Endprodukt-Matrix**

- durch ein **Fertigungsschema**:

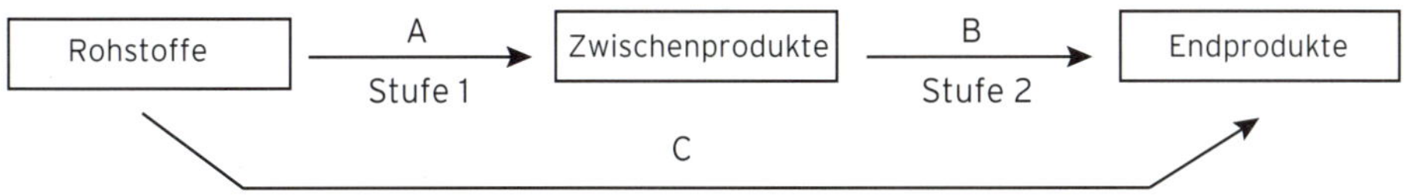

Beachten Sie

Die Matrix A beschreibt, wie viel ME der einzelnen Rohstoffe für je eine ME der Zwischenprodukte benötigt werden.
Die Matrix B beschreibt, wie viel ME der einzelnen Zwischenprodukte für je eine ME der Endprodukte benötigt werden.
Die Matrix C beschreibt, wie viel ME der einzelnen Rohstoffe für je eine ME der Endprodukte benötigt werden.

Bemerkung: Die **Zeilenzahl von B** muss mit der **Spaltenzahl von A** übereinstimmen.
Die **Zeilenzahl von C** muss mit der **Zeilenzahl von A** übereinstimmen.

Beachten Sie

Zwischen den Verflechtungsmatrizen gilt der Zusammenhang:

$$A \cdot B = C$$

Merkregel: $(RZ) \cdot (ZE) = (RE)$

Hinweis: Es wird unterstellt, dass die Rohstoffe **nur** über die Produktion der Zwischenprodukte in die Endprodukte eingehen.

Beispiel 4

➲ Ein Produktionsprozess, bei dem aus den Rohstoffen R_1 und R_2 die Zwischenprodukte Z_1 und Z_2 und aus diesen die Endprodukte E_1 und E_2 hergestellt werden, wird beschrieben durch die Matrizen $A = A_{RZ} = \begin{pmatrix} 2 & 4 \\ 1 & 3 \end{pmatrix}$ und $C = C_{RE} = \begin{pmatrix} 10 & 14 \\ 7 & 10 \end{pmatrix}$.

Wie viele ME der beiden Zwischenprodukte braucht man für je eine ME der Endprodukte?

Lösung

Die Matrix $B = B_{ZE}$ gibt an, wie viele Zwischenprodukte man für je eine ME der Endprodukte braucht.

Es gilt: $A \cdot B = C$

und daraus folgt für B: $B = A^{-1} \cdot C$

Berechnung der Inversen von A:

$$\left(\begin{array}{cc|cc} 2 & 4 & 1 & 0 \\ 1 & 3 & 0 & 1 \end{array}\right) \quad \text{Zeile 1} \cdot (-2) \text{ zu Zeile 2}$$

$$\left(\begin{array}{cc|cc} 2 & 4 & 1 & 0 \\ 0 & -2 & 1 & -2 \end{array}\right) \quad \text{Zeile 2} \cdot 2 \text{ zu Zeile 1}$$

$$\left(\begin{array}{cc|cc} 2 & 0 & 3 & -4 \\ 0 & -2 & 1 & -2 \end{array}\right) \quad \begin{array}{l} \\ | \cdot (-1) \end{array}$$

$$\left(\begin{array}{cc|cc} 2 & 0 & 3 & -4 \\ 0 & 2 & -1 & 2 \end{array}\right) \quad \begin{array}{l} | :2 \\ | :2 \end{array}$$

$$\left(\begin{array}{cc|cc} 1 & 0 & 1{,}5 & -2 \\ 0 & 1 & -0{,}5 & 1 \end{array}\right)$$

Gesuchte Matrix A^{-1}: $A^{-1} = \begin{pmatrix} 1{,}5 & -2 \\ -0{,}5 & 1 \end{pmatrix}$

daraus folgt für B: $B = A^{-1} \cdot C = \begin{pmatrix} 1{,}5 & -2 \\ -0{,}5 & 1 \end{pmatrix} \cdot \begin{pmatrix} 10 & 14 \\ 7 & 10 \end{pmatrix}$

$B = \begin{pmatrix} 1 & 1 \\ 2 & 3 \end{pmatrix}$

Ergebnis: Für 1 ME E_1 braucht man 1 ME Z_1 und 2 ME Z_2.
Für 1 ME E_2 braucht man 1 ME Z_1 und 3 ME Z_2.

Hinweis: Zwischen den Verflechtungsmatrizen $A = A_{RZ}$, $B = B_{ZE}$ und $C = C_{RE}$ gilt der Zusammenhang: $A \cdot B = C$.
Folgerungen für quadratische Matrizen (falls die Inversen existieren):
$A = C \cdot B^{-1}$ bzw. $B = A^{-1} \cdot C$.

Aufgaben

1 Ein Betrieb produziert in einem zweistufigen Produktionsprozess aus den Rohstoffen R_1, R_2 und R_3 die Zwischenprodukte Z_1, Z_2 und Z_3 und daraus die Endprodukte E_1, E_2 und E_3. Die Rohstoff-Zwischenprodukt-Matrix A und die Zwischenprodukt-Endprodukt-Matrix B sind wie folgt gegeben (alle Angaben in Mengeneinheiten (ME)):

$A = \begin{pmatrix} 1 & 2 & 3 \\ 2 & 3 & 4 \\ 4 & 4 & 5 \end{pmatrix}$; $B = \begin{pmatrix} 1 & 2 & 0 \\ 2 & 1 & 5 \\ 3 & 3 & 3 \end{pmatrix}$

Wie viel ME der einzelnen Rohstoffe werden für je eine ME der Endprodukte benötigt?

2 Ein Produktionsprozess, bei dem aus den Rohstoffen R_1, R_2 und R_3 die Zwischenprodukte Z_1 und Z_2 und aus diesen die Endprodukte E_1 und E_2 hergestellt werden, wird beschrieben durch die folgenden Tabellen:

	E_1	E_2
Z_1	1	2
Z_2	2	2

	E_1	E_2
R_1	4	6
R_2	3	4
R_3	5	8

Wie viele ME der drei Rohstoffe braucht man für je eine ME der Zwischenprodukte?

3 Die Spielzeugfirma Leroy stellt aus drei Rohstoffen R_1, R_2 und R_3 Steckteile (Frontteile Z_1, Mittelteile Z_2 und Heckteile Z_3) für Spielzeugautos her. Der Hersteller verkauft als Endprodukte E_1, E_2, E_3 und E_4 Packungen mit Steckteilen. Für ein Frontteil benötigt man jeweils 1 ME R_1 und R_3 und 2 ME R_2, für ein Mittelteil jeweils 2 ME R_1 und R_2 und 1 ME R_3, für ein Heckteil 3 ME R_1, 5 ME R_2 und 2 ME R_3.
Die Tabelle gibt an, wie viele Steckteile in die einzelnen Endprodukte eingehen. Wie viele Rohstoffe gehen in die einzelnen Endprodukte ein?

	E_1	E_2	E_3	E_4
Z_1	1	1	1	2
Z_2	0	1	3	4
Z_3	1	1	1	2

4 Ein Unternehmen stellt aus den Rohstoffen R_1 und R_2 die Zwischenprodukte Z_1 und Z_2 und daraus die Endprodukte E_1 und E_2 her.
Der Materialfluss in Mengeneinheiten (ME) ist den Tabellen zu entnehmen.

	Z_1	Z_2
R_1	2	1
R_2	3	1

	E_1	E_2
Z_1	a	c
Z_2	b	4

	E_1	E_2
R_1	12	10
R_2	14	d

Berechnen Sie die Werte a, b, c und d. Zeichnen Sie ein Verflechtungsdiagramm.

5 Ein Fertiggaragenhersteller produziert aus zwei Rohstoffen R_1 und R_2 drei Baugruppen B_1, B_2 und B_3 und daraus drei Typen von Fertiggaragen G_1, G_2 und G_3. Der Materialfluss in Mengeneinheiten (ME) ist dem Diagramm und der Tabelle zu entnehmen.

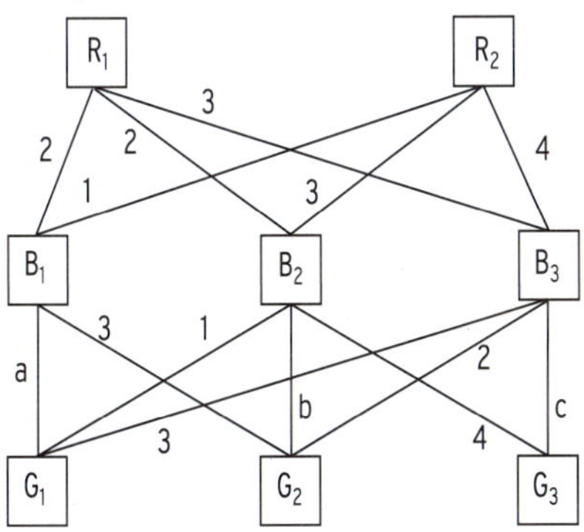

	G_1	G_2	G_3
R_1	15	18	20
R_2	17	20	28

Bestimmen Sie die Matrix, die den Bedarf an Baugruppen je Fertiggaragentyp angibt.

3.4.3 Produktions- und Verbrauchsvektoren

Beispiel 1

Ein Unternehmen stellt aus drei Rohstoffen R_1, R_2 und R_3 Zwischenprodukte und daraus die Endprodukte E_1, E_2 und E_3 her. Die nebenstehende Stückliste gibt den Bedarf an Rohstoffen für je 1 ME der Endprodukte an.

	E_1	E_2	E_3
R_1	3	1	2
R_2	2	1	4
R_3	1	2	5

a) Wie viele Rohstoffe werden benötigt, um 2 ME von E_1, 5 ME von E_2 und 3 ME von E_3 herzustellen?

b) Wie viele Endprodukte können aus 27 ME von R_1, 35 ME von R_2 und 40 ME von R_3 hergestellt werden?

Lösung

Für die Produktion von **je einer ME** E_1 braucht man 3 ME R_1,
je einer ME E_2 braucht man 1 ME R_1,
je einer ME E_3 braucht man 2 ME R_1.

a) Für die Produktion von **2** ME von E_1, **5** ME von E_2 und **3** ME von E_3

- braucht man $(3 \cdot \mathbf{2} + 1 \cdot \mathbf{5} + 2 \cdot \mathbf{3})$ ME R_1, also **17 ME** R_1.
- braucht man $(2 \cdot \mathbf{2} + 1 \cdot \mathbf{5} + 4 \cdot \mathbf{3})$ ME R_2, also **21 ME** R_2.
- braucht man $(1 \cdot \mathbf{2} + 2 \cdot \mathbf{5} + 5 \cdot \mathbf{3})$ ME R_3, also **27 ME** R_3.

Ergebnis: Für die Herstellung von 2 ME von E_1, 5 ME von E_2 und 3 ME von E_3 werden 17 ME von R_1, 21 ME von R_2 und 27 ME von R_3 benötigt.

In Matrixschreibweise: $\begin{pmatrix} 3 & 1 & 2 \\ 2 & 1 & 4 \\ 1 & 2 & 5 \end{pmatrix} \cdot \begin{pmatrix} 2 \\ 5 \\ 3 \end{pmatrix} = C_{RE} \cdot \vec{x} = \begin{pmatrix} 17 \\ 21 \\ 27 \end{pmatrix}$

b) Aus den Rohstoffen werden x_1 ME von E_1, x_2 ME von E_2 und x_3 ME von E_3 produziert.
Dann gilt für 27 ME R_1: $3 \cdot x_1 + 1 \cdot x_2 + 2 \cdot x_3 = 27$
für 35 ME R_2: $2 \cdot x_1 + 1 \cdot x_2 + 4 \cdot x_3 = 35$
und für 40 ME R_3: $1 \cdot x_1 + 2 \cdot x_2 + 5 \cdot x_3 = 40$

Das lineare Gleichungssystems für x_1, x_2, x_3: $\left(\begin{array}{ccc|c} 3 & 1 & 2 & 27 \\ 2 & 1 & 4 & 35 \\ 1 & 2 & 5 & 40 \end{array}\right)$

Auflösung des linearen Gleichungssystems (Zeile 3 und Zeile 1 werden getauscht):

$$\left(\begin{array}{ccc|c} 1 & 2 & 5 & 40 \\ 2 & 1 & 4 & 35 \\ 3 & 1 & 2 & 27 \end{array}\right) \sim \left(\begin{array}{ccc|c} 1 & 2 & 5 & 40 \\ 0 & 3 & 6 & 45 \\ 0 & -5 & -13 & -93 \end{array}\right) \sim \left(\begin{array}{ccc|c} 1 & 2 & 5 & 40 \\ 0 & 3 & 6 & 45 \\ 0 & 0 & -9 & -54 \end{array}\right)$$

Lösung: $x_1 = 4$, $x_2 = 3$, $x_3 = 6$.

Ergebnis: Es können 4 ME von E_1, 3 ME von E_2 und 6 ME von E_3 hergestellt werden.

Produktionsvektor für die Endprodukte: $\vec{x} = \begin{pmatrix} x_1 \\ x_2 \\ x_3 \end{pmatrix} = \begin{pmatrix} 4 \\ 3 \\ 6 \end{pmatrix}$

LGS in Matrixschreibweise: $\begin{pmatrix} 3 & 1 & 2 \\ 2 & 1 & 4 \\ 1 & 2 & 5 \end{pmatrix} \cdot \begin{pmatrix} x_1 \\ x_2 \\ x_3 \end{pmatrix} = C_{RE} \cdot \vec{x} = \begin{pmatrix} 27 \\ 35 \\ 40 \end{pmatrix}$

Man unterscheidet folgende Vektoren:

Verbrauchsvektor für die Rohstoffe: $\vec{r} = \begin{pmatrix} r_1 \\ r_2 \\ r_3 \end{pmatrix}$

Produktionsvektor bzw. Verbrauchsvektor für die **Zwischenprodukte**: $\vec{z} = \begin{pmatrix} z_1 \\ z_2 \\ z_3 \end{pmatrix}$

Produktionsvektor für die **Endprodukte**: $\vec{x} = \begin{pmatrix} x_1 \\ x_2 \\ x_3 \end{pmatrix}$

Beachten Sie

Verbrauchsvektoren besagen, wie viel ME an Rohstoffen bzw. Zwischenprodukten benötigt werden.
Produktionsvektoren besagen, wie viel ME an Zwischenprodukten bzw. Endprodukten hergestellt werden.

Beispiel 2

➲ Ein Betrieb fertigt in einem zweistufigen Produktionsprozess aus den Rohstoffen R_1, R_2 und R_3 zunächst die Zwischenprodukte Z_1, Z_2 und Z_3 und daraus die Endprodukte E_1, E_2 und E_3. Die Rohstoff-Zwischenprodukt-Matrix A und die Zwischenprodukt-Endprodukt-Matrix B sind gegeben durch $A = \begin{pmatrix} 2 & 3 & 3 \\ 2 & 1 & 2 \\ 0 & 1 & 2 \end{pmatrix}$ und $B = \begin{pmatrix} 2 & 1 & 1 \\ 1 & 0 & 2 \\ 0 & 1 & 3 \end{pmatrix}$.

a) Wie viele Zwischenprodukte werden benötigt, um 6 ME von E_1, 7 ME von E_2 und 5 ME von E_3 herzustellen?

b) Wie viel Endprodukte können aus 34 ME Z_1, 26 ME von Z_2 und 30 ME von Z_3 hergestellt werden?

c) Wie viel Rohstoffe braucht man zur Herstellung von 12 ME von E_1, 10 ME von E_2 und 12 ME von E_3?

Lösung

a) Die Matrix B gibt an, wie viel ME an Zwischenprodukten für die Herstellung von je einer ME der Endprodukte gebraucht werden.
Für die Produktion von **je einer ME E_1** braucht man 2 ME Z_1,
je einer ME E_2 braucht man 1 ME Z_1,
je einer ME E_3 braucht man 1 ME Z_1.
Für die Produktion von 6 ME von E_1, 7 ME von E_2 und 5 ME von E_3 braucht man $(2 \cdot 6 + 1 \cdot 7 + 1 \cdot 5)$ ME Z_1, also **24 ME** Z_1.
Für die Produktion von 6 ME von E_1, 7 ME von E_2 und 5 ME von E_3 braucht man $(1 \cdot 6 + 0 \cdot 7 + 2 \cdot 5)$ ME Z_2, also **16 ME** Z_2.
Für die Produktion von 6 ME von E_1, 7 ME von E_2 und 5 ME von E_3 braucht man $(0 \cdot 6 + 1 \cdot 7 + 3 \cdot 5)$ ME Z_3, also **22 ME** Z_3.
Ergebnis: Es werden 24 ME von Z_1, 16 ME von Z_2 und 22 ME von Z_3 benötigt.
D.h., die Multiplikation von B mit dem Produktionsvektor für die Endprodukte $\vec{x}$ ergibt den Verbrauchsvektor für die Zwischenprodukte $\vec{z}$.
In Matrixschreibweise: $\begin{pmatrix} 2 & 1 & 1 \\ 1 & 0 & 2 \\ 0 & 1 & 3 \end{pmatrix} \cdot \begin{pmatrix} 6 \\ 7 \\ 5 \end{pmatrix} = \begin{pmatrix} 24 \\ 16 \\ 22 \end{pmatrix}$ bzw. $B \cdot \vec{x} = \vec{z}$.

b) Für die Produktion von **je einer ME E_1** braucht man 2 ME Z_1,
je einer ME E_2 braucht man 1 ME Z_1,
je einer ME E_3 braucht man 1 ME Z_1.

Für die Produktion von x_1 ME von E_1, x_2 ME von E_2 und x_3 ME von E_3
braucht man $2 \cdot x_1 + 1 \cdot x_2 + 1 \cdot x_3$ (in ME) Z_1, insgesamt 34 ME Z_1,
und $1 \cdot x_1 + 0 \cdot x_2 + 2 \cdot x_3$ (in ME) Z_2, insgesamt 26 ME Z_2,
und $0 \cdot x_1 + 1 \cdot x_2 + 3 \cdot x_3$ (in ME) Z_3, insgesamt 30 ME Z_3.

Mit $\mathbf{B} \cdot \vec{x} = \vec{z}$ erhält man ein lineares Gleichungssystem für x_1, x_2, x_3.

$$\begin{aligned} 2 \cdot x_1 + 1 \cdot x_2 + 1 \cdot x_3 &= 34 \\ 1 \cdot x_1 + \qquad\quad 2 \cdot x_3 &= 26 \\ 0 \cdot x_1 + 1 \cdot x_2 + 3 \cdot x_3 &= 30 \end{aligned}$$

In Matrixform
$$\left(\begin{array}{ccc|c} 2 & 1 & 1 & 34 \\ 1 & 0 & 2 & 26 \\ 0 & 1 & 3 & 30 \end{array}\right)$$

Auflösung
$$\left(\begin{array}{ccc|c} 2 & 1 & 1 & 34 \\ 0 & 1 & -3 & -18 \\ 0 & 1 & 3 & 30 \end{array}\right)$$

$$\left(\begin{array}{ccc|c} 2 & 1 & 1 & 34 \\ 0 & 1 & -3 & -18 \\ 0 & 0 & -6 & -48 \end{array}\right)$$

Lösung des linearen Gleichungssystems: $x_1 = 10$, $x_2 = 6$, $x_3 = 8$

Lösungsvektor:
(Produktionsvektor)
$$\vec{x} = \begin{pmatrix} x_1 \\ x_2 \\ x_3 \end{pmatrix} = \begin{pmatrix} 10 \\ 6 \\ 8 \end{pmatrix}$$

Ergebnis: Es können 10 ME von E_1, 6 ME von E_2 und 8 ME von E_3 hergestellt werden.

c) Die Matrix A gibt an, wie viel ME an Rohstoffen für die Herstellung von je einer ME der Zwischenprodukte gebraucht werden.
Die Matrix A · B (= C; Rohstoff-Endprodukt-Matrix) gibt an, wie viel ME an Rohstoffen für die Herstellung von je einer ME der Endprodukte gebraucht werden.

Berechnung des Rohstoffvektors $\vec{r}$ für den Produktionsvektors $\vec{x} = \begin{pmatrix} 12 \\ 10 \\ 12 \end{pmatrix}$

$$\vec{x} = \begin{pmatrix} 2 & 3 & 3 \\ 2 & 1 & 2 \\ 0 & 1 & 2 \end{pmatrix} \cdot \begin{pmatrix} 2 & 1 & 1 \\ 1 & 0 & 2 \\ 0 & 1 & 3 \end{pmatrix} \cdot \begin{pmatrix} 12 \\ 10 \\ 12 \end{pmatrix} = \begin{pmatrix} 7 & 5 & 17 \\ 5 & 4 & 10 \\ 1 & 2 & 8 \end{pmatrix} \cdot \begin{pmatrix} 12 \\ 10 \\ 12 \end{pmatrix} = \begin{pmatrix} 338 \\ 220 \\ 128 \end{pmatrix}$$

Man braucht 338 ME R_1, 220 ME R_2 und 128 ME R_3.

Alternative: Berechnung über die Zwischenprodukte

$$\begin{pmatrix} 2 & 1 & 1 \\ 1 & 0 & 2 \\ 0 & 1 & 3 \end{pmatrix} \cdot \begin{pmatrix} 12 \\ 10 \\ 12 \end{pmatrix} = \begin{pmatrix} 46 \\ 36 \\ 46 \end{pmatrix}$$

Man braucht 46 ME Z_1, 36 ME Z_2 und 46 ME Z_3.

und dafür $\begin{pmatrix} 2 & 3 & 3 \\ 2 & 1 & 2 \\ 0 & 1 & 2 \end{pmatrix} \cdot \begin{pmatrix} 46 \\ 36 \\ 46 \end{pmatrix} = \begin{pmatrix} 338 \\ 220 \\ 128 \end{pmatrix}$.

Man braucht 338 ME R_1, 220 ME R_2 und 128 ME R_3.

Beispiel 3

➲ In einem Betrieb werden aus zwei Rohstoffen R_1 und R_2 die Zwischenprodukte Z_1, Z_2 und Z_3 und daraus die Endprodukte E_1, E_2 und E_3 gefertigt. Die nachfolgenden Stücklisten geben den Bedarf in Rohstoffen für je 1 ME der Zwischenprodukte bzw. den Bedarf an Zwischenprodukten für je 1 ME der Endprodukte an.

	Z_1	Z_2	Z_3
R_1	3	2	2
R_2	1	3	1

	E_1	E_2	E_3
Z_1	2	6	0
Z_2	1	4	1
Z_3	0	3	2

a) Bestimmen Sie die Rohstoff-Endprodukt-Matrix.

b) Der derzeitige Lagerbestand ist 2100 ME von R_1 und 1300 ME von R_2. Es sollen 60 ME E_1, 40 ME E_2 und 45 ME E_3 hergestellt werden. Ermitteln Sie den Restbestand bzw. den zusätzlichen Bedarf an Rohstoffen.

c) Nach Beendigung eines Auftrages sind noch 76 ME R_1 und 66 ME von R_2 am Lager. Wie viel ME der Zwischenprodukte können produziert werden, wenn von Z_2 doppelt soviele ME wie von Z_1 produziert werden?

Lösung

a) Für die Rohstoff-Endprodukt-Matrix C gilt: $A \cdot B = C$.

$$A \cdot B = \begin{pmatrix} 3 & 2 & 2 \\ 1 & 3 & 1 \end{pmatrix} \cdot \begin{pmatrix} 2 & 6 & 0 \\ 1 & 4 & 1 \\ 0 & 3 & 2 \end{pmatrix} = \begin{pmatrix} 8 & 32 & 6 \\ 5 & 21 & 5 \end{pmatrix} = C$$

b) Aus $C \cdot \vec{x} = \vec{r}$ folgt durch Einsetzen von $\vec{x} = \begin{pmatrix} 60 \\ 40 \\ 45 \end{pmatrix}$:

$$C \cdot \vec{x} = \begin{pmatrix} 8 & 32 & 6 \\ 5 & 21 & 5 \end{pmatrix} \begin{pmatrix} 60 \\ 40 \\ 45 \end{pmatrix} = \begin{pmatrix} 2030 \\ 1365 \end{pmatrix}$$

Der Restbestand an R_1 beträgt 70 ME, an R_2 besteht ein Bedarf von 65 ME.

c) Aus $A \cdot \vec{z} = \vec{r}$ folgt mit $\vec{z} = \begin{pmatrix} z_1 \\ 2z_1 \\ z_3 \end{pmatrix}$ durch Einsetzen $= \begin{pmatrix} 3 & 2 & 2 \\ 1 & 3 & 1 \end{pmatrix} \cdot \begin{pmatrix} z_1 \\ 2z_1 \\ z_3 \end{pmatrix} = \begin{pmatrix} 76 \\ 66 \end{pmatrix}$.

Ausmultiplizieren ergibt ein lineares Gleichungssystem für z_1 und z_3:

$3z_1 + 2 \cdot 2z_1 + 2z_3 = 76 \Leftrightarrow 7z_1 + 2z_3 = 76 \quad$ (I)

$z_1 + 3 \cdot 2z_1 + z_3 = 66 \Leftrightarrow 7z_1 + z_3 = 66 \quad$ (II)

Addition der beiden Gleichungen, (I) + (II) · (–1)

ergibt $\quad z_3 = 10$

Einsetzen in z. B. (II): $\quad 7z_1 + 10 = 66$

$z_1 = 8$

Das LGS hat die Lösung: $\quad z_1 = 8;\ z_3 = 10$

Ergebnis: Es können 8 ME von Z_1, 16 ME von Z_2 und 10 ME von Z_3 produziert werden.

Was man wissen sollte ... über Verflechtungsmatrizen, Verbrauchs- und Produktionsvektoren

$A \cdot \vec{z} = \vec{r}$	$B \cdot \vec{x} = \vec{z}$	$C \cdot \vec{x} = \vec{r}$

Fragestellung

Für	$A \cdot \vec{z} = \vec{r}$	$B \cdot \vec{x} = \vec{z}$	$C \cdot \vec{x} = \vec{r}$
ist **gegeben:**	$\vec{z}$	$\vec{x}$	$\vec{x}$
und **gesucht:**	$\vec{r}$	$\vec{z}$	$\vec{r}$

Lösung

durch **Einsetzen** des gegebenen Vektors.

Berechnung von	$A \cdot \vec{z}$	$B \cdot \vec{x}$	$C \cdot \vec{x}$

ergibt den gesuchten Verbrauchs- oder Produktionsvektor.

Fragestellung

Für	$A \cdot \vec{z} = \vec{r}$	$B \cdot \vec{x} = \vec{z}$	$C \cdot \vec{x} = \vec{r}$
ist **gegeben:**	$\vec{r}$	$\vec{z}$	$\vec{r}$
und **gesucht:**	$\vec{z}$	$\vec{x}$	$\vec{x}$

Lösung

Einsetzen des gegebenen Vektors ergibt ein **lineares Gleichungssystem**

für	z_1, z_2, z_3	x_1, x_2, x_3	x_1, x_2, x_3

Auflösung ergibt den gesuchten Verbrauchs- oder Produktionsvektor.

Merkregel

$A \cdot \vec{z} = \vec{r}$

$$\begin{array}{c|c} \begin{matrix} & Z_1\\ & Z_2\\ & Z_3\\ Z_1\ Z_2\ Z_3 & \end{matrix} & \begin{pmatrix} \ \\ \ \\ \ \end{pmatrix} \\ \hline \begin{matrix}R_1\\R_2\\R_3\end{matrix}\begin{pmatrix} \quad & \quad & \quad \\ & & \\ & & \end{pmatrix} & \begin{pmatrix}\ \\ \ \\ \ \end{pmatrix}\begin{matrix}R_1\\R_2\\R_3\end{matrix}\end{array}$$

$$(RZ) \cdot \begin{pmatrix} z_1 \\ z_2 \\ z_3 \end{pmatrix} = \begin{pmatrix} r_1 \\ r_2 \\ r_3 \end{pmatrix}$$

$B \cdot \vec{x} = \vec{z}$

$$\begin{array}{c|c} \begin{matrix} & E_1\\ & E_2\\ & E_3\\ E_1\ E_2\ E_3 & \end{matrix} & \begin{pmatrix} \ \\ \ \\ \ \end{pmatrix} \\ \hline \begin{matrix}Z_1\\Z_2\\Z_3\end{matrix}\begin{pmatrix} \quad & \quad & \quad \\ & & \\ & & \end{pmatrix} & \begin{pmatrix}\ \\ \ \\ \ \end{pmatrix}\begin{matrix}Z_1\\Z_2\\Z_3\end{matrix}\end{array}$$

$$(ZE) \cdot \begin{pmatrix} x_1 \\ x_2 \\ x_3 \end{pmatrix} = \begin{pmatrix} z_1 \\ z_2 \\ z_3 \end{pmatrix}$$

$C \cdot \vec{x} = \vec{r}$

$$\begin{array}{c|c} \begin{matrix} & E_1\\ & E_2\\ & E_3\\ E_1\ E_2\ E_3 & \end{matrix} & \begin{pmatrix} \ \\ \ \\ \ \end{pmatrix} \\ \hline \begin{matrix}R_1\\R_2\\R_3\end{matrix}\begin{pmatrix} \quad & \quad & \quad \\ & & \\ & & \end{pmatrix} & \begin{pmatrix}\ \\ \ \\ \ \end{pmatrix}\begin{matrix}R_1\\R_2\\R_3\end{matrix}\end{array}$$

$$(RE) \cdot \begin{pmatrix} x_1 \\ x_2 \\ x_3 \end{pmatrix} = \begin{pmatrix} r_1 \\ r_2 \\ r_3 \end{pmatrix}$$

Aufgaben

1 Ein Betrieb stellt drei Präparate E_1, E_2 und E_3 her, die die Vitamine V_1, V_2 und V_3 in unterschiedlichen Anteilen enthalten. Das Verflechtungsdiagramm gibt an, wie viel ME Vitamin in jeweils einer ME Präparat enthalten ist.

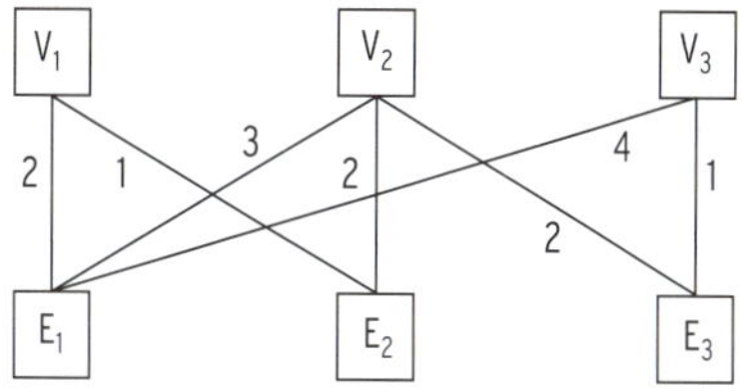

a) Beschreiben Sie die Verteilung der Vitamine auf die Präparate in Form einer Tabelle und der (V, E)-Matrix.

b) Für einen Auftrag werden von V_1 390 ME, von V_2 1020 ME und von V_3 660 ME verarbeitet. Wie viel ME der Präparate E_1, E_2 und E_3 werden damit gefertigt?

c) Für einen weiteren Auftrag sind 200 ME von E_1, 220 ME von E_2 und 240 ME von E_3 zu liefern. Wie viel ME der Vitamine V_1, V_2 und V_3 benötigt der Betrieb dafür?

2 Ein Unternehmen stellt aus drei pflanzlichen Rohstoffen R_1, R_2 und R_3 die Substanzen S_1, S_2 und S_3 her. Aus diesen Substanzen werden die Medikamente M_1 und M_2 hergestellt. Die folgenden Tabellen zeigen den Materialbedarf in Mengeneinheiten (ME):

	S_1	S_2	S_3
R_1	1	2	2
R_2	4	3	2
R_3	1	5	1

	M_1	M_2
S_1	1	5
S_2	1	3
S_3	2	2

a) Erstellen Sie eine Tabelle, die den Rohstoffbedarf für die Medikamente darstellt.

b) Erfahrungsgemäß werden im Sommer 2000 ME des Medikaments M_1 und 1700 ME des Medikaments M_2 verkauft. Berechnen Sie den Bedarf an Substanzen, die dazu benötigt werden.

c) Im Lager befinden sich 660 ME R_1 und 1140 ME R_2. Der Rohstoff R_3 ist nicht mehr vorrätig. Es werden gleich viel ME der Substanzen S_1 und S_3 benötigt.
Wie viele ME der Substanzen S_1, S_2 und S_3 können aus den Lagerbeständen hergestellt werden, wenn alle vorhandenen Rohstoffe verbraucht werden sollen? Wie viele ME des Rohstoffs R_3 müssen dazu bestellt werden?

3 Die Weber Metallbau GmbH stellt aus den Komponenten R_1, R_2 und R_3 die Bauteile B_1, B_2 und B_3 her. Daraus werden die Fertigprodukte E_1, E_2 und E_3 montiert. Für 1 ME E_1 werden 20 ME R_1, 6 ME R_2 und 9 ME R_3 verbraucht, für 1 ME E_2 benötigt man 24 ME R_1, 14 ME R_2 und 11 ME R_3 und für 1 ME E_3 benötigt man 24 ME R_1, 12 ME R_2 und 15 ME R_3.
Im Lager sind 5280 ME der Komponente R_1, 2260 ME von R_2 und keine Komponenten R_3.
Die Fertigungsleitung hat zwei Optionen für die nächste Produktionsperiode:

- Von E_2 werden 50 ME produziert und das Lager soll vollständig geräumt werden.
- Ein Auftrag über jeweils 100 ME der Fertigprodukte E_1, E_2 und E_3 wird angenommen und abgearbeitet.

Erläutern Sie die Auswirkungen der beiden Möglichkeiten.

4 Das Hightech-Unternehmen Kisko braucht für die Fertigung seiner Mikrochips M_1, M_2 und M_3 die Rohstoffe R_1, R_2 und R_3.
Aus den Mikrochips werden die Speicherbausteine E_1, E_2 und E_3 hergestellt.
Die nachfolgenden Stücklisten beschreiben den Materialfluss.

	M_1	M_2	M_3
R_1	4	3	3
R_2	2	4	2
R_3	4	5	1

	E_1	E_2	E_3
M_1	1	3	4
M_2	5	2	2
M_3	0	4	0

a) Wie viel Stück der einzelnen Rohstoffe müssen vorrätig sein, damit ein Auftrag über 70 Stück von E_1, 100 Stück von E_2 und 60 Stück von E_3 bearbeitet werden kann?
Wie viel Stück Mikrochips müssen in der ersten Produktionsstufe für diesen Auftrag gefertigt werden?

b) Im Lager befinden sich zurzeit 840 Stück M_1 und 960 Stück M_2. Wie viel Stück von M_3 müssen nachgeliefert werden, wenn 120 Stück von E_1 produziert und der Lagerbestand an Mikrochips vollständig verarbeitet werden soll? Dabei darf bei M_1 eine „eiserne Reserve" von 100 Stück nicht unterschritten werden.
Wie viel Stück von E_2 und E_3 können dann hergestellt werden?

5 Ein Betrieb fertigt aus den Materialien R_1, R_2 und R_3 die Zwischenprodukte Z_1, Z_2 und Z_3. Diese werden dann zu den Endprodukten E_1, E_2 und E_3 verarbeitet.
Der Materialfluss in Mengeneinheiten (ME) ist durch folgende Tabellen gegeben:

	E_1	E_2	E_3
R_1	12	14	21
R_2	12	13	21
R_3	11	12	19

	E_1	E_2	E_3
Z_1	2	3	4
Z_2	1	2	2
Z_3	2	1	3

a) Wie viele ME von jedem Endprodukt können aus 80 ME Z_1, 50 ME von Z_2 und 40 ME von Z_3 hergestellt werden?

b) Laut Inventur sind von R_1 4530 ME, von R_2 4410 ME und von R_3 4030 ME am Lager. Dieser Lagerbestand soll vollständig zu Endprodukten verarbeitet werden.
Wie viele ME von jedem Endprodukt werden dann hergestellt?

c) Bestimmen Sie die Matrix A, die beschreibt, wie viele ME der Materialien für jeweils eine ME der Zwischenprodukte benötigt werden.
Berechnen Sie den Bedarf an Materialien für 80 ME Z_1, 50 ME von Z_2 und 40 ME von Z_3.

Kontrollergebnis: $(Z; E)^{-1} = \begin{pmatrix} -4 & 5 & 2 \\ -1 & 2 & 0 \\ 3 & -4 & -1 \end{pmatrix}$

3.4.4 Kosten und Gewinn

Kosten

Beispiel 1

➲ Ein Betrieb produziert aus den drei Rohstoffen R_1, R_2 und R_3 die Produkte P_1 und P_2. Der Materialfluss in Mengeneinheiten (ME) ist der Tabelle (Stückliste) zu entnehmen.

	P_1	P_1
R_1	4	6
R_2	0	8
R_3	5	3

Die Rohstoffkosten betragen 7 GE (Geldeinheiten) für 1 ME R_1, 3 GE für 1 ME R_2 und 2 GE für 1 ME R_3. Berechnen Sie die gesamten Rohstoffkosten für die Produktion von 120 ME von P_1 und 80 ME von P_2.

Lösung

Berechnung der **Rohstoffkosten** für zum Beispiel 1 ME von P_1:

In 1 ME von P_1 sind enthalten

				R_1	4
				R_2	0
Kosten für 1 ME	R_1	R_2	R_3	R_3	5
	7	3	2		$7 \cdot 4 + 3 \cdot 0 + 2 \cdot 5 = 38$

$$(7\ \ 3\ \ 2) \cdot \begin{pmatrix} 4 \\ 0 \\ 5 \end{pmatrix} = 38$$

Die Rohstoffkosten für 1 ME von P_1 betragen 38 GE.

Berechnung der **Rohstoffkosten** für zum Beispiel 1 ME von P_2:

In 1 ME von P_2 sind enthalten

				R_1	6
				R_2	8
Kosten für 1 ME	R_1	R_2	R_3	R_3	3
	7	3	2		$7 \cdot 6 + 3 \cdot 8 + 2 \cdot 3 = 72$

$$(7\ \ 3\ \ 2) \cdot \begin{pmatrix} 6 \\ 8 \\ 3 \end{pmatrix} = 72$$

Die Rohstoffkosten für 1 ME von P_2 betragen 72 GE.

Multiplikation von links mit dem **Kostenvektor** $\vec{k}$ (**als Zeilenvektor**) ergibt die Rohstoffkosten für je eine ME der Produkte.

$$(7\ \ 3\ \ 2) \begin{pmatrix} 4 & 6 \\ 0 & 8 \\ 5 & 3 \end{pmatrix} = (38\ \ 72)$$

Für die Herstellung von **1 ME** von $\mathbf{P_1}$ betragen die Rohstoffkosten 38 GE, **für 1 ME von $\mathbf{P_2}$** betragen die Rohstoffkosten 72 GE.

Rohstoffkosten für die Produktion von 120 ME von P_1 und 80 ME von P_2:

Multiplikation von Rohstoffkosten je ME P_1 und je ME P_2 mit dem Produktionsvektor ergibt die **Gesamtrohstoffkosten** (eine Zahl).

			P_1	120
Kosten für 1 ME	P_1	P_2	P_2	80
	38	72		$38 \cdot 120 + 72 \cdot 80 = 10\,320$

In Matrixschreibweise: $(38\ \ 72) \cdot \begin{pmatrix} 120 \\ 80 \end{pmatrix} = 10\,320$

Rohstoffkostenvektor $\vec{k}$ · **Produktionsvektor $\vec{x}$** = **Gesamtrohstoffkosten**

Oder:

$$\begin{pmatrix} 4 & 6 \\ 0 & 8 \\ 5 & 3 \end{pmatrix} \cdot \begin{pmatrix} 120 \\ 80 \end{pmatrix} = \begin{pmatrix} 960 \\ 640 \\ 840 \end{pmatrix}$$ **Gesamtrohstoffbedarf;** $$(7\ \ 3\ \ 2) \cdot \begin{pmatrix} 960 \\ 640 \\ 840 \end{pmatrix} = 10\,320$$ **Gesamtrohstoffkosten**

Beispiel 2

Ein Computerproduzent stellt aus drei Rohstoffen R_1, R_2 und R_3 die Endprodukte E_1, E_2 und E_3 her. Die Tabelle gibt den Materialfluss in Mengeneinheiten (ME) an.

	E_1	E_2	E_3
R_1	2	4	3
R_2	4	2	5
R_3	3	1	6

Die Rohstoffkosten betragen 3 GE für je 1 ME R_1, 2,5 GE für je 1 ME R_2 und 6,5 GE für je 1 ME R_3. Die Fertigungskosten für eine ME von E_1 betragen 20 GE, für eine ME von E_2 15 GE und für eine ME von E_3 7 GE.

Für einen Auftrag werden 4 ME von E_1, 6 ME von E_2 und 5 ME von E_3 benötigt.

a) Berechnen Sie die Rohstoffkosten für diesen Auftrag.

b) Bestimmen Sie die variablen Herstellkosten und die Gesamtkosten für diesen Auftrag, wenn ein Fixkostenanteil von 300 GE zu berücksichtigen ist.

Lösung

a) Die Rohstoffkosten für je 1 ME von Endprodukt E_1 setzen sich wie folgt zusammen:

Für je 1 ME E_1 braucht man von R_1 2 ME à 3 GE/ME = 6 GE
von R_2 4 ME à 2,5 GE/ME = 10 GE
von R_3 3 ME à 6,5 GE/ME = 19,50 GE

Rohstoffkosten je ME E_1: $6 + 10 + 19,50 = 35,5$

Rohstoffkosten je ME E_2: $4 \cdot 3 + 2 \cdot 2,5 + 1 \cdot 6,5 = 23,5$

Rohstoffkosten je ME E_3: $3 \cdot 3 + 5 \cdot 2,5 + 6 \cdot 6,5 = 60,5$

Rohstoffkosten K_R für diesen Auftrag: $K_R = 4 \cdot 35,50 + 6 \cdot 23,50 + 5 \cdot 60,50$

$K_R = 585,50$

Ergebnis: Die Rohstoffkosten für diesen Auftrag betragen 585,50 GE.

In Matrixschreibweise: $(3 \;\; 2,5 \;\; 6,5)\begin{pmatrix} 2 & 4 & 3 \\ 4 & 2 & 5 \\ 3 & 1 & 6 \end{pmatrix}\begin{pmatrix} 4 \\ 6 \\ 5 \end{pmatrix} = (35,5 \;\; 23,5 \;\; 60,5)\begin{pmatrix} 4 \\ 6 \\ 5 \end{pmatrix} = 585,50.$

b) Kosten für die Fertigung: $K_E = 20 \cdot 4 + 15 \cdot 6 + 7 \cdot 5 = 205$

In Vektorschreibweise: $K_E = (20 \;\; 15 \;\; 7)\begin{pmatrix} 4 \\ 6 \\ 5 \end{pmatrix} = \vec{k}_E \cdot \vec{x}$

Variable Herstellkosten: $K_v = K_R + K_E = 585,50 + 205$

$K_v = 790,50$

Fixkosten: $K_{fix} = 300$

Gesamtkosten: $K = K_v + K_{fix} = 790,50 + 300$

$K = 1090,50$

Ergebnis:

Die **variablen Herstellkosten** betragen 790,50 GE, die **Gesamtkosten** belaufen sich auf 1090,50 GE.

Hinweis: Kostenvektoren sind **Zeilenvektoren, Verbrauchsvektoren** und **Produktionsvektoren** sind **Spaltenvektoren.**

Beispiel 3

➲ Ein Betrieb fertigt in einem zweistufigen Produktionsprozess aus den Rohstoffen R_1, R_2 und R_3 zunächst die Zwischenprodukte Z_1, Z_2 und Z_3 und daraus die Endprodukte E_1, E_2 und E_3. Gegeben sind die Rohstoff-Endprodukt-Matrix C und die Zwischenprodukt-Endprodukt-Matrix B.

$$B = \begin{pmatrix} 2 & 1 & 1 \\ 1 & 0 & 2 \\ 0 & 1 & 3 \end{pmatrix};\ C = \begin{pmatrix} 2 & 5 & 3 \\ 4 & 4 & 6 \\ 4 & 7 & 7 \end{pmatrix}$$

Die Kosten für die Rohstoffe, für die Fertigung der Zwischenprodukte und die Montage der Endprodukte betragen in Geldeinheiten pro Mengeneinheiten (GE/ME):

R_1	R_2	R_3
8	4	7

Z_1	Z_2	Z_3
12	8	4

E_1	E_2	E_3
8	10	12

Für einen Auftrag werden 3 ME von E_1, 5 ME von E_2 und 2 ME von E_3 hergestellt.

a) Berechnen Sie die gesamten Rohstoffkosten (Materialkosten) für diesen Auftrag.

b) Bestimmen Sie die Fertigungskosten je ME Endprodukt bei der Zwischenprodukt-fertigung.

c) Geben Sie die variablen Herstellkosten je ME der Endprodukte an. Berechnen Sie die variablen Herstellkosten für diesen Auftrag.

Lösung

a) Die Rohstoffkosten für je 1 ME von Endprodukt E_1 setzen sich wie folgt zusammen:

Rohstoffkostenvektor $\vec{k}_R = (8\ \ 4\ \ 7)$

Für je 1 ME E_1 braucht man
- von R_1 **2** ME à 8 GE/ME = 16 GE
- von R_2 **4** ME à 4 GE/ME = 16 GE
- von R_3 **4** ME à 7 GE/ME = 28 GE

Rohstoffkosten je ME Endprodukt E_1: 16 + 16 + 28 = 60, also 60 GE

In Matrixschreibweise: $(8\ \ 4\ \ 7) \cdot \begin{pmatrix} 2 \\ 4 \\ 4 \end{pmatrix} = 60$

Rohstoffkosten je ME Endprodukt: $\vec{k}_R \cdot C = (8\ \ 4\ \ 7) \begin{pmatrix} 2 & 5 & 3 \\ 4 & 4 & 6 \\ 4 & 7 & 7 \end{pmatrix} = (60\ \ 105\ \ 97)$ (Spalte bzw. Eintrag E_1)

Rohstoffkosten für den Auftrag: $\vec{k}_R \cdot C \cdot \vec{x} = (60\ \ 105\ \ 97) \begin{pmatrix} 3 \\ 5 \\ 2 \end{pmatrix} = 899$

Die **Rohstoffkosten für diesen Auftrag** betragen 899 GE.

Beachten Sie

$\vec{k}_R \cdot C \cdot \vec{x}$ ergibt die **Gesamtmaterialkosten** für die Produktion $\vec{x}$.

b) Kostenvektor $\vec{k}_Z = (12 \;\; 8 \;\; 4)$

Fertigungskosten je ME Endprodukt
bei der Zwischenproduktfertigung: $\vec{k}_Z \cdot B = (12 \;\; 8 \;\; 4) \begin{pmatrix} \mathbf{2} & 1 & 1 \\ \mathbf{1} & 0 & 2 \\ \mathbf{0} & 1 & 3 \end{pmatrix} = (\mathbf{32} \;\; 16 \;\; 40)$

Die Fertigung aller Zwischenprodukte, die in 1 ME von E_1 enthalten sind, kostet **32** GE.

c) **Rohstoffkosten je ME Endprodukt:** $\vec{k}_R \cdot C = (\mathbf{60} \;\; 105 \;\; 97)$

Fertigungskosten je ME Endprodukt
bei der Zwischenproduktfertigung: $\vec{k}_Z \cdot B = (\mathbf{32} \;\; 16 \;\; 40)$

Fertigungskosten je ME Endprodukt
bei der Endproduktfertigung: $\vec{k}_E = (\mathbf{8} \;\; 10 \;\; 12)$

Variable Herstellkosten je ME Endprodukt (ohne Fixkosten)
$\vec{k}_v = (\mathbf{60} \;\; 105 \;\; 97) + (\mathbf{32} \;\; 16 \;\; 40) + (\mathbf{8} \;\; 10 \;\; 12) = (\mathbf{100} \;\; 131 \;\; 149)$

Variable Herstellkosten je ME Endprodukt

$\vec{k}_v = \vec{k}_R \cdot C + \vec{k}_Z \cdot B + \vec{k}_E$

Variable Herstellkosten für die Produktion von 3 ME von E_1, 5 ME von E_2 und 2 ME von E_3:

$\mathbf{K_v = \vec{k}_v \cdot \vec{x}} = (100 \;\; 131 \;\; 149) \begin{pmatrix} 3 \\ 5 \\ 2 \end{pmatrix} = 1253$

Ergebnis: Die variablen Herstellkosten für diesen Auftrag betragen 1253 GE.

Bemerkung: Man unterscheidet:

- **Kosten** für 1 ME der Rohstoffe **(Materialkosten)** $\vec{k}_R$

  Am Beispiel: Rohstoffkostenvektor $\vec{k}_R = (8 \;\; 4 \;\; 7)$
  1 ME R_1 kostet 8 GE, 1 ME R_2 kostet 4 GE; 1 ME R_3 kostet 7 GE (**Materialkosten**)

- **Kosten** für die Fertigung von je 1 ME der **Zwischenprodukte** bzw. **Fertigungskosten in Stufe 1** $\vec{k}_Z$

  Am Beispiel: Fertigungskosten in Stufe 1: $\vec{k}_Z = (12 \;\; 8 \;\; 4)$
  Die Herstellung einer ME Z_1 kostet 12 GE, einer ME Z_2 8 GE und einer ME Z_3 kostet 4 GE.

- **Kosten** für die Fertigung von je 1 ME der **Endprodukte** bzw. **Fertigungskosten in Stufe 2** $\vec{k}_E$

  Am Beispiel: Fertigungskosten in Stufe 2: $\vec{k}_E = (8 \;\; 10 \;\; 12)$
  Die Herstellung einer ME E_1 kostet 8 GE, einer ME E_2 kostet 10 GE und einer ME E_3 kostet 12 GE.

Die Kostenvektoren sind Zeilenvektoren.

Was man wissen sollte ... über Kosten

Rohstoffkosten je ME der Rohstoffe: $\vec{k}_R$

Rohstoffkosten (Materialkosten) je ME Endprodukt: $\vec{k}_R \cdot C$

Bemerkung: Die Matrix C beschreibt, wie viele ME der Rohstoffe R_1, R_2, usw. pro ME Endprodukt gebraucht werden.

Fertigungskosten je ME Zwischenprodukt: $\vec{k}_Z$

Fertigungskosten je ME Endprodukt in Stufe 1: $\vec{k}_Z \cdot B$

Bemerkung: In Fertigungsstufe 1 werden Zwischenprodukte hergestellt.
Die Matrix B beschreibt, wie viele ME der Zwischenprodukte Z_1, Z_2, ... pro ME Endprodukt gebraucht werden.

Fertigungskosten je ME Endprodukt in Stufe 2: $\vec{k}_E$

Variable Herstellkosten $\vec{k}_v$ je ME Endprodukt: $\vec{k}_v = \vec{k}_R \cdot C + \vec{k}_Z \cdot B + \vec{k}_E$

Multiplikation von $\vec{k}_v$ mit dem Produktionsvektor $\vec{x}$ für die Endprodukte ergibt die gesamten variablen Herstellkosten für die gegebene Produktion $\vec{x}$.

Gesamte variable Herstellkosten K_v: $K_v = \vec{k}_v \cdot \vec{x}$

Ist bekannt, wie viel Rohstoffe $\vec{r}$ und wie viel Zwischenprodukte $\vec{z}$ für die Endprodukte $\vec{x}$ gebraucht werden, kann man K_v auch berechnen mit:

$$K_v = \vec{k}_v \cdot \vec{x} = (\vec{k}_R \cdot C + \vec{k}_Z \cdot B + \vec{k}_E) \cdot \vec{x}$$
$$= \vec{k}_R \cdot C \cdot \vec{x} + \vec{k}_Z \cdot B \cdot \vec{x} + \vec{k}_E \cdot \vec{x}$$

Mit $\vec{r} = C \cdot \vec{x}$ und $\vec{z} = B \cdot \vec{x}$ erhält man

K_v	=	$\vec{k}_R \cdot \vec{r}$	+	$\vec{k}_Z \cdot \vec{z}$	+	$\vec{k}_E \cdot \vec{x}$
K_v	=	K_R	+	K_Z	+	K_E
		Rohstoff-kosten		**Kosten** für die Fertigung der **Zwischenprodukte**		**Kosten** für die Fertigung der **Endprodukte**

Die **Gesamtkosten K** ergeben sich aus den **variablen Herstellkosten K_v** und den **Fixkosten K_{fix}**: $K = K_v + K_{fix}$

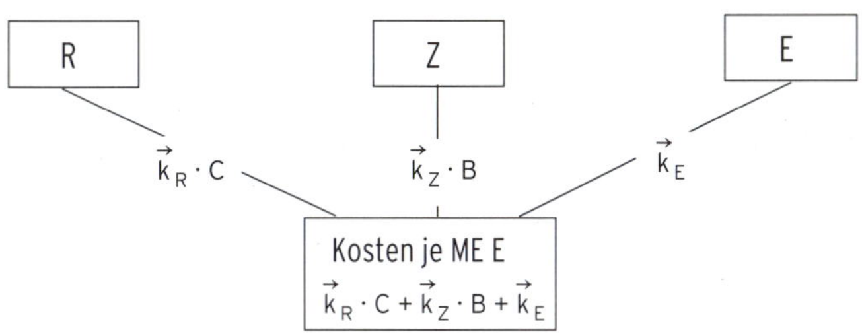

Gewinnermittlung

Beispiel 1

➲ In einer Großkonditorei werden täglich drei verschiedene Torten gebacken. Dafür werden aus den drei Zutaten Ei, Mehl, Butter zwei verschiedene Teige und eine Creme hergestellt. Den Materialbedarf in Mengeneinheiten (ME) zeigen folgende Tabellen (Bei den Torten ist 1 ME dasselbe wie 1 Torte):

	Torte 1	Torte 2	Torte 3
Teig 1	2	2	1
Teig 2	1	1	1
Creme	2	1	2

	Torte 1	Torte 2	Torte 3
Ei	19	18	19
Mehl	10	10	9
Butter	15	17	19

Die Großkonditorei kalkuliert mit folgenden Kosten (in Geldeinheiten GE):

$\vec{k}_R = (0{,}1 \;\; 0{,}2 \;\; 0{,}6)$ Kosten für je eine ME der Zutaten,

$\vec{k}_Z = (0{,}8 \;\; 1{,}0 \;\; 0{,}6)$ Fertigungskosten je ME Teig/Creme,

$\vec{k}_E = (3 \;\; 5 \;\; 7)$ Fertigungskosten je Torte.

Die täglichen Fixkosten liegen bei 1200 GE.

Wie hoch sind die variablen Herstellkosten, wenn 100 Torten 1, 150 Torten 2 und 120 Torten 3 produziert werden?

Welche Kosten entfallen auf jede dieser Torten durchschnittlich? Wie hoch ist der Gewinn, wenn Torte 1 für 30 GE, Torte 2 für 35 GE und Torte 3 für 30 GE verkauft werden?

Lösung

Es gilt: **Variable Herstellkosten je ME der Endprodukte:**

$$\vec{k}_v = \vec{k}_R \cdot C + \vec{k}_Z \cdot B + \vec{k}_E$$

$$\vec{k}_v = (0{,}1 \;\; 0{,}2 \;\; 0{,}6) \cdot \begin{pmatrix} 19 & 18 & 19 \\ 10 & 10 & 9 \\ 15 & 17 & 19 \end{pmatrix} + (0{,}8 \;\; 1{,}0 \;\; 0{,}6) \cdot \begin{pmatrix} 2 & 2 & 1 \\ 1 & 1 & 1 \\ 2 & 1 & 2 \end{pmatrix} + (3 \;\; 5 \;\; 7)$$

$$\vec{k}_v = (12{,}9 \;\; 14 \;\; 15{,}1) + (3{,}8 \;\; 3{,}2 \;\; 3{,}0) + (3 \;\; 5 \;\; 7)$$

$$\vec{k}_v = (19{,}7 \;\; 22{,}2 \;\; 25{,}1)$$

Variable Herstellkosten für den Auftrag: $K_v = (\vec{k}_R \cdot C + \vec{k}_Z \cdot B + \vec{k}_E)\,\vec{x}$

$$K_v = (19{,}7 \;\; 22{,}2 \;\; 25{,}1) \cdot \begin{pmatrix} 100 \\ 150 \\ 120 \end{pmatrix} = 8312$$

Die variablen Herstellkosten betragen 8312 GE.

Gesamtkosten: $K = K_v + K_{fix} = 8312 + 1200 = 9512$

Durchschnittliche Kosten pro Torte: $\frac{9512}{370} = 25{,}71$

Auf jede dieser 370 Torten entfallen etwa 26 GE an Kosten.

Einnahmen (Erlöse): $E = (30 \;\; 35 \;\; 30) \cdot \begin{pmatrix} 100 \\ 150 \\ 120 \end{pmatrix} = 11\,850$

Gewinn: $G = E - K = 11\,850 - 9512 = 2338$

Der Gewinn beträgt 2338 GE.

Beispiel 2

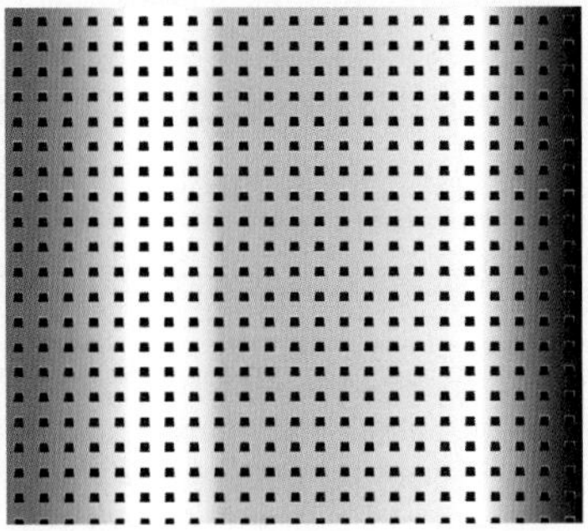

➲ Die Metallbausparte von Waldner fertigt aus drei Rohstoffen R_1, R_2 und R_3 die Zwischenprodukte Z_1, Z_2 und Z_3 und aus diesen die Endprodukte E_1, E_2 und E_3. Die folgenden Tabellen geben den Bedarf an Rohstoffen für je 1 ME der Zwischenprodukte bzw. den Bedarf an Zwischenprodukten für je 1 ME der Endprodukte an.

	Z_1	Z_2	Z_3
R_1	1	2	4
R_2	4	2	4
R_3	6	4	1

	E_1	E_2	E_3
Z_1	3	3	4
Z_2	4	3	2
Z_3	3	7	5

Die Kosten in Geldeinheiten (GE) pro ME für die Rohstoffe, die Kosten für die Fertigung der Zwischenprodukte und die Kosten für die Produktion der Endprodukte sind durch folgende Vektoren gegeben: $\vec{k}_R = (3 \;\; 4 \;\; 6)$; $\vec{k}_Z = (14 \;\; 16 \;\; 15)$; $\vec{k}_E = (65 \;\; 80 \;\; 75)$.

a) Für einen Auftrag über 20 ME von E_1, 10 ME von E_2 und 30 ME von E_3 betragen die Fixkosten 7000 GE. Berechnen Sie die Rohstoffkosten und die Herstellkosten der Zwischenprodukte.
Die Verkaufspreise je ME betragen für E_1 740 GE, für E_2 750 GE und für E_3 980 GE. Berechnen Sie den Gewinn für diesen Auftrag.

b) In einer Werbeaktion kalkuliert der Betrieb bei dem Auftrag aus Teilaufgabe **a)** kostendeckend. Der Verkaufspreis in Geldeinheiten (GE) je ME von E_1 soll doppelt so hoch sein wie der von E_2 und der von E_3 um 6 GE höher als der von E_2.
Wie müssen die Preise festgesetzt werden?

Lösung

a) **Kosten K_E für die Fertigung der Endprodukte:** $\quad K_E = \vec{k}_E \cdot \vec{x}$

$$K_E = \vec{k}_E \cdot \vec{x} = (65 \;\; 80 \;\; 75)\begin{pmatrix}20\\10\\30\end{pmatrix} = 4350$$

Kosten K_Z für die Fertigung der Zwischenprodukte: $\quad K_Z = \vec{k}_Z \cdot \vec{z}$

$\vec{z}$ ist der Produktionsvektor für die Zwischenprodukte.
Um die Kosten K_Z zu bestimmen, muss man zuerst die für den Auftrag benötigten Zwischenprodukte $\vec{z}$ berechnen: $\vec{z} = B \cdot \vec{x} = \begin{pmatrix}3&3&4\\4&3&2\\3&7&5\end{pmatrix}\begin{pmatrix}20\\10\\30\end{pmatrix} = \begin{pmatrix}210\\170\\280\end{pmatrix}$

Kosten K_Z: $K_Z = \vec{k}_Z \cdot \vec{z} = (14 \;\; 16 \;\; 15)\begin{pmatrix}210\\170\\280\end{pmatrix} = 9860$

Kosten K_R für die Rohstoffe: $\quad K_R = \vec{k}_R \cdot \vec{r}$

$\vec{r}$ ist der Verbrauchsvektor für die Rohstoffe.

Für diesen Auftrag benötigte Rohstoffe: $\vec{r} = A \cdot \vec{z} = \begin{pmatrix}1&2&4\\4&2&4\\6&4&1\end{pmatrix}\begin{pmatrix}210\\170\\280\end{pmatrix} = \begin{pmatrix}1670\\2300\\2220\end{pmatrix}$

(benötigte Rohstoffe für die Herstellung der Zwischenprodukte).

Rohstoffkosten (Materialkosten): $K_R = \vec{k}_R \cdot \vec{r} = (3\ \ 4\ \ 6)\begin{pmatrix}1670\\2300\\2220\end{pmatrix} = 27530$

Variable Herstellkosten K_V für diesen Auftrag

$K_v = K_R + K_Z + K_E = 4350 + 9860 + 27\,530 = 41\,740$

Gesamtkosten: $K = K_v + K_{fix} = 41\,740 + 7000 = 48\,740$

Ergebnis: Die Gesamtkosten betragen 48 740 GE.

> **Beachten Sie**
>
> **Berechnung der Gesamtkosten:** $K = K_v + K_{fix}$
>
> $K = K_R + K_Z + K_E + K_{fix}$

Erlös E: $E = \vec{p} \cdot \vec{x}$

mit Preisvektor $\vec{p} = (740\ \ 750\ \ 980)$

$E = (740\ \ 750\ \ 980)\begin{pmatrix}20\\10\\30\end{pmatrix} = 51\,700$

Gewinn G = Erlös − Kosten $G = E - K = 51\,700 - 48\,740$

$G = 2960$

Der Betrieb erzielt bei diesem Auftrag einen Gewinn von 2960 GE.

> **Begriffe**
>
> **Erlös = Preis · Menge** $E = \vec{p} \cdot \vec{x}$ mit Preisvektor $\vec{p}$
>
> **Gewinn = Erlös − Kosten** $G = E - K = \vec{p} \cdot \vec{x} - \vec{k}_v \cdot \vec{x} - K_{fix}$

b) **Kostendeckend** bedeutet: **Erlös = Gesamtkosten**

a ist der Verkaufspreis je ME E_2.

Mit dem **Preisvektor** $\vec{p} = (2a\ \ a\ \ a+6)$

erhält man den **Erlös**: $E = \vec{p} \cdot \vec{x} = (2a\ \ a\ \ a+6)\begin{pmatrix}20\\10\\30\end{pmatrix} = 80a + 180$

Bedingung für a: $E = 48\,740$ $80a + 180 = 48\,740$

$a = 607$

Preisvektor für die Endprodukte: $\vec{p} = (1214\ \ 607\ \ 613)$

Ergebnis: Eine ME E_1 muss für 1214 GE, 1 ME E_2 für 607 GE und 1 ME E_3 für 613 GE verkauft werden.

> **Beachten Sie**
>
> **Kostendeckend** bedeutet $E = K$ oder $G = 0$.

Aufgaben

1 Ein Produktionsprozess, bei dem aus den Rohstoffen R_1 und R_2 die Zwischenprodukte Z_1 und Z_2 und aus diesen die Endprodukte E_1 und E_2 hergestellt werden, wird beschrieben durch die Matrizen $A_{RZ} = \begin{pmatrix} 2 & 4 \\ 1 & 3 \end{pmatrix}$ und $C_{RE} = \begin{pmatrix} 10 & 14 \\ 7 & 10 \end{pmatrix}$.

a) Wie viele ME der Rohstoffe braucht man für den Auftrag über 25 ME E_1 und 20 ME E_2? Der Vektor $\vec{k}_R = (2 \quad 6)$ beschreibt die Kosten für je 1 ME der Rohstoffe R_1 und R_2. Berechnen Sie die Gesamtrohstoffkosten für den Auftrag.

b) Die variablen Herstellkosten je ME Endprodukt betragen 70 GE bzw. 130 GE. Die fixen Kosten liegen bei 6500 GE.
Ein Kunde will einen Auftrag über 300 ME E_1 und 250 ME E_2 erteilen und ist bereit, dafür 70 500 GE zu zahlen. Stellen Sie fest, ob der gebotene Betrag die Kosten deckt. Wie hoch ist der Überschuss oder der Verlust?

c) Die Marktpreise der Endprodukte E_1 und E_2 verhalten sich wie 1 : 3. Wie müssen die Preise festgelegt werden, damit bereits bei dem Auftrag aus Teilaufgabe a) Kostendeckung erreicht wird?

2 Eine Fabrik verarbeitet drei Rohstoffe zu zwei Bauteilen und diese wiederum zu zwei Endprodukten. Folgende Tabellen zeigen, wie viele Mengeneinheiten (ME) der einzelnen Rohstoffe zu je einer ME eines Bauteils bzw. wie viele ME der einzelnen Bauteile für je eine ME eines Endprodukts benötigt werden.

	B_1	B_2
R1	1	1
R_2	0	3
R_3	2	1

	E_1	E_2
B_1	1	2
B_2	3	1

a) Wie viele ME der einzelnen Rohstoffe werden für je eine ME der Endprodukte benötigt?

b) Wie viele ME der einzelnen Endprodukte können aus 42 ME von B_1 und 51 ME von B_2 hergestellt werden?

c) Im Rohstofflager befinden sich 100 ME von R_1. Der Lagerbestand von R_2 und von R_3 ist gleich groß. Wie viele ME der einzelnen Endprodukte müssen produziert werden, damit die Rohstoffvorräte gänzlich verbraucht werden? Wie groß muss dazu der Vorrat an R_2 bzw. an R_3 sein?

d) Der Betrieb kalkuliert mit folgenden Kosten (in Geldeinheiten GE):
$\vec{k}_R = (0{,}3 \quad 0{,}4 \quad 0{,}5)$ Kosten für je eine ME der Rohstoffe.
$\vec{k}_B = (0{,}8 \quad 1{,}2)$ Fertigungskosten je ME der Bauteile.
$\vec{k}_E = (2 \quad 3{,}5)$ Fertigungskosten je ME der Endprodukte.
Wie hoch sind die variablen Kosten, wenn 50 ME von E_1 und 50 ME von E_2 hergestellt werden? Welche variablen Kosten entfallen durchschnittlich auf jede ME der Endprodukte?

3 Erläutern Sie, was mit dem Produkt berechnet wird.

a) $\vec{k}_R \cdot A_{RZ}$ b) $\vec{k}_R \cdot A_{RZ} \cdot B_{ZE}$ c) $B_{ZE} \cdot \vec{x}$ d) $\vec{k}_E \cdot \vec{x}$ e) $\vec{k}_Z \cdot B_{ZE}$

4 Ein Pharmaunternehmen stellt aus drei Rohstoffen R_1, R_2 und R_3 drei verschiedene Grundsubstanzen Z_1, Z_2 und Z_3 und daraus drei verschiedene Kreislaufmittel E_1, E_2 und E_3 her.

In den folgenden Tabellen ist der Materialfluss pro Mengeneinheit (ME) des jeweiligen Folgeprodukts dargestellt.

	E_1	E_2	E_3
Z_1	2	1	3
Z_2	1	5	1
Z_3	2	4	0

	E_1	E_2	E_3
R_1	12	30	10
R_2	5	10	4
R_3	22	47	13

Die Rohstoffkosten je ME und die Fertigungskosten der Zwischen- und Endprodukte je ME entnehmen Sie folgender Tabelle (alle Angaben in GE):

R_1	R_2	R_3	Z_1	Z_2	Z_3	E_1	E_2	E_3
3	2	1	10	8	6	22	34	31

Das Unternehmen erhält einen Auftrag über 200 ME von E_1, 150 ME von E_2 und 300 ME von E_3 und rechnet mit Fixkosten von 14100 GE.
Das Endprodukt E_1 wird zu 180 GE je ME, E_2 zu 205 GE je ME und das Endprodukt E_3 zu 185 GE je ME verkauft.
Wie hoch ist der Gewinn bei diesem Auftrag?

5 Ein Hersteller von Personalcomputern fertigt aus den Bauteilen R_1, R_2 und R_3 die Baugruppen Z_1, Z_2 und Z_3 und daraus drei Typen von Computern E_1, E_2 und E_3. Die folgenden Matrizen geben den Materialfluss in Stück an.

$B_{ZE} = \begin{pmatrix} 3 & 1 & 1 \\ 2 & 5 & 2 \\ 2 & 4 & 5 \end{pmatrix}$; $C_{RE} = \begin{pmatrix} 20 & 22 & 18 \\ 10 & 10 & 12 \\ 10 & 24 & 13 \end{pmatrix}$

Die Fertigungskosten in € je Baugruppe betragen $\vec{k}_Z = (12 \quad 15 \quad 12)$, die Fertigungskosten in €, die je Stück eines Computertyps bei der Montage der Baugruppen anfallen, betragen $\vec{k}_E = (86 \quad 103 \quad 138)$.
Für einen Auftrag über 200 Stück E_1, 280 Stück E_2 und 220 Stück E_3 betragen die fixen Kosten 10 920 €. E_1 wird für 360 € je Stück, E_2 für 520 € je Stück verkauft.
Die variablen Herstellkosten je Computertyp sind $\vec{k}_v = (296 \quad 420 \quad 370)$.

a) Mit welchen Kosten in € kalkuliert der Hersteller für die Bauteile R_1, R_2 und R_3?

b) Die Leitung erwartet einen Gewinn von 25 % der Gesamtkosten.
Wie lässt sich diese Vorgabe erfüllen?

6 Eine Motorenfabrik stellt aus den Rohstoffen R_1, R_2 und R_3 in der ersten Produktionsstufe die Zwischenprodukte Z_1 und Z_2 her. Aus diesen werden in der zweiten Produktionsstufe die Endprodukte E_1, E_2 und E_3 hergestellt.

Das Diagramm zeigt den Materialfluss in Mengeneinheiten (ME).

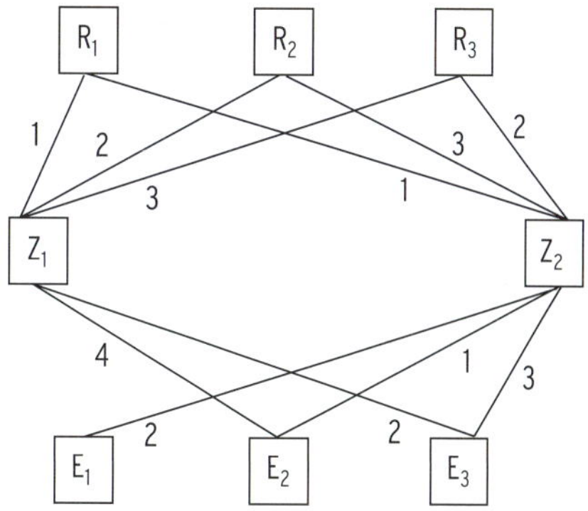

a) Bestimmen Sie die Matrix, die den Rohstoffverbrauch pro ME der Endprodukte angibt.

b) Wie viel ME der einzelnen Rohstoffe benötigt die Fabrik, um 10 ME von E_1, 5 ME von E_2 und 4 ME von E_3 herzustellen?

c) Die Rohstoffkosten je ME und die Fertigungskosten der Zwischen- und Endprodukte je ME entnehmen Sie folgender Tabelle (alle Angaben in €):

R_1	R_2	R_3	Z_1	Z_2	E_1	E_2	E_3
0,3	0,5	0,6	0,1	0,2	0,05	0,1	0,15

Für einen Auftrag über 50 ME von E_1, 60 ME von E_2 und 45 ME von E_3 betragen die fixen Kosten 120 €.

Das Endprodukt E_1 wird zum Preis von 12 € je ME, das Endprodukt E_2 zum Preis von 15 € je ME und das Endprodukt E_3 zum Preis von 20 € je ME verkauft.

Analysieren Sie die Gewinnsituation für diesen Auftrag.

d) Nach Abschluss des Auftrags ergeben sich folgende Rohstoffbestände:

R_1	R_2	R_3
40	88	16

Die Leitung möchte wissen, ob die Rohstoffbestände vollständig zur Produktion von Zwischenprodukten aufgebraucht werden können.

Test zur Überprüfung Ihrer Grundkenntnisse

1 Berechnen Sie.

a) $(40 \quad 10 \quad 22)\begin{pmatrix} 12{,}30 \\ 4{,}50 \\ 18{,}40 \end{pmatrix}$

b) $(3 \quad 1 \quad 2)\begin{pmatrix} 1 & 2 & 4 \\ 1 & 2 & 5 \\ 1 & 1 & 1 \end{pmatrix}\begin{pmatrix} 100 \\ 50 \\ 120 \end{pmatrix}$

2 Lösen Sie das lineare Gleichungssystem:

$$\begin{aligned} x_1 + 2x_2 + 3x_3 &= 4 \\ 5x_1 + 6x_2 + 7x_3 &= 8 \\ 6x_1 + 8x_2 + 11x_3 &= 12. \end{aligned}$$

3 Eine Spielzeugfabrik stellt aus drei verschiedenen Kunststoffgranulaten K_1, K_2 und K_3 drei Bauteile B_1, B_2 und B_3 her. Diese werden in drei verschiedene Spielsets S_1, S_2, und S_3 verpackt. Den Materialbedarf in Mengeneinheiten (ME) zeigen folgende Tabellen:

	B_1	B_2	B_3
K_1	2	0	2
K_2	1	2	2
K_3	1	2	0

	S_1	S_2	S_3
B_1	1	1	0
B_2	1	0	2
B_3	0	4	3

a) Erstellen Sie eine Tabelle, die den Granulatbedarf für die Spielsets zeigt.

b) Ein Auftrag über 10 ME S_1, 12 ME S_2 und 17 ME S_3 soll möglichst schnell ausgeführt werden können. Wie viele ME an Kunststoffgranulaten muss der Betrieb dazu vorrätig haben?

c) Ein Kunde bestellt 20 ME S_1, 30 ME S_2 und 100 ME S_3. Die variablen Herstellkosten je Spielset betragen 10 GE für S_1, 8 GE für S_2 und 12,5 GE für S_3. Die Fixkosten betragen 200 GE. Für welchen Preis je Spielset wird Kostendeckung erzielt, wenn der Preis für die Spielsets jeweils gleich sein soll?

4 In einer Großkonditorei werden zwei verschiedene Torten gebacken. Dafür werden aus den vier Zutaten Ei, Mehl, Butter, Zucker zwei verschiedene Teige und eine Creme hergestellt. Den Materialbedarf in Mengeneinheiten (ME) zeigen folgende Tabellen (Bei den Torten ist 1 ME dasselbe wie 1 Torte).

	Teig 1	Teig 1	Creme
Ei	3	2	4
Mehl	2	3	1
Butter	1	2	3
Zucker	3	2	4

	Torte 1	Torte 2
Teig 1	2	2
Teig 2	1	1
Creme	2	1

Die Großkonditorei kalkuliert mit folgenden Kosten (in Geldeinheiten GE):

$\vec{k}_R = (0{,}1 \quad 0{,}2 \quad 0{,}6 \quad 0{,}3)$ Kosten für je eine ME der Zutaten,

$\vec{k}_Z = (0{,}8 \quad 1{,}0 \quad 0{,}6)$ Fertigungskosten je ME Teig/Creme,

$\vec{k}_E = (3 \quad 5)$ Fertigungskosten je Torte.

Wie hoch sind die variablen Kosten, wenn von jeder Sorte 100 Torten produziert werden? Welche variablen Kosten entfallen auf jede dieser Torten durchschnittlich?

4 Stochastik

4.1 Beschreibende Statistik

Modellierung einer Situation

Die Abteilungsleiter der Firma Weber Metallbau GmbH treffen sich zum monatlichen Meeting.
Es gibt zwei Tagesordnungspunkte:

1. Umsatz- und Personalentwicklung
Der Praktikant Herr Sinn soll die folgenden Daten aufbereiten, auswerten und im Meeting vorstellen.

Quartal	1/15	2/15	3/15	4/15	1/16	2/16	3/16	4/16
Umsatz in Mio. €	12,4	12,2	11,9	12,0	12,4	12,8	12,9	12,5
Mitarbeiter	66	69	68	70	70	74	76	76

Zu Beginn des Jahres 2015 sind 12 % der Beschäftigten unter 20 Jahren, 28 % zwischen 20 und 35 Jahren, 32 % zwischen 35 und 50 Jahren, 28 % über 50 Jahren.
Ende des Jahres 2016 sind 15 % der Beschäftigten unter 20 Jahren, 30 % zwischen 20 und 35 Jahren, 33 % zwischen 35 und 50 Jahren, 22 % über 50 Jahren.

2. Kapazitätsabbau in der Fertigung
Zwei Fertigungsautomaten produzieren Präzisionsschrauben der Länge 100 mm.
Aufgrund eines Nachfragerückganges überlegt die Leitung, einen Automaten stillzulegen.
Für beide Automaten wird eine Stichprobe von 300 Präzisionsschrauben der laufenden Produktion entnommen. Die Tabelle zeigt das Ergebnis.

Länge in mm	98,5	99,0	99,5	100,0	100,5	101,0	101,5	102,0
Maschine A	20	35	48	78	49	36	24	10
Maschine B	18	38	47	82	45	35	26	9

Herr Werner erläutert die Entscheidung, welche Maschine stillgelegt werden soll.

Bearbeiten Sie diese Situation, nachdem Sie die rechts aufgeführten **Qualifikationen** und **Kompetenzen** erworben haben.

Qualifikationen & Kompetenzen

- Daten grafisch darstellen
- Häufigkeiten berechnen
- Grafiken beschreiben und interpretieren
- Daten interpretieren und bewerten

4.1.1 Erfassung und Darstellung von Daten

„Die Statistik hat eine erhebliche Bedeutung für eine staatliche Politik, die den Prinzipien und Richtlinien des Grundgesetzes verpflichtet ist ..." (Volkszählungsurteil des BVerfG).
In der **beschreibenden Statistik** werden **Daten erhoben, aufbereitet und analysiert**.
Die erhobenen Daten werden geordnet und übersichtlich dargestellt.
Dadurch bekommt man einen ersten Überblick, erkennt Zusammenhänge und Strukturen.
Die Struktur einer Verteilung wird durch Lagemaße (z. B. Mittelwert) und Streumaße (z. B. Standardabweichung) beschrieben.

Einführung

Bei der Aufnahme in die Fachoberschule werden Daten wie Name, Geschlecht, Alter, Note in Mathematik, ... erhoben.

Der nebenstehende Auszug ist ein Teil der **Urliste.** Alle erfassten Schülerinnen und Schüler bilden die **Grundgesamtheit der statistischen Erhebung.** Die Schülerinnen und Schüler sind **Merkmalsträger** für die **Merkmale** „Geschlecht", „Alter" und „Mathe-Note".

Die Merkmale kommen in verschiedenen **Ausprägungen** vor.

Merkmal	**Merkmalsausprägung**
Geschlecht	m, w
Alter	15, 16, 17
Mathe-Note	1, 2, 3, 4

Name	Nr.	Geschlecht	Alter	M-Note
Abt	1	w	16	3
Bernhardt	2	m	15	2
Bodenmiller	3	m	16	3
Boneberg	4	w	16	3
Fuchs	5	w	16	2
Gleich	6	w	16	4
Glück	7	w	16	3
Halau	8	m	16	2
Hege	9	w	15	3
Kienel	10	w	16	3
Kierock	11	w	16	1
Picken	12	m	17	2
...				

Bei der Datenerhebung werden Merkmale erfasst, die verschiedene Ausprägungen haben.

Grafische Darstellung

Die erhobenen Daten können übersichtlich in einem Diagramm z. B in einem Säulendiagramm dargestellt werden.

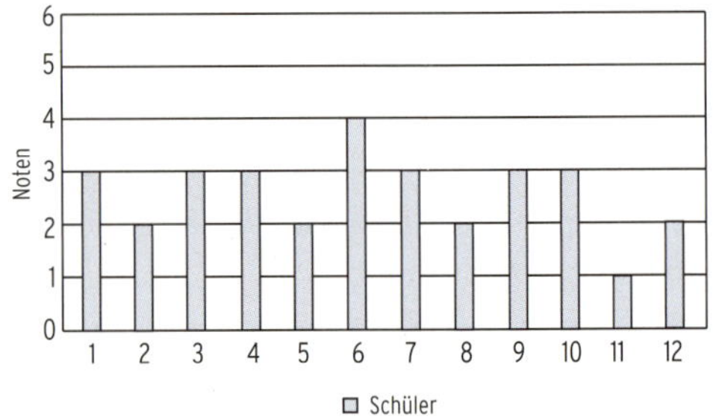

Absolute und relative Häufigkeit

Eine Häufigkeitsverteilung dient zur statistischen Beschreibung von Daten.

An einer Kreuzung werden innerhalb einer halben Stunde 125 Fahrzeuge gezählt. Davon sind 18 Fahrzeuge Lkw. Die **absolute Häufigkeit** der Lkw ist somit 18.
Dies sagt wenig darüber aus, wie groß der Anteil der Lkw am Verkehr auf dieser Kreuzung ist. Um ein brauchbares Maß für diesen Anteil zu bekommen, benötigt man die relative Häufigkeit.
Die **relative Häufigkeit** ist der Quotient
$\frac{18}{125} = 0{,}144 = 14{,}4\,\%$,
d. h., ca. 14 % der vorbeigefahrenen Fahrzeuge waren Lkw.

Beispiel

Ein Schüler erkundigt sich bei einer Zulassungsstelle nach der Anzahl der zugelassenen Autos, sortiert nach Automarken. Er erstellt eine **Häufigkeitstabelle.**

Automarke	Ford	VW	Mercedes	andere	Summe
abs. Häufigkeit H_i	2810	3211	1398	2081	n = 9500
rel. Häufigkeit h_i	$\frac{2810}{9500} \approx 0{,}29$	$\frac{3211}{9500} \approx 0{,}34$	$\frac{1398}{9500} \approx 0{,}15$	$\frac{2081}{9500} \approx 0{,}22$	$\frac{9500}{9500} = 1$
rel. Häufigkeit h_i in %	29 %	34 %	15 %	22 %	100 %

Für das Merkmal Automarke hat man in diesem Beispiel 4 Merkmalsausprägungen (Ford, VW, Mercedes, andere). Die 1. Merkmalsausprägung kommt 2810-mal vor, d.h. die absolute Häufigkeit ist $H_1 = 2810$. Die Summe der absoluten Häufigkeiten beträgt 9500. Mit dem Stichprobenumfang n = 9500 ergibt sich die relative Häufigkeit $h_1 = \frac{H_1}{n} = \frac{2810}{9500} = 0{,}29$.

Festlegung

Unter der **absoluten Häufigkeit** H_i einer Merkmalsausprägung versteht man die Anzahl der Fälle, in denen die Ausprägung eintritt.
Ist n die Anzahl der Durchführungen (Stichprobenumfang), so ist $h_i = \frac{H_i}{n}$ die relative Häufigkeit der i-ten Merkmalsausprägung.

$$\textbf{Relative Häufigkeit} = \frac{\text{absolute Häufigkeit der i-ten Merkmalsausprägung}}{\text{Stichprobenumfang}}$$

Eigenschaften der relativen Häufigkeit:

- Für die **relative Häufigkeit** gilt: $0 \leq h_i \leq 1$.
- Die **Summe** der relativen Häufigkeiten ist 1 bzw. 100 %.

Beispiel

➲ Eine Umfrage unter Schülern nach der Wichtigkeit einer gut ausgestatteten Bibliothek ergab folgendes Ergebnis:

Antwort	sehr wichtig (1)	wichtig (2)	geht so (3)	unwichtig (4)	keine Antwort (5)
Anzahl	203	48	11	2	94

a) Bestimmen Sie die relativen Häufigkeit, mit der die Schüler die Wichtigkeit beurteilen.

b) Wie viel Prozent aller Schüler besuchen wohl selten die Bibliothek?

Lösung

a) Die Summe aller Befragten beträgt $n = 203 + 48 + 11 + 2 + 94 = 358$.

Allgemein gilt für die relative Häufigkeit: $h_i = \frac{H_i}{n} = \frac{\text{Anzahl}}{358}$.

x_i	1	2	3	4	5
Absolute Häufigkeit H_i	203	48	11	2	94
Relative Häufigkeit h_i in %	56,70	13,41	3,07	0,56	26,36

b) Gesamtzahl der „seltenen Besucher": $11 + 2 + 94 = 107$

Anteil der „seltenen Besucher": $\frac{107}{358} \approx 0{,}2989 = 29{,}89\,\%$

Etwa 30 % aller Schüler besuchen wohl selten die Bibliothek.

Grafische Darstellungen einer Häufigkeitsverteilung

Beispiel 1

➲ Die Revisionsabteilung der Uhlmann AG registriert die krankheitsbedingten Fehltage in einer Arbeitswoche.
Stellen Sie die Häufigkeitsverteilung grafisch dar.

	Mo	Di	Mi	Do	Fr
Fehltage	20	14	9	7	8

Lösung

als **Stabdiagramm**

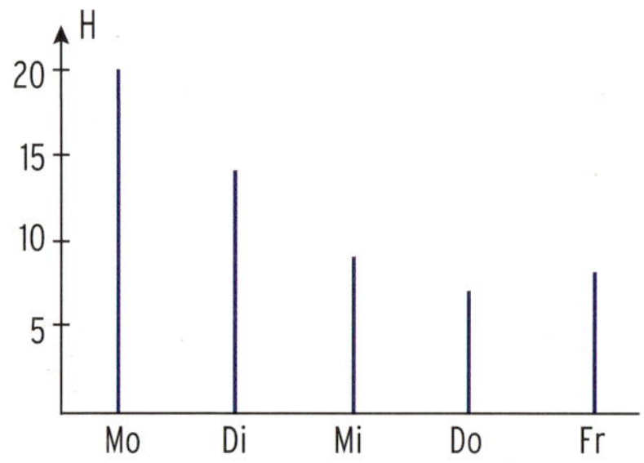

als **Säulendiagramm**

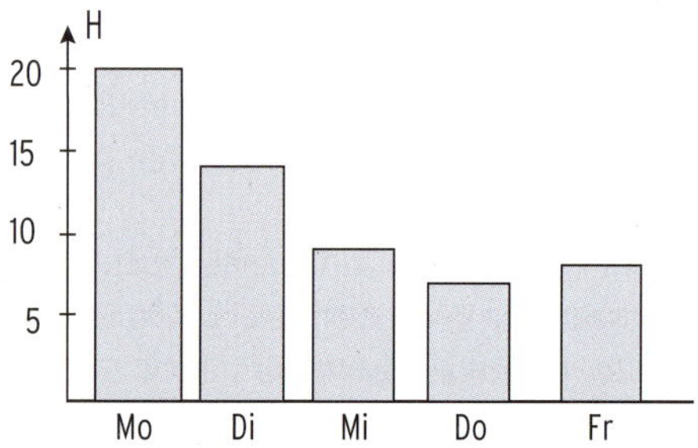

Auf der y-Achse werden die absoluten Häufigkeiten H abgetragen; auf der x-Achse die Ausprägungen.

Hinweis: Auf der y-Achse können auch die relativen Häufigkeiten h abgetragen werden.

Beispiel 2

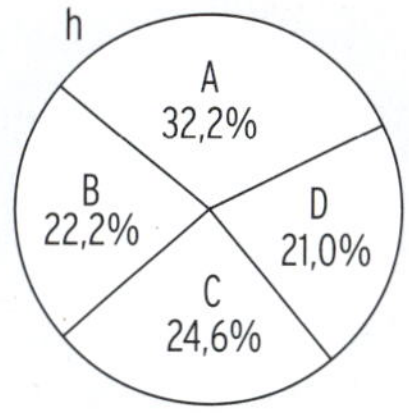

➲ Das Kreisdiagramm zeigt die Umsatzverteilung der verschiedenen Teilbetriebe im vergangenen Jahr. Berechnen Sie den Umsatz in Mio. €, wenn der Gesamtumsatz bei 134 Mio. € liegt.

Lösung

Das **Kreisdiagramm** enthält die **relativen Häufigkeiten** der einzelnen Teilbetriebe.

Umsatz von A: 32,2 % von 134: $\frac{32,2}{100} \cdot 134 = 43,148$

Der Umsatz von Teilbetrieb A beträgt 43,148 Mio. €.

Umsatz von B: 22,2 % von 134: $\frac{22,2}{100} \cdot 134 = 29,748$

Der Umsatz von Teilbetrieb B beträgt 29,748 Mio. €.

Umsatz von C: 24,6 % von 134: $\frac{24,6}{100} \cdot 134 = 32,964$

Der Umsatz von Teilbetrieb C beträgt 32,964 Mio. €.

Umsatz von D: 21,0 % von 134: $\frac{21,0}{100} \cdot 134 = 28,14$

Der Umsatz von Teilbetrieb D beträgt 28,14 Mio. €.

	A	B	C	D
h in %	32,2	22,2	24,6	21,0
U in Mio. €	43,148	29,748	32,964	28,14

Aufgaben

1 Bei einer Mathematikklassenarbeit gab es folgende Noten:
3; 4; 3; 2; 3; 1; 5; 5; 4; 3; 3; 2; 1; 4; 2; 5; 4; 2; 4; 3

a) Erstellen Sie eine Häufigkeitstabelle für die relative Häufigkeit.

b) Stellen Sie die Verteilung grafisch dar.

2 Bei einer Aufnahmeprüfung sind von jedem Bewerber 5 Aufgaben zu bearbeiten. Das Ergebnis der Prüfung zeigt die folgende Tabelle. H ist die Anzahl der Bewerber, die k Aufgaben richtig bearbeitet haben:

Anzahl der richtig gelösten Aufgaben (k)	5	4	3	2	1	0
Häufigkeit H	4	7	14	11	8	6

a) Ermitteln Sie die relative Häufigkeit dafür, dass ein Bewerber k Aufgaben richtig gelöst hat. Stellen Sie die Häufigkeitsverteilung grafisch dar.

b) Wie viele Aufgaben hat jeder Bewerber im Mittel richtig bearbeitet?

c) Wie viel Prozent der bearbeiteten Aufgaben wurden richtig gelöst?

3 Die Firma Waldner produziert auch Stifte. Die Stifte werden auf Abweichungen im Durchmesser und in der Länge geprüft. Ein Stift ist fehlerhaft, wenn er im Durchmesser oder in der Länge abweicht. Von 2000 Stiften gab es 65 Abweichungen im Durchmesser, 87 Abweichungen in der Länge und 25 Abweichungen im Durchmesser und in der Länge. Bestimmen Sie die relative Häufigkeit der fehlerhaften Stifte.
Beraten Sie die Firma Waldner.

4 Das Säulendiagramm zeigt den Schuldenstand eines Staates in Milliarden €.

a) Um wie viel % sind die Schulden im Laufe der letzten 6 Jahre angewachsen?

b) Zeichnen Sie ein Säulendiagramm, das den jährlichen Schuldenzuwachs beschreibt. Welche Aussagen lassen sich machen?

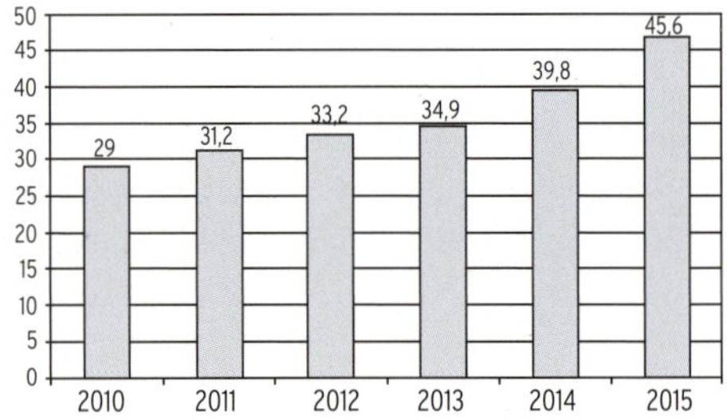

5 Die Tabelle zeigt die Defizitquote der BRD im Zeitraum 2001 bis 2011 in %.

Jahr	2001	2002	2003	2004	2005	2006	2007	2008	2009	2010	2011
Quote	−3,1	−3,8	−4,2	−3,8	−3,3	−1,6	+0,2	−0,1	−3,1	−4,1	−0,8

a) Recherchieren Sie die Quote für 2012 und für das Jahr 2000.

b) Interpretieren Sie die Daten. In welchen Jahren wird die Vorgabe der EU eingehalten?

c) Nennen Sie Gründe für die starken Schwankungen.

6 Zur Wahl für den Niedersächsischen Landtag am 20. Januar 2013 bewarben sich 27 Parteien. Das Diagramm zeigt die Stimmenanteile der im Landtag vertretenen Parteien in %.

a) Die Addition der Stimmenanteile ergibt keine 100 %. Warum?

b) Der 2013 gewählte Landtag umfasst insgesamt 137 Abgeordnete. Wie viele Sitze bekommen die Grünen nach ihrem Stimmenanteil? Stellen Sie die Sitzverteilung in einem Säulendiagramm dar.

c) Wie groß waren die Stimmenanteile der Parteien bei der vorherigen Landtagswahl?

d) Nehmen Sie Stellung zu der Aussage: Die SPD hat deutlicher zugenommen als die FDP.

Stimmenanteile und Sitzverteilung der Parteien der Wahl in Niedersachsen 2013

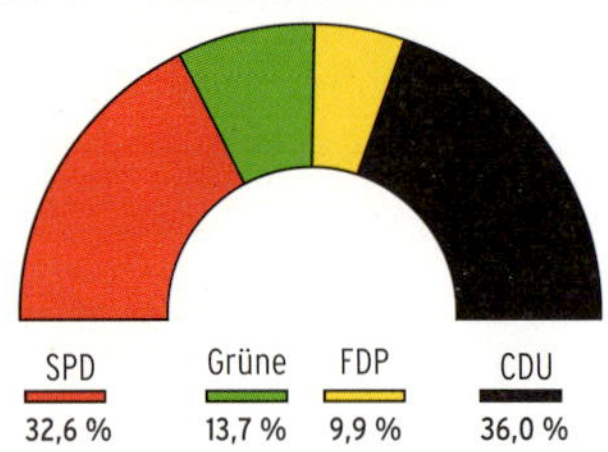

Gewinne und Verluste im Vergleich zu 2008

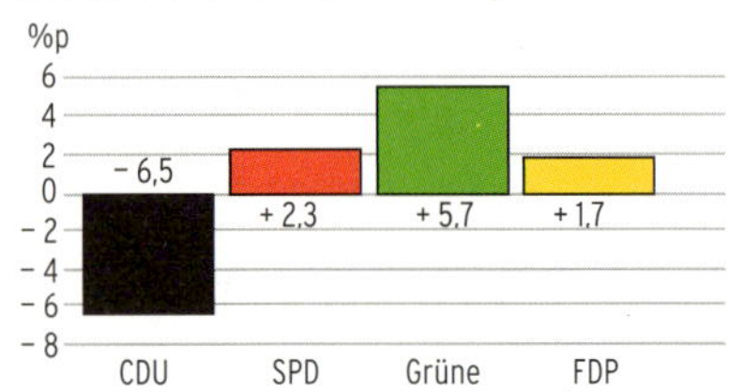

7 Das Autohaus Sätz hat 4 Niederlassungen, die eigenverantwortlich handeln. Die Umsatzzahlen (in Mio. €) des Jahres 2016 werden für den Jahresabschluss aufgelistet.

Niederlassung	Köln	Neuss	Bottrop	Unna
Umsatz	22,7	14,6	6,3	5,4

a) Stellen Sie übersichtlich dar, welchen Anteil die Niederlassungen am Gesamtumsatz haben.

b) Welcher Anteil des Umsatzes wird insgesamt in den Filialen Köln und Neuss erzielt?

4.1.2 Deutung und Bewertung von Daten

Arithmetisches Mittel

In diesem Kapitel sollen zu einer Beobachtungsreihe charakteristische Größen bestimmt werden, die Aussagen über die Lage der Beobachtungswerte zulassen. Das bekannteste Lagemaß ist das arithmetische Mittel.

Beispiel 1

➲ Die Umsatzzahlen der Fink-AG je Quartal des Jahres 2016 sind gegeben durch

	I	II	III	IV
Umsatz in Mio. € (x_i)	24,8	14,5	9,8	12,5

a) Berechnen Sie den Mittelwert für den Quartalsumsatz.

b) In den ersten 3 Monaten werden 40 % des Umsatzes erzielt. Nehmen Sie Stellung.

Lösung

a) **Durchschnittlicher Umsatz** je Quartal (Mittelwert):

$$\overline{x} = \frac{24{,}8 + 14{,}5 + 9{,}8 + 12{,}5}{4} = \frac{61{,}6}{4} = 15{,}4$$

In einem Quartal werden durchschnittlich 15,4 Mio. € Umsatz erzielt.

Bezeichnet man den Umsatz des Quartals I als Beobachtungswert x_1, den des Quartals II mit x_2,... , so erhält man den Mittelwert $\overline{x} = \frac{x_1 + x_2 + x_3 + x_4}{4}$.

Hinweis: Der Mittelwert 15,4 bedeutet: Hätte jedes Quartal einen Umsatz von 15,4 Mio. €, so ergäbe die Summe aller Umsätze 61,6 Mio. €.

b) Anteil des Umsatzes von Quartal I

am Gesamtumsatz: $\frac{\text{Umsatz in Quartal I}}{\text{Gesamtumsatz}} = \frac{24{,}8}{61{,}6} = 0{,}4026$

(Relative Häufigkeit)

In den ersten 3 Monaten werden 40,26 % des Umsatzes erzielt. Die Aussage stimmt.

Berechnung des (arithmetischen) Mittelwertes $\overline{x}$ aus den Beobachtungswerten x_i

Mittelwert $\overline{x} = \frac{\text{Summe aller Beobachtungswerte } x_i}{\text{Anzahl n der Beobachtungswerte } x_i} = \frac{x_1 + x_2 + ... x_n}{n}$

Beispiele für Mittelwerte

Pro-Kopf-Verbrauch von Wasser:	135 Liter pro Tag
Durchschnittseinkommen aller Arbeitnehmer:	28 500 € pro Jahr
Durchschnittlicher Zigarettenverbrauch:	24,2 Zigaretten pro Tag
Mittlerer Verkaufspreis eines Fahrrads:	486,50 €
Mittlerer Absatz eines Autohauses:	12,5 Pkw pro Monat

26 Ott, Bohner, Deusch, Thun - ISBN 978-3-8120-0386-5

Beispiel 2

➲ Ein Weingut bietet vier Sorten Weine aus verschiedenen Lagen an.
Die nachfolgende Liste gibt die verkauften Mengen für einen Jahrgang an.

Sorte	A	B	C	D
Verkaufspreis pro Flasche in € (x_i)	5	7	8	12
Anzahl der verkauften Flaschen (n_i)	150	600	250	300

Berechnen Sie den durchschnittlichen Verkaufspreis pro Flasche.

Lösung

Anzahl der verkauften Flaschen: $n = 150 + 600 + 250 + 300 = 1300$

Erlös in € z. B. für Sorte A: $5 \cdot 150$

Erlös pro Flasche = $\frac{\text{Gesamteinnahmen}}{1300}$: $\frac{5 \cdot 150 + 7 \cdot 600 + 8 \cdot 250 + 12 \cdot 300}{1300} = \frac{10550}{1300} \approx 8{,}12$

$\overline{x} \approx 8{,}12$

Der durchschnittliche Verkaufspreis pro Flasche beträgt 8,12 €.

Hinweis: Mit den Beobachtungswerten x_1, x_2, x_3 und x_4, den absoluten Häufigkeiten n_1, n_2, n_3 und n_4 und dem Stichprobenumfang n erhält man $\overline{x} = \frac{x_1 \cdot n_1 + x_2 \cdot n_2 + x_3 \cdot n_3 + x_4 \cdot n_4}{n}$

Mit den relativen Häufigkeiten h_1, h_2, h_3, h_4 ergibt sich:

$\overline{x} = x_1 \cdot h_1 + x_2 \cdot h_2 + x_3 \cdot h_3 + x_4 \cdot h_4$.

Berechnung des arithmetischen Mittels $\overline{x}$ aus einer Häufigkeitstabelle

für **k Ausprägungen**:

$$\overline{x} = \frac{x_1 n_1 + x_2 n_2 + x_3 n_3 + \ldots + x_k n_k}{n}$$

$$\overline{x} = x_1 h_1 + x_2 h_2 + x_3 h_3 + \ldots + x_k h_k \quad \text{mit } h_i = \frac{n_i}{n}$$

Hierbei müssen die Häufigkeiten n_i aller k Merkmalsausprägungen x_i bekannt sein.
n ist die Summe der Häufigkeiten n_i.

Aufgaben

1 Berechnen Sie das arithmetische Mittel folgender Daten:

a) 15,2; 16,1; 17,3; 15,7; 14,8; 17,0; 16,8; 15,1

b)

x_i	52	55	58	60	65
n_i	3	4	5	3	1

c)

x_i	0	1	2	3
h_i	0,25	0,2	0,15	0,4

d)

x_i	1100	1300	1500
h_i	0,54	0,31	?

2 Im Jahre 2016 werden 4,2 Mio. € in die Fabrik investiert.
Die Investitionen sollen die nächsten 3 Jahre jeweils um 8 % gesteigert werden.
Berechnen Sie die mittlere Investitionssumme für den 4-Jahreszeitraum.

Aufgaben

1 In einem Unternehmen sind 10 Frauen in einer Putzkolonne auf 450-€-Basis beschäftigt. Der Chef stellt einen Vorarbeiter ein, der 2800 € pro Monat verdienen soll.
Welche Auswirkungen ergeben sich dadurch auf das arithmetische Mittel der Monatseinkommen aller Mitarbeiter?

2 Die 32 Schüler in der Klasse haben ein Durchschnittsgewicht von 74 kg. Nach langer Krankheit hat ein Schüler 24 kg abgenommen. Um wie viel ändert sich der Mittelwert?

3 Die 13 Studenten in einem Kurs geben ihre monatlichen Ausgaben in € wie folgt an:
1300, 1200, 1400, 700, 200, 750, 1450, 1500, 800, 800, 950, 900, 3000.
Berechnen Sie das arithmetische Mittel.
Interpretieren Sie dieses Maß inhaltlich.

4 In einer Familie ist die Mutter 34 Jahre und das älteste Kind 12 Jahre alt. Die Mutter hat noch zwei weitere Kinder im Abstand von jeweils 3 Jahren geboren. Durch die Adoption eines zweijährigen Waisenkindes sinkt das Durchschnittsalter der Familie auf 16,5 Jahre. Ist der Vater älter als die Mutter?

5 Das Autohaus Sätz vergleicht die krankeitsbedingten Fehltage seiner Mitarbeiter in zwei Niederlassungen bei 220 Arbeitstagen im Jahr 2016.
Fehltage der 12 Mitarbeiter der Niederlassung Köln: 2; 0; 12; 6; 7; 4; 3; 5; 30; 2; 0; 5.
Fehltage der 9 Mitarbeiter der Niederlassung Neuss: 3; 4; 10; 6; 5; 0; 3; 15; 0.
Wie viel Prozent der Arbeitszeit ist ein Mitarbeiter im Durchschnitt krank?Vergleichen Sie.

6 Die Tabelle zeigt für eine Filiale einer Handelskette den monatlichen Absatz einer Ware in Stück (t = 1 entspricht Januar).

1	2	3	4	5	6	7	8	9	10	11	12
120	130	124	140	156	258	124	165	156	162	189	325

a) Stellen Sie die Daten in einem geeigneten Diagramm dar.
b) Berechnen Sie den durchschnittlichen monatlichen Absatz.
c) Welchen Einfluss haben die Absatzzahlen auf die Personalplanung und den Lagerbestand?

7 Ein Werkzeugmaschinenhersteller beabsichtigt, eine Bohrmaschine am Markt zu platzieren. Die Produktionskosten betragen 85 €. Eine Recherche im Internet ergibt folgende Preise für die Bohrmaschine mit vergleichbaren Leistungsmerkmalen:
159,60 €; 160,90 €; 165,90 €; 169,90 €; 178,90 €; 185,00 €; 205,40 €.
In den Preisen sind 19 % Mehrwertsteuer enthalten. Vertragshändler erhalten einen Preinachlass von 30 %. Ist eine Produktion anzuraten?

8 Nach Angaben des Statistischen Bundesamtes kamen im Jahre 2015 auf je 100 000 Einwohner im Alter zwischen 18 und 25 Jahren 14,3 Verkehrstote.
Inwiefern handelt es sich bei dieser Angabe um einen Mittelwert?

9 Die Grafik des statistischen Bundesamtes zeigt die Zahl der Ehescheidungen in Deutschland von 2006 bis 2016.
Bestimmen Sie das arithmetische Mittel.

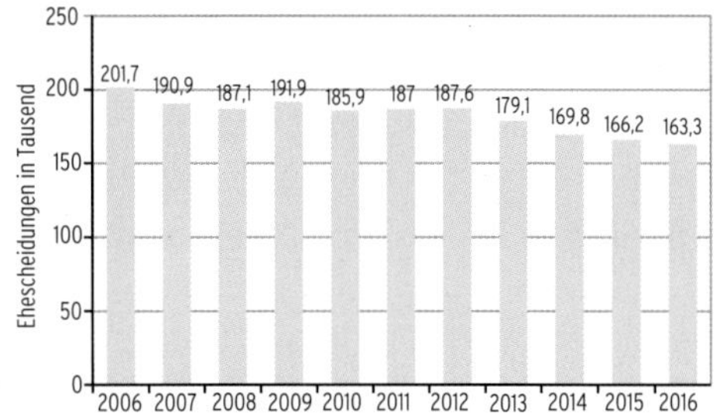

10 Die Wetterstation liefert die Tagestemperaturen (in °C), gemessen um 12:00 Uhr, für die 30 Tage eines Monats:
11,8 12,4 18,5 24,2 23,5 20,8 21,5 23,5 20,6 15,4 14,8 17,5 16,9 18,2 16,4
17,9 20,3 19,5 17,9 18,5 24,0 23,5 25,2 23,6 22,2 20,7 21,0 20,4 18,9 21,8.

a) Berechnen Sie die durchschnittliche Tagestemperatur.

b) Im langjährigen Mittel lagen die Durchschnittstemperaturen für diesen Monat bei 18,5 °C. Haben sich die klimatischen Verhältnisse geändert?

11 Die Häufigkeitstabelle zeigt die Anzahl der Kunden an der Kasse im Supermarkt in 30 aufeinanderfolgenden Zeitabschnitten von je 10 Minuten.

Anzahl der Kunden	0	2	3	4	5	6	7	9
Häufigkeit	1	3	4	5	8	3	2	4

a) Stellen Sie die Verteilung in einem Säulendiagramm dar.

b) Berechnen Sie den Mittelwert.

12 Zu einer Stichprobe mit 20 Beobachtungswerten kommt ein extrem großer Wert hinzu. Wie verändern sich das arithmetische Mittel?

13 Eine Umfrage unter 120 Schülern ergibt folgende Verteilung der monatlichen Taschengeldeinkünfte in €:

Höhe des Taschengeldes	0 bis unter 5	5 bis unter 10	10 bis unter 20	20 bis unter 30	30 bis unter 50	50 bis unter 75
Klassenmitte	2,5	7,5	15	…	…	…
rel. Häufigkeit $h(x_i)$ in %	10,8	15,0	21,8	15,8	19,1	17,5

Bestimmen Sie das arithmetische Mittel $\overline{x}$ bezogen auf die Klassenmitte.

Wie viele der befragten Schüler erhalten mindestens 20 € Taschengeld?

Streuungsmaße – Varianz und Standardabweichung

Die Lagemaße beschreiben eine Verteilung nicht ausreichend. Unterschiedliche Verteilungen können denselben Mittelwert $\overline{x}$ haben. Es kommt also darauf an, wie sich die Daten um den Mittelwert scharen.

Beispiel

Notenverteilung in Kurs a

Schüler Nr.	1	2	3	4	5	6	7	8	9	10
Note	3,2	3,5	2,9	3,3	3,4	2,5	2,7	2,8	3,1	2,6

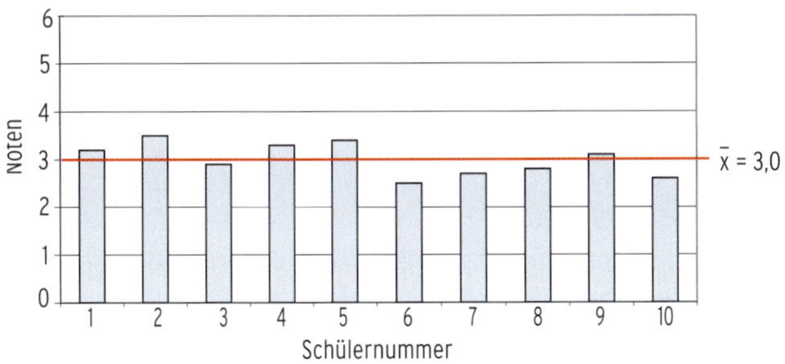

Notenverteilung in Kurs b

Schüler Nr.	1	2	3	4	5	6	7	8	9	10
Note	1,0	1,0	2,0	2,5	3,2	2,8	3,5	2,0	6	6

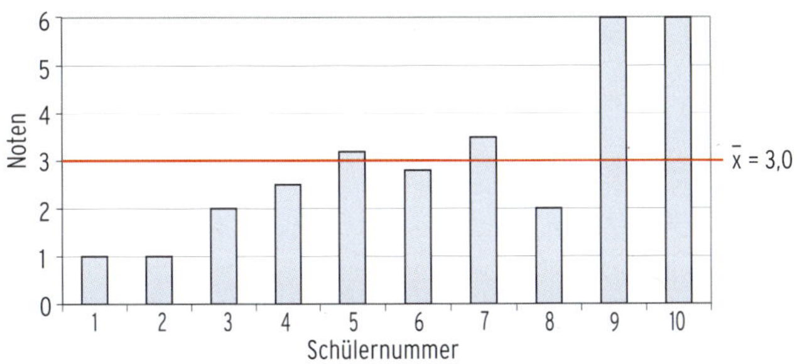

Trotz des gleichen Mittelwertes ist die Notenverteilung der beiden Klassen sehr unterschiedlich. Man erkennt, dass in Klasse a die Noten wenig um den Mittelwert „streuen", während in Klasse b die Abweichungen vom Mittelwert sehr groß sind.

Daraus ergibt sich die Notwendigkeit, die Abweichungen der Beobachtungswerte z. B. zum Mittelwert näher zu beschreiben.

Die beschreibende Statistik kennt dafür unterschiedliche **Streuungsmaße.**

Die Varianz und die Standardabweichung sind die gebräuchlichsten Streuungsmaße, da sie alle Beobachtungswerte einer Verteilung berücksichtigen. Die Streuung wird gemessen durch die Abweichung der Beobachtungswerte x_i vom arithmetischen Mittelwert $\overline{x}$.

Beispiel

Notenverteilung im Kurs a (vgl. Seite 405)
Die Abweichungen $x_i - \overline{x}$ vom Mittelwert $\overline{x}$ werden im Diagramm veranschaulicht.

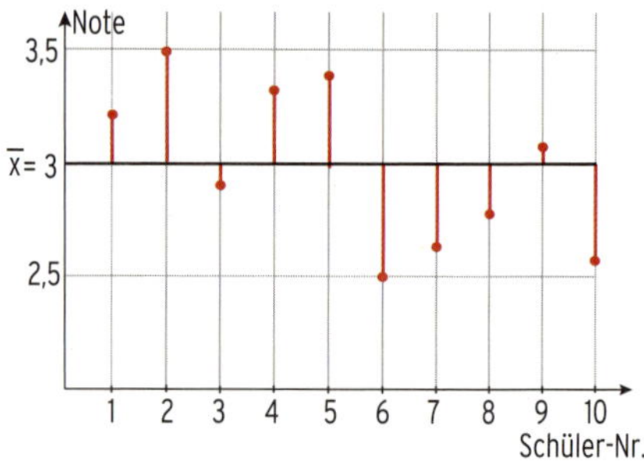

Man berechnet die Summe der Abweichungen vom Mittelwert $\overline{x} = 3$:

$(3{,}2 - 3{,}0) + (3{,}5 - 3{,}0) + (2{,}9 - 3{,}0) + (3{,}3 - 3{,}0)$
$+ (3{,}4 - 3{,}0) + (2{,}5 - 3{,}0) + (2{,}7 - 3{,}0) + (2{,}8 - 3{,}0)$
$+ (3{,}1 - 3{,}0) + (2{,}6 - 3{,}0) = 0$

Die Summe bestätigt nur den Mittelwert, sie hat keine Aussagekraft für die Streuung.
Die positiven und negativen Differenzen heben sich auf.
Um die negativen Differenzen zu vermeiden, berechnet man die Quadrate der Differenzen.
Summe aller quadrierten Abweichungen vom Mittelwert $\overline{x}$:

$(3{,}2 - 3{,}0)^2 + (3{,}5 - 3{,}0)^2 + (2{,}9 - 3{,}0)^2 + (3{,}3 - 3{,}0)^2 + (3{,}4 - 3{,}0)^2 + (2{,}5 - 3{,}0)^2$
$+ (2{,}7 - 3{,}0)^2 + (2{,}8 - 3{,}0)^2 + (3{,}1 - 3{,}0)^2 + (2{,}6 - 3{,}0)^2 = 1{,}1$

Der **Mittelwert dieser Summe** der Abweichungsquadrate heißt **Varianz s^2 oder σ^2**.
Varianz: $s^2 = \frac{1}{10} \cdot 1{,}1 = 0{,}11$ (Summe der Abweichungsquadrate durch die Anzahl n)

Bemerkung: Die Differenz von zwei Merkmalsausprägungen hat die gleiche Einheit wie die Merkmalsausprägung (z. B. Gewicht in g). Da bei der Berechnung der Varianz die Einheiten auch quadriert werden, verlieren sie für die Merkmalsausprägung ihren Sinn (vgl. z. B. g^2). Um wieder auf die Einheit der Merkmalsausprägung zu kommen, zieht man die Wurzel aus der Varianz und erhält ein neues Streuungsmaß,
die **Standardabweichung s** (auch σ).

Festlegung der Varianz

Die Varianz s^2 (auch σ^2) ist das arithmetische Mittel der quadrierten Abweichungen der Beobachtungswerte x_i vom Mittelwert $\overline{x}$: $s^2 = \frac{1}{n}\sum_{i=1}^{n}(x_i - \overline{x})^2$

$\overline{x}$: Mittelwert; x_i: i-ter Beobachtungswert; n: Anzahl der Merkmalsträger
Die positive Wurzel aus der Varianz heißt **Standardabweichung (Streuung):** $s = \sqrt{s^2}$

Notenverteilung von Kurs a
Varianz: $s^2 = 0{,}11$
Standardabweichung: $s = \sqrt{0{,}11} \approx 0{,}332$

Notenverteilung von Kurs b
Varianz: $s^2 = 2{,}858$
Standardabweichung: $s = \sqrt{2{,}858} \approx 1{,}691$

Die größere Standardabweichung der Notenverteilung von Klasse b bestätigt, dass die Streuung der Noten von Klasse b größer ist als die Streuung von Klasse a.

Beispiel 1

➲ Die monatlichen Absatzzahlen von zwei Filialen wurden über mehrere Jahre gesammelt und die monatlichen Absätze aufgelistet.

Filiale A:	642	610	670	645	660	650	610	630	675	640	665	655
Filiale B:	540	510	560	650	1060	590	503	574	495	540	495	1235

Berechnen Sie den Mittelwert und die Standardabweichung.
Interpretieren Sie im wirtschaftlichen Kontext.

Lösung:

Mittelwerte:

$$\overline{x}_A = \frac{642 + 610 + 670 + 645 + 660 + 650 + 610 + 630 + 675 + 640 + 665 + 655}{12} = 646$$

$$\overline{x}_B = \frac{540 + 510 + 560 + 650 + 1060 + 590 + 503 + 574 + 495 + 540 + 495 + 1235}{12} = 646$$

Standardabweichungen:

$$s_A{}^2 = \frac{1}{12}((642 - 646)^2 + (610 - 646)^2 + ... + (665 - 646)^2 + (655 - 646)^2) \Rightarrow s \approx 20{,}4$$

$$s_B{}^2 = \frac{1}{12}((540 - 646)^2 + (510 - 646)^2 + ... + (495 - 646)^2 + (1235 - 646)^2) \Rightarrow s \approx 21{,}3$$

Bei **gleichem durchschnittlichen monatlichen Absatz** unterscheiden sich die Filialen in der Standardabweichung. In Filiale B streuen die Absätze viel stärker als in Filiale A. Diesem Umstand kann begegnet werden durch den Einsatz von Hilfskräften oder Leiharbeitern in den verkaufsstarken Monaten Mai und Dezember.
Die Lagerverwaltung muss durch ihr Bestellverhalten dafür sorgen, dass für die beiden absatzstarken Monate genügend Ware am Lager ist.
Hinweis: Berechnung von $\overline{x}$ und s (Filiale A) mit Hilfsmittel (WTR)

Dateneingabe

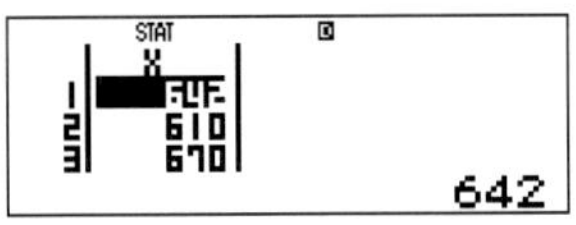

Mittelwert

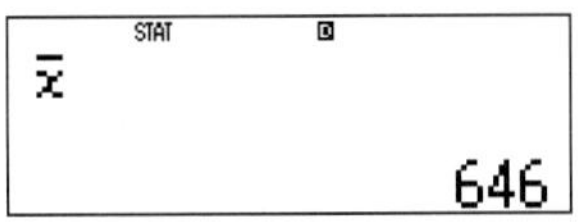

Standardabweichung

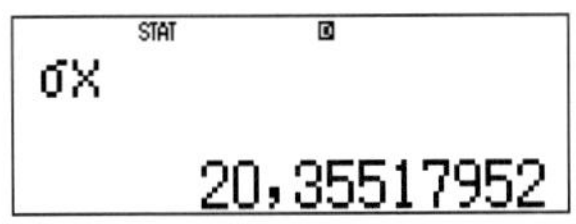

Beispiel 2

➲ Auf einer Maschine werden Präzisionsschrauben mit einer Solllänge von 8 mm hergestellt. Eine Stichprobe ergibt einen Mittelwert von 80,05 mit einer Standardabweichung s = 1,9 mm. Nach der Reklamation eines Großkunden wird die Maschine neu eingestellt. Eine erneute Stichprobe ergibt einen Mittelwert von 80,03 mit einer Standardabweichung s = 1,3 mm. Nehmen Sie Stellung.

Lösung

Die Neujustierung der Maschine hat den Mittelwert verbessert.
Die Standardabweichung, also die Streuung um das arithmetische Mittel, hat sich verringert. Die Qualität ist somit besser geworden, die Neueinstellung hat sich gelohnt.

Was man wissen sollte ... über Streuungsmaße

Varianz: Summe der Abweichungsquadrate geteilt durch die Anzahl n der Merkmalsträger:

$$s^2 = \frac{(x_1 - \overline{x})^2 + (x_2 - \overline{x})^2 + \ldots + (x_n - \overline{x})^2}{n}$$

Standardabweichung: Wurzel aus der Varianz $s = \sqrt{\text{Varianz}}$

Hinweis: Eine **geringe** Standardabweichung bedeutet eine **große Aussagekraft** des **arithmetischen Mittels** $\overline{x}$, da die Messwerte nur geringfügig um $\overline{x}$ streuen.

Aufgaben

1 Schüler erfragen die Preise von zwei Zubehörteilen für ein Handy in verschiedenen Geschäften der Stadt. Die festgestellten Stückpreise in € lassen sich der folgenden Liste entnehmen:

Ware A:	4,00	4,10	5,40	4,90	3,50	3,40
Ware B:	11,00	11,90	14,90	10,00	12,60	9,90

Berechnen Sie die Standardabweichung für die beiden Waren.
Welcher Preis schwankt stärker? Erläutern Sie.

2 Berechnen Sie für die Häufigkeitsverteilung die absoluten Häufigkeiten, die Varianz und die Standardabweichung (n = 80).

x_i	0	1	2	3	4	6
h_i	0,2	0,325	0,25	0,15	0,05	0,025

3 Ein Möbelhaus hat zehn Filialen, deren Umsätze analysiert werden sollen.
Eine Umfrage ergab folgende Umsätze für das Jahr 2010 (in Mio. €):
55; 65; 49; 84; 18; 105; 88; 58; 22; 87.
Berechnen Sie die Standardabweichung.

4 Die Tabelle zeigt die Ergebnisse im Weitwurf mit dem 200-g-Ball bei den Bundesjugendspielen einer 5. Klasse, getrennt nach Jungen und Mädchen.

Mädchen:	9	16	20	18	13	17	23	14,5	18	11,5	14	16	20	12,5	13,5
Jungen:	25	30	23	27	17	36	38	28	35	16	38	26,5	31,5	26,5	

a) Bestimmen Sie die durchschnittliche Wurfweite, getrennt nach Geschlecht.
b) Berechnen Sie jeweils die Standardabweichung.
Gibt es Unterschiede in der Leistungsfähigkeit?

5 Die Fruchtsaft AG möchte eine neue Maschine zum Abfüllen ihrer 250 ml Flaschen kaufen. Zur Wahl stehen zwei Modelle. Aus der Produktion werden jeweils eine Stichprobe entnommen (Daten in ml).
Maschine a: 253; 252; 248; 250; 252; 251; 248; 247; 251; 252; 249; 250
Maschine b: 251; 251; 249; 250; 251; 251; 249; 249; 250; 250; 249; 250
Beraten Sie die Fruchtsaft AG.

6 Zwei Kurse mit jeweils 23 Schülern schreiben dieselbe Mathematikklassenarbeit. Die Ergebnisse können der Häufigkeitstabelle entnommen werden.

Note	1	2	3	4	5	6
Kurs a	3	6	8	5	1	0
Kurs b	1	4	6	7	4	1

a) Berechnen Sie jeweils Mittelwert und Standardabweichung. Beurteilen Sie die Ergebnisse. Welche Schlüsse kann der Lehrer ziehen?

b) In einer weiteren Klassenarbeit in Kurs b gibt es weder die Note 1 noch die Note 6. Die Anzahl der Schüler/innen mit Note 3 hat sich geändert. Wie haben sich Mittelwert und Standardabweichung verändert?

c) Was bedeutet eine große bzw. kleine Standardabweichung für das Niveau der Klasse?

7 Berechnen Sie das arithmetische Mittel und die Standardabweichung aus der Abbildung und interpretieren Sie Ihre Ergebnisse. Berechnen Sie die durchschnittliche Umsatzsteigerung der Jahre 2009 bis 2016.

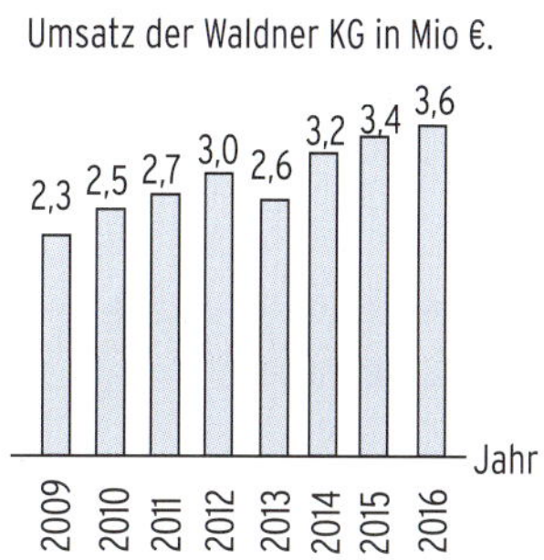

8 Herr Frantz betreibt einen Imbisswagen mit Verzehrtheke. Er erzielte 2016 einen durchschnittlichen monatlichen Gewinn vor Steuern in Höhe von 3840 €. Zum Jahresende stellt er seine monatlichen Gewinne in € zusammen: 2580; 3400; 3540; 4400; 4550; 4400; 4580; 5400; 2880; 3100; 2180.

a) Eine Monatsangabe ist verloren gegangen. Wie viel Gewinn wurde in diesem Monat erzielt?

b) Berechnen Sie die Standardabweichung. Interpretieren Sie Ihr Ergebnis.

9 Die AutoSystem GmbH führt Testreihen durch, um die Funktionsfähigkeit des neuen Systems zu prüfen. Dabei wird in jeweils fünf Versuchen die Zeit in Sekunden gemessen, die es dauert, um aus dem Stand heraus auf eine Geschwindigkeit von 100 km/h zu beschleunigen. Die erste Testreihe wird von einem erfahrenen Autofahrer ohne das neue System durchgeführt. Anschließend wird das neue System eingebaut und die Messung in einer zweiten Testreihe wiederholt. In der folgenden Tabelle sind die Messergebnisse festgehalten:

Messung	1	2	3	4	5
Zeit in Sekunden (ohne neues System)	7,31	7,42	6,99	7,25	7,13
Zeit in Sekunden (mit neuem System)	7,11	7,10	7,13	7,12	7,14

a) Berechnen Sie den Mittelwert und die Standardabweichung der beiden Versuchsreihen. Welche Schlüsse lassen sich aus diesen Ergebnissen über die Funktionsfähigkeit des neuen System ziehen?

b) Begründen Sie, weshalb ein mit dem neuen System ausgestattetes Fahrzeug einem Fahrzeug ohne das neue System nicht immer überlegen ist.

Test zur Überprüfung Ihrer Grundkenntnisse

1 An den ersten Tagen im März wurden täglich um 10.00 Uhr die folgenden Temperaturwerte in °C gemessen: 11, 12, 13, 14, 11, 17, 11, 14, 13, 11, 13, 14, 10, 12, 11.
Ermitteln Sie die Durchschnittstemperatur.

2 Berechnen Sie für die Häufigkeitsverteilung die absoluten Häufigkeiten, die Varianz und die Standardabweichung (n = 80).

x_i	0	1	2	3	4	6
h_i	0,2	0,325	0,25	0,15	0,05	0,025

3 Die Tabelle gibt die monatlichen Regentage in zwei Städten A und B an.

Monat	Jan	Febr	März	April	Mai	Juni	Juli	Aug	Sept	Okt	Nov	Dez
A	13	14	14	10	9	7	6	5	6	9	9	0
B	2	3	4	8	13	17	18	16	13	10	7	3

a) Berechnen Sie jeweils die Anzahl der durchschnittlichen Regentage pro Monat.

b) Bestimmen Sie jeweils die mittlere quadratische Abweichung (Varianz) und die Standardabweichung.

c) Machen Sie Aussagen über die klimatischen Verhältnisse in den Städten A und B.

4 Die Fertigparkettquadrate haben eine Soll-Kantenlänge von 200 mm. Die Qualität der Produktion wird laufend überprüft.
In der **Produktionsperiode 1** ergibt sich folgende Häufigkeitsverteilung:

Kantenlänge in mm	199	200	201	202	203
Anzahl	159	1020	1393	396	32

In der **Produktionsperiode 2** wird die Sägemaschine nach Kundenreklamationen neu eingestellt. Es ergibt sich eine durchschnittliche Kantenlänge von $\overline{x} = 200{,}7$ mm bei einer Standardabweichung von s = 0,45 mm.
Bestimmen Sie die durchschnittliche Kantenlänge und die Standardabweichung für die Produktionsperiode 1.
Kann die Neueinstellung in Produktionsperiode 2 als erfolgreich bezeichnet werden? Begründen Sie Ihre Antwort.

4.2 Wahrscheinlichkeit

Modellierung einer Situation

Die Firma Hirscher fertigt auf einer Maschine Dichtungen. Aufgrund von Reklamationen lässt der Produktionsleiter eine Stichprobe durchführen. Der laufenden Produktion werden 5000 Dichtungen entnommen. Darunter sind 250 Dichtungen defekt. Der Verkaufspreis für eine Dichtung beträgt 1 €. Herr Schwarz kauft 50 Dichtungen. Sind weniger als 2 Dichtungen defekt, so akzeptiert er den vollen Preis, sind genau 2 Dichtungen defekt, möchte er einen Preisnachlass von 20 %. Bei mehr als 2 defekten Dichtungen erwartet er einen Preisnachlass von 50 %. Die Herstellungskosten für eine Dichtung betragen 70 ct.
Beraten Sie das Unternehmen.

Für eine ausgelieferte defekte Dichtung entstehen der Firma Kosten von 2,50 €. Die technische Abteilung überlegt, ob sich die Kosten mithilfe eines Prüfgeräts senken lassen. Solch ein Prüfgerät zeigt in der Regel bei 97 % der defekten Dichtungen einen Fehler an, einwandfreie Dichtungen werden zu 100 % als solche erkannt. Für eine Dichtung, die vom Prüfgerät als defekt erkannt wurde, veranschlagt die Firma 20 ct Kosten. Eine Dichtung zu prüfen kostet 7 ct.
Lohnt sich der Einsatz eines Prüfgeräts?

Bearbeiten Sie diese Situation, nachdem Sie die rechts aufgeführten **Qualifikationen** und **Kompetenzen** erworben haben.

Qualifikationen & Kompetenzen

- Zufallsexperimente beschreiben
- Wahrscheinlichkeiten berechnen
- Binomialverteilungen untersuchen

4.2.1 Zufallsexperiment

Bei der Ziehung der Lottozahlen können wir nicht vorhersagen, welche Zahl gezogen wird. Ein mögliches Ergebnis ist die Zahl 10. Dass die Zahl 10 gezogen wird, hängt vom **Zufall** ab. Die Ziehung der Lottozahlen ist ein Zufallsexperiment, das folgende Eigenschaften erfüllt:

- Durchführung unter genau festgelegten Vorschriften;
- beliebig oft wiederholbar unter völlig gleichen Bedingungen;
- mindestens zwei mögliche Ergebnisse;
- Ergebnis nicht vorhersagbar.

Beachten Sie

Ein **Zufallsexperiment** hat verschiedene Ergebnisse.
Welches Ergebnis bei der Durchführung eintritt, kann nicht vorhergesagt werden.
Ein Zufallsexperiment kann unter gleichbleibenden Bedingungen beliebig oft durchgeführt werden.

Einstufiges Zufallsexperiment

Wird ein Zufallsexperiment einmal ausgeführt, so spricht man von einem einstufigen Zufallsexperiment.

Beispiel a)

Zufallsexperiment: „Werfen einer Münze"
Mögliche Ergebnisse: Wappen; Zahl
Ergebnismenge: S = {W; Z}
Darstellung des Zufallsexperiments in einem Baumdiagramm:

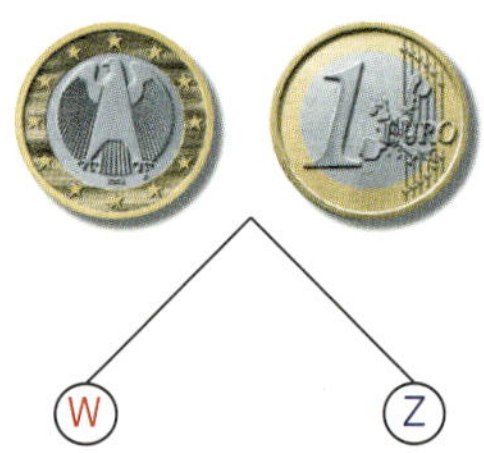

Beispiel b)

Zufallsexperiment: „Werfen eines Würfels und Feststellen, welche Augenzahl gefallen ist."
Mögliches Ergebnis: Augenzahl 2
Ergebnismenge: S = {1; 2; 3; 4; 5; 6}
Baumdiagramm:

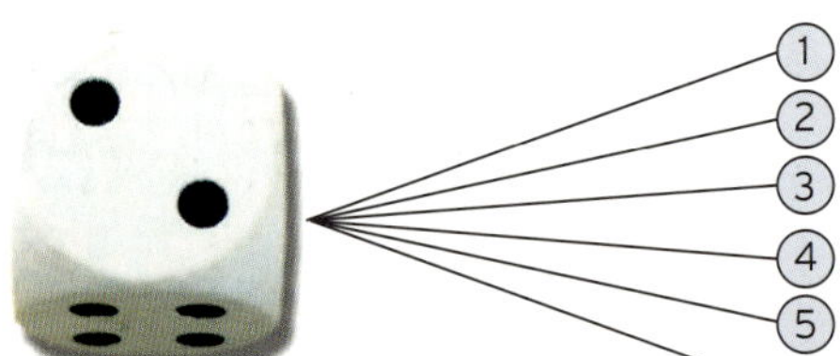

Beispiel c)

Eine Urne enthält eine rote und zwei schwarze Kugeln.
Zufallsexperiment: „Ziehen einer Kugel "
Mögliche Ergebnisse: rote Kugel; schwarze Kugel
Ergebnismenge: S = {r; s}
Darstellung des Zufallsexperiments in einem Baumdiagramm:

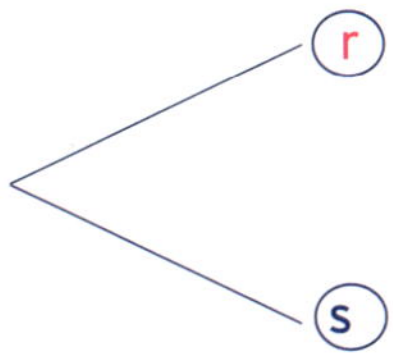

Beachten Sie

Ein einzelner **Ausgang** von mehreren möglichen Ausgängen eines Zufallexperiments heißt **Ergebnis**. Die **Ergebnismenge** S ist die Zusammenfassung aller möglichen **Ergebnisse**.
$S = \{e_1; e_2; ...; e_n\}$

Aufgaben

1 In einer Umfrage soll der Familienstand der befragten Person festgestellt werden. Geben Sie eine Ergebnismenge an, wenn die Befragung als Zufallsexperiment aufgefasst wird.

2 Ein Glücksrad mit acht Sektoren 1, 2, ..., 8 wird gedreht. Die Drehung stoppt und der Pfeil zeigt auf einen Sektor. Bestimmen Sie die Ergebnismenge.

3 Beim Werfen mit 2 Würfeln wird jeweils die Augensumme notiert. Geben Sie die Ergebnismenge an.

4 Aus einer Urne mit 3 roten, 2 blauen und einer weißen Kugel wird eine Kugel gezogen und deren Farbe notiert. Wie lautet die Ergebnismenge für dieses Zufallsexperiment?

5 Bei einem Glücksspiel werden 2 Würfel auf einmal geworfen. Wer zwei Sechsen wirft, erhält den Hauptpreis von 50 €, wer einen anderen Pasch wirft, bekommt die Augensumme in € als Trostpreis.
Geben Sie eine Ergebnismenge für dieses Zufallsexperiment an.

Mehrstufiges Zufallsexperiment

Wird ein Zufallsexperiment **mehrmals hintereinander** ausgeführt, so liegt ein **mehrstufiges Zufallsexperiment** vor. Ein mehrstufiges Zufallsexperiment lässt sich mit einem **Baumdiagramm** übersichtlich darstellen.

Beispiel 1

➲ Bestimmen Sie mithilfe eines Baumdiagramms alle möglichen Ergebnisse.

Lösung

Baumdiagramm

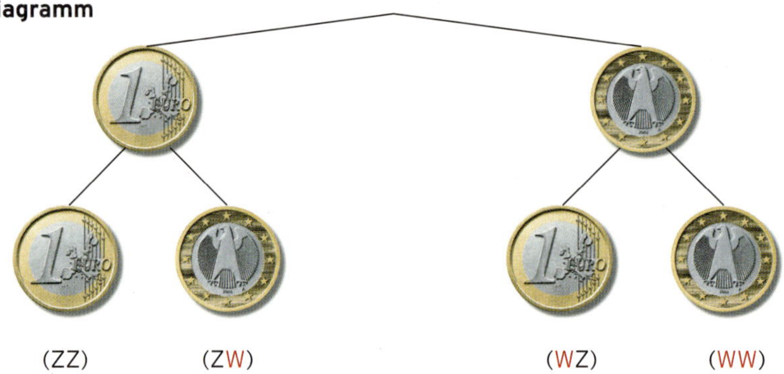

Aus dem Baumdiagramm liest man ab:
Jeder Pfad im Baumdiagramm führt zu einem Ergebnis, das als Paar geschrieben wird.
Es gibt 4 mögliche Ergebnisse.
Ergebnismenge: S = {(Z Z); (Z W); (W Z); (W W)}

Beispiel 2: Zufallsexperiment „Ziehen ohne Zurücklegen"

➲ In einer Urne befinden sich 2 schwarze und 1 rote Kugel. Es werden nacheinander zwei Kugeln ohne Zurücklegen aus der Urne gezogen.
Bestimmen Sie mithilfe eines Baumdiagramms die Ergebnismenge.

Lösung

Baumdiagramm

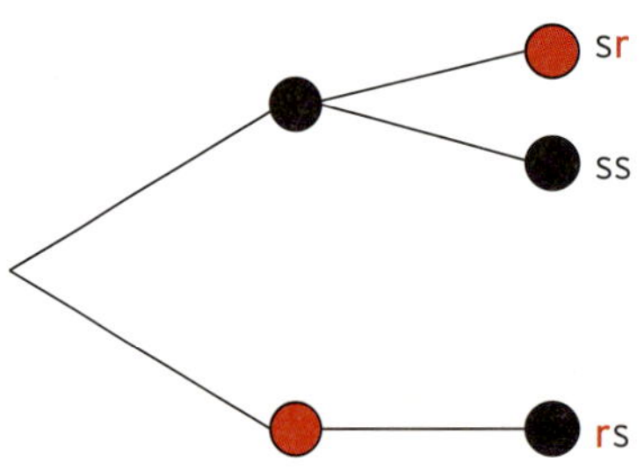

Das Baumdiagramm zeigt, es gibt drei Ergebnisse.
Ergebnismenge: S = {(s r); (s s); (r s)}

Beispiel 3: Zufallsexperiment „Ziehen mit Zurücklegen"

➲ Die chinesische Firma Guangzhoi stellt Billardkugeln her, die sich nur durch ihre Aufschrift einer Ziffer unterscheiden. Die zur Zeit produzierten Billardkugeln sind mit der Ziffer „5" oder mit „3" oder mit „2" beschriftet. Der laufenden Produktion werden nacheinander zwei Kugeln entnommen und jedes Mal die Ziffer notiert.
Bestimmen Sie mithilfe eines Baumdiagramms alle möglichen Ergebnisse.

Lösung

Baumdiagramm

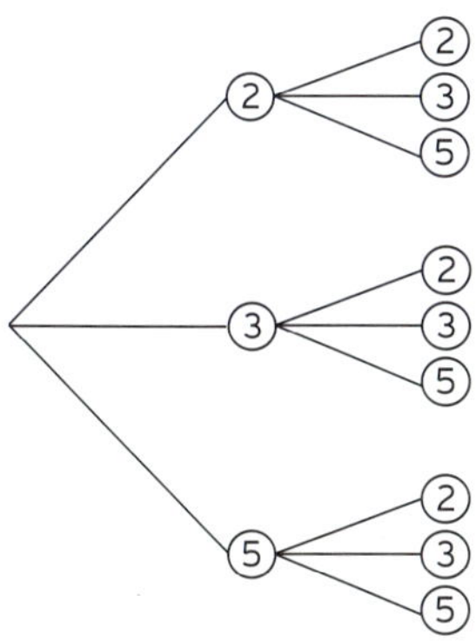

Ergebnis

2 2
2 3
2 5
3 2
3 3
3 5
5 2
5 3
5 5

Es gibt also 9 Ergebnisse, da die Reihenfolge wichtig ist.

Ergebnismenge: S = {2 2; 2 3; 2 5; 3 2; 3 3; 3 5; 5 2; 5 3; 5 5}

Bemerkung: Der laufenden Produktion entnommen, entspricht dem Ziehen von Kugeln aus einer Urne mit Zurücklegen.

Beispiel 4

➲ Bei einer Verkehrszählung wird u. a. festgestellt, ob es sich um einen Lkw (L) oder um keinen Lkw ($\overline{L}$) handelt. Es wird dreimal hintereinander die Art des Fahrzeugs notiert.
Bestimmen Sie mithilfe eines Baumdiagramms alle möglichen Ergebnisse.

Lösung

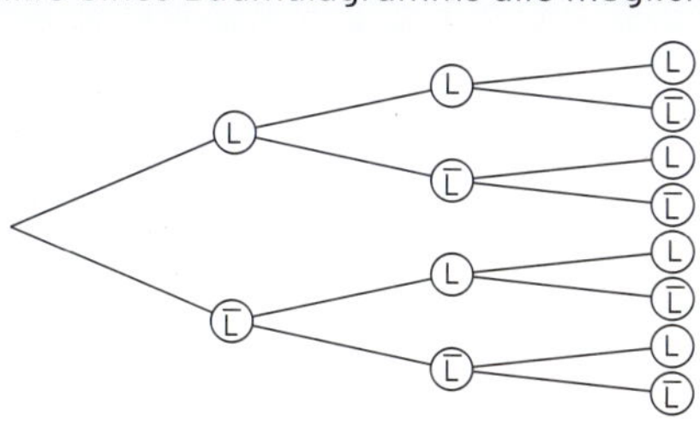

$L\,L\,L$
$L\,L\,\overline{L}$
$L\,\overline{L}\,L$
$L\,\overline{L}\,\overline{L}$
$\overline{L}\,L\,L$
$\overline{L}\,L\,\overline{L}$
$\overline{L}\,\overline{L}\,L$
$\overline{L}\,\overline{L}\,\overline{L}$

Aufgabe

1 Eine Urne enthält 3 schwarze und 2 rote Kugeln. Zeichnen Sie ein Baumdiagramm. Geben Sie für das Zufallsexperiment die Ergebnismenge an.

a) Aus der Urne werden nacheinander 2 Kugeln mit Zurücklegen gezogen.

b) Aus der Urne werden nacheinander 3 Kugeln ohne Zurücklegen gezogen.

4.2.2 Ereignisse

Beispiel 1

➲ Eine Münze wird dreimal geworfen und man beobachtet, in welcher Reihenfolge Zahl (Z) und Wappen (W) oben liegen.

a) Geben Sie die Ergebnismenge S an.
b) A ist das Ereignis: Es erscheint kein Wappen. Geben Sie A als Menge an.
c) Es sei B das Ereignis, dass zwei- oder dreimal hintereinander Zahl erscheint. Geben Sie die Menge B an.
d) Stellen Sie S und B mit dem Baumdiagramm dar.

Lösung

a) S = {ZZZ; ZZW; ZWZ; ZWW; WZZ; WZW; WWZ; WWW}
b) Kein Wappen bedeutet, es erscheint dreimal Zahl. A = {ZZZ}

c) B = {ZZZ; ZZW; WZZ}
Die Menge B ist eine Teilmenge der Ergebnismenge S.
Man sagt, B ist ein Ereignis. Die Teilmenge A = {ZZZ} enthält nur ein Element von S, in diesem Fall spricht man von einem **Elementarereignis**.

Festlegung

Ein Zufallsexperiment habe die Ergebnismenge S. Jede **Teilmenge A** von S ist ein **Ereignis**. Endet die Durchführung des Zufallsexperiments mit einem Ergebnis aus A, so ist das Ereignis A eingetreten.

d) Baumdiagramm

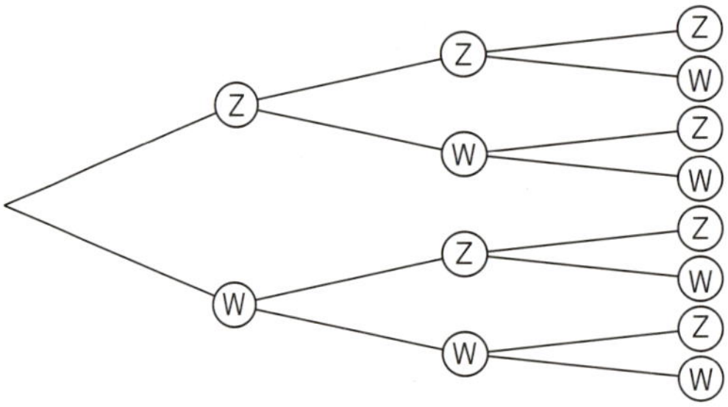

S	Ereignis B
ZZZ	ZZZ
ZZW	ZZW
ZWZ	
ZWW	
WZZ	WZZ
WZW	
WWZ	
WWW	

Bemerkung: Man sagt: B ist eingetreten, wenn eines ihrer Ergebnisse (z. B. WZZ) bei der Durchführung des Experiments als Ergebnis aufgetreten ist.

Beispiel 2

➲ Ein Würfel wird geworfen und die Augenzahl notiert.

a) Geben Sie die Ergebnismenge S an.

b) Geben Sie die folgenden Ereignisse in Mengenschreibweise an.

A: Die Augenzahl ist gerade.
B: Die Augenzahl ist eine Primzahl
C: Die Augenzahl ist kleiner als 7
D: Die Augenzahl ist negativ
E: Die Augenzahl ist größer als 5
F: Die Augenzahl ist größer als 4
G: Die Augenzahl ist kleiner oder gleich 4

Lösung

a) Ergebnismenge des **Zufallsexperiments:** S = {1; 2; 3; 4; 5; 6}

b) **Ereignisse** (in **aufzählender Schreibweise)**

A = {2; 4; 6}

B = {2; 3; 5} — **Hinweis:** Die Zahl 1 ist keine Primzahl.

C = {1; 2; 3; 4; 5; 6} — C = S, das Ereignis C tritt bei jeder Durchführung ein und heißt daher **sicheres Ereignis**.

D = ∅ — Das Ereignis D = ∅ tritt niemals ein. D = ∅ heißt das **unmögliche Ereignis**.

E = {6} — Enthält ein Ereignis E = $\{e_1\}$ nur **ein Element**, so spricht man von einem **Elementarereignis**.

F = {5; 6}
G = {1; 2; 3; 4} = $\overline{F}$ — $\overline{F}$ ist das **Gegenereignis** von F, d. h., $\overline{F}$ enthält diejenigen Ergebnisse der Ergebnismenge, die **nicht zu F** gehören. Es gilt: $\overline{F} = S \backslash F$; $F \cup \overline{F} = S$

Beispiele zum Gegenereignis

Die Farbe von 10 zufällig vorbeifahrenden Autos wird notiert.

Ereignis	**Gegenereignis**
A: kein Auto ist rot	$\overline{A}$: mindestens ein Auto ist rot
B: mindestens zwei Autos sind rot	$\overline{B}$: höchstens ein Auto ist rot, d. h., kein oder ein Auto ist rot
C: genau ein Auto von drei Autos ist rot	$\overline{C}$: kein Auto oder zwei oder drei Autos sind rot
D: höchstens 3 Autos sind rot	$\overline{D}$: mindestens 4 Autos sind rot

Hinweis: Das Gegenereignis zu „höchstens 3 rote Autos" heißt „mehr als 3 rote Autos" bzw. „mindestens 4 rote Autos".

Aufgaben

1 Was ist ein Zufallsexperiment? Geben Sie drei Zufallsexperimente an.

2 Die Firma Novyla stellt Dunstabzugshauben in den Farben grau, braun und schwarz her. Der laufenden Produktion werden nacheinander zwei Dunstabzugshauben entnommen um die Farbqualität zu prüfen.
Bestimmen Sie mithilfe eines Baumdiagramms alle möglichen Ergebnisse.

3 Die skizzierte Spielanordnung besteht aus zwei Glücksrädern, deren Einzelsektoren gleich groß sind. Ein Spiel besteht darin, dass beide Räder in eine unabhängige Drehung versetzt und zufällig gestoppt werden. Ein Spiel ist beendet, wenn jeder Pfeil auf die Mitte eines Sektors zeigt. Geben Sie für ein Spiel die Ergebnismenge in aufzählender Form an.

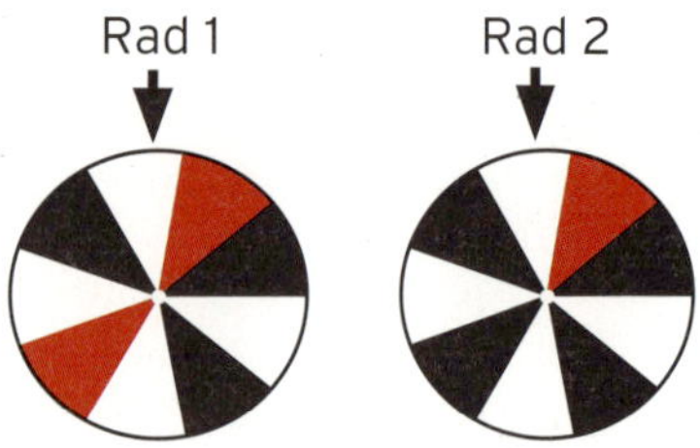

4 Zwei Freunde spielen gegeneinander Tischfußball. Gewinner ist derjenige, der als erster zwei Spiele gewinnt. Geben Sie die Ergebnismenge mithilfe eines Baumdiagramms an.

5 Ein Zahlenschloss besteht aus drei Rädern mit den Zahlen 0 bis 9. Jemand kennt die Zahlen, die das Schloss öffnen, aber leider nicht die Reihenfolge. Wie viele Möglichkeiten gibt es für ihn? Zeichnen Sie ein Baumdiagramm.

6 Die Ergebnismenge ist $S = \{4; 5; 6\}$. Bilden Sie alle möglichen Ereignisse.

7 Eine Urne enthält 4 weiße und 2 schwarze Kugeln.
Ihr werden nacheinander 3 Kugeln ohne Zurücklegen entnommen.

a) Geben Sie die Ergebnismenge S an, wenn nach jedem Zug die Kugelfarbe notiert wird.

b) Die Ereignisse A und B sind folgendermaßen definiert:
A: Die ersten beiden Kugeln haben die gleiche Farbe.
B: Spätestens nach dem 3. Zug sind alle schwarzen Kugeln gezogen worden.
Ermitteln Sie die Ereignisse A und B und ihre Gegenereignisse in aufzählender Form.

8 In einer Klasse kandidieren die Schüler Peter, Horst und Walter für das Amt des Kassenwartes der Juniorenfirma oder des Stellvertreters. Ermitteln Sie zu folgenden Ereignissen die Gegenereignisse:

a) Peter wird Kassenwart.

b) Walter wird Kassenwart oder Stellvertreter.

c) Horst wird nicht Kassenwart.

9 Eine Maschine produziert Spezialschrauben. In einer Qualitätskontrolle werden 4 Schrauben der Reihe nach darauf untersucht, ob sie brauchbar (b) oder unbrauchbar (u) sind. Geben Sie folgende Ereignisse in aufzählender Form an:

a) Die dritte Schraube ist unbrauchbar.

b) Mindestens drei sind brauchbar.

c) Genau drei sind brauchbar.

d) Die ersten beiden sind brauchbar.

Verknüpfung von Ereignissen

Beispiel

Ein Würfel wird einmal geworfen. Die Ereignisse E_1, E_2 und E_3 sind folgendermaßen festgelegt: E_1: die Augenzahl ist kleiner als 4,
E_2: die Augenzahl ist eine ungerade Zahl,
$E_3 = \{4; 5\}$.

Beschreiben Sie folgende Ereignisse auf zwei Arten:

a) $E_1 \cup E_2$ b) $E_1 \cap E_2$ c) $\overline{E_1} \cup E_2$ d) $E_1 \cap E_3$

Lösung

Bemerkung:
Aus der Mengenlehre: $\cup$ heißt „vereinigt";
$\cap$ heißt „geschnitten".
$A \cup B$ enthält alle Ergebnisse, die zu A oder B gehören.
$A \cap B$ enthält alle Ergebnisse, die zu A und B gehören.

Bestimmung der Ereignisse in **aufzählender Form:** $E_1 = \{1; 2; 3\}$; $E_2 = \{1; 3; 5\}$

a) **Aufzählende Form:** $E_1 \cup E_2 = \{1; 2; 3; 5\}$
Beschreibende Form: Die Augenzahl ist kleiner als 4 oder eine ungerade Zahl.

Hinweis: Sind E_1 und E_2 Ereignisse desselben Zufallsexperiments, so nennt man $E_1 \cup E_2$ das Ereignis E_1 **oder** E_2.

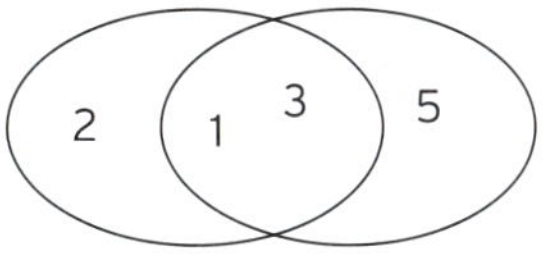

b) **Aufzählende Form:** $E_1 \cap E_2 = \{1; 3\}$
Beschreibende Form: Die Augenzahl ist kleiner als 4 und eine ungerade Zahl.

Hinweis: Sind E_1 und E_2 Ereignisse desselben Zufallsexperiments, so nennt man $E_1 \cap E_2$ auch das Ereignis E_1 **und** E_2.

c) $\overline{E_1} = \{4; 5; 6\}$ $\overline{E_1} \cap E_2 = \{5\}$
$\overline{E_1}$: Die Augenzahl ist größer als 3.
$\overline{E_1} \cap E_2$: Die Augenzahl ist größer als 3 und ungerade.

d) $E_1 \cap E_3 = \emptyset$. Solche Ereignisse nennt man **schnittfremd (disjunkt oder unvereinbar).**
$E_1 \cap E_3$: Die Augenzahl ist kleiner als 4 und (4 oder 5).

Hinweis: Zwei Ereignisse A und B heißen **schnittfremd**, wenn gilt: $\mathbf{A \cap B = \emptyset}$.
Ereignis A und Gegenereignis $\overline{A}$ sind stets schnittfremd: $A \cap \overline{A} = \emptyset$.

Beachten Sie

$A \cup \overline{A} = S$ $A \cap \overline{A} = \emptyset$
$A \cup S = S$ $A \cap S = A$

Aufgaben

1 Gegeben ist die Ergebnismenge $S = \{1; 2; 3; 4; 5; 6\}$ beim einfachen Würfelwurf.
Die Ereignisse A, B und C sind festgelegt durch: $A = \{1; 2; 4\}$, $B = \{1; 2; 5; 6\}$ und $C = \{2; 4\}$.

a) Bestimmen Sie $A \cap B$, $A \cap C$ und $B \cup C$.

b) Bestimmen Sie $\overline{A}$ und $\overline{A \cap C}$.

c) Geben Sie ein Ereignis D von S an, sodass die Ereignisse A und D schnittfremd sind.

2 Ein Würfel wird einmal geworfen.
E_1 ist das Ereignis „die Augenzahl ist höchstens 3",
E_2 ist definiert durch „die Augenzahl ist gerade".
Bestimmen Sie folgende Ereignisse:

a) $E_1 \cup E_2$ b) $E_1 \cap E_2$ c) $\overline{E_1}$

3 Eine Urne enthält 2 weiße und 1 rote Kugeln.
Aus der Urne werden nacheinander 3 Kugeln mit Zurücklegen entnommen.

a) Geben Sie die Ergebnismenge S an, wenn man nach jedem Zug die Kugelfarbe notiert.
Wie viele Elemente enthält S?

b) Die Ereignisse A und B sind definiert durch:
A: Die ersten beiden Kugeln haben verschiedene Farben.
B: Die erste und die dritte Kugel haben dieselbe Farbe.
Geben Sie die folgenden Ereignisse in aufzählender Form an: $A \cap B$; $\overline{A}$; $A \cup \overline{B}$.

4 Die Firma Fischer stellt Kugellager her. Aus der laufenden Produktion werden drei Kugellager gezogen.
Geben Sie folgende Ereignisse in aufzählender Schreibweise an:
E_1: Es werden nur fehlerhafte Kugellager gezogen.
E_2: Genau ein Kugellager ohne Fehler wird gezogen.
E_3: Das zuletzt gezogene Kugellager ist fehlerhaft.

5 Von zwei Ereignissen A und B weiß man, dass $A \cup B = S$ und $A \cap B = \emptyset$.
Was kann man über die Ereignisse A und B aussagen?

6 Welcher Unterschied besteht zwischen
„A und B sind schnittfremd" und „A ist das Gegenereignis von B".
Erklären Sie diesen Unterschied anhand eines Beispiels.

4.2.3 Definition der Wahrscheinlichkeit

Beim Lotto wird zusätzlich eine Superzahl gezogen (vgl. Tabelle). Im Jahr 2016 (10 Ziehungen) kam z. B. die Zahl „2" nicht vor, die Zahl „4" kam jedoch zweimal vor. Bei vielen Ziehungen (seit 07.12.91) kommt die Zahl „2" etwa gleich häufig vor wie die anderen Zahlen. Lässt sich über die Häufigkeit der gezogenen Zahlen eine Aussage machen, wenn das Experiment sehr oft durchgeführt wird?

Superzahlen am Samstag										
	1	2	3	4	5	6	7	8	9	0
Treffer 2016	2	–	–	2	1	1	1	1	1	1
Gesamt	191	198	197	193	216	183	196	181	193	188

Diese Frage untersuchen wir an einem Würfel.
Ein Würfel wird 10-; 20-; ... ; 100-mal geworfen.
Es wird geprüft, wie oft das Ereignis E: „Augenzahl ist 2" aufgetreten ist.
Häufigkeitstabelle (n gibt die Anzahl der Würfe an)

n	10	20	30	40	50	60	70	80	90	100
$H_n(E)$	4	6	6	8	9	10	12	13	15	18
$h_n(E)$	0,4	0,3	0,2	0,2	0,18	0,17	0,17	0,16	0,17	0,18

Um einen Überblick zu bekommen, erstellen wir mit einem Tabellenprogramm ein Punktdiagramm. Das Diagramm zeigt, dass die Folge der relativen Häufigkeiten am Anfang schwankt. Mit wachsendem n werden die Schwankungen geringer. Nach vielen Durchführungen des Zufallsexperiments kann man beobachten, dass sich die **relativen Häufigkeiten** um den Wert 0,17 **stabilisieren**. Diese Zahl wird als **statistische Wahrscheinlichkeit** für das Ereignis E angesehen.

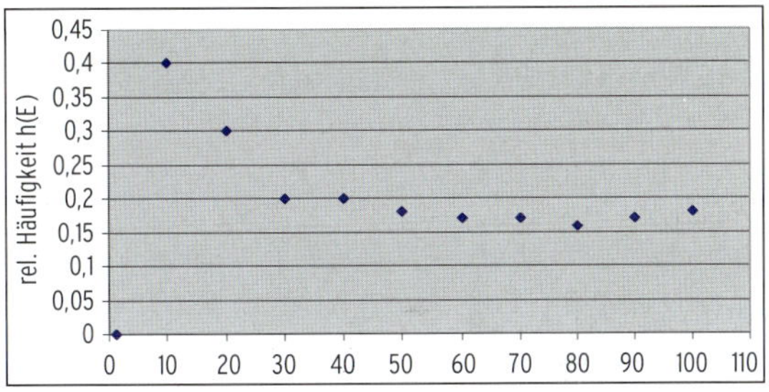

Beachten Sie

Das empirische Gesetz der großen Zahlen: Wird ein Zufallsexperiment sehr oft durchgeführt, so **stabilisieren sich die relativen Häufigkeiten** um einen festen Wert.

Bestimmung der Wahrscheinlichkeit P(E) **ohne Häufigkeitstabelle**
Beim (idealen) Würfel kann man aufgrund seiner Symmetrie die Annahme machen, dass die Augenzahlen 1, 2, 3, 4, 5 und 6 etwa gleich häufig auftreten, wenn man „oft genug" würfelt. Für das Ereignis A: „Augenzahl ist 2" **setzt** man die Wahrscheinlichkeit P **fest** durch $P(A) = \frac{1}{6}$ ($\approx$ 0,17).

Beispiel a)

Zufallsexperiment: **Werfen eines idealen Würfels**

Ergebnismenge $S = \{1; 2; 3; 4; 5; 6\}$

Wahrscheinlichkeit P für folgende Ereignisse

A: Augenzahl ist 2 $P(A) = \frac{1}{6}$

$A = \{2\}$ ist ein Elementarereignis.

E: „Augenzahl ist kleiner als 3"

Ereignis E: $E = \{1; 2\}$

Wahrscheinlichkeit für E: $P(E) = P(AZ = 1) + P(AZ = 2)$

$P(E) = \frac{1}{6} + \frac{1}{6} = \frac{1}{3}$

Beispiel b)

Zufallsexperiment: **Zweimaliges Werfen eines idealen Würfels**

Ergebnismenge $S = \{1\,1; 1\,2; 1\,3; ...; 6\,6\}$

Wahrscheinlichkeit P für folgende Ereignisse

E_1: Pasch 2 $P(E_1) = \frac{1}{36}$

$E_1 = \{2\,2\}$ ist ein Elementarereignis (von 36 möglichen).

E_2: Pasch $E_2 = \{1\,1; 2\,2; 3\,3; 4\,4; 5\,5; 6\,6\}$

Ereignis E_2 besteht aus 6 Elementarereignissen.

Wahrscheinlichkeit für E_2: $P(E_2) = P(1\,1) + P(2\,2) + ... + P(6\,6)$

$P(E_2) = \frac{6}{36} = \frac{1}{6}$

Definition: Axiome von Kolmogorov

Ein Zufallsexperiment besitzt die Ergebnismenge S.

Eine Funktion P, die jedem Ereignis E eine reelle Zahl P(E) zuordnet, heißt **Wahrscheinlichkeitsverteilung**, wenn gilt:

(1) $P(E) \geq 0$ **Nichtnegativität**

(2) $P(S) = 1$ **Normiertheit**

(3) $P(A \cup B) = P(A) + P(B)$; $A, B \subseteq S$ und $A \cap B = \emptyset$ **Additivität**

Der Funktionswert P(E) heißt **Wahrscheinlichkeit von E.**

Beispiel c)

Eine Statistik belegt, dass bei Mäusen von 100 Nachkommen 47 weiblich sind.

Ergebnismenge S = {Männchen, Weibchen}

Die statistische Wahrscheinlichkeit, dass eine Maus weibliche Nachkommen hat, liegt also bei 0,47.

Die Wahrscheinlichkeit, dass eine Maus männliche Nachkommen hat, ist $1 - 0{,}47 = 0{,}53$.

Ist A das Ereignis „Weibchen", so ist das **Gegenereignis** $\overline{A}$ das Ereignis „Männchen".

Für die Wahrscheinlichkeit gilt: $P(\overline{A}) + P(A) = 1 \Rightarrow P(\overline{A}) = 1 - P(A)$

Beachten Sie

Für ein Ereignis A und sein Gegenereignis $\overline{A}$ gilt: $P(A) = 1 - P(\overline{A})$.

Beispiel d)

Zufallsexperiment: Kontrolle an einer bestimmten Zollstation

Ergebnismenge $S = \{\text{Schmuggler; Nichtschmuggler}\}$

Wahrscheinlichkeit P für das Ereignis

A: Schmuggler $P(A) = 0{,}15$

(Unter 100 kontrollierten Personen waren 15 Schmuggler.)

$\overline{A}$: Nichtschmuggler $P(\overline{A}) = 1 - P(A) = 0{,}85$

Beispiel e)

Die Firma Ven & Söhne fertigt Ventile auf den Anlagen A_1, A_2 und A_3.

Die Wahrscheinlichkeit, dass ein Ventil von der Anlage A_1 produziert wird, beträgt $P(A_1) = 0{,}7$, entsprechend ist $P(A_2) = 0{,}2$ und $P(A_3) = 0{,}1$.

$\overline{A_1}$: Ventil ist nicht von der Anlage A_1 $P(\overline{A_1}) = 1 - P(A_1) = 1 - 0{,}7 = 0{,}3$

oder

$\overline{A_1}$: Ventil ist von der Anlage A_2 oder A_3 $P(\overline{A_1}) = P(A_2 \cup A_3) = 0{,}2 + 0{,}1 = 0{,}3$

Beispiel f)

Eine 24-stündige Verkehrszählung von Fahrzeugen am Stadtrand von Potsdam ergab folgende Daten.

Fahrzeugart	Pkw	Lkw	Sonstige
absolute Häufigkeit H	138 000	18 500	6500
relative Häufigkeit h	0,85	0,11	0,04
Wahrscheinlichkeit	0,85	0,11	0,04

Die Summe der relativen Häufigkeiten muss 1 ergeben.

Die relativen Häufigkeiten werden als Wahrscheinlichkeiten verwendet.

Wahrscheinlichkeitsverteilung

Ergebnis	Pkw	Lkw	Sonstige
Wahrscheinlichkeit	0,85	0,11	0,04

Wahrscheinlichkeit P für das Ereignis

A: kein Lkw $P(A) = 0{,}85 + 0{,}04 = 0{,}89$

oder mithilfe des Gegenereignisses von A:

$\overline{A}$: Lkw $P(A) = 1 - P(\overline{A}) = 1 - 0{,}11 = 0{,}89$

Beispiel g)

Die Firma Super Univers stellt Sticks her. Erfahrungsgemäß haben 5 % der Sticks eine Funktionsstörung (F) und 8 % sind falsch verpackt (V). Beide Mängel sollen jedoch bei einem Stick nicht gleichzeitig auftreten.

Wahrscheinlichkeit P für das Ereignis: Stick hat einen Mangel $F \cup V$: $P(F \cup V) = P(F) + P(V) = 0{,}08 + 0{,}05 = 0{,}13$

Hinweis: $F \cap V = \emptyset$

Wahrscheinlichkeit P für das Ereignis: Stick ist mängelfrei $\overline{F \cup V}$:

$P(\overline{F \cup V}) = 1 - P(F \cup V) = 1 - 0{,}13 = 0{,}87$

Aufgaben

1 Die Wahrscheinlichkeit für eine Jungengeburt ist 0,514.
Mit welcher Wahrscheinlichkeit ist das Neugeborene ein Mädchen?

2 Bei einem Tag der offenen Tür der Fachoberschule Nord besteht die Möglichkeit, auf eine Torwand zu schießen. Ein Spiel besteht aus sechs Schüssen. Für jeden Teilnehmer wird die Anzahl der Treffer notiert. Die Auswertung ergab folgende Tabelle:

Anzahl der Treffer	0	1	2	3	4	5	6
Anzahl der Teilnehmer	28	40	25	12	10	4	1

a) Stellen Sie eine Wahrscheinlichkeitsverteilung auf und stellen Sie diese grafisch dar.
b) Berechnen Sie, wie viel Prozent der Schüsse ins Tor gingen.

3 Eine Scheibe in einem Spielautomaten ist in fünf Sektoren aufgeteilt. Die nebenstehende Abbildung zeigt die Aufteilung. Die Scheibe wird in Drehung versetzt. Nach Stillstand der Scheibe zeigt ein Pfeil auf genau einen Sektor. Die zugehörige Zahl wird notiert. Damit ist ein Durchgang beendet. Geben Sie die Wahrscheinlichkeitsverteilung für einen Durchgang an.

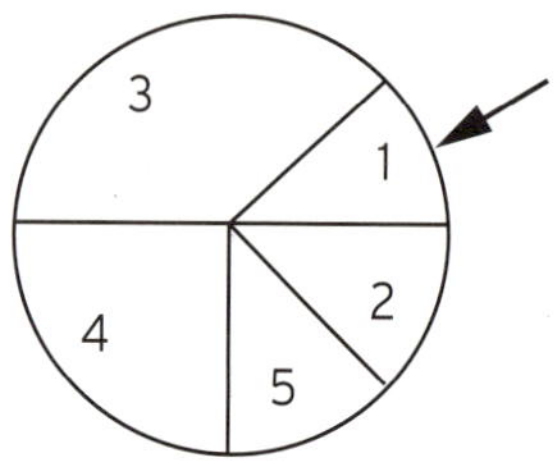

4 Eine TÜV-Station hat die häufigsten Mängel an fünf Jahre alten Pkws erfasst.
Es wurden 2000 Pkws untersucht.

Mangel	A: Handbremse	B: Ölverlust	C: Auspuffanlage	D: Scheinwerfer
h in %	7,8	7,5	5,0	4,3

Es wird davon ausgegangen, dass die Mängel A bis D unabhängig voneinander auftreten.
Begründen Sie, dass die angegebenen relativen Häufigkeiten als Wahrscheinlichkeiten für das Auftreten der Mängel A bis D angesehen werden können.

Ermitteln Sie die Wahrscheinlichkeit der folgenden Ereignisse:
E1: Ein Pkw hat den Mangel B. E2: Ein Pkw hat die Mängel A oder B.
Hinweis: Die Mängel A und B sollen bei einem Pkw nicht gleichzeitig auftreten.
E3: Ein Pkw hat keinen dieser Mängel.

5 Eine Umfrage ergab, dass jeder 3. Befragte seinen Urlaub in Spanien verbringen möchte. 40 % der übrigen Befragten gaben Italien, 25 % aller Befragten gaben die Türkei als Reiseziel an. 90 Befragte machten keine Angaben.
a) Wie viele Personen wurden befragt?
b) Ermitteln Sie eine Wahrscheinlichkeitsverteilung und stellen Sie diese grafisch dar.

Wahrscheinlichkeit bei Gleichverteilung (Laplace-Experiment)

Bei einem idealen Würfel wird man die Wahrscheinlichkeit für das Ereignis E: „Augenzahl 4“ wohl kaum über die relative Häufigkeit bestimmen, sondern man wird annehmen, dass alle Augenzahlen bei vielen Durchführungen etwa gleich oft fallen werden.
Man kann somit jeder Augenzahl die gleiche Wahrscheinlichkeit $\frac{1}{6}$ zuordnen. Die einzelnen Wahrscheinlichkeiten der Elementarereignisse fasst man in einer Tabelle zusammen, die man auch **Wahrscheinlichkeitsverteilung** nennt.

Wahrscheinlichkeitsverteilung für das Werfen eines Würfels

e_i	1	2	3	4	5	6
$P(e_i)$	$\frac{1}{6}$	$\frac{1}{6}$	$\frac{1}{6}$	$\frac{1}{6}$	$\frac{1}{6}$	$\frac{1}{6}$

In diesem Fall spricht man von einem Laplace-Experiment.

Beachten Sie

Wenn für alle Ergebnisse eines Zufallsexperiments **die gleiche Wahrscheinlichkeit** angenommen werden kann (Gleichverteilung), dann heißt dieses Experiment **Laplace-Experiment**. Ein idealer Würfel heißt auch Laplace-Würfel oder L-Würfel.

Berechnung der Wahrscheinlichkeit für ein Laplace-Experiment

Beispiel a)

Zufallsexperiment: **Werfen eines idealen Würfels**

Ergebnismenge $S = \{1; 2; 3; 4; 5; 6\}$

Wahrscheinlichkeit P für das Ereignis

A: Augenzahl ist 1: $P(A) = \frac{1}{6}$

B: Augenzahl ist 2: $P(B) = \frac{1}{6}$

C: Augenzahl ist 1 oder 2: $P(C) = P(A) + P(B) = \frac{1}{6} + \frac{1}{6} = \frac{1}{3}$

S: Ergebnismenge $P(S) = 1$ sicheres Ereignis

E: Augenzahl ist ungerade

Ereignis E: $E = \{1; 3; 5\}$

Wahrscheinlichkeit für E $P(E) = \frac{1}{6} + \frac{1}{6} + \frac{1}{6} = \frac{1}{2}$

Es gilt auch $P(E) = 3 \cdot \frac{1}{6} = \frac{3}{6}$

Interpretation:
Das Ereignis E tritt ein, wenn der Würfel 1, 3 oder 5 zeigt.
E hat 3 Ergebnisse (Ausgänge) von insgesamt 6 möglichen **gleichwahrscheinlichen Ergebnissen.**
P(E) ist die Anzahl der zu E gehörenden Ergebnisse (3 günstige Ergebnisse), dividiert durch die Gesamtzahl aller Ergebnisse (6 mögliche Ergebnisse). Es gilt: $P(E) = \frac{g}{m}$.

Beispiel b)

Zufallsexperiment: **Drehen eines Glücksrades**

Nach jedem Stillstand des Rades zeigt der Pfeil auf die Mitte eines Sektors.

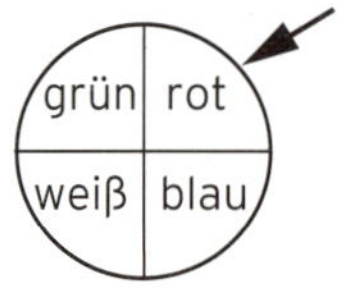

Ergebnismenge S = {grün; rot; weiß; blau}

Wahrscheinlichkeit P für das Ereignis A: grün $P(A) = \frac{1}{4}$

Gegenereignis $\overline{A}$ von A

$\overline{A}$: nicht grün bzw. $\overline{A}$ = {rot; weiß; blau} $P(\overline{A}) = \frac{3}{4}$

Weitere Lösungsmöglichkeit
für das Gegenereignis $\overline{A}$ von A $P(\overline{A}) = 1 - P(A) = 1 - \frac{1}{4} = \frac{3}{4}$

Beachten Sie (Laplace-Formel)

Liegt ein **Laplace-Experiment** vor, so gilt für die Wahrscheinlichkeit P(E) eines

Ereignisses E: $P(E) = \frac{\text{Anzahl der Ergebnisse, bei denen E eintritt}}{\text{Anzahl aller möglichen Ergebnisse}}$

Kurzschreibweise $P(E) = \frac{g}{m} = \frac{\text{günstig}}{\text{möglich}}$

Beispiel

➲ Die Firma Buchmann feiert ihr 20-jähriges Jubiläum. Unter anderem findet auch eine Verlosung statt. In der Lostrommel befinden sich 3000 Lose, die von 1 bis 3000 durchnummeriert sind.
Mit welcher Wahrscheinlichkeit ist das erste Los ein Gewinn, wenn

a) jedes Los, dessen Nummer mit einer 1 beginnt, gewinnt?

b) nur jedes Los mit der Endziffer 2 gewinnt?

Lösung

Anzahl der möglichen Ergebnisse: m = 3000

a) A: Losnummer beginnt mit einer 1
Anzahl der Nummern, die mit einer 1 beginnen
(Einer, Zehner, Hunderter, Tausender): $g = 1 + 10 + 100 + 1000 = 1111$
Wahrscheinlichkeit: $P(A) = \frac{g}{m} = \frac{1111}{3000} \approx 0{,}370$

b) B: Losnummer mit der Endziffer 2
Unter je 10 aufeinanderfolgenden Zahlen gibt es genau eine Zahl
mit der Endziffer 2. $g = 300$
Wahrscheinlichkeit: $P(B) = \frac{g}{m} = \frac{300}{3000} = 0{,}1$

Beispiele für Nicht-Laplace-Experimente

a) Geburt eines Kindes: S = {männlich; weiblich}
P (männlich) = 0,514; P (weiblich) = 0,486

b) Werfen von Reißnägeln
Reißnägel nehmen (in der Regel) zwei Lagen ein:  und 

Diese beiden Lagen sind im Allgemeinen nicht gleich wahrscheinlich.
In diesem Fall muss man die relativen Häufigkeiten der beiden Lage von „vielen" Reißnägeln bestimmen und dann kann man die Wahrscheinlichkeiten festlegen.

Aufgaben

1 Im Schulzentrum besuchen 1340 Schüler/-innen die Höhere Handelsschule, davon sind 240 in einem Sportverein. Wie groß ist die Wahrscheinlichkeit, dass ein Schüler/eine Schülerin dieser Schule, den/die man auf dem Pausenhof sieht, in keinem Sportverein ist?

2 Ein Kartenspiel besteht aus 4 Farben (Kreuz, Pik, Herz, Karo) mit je 8 Karten. Peter zieht blind eine Karte aus dem Kartenspiel. Mit welcher Wahrscheinlichkeit zieht Peter
A: eine Pik-Karte
B: keine Herz-Karte
C: eine Pik- oder eine Karo-Karte?

3 In einer Lostrommel befinden sich 500 Lose. Jedes 10. Los ist ein Gewinn.
a) Mit welcher Wahrscheinlichkeit ist das erste gezogene Los ein Gewinn?
b) Man hat bereits 20 Lose gezogen und alle 20 Lose waren Nieten.
Wie groß ist die Wahrscheinlichkeit, beim nächsten Los einen Gewinn zu ziehen?

4 Zwei Spieler werfen nacheinander einen Würfel. Wie groß ist die Wahrscheinlichkeit dafür, dass sie verschiedene Augenzahlen werfen?

5 Eine Urne enthält weiße und schwarze Kugeln. Eine weiße Kugel wird mit der Wahrscheinlichkeit $\frac{1}{6}$ gezogen.
a) Geben Sie ein Beispiel dafür an, wie viele weiße und schwarze Kugeln in der Urne sein könnten.
b) Wie viele Kugeln sind in der Urne, wenn man weiß, dass in der Urne 12 schwarze Kugeln mehr als weiße liegen?

6 Nach einem Betriebsfest der Firma Waldner sind noch Preise von der Tombola übrig. Es gibt noch 3 kleine, 5 mittelgroße und 4 große Preise. Der Auszubildende darf einen Preis (blind) ziehen. Die Ereignisse A und B sind definiert durch:
A: Er zieht einen mittelgroßen Preis.
B: Er zieht einen kleinen oder einen großen Preis.
Berechnen Sie die Wahrscheinlichkeiten $P(A)$, $P(B)$, $P(\overline{A})$ und $P(\overline{B})$.

Wahrscheinlichkeit bei mehrstufigen Zufallsexperimenten

Beispiel 1

➲ Eine Urne enthält 2 weiße und 1 rote Kugel. Es wird zweimal mit Zurücklegen gezogen und die Farbe der gezogenen Kugeln nacheinander notiert.

a) Bestimmen Sie die Wahrscheinlichkeitsverteilung.

b) Berechnen Sie die Wahrscheinlichkeit für das Ereignis E: „die gezogenen Kugeln haben die gleiche Farbe".

Lösung

a) Baumdiagramm (2-mal Ziehen mit Zurücklegen)

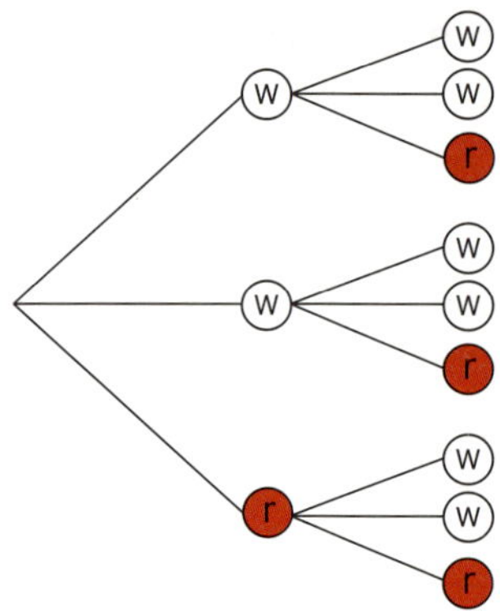

Das Experiment hat 9 Ergebnisse.
Das Ergebnis ww kommt 4-mal vor, somit ist $P(ww) = \frac{4}{9}$.
Wahrscheinlichkeitsverteilung

Ausgang	ww	wr	rw	rr
P	$\frac{4}{9}$	$\frac{2}{9}$	$\frac{2}{9}$	$\frac{1}{9}$

Vereinfachung des Baumdiagramms:
Bei diesem Baumdiagramm beachtet man nur die verschiedenen Kugelfarben. Die Wahrscheinlichkeit, eine weiße Kugel zu ziehen, ist bei jeder Ziehung $\frac{2}{3}$, eine rote zu ziehen $\frac{1}{3}$. Diese Wahrscheinlichkeiten werden an die jeweiligen Pfade geschrieben. Man erkennt, dass z. B. P(ww) das Produkt der Wahrscheinlichkeiten auf den Teilstrecken des Pfades ist. Es gilt allgemein die **Pfadmultiplikationsregel.**

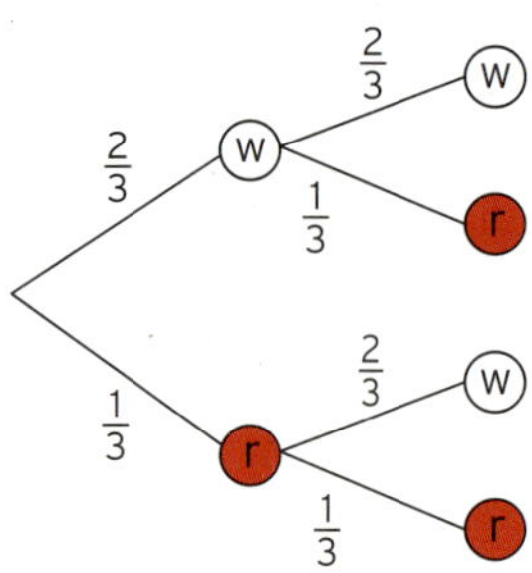

$P(ww) = \frac{2}{3} \cdot \frac{2}{3} = \frac{4}{9}$

$P(wr) = \frac{2}{3} \cdot \frac{1}{3} = \frac{2}{9}$

$P(rw) = \frac{1}{3} \cdot \frac{2}{3} = \frac{2}{9}$

$P(rr) = \frac{1}{3} \cdot \frac{1}{3} = \frac{1}{9}$

Summe 1

Pfadmultiplikationsregel

Im Baumdiagramm ist die **Wahrscheinlichkeit eines Pfades** gleich dem **Produkt der Wahrscheinlichkeiten auf den Teilstrecken des Pfades**.

b) Ereignis E: gleiche Farbe $E = \{ww; rr\}$
Oder-Zeichen $\vee$: $P(E) = P(ww \vee rr) = P(ww) + P(rr) = \frac{4}{9} + \frac{1}{9} = \frac{5}{9}$

Pfadadditionsregel

In einem Baumdiagramm ist die **Wahrscheinlichkeit eines Ereignisses** gleich der Summe der Wahrscheinlichkeiten der in diesem Ereignis **enthaltenen Ergebnisse**.

Beispiel 2

➲ Die Firma Kolb stellt Microchips her. Erfahrungsgemäß sind 10 % der produzierten Chips defekt. Der laufenden Produktion werden drei Chips entnommen.
Berechnen Sie die Wahrscheinlichkeit folgender Ereignisse:
A: Genau zwei Chips sind defekt.
B: Mindestens ein Chip ist defekt.
C: Der zweite entnommene Chip ist nicht defekt.

Lösung

Baumdiagramm
d: defekt
$\overline{d}$: nicht defekt

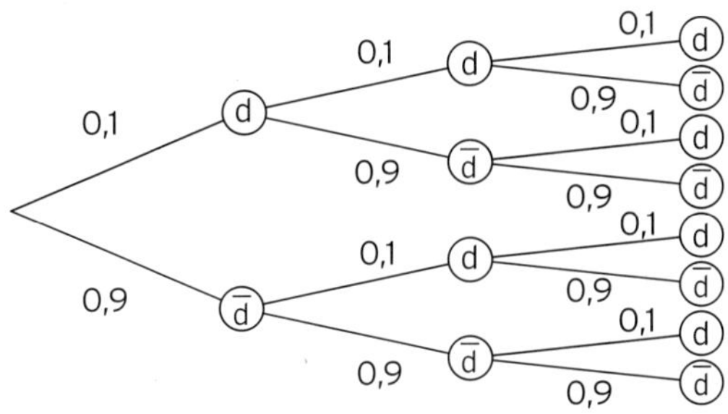

Wahrscheinlichkeit von A

Ereignis A: $A = \{d\ d\ \overline{d};\ d\ \overline{d}\ d;\ \overline{d}\ d\ d\}$

$P(A) = 0{,}1 \cdot 0{,}1 \cdot 0{,}9 + 0{,}1 \cdot 0{,}9 \cdot 0{,}1 + 0{,}9 \cdot 0{,}1 \cdot 0{,}1 = 3 \cdot 0{,}1^2 \cdot 0{,}9 = 0{,}027$

Hinweis: Da es **nicht** auf die **Reihenfolge** ankommt, gilt $P(C) = \mathbf{3} \cdot 0{,}1^2 \cdot 0{,}9$

Wahrscheinlichkeit von B

Ereignis B: $B = \{d\ \overline{d}\ \overline{d};\ \overline{d}\ d\ \overline{d};\ \overline{d}\ \overline{d}\ d;\ d\ d\ \overline{d};\ d\ \overline{d}\ d;\ \overline{d}\ d\ d;\ d\ d\ d\}$

$P(B) = 0{,}1 \cdot 0{,}9 \cdot 0{,}9 + 0{,}9 \cdot 0{,}1 \cdot 0{,}9 + 0{,}9 \cdot 0{,}9 \cdot 0{,}1 + 3 \cdot 0{,}1^2 \cdot 0{,}9 + 0{,}1^3$

$P(B) = 3 \cdot 0{,}1 \cdot 0{,}9^2 + 3 \cdot 0{,}1^2 \cdot 0{,}9 + 0{,}1^3 = 0{,}271$

oder

Berechnung mit dem Gegenereignis $\overline{B} = \{\overline{d}\ \overline{d}\ \overline{d}\}$

Wahrscheinlichkeit $\overline{B}$: $P(\overline{B}) = 0{,}9^3 = 0{,}729$

Wahrscheinlichkeit von B: $P(B) = 1 - P(\overline{B}) = 1 - 0{,}729 = 0{,}271$

Wahrscheinlichkeit von C

Der 1. und der 3. entnommene Chip sind für das Ereignis C **ohne Bedeutung**, also $P(C) = 0{,}9$.

Beispiel 3

➲ Die Firma Würth stellt Schrauben auf zwei Anlagen I und II her. Die Schrauben werden in 10er-Schachteln zu 7 Schrauben aus Anlage I und 3 Schrauben aus Anlage II verpackt. Aus einer Schachtel werden wahllos 2 Schrauben hintereinander entnommen (ohne Zurücklegen).

Bestimmen Sie die Wahrscheinlichkeiten folgender Ereignisse:

E_1: Die erste Schraube stammt von Anlage I und die zweite von Anlage II.

E_2: Die zwei gezogenen Schrauben stammen von der gleichen Anlage.

E_3: Die zweite Schraube ist von der Anlage I.

Lösung

A_1: Die gezogene Schraube ist von Anlage I.

A_2: Die gezogene Schraube ist von Anlage II.

Bemerkung: $A_1\,A_2$ bedeutet: 1. Schraube aus Anlage I **und** 2. Schraube aus Anlage II

Baumdiagramm mit den jeweiligen Wahrscheinlichkeiten auf den Teilstrecken.

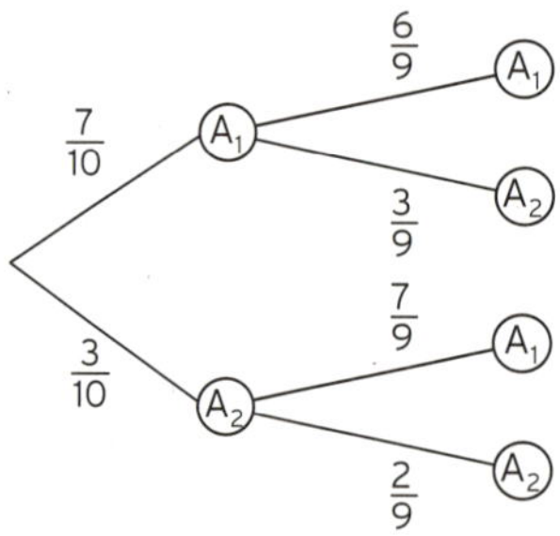

$P(A_1A_1) = \frac{7}{10} \cdot \frac{6}{9} = \frac{7}{15}$

$P(A_1A_2) = \frac{7}{10} \cdot \frac{3}{9} = \frac{7}{30}$

$P(A_2A_1) = \frac{3}{10} \cdot \frac{7}{9} = \frac{7}{30}$

$P(A_2A_2) = \frac{3}{10} \cdot \frac{2}{9} = \frac{1}{15}$

gleiche Anlage

$P(E_1) = \frac{7}{10} \cdot \frac{3}{9} = \frac{7}{30}$

$P(E_2) = P(\text{gleiche Anlage}) = \frac{7}{15} + \frac{1}{15} = \frac{8}{15}$

$P(E_3) = P(A_1A_1) + P(A_2A_1) = \frac{7}{15} + \frac{7}{30} = \frac{7}{10}$

Berechnungen von Wahrscheinlichkeiten mit dem Baumdiagramm

Pfadmultiplikationsregel

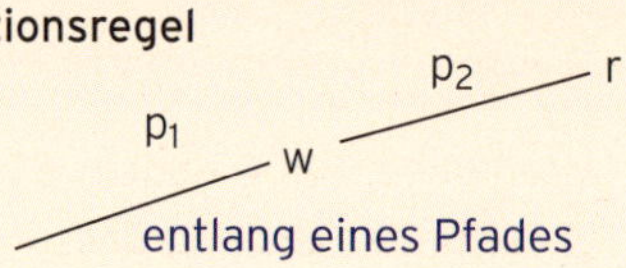

entlang eines Pfades

$P(w \wedge r) = p_1 \cdot p_2$

und — Wahrscheinlichkeiten multiplizieren

Pfadadditionsregel

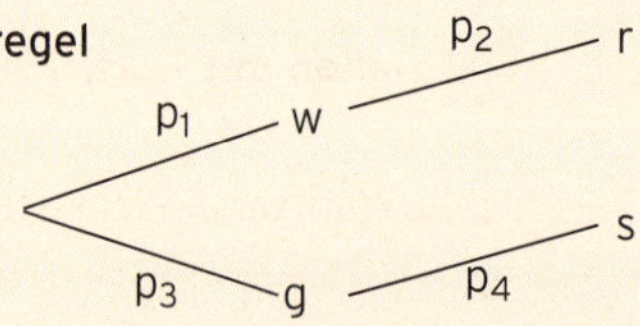

entlang mehrerer Pfade

$P(wr \vee gs) = p_1 \cdot p_2 + p_3 \cdot p_4$

oder — Wahrscheinlichkeiten addieren

Zufallsexperiment - Urnenmodell

Die Durchführung vieler Zufallsexperimente lässt sich mit dem Ziehen von Kugeln aus einer Urne modellieren (Urnenmodell). Dabei stellt man sich eine Urne mit farbigen oder nummerierten Kugeln vor, die je nach Problemstellung mit oder ohne Zurücklegen gezogen werden.

Zufallsexperiment	**Urnenmodell**
Beispiel a) In einer Gruppe von 10 Touristen schmuggeln 4. Ein Zöllner wählt zufällig einen Touristen aus dieser Gruppe heraus. Mit welcher Wahrscheinlichkeit ist es kein Schmuggler?	Urne mit 10 Kugeln, 6 weiße und 4 schwarze. Einmal ziehen. Gesuchte Wahrscheinlichkeit: $P(w) = \frac{6}{10} = 0{,}6$
Beispiel b) Von 30 Monitoren einer Sendung sind 10 % defekt. Zwei Monitore dieser Sendung werden nacheinander entnommen. Mit welcher Wahrscheinlichkeit sind beide Monitore defekt?	Urne mit 30 Kugeln, 27 weiße und 3 schwarze. Zweimal **ziehen ohne Zurücklegen**. Gesuchte Wahrscheinlichkeit: $P(ss) = \frac{3}{30} \cdot \frac{2}{29} = \frac{1}{145} \approx 0{,}0069$
Beispiel c) Bei der Produktion von Tongefäßen hat man erfahrungsgemäß immer 10 % Ausschuss. Wie groß ist die Wahrscheinlichkeit, dass bei der Herstellung von zwei Gefäßen beide brauchbar sind?	Urne mit z. B. 10 Kugeln, 9 weiße und eine schwarze. Zweimal **ziehen mit Zurücklegen**. Gesuchte Wahrscheinlichkeit: $P(ww) = \frac{9}{10} \cdot \frac{9}{10} = 0{,}81$

Hinweis: Da die Produktion immer 10 % Ausschuss liefert, unabhängig von der Entnahme, wird das Experiment bei der Urne durch Ziehen mit Zurücklegen simuliert.

Beispiel d) Bei einer Verkehrszählung wurde festgestellt, dass 25 % der vorbeifahrenden Fahrzeuge Lkw waren, 70 % Pkw und 5 % sonstige Fahrzeuge. Wie groß ist die Wahrscheinlichkeit, dass unter drei vorbeifahrenden Fahrzeugen das erste ein Lkw, das zweite ein Pkw und das dritte ein sonstiges Fahrzeug ist?	Urne mit z. B. 100 Kugeln, 25 weiße, 70 schwarze und 5 grüne. Dreimal **ziehen mit Zurücklegen**. Gesuchte Wahrscheinlichkeit: $P(wsg) = \frac{25}{100} \cdot \frac{70}{100} \cdot \frac{5}{100} \approx 0{,}0088$

Aufgaben

1 Aus einer Urne mit 5 weißen, 3 schwarzen und 2 roten Kugeln werden nacheinander zwei Kugeln mit Zurücklegen entnommen.

a) Geben Sie die Wahrscheinlichkeitsverteilung an.

b) Mit welcher Wahrscheinlichkeit zieht man zwei gleichfarbige Kugeln?

c) Berechnen Sie die Wahrscheinlichkeit für das Ereignis A: „1. Zug weiße Kugel und 2. Zug rote Kugel".

d) Beantworten Sie die Teilaufgaben a), b) und c), wenn zwei Kugeln ohne Zurücklegen entnommen werden.

2 Im Labor eines Forschungsinstitutes steht ein Korb mit Mäusen. Im Korb sind drei Weibchen und ein Männchen. Es werden (blind) nacheinander drei Mäuse ohne Zurücklegen aus dem Korb herausgenommen. Mit welcher Wahrscheinlichkeit hat man

a) kein Männchen,

b) genau zwei Weibchen,

c) mindestens 2 Weibchen,

d) höchstens zwei Weibchen?

3 In einer Gruppe von sechs Personen schmuggeln vier. Ein Zöllner wählt zufällig nacheinander drei Personen aus. Mit welcher Wahrscheinlichkeit wählt er drei (zwei, einen) Schmuggler aus?

4 Bei einer Verkehrszählung wurde festgestellt, dass 23 % der vorbeifahrenden Fahrzeuge Lkw waren, 55 % Pkw, 10 % Mopeds und 12 % sonstige Fahrzeuge. Bestimmen Sie die Wahrscheinlichkeit dafür, dass unter drei vorbefahrenden Fahrzeugen folgende Fahrzeuge sind:

a) drei Lkws,

b) drei Pkws oder drei Mopeds,

c) die ersten beiden jeweils ein Pkw und das dritte ein Lkw,

d) zwei Pkws und ein Lkw.

Welcher Unterschied besteht zwischen Teilaufgabe c) und d)?

5 Die Firma Hirscher stellt Dichtungen her. Die Erfahrung zeigt, dass 5 % der hergestellten Dichtungen Mängel aufweisen. Das Qualitätsmanagement entscheidet, ein Testgerät anzuschaffen. Dieses Gerät erkennt mit einer Wahrscheinlichkeit von 96 % eine mangelhafte Dichtung. Eine Dichtung ohne Mängel wird von diesem Gerät mit einer Wahrscheinlichkeit von 2 % als mangelhaft eingestuft.

Mit welcher Wahrscheinlichkeit zeigt das Gerät einen Mangel an?

6 Ein Gerät wird aus drei Bauteilen zusammengesetzt, die unabhängig voneinander arbeiten. Jedes Bauteil arbeitet mit einer Wahrscheinlichkeit von 0,93 einwandfrei. Fällt ein Bauteil aus, so funktioniert das Gerät nicht mehr.

Mit welcher Wahrscheinlichkeit fällt das Gerät aus?

4.2.4 Zufallsvariable

Einführung

Bei einer Qualitätskontrolle werden der Produktion nacheinander Waren entnommen und geprüft, ob sie schadhaft oder einwandfrei sind. Hierbei spielt z. B. die Reihenfolge der schadhaften und einwandfreien Produkte keine Rolle, während die Anzahl der schadhaften Produkte von Interesse ist.

Beispiel

➲ Ein Automat produziert Stifte. Es werden zwei Stück aus der Produktion zufällig entnommen und geprüft, ob sie defekt (d) oder einwandfrei ($\bar{d}$) sind.
Zeichnen Sie das zugehörige Baumdiagramm und ordnen Sie jedem Ergebnis die Anzahl der schadhaften Stifte zu.

Lösung

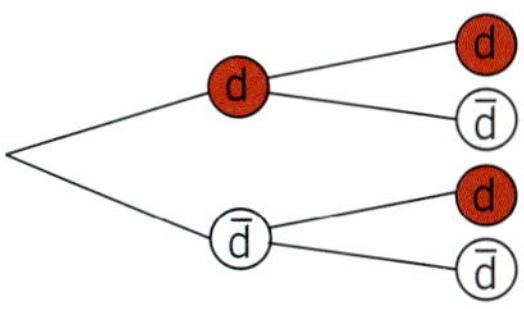

Ergebnis $e_i \rightarrow$ Anzahl der schadhaften Stifte

Zuordnung

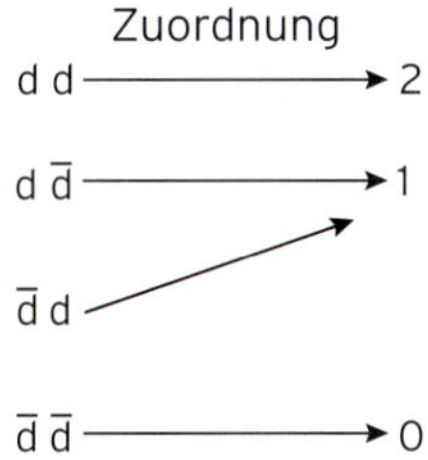

Erläuterung:

Jedem Ergebnis wird genau eine Zahl zugeordnet, d. h., diese Zuordnung ist eine Funktion, die man oft (aus historischen Gründen) mit großen Buchstaben bezeichnet wie z. B. X, Y oder Z. **Die Funktion X heißt Zufallsvariable.**

Zuordnung:	Ergebnis $\rightarrow$ reelle Zahl	Funktionswert
	z. B. d d $\rightarrow 2$	$X(d\,d) = 2$
Weitere Funktionswerte:		$X(d\,\bar{d}) = X(\bar{d}\,d) = 1;\ X(\bar{d}\,\bar{d}) = 0$
Wertemenge von X:		$W = \{0; 1; 2\}$

Schreibweise:

$X = 2$ steht für das Ergebnis: zwei schadhafte Stifte, d. h. für das Ergebnis dd.

$X = 1$ steht für $\{d\,\bar{d}; \bar{d}\,d\}$.

Definition

Unter einer Zufallvariablen X eines Zufallsexperiments versteht man eine Funktion, die jedem Ergebnis e_i eine Zahl zuordnet.

$X: e_i \rightarrow X(e_i)$ (in Analogie zur Funktion f: $x \rightarrow f(x)$)

Beispiel a)

Beim „Mensch ärgere dich nicht"-Spiel darf zu Beginn ein Spieler einen Würfel solange werfen, bis die Zahl Sechs erscheint, jedoch höchstens dreimal.
Die Zufallsvariable X soll die Anzahl der notwendigen Würfe beschreiben.

Ergebnis e_i		Funktionswert x_i
6	⟶	1
$\bar{6}\,6$	⟶	2
$\bar{6}\,\bar{6}\,6$	⟶	3
$\bar{6}\,\bar{6}\,\bar{6}$	⟶	3

Tabelle

Ergebnis e_i	6	$\bar{6}\,6$	$\bar{6}\,\bar{6}\,6, \bar{6}\,\bar{6}\,\bar{6}$
$X(e_i) = x_i$	1	2	3

Hinweis: Die Funktionswerte $X(e_i)$ werden auch mit kleinen Buchstaben x_i bezeichnet: $X(e_i) = x_i$.

Beispiel b)

Werfen von zwei Würfeln
Zufallsvariable X: Augensumme der beiden Würfel
Wertemenge von X: {2; 3; 4; ..., 12}
Mit z.B. $X = 6$ werden die Ergebnisse beschrieben, die zur Augensumme 6 führen.
Es sind dies die Ergebnisse (1 5); (2 4); (3 3); (4 2); (5 1).

Beispiel c)

Eine Urne enthält eine rote, eine schwarze und eine weiße Kugel. Es wird nacheinander eine Kugel nach der anderen ohne Zurücklegen gezogen, bis die weiße Kugel erscheint.

a) X sei die Zufallsvariable, welche die Anzahl der benötigten Züge angibt.
Die Wertemenge von X kann auch als Tabelle angegeben werden.

Ergebnis e_i	w	rw; sw	srw	rsw
$X(e_i) = x_i$	1	2	3	3

b) Peter schlägt Maria ein Spiel vor.
Ist die erste gezogene Kugel weiß, erhält Peter von Maria 3 €, ist die zweite weiß, erhält er 1 €. Wenn die dritte Kugel weiß ist, muss er 7 € an Maria zahlen.
Zufallsvariable X: Gewinn in € für Peter
Hinweis: −7 bedeutet: Peter muss an Maria 7 € bezahlen; er macht einen Verlust von 7 €.

Ergebnis e_i	w	rw; sw	srw; rsw
$X(e_i) = x_i$	3	1	−7

Beispiel d)

Ein Förderband transportiert Flaschen.
Bei einer Stichprobe werden 3 Flaschen entnommen.
d: defekte Flasche; $\bar{d}$: nicht defekte Flasche
X sei die Zufallsvariable, die die Anzahl der defekten Flaschen angibt.

Ergebnis e_i	$\bar{d}\,\bar{d}\,\bar{d}$	$d\,\bar{d}\,\bar{d}$	$d\,d\,\bar{d}$	$d\,d\,d$
$X(e_i) = x_i$	0	1	2	3

Aufgaben

1 Geben Sie an, welche Werte die Zufallsvariable X annehmen kann (Wertemenge).

a) X: Anzahl der Wappen beim viermaligen Werfen einer Münze.

b) X: Die kleinere der beiden Augenzahlen beim Wurf zweier Würfel.

c) In einer Schachtel sind 4 defekte und 2 nicht defekte Bolzen.
Der Schachtel werden zufällig 5 Bolzen entnommen.
X sei die Zufallsvariable, die die Anzahl der nicht defekten Bolzen angibt.

2 Die Zufallsvariable X und ein Wert für X sind festgelegt. Geben Sie die zugehörige Ergebnismenge an.

a) X: Augensumme beim Wurf zweier Würfel: $X = 4$

b) Ein Schraubensortiment enthält drei Arten von Schrauben. Eine kleine Schraube kostet 10 ct, eine mittelgroße 15 ct und eine große 20 ct. Dem Schraubensortiment werden Schrauben mit einem Griff entnommen.
X: Kosten der Schrauben in ct: $X = 40$

3 Aus einer Sendung mit Batterien werden zwei Batterien entnommen und auf ihre Funktionsfähigkeit überprüft. Eine Batterie ist entweder brauchbar (b) oder unbrauchbar (u).

a) Bestimmen Sie die Ergebnismenge S.

b) Legen Sie eine sinnvolle Zufallsvariable X fest. Bestimmen Sie die Wertemenge von X.

4 Ein Käfer beginnt zur Zeit $t = 0$ im Ursprung eines Koordinatensystems zu laufen. In jeder Minute ändert er seine Position um eine Einheit nach rechts, links, oben oder unten (mit der gleichen Wahrscheinlichkeit). Die Zufallsvariable X beschreibt den Abstand des Käfers vom Ursprung nach drei Minuten.
Welche Werte kann X annehmen?

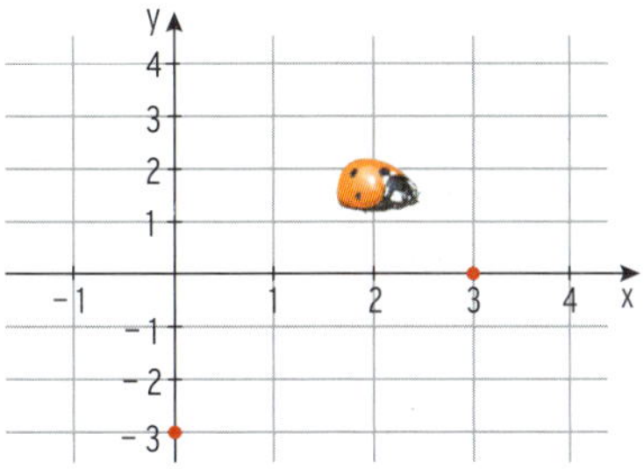

5 Beim Schulfest dürfen die Gäste auf eine Torwand schießen. Bernhard und Christian versuchen ihr Glück. Sie vereinbaren ein Spiel: Bernhard schießt dreimal auf die Torwand. Er zahlt pro Spiel an Christian 4 €. Er erhält von Christian bei 1 Treffer 2 €, bei 2 Treffern 6 € und bei 3 Treffern 14 €. Die Zufallsvariable X beschreibt Bernhards Gewinn (bzw. Verlust).

a) Stellen Sie X in Form einer Tabelle dar.

b) Interpretieren Sie X (3).

6 Eine Urne enthält vier Kugeln, die mit den Ziffern 1, 2, 2, 3 beschriftet sind.
Es werden zwei Kugeln ohne Zurücklegen gezogen.

a) Zeichnen Sie ein Baumdiagramm und ermitteln Sie die Ergebnismenge.

b) Die Zufallsvariable X ordnet jedem Ergebnis die Summe der gezogenen Zahlen zu.
Stellen Sie X in Form einer Tabelle dar.

Wahrscheinlichkeitsverteilung

Beispiel 1

➲ Ein Automat produziert Stifte. Erfahrungsgemäß ist ein Stift mit der Wahrscheinlichkeit $p = 0{,}2$ schadhaft. Es werden zwei Stifte aus der Produktion zufällig entnommen und geprüft, ob sie defekt (d) oder einwandfrei ($\overline{d}$) sind.
Die Variable X wird hierbei durch die Anzahl der schadhaften Stifte definiert.
Geben Sie die zugehörigen Wahrscheinlichkeiten an.

Lösung

Ergebnis e_i	Funktionswert $X(e_i) = x_i$	Wahrscheinlichkeit $P(X = x_i)$
d d →	2 →	$P(X = 2) = 0{,}2 \cdot 0{,}2 = 0{,}04$
d $\overline{d}$ → $\overline{d}$ d →	1 →	$P(X = 1) = 0{,}2 \cdot 0{,}8 + 0{,}8 \cdot 0{,}2 = 0{,}32$
$\overline{d}$ $\overline{d}$ →	0 →	$P(X = 0) = 0{,}8 \cdot 0{,}8 = 0{,}64$
	Funktion X	Funktion P

Erläuterung

Hierbei handelt es sich um zwei Funktionen. Die erste Funktion X (Zufallsvariable) ordnet jedem Ergebnis e_i den Wert $X(e_i) = x_i$ zu.
Die zweite Funktion ordnet jedem Wert $X(e_i)$ der Zufallsvariablen seine Wahrscheinlichkeit $P(X = x_i)$ zu.
Diese Funktion heißt **Wahrscheinlichkeitsfunktion** bzw. **Wahrscheinlichkeitsverteilung**.

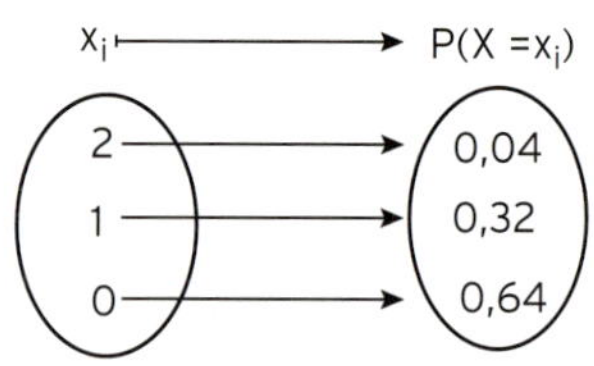

Darstellung der Wahrscheinlichkeitsverteilung in Form einer Tabelle.
X ist die Anzahl der defekten Stifte.

x_i	0	1	2
$P(X = x_i)$	0,64	0,32	0,04

Definition

Unter einer **Wahrscheinlichkeitsverteilung** der Zufallsvariablen X versteht man die Funktion: $x_i \mapsto P(X = x_i)$.
Der Funktionswert $P(X = x_i)$ gibt die Wahrscheinlichkeit dafür an, dass X den Wert x_i annimmt.

Beispiel 2

➲ Eine Box enthält drei große und zwei kleine Schrauben. Man entnimmt nacheinander drei Schrauben, ohne diese zurückzulegen. Mit welcher Wahrscheinlichkeit sind unter den drei gezogenen Schrauben 0, 1 oder 2 kleine Schrauben?
Stellen Sie die Wahrscheinlichkeitsfunktion in einer Wahrscheinlichkeitstabelle dar.

Lösung

Festlegung der Zufallsvariablen X:
Anzahl der kleinen Schrauben.
X kann die Werte 0, 1 oder 2 annehmen.

Baumdiagramm mit Wahrscheinlichkeiten

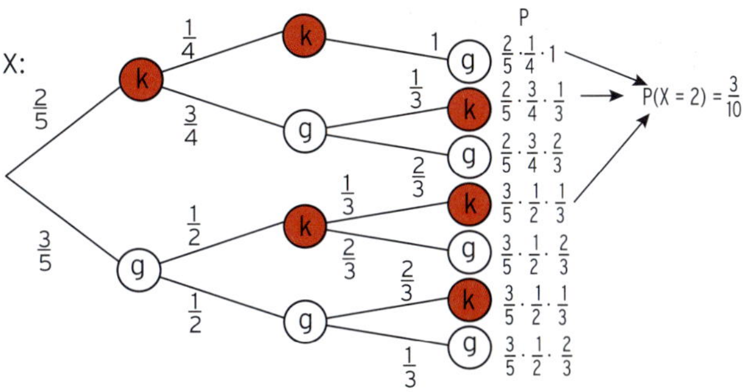

Wahrscheinlichkeitsverteilung

Ergebnis	ggg	ggk, gkg, kgg	gkk, kkg, kgk
x_i	0	1	2
$P(X = x_i)$	$\frac{3}{5} \cdot \frac{2}{4} \cdot \frac{1}{3} = \frac{1}{10}$	$\frac{2}{5} \cdot \frac{3}{4} \cdot \frac{2}{3} \cdot 3 = \frac{3}{5}$	$1 - \frac{1}{10} - \frac{6}{10} = \frac{3}{10}$

Beispiel 3

➲ Ein Schütze trifft die Scheibe mit der Wahrscheinlichkeit 0,7. Er hat höchstens drei Versuche und hört nach dem ersten Treffer auf.
Mit welcher Wahrscheinlichkeit schießt er 0-, 1-, 2- oder 3-mal daneben?

Lösung

Festlegung der Zufallsvariablen
X: Anzahl der Fehlversuche bis zum ersten Treffer bzw. bis zum Ende des Schießens.
X kann die Werte 0; 1; 2 oder 3 annehmen.
Berechnung der Wahrscheinlichkeit mithilfe der **Pfadmultiplikationsregel:**

Baumdiagramm

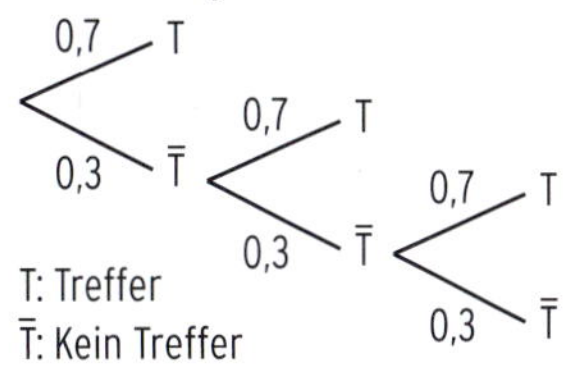

Wahrscheinlichkeitsverteilung

x_i	0	1	2	3
$P(X = x_i)$	0,7	$0{,}3 \cdot 0{,}7 = 0{,}21$	$0{,}3^2 \cdot 0{,}7 = 0{,}063$	$0{,}3^3 = 0{,}027$

Aufgaben

1 Ein Automat produziert 15 % Ausschuss. Es werden 3 produzierte Stücke zufällig entnommen. Geben Sie die Wahrscheinlichkeitsverteilung für die Anzahl der defekten Stücke in dieser Stichprobe als Tabelle an.

2 Bei der Abschlussfeier der HöHa werden 100 Lose für jeweils 5 € verkauft. Zu gewinnen gibt es den 1. Preis im Wert von 100 €, zwei Preise im Wert von jeweils 25 € und 4 Preise im Wert von jeweils 10 €. Jeder, der keinen dieser Gewinne bekommt, erhält einen Trostpreis in Höhe von 1 €.
Frau Jung kauft sich ein Los. Die Zufallsvariable X beschreibt den Gewinn von Frau Jung. Stellen Sie die zugehörige Wahrscheinlichkeitsfunktion durch eine Wertetabelle dar.

3 Die Wahrscheinlichkeit für die Geburt eines Jungen ist 0,514.
Eine Familie mit 3 Kindern wird zufällig ausgewählt. Die Zufallsvariable X legt die Anzahl der Jungen fest.
Mit welcher Wahrscheinlichkeit ist $X = 0$; $X = 1$; $X = 2$; $X = 3$?

4 Herbert und Susi vereinbaren ein Würfelspiel.
Zeigt der Würfel von Herbert eine kleinere Augenzahl als der Würfel von Susi, muss Herbert an Susi 1 € zahlen und umgekehrt. Wenn beide Würfel die gleiche Augenzahl haben, dann muss keiner etwas bezahlen. Die Zufallsvariable X beschreibt den Gewinn (bzw. den Verlust) von Herbert in einer Spielrunde.
Bestimmen Sie die Wahrscheinlichkeitsverteilung.

5 Eine Box enthält 7 Schrauben, zwei von ihnen sind defekt. Man entnimmt nacheinander 3 Schrauben aus der Box. Mit welcher Wahrscheinlichkeit sind unter den drei gezogenen Schrauben 0, 1 oder 2 defekt?
Stellen Sie die Wahrscheinlichkeitsfunktion in einer Wahrscheinlichkeitstabelle dar.
Ändert sich etwas, wenn man die Schrauben mit einem Griff entnimmt? Begründen Sie.

6 An einem Lotteriestand werden Rubbelkarten angeboten.
Eine Rubbelkarte besteht aus 16 Feldern, zwei Felder tragen den Buchstaben A und vier Felder den Buchstaben B. Die restlichen Felder sind Leerfelder. Die Lage der einzelnen Buchstaben- bzw. Leerfelder ist zufällig. Die nebenstehende Skizze zeigt ein (mögliches) Beispiel. Die Karte ist mit einer undurchsichtigen Schicht überzogen.

	A		
		A	B
B			B
B			

Für ein Spiel werden zwei Felder einer Karte freigerubbelt. Für jeden freigerubbelten Buchstaben A werden 6 €, für jeden freigerubbelten Buchstaben B werden 2 € ausgezahlt. Für die Leerfelder gibt es keine Auszahlung. Die Zufallsvariable X beschreibt den Auszahlungsbetrag in €. Geben Sie die Ergebnisse für ein Spiel an.
Bestimmen Sie die Wahrscheinlichkeitsverteilung von X.

4.2.5 Erwartungswert einer Zufallsvariablen

Mithilfe von Wahrscheinlichkeiten möchte man z. B. bei Glücksspielautomaten Aussagen über den zu erwartenden Gewinn bzw. Verlust machen. Es stellt sich die Frage: Welchen Gewinn pro Spiel kann man bei häufiger Durchführung erwarten?

Beispiel 1

Hans und Lucia führen ein Spiel mit einem Würfel durch.
Die Tabelle zeigt die Gewinne und Verluste für Hans und die absoluten Häufigkeiten der geworfenen Augenzahlen nach 70 Würfen.

Augenzahl	gerade	1 oder 3	5
Gewinn in €	3	−2	−2,5
absolute Häufigkeit	33	22	15

a) Berechnen Sie den durchschnittlichen Gewinn pro Spiel für Hans auf zwei Arten.

b) Mit welchem durchschnittlichen Gewinn pro Spiel kann Hans bei sehr vielen Durchführungen dieses Spiels rechnen?

Lösung

a) Gewinn pro Würfelwurf: $\bar{x} = \frac{3 \cdot 33 - 2 \cdot 22 - 2{,}5 \cdot 15}{70} = 0{,}25$

Mithilfe der relativen Häufigkeiten: $\bar{x} = 3 \cdot \frac{33}{70} - 2 \cdot \frac{22}{70} - 2{,}5 \cdot \frac{15}{70} = 0{,}25$

b) Bei sehr vielen Durchführungen (Würfelwürfen) **stabilisieren** sich die **relativen Häufigkeiten** in der Nähe der entsprechenden Wahrscheinlichkeiten:
$P(\text{gerade}) = \frac{1}{2}$; $P(1 \text{ oder } 3) = \frac{1}{3}$; $P(5) = \frac{1}{6}$

Durchschnittlicher Gewinn: $\bar{x} = 3 \cdot \frac{1}{2} - 2 \cdot \frac{1}{3} - 2{,}5 \cdot \frac{1}{6} \approx 0{,}42$

Dieser Wert 0,42 besagt, dass Hans bei sehr vielen Durchführungen einen durchnittlichen Gewinn pro Würfelwurf von 0,42 € erwarten kann.
Man nennt diese Zahl Erwartungswert E = 0,42.

Erwartungswert der Zufallsvariablen X
X: Gewinn/Verlust in € für Hans
Tabelle mit x_i und $P(X = x_i)$:

x_i (Gewinn)	3	−2	−2,5
$P(X = x_i)$	$\frac{1}{2}$	$\frac{1}{3}$	$\frac{1}{6}$

Erwartungswert $E(X) = 3 \cdot \frac{1}{2} - 2 \cdot \frac{1}{3} - 2{,}5 \cdot \frac{1}{6} = 0{,}42$

$E(X) = x_1 \cdot P(X = x_1) + x_2 \cdot P(X = x_2) + x_3 \cdot P(X = x_3)$

Definition

Ist X eine Zufallsvariable, die die Werte $x_1, x_2, \dots, x_n$ annehmen kann, so heißt die Zahl

$$E(X) = x_1 \cdot P(X = x_1) + x_2 \cdot P(X = x_2) + \dots + x_n \cdot P(X = x_n) = \sum_{i=1}^{n} x_i \cdot P(X = x_i)$$

Erwartungswert der Zufallsvariablen X.

Bemerkung: Der Erwartungswert E(X) ist der zu erwartende Mittelwert von X, wobei jeder Wert x_i mit seiner Wahrscheinlichkeit $P(X = x_i)$ gewichtet wird.

Beispiel 2

➲ Die Firma Aiglo Bekleidung GmbH stellt Hosen her. In der Qualitätskontrolle fällt auf, dass 5 % der Hosen einen Farbfehler und 7 % einen Nahtfehler haben. Beide Fehler treten bei einer Hose nicht auf. Bei einem Farbfehler entstehen Folgekosten von 20 €, bei einem Nahtfehler von 15 €. Wie hoch sind die durchschnittlich zu erwartenden Folgekosten?

Lösung

Die Zufallsvariable X beschreibt die Folgekosten in €. Tabelle mit x_i und $P(X = x_i)$:

	Farbfehler	Nahtfehler	ohne Fehler
Folgekosten in €: x_i	20	15	0
$P(X = x_i)$	0,05	0,07	0,88

Erwartungswert: $E(X) = 20 \cdot 0{,}05 + 15 \cdot 0{,}07 + 0 \cdot 0{,}88 = 2{,}05$

Die zu erwartenden Folgekosten betragen 2,05 € pro verkaufter Hose.

Aufgaben

1 Bei einem Glücksspiel wird das abgebildete Glücksrad benutzt.
Als Einsatz bezahlt man 3 €. Das Glücksrad wird einmal gedreht. Man erhält den Betrag ausbezahlt, dessen Sektor über dem Pfeil zu stehen kommt.
Bestimmen Sie den Erwartungswert für den Gewinn.

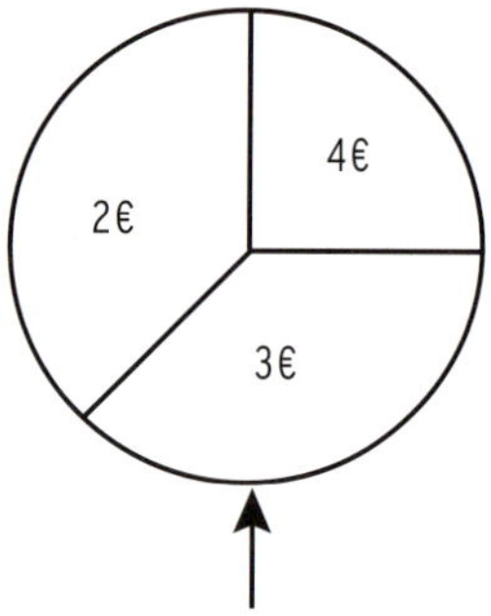

2 Die Firma Mithuber stellt Antriebswellen her. Bei einer Abweichung von der Solllänge entstehen Folgekosten. Die Folgekosten und die zugehörigen Wahrscheinlichkeiten können der Tabelle entnommen werden.

Abweichung	bis 0,5 mm	bis 0,8 mm	bis 1 mm
Folgekosten in €	20	30	150
Wahrscheinlichkeit	5 %	2 %	0,5 %

Ermitteln Sie die durchschnittlichen Folgekosten.

3 Die Firma Hirscher & Söhne stellt Spezialbetonfertigteile her.
Die Tabelle gibt die Anzahl X der täglich verkauften Fertigteile und die zugehörigen Wahrscheinlichkeiten (unvollständig) an.
Wie viel Fertigteile werden durchschnittlich pro Tag verkauft?

Anzahl x_i	0	1	2	3	4
$P(X = x_i)$	10 %	20 %	45 %	20%	?

4.2.6 Standardabweichung einer Zufallsvariablen

Der Erwartungswert E(X) ist der Mittelwert einer Zufallsgröße X, mit dem auf lange Sicht zu rechnen ist. Er sagt nichts aus über die Streuung der x_i-Werte der Zufallsvariablen X um den Erwartungswert.
Gebräuchliche **Streuungsmaße** einer Häufigkeitsverteilung sind die **Varianz** und die **Standardabweichung**.

Beispiel 1

➲ Für die Produktion von Schrauben ist eine Kontrolle notwendig. Eine Maschine produziert Schrauben mit dem Soll-Durchmesser d = 8,5 mm.
Eine Stichprobe ergab folgende Tabelle, wobei die Zufallsvariable X den Durchmesser einer Schraube in mm beschreibt.

Durchmesser x_i	8,2	8,3	8,4	8,5	8,6	8,7	8,8
Wahrscheinlichkeit $P(X = x_i)$	0,02	0,08	0,15	0,60	0,10	0,03	0,02

Berechnen Sie die Varianz und die Standardabweichung.

Lösung

X: Durchmesser einer Schraube in mm

Mittelwert

$E(X) = 8{,}2 \cdot 0{,}02 + 8{,}3 \cdot 0{,}08 + 8{,}4 \cdot 0{,}15 + 8{,}5 \cdot 0{,}6 + 8{,}6 \cdot 0{,}1 + 8{,}7 \cdot 0{,}03 + 8{,}8 \cdot 0{,}02$

$E(X) = 8{,}485$

Varianz

$s^2 = (8{,}2 - 8{,}485)^2 \cdot 0{,}02 + \ldots + (8{,}8 - 8{,}485)^2 \cdot 0{,}02$

$s^2 = 0{,}010\,275$

Standardabweichung

$s = \sqrt{0{,}010\,275} \approx 0{,}1014$

Die Standardabweichung beträgt etwa 0,10 mm.
Da sich die relativen Häufigkeiten bei einer großen Anzahl von Durchführungen stabilisieren, überträgt man die Begriffe Varianz und Standardabweichung auf die Zufallsvariable X.

Definition

Ist X eine Zufallsvariable, welche die Werte $x_1, \ldots, x_n$ annehmen kann und die den **Erwartungswert E(X)** hat, so heißt die reelle Zahl s^2 mit

$s^2 = (x_1 - E(X))^2 \cdot P(X = x_1) + \ldots + (x_n - E(X))^2 \cdot P(X = x_n)$

die **Varianz** der Zufallsvariablen X.
Für die **Standardabweichung** s gilt: $s = \sqrt{\text{Varianz}}$.

Beispiel 2

Vergleich der Folgekosten bei Produktionsfehlern von zwei Maschinen

Die Firma Kuhnert fertigt Spezialbolzen auf zwei Maschinen I und II.
Die Abweichungen vom Sollmaß mit den zugehörigen Wahrscheinlichkeiten und die Folgekosten können den Tabellen entnommen werden.

Maschine I X: Folgekosten in €

Abweichung in mm	1	2	3
Folgekosten x_i in €	20	40	80
$P(X = x_i)$	0,2	0,1	0,05

Maschine II Y: Folgekosten in €

Abweichung in mm	1	2	3
Folgekosten y_i in €	20	30	40
$P(Y = y_i)$	0,25	0,1	0,1

Lösung

Erwartungswert der Folgekosten
$E(X) = 20 \cdot 0{,}2 + 40 \cdot 0{,}1 + 80 \cdot 0{,}05 = 12$

Erwartungswert der Folgekosten
$E(Y) = 20 \cdot 0{,}25 + 30 \cdot 0{,}1 + 40 \cdot 0{,}1 = 12$

Die Erwartungswerte sind gleich, sind also nicht als Entscheidungsgrundlage geeignet.
Um ein Streumaß zu erhalten, berechnet man die Varianz bzw. die Standardabweichung.

Varianz
$s^2 = (20 - 12)^2 \cdot 0{,}2 + (40 - 12)^2 \cdot 0{,}1 + (80 - 12)^2 \cdot 0{,}05$
$s^2 = 322{,}4$

Varianz
$s^2 = (20 - 12)^2 \cdot 0{,}25 + (30 - 12)^2 \cdot 0{,}1 + (40 - 12)^2 \cdot 0{,}1$
$s^2 = 126{,}8$

Standardabweichung $s = \sqrt{322{,}4} \approx 17{,}96$

Standardabweichung $s = \sqrt{126{,}8} \approx 11{,}26$

Die Standardabweichung von Y ist kleiner (Die Streuung um den Mittelwert ist geringer.) als die von X. Der Firmenchef wird sich wohl für die Maschine II entscheiden, da die Streuung der Folgekosten geringer ist als bei der Maschine I. Die Folgekosten sind langfristig bei der Maschine II wohl besser zu kalkulieren.

Aufgaben

1 Berechnen Sie für folgende Wahrscheinlichkeitsverteilung den Erwartungswert und die Standardabweichung der Zufallsvariablen X.

a)

x_i	1	2	5
$P(X = x_i)$	0,5	0,3	0,2

b)

x_i	−2	5	7
$P(X = x_i)$	30 %	45 %	25 %

2 Einem Karton, der 6 ganze und 2 defekte Transistoren enthält, werden zufällig drei Transistoren nacheinander entnommen. Wie groß ist die erwartete Anzahl defekter Transistoren und die zugehörige Standardabweichung?

3 Auf einem CNC-Automaten werden Teile eines Motorblocks gefräst. Dabei treten Abweichungen zum Sollmaß auf.
Die Tabelle gibt die Wahrscheinlichkeiten und die Folgekosten an außer bei einer Abweichung von 20 µm (20 Mikrometer).

Abweichung in µm	10	15	20
Wahrscheinlichkeit	5 %	3 %	4 %
Folgekosten in €	220	320	?

a) Wie hoch sind die Folgekosten bei eine Abweichung von 20 µm, wenn die durchschnittlichen Folgekosten 50 € betragen?

b) Berechnen Sie die zugehörige Standardabweichung.

4.2.7 Binomialverteilung

Bernoulli-Experiment, Bernoulli-Ketten

Im Folgenden werden Zufallsexperimente betrachtet, die nur **zwei Ergebnisse** haben.
Die beiden Ergebnisse werden häufig „Treffer" oder „Erfolg" (E) und „Niete" oder „Fehlschlag" ($\overline{E}$) genannt.
Ein solches Experiment wird als **Bernoulli-Experiment** bezeichnet.

Beispiele für **Bernoulli-Experimente**
- Münzwurf: Wappen (E); Zahl ($\overline{E}$)
- Materialprüfung: defekt (E); nicht defekt ($\overline{E}$)
- Qualitätsprüfung: maßhaltig (E); nicht maßhaltig ($\overline{E}$)
- Tombola: Gewinn (E); Niete ($\overline{E}$)

Bernoulli, Jakob, 1655 bis 1705

Definition

Ein Zufallsexperiment, bei dem nur zwei Ergebnisse (E und $\overline{E}$) betrachtet werden, heißt **Bernoulli-Experiment**.

Eine Münze wird dreimal hintereinander geworfen. Jeder Wurf ist ein Bernoulli-Experiment mit den Ergebnissen Wappen (W) oder Zahl (Z). Die einzelnen **Würfe** (Durchführungen des Experiments) beeinflussen sich nicht gegenseitig, sie sind voneinander unabhängig, d.h., die Trefferwahrscheinlichkeit ändert sich nicht.
Das dreimalige Werfen wird als ein Zufallsexperiment aufgefasst, man spricht in diesem Fall von einer **Bernoulli-Kette der Länge 3**.

Baumdiagramm

Ein Ergebnis lässt sich darstellen als Tripel, z.B. (WWZ).

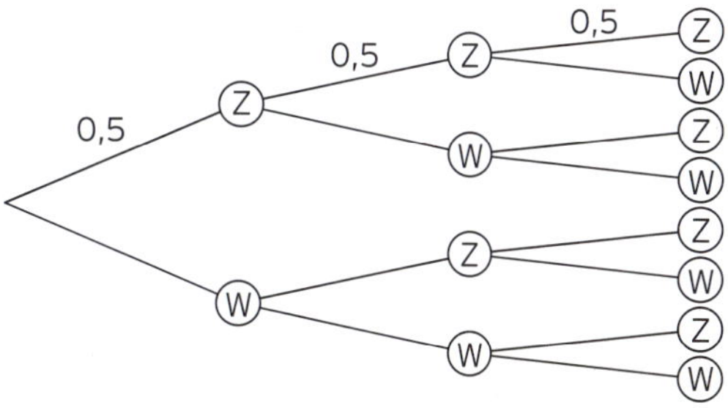

Definition

Ein Zufallsexperiment, das aus n unabhängigen Durchführungen **eines Bernoulli-Experiments** besteht, heißt **Bernoulli-Kette** der Länge n.

Bemerkung: Ziehungen **ohne Zurücklegen** bilden **keine Bernoulli-Kette**, da sich die Wahrscheinlichkeit nach jedem Zug ändert.

Beispiel

➲ Ein Unternehmen produziert Ventile. 4 % der Ventile sind defekt. Aus der laufenden Produktion werden 4 Ventile entnommen. Berechnen Sie die Wahrscheinlichkeit, dass genau 2 defekte Ventile entnommen werden.

Lösung

X: Anzahl der defekten Ventile; d: gezogenes Ventil ist defekt; $\bar{d}$: Ventil ist nicht defekt
Nach jeder Ziehung bleibt die Wahrscheinlichkeit für ein defektes Ventil erhalten.
Die Ziehung entspricht einer Ziehung **mit Zurücklegen**.
Es liegt eine Bernoulli-Kette der Länge 4 vor.
Wahrscheinlichkeit für z. B. $dd\bar{d}\,\bar{d}$: $P = 0{,}04^2 \cdot 0{,}96^2$
Die 2 defekten Ventile können auf 6 verschiedene Arten platziert werden:
$dd\bar{d}\,\bar{d}$; $d\bar{d}d\bar{d}$; $\bar{d}\,\bar{d}dd$; $dd\bar{d}\,\bar{d}$; $\bar{d}d\bar{d}d$; $\bar{d}dd\bar{d}$; $d\bar{d}\,\bar{d}d$
$P(X = 2) = 6 \cdot 0{,}04^2 \cdot 0{,}96^2 \approx 0{,}0088$

Mithilfe der Kombinatorik: Die Anzahl der Möglichkeiten, genau 2 defekte Ventile aus 4 Ventilen zu entnehmen, berechnet sich durch $\frac{4 \cdot 3}{2}$.
Schreibweise: $\frac{4 \cdot 3}{2} = \binom{4}{2}$ gelesen: 4 über 2 **(Binomialkoeffizient)**

```
10C3
                120
```

Weitere Beispiele für Binomialkoeffizienten

Anzahl der Möglichkeiten, 2 defekte aus 8 Ventilen zu ziehen: $\binom{8}{2} = \frac{8 \cdot 7}{2} = 28$
3 defekte aus 10 Ventilen zu ziehen: $\binom{10}{3} = \frac{10 \cdot 9 \cdot 8}{1 \cdot 2 \cdot 3} = 120$

Allgemein: k defekte aus n (Ventilen): $\binom{n}{k} = \frac{n \cdot (n-1) \cdot \ldots \cdot (n-k+1)}{1 \cdot 2 \cdot \ldots \cdot k}$ **(Binomialkoeffizient)**

Aufgaben

1 Überprüfen Sie, ob es sich bei den genannten Zufallsexperimenten um ein Bernoulli-Experiment handelt. Sollte dies zutreffen, bestimmen Sie die Parameter n und p.

a) Ein idealer Würfel wird viermal geworfen. Die Zufallsvariable X beschreibt die Anzahl der Fünfen.

b) In einer Urne liegen vier rote, drei schwarze und eine gelbe Kugel. Es werden zwei Kugeln ohne Zurücklegen gezogen. X beschreibt die Anzahl der gezogenen roten Kugeln.

c) Zu einer Ausfahrt in die Berge mit historischen Pkw treffen sich sieben Oldtimerfreunde. Ein Oldtimer fällt mit einer Wahrscheinlichkeit von $p = 0{,}2$ aus.
Die Zufallsvariable X beschreibt die Anzahl der ausgefallenen Oldtimer auf der Tour.

d) Ein Glücksrad mit 3 gleichgroßen Feldern in den Farben rot, grün und blau wird sechsmal gedreht. X beschreibt, wie oft der Zeiger auf rot stehen bleibt.

e) Der laufenden Produktion werden 25 Schrauben entnommen. X ist die Anzahl der defekten Schrauben. Aus Erfahrung weiß man, dass 2 % der Schrauben defekt sind.

2 Berechnen Sie ohne Hilfsmittel: $\binom{10}{1}$; $\binom{4}{2}$; $\binom{7}{3}$; $\binom{14}{13}$

3 Schreiben Sie ausführlich, wie $\binom{12}{3}$ und $\binom{20}{5}$ berechnet werden.

Die Bernoulli-Formel

Beispiel 1

➲ In einer Urne befinden sich 5 weiße und 3 Kugeln anderer Farbe. Es wird viermal eine Kugel **mit Zurücklegen** gezogen und jedesmal die Farbe notiert.
Die Zufallsvariable X gibt die Anzahl der gezogenen weißen Kugeln an.
Bestimmen Sie die Wahrscheinlichkeitsverteilung.

Lösung

Die Ziehungen sind unabhängig. Es handelt sich um eine Bernoulli-Kette der Länge 4.

Die Wahrscheinlichkeit für „Weiße Kugel" (Treffer) beträgt jedesmal $p = 0{,}625$ und für **„Nichtweiße Kugel"** $q = 1 - p = 0{,}375$.
Die Wahrscheinlichkeit für z. B. $(w\,\overline{w}\,\overline{w}\,\overline{w})$ beträgt $P = 0{,}625^1 \cdot 0{,}375^3$.

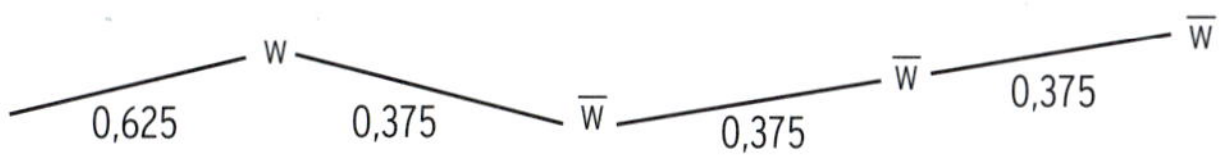

Das Ergebnis $(\overline{w}\,w\,\overline{w}\,\overline{w})$ hat dieselbe Wahrscheinlichkeit.
Die weiße Kugel kann an 4 verschiedenen Stellen notiert werden. Die Wahrscheinlichkeit **für eine weiße Kugel** beträgt somit: $P(X = 1) = 4 \cdot 0{,}625^1 \cdot 0{,}375^3 \approx 0{,}132$.

Wahrscheinlichkeit für zwei weiße Kugeln

Die Wahrscheinlichkeit für z. B. $(w\,w\,\overline{w}\,\overline{w})$ beträgt $P = 0{,}625^2 \cdot 0{,}375^2$.
Das Ergebnis $(w\,\overline{w}\,w\,\overline{w})$ hat dieselbe Wahrscheinlichkeit.
Mit zwei weißen Kugeln gibt es $\frac{4 \cdot 3}{2} = 6 = \binom{4}{2}$ Ergebnisse.
(4 über 2; **Binomialkoeffizient)**
Die Wahrscheinlichkeit **für zwei weiße Kugeln** beträgt somit
$P(X = 2) = \binom{4}{2} \cdot 0{,}625^2 \cdot 0{,}375^2 \approx 0{,}330$.

Weitere Wahrscheinlichkeiten mithilfe des Binomialkoeffizienten:

$P(X = 3) = \binom{4}{3} \cdot 0{,}625^3 \cdot 0{,}375^1 = 4 \cdot 0{,}625^3 \cdot 0{,}375^1 \approx 0{,}366$

$P(X = 4) = \binom{4}{4} \cdot 0{,}625^4 \cdot 0{,}375^0 = 1 \cdot 0{,}625^4 \cdot 0{,}375^0 \approx 0{,}152$

$P(X = 0) = \binom{4}{0} \cdot 0{,}625^0 \cdot 0{,}375^4 = 1 \cdot 0{,}625^0 \cdot 0{,}375^4 \approx 0{,}020$ mit $\binom{4}{0} = 1$ (Festlegung)

Beachten Sie

Binomialkoeffizient $\binom{n}{k} = \frac{n \cdot (n-1) \cdot (n-2) \cdot \ldots \cdot (n-k+1)}{1 \cdot 2 \cdot \ldots \cdot k}$ $\binom{n}{0} = 1$

Wahrscheinlichkeitsverteilung

k	0	1	2	3	4
P(X = k)	$\binom{4}{0} \cdot \left(\frac{5}{8}\right)^0 \cdot \left(\frac{3}{8}\right)^4$ $\approx 0{,}020$	$\binom{4}{1} \cdot \left(\frac{5}{8}\right)^1 \cdot \left(\frac{3}{8}\right)^3$ $\approx 0{,}132$	$\binom{4}{2} \cdot \left(\frac{5}{8}\right)^2 \cdot \left(\frac{3}{8}\right)^2$ $\approx 0{,}330$	$\binom{4}{3} \cdot \left(\frac{5}{8}\right)^3 \cdot \left(\frac{3}{8}\right)^1$ $\approx 0{,}366$	$\binom{4}{4} \cdot \left(\frac{5}{8}\right)^4 \cdot \left(\frac{3}{8}\right)^0$ $\approx 0{,}152$

Grafische Darstellung der Wahrscheinlichkeitsverteilung:
x-Achse: Anzahl der Treffer k
y-Achse: Wahrscheinlichkeit $P(X = k)$

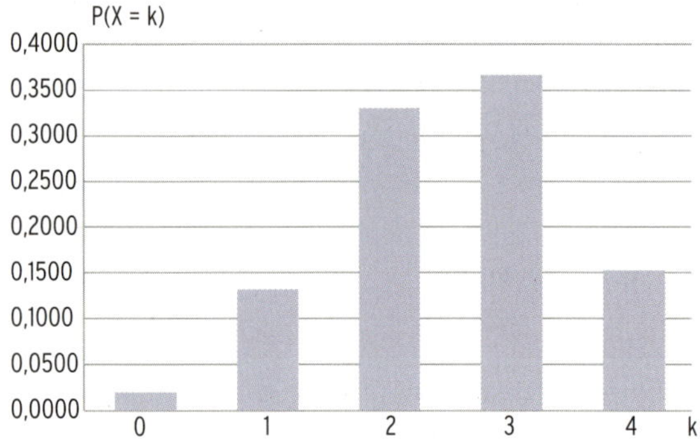

Formel von Bernoulli

Die **Wahrscheinlichkeit,** dass bei n Durchführungen eines Bernoulli-Experiments genau k-mal das Ereignis E (der Treffer E mit $P(E) = p$) eintritt, ist gegeben durch:

$$P(X = k) = \binom{n}{k} \cdot p^k \cdot (1 - p)^{n-k}$$

Die Zufallsvariable X beschreibt die Anzahl der Treffer.

Schreibweise: $P(X = 3) = B_{4;\frac{5}{8}}(3)$

4: Anzahl der Ziehungen; $\frac{5}{8}$: Wahrscheinlichkeit für Treffer; 3: Anzahl der Treffer

Wahrscheinlichkeitsverteilung für die Trefferwahrscheinlichkeit p bei 4 Ziehungen

k	0	1	2	3	4
$P(X = k)$	$\binom{4}{0} \cdot p^0 (1 - p)^4$	$\binom{4}{1} \cdot p^1 (1 - p)^3$	$\binom{4}{2} \cdot p^2 (1 - p)^2$	$\binom{4}{3} \cdot p^3 (1 - p)^1$	$\binom{4}{4} \cdot p^4 (1 - p)^0$

Festlegung

Gegeben ist eine **Bernoulli-Kette** der Länge n für die Trefferwahrscheinlichkeit p.
Ist X die Anzahl der Treffer, so heißt die **Wahrscheinlichkeitsverteilung der Zufallsvariable X Binomialverteilung.**
Diese Verteilung kann in Tabellenform angegeben werden.

Bemerkung: Für $P(X = k)$ schreibt man auch $\mathbf{B_{n;p}(k)}$.
Die Zufallsvariable X ist **binomialverteilt. X ist $\mathbf{B_{n;p}}$-verteilt.**

Beispiel 2

➲ Die Zufallsvariable X ist binomialverteilt mit $n = 4$ und $p = 0{,}6$.
Berechnen Sie $P(X = 0)$ bis $P(X = 4)$ mithilfe der Bernoulli-Formel.
Vergleichen Sie die Werte.

Lösung

X ist $B_{4;0,6}$-verteilt.

$P(X = 0) = \binom{4}{0} \cdot 0{,}6^0 \cdot 0{,}4^4 = 1 \cdot 0{,}4^4 = 0{,}0256$

$P(X = 1) = \binom{4}{1} \cdot 0{,}6^1 \cdot 0{,}4^3 = 4 \cdot 0{,}6 \cdot 0{,}064 = 0{,}1536$

$P(X = 2) = \binom{4}{2} \cdot 0{,}6^2 \cdot 0{,}4^2 = 6 \cdot 0{,}36 \cdot 0{,}16 = 0{,}3456$

$P(X = 3) = \binom{4}{3} \cdot 0{,}6^3 \cdot 0{,}4^1 = 4 \cdot 0{,}216 \cdot 0{,}4 = 0{,}3456$

$P(X = 4) = \binom{4}{4} \cdot 0{,}6^4 \cdot 0{,}4^0 = 1 \cdot 0{,}1296 \cdot 1 = 0{,}1296$

Die Wahrscheinlichkeiten für $X = 2$ und $X = 3$ sind gleich groß.

Beispiel 3

➲ Die Zufallsvariable X ist binomialverteilt mit $n = 10$ und $p = 0{,}2$.
Berechnen Sie $P(X = 1)$, $P(X = 2)$ und $P(X = 3)$.
Stellen Sie die Binomialverteilung grafisch dar. Vergleichen Sie.

Lösung

X ist $B_{10;0,2}$-verteilt.

$P(X = 1) = B_{10;0,2}(1) = 0{,}2684$

$P(X = 2) = B_{10;0,2}(2) = 0{,}3020$

$P(X = 3) = B_{10;0,2}(3) = 0{,}2013$

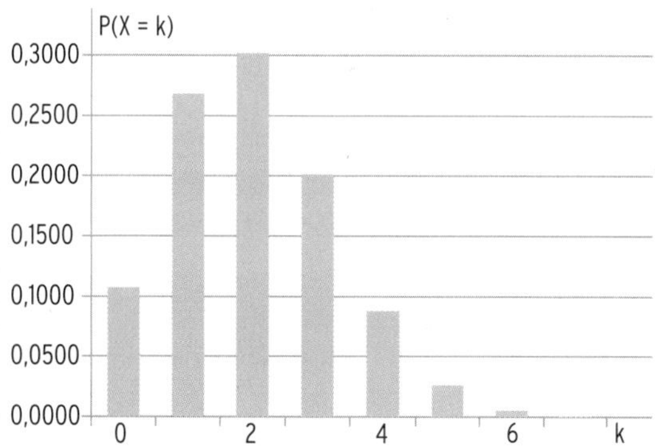

Der Vergleich ergibt: $P(X = 2)$ ist der größte Wahrscheinlichkeitswert.

Berechnung mit einem Hilfsmittel

$P(X = 1)$

Eingabe von $x = 1$, $n = 10$ und $p = 0{,}2$

im Binomial-PD-Menü bzw. im Binomialpdf-Menü ergibt:

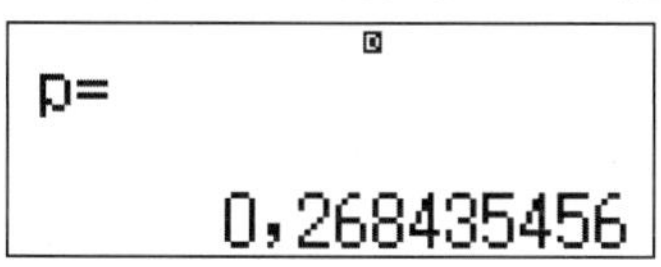

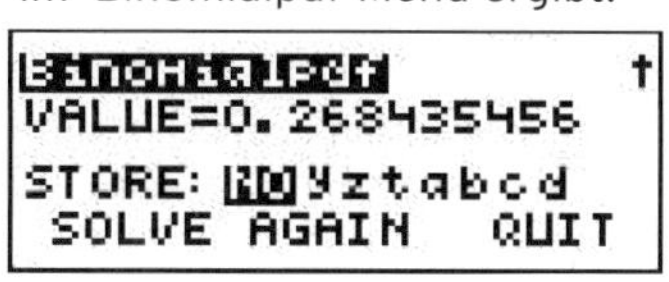

Binomialtabelle

n	k	p	0,2
	0		0,1074
	1		0,2684
	2		0,3020
	3		0,2013
	4		0,0881
10	5		0,0264
	6		0,0055
	7		0,0008

Aufgaben

1 Die Zufallsvariable X ist $B_{n,p}$-verteilt. Berechnen Sie $P(X = 0)$ und $P(X = 1)$ ohne Verwendung eines Hilfsmittels.

a) $n = 4;\ p = 0{,}5$ **b)** $n = 3;\ p = 0{,}3$ **c)** $n = 4;\ p = \frac{1}{6}$

2 Berechnen Sie folgende Wahrscheinlichkeiten $B_{n,p}(k)$:

a) $n = 8;\ k = 2;\ p = 0{,}5$ **b)** $n = 20;\ k = 5;\ p = 0{,}8$ **c)** $n = 50;\ k = 9;\ p = 0{,}1$

3 Die Zufallsvariable X ist $B_{n,p}$-verteilt. Berechnen Sie folgende Wahrscheinlichkeiten: Stellen Sie die Verteilung grafisch dar und vergleichen Sie die Werte.

a) $n = 5;\ p = 0{,}4$: $P(X = 1);\ P(X = 2);\ P(X = 3)$

b) $n = 8;\ p = 0{,}7$: $P(X = 5);\ P(X = 6);\ P(X = 7)$

4 Es gibt zwei Schreibweisen für die Wahrscheinlichkeit bei einer binomialverteilten Zufallsgröße X: $P(X = k) = B_{n,p}(k)$. Schreiben Sie in der anderen Form und berechnen Sie.

a) $n = 12;\ p = 0{,}85;\ P(X = 9)$ **b)** $B_{25,\ 0{,}15}(6)$

c) $n = 120;\ p = 0{,}99;\ P(X = 0)$ **d)** $B_{200,\ 0{,}65}(130)$

5 Berechnen Sie den Wert und beschreiben Sie die zugrunde liegende Binomialverteilung.

a) $\binom{5}{4}\cdot 0{,}4^4\cdot 0{,}6^1$ **b)** $\binom{15}{4}\cdot 0{,}3^4\cdot 0{,}7^{11}$

c) $\binom{50}{10}\cdot 0{,}1^{10}\cdot 0{,}9^{40}$ **d)** $\binom{100}{44}\cdot 0{,}2^{44}\cdot 0{,}8^{56}$

6 Vervollständigen Sie den Term und beschreiben Sie die zugrunde liegende Binomialverteilung.

a) $\binom{50}{\dots}\cdot 0{,}7^{\triangle}\cdot 0{,}\square^{10}$ **b)** $\binom{\dots}{8}\cdot 0{,}\square^{\triangle}\cdot 0{,}7^{52}$

7 Die Abbildung zeigt die Binomialverteilung mit den Parametern $n = 10$ und $p = 0{,}5$. Bestimmen Sie folgende Wahrscheinlichkeiten mithilfe der Abbildung: $P(X = 3)$; $P(X = 5)$; $P(X = 8)$. Welche Eigenschaften hat der Graph dieser Binomialverteilung?

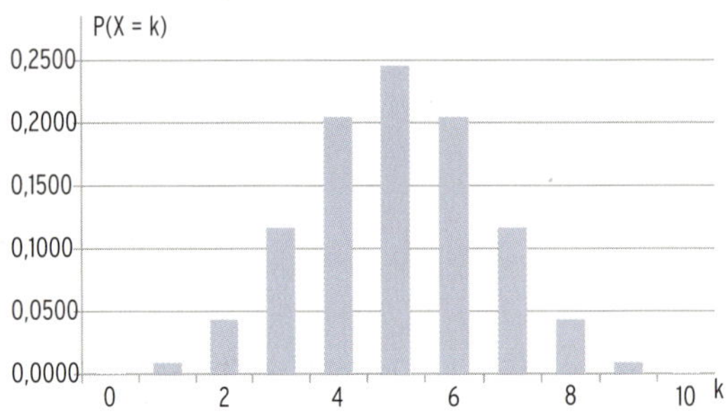

8 Ein Korb enthält 25 Bälle, die sich durch das aufgedruckte Muster unterscheiden. 15 Bälle sind mit Punkten, 10 mit Sternen gemustert. Aus dem Korb wird ein Ball „blind" entnommen. Es wird festgestellt, ob er Sterne trägt oder nicht, dann wird er wieder in den Korb zurückgelegt. Wie groß ist die Wahrscheinlichkeit, beim 10-maligen Ziehen genau drei Bälle mit Sternen zu ziehen?

Summierte (kumulierte) Wahrscheinlichkeiten

Beispiel 1

➲ Die Zufallsvariable X ist binomialverteilt mit $n = 4$ und $p = 0{,}6$.
Berechnen Sie $P(X \leq 1)$ und $P(X \geq 2)$ mithilfe der Bernoulli-Formel.

Lösung

X ist $B_{4;\,0,6}$-verteilt.

$P(X \leq 1) = P(X = 0) + P(X = 1) = \binom{4}{0} \cdot 0{,}6^0 \cdot 0{,}4^4 + \binom{4}{1} \cdot 0{,}6^1 \cdot 0{,}4^3 = 0{,}0256 + 0{,}1536$

$P(X \leq 1) = 0{,}1792$ Summierte (kumulierte) Wahrscheinlichkeit

$P(X \geq 2) = 1 - P(X \leq 1) = 1 - 0{,}1792 = 0{,}8208$ Gegenereignis

Hinweis: $P(X \geq 2) = P(X = 2) + P(X = 3) + P(X = 4)$
$= 0{,}3456 + 0{,}3456 + 0{,}1296 = 0{,}8208$

Beispiel 2

➲ Die Zufallsvariable X ist binomialverteilt mit $n = 10$ und $p = 0{,}2$.
Berechnen Sie $P(X \leq 2)$ und stellen Sie den Wert grafisch dar.
Berechnen Sie $P(2 \leq X \leq 5)$ und $P(X > 3)$.

Lösung

X ist $B_{10;\,0,2}$-verteilt.

$P(X \leq 2) = P(X = 0) + P(X = 1) + P(X = 2)$
$= 0{,}6778$

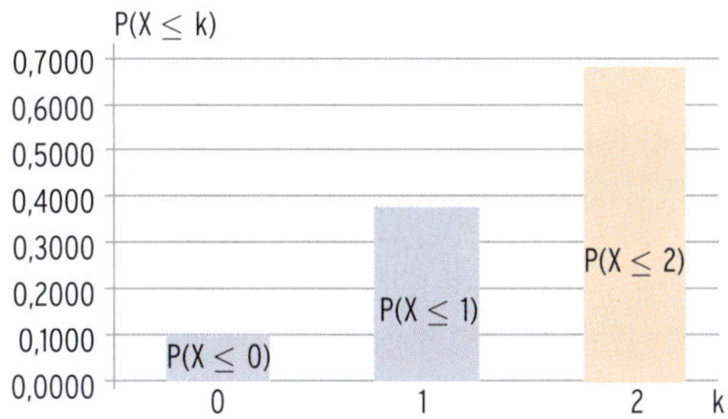

$P(2 \leq X \leq 5) = P(X = 2) + P(X = 3) + P(X = 4) + P(X = 5) = P(X \leq 5) - P(X < 2)$
$= P(X \leq 5) - P(X \leq 1) = 0{,}9936 - 0{,}3758 = 0{,}6178$

$P(X > 3) = 1 - P(X \leq 3) = 1 - 0{,}8791 = 0{,}1209$ Berechnung mit dem Gegenereignis

Berechnung mit einem Hilfsmittel

$P(X \leq 2)$: Eingabe von $x = 2$, $n = 10$ und $p = 0{,}2$

im Binomial-CD-Menü bzw. im Binomialcdf-Menü ergibt: Binomialtabelle

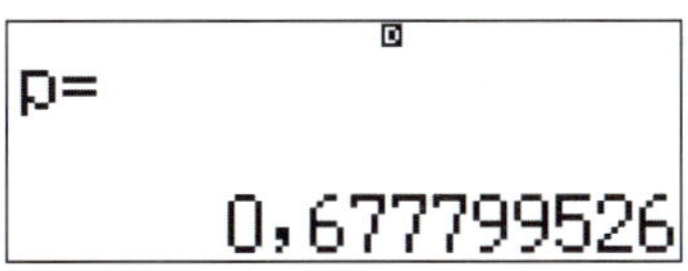

n	k	p	0,2
	0		0,1074
	1		0,3754
	2		0,6778
	3		0,8791
	4		0,9672
10	5		0,9936
	6		0,9991
	7		0,9999

Beispiel 3

➲ Ein Unternehmen produziert Tonvasen. Beim Brennen von Spezialvasen sind erfahrungsgemäß 20 % defekt. Der Produktion wird eine Stichprobe von 50 Vasen entnommen.
Ermitteln Sie die Wahrscheinlichkeiten der folgenden Ereignisse:
A: Die Stichprobe enthält genau 10 defekte Vasen.
B: Die Stichprobe enthält höchstens 10 defekte Vasen.
C: Man stellt mindestens 10 und höchstens 15 defekte Vasen fest.
D: Die Stichprobe enthält mehr als eine defekte Vase.

Lösung

X ist die Anzahl defekter Vasen.
Es handelt sich um eine Bernoulli-Kette der Länge $n = 50$ mit der Trefferwahrscheinlichkeit $p = 0{,}2$; X ist $B_{50;\,0,2}$-verteilt.

$P(A) = P(X = 10) = 0{,}1398$

$P(B) = P(X \leq 10) = 0{,}5836$

$P(C) = P(10 \leq X \leq 15) = P(X \leq 15) - P(X \leq 9)$
$P(C) = 0{,}9692 - 0{,}4437 = 0{,}5255$

$P(D) = P(X > 1) = 1 - P(X \leq 1) = 1 - 0{,}0002$
$P(D) = 0{,}9998 = 99{,}98\,\%$

Binomialverteilung $B_{50;\,0,2}(k)$

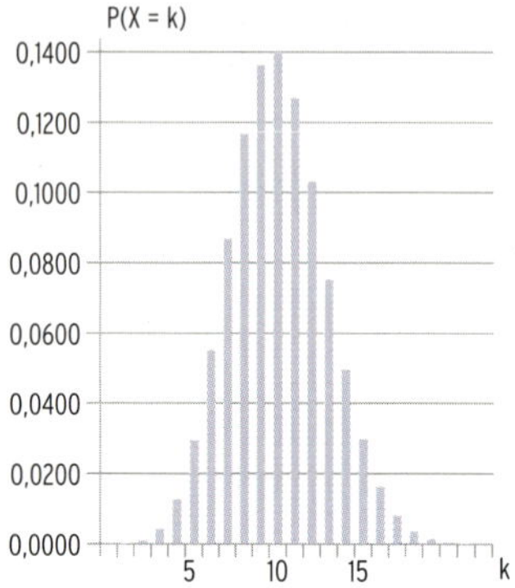

summierte Binomialverteilung: $n = 50$; $p = 0{,}2$

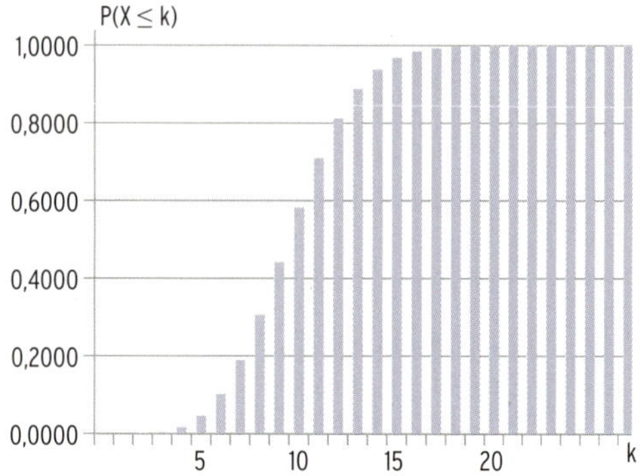

Summenschreibweise der kumulierten Binomialverteilung
Beispiel: X ist $B_{50;\,0,2}$-verteilt.
$P(X \leq 3) = P(X = 0) + P(X = 1) + P(X = 2) + P(X = 3) = \sum_{i=0}^{3} B_{50;\,0,2}(i) = F_{50;\,0,2}(3)$

$P(X \leq k) = P(X = 0) + P(X = 1) + P(X = 2) + \ldots + P(X = k)$
$= \sum_{i=0}^{k} B_{n;\,p}(i) = F_{n;\,p}(k)$ **Summierte Binomialverteilung**

Beachten Sie

$P(X \leq k) = \sum_{i=0}^{k} B_{n;p}(i) = F_{n;p}(k)$ **Summierte Binomialverteilung**

Beispiel 4

➲ Eine Box der Firma Fabert enthält 25 Bleistifte, die sich durch das aufgedruckte Muster unterscheiden. 15 Bleistifte sind mit Punkten, 10 mit Sternen gemustert.
Aus der Box wird ein Bleistift „blind" entnommen. Es wird festgestellt, ob er Sterne trägt oder nicht, dann wird er wieder in die Box zurückgelegt.

a) Wie groß ist die Wahrscheinlichkeit, beim fünfmaligen Ziehen weniger als 4 Bleistifte mit Sternen zu ziehen?

b) Die Wahrscheinlichkeit, dass beim fünfmaligen Ziehen wenigstens ein Bleistift mit Sternen gezogen wird, ist größer als 90 %. Überprüfen Sie.

c) Berechnen Sie die Wahrscheinlichkeit, dass beim fünfmaligen Ziehen mindestens zwei Bleistifte und höchstens vier Bleistifte einen Stern haben.

d) Wie groß ist die Wahrscheinlichkeit, beim 20-maligen Ziehen mindestens 8 Bleistifte mit Sternen zu ziehen?

Lösung

Die Zufallsvariable X beschreibt die Anzahl der gezogenen Bleistifte mit Sternmuster. Das Experiment ist ein **Bernoulli-Experiment**, da es nur **zwei Ergebnisse** gibt (Stern oder nicht Stern) und **mit Zurücklegen** gezogen wird (Bernoulli-Kette der Länge 5).

a) X ist $B_{5;\,0,4}$-verteilt.
Mit $p = 0{,}4$; $n = 5$ und $k = 3$ erhält man für die **Wahrscheinlichkeit**, dass weniger als 4 Bleistifte mit Sternmuster gezogen werden:
$P(X < 4) = P(X \leq 3) = 0{,}9130$

b) $P(X \geq 1) = 1 - P(X = 0) = 1 - 0{,}0778 = 0{,}9222$ oder $P(X \geq 1) = 1 - 0{,}6^5 \approx 0{,}9222$
Die Wahrscheinlichkeit ist also größer als 90 %.

c) $P(2 \leq X \leq 4) = P(X \leq 4) - P(X \leq 1) = 0{,}9898 - 0{,}3370 = 0{,}6528$

d) X ist $B_{20;\,0,4}$-verteilt.
$P(X \geq 8) = 1 - P(X \leq 7) = 1 - 0{,}4159 = 0{,}5841$

Beachten Sie

$P(X = k) = \binom{n}{k} \cdot p^k \cdot (1 - p)^{n-k} = B_{n;\,p}(k)$ **Bernoulli-Formel**

$P(X \leq k) = \sum_{i=0}^{k} B_{n;\,p}(i) = F_{n,\,p}(k)$

$P(X \geq 1) = 1 - P(X = 0)$

$P(a \leq X \leq b) = \sum_{k=a}^{b} B_{n;\,p}(k)$ mit $a, b \in \mathbb{N}$; $b \leq n$

$= P(X \leq b) - P(X < a)$

Aufgaben

1 Berechnen Sie folgende Wahrscheinlichkeiten $F_{n,p}(k) = P(X \leq k)$.

a) $n = 8;\ k = 2;\ p = 0{,}5$ b) $n = 20;\ k = 5;\ p = 0{,}8$ c) $n = 50;\ k = 20;\ p = 0{,}1$

2 Die Zufallsvariable X ist $B_{n,p}$-verteilt. Berechnen Sie folgende Wahrscheinlichkeiten:

a) Für $n = 5;\ p = 0{,}5$: $P(X = 3)$; $P(X \leq 1)$; $P(X \geq 1)$

b) Für $n = 20;\ p = 0{,}2$: $P(X = 4)$; $P(X \leq 1)$; $P(X \geq 2)$; $P(2 \leq X \leq 6)$

c) Für $n = 200;\ p = 0{,}05$: $P(X = 25)$; $P(X \leq 1)$; $P(20 < X < 45)$; $P(10 \leq X < 15)$

3 Überprüfen Sie, ob es sich bei den genannten Zufallsexperimenten um binomialverteilte Zufallsvariablen handelt. Sollte dies zutreffen, bestimmen Sie die Parameter n und p.

a) Ein idealer Würfel wird viermal geworfen.
Die Zufallsvariable X beschreibt die Anzahl der Fünfen.

b) In einer Urne liegen vier rote, drei schwarze und eine gelbe Kugel.
In einem Spiel erhält Franz für das Ziehen einer roten Kugel 2 € und für das Ziehen einer gelben Kugel 3 €. Er setzt 4,50 € ein. Es werden zwei Kugeln ohne Zurücklegen gezogen. Die Zufallsvariable X beschreibt den Gewinn von Franz.

c) Zu einer Ausfahrt in die Berge mit historischen PKW treffen sich sieben Oldtimerfreunde. Ein Oldtimer fällt mit einer Wahrscheinlichkeit von $p = 0{,}2$ aus. Die Zufallsvariable X beschreibt die Anzahl der ausgefallenen Oldtimer auf der Tour.

4 Eine Laplace-Münze wird fünfmal geworfen.

a) Wie groß ist die Wahrscheinlichkeit, dass genau dreimal Wappen fällt?

b) Wie groß ist die Wahrscheinlichkeit, dass keinmal Wappen fällt?

c) Wie groß ist die Wahrscheinlichkeit, dass wenigstens einmal Wappen fällt?

5 Das Galton-Brett besteht aus einer regelmäßigen Anordnung von Hindernissen (z. B. Nagelreihen). Eine von oben herunterfallende Kugel prallt am Hindernis nach links oder nach rechts ab. Nach dem Passieren der Hindernisse werden die Kugeln in Fächern aufgefangen, um dort abgezählt zu werden. Die Abbildung zeigt ein vierstufiges, symmetrisches Galton-Brett.

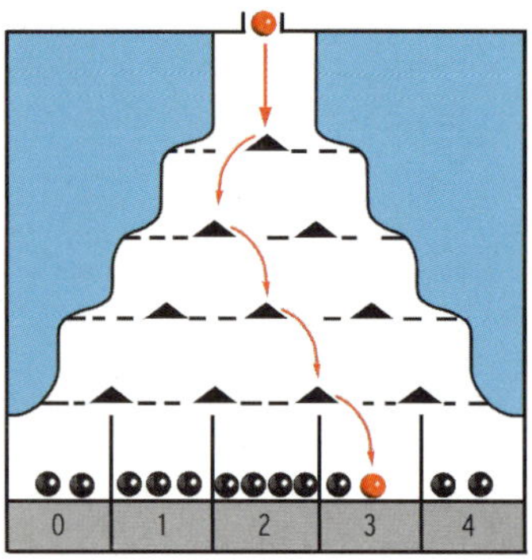

a) Begründen Sie, dass das Galton-Brett ein Modell für eine Bernoulli-Kette ist.

b) Wieviel % der Kugeln fallen in Fach „3"?

6 Die Druckfix GmbH stellt Walzen her. Es werden 100 Walzen einer Qualitätsanalyse unterzogen. Die Wahrscheinlichkeit für einen Defekt beträgt $p = 0{,}05$.
Ermitteln Sie die Wahrscheinlichkeiten der folgenden Ereignisse:

A: Höchstens 2 Walzen sind defekt.
B: Es gibt mindestens 3 defekte Walzen.
C: Es befinden sich mindestens 4 und höchstens 7 defekte Walzen in der Stichprobe.
D: In der Stichprobe befindet sich 95 intakte Walzen.
E: Alle Walzen sind intakt.

7 Stellen Sie die drei Binomialverteilungen $B_{10;0,25}$; $B_{10;0,5}$ und $B_{10;0,75}$ grafisch dar. Vergleichen Sie diese Verteilungen.

8 Begründen Sie, welche der Verteilungen zu einer Binomialverteilung gehört.

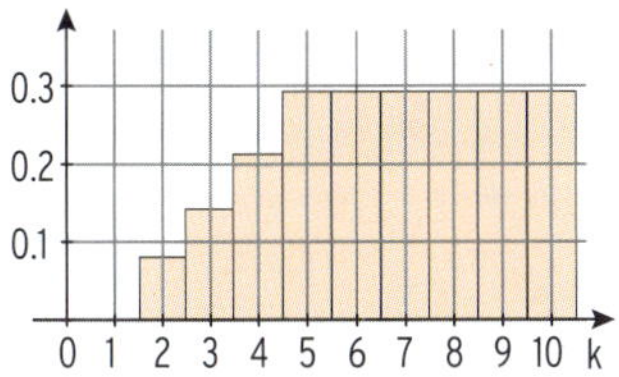

Abb. 1

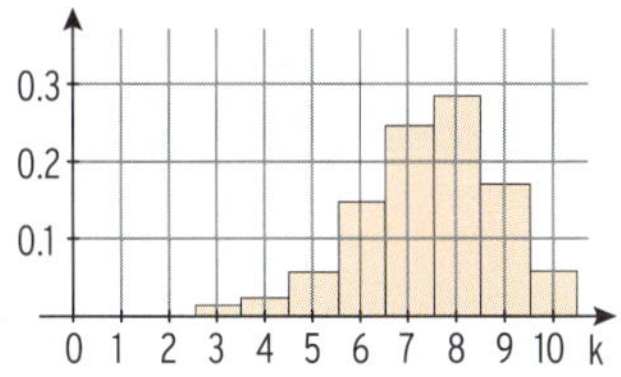

Abb. 2

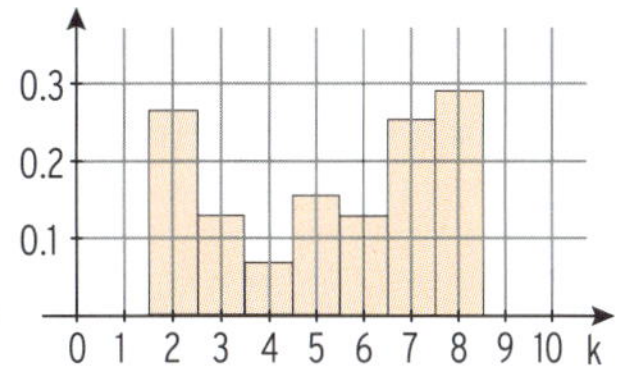

Abb. 3

9 Ein Batteriehersteller geht davon aus, dass die Wahrscheinlichkeit für einen vorzeitigen Ausfall einer Batterie 20 % beträgt.

a) Ermitteln Sie die Wahrscheinlichkeiten der folgenden Ereignisse:
A: Von 100 Batterien fallen weniger als ein Viertel vorzeitig aus.
B: Von 50 Batterien fallen höchstens 10 vorzeitig aus.
C: Von 5 Batterien fallen mindestens zwei vorzeitig aus.

b) Wie hoch muss der Anteil der vorzeitig ausfallenden Batterien mindestens sein, damit mit einer Wahrscheinlichkeit von mindestens 99 % unter 100 Batterien mindestens eine vorzeitig ausfällt?

c) Das Produktionsverfahren wird umgestellt. Damit sinkt die Ausfallwahrscheinlichkeit auf 5 %. Berechnen Sie die Wahrscheinlichkeit, dass in einer Stichprobe von 100 Batterien mindestens vier, höchstens aber acht Batterien vorzeitig ausfallen.

10 Ein Unternehmen produziert täglich eine große Anzahl von Lüsterklemmen. Diese werden unabhängig voneinander hergestellt. Die Wahrscheinlichkeit für eine fehlerhafte Klemme liegt bei 5 %. Der Produktion wird eine Stichprobe von 50 Lüsterklemmen entnommen.

a) Berechnen Sie $B_{50;0,05}(2)$ und interpretieren Sie Ihr Ergebnis.

Berechnen Sie die Wahrscheinlichkeit, dass

b) mehr als drei Klemmen fehlerhaft sind

c) höchstens sechs Klemmen fehlerhaft sind.

11 Ein Pharmaunternehmen hat ein neues Medikament entwickelt. Die Einnahme führt bei 10 % der Patienten zu Herzrasen. In einer Studie nehmen 100 Patienten das Medikament ein. Berechnen Sie die Wahrscheinlichkeiten der folgenden Ereignisse.

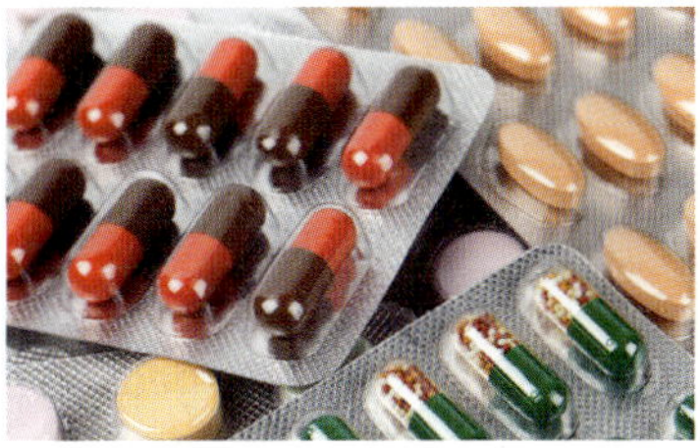

A: Genau 20 Patienten bekommen Herzrasen.
B: Höchstens 15 Patienten bekommen Herzrasen.
C: Mindestens 16 Patienten bekommen Herzrasen.
D: Mindestens 20, aber höchstens 30 Patienten bekommen Herzrasen.

Erwartungswert und Varianz einer Binomialverteilung

Erwartungswert

Beispiel 1

➲ An einer Schule in Hildesheim gibt es hitzefrei, wenn die Quecksilbersäule des Thermometers im Schatten mehr als 25 °C anzeigt. Der deutsche Wetterdienst meldet für den Zeitraum vom 20. Juni bis 22. Juni eine Wahrscheinlichkeit von 30 % für Temperaturen, die höher als 25 °C sind.
Die Zufallsvariable X beschreibt die Anzahl der hitzefreien Tage im genannten Zeitraum.
Erstellen Sie eine Wahrscheinlichkeitsverteilung für die Zufallsvariable X.
Mit wie vielen hitzefreien Tagen kann während des angegebenen Zeitraums durchschnittlich gerechnet werden?

Lösung

Jedes einzelne Experiment hat zwei Ausgänge (mehr als 25 °C; weniger oder gleich 25 °C) mit einer Trefferwahrscheinlichkeit von $p = 0{,}3$.
Es liegt eine Bernoulli-Kette der Länge $n = 3$ vor. X ist eine $B_{3;\,0,3}$-verteilte Zufallsvariable.

Wahrscheinlichkeitsverteilung

k	0	1	2	3
$B_{3;0,3}(k)$	$\binom{3}{0}\,0{,}3^0\,0{,}7^3 = 0{,}343$	$\binom{3}{1}\,0{,}3^1\,0{,}7^2 = 0{,}441$	$\binom{3}{2}\,0{,}3^2\,0{,}7^1 = 0{,}189$	$\binom{3}{3}\,0{,}3^3\,0{,}7^0 = 0{,}027$

Gesucht ist die Anzahl der zu erwartenden hitzefreien Tage, d. h. E (X).

Berechnung des Erwartungswerts E (X) mit $E(X) = \sum_{i=0}^{n} x_i \cdot P(X = x_i)$.

$E(X) = \sum_{k=0}^{3} k \cdot B_{3;0,3}(k) = 0 \cdot 0{,}343 + 1 \cdot 0{,}441 + 2 \cdot 0{,}189 + 3 \cdot 0{,}027 = 0{,}9$

Voraussichtlich kann man während des Zeitraums mit 0,9 hitzefreien Tagen rechnen.

Plausibilitätsbetrachtung

Wenn die Wahrscheinlichkeit für jeden hitzefreien Tag $p = 0{,}3$ ist und man drei Tage $(n = 3)$ betrachtet, so ergibt sich die Anzahl der zu erwartenden hitzefreien Tage mit
$E(X) = 3 \cdot 0{,}3 = 0{,}9$ Allgemein: $E(X) = n \cdot p$

Beachten Sie

Eine $B_{n;p}$-verteilte Zufallsvariable X hat den Erwartungswert

$$\mathbf{E(X) = n \cdot p}$$

Für E (X) schreibt man auch μ.

Erläuterungen zum Erwartungswert

Binomialverteilungen für $p = 0{,}3$ und verschiedene n-Werte:

$n = 10$	$n = 50$	$n = 100$
$\mu = 3$	$\mu = 15$	$\mu = 30$

Der **Erwartungswert** μ ist ganzzahlig.

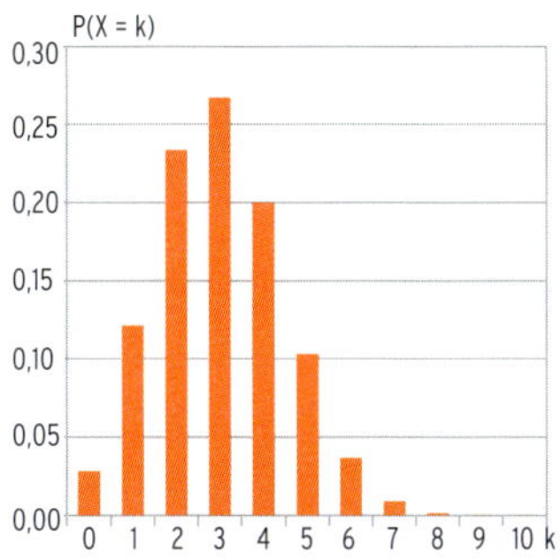

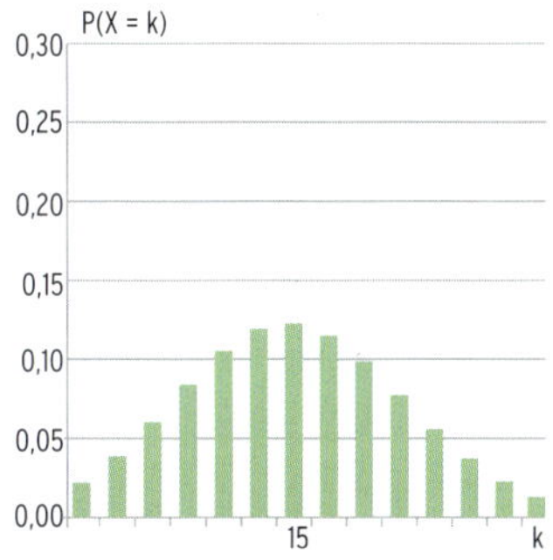

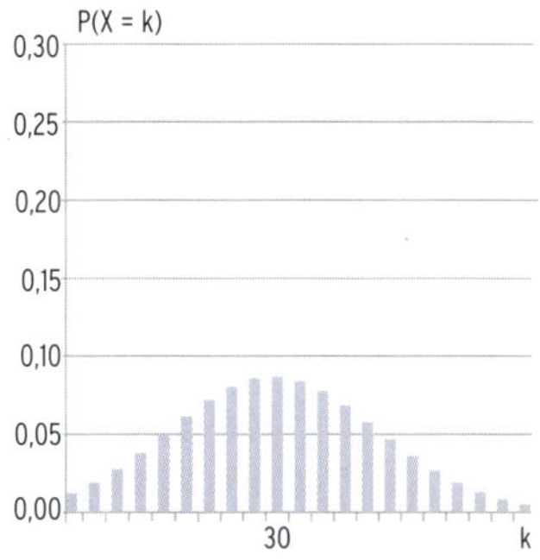

Mithilfe der Abbildung ergibt sich: Die **größte Wahrscheinlichkeit** liegt im Erwartungswert.

z. B. für $n = 10$ und $p = 0{,}3$: $B_{10;\,0,3}(3) = 0{,}2668$

zum Vergleich: $B_{10;\,0,3}(2) = 0{,}2335$; $B_{10;\,0,3}(4) = 0{,}2001$

Beispiel 2

➲ Die Zufallsvariable X ist binomialverteilt mit $n = 30$ und $p = 0{,}15$.
Bestimmen Sie den Erwartungswert und die größte Wahrscheinlichkeit.

Lösung

Für den Erwartungswert gilt: $\mu = n \cdot p = 30 \cdot 0{,}15 = 4{,}5$

Dies ist kein Wert der Zufallsvariablen $X\,(X = x_i \in \mathbb{N})$.

Mithilfe der Abbildung stellt man fest:

Die größte Wahrscheinlichkeit liegt bei einem der benachbarten ganzzahligen Werte:

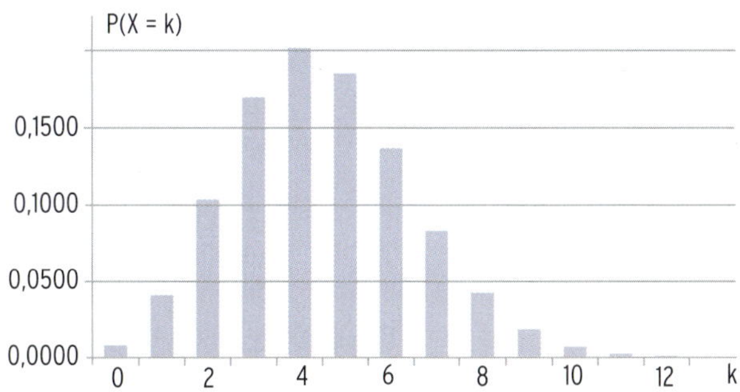

$P(X = 4) = B_{30;\,0,15}(4) = 0{,}2028$; $P(X = 5) = 0{,}1861$

Die größte Wahrscheinlichkeit beträgt 0,2028.

Varianz und Standardabweichung

Formel für die Varianz: $\sigma^2 = \sum_{k=0}^{n} (k - E(X))^2 \cdot B_{n;p}(k)$

Man betrachtet ein einzelnes Bernoulli-Experiment einer Bernoulli-Kette.

Wahrscheinlichkeitsverteilung

$n = 1;\ E(X) = p$

k	0	1
$B_{n;p}(k)$	$\binom{1}{0}\ p^0(1-p)^1 = 1-p$	$\binom{1}{1}\ p^1(1-p)^0 = p$

Varianz für ein einziges Bernoulli-Experiment

$\sigma^2 = \sum_{k=0}^{1}(k-p)^2 \cdot B_{1;p}(k) = (0-p)^2(1-p) + (1-p)^2 p = p^2(1-p) + (1-2p+p^2)p$

$\sigma^2 = p^2 - p^3 + p - 2p^2 + p^3 = p - p^2 = p(1-p)$

Varianz für ein Bernoulli-Experiment: $\sigma^2 = p \cdot (1-p)$

Varianz für n Bernoulli-Experimente (ohne Beweis): $\sigma^2 = n \cdot p \cdot (1-p)$

Beachten Sie

Eine $B_{n;p}$-verteilte Zufallsvariable X hat die **Varianz** $\boldsymbol{\sigma^2 = n \cdot p \cdot (1-p)}$ und die **Standardabweichung** $\boldsymbol{\sigma = \sqrt{n \cdot p \cdot (1-p)}}$.

Beispiel

➲ Bei der Produktion von Zündkerzen sind erfahrungsgemäß 2 % defekt.
Bei einer Kontrolle werden bei einer Stichprobe 200 Zündkerzen aus der laufenden Produktion entnommen. Mit welcher Wahrscheinlichkeit liegt die Anzahl der defekten Zündkerzen im Intervall $I = [\mu - \sigma; \mu + \sigma]$ mit $\mu = E(X)$?

Lösung

Die Zufallsvariable X gibt die Anzahl der defekten Zündkerzen an. X ist $B_{200;0,02}$-verteilt.

Zu erwartende Anzahl defekter Zündkerzen: $\mu = n \cdot p = 200 \cdot 0{,}02 = 4$

Varianz: $\sigma^2 = n \cdot p \cdot (1-p)$ — $\sigma^2 = 200 \cdot 0{,}02 \cdot 0{,}98 = 3{,}92$

Standardabweichung: $\sigma = \sqrt{\text{Varianz}}$ — $\sigma = \sqrt{3{,}92} = 1{,}98$

Intervall $I = [\mu - \sigma; \mu + \sigma]$: $I = [2{,}02; 5{,}98]$

D. h.: In diesem Intervall liegen die ganzen Zahlen 3; 4; 5.

Wahrscheinlichkeitsverteilung mit n = 200 und p = 0,02

$P(3 \le X \le 5) = P(X \le 5) - P(x \le 2) = 0{,}7867 - 0{,}2351 = 0{,}5516 = 55{,}16\,\%$

Berechnung mit einem Taschenrechner:

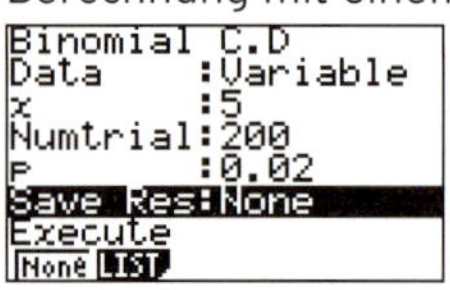

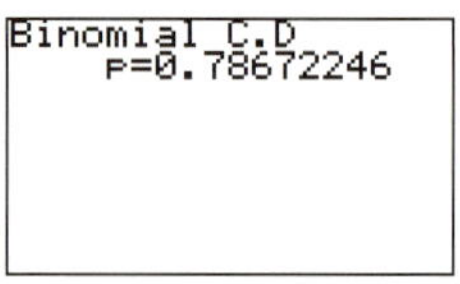

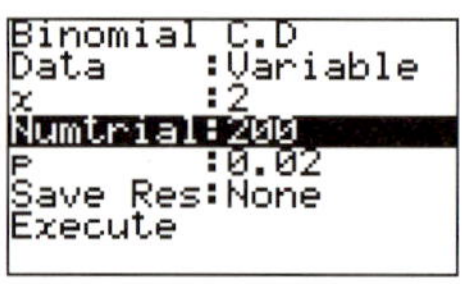

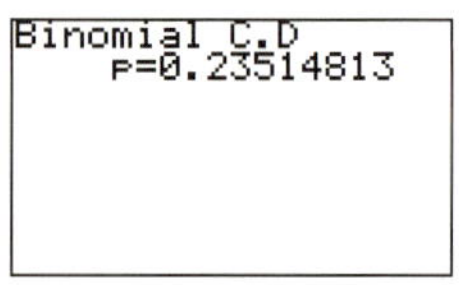

Ergebnis: Mit einer Wahrscheinlichkeit von ca. 55 % enthält die Stichprobe 3, 4 oder 5 defekte Zündkerzen.

Zusammenfassung Binomialverteilung

Formel von Bernoulli: $P(X = k) = B_{n;p}(k) = \binom{n}{k} \cdot p^k \cdot (1-p)^{n-k}$

Eigenschaften:
$P(X \leq k) = \sum_{i=0}^{k} B_{n;p}(i) = F_{n;p}(k)$

$P(X \geq 1) = 1 - P(X = 0)$

$P(a \leq X \leq b) = \sum_{k=a}^{b} B_{n;p}(k)$ mit $a, b \in \mathbb{N}; b \leq n$

$P(a \leq X \leq b) = P(X \leq b) - P(X < a)$

Erwartungswert: $E(X) = \mu = n \cdot p$

Varianz: $\sigma^2 = n \cdot p \cdot (1-p)$

Standardabweichung: $\sigma = \sqrt{n \cdot p \cdot (1-p)}$

Aufgaben

1 Bestimmen Sie für $B_{n;\,p}$ jeweils den Erwartungswert und die Standardabweichung.

a) $p = 0{,}5;\; n = 12; 20$

b) $n = 50;\; p = 0{,}25; 0{,}1$

Geben Sie die größte Wahrscheinlichkeit an.

2 Es ist bekannt, dass 2 % der Bevölkerung eine Extremsportart betreiben.

a) Wie viele Extremsportler kann man in einer Gruppe von 100 Personen erwarten?

b) Berechnen Sie die Standardabweichung.

c) Bestimmen Sie $P(\mu - \sigma \leq X \leq \mu + \sigma)$.

3 Ein Hersteller fertigt auf einer Maschine Dichtungen als Massenware. Die Ausschussquote beträgt 5 %.

a) Berechnen Sie, wie viele defekte Dichtungen man bei einer Produktion von 500 Dichtungen erwarten kann.

b) Berechnen Sie die Wahrscheinlichkeit dafür, dass die Anzahl der defekten Dichtungen im Intervall $I = [\mu - \sigma; \mu + \sigma]$ liegt.

c) Der laufenden Produktion werden nacheinander 50 Dichtungen entnommen.
Berechnen Sie die Wahrscheinlichkeiten der folgenden Ereignisse. Gehen Sie dabei vereinfacht von dem Modell „Ziehen mit Zurücklegen" aus.
A: Alle Dichtungen sind einwandfrei.
B: Höchstens drei Dichtungen sind defekt.
C: Mehr als 35 Dichtungen sind defekt.
D: Es sind mindestens 4, aber höchstens 6 Dichtungen defekt.

4 In einer Bienenpopulation ist jede zwölfte Biene mit Milben befallen. Die Zufallsvariable X beschreibt die Anzahl der befallenen Bienen.

a) Der Imker fängt 35 Bienen aus seinem Stock. Mit welcher Wahrscheinlichkeit hat er keine befallene Biene gefangen?

b) $n = 35$ gibt die Länge der Bernoulli-Kette des Zufallsexperiments an. Bestimmen Sie den Erwartungswert μ und die Standardabweichung σ von X.

5 An einer Ortsdurchfahrt wird eine Verkehrszählung durchgeführt. Von den Fahrzeugen, welche die Ortsdurchfahrt benutzen, sind erfahrungsgemäß 65 % Pkw, 20 % Lkw, 10 % Busse und 5 % Motorräder.

a) Mit welcher Wahrscheinlichkeit sind bei 12 vorbeikommenden Fahrzeugen
- weder Busse noch Motorräder?
- genau drei Lkw?
- höchstens ein Motorrad?
- mindestens zehn Pkw?

b) Durch die Anzahl der Pkw bei 20 vorbeikommenden Fahrzeugen ist die Zufallsvariable X definiert. Mit welcher Wahrscheinlichkeit weicht X höchstens um die Standardabweichung vom Erwartungswert ab?

6 Eine binomialverteilte Zufallsgröße X hat den Erwartungswert $\mu = 5$ und die Standardabweichung $\sigma = 2$. Berechnen Sie n und p.

7 Der Einkäufer einer Handelskette überprüft die Güte der Ware nur stichprobenartig. Aus Erfahrung ist bekannt, dass die Ausschusswahrscheinlichkeit bei 10 % liegt. Gehen Sie vom Modell Ziehen mit Zurücklegen aus.

a) Bestimmen Sie die Wahrscheinlichkeit, dass bei einer Stichprobe von 100 Geräten höchstens drei defekt sind.

b) Die Maschinen zur Herstellung der Geräte wurden überholt. Danach wurden 5 Testreihen mit jeweils 100 Geräten durchgeführt. Hierbei ergaben sich die folgenden Anzahlen defekter Geräte: 10; 11; 9; 8; 11.
Hat sich die Güte durch die Überholung verbessert?

8 Eine Gärtnerei bietet Tulpenzwiebeln an. Sie sichert ihren Kunden zu, dass es bei 90 % der Zwiebeln im nächsten Frühjahr zur Blüte kommen wird. Herr Kahn kauft 20 Tulpenzwiebeln. Berechnen Sie die Wahrscheinlichkeit folgender Ereignisse:
A: Alle 20 Tulpen werden blühen.
B: Mindestens 15 Tulpen werden blühen.
C: Es werden weniger Tulpen blühen, als nach der Angabe der Gärtnerei erwartet wird.

9 Der Bahnhofskiosk verkauft durchschnittlich 4 Tageszeitungen, davon 3 Ausgaben der regionalen Tageszeitungen.

a) Wie groß ist die Wahrscheinlichkeit, dass unter 20 verkauften Tageszeitungen mehr als 15 Exemplare der regionalen Tageszeitung sind?

b) Mit wie vielen Exemplaren der regionalen Tageszeitung kann er bei 100 verkauften Tageszeitungen rechnen?

c) Wie viele Exemplare der regionalen Tageszeitung muss er aus 100 Tageszeitungen einkaufen, damit er die Kundenwünsche mit einer Wahrscheinlichkeit von 0,8 erfüllen kann?

Test zur Überprüfung Ihrer Grundkenntnisse

1 Aus einer Urne mit 5 nummerierten Kugeln (1 bis 5) werden drei Kugeln entnommen. Wie viele Möglichkeiten gibt es?

a) Sie werden nacheinander mit Zurücklegen entnommen.

b) Sie werden mit einem Griff entnommen.

c) Sie werden nacheinander ohne Zurücklegen entnommen.

2 In einer bestimmten Sportart sind 12 % aller Sportler in einem Wettkampf gedopt. Ein Institut entwickelt ein Verfahren, mit dem man einen gedopten Sportler mit 98 % Sicherheit erkennt. Leider werden jedoch 4 % derjenigen Sportler, die nicht gedopt sind, auch positiv getestet.

a) Stellen Sie die Zusammenhänge in einem Baumdiagramm dar.

b) Bestimmen Sie die Wahrscheinlichkeiten der folgenden Ereignisse:

E_1: Der Sportler ist gedopt und wird positiv getestet.

E_2: Der Sportler ist nicht gedopt und wird positiv getestet.

E_3: Die Untersuchung fällt negativ aus.

3 Die Firma Hofmann stellt gehärtete Wellen her. Bei der Produktion der Wellen treten erfahrungsgemäß folgende Fehler auf:

	Welle ist zu lang ohne Härtefehler	Härtefehler
Wahrscheinlichkeit	3 %	4 %

Für die Wellen ohne Mängel wird ein Preis von 95 € erzielt. Für die Wellen, die zu lang und ohne Härtefehler sind, kann noch ein Preis von 35 € erzielt werden. Die Wellen mit Härtefehler müssen entsorgt werden. Dabei entstehen Kosten von 55 €. Welcher durchschnittliche Erlös kann erwartet werden?

4 Die Firma Candela stellt Leuchtdioden her. 5 % der produzierten Leuchten sind defekt. Es werden 200 Leuchten untersucht. Berechnen Sie den Mittelwert μ und die Standardabweichung σ. Bestimmen Sie $P(\mu - \sigma \leq X \leq \mu + \sigma)$. Interpretieren Sie diese Wahrscheinlichkeit.

5 In der Töpferei Nordstrander werden Vasen produziert. Erfährungsgemäß haben 10 % der produzierten Vasen einen Fehler. Der laufenden Produktion werden 50 Vasen entnommen.

a) Bestimmen Sie die Wahrscheinlichkeiten folgender Ereignisse:

A: Alle Vasen sind einwandfrei

B: Es sind genau 6 Vasen defekt.

C: Es sind höchstens 6 Vasen defekt.

D: Es wurden mehr als 6 defekte Vasen gefunden.

E: Es werden mehr als 6 defekte Vasen, aber weniger als 10 defekte Vasen gefunden.

b) Mit wie vielen defekten Vasen ist zu rechnen?

VI Grundwissen

1 Intervalle als Teilmengen der reellen Zahlen

Beispiele

$[0; 5] = \{x \in \mathbb{R} \mid 0 \leq x \leq 5\}$	alle reellen Zahlen von 0 bis 5, einschließlich 0 und 5
$]-2; 2] = \{x \in \mathbb{R} \mid -2 < x \leq 2\}$	alle reellen Zahlen zwischen −2 bis 2, ausschließlich −2 und einschließlich 2
$]1; 6[= \{x \in \mathbb{R} \mid 1 < x < 6\}$	alle reellen Zahlen größer als 1 und kleiner als 6
$[1; \infty[= \{x \in \mathbb{R} \mid x \geq 1\}$	alle reellen Zahlen größer oder gleich 1

Geschlossenes Intervall: $[a; b] = \{x \in \mathbb{R} \mid a \leq x \leq b\}$

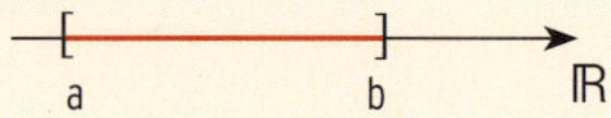

Offenes Intervall: $]a; b[= \{x \in \mathbb{R} \mid a < x < b\}$

Halboffenes Intervall: $[a; b[= \{x \in \mathbb{R} \mid a \leq x < b\}$

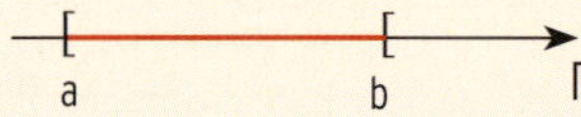

Aufgaben

1 Schreiben Sie als Intervall.

a) $\{x \in \mathbb{R} \mid 0 \leq x \leq 4\}$ b) $\{x \in \mathbb{R} \mid x \leq 2{,}5\}$ c) $\{x \in \mathbb{R} \mid -2 < x < 1\}$ d) $\{x \in \mathbb{R} \mid 1 \leq x < 7\}$

2 Stellen Sie das Intervall in Mengenschreibweise dar.

a) $[-2; 3]$ b) $]-5; 1]$ c) $]-\infty; 3]$ d) $]1; 10[$

3 Beschreiben Sie die markierten Mengen.

a) 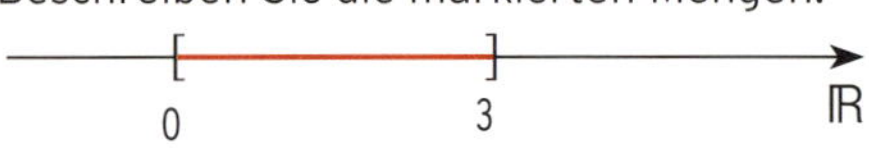

b) 

c) 

d) 

2 Algebraische Begriffe und Vorübungen

2.1 Begriffe

Summanden ↙ ↘

$\underbrace{a + b}_{\text{Summe}}$

$\underbrace{a - b}_{\text{Differenz von a und b}}$

Variable ↓ $3 \cdot x$ ↑ Koeffizient

$\underbrace{x + x + x}_{\text{Summe}} = \underbrace{3 \cdot x}_{\text{Produkt}}$

Faktoren ↙ ↓ ↘

$\underbrace{x \cdot x \cdot x}_{\text{Produkt}} = \underbrace{x^3}_{\text{Potenz}}$

Zähler ↘ $\frac{a}{b}$ ↗ Nenner – Quotient (Bruch) $b \neq 0$

$\frac{1}{a}$; $a \neq 0$ Kehrwert von a

2.2 Rechnen mit Summen und Differenzen

Addition und Subtraktion von Summen

Beispiele:

$7 + (a - 5) = 7 + a - 5 = a + 2$

$5a - (3 - 4a) = 5a - 3 + 4a = 9a - 3$

$12a + 4b - (-3a - 5b) = 12a + 4b + 3a + 5b = 12a + 3a + 4b + 5b = 15a + 9b$

Minuszeichen vor der Klammer beachten.

Aufgaben

1 Lösen Sie die Klammern auf.

a) $3a - 2b + (4a + 2b)$

b) $(2x - 1) - (-x + 1)$

c) $(3a^2 - 6b) - (3a^2 - 4b) - (-4b)$

d) $0{,}5x - 3 + (-0{,}4x - 2)$

2 Lösen Sie die Klammern auf und fassen Sie zusammen.

a) $5a - 5b - (8a + 2b) + (6a - 7b)$

b) $(6x - 4) - (-8x + 12) + 20x$

c) $(12x + 6y) + (-3x - 4y) - (-2x - 4y)$

d) $15x + 7y + (-4x - 12y) - (9x - 7y)$

Multiplikation einer Summe mit einer Zahl

Beispiele:

$7 \cdot (x - 5) = 7x - 35$

$5a \cdot (2b - 6c) = 10ab - 30ac$

$5a - 3(-4a) = 5a + 12a = 17a$

Aufgaben

1 Multiplizieren Sie die Klammern aus.

a) $5(8a + 2b)$

b) $-2(-8x + 12)$

c) $\frac{1}{2}(12x + 6y) + x$

d) $-1{,}5(-4x - 12y)$

2 Multiplizieren Sie die Klammern aus und fassen Sie soweit möglich zusammen.

a) $a - (4a + 2b) + 2(6a - 7b)$

b) $2(6x - 4) - 3(-8x + 12) + 20$

c) $\frac{1}{4}(12x - 16y) + 2(-3x - 4y) - 3(2x - 4y)$

d) $1{,}5(x + 7y) - 4(x - 2y) - 5(9x - 7y)$

3 Füllen Sie die Lücken aus.

a) $(2x - 4) \cdot \square = 3x - 6$

b) $\square \cdot (4 - 0{,}5x) = \square - 1{,}5x$

c) $(\square - 6) \cdot 2a = 8a^2 + \square$

d) $\square \cdot (7b - 2) = 10 - 35b$

Division einer Summe durch eine Zahl

Beispiele:

$\frac{14x - 7}{7} = \frac{7 \cdot (2x - 1)}{7} = 2x - 1$ gekürzt mit 7

$(6ab - 2bc) : (2b) = \frac{6ab}{2b} - \frac{2bc}{2b} = 3a - c$ gekürzt mit (2b)

$\frac{27xy - 18y}{9y} = \frac{27xy}{9y} - \frac{18y}{9y} = \frac{9y \cdot 3x}{9y} - \frac{9y \cdot 2}{9y} = 3x - 2$ gekürzt mit (9y)

Aufgaben

1 Dividieren Sie.

a) $(8a + 2b - 4c) : 2$

b) $(-8x + 12y - 18z) : (-4)$

c) $\frac{12rs - 8s}{2s}$

d) $(-3a^2 + 4a + 5ab) : (-2a)$

2 Dividieren Sie und fassen Sie anschließend wieder zusammen .

a) $(4a + 5b) : 2 + (10a - 25b) : 5$

b) $(4a - 2ab) : a + (ab - 5b) : b$

c) $\frac{3x + 6y}{3x} + \frac{2x + 3y}{y}$

d) $\frac{ab + b}{-b} - \frac{a - 3b}{2}$

Multiplikation von Summen

Beispiele

$(a + 5) \cdot (2a - 4b) = a \cdot 2a - a \cdot 4b + 5 \cdot 2a - 5 \cdot 4b = 2a^2 - 4ab + 10a - 20b$

$(4x + 3) \cdot (2 + x) = 4x \cdot 2 + 4x \cdot x + 3 \cdot 2 + 3 \cdot x = 4x^2 + 11x + 6$

$(x - 2)(x - 5) = x^2 - 5x - 2x + 10 = x^2 - 7x + 10$

> **Ausmultiplizieren** heißt, jeden Summanden der einen Summe mit jedem Summanden der anderen Summe multiplizieren.

Sonderfall Binom

$(x - 4)(x - 4) = x^2 - 4x - 4x + 16 = x^2 - 8x + 16 \quad (x - 4)^2 = x^2 - 8x + 16$

$(x + 3)(x + 3) = x^2 + 3x + 3x + 9 = x^2 + 6x + 9 \quad (x + 3)^2 = x^2 + 6x + 9$

$(x + 5)(x - 5) = x^2 + 5x - 5x - 25 = x^2 - 25 \quad (x + 5)(x - 5) = x^2 - 25$

Diese drei **Sonderfälle** treten in vielen Umformungen auf. Deshalb ist es sinnvoll, diese drei Sonderfälle zu verallgemeinern.

> **Binomische Formeln:** $(a + b)^2 = a^2 + 2ab + b^2$
> $(a - b)^2 = a^2 - 2ab + b^2$
> $(a - b)(a + b) = a^2 - b^2$

Aufgaben

1 Multiplizieren Sie aus und fassen Sie gegebenenfalls zusammen.

a) $(a - 3)(5 - 2a)$
b) $(4x - 2y)(x - 5)$
c) $(2b + 1)(-4 - 5b)$
d) $(7a - 2)(1 - a)$
e) $(2 - 5a)(-a + 3b)$
f) $(-3 - a)(5a - 6) - 17a$
g) $4(2a - 3b)(-3a + 5b)$
h) $6(3u - 5v)(-2u - 7v)$

2 Multiplizieren Sie aus und fassen Sie wenn möglich zusammen.

a) $\frac{3}{2}(x + 4)(x + 4)$
b) $(x - 8)\left(\frac{1}{4}x + 1\right)$
c) $(x + 3)^2 + 2(x + 3)$
d) $4x(x - 4) + x$
e) $3 - (3 - 2x)(-2x + 3)$
f) $4(x - 4)(x + 1) - 2(x - 4)$

3 Wenden Sie eine Binomische Formel an.

a) $(x + 4)^2$
b) $(4x - 3)^2$
c) $(x - 3)(x + 3)$
d) $-(2x - 1)^2$

4 Schreiben Sie in Produktform.

a) $x^2 + 14x + 49$
b) $x^2 - 10x + 25$
c) $x^2 - 1$
d) $-x^2 - 2x - 1$

2.3 Rechnen mit Brüchen

Beispiele

a) $\frac{3}{5} + \frac{4}{5} = \frac{3+4}{5} = \frac{7}{5}$

b) $\frac{x}{3} - \frac{2x}{3} = \frac{x-2x}{3} = -\frac{x}{3}$

Gleichnamige Brüche addieren, heißt Zähler addieren und Nenner beibehalten.

a) $\frac{1}{2} + \frac{3}{5} = \frac{5}{10} + \frac{6}{10} = \frac{11}{10}$

b) $\frac{x}{4} + \frac{3x}{2} = \frac{x}{4} + \frac{6x}{4} = \frac{7x}{4} = \frac{7}{4}x$

Ungleichnamige Brüche werden gleichnamig gemacht und dann addiert.

a) $\frac{5}{8} \cdot \frac{3}{4} = \frac{5 \cdot 3}{8 \cdot 4} = \frac{15}{32}$

b) $\frac{3}{4} \cdot \frac{x}{5} = \frac{3 \cdot x}{4 \cdot 5} = \frac{3}{20}x = \frac{3x}{20}$

Brüche werden multipliziert, indem man Zähler mit Zähler und Nenner mit Nenner multipliziert.

a) $\frac{\frac{3}{8}}{\frac{9}{4}} = \frac{3}{8} \cdot \frac{4}{9} = \frac{1}{2} \cdot \frac{1}{3} = \frac{1}{6}$

b) $\frac{\frac{3a}{8b}}{\frac{9c}{2b}} = \frac{3a}{8b} \cdot \frac{2b}{9c} = \frac{a}{4 \cdot 3c} = \frac{a}{12c}$

Man dividiert durch einen Bruch, indem man mit dessen Kehrwert multipliziert.

Beachten Sie:

$\frac{0}{4} = 0$, aber $\frac{4}{0}$ ist nicht definiert.

Mindmap zur Bruchrechnung

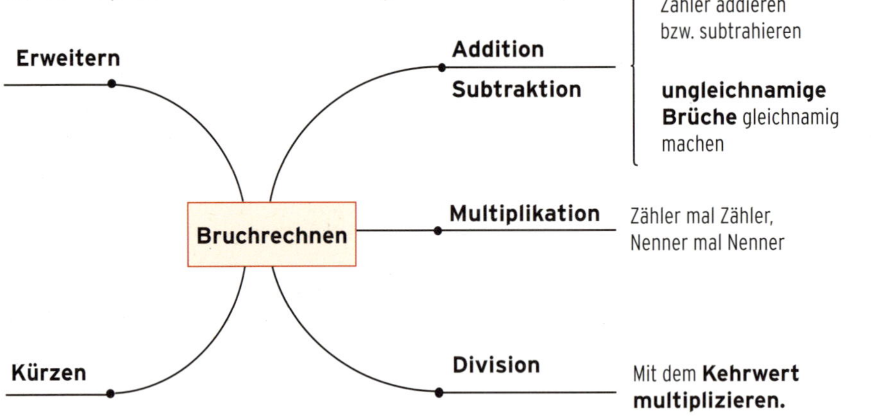

Aufgaben

1 Addieren bzw. subtrahieren Sie folgende Brüche.

a) $\frac{2}{9}+\frac{5}{9}$ b) $\frac{-2}{5}+\frac{4}{5}$ c) $\frac{2}{7}-\frac{3}{7}-\frac{4}{7}$

d) $1\frac{1}{3}-\frac{2}{3}$ e) $\frac{7}{8}-1\frac{1}{8}$ f) $-1\frac{3}{4}-2\frac{1}{4}-3\frac{1}{4}$

g) $\frac{3}{a}+\frac{4}{a}$ h) $\frac{2}{m}+\frac{5}{m}-\frac{3}{m}$ i) $-\frac{5}{2a}-\frac{7}{2a}+\frac{3}{2a}$

2 Fassen Sie folgende Brüche zusammen.

a) $\frac{2}{9}+\frac{1}{3}$ b) $\frac{2}{3}+\frac{4}{5}$ c) $\frac{2}{3}+\frac{3}{4}-\frac{5}{8}$

d) $1\frac{1}{3}-\frac{2}{9}$ e) $\frac{7}{8}-2\frac{1}{4}$ f) $1\frac{3}{4}-3\frac{1}{5}+\frac{1}{4}$

g) $\frac{2}{a}+\frac{4}{b}$ h) $-\frac{5}{m}-\frac{3}{n}+\frac{5}{2m}$ i) $\frac{3}{4a}-\frac{4}{3a}+\frac{5}{b}$

3 Multiplizieren Sie folgende Brüche.

a) $\frac{2}{3}\cdot\frac{5}{7}$ b) $-\frac{2}{3}\cdot\frac{4}{5}$ c) $4\cdot\frac{2}{7}\cdot(-\frac{3}{16})$

d) $\frac{3}{11}\cdot 4\cdot 2\frac{1}{3}$ e) $1\frac{1}{2}\cdot\frac{3}{8}$ f) $6\frac{5}{9}\cdot 1\frac{1}{8}$

g) $\frac{2}{a}\cdot\frac{4}{b}$ h) $\frac{5a}{b}\cdot\frac{4b}{c}$ i) $\frac{4}{3a}\cdot\frac{3a}{2ab}\cdot\frac{5}{3}$

4 Dividieren Sie folgende Brüche.

a) $\frac{2}{3}:\frac{5}{7}$ b) $\frac{1}{4}:\frac{3}{8}$ c) $-\frac{3}{7}:(-\frac{9}{14})$

d) $\frac{2}{a}:\frac{4}{b}$ e) $\frac{\frac{5a}{b}}{4}$ f) $\frac{\frac{4}{3a}}{\frac{3}{2a}}$

5 Fassen Sie zusammen und vereinfachen Sie soweit wie möglich (ohne Hilfsmittel).

a) $2-2\cdot\left(-\frac{3}{5}\right)^2$ b) $\frac{4}{9}\left(-\frac{27}{8}\right)+\frac{4}{9}$ c) $4-\frac{4}{5-5^2}$

d) $\frac{a}{5}+\frac{a}{5}$ e) $\frac{x}{\frac{3}{5}}$ f) $\frac{3}{2}\cdot\frac{7}{2}\cdot\frac{x}{2}$

g) $(\frac{2}{3}+\frac{1}{4})\cdot\frac{3}{2}$ h) $\frac{a+b}{6}-\frac{3a+2b}{3}$ i) $\frac{\frac{5}{2}+\frac{3}{4}}{2}$

6 Vereinfachen Sie.

a) $\frac{a}{8}:\frac{a}{4}+1$ b) $-\frac{x}{7}-\frac{9x}{7}$ c) $\frac{x}{2}+\frac{x}{3}-3x$

d) $\frac{1}{2}(x-1)+\frac{x-3}{4}$ e) $3\cdot\frac{x}{4}+\frac{x}{-2}-\frac{1}{2}x$ f) $\frac{x}{3}\cdot\frac{2x}{3}-\frac{x}{3}\cdot\frac{2}{3x}$

7 Berechnen Sie

a) die Hälfte von $\frac{3}{5}$ m b) die Hälfte von $24\frac{6}{7}$ kg c) ein Drittel von $\frac{4}{5}$ km

 Ott, Bohner, Deusch, Thun - ISBN 978-3-8120-0386-5

2.4 Vereinfachung durch Ausklammern

Beispiele

$27x - 9 = 9 \cdot 3x - 9 \cdot 1 = 9(3x - 1)$

$7x^2 + 42x = 7x \cdot x + 7 \cdot 6x$
$\quad = 7x(x + 6)$

$-10a - 12b = -2(5a + 6b)$

$-\frac{3}{5} + x - \frac{8}{5}y = -\frac{3}{5} + \frac{5}{5}x - \frac{8}{5}y$
$\quad = -\frac{1}{5}(3 - 5x + 8y)$

$\frac{3x + 6}{6} = \frac{3(x + 2)}{6} = \frac{x + 2}{2} = \frac{1}{2}(x + 2)$

Gemeinsamen Faktor ausklammern.
Probe durch Ausmultiplizieren.

Die Zeichen + und − in der Klammer beachten.

Nur Faktoren kürzen.

Aufgaben

1 Klammern Sie einen gemeinsamen Faktor aus.

a) $8a + 16$ b) $2a - 6$ c) $9x + 9$
d) $16a - 12b$ e) $21r - 7s$ f) $24n - 8m$
g) $\frac{4}{5} - \frac{6}{5}x$ h) $\frac{x^2}{2} + \frac{x}{2} + \frac{5}{2}$ i) $3x^2 + x$

2 Vereinfachen Sie.

a) $\frac{5}{2}(x + 4) - 3(x + 4)$ b) $\frac{4 - 2x}{2}$ c) $\frac{3x - 12y + 9}{3}$
d) $3x(x + 2) - 3x$ e) $-x^2 - 2x(x + 1)$ f) $-\frac{5}{2}(x + 1) - \frac{3}{2}(x + 2)$
g) $1 - x - \frac{5}{3}(4x - 3)$ h) $x - \frac{10x - 5}{5}$ i) $2 - 3 \cdot \frac{2x - 5}{6}$

3 Klammern Sie den Faktor (−1) aus.

a) $-6 + a$ b) $-4a - 5$ c) $-x^2 + 2x + 1$
d) $-7 - 5a$ e) $-x^2 - 3x + 7$ f) $4 - 9a + b$

4 Bestimmen Sie den Klammerinhalt.

a) $a^2 - 5a = a(\square)$ b) $8x^2 - 8xy = 8x(\square)$ c) $24(\square) = 24x - 24y$
d) $-(\square) = 4 - 3x$ e) $3a^2 + 6a = 3a(\square)$ f) $6a^2b + ab = ab(\square)$

5 Welche Terme sind gleichwertig?

a) $5x(x + 2)$
b) $12a - 8a$
c) $4a(3 - 2a)$
d) $12a - 8a^2$
e) $(2 - a)7$
f) $2 - 7a$
g) $10x + 5x^2$
h) $5x^2 + 2$
i) $12a - 2a^2$
j) $14 - 7a$
k) $5x^2 + 10$

2.5 Rechnen mit Potenzen

Potenz zur Basis a mit Hochzahl x: a^x

a: Grundzahl oder Basis — x: Hochzahl oder Exponent

Potenzgesetze

- Potenzen mit **gleicher Basis:** $a^n \cdot a^m = a^{n+m}$ Hochzahlen addieren
  $a^n : a^m = a^{n-m}$ Hochzahlen subtrahieren
- Potenzen mit **gleichem Exponent:** $a^n \cdot b^n = (a\,b)^n$ Grundzahlen multiplizieren
  $a^n : b^n = \left(\frac{a}{b}\right)^n$ Grundzahlen dividieren
- **Potenzieren** $(a^n)^m = a^{n \cdot m}$ Hochzahlen multiplizieren

Beispiele für Exponenten aus ℕ

1) $3^4 \cdot 3^7 = 3^{4+7} = 3^{11}$

2) $x^4 \cdot x = x^4 \cdot x^1 = x^{4+1} = x^5$

3) $2^x \cdot 2 = 2^x \cdot 2^1 = 2^{x+1}$

4) $2^7 : 2^x = 2^{7-x}$

5) $2^4 \cdot 5^4 = (2 \cdot 5)^4 = 10^4$

6) $\left(\frac{x}{3}\right)^3 = \frac{x^3}{3^3} = \frac{x^3}{27}$

7) $(-3^2)^2 = (-3^2) \cdot (-3^2) = 3^4$ oder $(-3^2)^2 = 3^{2 \cdot 2} = 3^4$

8) $(3^x)^2 = 3^x \cdot 3^x = 3^{2x}$ oder $(3^x)^2 = 3^{2 \cdot x} = 3^{2x}$

$x^2 \cdot x = x^3$

$x^2 \cdot x^2 = x^4$

$x^3 \cdot x = x^4$

Beispiele für weitere Exponenten

1) $2^5 : 2^5 = 2^{5-5} = 2^0 = 1$

2) $2^2 : 2^3 = 2^{2-3} = 2^{-1}$ $\qquad \frac{2^2}{2^3} = \frac{1}{2^1} = \frac{1}{2}$

3) $3^2 \cdot 3^{-4} = 3^{2-4} = 3^{-2}$ $\qquad \frac{3^2}{3^4} = \frac{1}{3^2} = 3^{-2}$

4) $(5^{0,5})^2 = 5^{0,5 \cdot 2} = 5^1 = 5$ $\qquad (\sqrt{5})^2 = 5$

5) $\left(6^{\frac{1}{3}}\right)^3 = 6^{\frac{1}{3} \cdot 3} = 6^1 = 6$ $\qquad (\sqrt[3]{6})^3 = 6$

6) $\left(9^{\frac{1}{4}}\right)^4 = 9^{\frac{1}{4} \cdot 4} = 9^1 = 9$ $\qquad (\sqrt[4]{9})^4 = 9$

$2^0 = 1$

$2^{-1} = \frac{1}{2}$

$3^{-2} = \frac{1}{3^2} = \frac{1}{9}$

$\sqrt{5} = 5^{0,5}$

$\sqrt[3]{6} = 6^{\frac{1}{3}}$

$\sqrt[4]{9} = 9^{\frac{1}{4}}$

Beachten Sie:

$\mathbf{a^0 = 1}$ $\qquad \mathbf{a^{-1} = \frac{1}{a}}$ $(a \neq 0)$ $\qquad \mathbf{a^{-2} = \frac{1}{a^2}}$ $(a \neq 0)$

$\mathbf{\sqrt{a} = a^{\frac{1}{2}}}$ $(a \geq 0)$ $\qquad \mathbf{\sqrt[3]{a} = a^{\frac{1}{3}}}$ $\qquad \mathbf{\sqrt[4]{a} = a^{\frac{1}{4}}}$ $(a \geq 0)$

Aufgaben

1 Berechnen Sie die Potenzen mit dem TR. Geben Sie das Ergebnis auch als Dezimalzahl an.

a) 3^5 b) 2^{10} c) $0{,}5^4$

d) $(-3)^4$ e) $(-5)^4$ f) $1{,}05^5$

g) $(\frac{3}{4})^4$ h) $(\frac{1}{2})^5$ i) $\left(-\frac{1}{10}\right)^3$

j) $\left(\frac{7}{3}\right)^3$ k) $\left(-\frac{3}{7}\right)^3$ l) $\frac{(0{,}3)^2}{5}$

2 Berechnen Sie jeweils den Termwert und vergleichen Sie.

a) $4 + 5^2$ und $(4 + 5)^2$ b) $3 \cdot 2^4$ und $(3 \cdot 2)^4$ c) $9 - 5^2$ und $(9 - 5)^2$

d) $(-3)^4$ und -3^4 e) $(\frac{3}{5})^2$ und $\frac{3^2}{5}$ f) $\frac{6}{3^3}$ und $(6 : 3)^3$

3 Fassen Sie zusammen. Berechnen Sie den Termwert mit dem TR.

a) $4 \cdot 3^4 + 3 \cdot 3^4$ b) $5 \cdot 2^5 - 3 \cdot 2^5$ c) $8 \cdot 0{,}3^3 + 2 \cdot 0{,}3^3$

4 Fassen Sie soweit wie möglich zusammen.

a) $5a^2 + 3b^2 - 2a^2 + 3b^2$ b) $1{,}05a^3 - 0{,}4b^2 + 3a^2 - 0{,}6b^2$

c) $4a^2 + 3b^3 - (a^2 - 2b^3)$ d) $3(x^2 - y^2) - 2(3x^2 + 4y^2) - y^2 + 2$

5 Wenden Sie das Potenzgesetz $a^n \cdot a^m = a^{n+m}$ an.

a) $3^4 \cdot 3^4 \cdot 3^2$ b) $5^{-3} \cdot 5^3 \cdot 5$ c) $e^2 \cdot e^3 \cdot e$

6 Fassen Sie zu einer Potenz zusammen und berechnen Sie.

a) $27 \cdot 3^2$ b) $125 \cdot 5^2$ c) $256 \cdot 2^8$

7 Wenden Sie das Potenzgesetz $a^n : a^m = a^{n-m}$ an. Berechnen Sie.

a) $\frac{7^5}{7^2}$ b) $\frac{3^5}{3^4}$ c) $\frac{(-5)^8}{5^3}$

8 Wenden Sie das Potenzgesetz $a^n \cdot b^n = (ab)^n$ an. Berechnen Sie.

a) $2^4 \cdot 5^4$ b) $5^{-2} \cdot 3^{-2}$ c) $\frac{1}{2} \cdot 2^{-4}$ d) $0{,}2^3 \cdot 0{,}5^3$

9 Wenden Sie das Potenzgesetz $a^n : b^n = \left(\frac{a}{b}\right)^n$ an.

a) $\frac{6^4}{2^4}$ b) $-\frac{6^3}{3^3}$ c) $\frac{(-2)^4 \cdot 3^4}{(-3)^4}$

10 Wenden Sie das Potenzgesetz $(a^n)^m = a^{n \cdot m}$ an.

a) $(3^{-1})^3$ b) $(2^4)^3$ c) $(2^{-4})^{-2}$

11 Vereinfachen Sie.

a) $7^2 \cdot 7^2$ b) $4x^2 \cdot x$ c) $\frac{x^3 \cdot x^2}{4}$

d) $3^{2x} \cdot 3^x$ e) $5e^x \cdot e^x$ f) $3^{-x} \cdot 3^x$

g) $3 \cdot 4^{2x} \cdot 4^{-x}$ h) $1{,}5 \cdot 2^x \cdot 2^{-3x}$ i) $\left(-\frac{2}{3}\right)^2$

j) $\left(\frac{x}{3}\right)^2$ k) $\frac{10^6}{2^6}$ l) $(3^{-x})^2$

12 Wenden Sie ein geeignetes Potenzgesetz an.

a) $(x^2)^2 + 2x^4$ b) $(5x)^2 \cdot x$ c) $8^{-2x} \cdot 8^{-2x}$

d) $(0{,}5x^2)^2$ e) $-0{,}5(x^2)^2$ f) $\frac{x^5}{3x^2}$

g) $(2^x)^2 : 2^6$ h) $e^{-x} \cdot e^{2x}$ i) $(6 \cdot 2^x)^2$

j) $\left(\frac{2^{-2x}}{4}\right)^2$ k) $(3^{-0{,}5x})^2 \cdot 3$ l) $(2^{-1})^3$

13 Berichtigen Sie die Rechnung.

a) $x^2 \cdot (x + 1) = x^3 + 1$ b) $7e^{2x} \cdot e^{-x} = 8e^{2x-1}$

14 Schreiben Sie als Potenz mit negativer Hochzahl.

a) $\frac{1}{2}$ b) $\frac{1}{2^3}$ c) $\frac{4}{4^3}$

15 Schreiben Sie mit einer positiven Hochzahl.

a) 3^{-2} b) 5^{-3} c) e^{-1}

16 Schreiben Sie mit einem Wurzelzeichen.

a) $7^{0{,}5}$ b) $2^{\frac{1}{5}}$ c) $5 \cdot 4^{\frac{1}{3}}$

17 Schreiben Sie ohne Hochzahl.

a) 10^4 b) $5 \cdot 10^{-2}$ c) $\frac{1}{2} \cdot 10^{-4}$ d) $3{,}2 \cdot 10^6$

18 Vereinfachen Sie.

a) $(3^{-1})^3$ b) $(2^x)^3 + 5 \cdot 2^{3x}$ c) $(2^{-x})^2 \cdot 2^{2x}$

d) $2^{-x} \cdot 2^x - 2$ e) $2^x \cdot 5^x$ f) $3^{2x} \cdot 3^{-2}$

g) $(4 \cdot 5)^{0{,}5}$ h) $\frac{3}{2^3}$ i) $3^{2x} : 3^{-2x}$

19 Schreibt man die Zahl $(10^5)^2$ aus, so folgen auf die Eins eine Anzahl von Nullen. Ein Drucker gibt 100 Zeichen pro Sekunde aus. Wie lange braucht er, um die ausgeschriebene Zahl zu drucken? Schätzen Sie zuerst.

20 Gegeben ist der Term f(x). Berechnen Sie f(x) für den gegebenen x-Wert.

a) $f(x) = \frac{1}{2}x^4 - x^2 + 1;\ x = -1;\ x = \sqrt{2}$ b) $f(x) = x^3 - 3x;\ x = -2;\ x = \sqrt{5}$

3 Gleichungen, Ungleichungen und lineare Gleichungssysteme

3.1 Lineare Gleichungen

Beispiel

➲ Gegeben ist die Gleichung $4x - 2 = 8$.
Bestimmen Sie die Lösungsmenge für $x \in \mathbb{R}$.

Lösung

Umformung der Gleichung zur Bestimmung der Lösungsmenge L.

Auf beiden Seiten 2 addieren	$4x - 2 = 8$	$\mid +2$
	$4x - 2 + 2 = 8 + 2$	
Beide Seiten durch 4 teilen	$4x = 10$	$\mid :4$
	$\frac{4x}{4} = \frac{10}{4}$	
Lösung:	$x = 2{,}5$	
Lösungsmenge:	$L = \{2{,}5\}$	
Probe: $x = 2{,}5$ einsetzen ergibt	$4 \cdot 2{,}5 - 2 = 8$	
	$8 = 8$ wahre Aussage	

Alle Elemente, die zu einer **wahren Aussage** führen, gehören zur Lösungsmenge L.

Eine Gleichung (äquivalent) umformen heißt,
- **beide Seiten der Gleichung mit der gleichen Zahl ($\neq 0$) multiplizieren,**
- **beide Seiten durch die gleiche Zahl ($\neq 0$) dividieren,**
- **auf beiden Seiten die gleiche Zahl addieren oder subtrahieren.**

Beispiel

➲ Bestimmen Sie die Lösung der Gleichung: $\frac{1}{2}x - \frac{3}{2}(x + 1) = 2x - 5 \quad (x \in \mathbb{R})$

Lösung

Beide Seiten mit 2 multiplizieren:	$\frac{1}{2}x - \frac{3}{2}(x + 1) = 2x - 5$	$\mid \cdot 2$
Klammer ausmultiplizieren:	$x - 3(x + 1) = 4x - 10$	
	$x - 3x - 3 = 4x - 10$	
Auf beiden Seiten (4x) subtrahieren:	$-2x - 3 = 4x - 10$	$\mid -4x$
Auf beiden Seiten 3 addieren:	$-6x - 3 = -10$	$\mid +3$
Beide Seiten durch (−6) teilen:	$-6x = -7$	$\mid :(-6)$
Lösung:	$x = \frac{7}{6}$	

Aufgaben

1 Prüfen Sie, ob der gegebene x-Wert eine Lösung der Gleichung ist.

a) $6x - 5 = x;\ x = -1; 0; 1$

b) $-2(x-2) = x + 2;\ x = \frac{2}{3}; 2$

2 Lösen Sie die Gleichung.

a) $2x - 7 = 1$

b) $4(2 - 2x) = 0$

c) $6x + 5 = -3$

d) $\frac{3}{2}x + \frac{4}{5} = 0$

e) $-\frac{2}{13}(x - 9) = 0$

f) $\frac{15}{2} - 4x = 0$

3 Bestimmen Sie die Lösung.

a) $2 - 3x = 5x + 4$

b) $3 - \frac{1}{2}x = x + 1$

c) $-\frac{1}{3}(x + 5) - 3 = 5$

d) $2(1 - x) = 5(x + 1)$

e) $-2(x - 1) = 0{,}5x - 3$

f) $1 - 4x = \frac{5}{2}x + 1$

4 Bestimmen Sie die Lösungsmenge.

a) $20x - 3(5x + 7) = -2(3 - x)$

b) $5x - (8 + 9x) = 12$

c) $6(x - 4) - 2(x - 4) = 0$

d) $3(6x - 14) = 12x + 6(x - 3)$

e) $\frac{1}{2}x - \frac{3}{2} = 4x - 1$

f) $\frac{1}{4}x + \frac{3}{4} = x + 4$

g) $\frac{4}{5}x + 1 = \frac{2}{5}(x + 1)$

h) $-(2x + 3) - \frac{1}{2}x = \frac{7}{2}$

i) $\frac{1}{2}x - \frac{3}{4} = \frac{1}{4}x + \frac{2}{3}$

j) $\frac{2}{3}x + 2 = \frac{7}{6} - \frac{1}{6}x$

k) $\frac{3x - 1}{6} = 6 - \frac{x - 1}{3}$

l) $\frac{2x - 5}{2} = 3 + \frac{2 - x}{3}$

m) $3x - 2(5x - 8) = 9 - 4(7 + 3x)$

n) $-x - (3 + 4x) = 3 - 3\left(\frac{16}{3} - 2x\right)$

o) $\frac{x}{3} - 5 = \frac{x}{5} - 3$

p) $\frac{x}{16} - \frac{5}{2} = \frac{3x + 5}{8} - 6$

5 Vereinfachen Sie und bestimmen Sie die Lösung.

a) $16x - 9 - (13 - 9x) + 17 = 15x - 22 - (7 - 4x)$

b) $2x - 3 - (5x - 3) - (4x - 1)(x - 3) = -(2x - 3)(2x + 5)$

c) $(x + 3)^2 - (x - 4)^2 = -(x - 1)^2 + (x + 2)^2$

6 Untersuchen Sie die Gleichung auf Lösbarkeit. Geben Sie, wenn möglich, eine Lösung an.

a) $\frac{1}{4}x - 3 = \frac{1}{2}(x + 2)$

b) $3x + 2 - 3(x + 1) = 0$

c) $5x + 2 = 2(x + 1) + 3x$

3.2 Lineare Ungleichungen

Beispiel

➲ Gegeben ist eine Ungleichung. Lösen Sie die Ungleichung für $x \in \mathbb{R}$.

a) $4x + 5 < 25 - 4x$ b) $-3x + 7 < 0$

Lösung

a) Umformungen:

$4x + 5 < 25 - 4x \quad | + 4x$

$8x + 5 < 25 \quad | - 5$

$8x < 20 \quad |: 8$

$x < \frac{20}{8} = 2{,}5$

Lösung der Ungleichung: $x < 2{,}5$

b) Umformungen:

$-3x + 7 < 0 \quad | - 7$

$-3x < -7 \quad |:(-3)$

Lösung der Ungleichung: $x > \frac{-7}{-3}$

$x > \frac{7}{3}$

Beachten Sie

Beim Multiplizieren (Dividieren) einer Ungleichung **mit einer negativen Zahl dreht sich das Ungleichheitszeichen um.**

Begründung anhand eines Beispiels: $2 < 3 \quad |\cdot (-1)$ wahr

$-2 > -3$ wahr

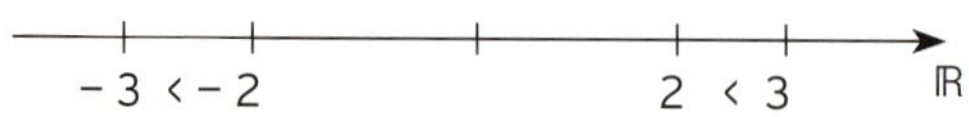

Aufgaben

1 Lösen Sie die folgende lineare Ungleichung für $x \in \mathbb{R}$.

a) $2x + 3 < -5$

b) $6(1 - 2x) \geq 0$

c) $1 - (6x + 5) > 0$

d) $\frac{3}{2}x + \frac{4}{5} \leq 2x - \frac{2}{5}$

e) $-\frac{6}{5}(4x - 12) < 0$

f) $\frac{15}{2} - 4x > x$

2 Bestimmen Sie die Lösungsmenge der folgenden linearen Ungleichung für $x \in \mathbb{R}$. Stellen Sie die Lösungsmenge an der Zahlengeraden dar.

a) $3(x - 2) < 2x - 6$

b) $2x + 3(x - 2) > 3$

c) $4(2x - 1) \leq 3 + 2x$

d) $3 + 5(2 - 3x) \geq 4x$

e) $-\frac{1}{2}(4x - 4) < 4x + 2$

f) $5 - 4x > 5(2 + x)$

3.3 Lineare Gleichungssysteme

Beispiel 1

➲ Lösen Sie das lineare Gleichungssystem (LGS).

a) $y = -2x - 4$
$y = -x + 1$

b) $y = -8x - 6$
$3x + y = 4$

c) $3x - 2y = 14$
$x + y = -2$

a) Lösung mit dem **Gleichsetzungsverfahren**

Gleichsetzen:	$-2x - 4 = -x + 1$	$\mid +4$
	$-2x = -x + 5$	$\mid +x$
x auf eine Seite bringen:	$-x = 5$	$\mid \cdot(-1)$
x-Wert:	$x = -5$	
Einsetzen von $x = -5$ in z.B. $y = -x + 1$:	$y = -(-5) + 1$	
ergibt	$y = 6$	
Lösung des LGS:	$x = -5;\ y = 6$	

Hinweis: Das LGS hat genau eine Lösung.

b) Lösung mit dem **Einsetzungsverfahren**

Den y-Wert der Gleichung $y = -8x - 6$
setzt man in die Gleichung $3x + y = 4$ **ein**: $3x + (-8x - 6) = 4$
Dadurch erhält man eine Gleichung mit der Unbekannten x.

Klammer auflösen:	$3x - 8x - 6 = 4$	
	$-5x - 6 = 4$	$\mid +6$
	$-5x = 10$	$\mid :(-5)$
x-Wert:	$x = -2$	
Einsetzen von $x = -2$ z.B. in $y = -8x - 6$:	$y = -8\cdot(-2) - 6$	
ergibt	$y = 10$	
Lösung des LGS:	$x = -2;\ y = 10$	

Hinweis: Das LGS hat genau eine Lösung.

c) Lösung mit dem **Additionsverfahren**

	$3x - 2y = 14$	
Gleichung mit 2 multiplizieren	$x + y = -2$	$\mid \cdot 2$
	$3x - 2y = 14$	+
Addition	$2x + 2y = -4$	
ergibt **eine Gleichung** mit der Unbekannten x:	$5x = 10$	$\mid :5$
Nach x auflösen:	$x = 2$	
Einsetzen von $x = 2$ in z. B. $x + y = -2$, ergibt:	$2 + y = -2$	$\mid -2$
Nach y auflösen:	$y = -4$	
Lösung des LGS:	$x = 2;\ y = -4$	

Hinweis: Das LGS hat genau eine Lösung.

Beispiel 2

➲ Lösen Sie folgendes Gleichungssystem: $3x - 6y = 12$
$4x + 5y = 3.$

Lösung **mit dem Additionsverfahren**

Gleichung mit 4 multiplizieren:	$3x - 6y = 12$	$\mid \cdot 4$
Gleichung mit (−3) multiplizieren:	$4x + 5y = 3$	$\mid \cdot (-3)$
	$12x - 24y = 48$	+
Addition	$-12x - 15y = -9$	
ergibt eine Gleichung mit der Unbekannten y:	$-39y = 39$	$\mid :(-39)$
Nach y auflösen:	$y = -1$	
Einsetzen von $y = -1$ in z. B. $4x + 5y = 3$ ergibt:	$4x + 5(-1) = 3$	$\mid +5$
	$4x = 8$	$\mid :4$
Nach x auflösen:	$x = 2$	
Lösung des LGS:	$x = 2;\ y = -1$	

Die drei Verfahren zur Lösung von linearen Gleichungssystemen im Überblick

Beispiele

$y = -2x - 4$ $y = -0{,}5x + 0{,}5$ Lösung mit dem **Gleichsetzungsverfahren**	$y = -2x - 4$ $x + 2y = 1$ Lösung mit dem **Einsetzungsverfahren**	$3x - 2y = 14$ $x + y = -2$ Lösung mit dem **Additionsverfahren**

Hinweis: Grundsätzlich kann das Lösungsverfahren frei gewählt werden.

Aufgaben

1 Lösen Sie das folgende lineare Gleichungssystem.

a) $x + y = 6$; $x - y = 4$
b) $3x - 2y = 8$; $x + 2y = 4$
c) $7x + 3y = 8$; $-7x + 2y = 2$
d) $-4y - 5x = 8$; $4y + 6x = 7$
e) $5x - 3y = 13$; $x + 2y = 13$
f) $9x + 2y = -15$; $-5x + 4y = -7$
g) $3x + 3y = 0$; $-4x + 2y = 1$
h) $2x - 3y = 0$; $-5x - 4y = 0$
i) $-a + 3b = 3$; $-7a - 3b = 1$

2 Bestimmen Sie die Lösung des Gleichungssystems.

a) $\frac{x}{2} + y = 2$; $\frac{x}{4} - \frac{y}{2} = 3$
b) $\frac{x}{3} - \frac{y}{2} = 1$; $\frac{2x}{3} + \frac{y}{4} = 7$
c) $\frac{x}{4} + \frac{y}{3} = 5$; $\frac{x}{8} + \frac{y}{4} = 3$

3 Wählen Sie ein geeignetes Lösungsverfahren. Bestimmen Sie die Lösung.

a) $y = -2x - 3$; $y = 3x + 7$
b) $y + x = -7$; $x = 2y - 1$
c) $7x + y = 22$; $7x - y = 34$

3.4 Quadratische Gleichungen

Lösung durch Wurzelziehen

Beispiel 1

➲ Lösen Sie die Gleichungen. a) $x^2 - 16 = 0$ b) $-\frac{1}{4}x^2 + \frac{3}{2} = 0$

Lösung

a) $x^2 - 16 = 0 \quad | +16$
$x^2 = 16 \quad | \sqrt{\ }$
$x_{1|2} = \pm\sqrt{16} = \pm 4$

b) $-\frac{1}{4}x^2 + \frac{3}{2} = 0 \quad | \cdot(-4)$
$x^2 - 6 = 0 \quad | +6$
$x^2 = 6 \quad | \sqrt{\ }$
$x_{1|2} = \pm\sqrt{6}$

Die Gleichungen haben jeweils **zwei Lösungen.**

Bemerkung: $\sqrt{6}$ ist die reelle Zahl, die mit sich selbst multipliziert, 6 ergibt: $(\sqrt{6})^2 = 6$.
$\sqrt{6}$ ist die **Quadratwurzel** aus 6.
Es gilt: $\sqrt{a}$ ist für $a \geq 0$ die **positive Zahl** mit $(\sqrt{a})^2 = a$.

Beispiel 2

➲ Lösen Sie die Gleichungen. a) $3x^2 = 0$ b) $x^2 + 4 = 0$

Lösung

a) $3x^2 = 0$
$x^2 = 0$
$x_{1|2} = 0$
Die Gleichung hat
eine (doppelte) Lösung.

b) $x^2 + 4 = 0$
$x^2 = -4$
Da $x^2 \geq 0$ für alle $x \in \mathbb{R}$ ist,
hat die Gleichung
keine Lösung.

Beachten Sie

Die Gleichung $x^2 = d$ hat für $d > 0$ **zwei** Lösungen: $x_{1|2} = \pm\sqrt{d}$
für $d = 0$ **eine** Lösung: $x_{1|2} = 0$
für $d < 0$ **keine** Lösung.

Aufgaben

1 Lösen Sie die quadratischen Gleichungen.

a) $\frac{1}{2}x^2 - 9 = 0$ b) $4 - 4x^2 = 0$ c) $\frac{4}{5}x^2 = x^2$
d) $6x^2 = 0$ e) $3x^2 + 5 = -x^2 + 1$ f) $7(x - 8)^2 = 0$

2 Bestimmen Sie a $(a \in \mathbb{R})$ so, dass die Gleichung $x^2 + a = 0$ zwei Lösungen besitzt.

Lösung mit der pq-Formel

Beachten Sie

Lösung der Gleichung $x^2 + px + q = 0$

mithilfe der **pq-Lösungsformel:** $x_{1|2} = -\frac{p}{2} \pm \sqrt{\left(\frac{p}{2}\right)^2 - q}$

$D = \left(\frac{p}{2}\right)^2 - q$ heißt Diskriminante.

Die Anzahl der Lösungen hängt von der **Diskriminante D** ab.

Beispiel

➲ Lösen Sie die Gleichungen.

a) $x^2 + 4x - 12 = 0$ b) $-0{,}5x^2 + 5x - 12{,}5 = 0$ c) $\frac{3}{2}x^2 - 3x + 6 = 0$

Lösung

a) Für die Formel $p = 4$, $q = -12$: $x_{1|2} = -2 \pm \sqrt{2^2 + 12} = 2 \pm \sqrt{16}$

$D = 16 > 0$ $x_{1|2} = -2 \pm 4$

zwei Lösungen: $x_1 = -2 + 4 = 2$; $x_2 = -2 - 4 = -6$

Die quadratische Gleichung hat zwei Lösungen $x_1 = 2$ und $x_2 = -6$.

b) Mit (−2) multiplizieren: $-0{,}5x^2 + 5x - 12{,}5 = 0 \quad |\cdot(-2)$

$x^2 - 10x + 25 = 0$

Für die Formel $p = -10$, $q = 25$: $x_{1|2} = 5 \pm \sqrt{(-5)^2 - 25} = 5 \pm \sqrt{0}$

$D = 0$ $x_{1|2} = 5$

Die quadratische Gleichung hat **eine** (doppelte) Lösung: $x_{1|2} = 5$

c) Mit $\frac{2}{3}$ multiplizieren: $\frac{3}{2}x^2 - 3x + 6 = 0 \quad |\cdot\frac{2}{3}$

$x^2 - 2x + 4 = 0$

Für die Formel $p = -2$, $q = 4$: $x_{1|2} = 1 \pm \sqrt{(-1)^2 - 4} = 1 \pm \sqrt{-3}$

$D = -3 < 0$

Die Gleichung hat **keine** Lösung, da die Wurzel aus einer negativen Zahl nicht gezogen werden kann.

Beachten Sie

Lösung der Gleichung $ax^2 + bx + c = 0$; $a \neq 0$

mithilfe der abc- **Lösungsformel:** $x_{1|2} = \frac{-b \pm \sqrt{b^2 - 4ac}}{2a}$

Aufgaben

1 Lösen Sie die quadratischen Gleichungen.

a) $x^2 + x - 12 = 0$ b) $\frac{1}{2}x^2 - 4x + 8 = 0$ c) $3 - 2x + \frac{1}{3}x^2 = 0$

2 Ermitteln Sie alle Lösungen.

a) $x^2 + 2x + 6 = -2x + 1$ b) $2x^2 = -x + 5$ c) $-x^2 - 1{,}5x = 1{,}25$

d) $(x - 3)^2 - 4 = 0$ e) $0{,}5x^2 + x = 1{,}5x(x + 2) - 3$ f) $\frac{1}{2}(x^2 - 5) = 0$

Lösung durch Ausklammern und Anwendung des Satzes vom Nullprodukt.

Beispiel 1

➲ Lösen Sie die Gleichung. a) $x^2 + 3x = 0$ b) $2x^2 = 3x$

Lösung

a) Quadratische Gleichung: $x^2 + 3x = 0$
Ausklammern: $x(x + 3) = 0$
Satz vom Nullprodukt: $x = 0 \quad x + 3 = 0$
Lösungen der Gleichung: $x_1 = 0;\ x_2 = -3$

b) Quadratische Gleichung: $2x^2 = 3x \quad | -3x$
Gleichung in Nullform: $2x^2 - 3x = 0$
Ausklammern: $x(2x - 3) = 0$
Satz vom Nullprodukt: $x = 0$ oder $2x - 3 = 0$
Lösungen der Gleichung: $x_1 = 0;\ x_2 = 1{,}5$

Beachten Sie

Bei quadratischen Gleichungen der Form $ax^2 + bx = 0 \ (a, b \neq 0)$
erhält man die Lösungen **durch Ausklammern** von x:

$$x(ax + b) = 0$$

Man setzt jeden einzelnen Faktor null **(Satz vom Nullprodukt).**

$$x = 0 \quad \text{oder} \quad x(ax + b) = 0$$

Daraus ergeben sich **zwei Lösungen:** 1. Lösung: $x_1 = 0$
aus $ax + b = 0$: 2. Lösung: $x_2 = -\frac{b}{a}$

Satz vom Nullprodukt: Ein Produkt ist null, wenn mindestens ein Faktor null ist:

$$u \cdot v = 0 \Leftrightarrow u = 0 \quad \text{oder} \quad v = 0$$

Beispiel 2

➲ Lösen Sie die Gleichung. a) $(x + 3)(x - 2) = 0$ b) $\frac{1}{4}(2x - 3)(5 - x) = 0$

Lösung

a) **Die Gleichung ist in Faktorform gegeben:** $(x + 3)(x - 2) = 0$
Satz vom Nullprodukt anwenden: $x + 3 = 0$ oder $x - 2 = 0$
Lösungen: $x_1 = -3;\ x_2 = 2$

b) Gleichung **in Faktorform:** $\frac{1}{4}(2x - 3)(5 - x) = 0$
Satz vom Nullprodukt anwenden: $2x - 3 = 0$ oder $5 - x = 0$
Lösungen: $x_1 = 1{,}5;\ x_2 = 5$

Hinweis: $(x + 3)$, $(x - 2)$, $(2x - 3)$, $(5 - x)$ sind **Linearfaktoren.**

Lösung durch Anwendung einer binomischen Formel

Beispiel

➲ Lösen Sie die Gleichung. a) $x^2 + 6x + 9 = 0$ b) $x^2 - 8x + 16 = 0$

Lösung

	a)	b)
Man erkennt eine **binomische Formel:**	$(x + 3)^2 = 0$	$(x - 4)^2 = 0$
Satz vom Nullprodukt:	$(x + 3)(x + 3) = 0$	$(x - 4)(x - 4) = 0$
Die Gleichung hat **eine** doppelte Lösung:	$x_{1\|2} = -3$	$x_{1\|2} = 4$

Beachten Sie

$a^2 \pm 2ab + b^2 = (a \pm b)^2$ $x^2 \pm 2ax + a^2 = (x \pm a)^2$

Aufgaben

1 Lösen Sie die quadratische Gleichung.

a) $8x^2 + 3x = 0$ b) $x^2 = x$ c) $1{,}5x - 0{,}5x^2 = 0$
d) $-\frac{1}{5}x - \frac{1}{2}x^2 = 0$ e) $x^2 + 7x = -2x^2 + \frac{3}{2}x$ f) $x(2x - 3) = \frac{x^2 - 5x}{2}$
g) $-6x + 4x^2 = 0$ h) $3x(x - 6) = 0$ i) $x(x + 1) = x$

2 Lösen Sie mithilfe einer binomischen Formel.

a) $x^2 - 4x + 4 = 0$ b) $x^2 = -2x - 1$ c) $x^2 - 12x + 36 = 0$

3 Geben Sie zwei verschiedene Gleichungen mit den Lösungen 0 und −8 an.

4 Lösen Sie ohne Lösungsformel.

a) $2x^2 - 5x = 0$ b) $x^2 = -2x$ c) $x^2 - 2x + 1 = 0$
d) $x^2 + 8x + 16 = 0$ e) $x^2 - 24x + 144 = 0$ f) $\frac{1}{4}x^2 - 3x = 2x$
g) $\frac{1}{7}(x + 4)(x - 5) = 0$ h) $(1 - 3x)^2 = 0$ i) $(2x + 7)(x - a) = 0$

5 Lösen Sie mit der Lösungsformel.

a) $2x^2 - 5x + 1 = 0$ b) $-2x + 6 - x^2 = 0$ c) $7x^2 - x - 2 = 0$

6 Lösen Sie folgende quadratische Gleichungen auf zwei verschiedene Arten und vergleichen Sie die Verfahrensweise.

a) $5x^2 + 5 = 10x$ b) $3x = x^2$ c) $-3x(3x - 8) = 0$

7 Bestimmen Sie a so, dass $x^2 - ax = 0$

a) genau eine Lösung hat, b) die Lösung $x = 4{,}5$ hat.

8 Zeigen Sie, die quadratische Gleichung hat keine Lösung.

a) $x^2 + 4 = 0$ b) $x^2 - x + 3 = 0$ c) $\frac{1}{4}x^2 - x = x - 6$

VII Anhang

1 Lösungen der Modellierungen und Tests

Modellierung einer Situation
Lehrbuch Seite 11

a) Berechnung des Listenverkaufspreises für 1 Kleinbohrer-Sortiment der Firma Cassens:

Listeneinkaufspreis	24,50 €	
- Liefererrabatt	9,80 €	
Zieleinkaufspreis	14,70 €	
- Liefererskonto	0,29 €	
Bareinkaufspreis	14,41 €	
+ Bezugskosten je Sortiment	3,59 €	
= Bezugspreis	18,00 €	
+ Handlungskosten	9,00 €	
= Selbstkostenpreis	27,00 €	27,00 €
+ Gewinn	**2,70 €**	1,73 €
= Barverkaufspreis	29,70 €	28,73 €
+ Kundenskonto	0,99 €	0,96 €
+ Vertreterprovison	2,31 €	2,23 €
= Zielverkaufspreis	33,00 €	31,92 €
+ Kundenrabatt	8,25 €	7,98 €
= Listenverkaufspreis	41,25 €	39,90 €

Gewinn = 28,73 € − 27,00 € = 1,73 €;

in Prozent p % = $\frac{1{,}73}{27} \approx 0{,}064 = 6{,}4\ \%$

b) Kalkulationszuschlag = $\frac{41{,}25 - 18{,}00}{18} = \frac{23{,}25}{18} = 1{,}29166... \approx 129{,}17\ \%$

Kalkulationsfaktor = $\frac{41{,}25}{18} \approx 2{,}2917$

Handelsspanne = $\frac{23{,}25}{41{,}25} \approx 0{,}5636 = 56{,}36\ \%$

Test zur Überprüfung Ihrer Grundkenntnisse
Lehrbuch Seite 46

1 Gage 900,00 € daraus folgt die Zuordnung Zahl der Besucher $\rightarrow$ Kartenpreis

a) Zuordnungstabelle:

Besucherzahl	50	90	100	120
Kartenpreis (in €)	18	10	9	7,50

b) 900,00 : 150 = 6,00 (€/Besucher)

2 $x = \frac{156 \cdot 46{,}64}{212} = 34{,}32$ Die Kosten für 156 kg betragen 34,32 €.

3 $x = \frac{0{,}75 \cdot 1\,200}{0{,}33} = 2\,727{,}3$ Es werden 2727 Flaschen benötigt.

4

Preiserhöhung	3,6 %	593,10 €
alter Preis	100 %	16 475,00 €
neuer Preis		17 068,10 €

5

Festgehalt	1800,00 €
+ Umsatzprovision 38 675,00 € · 0,04 =	1547,00 €
= Gehalt des vergangenen Monat	3347,00 €

6

Barverkaufspreis	349,20 €
+ Kundenskonto	10,80 € = 3 %
= Zielverkaufspreis	360,00 €
+ Kundenrabatt	90,00 € = 20 %
= Listenverkaufspreis	450,00 €

349,20 € : 0,97 : 0,8 = 450,00 €

7

Selbstkostenpreis	114,30 €
+ Gewinn	28,58 €
Barverkaufspreis	142,88 €
+ Kundenskonto	2,92 €
= Zielverkaufspreis	145,80 €
+ Kundenrabatt	16,20 €
= Listenverkaufspreis	162,00 €

a) Ausverkaufspreis:
114,30 € · 0,95 = 108,59 €

b) Preissenkung: 162,00 € – 108,59 €
= 53,41 €

in Prozent: $p\% = \frac{53{,}41}{162{,}00} \approx 0{,}3297$

= 32,97 %

Test zur Überprüfung Ihrer Grundkenntnisse
Lehrbuch Seite 46

8

Listeneinkaufspreis	99,00 €
- Liefererrabatt	12,38 €
Zieleinkaufspreis	86,62 €
- Liefererskonto	0,87 €
Bareinkaufspreis	85,75 €
+ Bezugskosten	22,45 €
= Bezugspreis	108,20 €
+ Handlungskosten	45,99 €
= Selbstkostenpreis	154,19 €
+ Gewinn	**14,86 €**
= Barverkaufspreis	169,05 €
+ Kundenskonto	5,51 €
+ Vertreterprovison	9,19 €
= Zielverkaufspreis	183,75 €
+ Kundenrabatt	61,25 €
= Listenverkaufspreis	245,00 €

Berechnung des Gewinnsatzes:

$p\,\% = \frac{14{,}86}{154{,}19} \approx 0{,}0964 = 9{,}64\,\%$

9 Bezugspreis 240 €
+ Zuschläge 180 €

= Listenverkaufspreis 420 €

$\text{Kalkulationsfaktor} = \frac{420}{240} = 1{,}75$

$\text{Handelsspanne} = \frac{180}{420} \approx 0{,}4286 = 42{,}86\,\%$

 Ott, Bohner, Deusch, Thun - ISBN 978-3-8120-0386-5

Modellierung einer Situation
Lehrbuch Seite 47

1. Berechnung des Auszahlungsbetrages

	Commerzbank Goslar	Deutsche Bank Goslar
Darlehen	360 000 €	360 000 €
– Disagio	18 000 €	7 200 €
– Provision	3 600 €	–
– Bearbeitungsgebühr	–	200 €
= Auszahlungsbetrag	338 400 €	352 600 €

2. Berechnung der Darlehensaufwendungen

	Commerzbank Goslar	Deutsche Bank Goslar
Zinsen für gesamte Laufzeit	90 000 €	72 000 €
+ Disagio	18 000 €	7 200 €
+ Provision	3 600 €	–
+ Bearbeitungsgebühr	-	200 €
Summe	111 600 €	79 200 €

3. Berechnung der effektiven Verzinsung (bezogen auf 1 Jahr)

Commerzbank	Deutsche Bank
$p\% = \frac{111\,600}{338\,400 \cdot 10}$	$p\% = \frac{79\,400}{352\,600 \cdot 5}$
$\approx 0{,}033$	$\approx 0{,}045$
$p\% = 3{,}3\,\%$	$p\% = 4{,}5\,\%$

Der Unternehmer wird sich vermutlich für die Commmerzbank entscheiden, da der Effektivzinssatz niedriger ist als der von der Deutschen Bank.

Test zur Überprüfung Ihrer Grundkenntnisse
Lehrbuch Seite 72

1 K = 3 500, t = 72 (13. 5. - 25. 7.), Z = 62,30 $p\% = \frac{360 \cdot 100 \cdot 62{,}50}{3\,500 \cdot 72} \approx 8{,}9\,\%$

2

a) Kreditsumme K: $K + \frac{K \cdot 1{,}5 \cdot 90}{100 \cdot 360} + 15{,}60 = 7\,844{,}85$

$1{,}00375 \cdot K = 7\,829{,}25$ $K = 7\,800$

b) t = 90, K = 7 800, Z = 62,30, $p\% = \frac{360 \cdot 100 \cdot 44{,}85}{7\,800 \cdot 90} \approx 2{,}3\,\%$

3

a) Fliesen Schmidt: $p\% = \frac{2 \cdot 360}{20} = 36\,\%$

Sanitär und Heizung: $p\% = \frac{3 \cdot 360}{34} \approx 31{,}76\,\%$

b) K = 12 000 − 240 = 11 760; t = 20, Z = 240 $p\% = \frac{360 \cdot 100 \cdot 240}{11\,760 \cdot 20} \approx 36{,}73\,\%$

c) K = 14 000 − 420 = 13 580, t = 34; p = 9,6 $Z = \frac{13\,580 \cdot 9{,}6 \cdot 34}{100 \cdot 360} = 123{,}13$

Finanzierungsgewinn = 420,00 € − 123,13 € = 296,87 €

4

Mieteinnahmen 12 · 1200 €	= 14 400 €
− Aufwendungen Steuern etc.	= 8 400 €
− Zinsaufwendungen	= 3 500 €
= Überschuss	= 2 500 €

a) Z = 2 500, K = 120 000 (Eigenmittel) $p\% = \frac{2\,500}{120\,000} = 0{,}02083 \approx 2{,}08\,\%$

b) Z = 2 500, K = 260 000 (Kaufpreis) $p\% = \frac{2\,500}{260\,000} = 0{,}0096 \approx 0{,}96\,\%$

5

a) $K_0 \cdot 1{,}02^3 \cdot 1{,}03^4 \cdot 1{,}035^3 = 7\,945{,}51$

$1{,}324251469 \cdot K_0 = 7\,945{,}51$ $K_0 = 6\,000$

b) Die Faktoren eines Produkts lassen sich beliebig vertauschen (Kommutativgesetz der Multiplikation)

6

a) $K_{10,4} = 20\,000\text{ €} \cdot 1{,}01^{40} = 29\,777{,}27\text{ €}$

b) $q^{10} = \frac{29\,777{,}27}{20\,000} = 1{,}488864...$ $q \approx 1{,}0406$ $p\% = 4{,}06\,\%$

Modellierung einer Situation
Lehrbuch Seite 73

Das **Schaubild B** beschreibt für $0 \leq t \leq 42{,}5$ einen linearen Zusammenhang zwischen der Zeit und der Wasserhöhe. Dieser Zusammenhang ist bei konstantem Wasserzufluss nur gegeben, wenn die Querschnittsfläche des Gefäßes unabhängig von der Höhe ist. Das gilt nur für den **Eimer.**

Nach 42,5 Sekunden steigt die Wasserhöhe nicht mehr an (das Wasser läuft über), die dann erreichte Wasserhöhe ist auch die Innenhöhe des Eimers.

Der Eimer ist also innen 60 cm hoch.

Die **Tabelle gehört zum Kolben,** da für die Höhenzunahme von 5 cm immer weniger Zeit benötigt wird.

Somit muss das **Schaubild A die Wasserhöhe der Kugel** beschreiben. Die Kugel ist bereits nach 35 Sekunden voll, der Eimer nach 42,5 Sekunden und der Kolben erst nach über 50 Sekunden. Da alle Behälter gleichmäßig mit 1 ℓ/s gefüllt werden, ist die Kugel der Behälter mit dem kleinsten Volumen.

Modellierung einer Situation
Lehrbuch Seite 86

Stahlhandel Gruber: $y = 30x$ (1)

Blime Stahl: $K(x) = 25x + 80$ (2)

Metall und Eisen GmbH: $K(x) = 25x + 120$ (3)

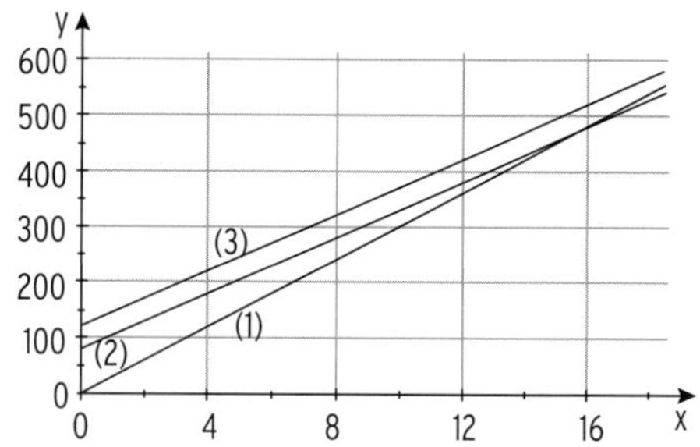

Einkaufsempfehlung:

Bis 1600 kg bei Stahlhandel Gruber, über 1600 kg bei Blime Stahl.

Metall und Eisen GmbH ist der teuerste Lieferant (bis 2 400 kg).

Test zur Überprüfung Ihrer Grundkenntnisse
Lehrbuch Seite 107

1 g durch (0|− 1) und (4|2): $y = \frac{3}{4}x - 1$

h durch (0|4) und (6|2): $y = -\frac{1}{3}x + 4$

2

a) $f(x) = 0$ $\frac{2}{3}x + 1 = 0$ für $x = -\frac{3}{2}$

Nullstelle $x = -\frac{3}{2}$

b) $f(x) = g(x)$

$\frac{2}{3}x + 1 = -x - 1$ für $x = -\frac{6}{5}$

Schnittstelle $x = -\frac{6}{5}$

mithilfe der Zeichnung

$f(x) < g(x)$ für $x < -\frac{6}{5}$

c) $f(u) - g(u) = 3$ für $u = \frac{3}{5}$

Die Schnittpunkte der Parallelen zur y-Achse und den Geraden K_f und K_g haben einen Abstand von 3.

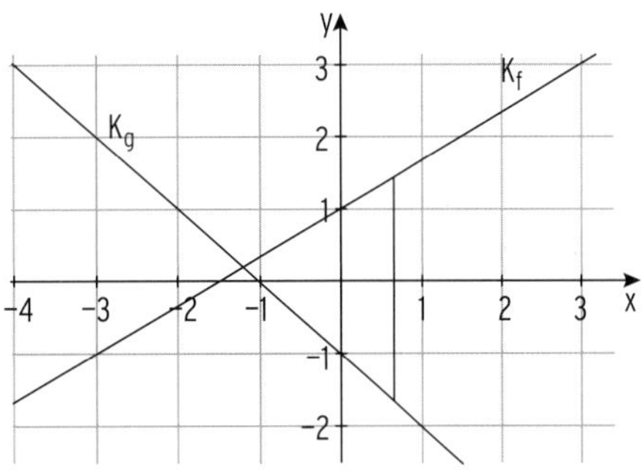

3

a) $p_N(x) = -4x + 88$; $p_A(x) = 2{,}5x + 10$; $D_{ök} = [0; 22]$

b) MGG (12|40)

4

a) $K(x) = 12x + 850$; Fixkosten 850 GE; variable Stückkosten: 12 GE/ME

b) $E(x) = 20x$; $x_{GS} = 106{,}25$

c) $G(x) = 1000$ für $x = 231{,}25$

5 $150 = 18x + 25y$

Auflösen nach y: $y = -\frac{18}{25}x + 6$

Modellierung einer Situation
Lehrbuch Seite 108

- Herstellkosten $K(x) = 0{,}1x^2 + 0{,}25x + 8$; $K(x)$ in 1000 €; $E(x) = 2{,}425x$
  Gewinnzone [4; 20]; $G_{max} = G(12) = 5{,}4$
  $E^*(x) = 1{,}825x$; neues $G_{max} = G(9) = 0{,}1$
  Der Preis von 1825 € deckt gerade die Kosten.
  Selbst bei einer Produktion von 9 Geräten kann kein Gewinn erzielt werden.
  Die Firma Waldner startet eine Qualitätsoffensive,
  versucht ihre Kosten zu senken.
  Den Preis von 1825 € kann sie nicht halten.
- Schildfläche $A(x) = x \cdot y = x\left(-\frac{5}{4}x + 5\right)$; $0 \le x \le 4$
  $A_{max} = A(2) = 5$; $5 \cdot 900 € = 4500 €$,
  d.h. der Betrag reicht nicht aus für die größte Fläche.

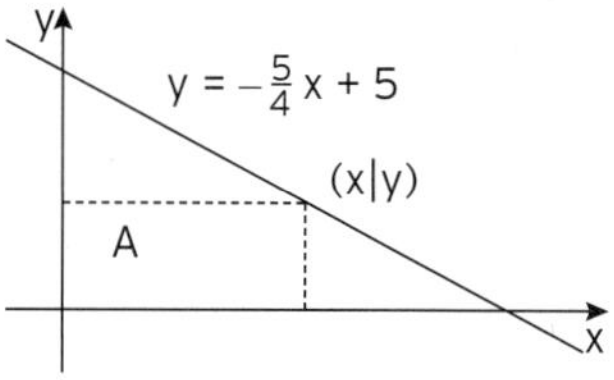

Test zur Überprüfung Ihrer Grundkenntnisse
Lehrbuch Seite 129

1

a) $x_1 = -5$; $x_2 = 3$

b) $x_{1|2} = \frac{3}{2} \pm \sqrt{\frac{17}{4}}$

2

a) [5; 20]; $x_S = x_{max} = \frac{5 + 20}{2} = 12{,}5$; $G(12{,}5) = 11{,}25$

b) Berührpunkt B(10 | 70); langfristige Preisuntergrenze 7 GE

3

a) Höchstpreis: $p_N(0) = 20$;
   $p_N(x) = 0$ für $x = 5$ $(x > 0)$ Sättigungsmenge

b) $p_N(x) = p_A(x)$ für $x = 3$; $p_N(3) = 9{,}2$ Gleichgewichtspreis 9,2 GE/ME

4

a) Abb. 1 zeigt eine Kostenkurve, da die Kurve steigend ist und oberhalb der x-Achse verläuft.

b) Variable Kosten K_v:
   Graph durch Verschiebung um 2 nach unten
   Variable Stückkosten k_v
   Schnittpunkt von K_v und k_v in $x = 1$.
   Graph durch die Punkte
   z.B. $\left(2\middle|\frac{2{,}5}{2}\right)$; $\left(3\middle|\frac{4{,}2}{3}\right)$; $\left(4\middle|\frac{6}{4}\right)$

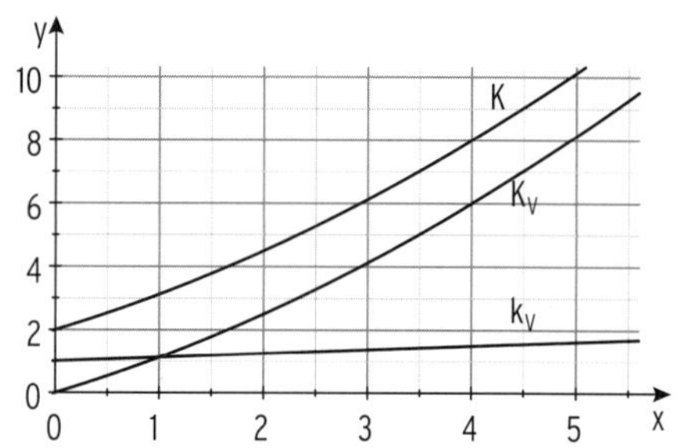

5 $E(x) = -5x^2 + 80x$

6 $f(x) = -1{,}5x(x - 4)$; $f(1{,}5) = 2{,}625$; ja

Modellierung einer Situation
Lehrbuch Seite 130

$K(x) = x^3 - 5x^2 + 10x + 5$; $E(x) = 11x$; $K(x)$ und $E(x)$ in 1000 €

Gewinnzone [1; 5]; $G(6) = -35$

$K(6) = 101$; $E^*(6) = 101 = 6 \cdot 0{,}65 \cdot p \Rightarrow p = 25{,}897$ entspricht 25 897 €

Mindestverkaufspreis, wenn 35 % Rabatt eingeräumt wird, auf 25 897 € festlegen, um bei 6 produzierten und verkauften Maschinen keinen Verlust zu erzielen.

Oder: Produktionsmenge verringern

Variable Stückkosten: $k_v(x) = x^2 - 5x + 10$; Minimal in $x_S = 2{,}5$ und $k_v(2{,}5) = 3{,}75$

$0{,}65 \cdot 11 = 7{,}15 > 3{,}75$

Test zur Überprüfung Ihrer Grundkenntnisse
Lehrbuch Seite 159

1

a) 0; $\pm\sqrt{24}$;

b) $-0{,}5$; 0; 1

c) ± 1; 3

2

a) [2; 5]

b) k_v minimal in $x = 3$ mit $k_v(3) = 4{,}5$; stimmt

c) Berührpunkt $B(3\,|\,18{,}5)$; kurzfristige Preisuntergrenze 4,5 GE

3 $G(4) = 0$; $G(5) = 61$; $a = -2$; $d = -204$

4

a) ja, der Kostenverlauf wechselt von degressiv zu progressiv

b) Zeichnung

c) E durch O; $(1\,|\,6)$ und $(3\,|\,10)$;
$E(x) = -\frac{4}{3}x^2 + \frac{22}{3}x$

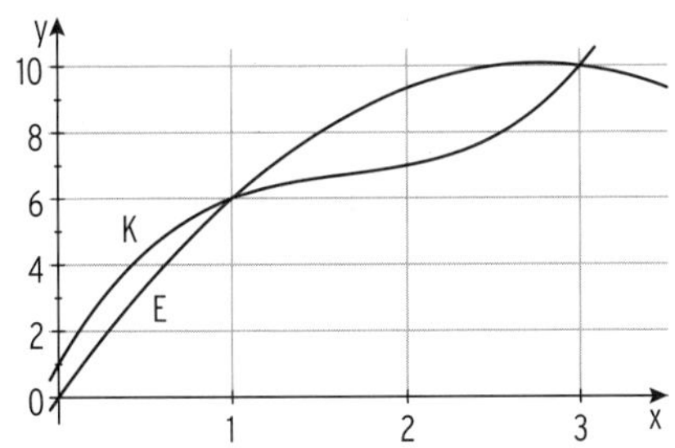

5

a) Schaubilder von K und E:

b) Bedingung: $K(x) = E(x)$
$0{,}05x^3 - 1{,}2x^2 + 10x + 156 = -1{,}25x^2 + 50x$
Nullform $0{,}05x^3 + 0{,}05x^2 - 40x + 156 = 0$
Polynomdivision mit $(x - 4)$ ergibt
$0{,}05x^2 + 0{,}25x - 39 = 0$
weitere Lösungen: $x_2 = 25{,}54$; $x_3 = -30{,}54 < 0$
Gewinngrenze
$x_{GG} = 25{,}54$ (auf 2 Dezimalen gerundet)

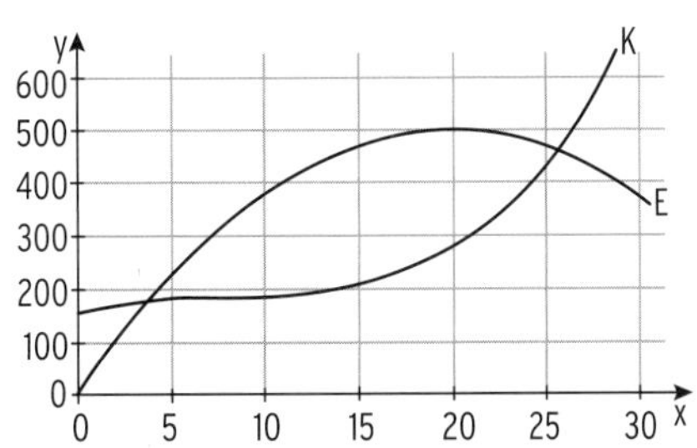

c) $x_1 = 0$; $x_2 = 40$; $x_{max} = x_S = \frac{40}{2} = 20$ Maximalstelle

Modellierung einer Situation
Lehrbuch Seite 160

$K(0) = 82{,}50$; $K'(2) = 1$; $K'(1) = 2{,}75$; $K'(4) = 2$ führt auf $K(x) = 0{,}25x^3 - 2x^2 + 6x + 82{,}5$
Alternative: Prüfen durch Einsetzen.
$E(x) = 22{,}625x$; $G(x) = -0{,}25x^3 + 2x^2 + 16{,}625x - 82{,}5$
Gewinnbereich [4; 11]; $G(12) < 0$; der Großauftrag sollte abgelehnt werden.
$k_v(x) = 0{,}25x^2 - 2x + 6$ wird minimal in $x = 4$ mit $k_v(4) = 2$
Bestmögliche Produktionsmenge 4 ME.
Der Großauftrag über 12 ME sollte abgelehnt werden, da $G(12) < 0$ ist.

Test zur Überprüfung Ihrer Grundkenntnisse
Lehrbuch Seite 176

1

a) $f'(x) = 15x^2 - 3x + 2$
b) $f'(x) = \frac{1}{8}(3x^2 - 6x)$
c) $f'(x) = 3a\,x^2 + 2bx$
d) $f'(x) = \frac{1}{4} - \frac{5}{x^2}$

2 $f(x) = x^3 - 2x^2$; $x \in \mathbb{R}$ mit Schaubild K; $f'(x) = 3x^2 - 4x$
a) $f'(-1) = 7$
b) $f'(x) = -1$ für $x = \frac{1}{3}$ oder $x = 1$
c) Tangente an K im Punkt $P(2\,|\,f(2))$: $y = 4x - 8$
d) $f'(x) = 0$ für $x = \frac{4}{3}$ g: $y = -\frac{32}{27}$ berührt K.

3
a) $K'(x) = 0{,}75x^2 - x + 2 = K_v'(x)$; $k'(x) = 0{,}5x - 0{,}5 - \frac{9}{x^2}$; $k_v'(x) = 0{,}5x - 0{,}5$
b) $K'(x) = 0$ hat keine Lösung; $K'(0) = 2 > 0$
c) $y = 5{,}75x$; langfristige Preisuntergrenze 5,75 GE/ME
d) $K'(x) = 3$ für $\left(x = -\frac{2}{3} \text{ oder}\right)$ $x = 2$, Berührpunkt $B(2\,|\,13)$

4 $G(x) = -0{,}5x^3 - 0{,}5x^2 + 17x - 16$
a) Mittlere Gewinnänderung: $\frac{G(3) - G(1)}{2} = \frac{17}{2}$
Ja, es gibt eine zur Sekante parallele Tangente mit $G'(x) = \frac{17}{2}$ für $x \approx 2{,}1$
b) $G'(x) = 0$ für $x = 3{,}05$ $(x > 0)$; $y = 17{,}0$ Gleichung der waagrechten Tangente

5 $K(x) = K_v(x) + K_{fix}$ mit K_{fix} = konstant, fällt beim Ableiten weg

6
a) Lösung: $E(3) = K(3)$ $3p = 300 \Rightarrow p = 100$
konstanter Verkaufspreis: $p = 100$ GE/ME
b) $K'(x) = E'(x) = 100$
für $x = 7{,}263$ oder $x = -0{,}597$
Interpretation:
$x = -0{,}597$ ökonomisch nicht sinnvoll
Der Gewinn wird am größten für 7,263 ME.

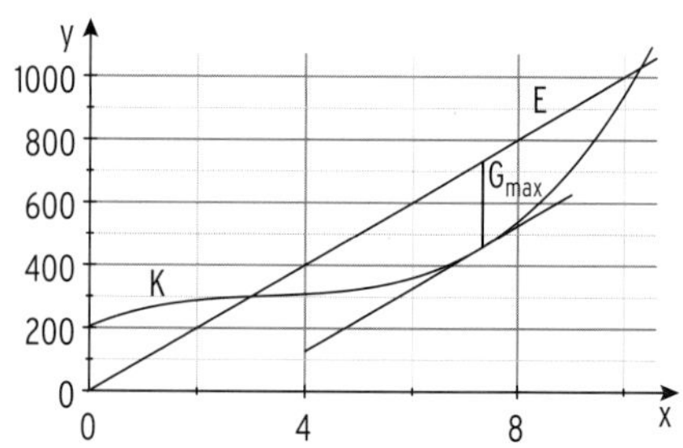

Modellierung einer Situation
Lehrbuch Seite 177

Xenon-Scheinwerfer: $K(x) = 0{,}25\,x^3 - 2{,}5\,x^2 + 22\,x + 24$; $E(x) = 30\,x$; $G(8) = 72$

LED-Scheinwerfer: $K^*(8) = 242 \Rightarrow E^*(8) = 242 + 72 = 314$

also $E^*(x) = 39{,}25\,x$

Vergleich der Gewinnzonen und des Gewinnmaximums

Xenon-Scheinwerfer: [2; 12]; $G_{max} = G(8) = 72$

LED-Scheinwerfer: [5,6; 13,6]; $G_{max} = G(10{,}1) = 97{,}3$

Die Produktionszahlen der LED-Scheinwerfer sind höher (Auslastung) und der Gewinn fällt höher aus.

Auf lange Sicht sollte die Xenon-Schweinwerferproduktion auch aufgrund zurückgehender Nachfrage eingestellt werden. Im Augenblick ist es wohl nicht ratsam.

Test zur Überprüfung Ihrer Grundkenntnisse
Lehrbuch Seite 197

1

a) $f(x) = x^3 - \frac{9}{2}x^2 + 6x + 3$; $f'(x) = 3x^2 - 9x + 6$; $f''(x) = 6x - 9$

$H(1|5{,}5)$; $T(2|5)$

b) $f(x) = x - 3 + x^2$; $f'(x) = 1 + 2x$; $f''(x) = 2$

$f'(x) = 0$ für $x = -0{,}5$ Nachweis mit $f''(x) > 0$

Tiefpunkt $T(-0{,}5|-3{,}25)$

c) $f(x) = x^3 + 3x^2 + x$; $f'(x) = 3x^2 + 6x + 1$; $f''(x) = 6x + 6$

$f'(x) = 0$ für $x_1 = -0{,}18$; $x_2 = -1{,}82$

Nachweis: $f''(-0{,}18) > 0$ $T(-0{,}18|-0{,}09)$;

$f''(-1{,}82) < 0$ $H(-1{,}82|2{,}09)$

d) $f(x) = -\frac{1}{4}(x^3 - 12x^2)$; $f'(x) = -\frac{1}{4}(3x^2 - 24x)$; $f''(x) = = -\frac{1}{4}(6x - 24)$

$f'(x) = 0$ $3x^2 - 24x = 0$ für $x_1 = 0$; $x_2 = 8$

Nachweis: $f''(0) = 6 > 0$ Tiefpunkt $T(0|0)$

$f''(8) = -6 < 0$ Hochpunkt $H(8|64)$

2 $f(x) = x^3 - 2x^2 + x$; $f'(x) = 3x^2 - 4x + 1$

$f'(x) = 0$ für $x_1 = \frac{1}{3}$; $x_2 = 1$ Stellen mit VZW von $f'(x)$

$f'(0) = 1$

Monotoniebereiche: Für $x \leq \frac{1}{3}$ bzw. $x \geq 1$ ist f wachsend.

Für $\frac{1}{3} \leq x \leq 1$ ist f fallend.

3 $f(x) = -x^3 + 3x^2 - 1$; $f'(x) = -3x^2 + 6x$; $f''(x) = -6x + 6$

Wendepunkt $W(1|1)$

$f'(1) = 3$

Gleichung der Wendetangente: $y = 3x - 2$

4

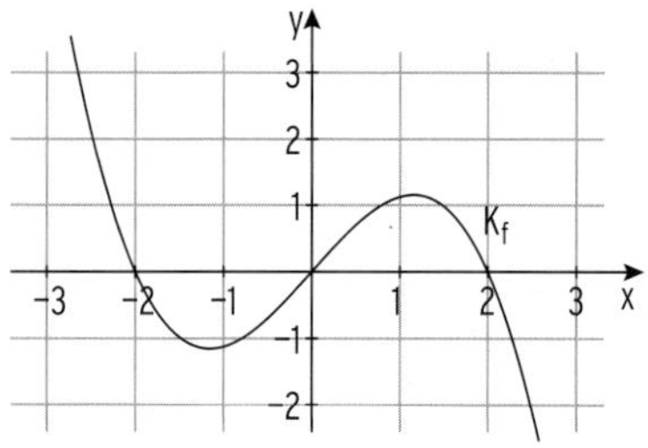

a) $f(x) = \frac{3}{2}x - \frac{3}{8}x^3$; $f'(x) = \frac{3}{2} - \frac{9}{8}x^2$; $f''(x) = -\frac{9}{4}x$
Wendepunkt $W(0 \mid 0)$
Aus der Abbildung:
K_f ist linksgekrümmt für $x < 0$,
K_f ist rechtsgekrümmt für $x > 0$.

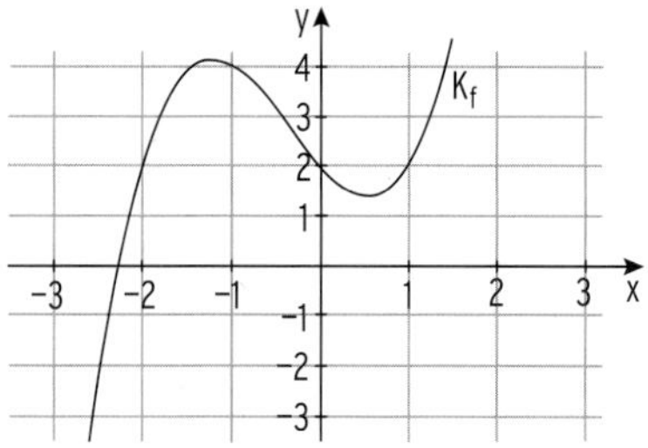

b) $f(x) = x^3 + x^2 - 2x + 2$; $f'(x) = 3x^2 + 2x - 2$;
$f''(x) = 6x + 2$
Wendestelle $x_W = -\frac{1}{3}$
Aus der Abbildung:
K_f ist rechtsgekrümmt für $x < -\frac{1}{3}$
K_f ist linksgekrümmt für $x > -\frac{1}{3}$.

5

(1) Falsch, K_f hat nur einen Wendepunkt in $x = 4$.
(2) Falsch, die Steigung nimmt für $x \in [4; 8]$ ab.
(3) Falsch, $f''(2) > 0$ da K_f linksgekrümmt ist; $f''(8) < 0$ da K_f rechtsgekrümmt ist.
(4) Falsch, die maximale momentane Änderungsrate von f ist die maximale Steigung des Graphen von f. Sie liegt in $x = 4$.

6 f mit $f(x) = \frac{1}{5}(x^3 - 3x^2 + 3x - 9)$; $f'(x) = \frac{1}{5}(3x^2 - 6x + 3)$; $f''(x) = \frac{1}{5}(6x - 6)$
$x = 1$ ist Wendestelle
$f'(1) = 0$
K_f hat im Wendepunkt eine waagrechte Tangente.

Modellierung einer Situation
Lehrbuch Seite 198

$p_N(x) = -25x + 1000 \Rightarrow E(x) = -25x^2 + 1000x$
$K(x) = 0{,}75x^3 + bx^2 + cx + 3336$; $K'(x) = 2{,}25x^2 + 2bx + c$;
$k_v(x) = 0{,}75x^2 + bx + c$; $k_v'(x) = 1{,}5x + b$
$K'(2) = 63$; $k_v'(10) = 0$
ergibt $K(x) = 0{,}75x^3 - 15x^2 + 114x + 3336$
Gewinnzone $[4; 25{,}8]$; $G_{max} = G(15{,}9) = 5208{,}5$
$K^*(x) = 0{,}75x^3 - 15x^2 + 114x + 6000$; Gewinnzone $[7{,}9; 23]$; $G^*_{max} = G^*(15{,}9) = 2544{,}5$
Die Kosten sollten gesenkt werden, um die Gewinnsituation zu verbessern. Die Preise sind vom Markt festgelegt und können nicht erhöht werden.

Test zur Überprüfung Ihrer Grundkenntnisse Lehrbuch Seite 215

1 $K(x) = x^3 - 14x^2 + 100x + 600$.

a) $k(x) = x^2 - 14x + 100 + \frac{600}{x}$; $k'(x) = 2x - 14 - \frac{600}{x^2}$;
Betriebsoptimum liegt bei 10 ME: $k'(10) = 0$
langfristige Preisuntergrenze: $k(10) = 120$

b) $E(x) = 125x$; $G(x) = -x^3 + 14x^2 + 25x - 600$.
Maximaler Gewinn $G(10{,}15) = 50{,}39$

2

a) Erlösfunktion $E(x) = -1{,}5x^2 + 16{,}8x$
Erlösschwelle: $x_1 = 0$; Erlösgrenze: $x_2 = 11{,}2$
Erlösmaximum $E(5{,}6) = 47{,}04$

b) $G(x) = E(x) - K(x)$
$= -1{,}5x^2 + 16{,}8x$
$- (0{,}4x^3 - 2{,}4x^2 + 4{,}8x + 16{,}8)$
$G(x) = -0{,}4x^3 + 0{,}9x^2 + 12x - 16{,}8$

c) $G(1) < 0$; $G(2) > 0$
Gewinnschwelle $x_{GS} = 1{,}3$
Gewinnmaximum $G(4) = 20$

d) Cournot'scher Punkt: $C(4\,|\,10{,}8)$:
Die Koordinaten von C geben die gewinnmaximale Ausbringungsmenge und den dazugehörigen gewinnmaximalen Marktpreis an.

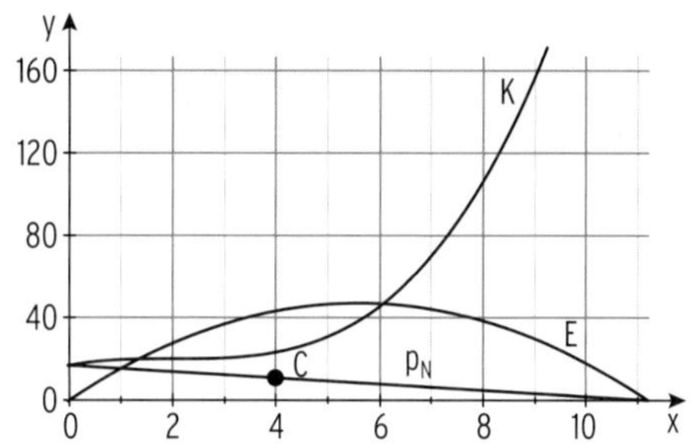

3

a) Ökonomisch sinnvoller Definitionsbereich: $D_{ök} = [0; 150]$
$K(x) = \frac{1}{30}x^3 - \frac{9}{2}x^2 + 270x + 6000$
Funktion der fixen Stückkosten: $K_{fix}(x) = \frac{K(0)}{x} = \frac{6000}{x}$
Funktion der variablen Stückkosten: $k_v(x) = \frac{1}{30}x^2 - \frac{9}{2}x + 270$
Funktion der Stückkosten: $k(x) = \frac{1}{30}x^2 - \frac{9}{2}x + 270 + \frac{6000}{x}$
Funktion der Grenzstückkosten: $k'(x) = \frac{1}{15}x - \frac{9}{2} - \frac{6000}{x^2}$

b) Betriebsminimum: $k_v'(x) = 0 \wedge k_v''(x) > 0$
$k_v'(x) = 0 \Leftrightarrow 0 = \frac{1}{15}x - \frac{9}{2} \Leftrightarrow x = 67{,}5$
$k_v''(x) = \frac{1}{15} > 0$ also Betriebsminimum $x_{BM} = 67{,}5$
Bei 67,5 ME entstehen die geringsten variablen Kosten pro ME.
Kurzfristige Preisuntergrenze: $k_v(67{,}5) = 118{,}125$
Bei einem Verkaufspreis von 118,125 GE/ME werden die fixen Kosten als Verlust in Kauf genommen.

4 Für die Kostenfunktion K mit $K(x) = 1{,}5x^3 - 3x^2 + 40x + 15$:

$K'(x) = 4{,}5x^2 - 6x + 40$; $K''(x) = 9x - 6$

variable Stückkosten $k_v(x) = 1{,}5x^2 - 3x + 40$; $k_v'(x) = 3x - 3$

Produktionsmenge mit minimalen Grenzkosten

Bedingung: $K''(x) = 0$ $\quad 9x - 6 = 0$ für $x = \frac{2}{3}$

Produktionsmenge mit minimalen variablen Stückkosten

Bedingung: $k_v'(x) = 0$ $\quad 3x - 3 = 0$ für $x = 1$

Die Produktionsmengen haben das Verhältnis $\frac{2}{3} : 1 = 2:3$.

Modellierung einer Situation
Lehrbuch Seite 225

G: $f(x) = \frac{1}{3}(2x^3 + 4x^2 - 10x - 12)$; $x \in \mathbb{R}$

a) $f(-3) = 0$; $f(-1) = 0$; $f(2) = 0$

G schneidet die x-Achse in -3; 1 und 2.

b) Größte Tiefe des Kanals und die maximale Höhe der linken Uferböschung

Bedingung: $f'(x) = 0$ $\quad \frac{1}{3}(6x^2 + 8x - 10) = 0$

Lösungen der quadratischen Gleichung: $\quad x_1 = -2{,}12$; $x_2 = 0{,}79$

Mit $f''(x) = \frac{1}{3}(12x + 8)$ erhält man:

$f''(-2{,}12) < 0$; $f(-2{,}12) = 2{,}71$ $\quad$ Hochpunkt $H(-2{,}12 \mid 2{,}71)$

$f''(0{,}79) > 0$; $f(0{,}79) = -5{,}47$ $\quad$ Tiefpunkt $T(0{,}79 \mid -5{,}47)$

Die größte Tiefe des Kanals ist 5,47 m und die maximale Höhe der linken Uferböschung beträgt 2,71 m.

c) Querschnittsfläche des Kanals:

$$\int_{-1}^{2} f(x)\,dx = \left[\frac{1}{3}\left(\frac{1}{2}x^4 + \frac{4}{3}x^3 - 5x^2 - 12x\right)\right]_{-1}^{2} = -10{,}5$$

Der Kanal hat eine Querschnittsfläche von $10{,}5\,m^2$.

d) Volumen des abgeleiteten Wassers:

Grundfläche des Körpers: $10{,}5\,m^2$; Höhe des Körpers: 15 m

$V = G \cdot h = 10{,}5 \cdot 15 = 157{,}5$

Es müssen $157{,}5\,m^3$ Wasser abgeleitet werden.

Test zur Überprüfung Ihrer Grundkenntnisse
Lehrbuch Seite 256

1 Stammfunktion von f

a) $f(x) = -\frac{3}{2}x + 4x^4$; $F(x) = -\frac{3}{4}x^2 + \frac{4}{5}x^5$

b) $f(x) = \frac{1}{7}(x^3 + 3x^2 + 4)$; $F(x) = \frac{1}{7}\left(\frac{1}{4}x^4 + x^3 + 4x\right)$

2 Stammfunktion F von f mit $f(x) = \frac{1}{2}(x + 5x^3)$ und $F(0) = 3$

$F(x) = \frac{1}{2}(\frac{1}{2}x^2 + \frac{5}{4}x^4) + c$

$F(0) = c = 3$

und damit $F(x) = \frac{1}{2}(\frac{1}{2}x^2 + \frac{5}{4}x^4) + 3 = \frac{1}{4}x^2 + \frac{5}{8}x^4 + 3$

3 K_f: $f(x) = -0{,}25(x-1)(x-2) = -0{,}25(x^2 - 3x + 2)$

Zwei Flächenstücke:

$\int_0^1 f(x)\,dx = \left[-0{,}25\left(\frac{1}{3}x^3 - \frac{3}{2}x^2 + 2x\right)\right]_0^1 = -0{,}21$

$\int_1^2 f(x)\,dx = 0{,}04$

Gesamtinhalt $A = 0{,}21 + 0{,}04 = 0{,}25$

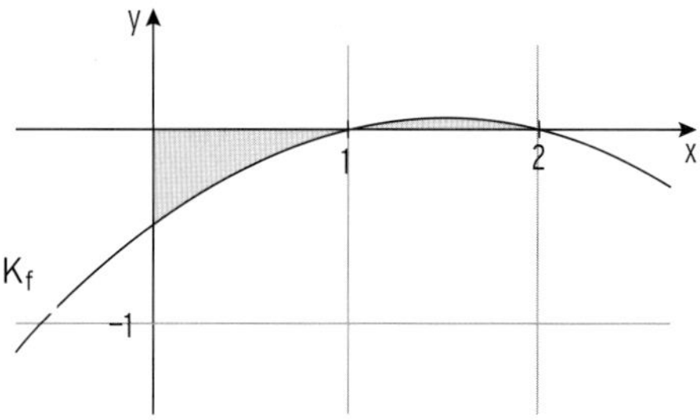

4 K_f: $f(x) = \frac{1}{4}x^2 + 4$

Tangente an K_f in $x = 2$: $y = x + 3$

Inhalt der Fläche: $\int_0^2 (f(x) - (x+3))\,dx = \frac{2}{3}$

$A = \frac{2}{3}$

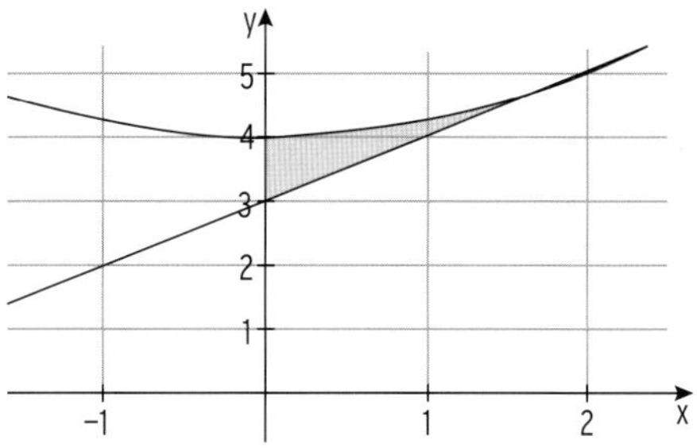

5 K_f: $f(x) = \frac{3}{8}x^2 + 1$

Inhalt der Fläche $\int_0^u f(x)\,dx = \left[\left(\frac{1}{8}x^3 + x\right)\right]_0^u = \frac{1}{8}u^3 + u$

Das Schaubild von g mit $g(u) = \frac{1}{8}u^3 + u$ ist steigend $(g'(u) = \frac{3}{8}u^2 + 1 > 0)$.

g ist eine ganzrationale Funktion 3. Grades.

g nimmt Funktionswerte von $-\infty$ bis $+\infty$ an.

Es gibt also für $g(u) = 4$ genau eine Lösung.

Hinweis: Tangente im Punkt $S(0|1)$: $y = -0{,}5x + 1$ wird nicht benötigt.

6 (1) falsch; $m \approx -1$

(2) falsch; $F'(0) = f(0) = 0{,}5$

(3) wahr;
f hat drei Extremstellen.

(4) wahr; mehr als 6 Kästchen mit 1FE lassen sich vollständig einbeschreiben.

(5) falsch; $\int_0^4 f'(x)\,dx = f(4) - f(0) = 0 - 0{,}5 = -0{,}5$

Modellierung einer Situation
Lehrbuch Seite 265

1) • Koordinatensystem

Probe mit einigen Koordinaten ergibt eine

Übereinstimmung:

$y = 2{,}298t^2 - 24{,}679\,t + 84{,}917$

(gestrichelt gezeichnet)

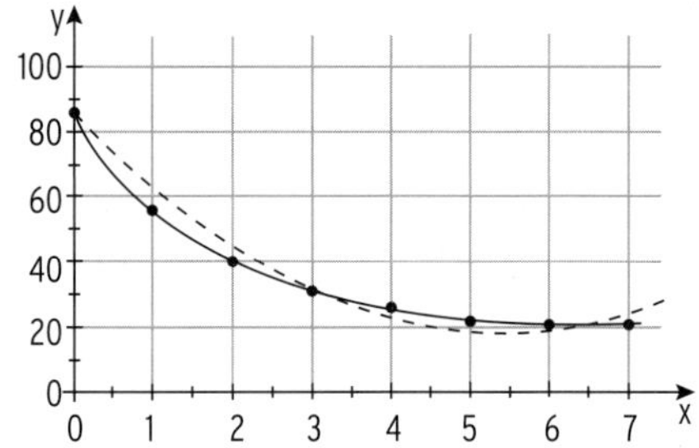

• Da sich die Temperatur langsam der Zimmertemperatur angleicht, liegt mit y = 20 eine waagrechte Asymptote vor.
Ansatz: $y = ae^{kt} + 20$
Punktprobe mit (0 | 90) ergibt a = 70
Punktprobe mit (1 | 58) ergibt $58 = 70e^k + 20$ und damit $k = \ln(\frac{38}{70}) \approx -0{,}6109$
Damit erhält man dann: $y = 70e^{-0{,}6109t} + 20$ (durchgezogen gezeichnet).
Vergleich: Eine Parabel gibt den Verlauf eines Abkühlvorgangs nicht sinnvoll wieder, weil die Parabel im betrachteten Zeitraum wieder steigt. Das würde einer Wiedererwärmung entsprechen.
Das Schaubild der Exponentialfunktion stellt den Verlauf des Abkühlvorgangs gut dar.

2) $h(t) = 20 + 70e^{-0{,}2t}$

• Bedingung: h(t) = 50

$$50 = 20 + 70e^{-0{,}2t}$$
$$e^{-0{,}2t} = \frac{3}{7}$$
$$t \approx 4{,}2$$

Der Tee benötigt etwas mehr als 4 Minuten, um auf Trinktemperatur abzukühlen.

• Momentane Abkühlgeschwindigkeit nach 1 Minute:
$h'(1) \approx -11{,}46$, d. h. die Abkühlgeschwindigkeit beträgt ca. 11,5 ° pro Minute
Momentane Abkühlgeschwindigkeit nach 10 Minuten:
$h'(10) \approx -1{,}89$, d. h. die Abkühlgeschwindigkeit beträgt ca. 1,9 ° pro Minute
Interpretation:
Der Tee kühlt also am Anfang wesentlich schneller ab.

Test zur Überprüfung Ihrer Grundkenntnisse Lehrbuch Seite 297

1

a) $e^{x-4} = 2 \Leftrightarrow x - 4 = \ln(2) \Leftrightarrow x = 4 + \ln(2)$

b) $e^x = 2e^{-x} \quad |\cdot e^x$

$e^{2x} = 2 \Leftrightarrow 2x = \ln(2) \Leftrightarrow x = \frac{1}{2}\ln(2)$

c) $\left(2 + \frac{3}{2}x\right)e^{x+1} = 0 \Leftrightarrow 2 + \frac{3}{2}x = 0 \Leftrightarrow x = -\frac{4}{3}$

2 Ableitungen:

a) $f'(x) = (2 + 2x)e^{x-4}$ **b)** $f'(x) = 3 + \frac{8}{3}e^{-4x}$ **c)** $f'(x) = (2{,}5 - 1{,}5x)e^{-0{,}5x}$

3

a) $g(x) = ae^{-x} + b$

Punktprobe mit A(0|4): $a + b = 4$

Punktprobe mit B(1|2): $ae^{-1} + b = 2$

Additionsverfahren:
$$\begin{array}{rl} a + b = 4 & \\ ae^{-1} + b = 2 & \cdot(-1) \quad (+) \\ \hline a - ae^{-1} = 2 & \end{array}$$

Ausklammern: $a(1 - e^{-1}) = 2$

$a = \frac{2}{1 - e^{-1}} \approx 3{,}16$

Einsetzen in a + b = 4 ergibt: $b = 0{,}84$.

b) $f(x) = ae^{kx} + b$; Asymptote: $y = 2$, also $b = 2$; für $x \to -\infty$; damit $k > 0$

Punktprobe mit A(0|1,5): $a + 2 = 1{,}5$

$a = -0{,}5$

4 C: $f(x) = -\frac{1}{2}e^x + 3$

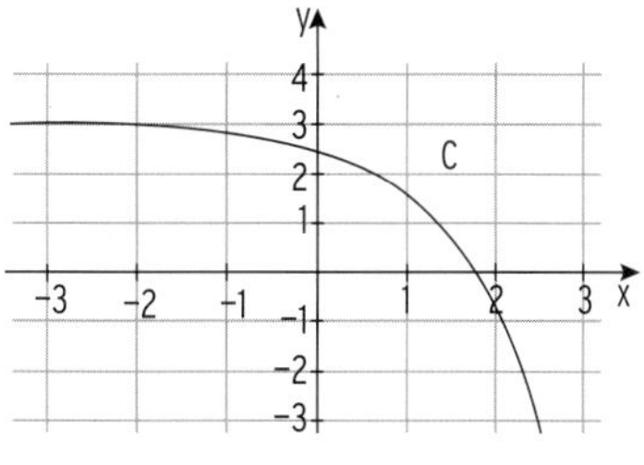

C hat eine waagrechte Asymptote mit $y = 3$ für $x \to -\infty$

$S_y(0|2{,}5)$

C verläuft unterhalb der x-Achse:

Nullstelle von f

Bedingung: f(x) = 0 $\quad -\frac{1}{2}e^x + 3 = 0 \quad |\cdot(-2)$

$e^x - 6 = 0$

$e^x = 6$

Logarithmieren: $x = \ln(6)$

C verläuft unterhalb der x-Achse für $x > \ln(6)$.

5 $K_f: f(x) = (3 - x)e^x$

a) $f'(x) = (2 - x)e^x$; $f''(x) = (1 - x)e^x$; $H(2 | e^2)$

b) K_f schneidet die x-Achse in 3. K_f wird um 2 nach rechts verschoben und mit Faktor 2 in y-Richtung gestreckt, also schneidet K_g die x-Achse in 5.
Eine Streckung in y-Richtung verändert die Nullstelle nicht.

6 Wachstumsgleichung $f(t) = 6{,}8 \cdot 1{,}018^t = 6{,}8\,e^{0{,}0178\,t}$
$t = 0$ entspricht 01.01.2009; $f(t)$ in Milliarden
$f(t) = 10$ für $t \approx 21{,}666$
Etwa im August 2030 überschreitet die Erdbevölkerung die 10-Milliarden-Grenze.
Die Vereinten Nationen gehen von einem geringeren Wachstum als 1,8 % aus.

7 $a(t) = 2t^2e^{-0{,}5t}$; $a'(t) = (4t - t^2)\,e^{-0{,}5t}$; $a''(t) = (4 - 4t + 0{,}5t^2)\,e^{-0{,}5t}$
Bedingung: $a''(t) = 0$ für $t_1 \approx 1{,}17$; $t_2 \approx 6{,}83$

Mithilfe einer Skizze:
In $t_2 = 6{,}83$ ist der Absatzrückgang maximal mit $a'(6{,}83) \approx -0{,}635$,
$a(6{,}83) = 3{,}07$.

Modellierung einer Situation
Lehrbuch Seite 298

$k(x) = \frac{10x + 300}{x + 20}$

x	2	10	100
k(x)	14,55	13,33	10,83

langfristig, d. h. bei wachsender Stückzahl: $x \to \infty$ dann $k(x) \to 10$

Die Stückkosten streben bei wachsender Stückzahl gegen 10 GE/ME.

Marktgleichgewicht

$p_A(x) = p_N(x)$: $1{,}5x + 6 = \frac{105}{x+1} \quad | \cdot (x + 1)$

$(1{,}5x + 6)(x + 1) = 105$

Gleichgewichtsmenge: $x = 6$

Gleichgewichtspreis: $p_A(6) = p_N(6) = 15$

Erlös: $E(6) = 15 \cdot 6 = 90$

Kosten: $K(6) = k(6) \cdot 6 = 13{,}85 \cdot 6 = 83{,}10$

Gewinn: $G(6) = E(6) - K(6) = 6{,}90$

Die ZFW macht einen Gewinn von 6,90 GE.

Test zur Überprüfung Ihrer Grundkenntnisse
Lehrbuch Seite 335

1

a) $f(x) = 4 + \frac{1}{x}$

$D_{max} = \mathbb{R}\backslash\{0\}$

waagrechte Asymptote: $y = 4$

senkrechte Asymptote: $x = 0$

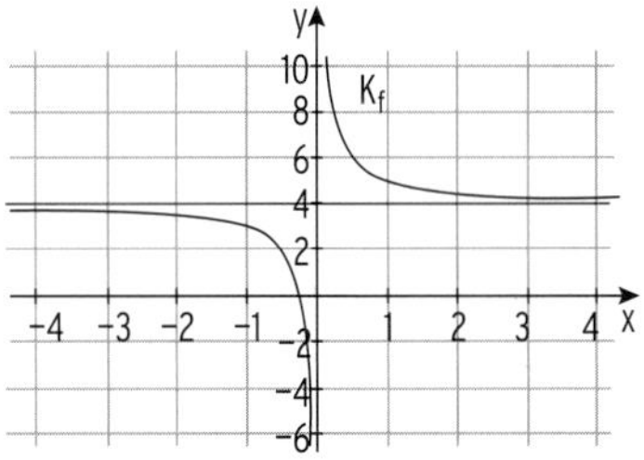

b) $f(x) = \frac{1}{x - 5}$

$D_{max} = \mathbb{R}\backslash\{5\}$

waagrechte Asymptote: $y = 0$

senkrechte Asymptote: $x = 5$

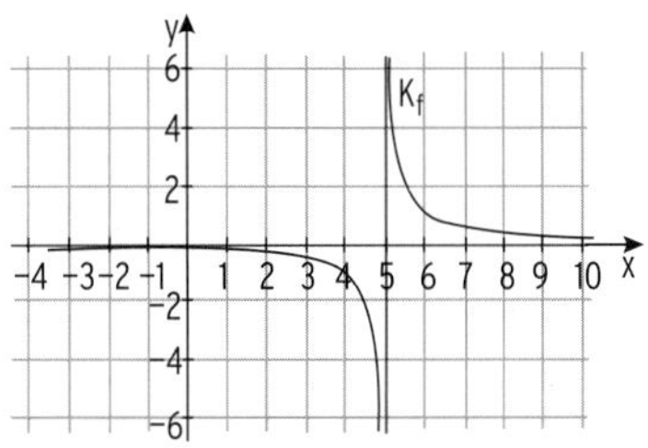

c) $f(x) = \frac{2 - 4x}{x} = \frac{2}{x} - 4$

$D_{max} = \mathbb{R}\backslash\{0\}$

waagrechte Asymptote: $y = -4$

senkrechte Asymptote: $x = 0$

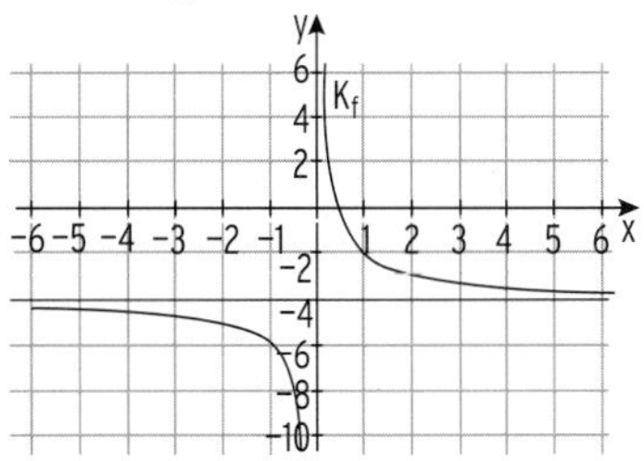

2 Ableitungen:

a) $f'(x) = \frac{-5}{(x+1)^2}$ b) $f'(x) = \frac{-2}{(x-4)^2}$ c) $f'(x) = \frac{4x^2-8}{(x^2+2)^2}$

3 Das Schaubild A verläuft durch den Punkt P(2 | 4) und hat die schiefe Asymptote mit der Gleichung y = x. Das Schaubild der Funktion h hat diese Eigenschaften.

4 $f(x) = \frac{x^2-2x}{x-2}$

$D_{max} = \mathbb{R}\backslash\{2\}$

Kürzen des Funktionsterms: $f(x) = \frac{x^2-2x}{x-2} = \frac{x(x-2)}{x-2} = x$

Die Definitionslücke $x_1 = 2$ ist eine hebbare Lücke.

5 $K(x) = \frac{1}{6}x^3 - 2x^2 + 14x + 12$

a) $k \rightarrow B$; $k_v \rightarrow A$

k hat die Polstelle $x_1 = 0$.

Das Schaubild von k hat die y-Achse als senkrechte Asymptote.

Das Schaubild von k_v ist eine Parabel.

b) $k(x) = \frac{1}{6}x^2 - 2x + 14 + \frac{12}{x}$ $k_v(x) = \frac{1}{6}x^2 - 2x + 14$

c) $k'(x) = \frac{1}{3}x - 2 - \frac{12}{x^2}$

$k'(x) = 0$ $\frac{1}{3}x - 2 - \frac{12}{x^2} = 0$ $|\cdot 3x^2$

$x^3 - 6x^2 - 36 = 0$

Lösung mit dem GTR $x_1 \approx 6{,}78 > 6$

oder: $k'(6) = -\frac{1}{3}$; $k'(7) = \frac{13}{147} > 0$

Nach 6 nimmt k ein Minimum an.

6 $p'_N(x) = \frac{-50}{(x+2)^2} < 0$; p_N ist monoton fallend

Marktgleichgewicht:

$p_A(x) = P_N(x)$	$3x + 1 = \frac{50}{x+2}$	$\|\cdot (x+2)$
	$(3x+1)(x+2) = 50$	
Quadratische Gleichung:	$3x^2 + 7x - 48 = 0$	
Gleichgewichtsmenge:	$x_1 = 3$ $(x_2 = -5{,}33)$	
Gleichgewichtspreis:	$p_A(3) = p_N(3) = 10$	
Marktgleichgewicht:	MGG(3 | 10)	

Modellierung einer Situation
Lehrbuch Seite 336

a) Schätzung für die Jahresproduktion:

$$12\,P = 12\begin{pmatrix} 11 & 12 & 30 & 15 \\ 12 & 14 & 25 & 20 \\ 8 & 8 & 10 & 9 \end{pmatrix}$$

$$12\,P = \begin{pmatrix} 132 & 144 & 360 & 180 \\ 144 & 168 & 300 & 240 \\ 96 & 96 & 120 & 108 \end{pmatrix}$$

b) **Gewinn jedes einzelnen Betriebes**

Erlöse: (1,5 2 1,1) · P = (49,3 54,8 106 72,4)

Kosten pro Einheit: (0,8 1,4 0,7) · P = (31,2 34,8 66 46,3)

Fixkosten pro Betrieb: 5,25 GE

Gewinn in GE: Betrieb 1: 49,3 – 31,2 – 5,25 = 12,85

Betrieb 2: 54,8 – 34,8 – 5,25 = 14,75

Betrieb 3: 106 – 66 – 5,25 = 34,75

Betrieb 4: 72,4 – 46,3 – 5,25 = 20,85

Entschlüsselte Nachricht:

$$\begin{pmatrix} 5 & -2 \\ -2 & 1 \end{pmatrix} \cdot \begin{pmatrix} 17 & 41 & 42 \\ 39 & 91 & 98 \end{pmatrix} = \begin{pmatrix} 7 & 23 & 14 \\ 5 & 9 & 14 \end{pmatrix}$$

Entschlüsselte Nachricht: Gewinn.

Modellierung einer Situation
Lehrbuch Seite 350

x_1 ist die Anzahl der Motorboote, x_2 die Anzahl der Elektroboote und x_3 die Anzahl der Tretboote.

Gleichungen:

$$\begin{aligned} x_1 + x_2 + x_3 &= 37 \\ 40x_1 + 30x_2 + 15x_3 &= 945 \\ x_2 &= x_3 - 6 \end{aligned}$$

Zugehörige Matrix:

$$\begin{array}{c} x_1\ \ x_2\ \ x_3 \\ \left(\begin{array}{ccc|c} 1 & 1 & 1 & 37 \\ 40 & 30 & 15 & 945 \\ 0 & 1 & -1 & -6 \end{array}\right) \end{array} \sim \left(\begin{array}{ccc|c} 1 & 1 & 1 & 37 \\ 0 & 10 & 25 & 535 \\ 0 & 1 & -1 & -6 \end{array}\right) \sim \left(\begin{array}{ccc|c} 1 & 1 & 1 & 37 \\ 0 & 10 & 25 & 535 \\ 0 & 0 & 35 & 595 \end{array}\right)$$

Auflösung ergibt: $x_1 = 9$; $x_2 = 11$ und $x_3 = 17$. Der Bootsverleiher besitzt 9 Motorboote, 11 Elektroboote und 17 Tretboote.

In der letzten Stunde vor Ausleihschluss sind 4 oder 5 Motorboote, x_2 Elektroboote und x_3 Tretboote auf dem See.

Gleichungen:
$$\begin{aligned} 4 + x_2 + x_3 &= 20 \\ 160 + 30x_2 + 15x_3 &= 470 \end{aligned}$$

Das lineare Gleichungssystem hat keine ganzzahlige Lösung ($x_2 = \frac{14}{3}$; $x_3 = \frac{34}{3}$).

oder
$$\begin{aligned} 5 + x_2 + x_3 &= 20 \\ 200 + 30x_2 + 15x_3 &= 470 \end{aligned}$$

Das lineare Gleichungssystem hat die ganzzahlige Lösung ($x_2 = 3$; $x_3 = 12$).

Es können 5 Motorboote auf dem See sein.

Herr Jakob hat Recht.

Test zur Überprüfung Ihrer Grundkenntnisse Lehrbuch Seite 364

1 a) $(6{,}5\ \ 5\ \ 6)$ b) $\begin{pmatrix} -3 \\ -29 \\ 7 \end{pmatrix}$ c) $\begin{pmatrix} 0{,}25 & 7 \\ -3{,}5 & 2 \end{pmatrix}$ d) $\begin{pmatrix} 8 & 0 \\ 7 & 1 \end{pmatrix}$

2 $\begin{pmatrix} 8 & 4 \\ 4 & 2 \end{pmatrix} \cdot \begin{pmatrix} 2 & -3 \\ -4 & 6 \end{pmatrix} = \begin{pmatrix} 0 & 0 \\ 0 & 0 \end{pmatrix}$

Bei reellen Zahlen gilt: Das Produkt zweier Zahlen ergibt Null, wenn einer der Faktoren Null ist.

3 $A \cdot B = \begin{pmatrix} 5 & -9 & 5 \\ -2 & -3 & 1 \\ 11 & -18 & 12 \end{pmatrix}$

4 Multiplizieren ergibt das LGS
$$\begin{aligned} x_1 + 3x_2 + 4x_3 &= 8 \\ 3x_2 + 6x_3 &= 9 \\ 5x_1 + 12x_2 + 18x_3 &= 39 \end{aligned}$$

mit der Lösung $x_1 = 3$; $x_2 = -1$; $x_3 = 2$.

5 a) $A^{-1} = \frac{1}{10}\begin{pmatrix} 2 & -4 \\ 1 & 3 \end{pmatrix}$ b) $A^{-1} = \begin{pmatrix} 0 & -1 & 1 \\ 0{,}5 & 0{,}5 & -0{,}5 \\ -1 & 0 & 1 \end{pmatrix}$

6 $\begin{pmatrix} 1 & 0 \\ 7 & -3 \end{pmatrix}^{-1} \cdot \begin{pmatrix} 1 & 9 & 21 \\ 1 & 3 & 93 \end{pmatrix} = \begin{pmatrix} 1 & 9 & 21 \\ 2 & 20 & 18 \end{pmatrix}$

Das Wort Abitur wurde verschlüsselt

7 a) $A \cdot B = E = \begin{pmatrix} 1 & 0 \\ 0 & 1 \end{pmatrix}$

b) $C \cdot \begin{pmatrix} 1 \\ 1 \end{pmatrix} = C \cdot \begin{pmatrix} 1 \\ 0 \end{pmatrix} + C \cdot \begin{pmatrix} 0 \\ 1 \end{pmatrix} = \begin{pmatrix} 4 \\ 2 \end{pmatrix} + \begin{pmatrix} 2 \\ 3 \end{pmatrix} = \begin{pmatrix} 6 \\ 5 \end{pmatrix}$

Modellierung einer Situation
Lehrbuch Seite 365

Gesamte variable Herstellkosten für den Auftrag:

$$((1\ 3)\,(RE) + (3\ \ 4\ \ 2)\,(ZE) + (4\ \ 2\ \ 3))\begin{pmatrix}35\\27\\34\end{pmatrix} = (63\ \ 63\ \ 92)\begin{pmatrix}35\\27\\34\end{pmatrix} = 7034$$

Rechnet man die fixen Kosten, die zu erfragen sind, dazu, ist der Auftrag abzulehnen.

Die Differenz zum Angebot (= Gewinn + fixe Kosten) beträgt nur etwa 200 GE.

Berechnung des fehlenden Rohstoffverbrauchs aus $(RZ)\cdot(ZE) = (RE)$

z. B. $3 + 3x = 12 \Rightarrow x = 3$

$3y + 4 = 10 \Rightarrow y = 2$ also $(RZ) = \begin{pmatrix}2 & 3 & 1\\0 & 2 & 4\end{pmatrix}$

Gesamte variable Herstellkosten für den Auftrag: $((1\ \ 3)(RZ) + (3\ \ 4\ \ 2))\begin{pmatrix}150\\200\\100\end{pmatrix} = 4850$

Die eigenen variablen Kosten sind höher (ohne Fixkosten) als der angebotene Preis.

Das Angebot sollte angenommen werden.

Test zur Überprüfung Ihrer Grundkenntnisse
Lehrbuch Seite 394

1

a) 941,80

b) $(6\ \ 10\ \ 19)\begin{pmatrix}100\\50\\120\end{pmatrix} = 3380$

2 Das LGS ist eindeutig lösbar mit $x_1 = -2;\ x_2 = 3;\ x_3 = 0$

3

a) Es gilt $A = (K; B)$; $B = (B; S)$; $C = (K; S)$ Verflechtungsmatrizen

Aus $A\cdot B = C$ folgt $C = \begin{pmatrix}2 & 0 & 2\\1 & 2 & 2\\1 & 2 & 0\end{pmatrix}\begin{pmatrix}1 & 1 & 0\\1 & 0 & 2\\0 & 4 & 3\end{pmatrix} = \begin{pmatrix}2 & 10 & 6\\3 & 9 & 10\\3 & 1 & 4\end{pmatrix}$

b) Es gilt $\vec{r} = C\cdot\vec{p}$: $\begin{pmatrix}2 & 10 & 6\\3 & 9 & 10\\3 & 1 & 4\end{pmatrix}\begin{pmatrix}10\\12\\17\end{pmatrix} = \begin{pmatrix}242\\308\\110\end{pmatrix}$

Die Spielzeugfabrik muss dazu einen Vorrat von 242 ME von K_1, 308 ME von K_2 und 110 ME von K_3 haben.

c) Gesamtkosten für den Auftrag $\vec{p} = \begin{pmatrix}20\\30\\100\end{pmatrix}$: $K = \vec{k}_V\cdot\vec{p} + K_{fix}$

$$K = (10\ \ 8\ \ 12{,}50)\begin{pmatrix}20\\30\\100\end{pmatrix} + 200 = 1890$$

Die gesamten Kosten für den Auftrag betragen 1890 GE.

Gesamtzahl der Spielsets $20 + 30 + 110 = 150$

Preis je Spielset, um Kostendeckung zu erzielen: $1890 : 150 = 12{,}60$

Bei einem Preis je Spielset von 12,60 GE wird Kostendeckung erzielt.

4 $K_v = (\vec{k}_R \cdot (RE) + \vec{k}_Z \cdot (ZE) + \vec{k}_E) \cdot \vec{x}$

$$= \left((0{,}1 \quad 0{,}2 \quad 0{,}6 \quad 0{,}3) \cdot \begin{pmatrix} 3 & 2 & 4 \\ 2 & 3 & 1 \\ 1 & 2 & 3 \\ 3 & 2 & 4 \end{pmatrix} \cdot \begin{pmatrix} 2 & 2 \\ 1 & 1 \\ 2 & 1 \end{pmatrix} + (0{,}8 \quad 1{,}0 \quad 0{,}6) \cdot \begin{pmatrix} 2 & 2 \\ 1 & 1 \\ 2 & 1 \end{pmatrix} + (3 \quad 5) \right) \cdot \begin{pmatrix} 100 \\ 100 \end{pmatrix}$$

$$= (21 \quad 18{,}8) \cdot \begin{pmatrix} 100 \\ 100 \end{pmatrix} = 3980$$

Die variablen Kosten betragenn 3980 GE. Durchschnittlich entfallen auf jede Torte variable Kosten von $\frac{3980}{200}$ GE = 19,9 GE.

Modellierung einer Situation
Lehrbuch Seite 395

1. Umsatz- und Personalentwicklung

   Diagramm zum Umsatz
   und zur Mitarbeiterentwicklung

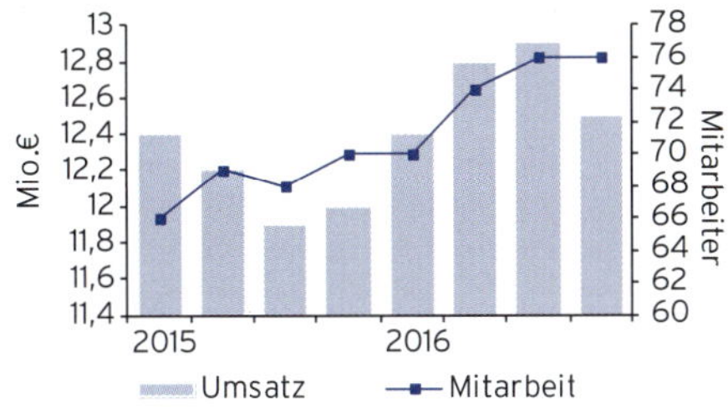

   Die Quartalsumsätze sind ab dem 3. Quartal 2015 bis zum 3. Quartal 2016 wachsend. Das 4. Quartal 2016 zeigt einen kleinen Einbruch. Die Mitarbeiterzahl ist bis auf das 3. Quartal 2015 und das 4. Quartal 2016 stetig gewachsen.
   Kreisdiagramme zur Mitarbeiterentwicklung

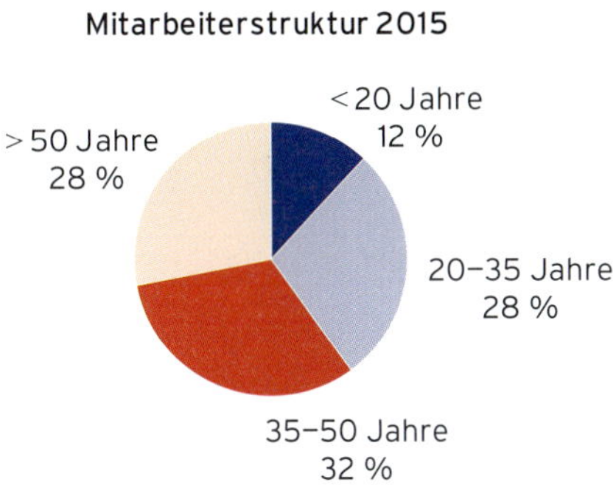

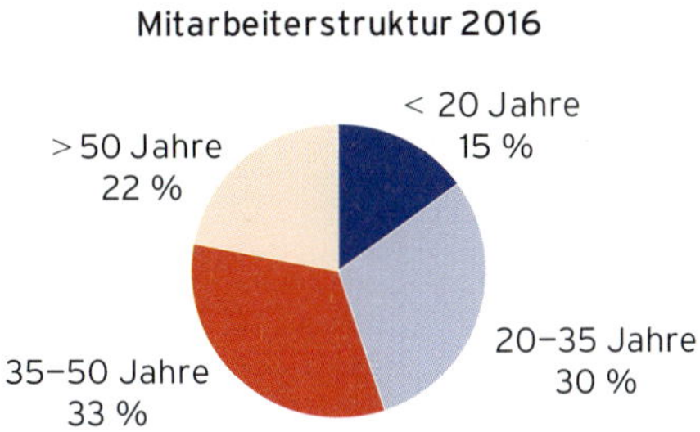

   Die Mitarbeiter unter 50 Jahren nehmen in allen Altersgruppen zu, nur die Mitarbeiter über 50 Jahren nehmen ab. Es ist zu überlegen, ob die Einstellungspraxis geändert wird, um auch erfahrene Mitarbeiter zu gewinnen.

2. Kapazitätsabbau in der Fertigung

   Maschine A: $\overline{x} = 100{,}09$; $s = 0{,}879$

   Maschine B: $\overline{x} = 100{,}09$; $s = 0{,}873$

   Beide Maschinen fertigen Schrauben in gleicher Qualität. Mittelwert und Streuung sind identisch. Eine der beiden Maschinen kann stillgelegt werden.

Test zur Überprüfung Ihrer Grundkenntnisse
Lehrbuch Seite 410

1 $\overline{x} = 12{,}47°$

2 Häufigkeitsverteilung mit absoluter Häufigkeit

x_i	0	1	2	3	4	6
n_i	16	26	20	12	4	2

Mittelwert: $\overline{x} = 1{,}625$ Varianz: 1,74 Standardabweichung: 1,32

3

a) Stadt A: $\overline{x} = 8{,}5$ Stadt B: $\overline{x} = 9{,}5$

b) Stadt A: Varianz $s^2 = 15{,}25$ Standardabweichung $s \approx 3{,}91$

Stadt B: Varianz $s^2 = 31{,}25$ Standardabweichung $s \approx 5{,}59$

c) Stadt A: gemäßigtes Klima

Stadt B: zwei Jahreszeiten; Sommer mit wenig Regen; Winter mit viel Regen

4 $\overline{x} = \frac{1}{3000}(199 \cdot 159 + 200 \cdot 1020 + 201 \cdot 1393 + 202 \cdot 396 + 203 \cdot 32) \approx 200{,}71$

und der rel. Häufigkeiten: $\frac{159}{3000}$; ...

Mittelwert in mm: $\overline{x} \approx 200{,}7$

Standardabweichung in mm: $s \approx 0{,}80$

Die Standardabweichung von $s = 0{,}45\,\text{mm}$ nach der Neueinstellung der Maschine zeigt, dass im neuen Produktionsabschnitt eine geringere Streuung der Kantenlänge auftritt. Dies deutet darauf hin, dass die Neueinstellung erfolgreich war.

Modellierung einer Situation
Lehrbuch Seite 411

Mittelwert der Anzahl der defekten Dichtungen: $\overline{x} = \frac{250}{5000} = 0{,}05$

Die Zufallsvariable X gibt die Anzahl der defekten Dichtungen an.

X ist $B_{50;\,0{,}05}$-verteilt. Y beschreibt den Verkaufspreis in €

Anzahl der defekten Dichtungen x_i	< 2	2	> 2
$P(X = x_i)$	$F_{50;\,0{,}05}(1) = 0{,}279$	$B_{50;\,0{,}05}(2) = 0{,}261$	$1 - 0{,}279 - 0{,}261 = 0{,}460$
Verkaufpreis in €: y_i	1	0,8	0,5

Erwartungswert für den Verkaufspreis:

$E(Y) = 1 \cdot 0{,}279 + 0{,}8 \cdot 0{,}261 + 0{,}5 \cdot 0{,}460 = 0{,}7178$

Der mittlere Verkaufspreis beträgt ca. 72 Ct.

Mögliche Beratung

Da die Herstellungskosten für eine Dichtung bei 70 Ct liegen, dürfte der Gewinn evtl. zu klein für die Firma Hirscher sein. Wenn jedoch Herr Schwarz ein guter Kunde ist, einen Großauftrag erteilt und Anschlussaufträge zu erwarten sind, könnte die Geschäftsleitung den Auftrag annehmen.

Kosten für eine defekte Dichtung ohne Prüfgerät

$K = 250\,\text{Ct} \cdot 0{,}05 = 12{,}5\,\text{Ct}$

Kosten für eine defekte Dichtung mit Prüfgerät

Baumdiagramm

d: defekte Dichtung

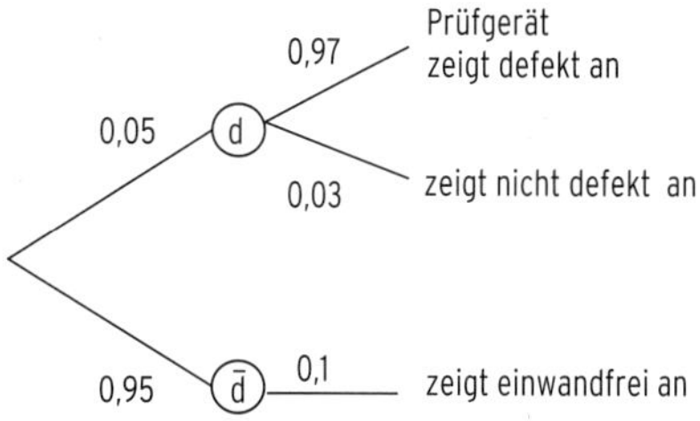

	Dichtung ohne Fehler Gerät zeigt Fehler an	Dichtung mit Fehler Gerät zeigt Fehler an	Dichtung mit Fehler Gerät zeigt keinen Fehler an
Kosten in Ct	7	7 + 20	250 + 7
$P(X = x_i)$	0,95	$0{,}05 \cdot 0{,}97$	$0{,}05 \cdot 0{,}03$

Kosten: $K = 7 \cdot 0{,}95 + 27 \cdot 0{,}05 \cdot 0{,}97 + 257 \cdot 0{,}05 \cdot 0{,}03 = 8{,}345$

Mit dem Prüfgerät entstehen Kosten von ca. 8,3 Ct.

In diesem Fall lohnt sich das Prüfgerät.

Test zur Überprüfung Ihrer Grundkenntnisse Lehrbuch Seite 459

1

a) $5^3 = 125$

b) $\frac{5 \cdot 4 \cdot 3}{3!} = \binom{5}{3} = 10$

c) $5 \cdot 4 \cdot 3 = 60$

2

a) Baumdiagramm

d: gedopt

p: Testergebis ist positiv

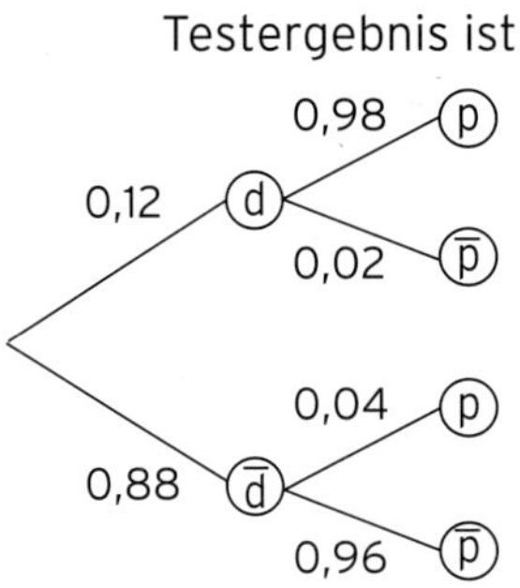

b) $P(E_1) = 0{,}12 \cdot 0{,}98 = 0{,}1176$

$P(E_2) = 0{,}88 \cdot 0{,}04 = 0{,}0352$

$P(E_3) = 0{,}12 \cdot 0{,}02 + 0{,}88 \cdot 0{,}96 = 0{,}8472$

3 X: Preis in €

	Welle ist zu lang ohne Härtefehler	Härtefehler	ohne Fehler
$P(X = x_i)$	3 %	4 %	93 %
Preis in €: x_i	35	−55	95

$E(X) = 35\,€ \cdot 0{,}03 - 55 \cdot 0{,}04 + 95\,€ \cdot 0{,}93 = 87{,}20$

Der durchschnittliche Preis (Erlös) beträgt 87,20 €.

4 Die Zufallsvariable X beschreibt die Anzahl der defekten Diodenleuchten.

X ist $B_{200;\,0,05}$-verteilt.

Mittelwert: $\mu = n \cdot p = 200 \cdot 0{,}05 = 10$

Standardabweichung: $\sigma = \sqrt{n \cdot p \cdot (1 - p)} = \sqrt{200 \cdot 0{,}05 \cdot 0{,}95} \approx 3{,}08$

$P(\mu - \sigma \leq X \leq \mu + \sigma) = P(6{,}92 \leq X \leq 13{,}08) = P(7 \leq X \leq 13)$

$= P(X \leq 13) - P(X \leq 6) = 0{,}8701 - 0{,}1237 = 0{,}7464 = 74{,}64\,\%$

Mit einer Wahrscheinlichkeit von 74,64 % sind unter den 200 Leuchten 7 bis 13 defekte Leuchten.

5

a) Die Zufallsvariable X beschreibt die Anzahl der defekten Vasen.

X ist $B_{50;\,0,1}$-verteilt.

$P(A) = P(X = 0) = 0{,}00515$ Alternativlösung: $P(A) = 0{,}9^{50} = 0{,}00515$

$P(B) = P(X = 6) = B_{50;\,0,1}(6) = 0{,}1541$

$P(C) = P(X \leq 6) = F_{50;\,0,1}(6) = 0{,}7702$

$P(D) = P(6 < X < 10) = P(7 \leq X \leq 9) = P(X \leq 9) - P(X \leq 6)$

$= F_{50;\,0,1}(9) - F_{50;\,0,1}(6) = 0{,}9755 - 0{,}7702 = 0{,}2053$

b) $E(X) = n \cdot p = 5$

2 Lösungen der Aufgaben im Kapitel Grundwissen

Lehrbuch Seite 460

1 a) $[0; 4]$ b) $]-\infty; 2{,}5]$ c) $]-2; 1[$ d) $[1; 7[$

2 a) $\{x \in \mathbb{R} \mid -2 \le x \le 3\}$ b) $\{-5 < x \le 1\}$ c) $\{x \le 3\}$ d) $\{1 < x < 10\}$

3 a) $\{x \in \mathbb{R} \mid 0 \le x \le 3\}$ b) $\{1 \le x < 6\}$ c) $\{x \le 5\}$ d) $\{-2 < x < 6\}$

Lehrbuch Seite 461

1 a) $3a - 2b + 4a - 2b$ b) $2x - 1 + x - 1$
c) $3a^2 - 6b - 3a^2 + 4b + 4b$ d) $0{,}5x - 3 - 0{,}4x - 2$

2 a) $3a - 14b$ b) $34x - 16$ c) $11x + 6y$ d) $2x + 2y$

Lehrbuch Seite 462 oben

1 a) $40a - 10b$ b) $16x - 24$ c) $6x + 3y + x$ d) $6x + 18y$

2 a) $9a - 16b$ b) $36x - 24$ c) $-9x$ d) $-47{,}5x + 53{,}5y$

3 a) $(2x - 4)\cdot 1{,}5 = 3x - 6$ b) $3\cdot(4 - 0{,}5x) = 12 - 1{,}5x$
c) $(4a - 6)\cdot 2a = 8a^2 - 12a$ d) $-5\cdot(7b - 2) = 10 - 35b$

Lehrbuch Seite 462 unten

1 a) $4a + b - 2c$ b) $2x - 3y + 4{,}5z$ c) $6r - 4$ d) $\frac{3}{2}a - 2 - \frac{5}{2}b$

2 a) $2a + 2{,}5b + 2a - 5b = 4a - 2{,}5b$ b) $4 - 2b + a - 5 = a - 2b - 1$
c) $1 + \frac{2y}{x} + \frac{2x}{y} + 3 = \frac{2y}{x} + \frac{2x}{y} + 4$ d) $-a - 1 - \frac{a}{2} + \frac{3}{2}b = -1 - \frac{3a}{2} + \frac{3}{2}b$

Lehrbuch Seite 463

1 a) $-2a^2 + 11a - 15$ b) $4x^2 - 20x - 2xy + 10y$ c) $10b^2 - 13b - 4$
d) $-7a^2 + 9a - 2$ e) $5a^2 - 15ab - 2a + 6b$ f) $-5a^2 - 26a + 18$
g) $-24a^2 + 76ab - 60b^2$ h) $-36u^2 - 66uv + 210v^2$

2 a) $\frac{3}{2}x^2 + 12x + 24$ b) $\frac{1}{4}x^2 - x - 8$ c) $x^2 + 8x + 15$
d) $4x^2 - 15x$ e) $-4x^2 + 12x - 6$ f) $4x^2 - 14x - 8$

3 a) $x^2 + 8x + 16$ b) $16x^2 - 24x + 9$ c) $x^2 - 9$ d) $-4x^2 + 4x - 1$

4 a) $(x + 7)^2$ b) $(x - 5)^2$ c) $(x - 1)(x + 1)$ d) $-(x + 1)^2$

Lehrbuch Seite 465

1 a) $\frac{7}{9}$ b) $\frac{2}{5}$ c) $-\frac{5}{7}$

d) $\frac{2}{3}$ e) $-\frac{1}{4}$ f) $-7\frac{1}{4} = -\frac{29}{4}$

g) $\frac{7}{a}$ h) $\frac{4}{m}$ i) $-\frac{9}{2a}$

2 a) $\frac{5}{9}$ b) $\frac{22}{15}$ c) $\frac{19}{24}$

d) $\frac{10}{9}$ e) $-\frac{11}{8}$ f) $-\frac{6}{5}$

g) $\frac{2b + 4a}{ab}$ h) $-\frac{5}{2m} - \frac{3}{n}$ i) $-\frac{7}{12a} + \frac{5}{b}$

3 a) $\frac{10}{21}$ b) $-\frac{8}{15}$ c) $-\frac{3}{14}$

d) $\frac{28}{11}$ e) $\frac{9}{16}$ f) $\frac{59}{8}$

d) $\frac{8}{ab}$ e) $\frac{20a}{c}$ f) $\frac{4}{3a} \cdot \frac{3a}{2ab} \cdot \frac{5}{3} = \frac{10}{3ab}$

4 a) $\frac{14}{15}$ b) $\frac{2}{3}$ c) $\frac{2}{3}$

d) $\frac{b}{2a}$ e) $\frac{5a}{4b}$ f) $\frac{8}{9}$

5 a) $\frac{32}{25}$ b) $-\frac{19}{18}$ c) $\frac{21}{5}$

d) $\frac{2a}{5}$ e) $\frac{5x}{3}$ f) $\frac{21}{8} \cdot x$

g) $\frac{11}{8}$ h) $\frac{-5a - 3b}{6} = -\frac{5a + 3b}{6}$ i) $\frac{13}{8}$

6 a) $\frac{3}{2}$ b) $-\frac{10x}{7}$ c) $-\frac{13}{6}x$

d) $\frac{3}{4}x - \frac{5}{4}$ e) $-\frac{x}{4}$ f) $\frac{2x^2}{9} - \frac{2}{9} = \frac{2x^2 - 2}{9}$

7 a) die Hälfte von $\frac{3}{5}$ m = $\frac{3}{10}$ m b) die Hälfte von $24\frac{6}{7}$ kg = $12\frac{3}{7}$ kg

c) ein Drittel von $\frac{4}{5}$ km = $\frac{4}{5}$ km $\cdot \frac{1}{3} = \frac{4}{15}$ km

Lehrbuch Seite 466

1 a) $8(a+2)$ b) $2(a-3)$ c) $9(x+1)$ d) $4(4a-3b)$ e) $7(3r-s)$
f) $8(3n-m)$ g) $\frac{2}{5}(2-3x)$ h) $\frac{1}{2}(x^2+x+5)$ i) $x(3x+1)$

2 a) $-\frac{1}{2}(x+4)$ b) $2-x$ c) $x-4y+3$ d) $3x^2+3x$ e) $-3x^2-2x$
f) $-4x-\frac{11}{2}$ g) $6-\frac{23}{3}x$ h) $-x+1$ i) $-x+\frac{9}{2}$

3 a) $-(6-a)$ b) $-(4a+5)$ c) $-(x^2-2x-1)$
d) $-(7+5a)$ e) $-(x^2+3x-7)$ f) $-(-4+9a-b)$

4 a) $a(a-5)$ b) $8x(x-y)$ c) $24(x-y)$ d) $-(3x-4)$ e) $3a(a+2)$ f) $ab(6a+1)$

5 gleichwertige Terme: a) und g); c) und d); e) und j)

Lehrbuch Seite 468

1 a) 243 b) 1024 c) 0,0625 d) 81 e) 625 f) 1,2762...
g) $\frac{81}{256}$ h) $\frac{1}{32}$ i) $-\frac{1}{1000}$ j) $\frac{343}{27}$ k) $-\frac{27}{343}$ l) 0,018

2 a) $29 \neq 81$ b) $48 \neq 1296$ c) $-16 \neq 16$ d) $81 \neq -81$ e) $\frac{9}{25} \neq \frac{9}{5}$ f) $\frac{2}{9} \neq 8$

3 a) $7 \cdot 3^4 = 567$ b) $2 \cdot 2^5 = 64$ c) $10 \cdot 0{,}3^3 = 0{,}27$

4 a) $3a^2+6b^2$ b) $1{,}05a^3+3a^2-b^2$
c) $3a^2+5b^3$ d) $-3x^2-12y^2+2$

5 a) 3^{10} b) 5 c) e^6

6 a) $3^5 = 243$ b) $5^5 = 3125$ c) $2^8 \cdot 2^8 = 2^{16} = 65\,536$

7 a) $7^3 = 343$ b) 3 c) $5^5 = 3125$

8 a) $10^4 = 10\,000$ b) $15^{-2} = \frac{1}{225} = 0{,}0044444...$ c) $2^{-5} = 0{,}03125$ d) $0{,}1^3 = 0{,}001$

9 a) 3^4 b) -2^3 c) $(-2)^4 = 16$

10 a) $3^{-3} = \frac{1}{27}$ b) $2^{12} = 4096$ c) $2^8 = 256$

Lehrbuch Seite 469

11 a) 7^4 b) $4x^3$ c) $\frac{x^5}{4}$ d) 3^{3x} e) $5e^{2x}$ f) 1
g) $3 \cdot 4^x$ h) $1{,}5 \cdot 2^{-2x}$ i) $\frac{4}{9}$ j) $\frac{x^2}{9}$ k) 5^6 l) 3^{-2x}

Lehrbuch Seite 469

12 a) $3x^4$ b) $25x^3$ c) 8^{-4x} d) $0{,}25x^4$ e) $-0{,}5x^4$ f) $\frac{x^3}{3}$
g) 2^{2x-6} h) e^x i) $36\cdot 2^{2x}$ j) $\frac{2^{-4x}}{16}$ k) 3^{-x+1} l) 2^{-3}

13 a) $x^2\cdot(x+1) = x^3 + x^2$ b) $7e^{2x}\cdot e^{-x} = 7e^x$

14 a) 2^{-1} b) 2^{-3} c) 4^{-2}

15 a) $\frac{1}{3^2} = \left(\frac{1}{3}\right)^2$ b) $\frac{1}{5^3} = \left(\frac{1}{5}\right)^3$ c) $\frac{1}{e}$

16 a) $\sqrt{7}$ b) $\sqrt[5]{2}$ c) $5\cdot\sqrt[3]{4}$

17 a) 10 000 b) $\frac{5}{100}$ c) $\frac{1}{20\,000}$ d) 3 200 000

18 a) 3^{-3} b) $6\cdot 2^{3x}$ c) 1 d) -1 e) 10^x
f) 3^{2x-2} g) $\sqrt{20}$ h) $\frac{3}{8}$ i) 3^{4x}

19 $(10^5)^2 = 10^{10}$; $10^{10} : 100 = 10^8$ Sekunden ≙ 3,21 Jahre (1 Jahr ≙ 360 Tage)

20 a) $f(-1) = \frac{1}{2}$; $f(\sqrt{2}) = 1$
b) $f(-2) = -2$; $f(\sqrt{5}) = 5\sqrt{5} - 3\sqrt{5} = 2\sqrt{5}$

Lehrbuch Seite 471

1 a) 1 b) $\frac{2}{3}$

2 a) 4 b) 1 c) $-\frac{4}{3}$ d) $-\frac{8}{15}$ e) 9 f) $\frac{15}{8}$

3 a) $-\frac{1}{4}$ b) $\frac{4}{3}$ c) -29 d) $-\frac{3}{7}$ e) 2 f) 0

4 a) 5; $L = \{5\}$ b) -5 c) 4 d) k. L. e) $-\frac{1}{7}$ f) $-\frac{13}{3}$
g) $-\frac{3}{2}$ h) $-\frac{13}{5}$ i) $\frac{17}{3}$ j) -1 k) $\frac{39}{5}$ l) $\frac{37}{8}$
m) -7 n) $\frac{10}{11}$ o) 15 p) $\frac{46}{5}$

5 a) -4 b) $\frac{9}{7}$ c) $\frac{5}{4}$

6 a) $x = -16$ Die Gleichung ist eindeutig lösbar.
b) Umformung ergibt z. B. $-1 = 0$, falsche Aussage. Die Gleichung ist unlösbar.
c) Umformung ergibt z. B. $0 = 0$, wahre Aussage für alle $x \in \mathbb{R}$. Jede reelle Zahl ist Lösung, z. B. $x = 7$.

Lehrbuch Seite 472

1 a) $x < -4$ b) $x \leq 0{,}5$ c) $x < -\frac{2}{3}$
d) $x \geq 2{,}4$ e) $x > 3$ f) $x < \frac{3}{2}$

2 a) $x < 0$

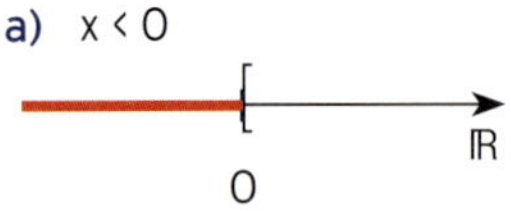

b) $x > 1{,}8$

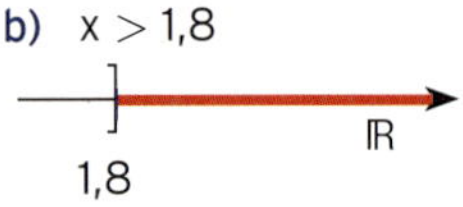

Lehrbuch Seite 472

2 c) $x \leq \frac{7}{6}$

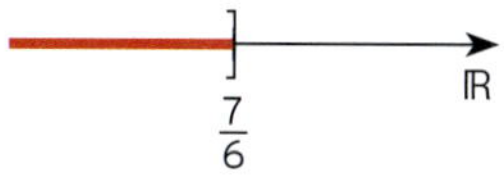

d) $x \leq \frac{13}{19}$

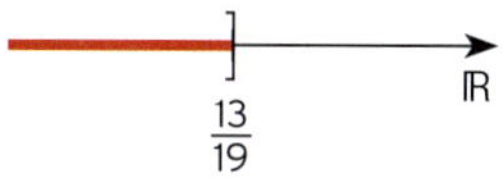

e) $x > 0$

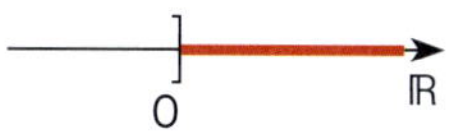

f) $x < -\frac{5}{9}$

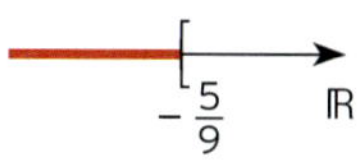

Lehrbuch Seite 474

1 a) $x = 5;\ y = 1\ (5; 1)$ b) $\left(3; \frac{1}{2}\right)$ c) $\left(\frac{2}{7}; 2\right)$ d) $\left(15; -\frac{83}{4}\right)$
e) $(5; 4)$ f) $(-1; -3)$ g) $\left(-\frac{1}{6}; \frac{1}{6}\right)$ h) $(0; 0)$ i) $\left(-\frac{1}{2}; \frac{5}{6}\right)$

2 a) $(8; -2)$ b) $(9; 4)$ c) $(12; 6)$

3 a) $(-2; 1)$ b) $(-5; -2)$ c) $(4; -6)$

Lehrbuch Seite 475

1 a) $\pm\sqrt{18}$ b) ± 1 c) 0 d) 0 e) k.L. f) 8

2 $a < 0$

Lehrbuch Seite 476

1 a) $3; -4$ b) 4 c) 3

2 a) k.L. b) $-\frac{1}{4} \pm \sqrt{\frac{41}{16}}$ c) k.L. d) $1; 5$ e) $-3; 1$ f) $\pm\sqrt{5}$

Lehrbuch Seite 478

1 a) $0; -\frac{3}{8}$ b) $0; 1$ c) $0; 3$ d) $0; -0{,}4$ e) $0; -\frac{11}{6}$
f) $0; \frac{1}{3}$ g) $\frac{3}{2}; 0$ h) $0; 6$ i) 0

2 a) $(x - 2)^2 = 0;\ x = 2$ b) -1 c) 6

3 $x(x + 8) = 0;\ -8x = x^2;\ x^2 + 6x + 1 = 1 - 2x$

4 a) $0; 2{,}5$ b) $0; -2$ c) 1 d) -4 e) 12
f) $0; 20$ g) $5; -4$ h) $\frac{1}{3}$ i) $-3{,}5; a$

5 a) $\frac{5}{4} \pm \sqrt{\frac{17}{16}}$ b) $-1 \pm \sqrt{7}$ c) $\frac{1}{14} \pm \sqrt{\frac{57}{196}}$

6 a) $5(x - 1)^2 = 0$ oder mit der Formel; 1
b) $x(x - 3) = 0$ oder mit der Formel; 0; 3
c) Mit dem Satz vom Nullprodukt oder mit der Formel; $0; \frac{8}{3}$

7 $x(x - a) = 0;\ x_1 = 0;\ x_2 = a$ a) für $a = 0$ b) für $a = 4{,}5$

8 a) $x^2 = -4 < 0$ unlösbar b) $D = 1 - 12 = -11 < 0$ c) $\frac{1}{4}x^2 - 2x + 6 = 0;$
$D = 4 - 6 < 0$

3 Kopiervorlagen

Aufgabe 3 - Seite 103

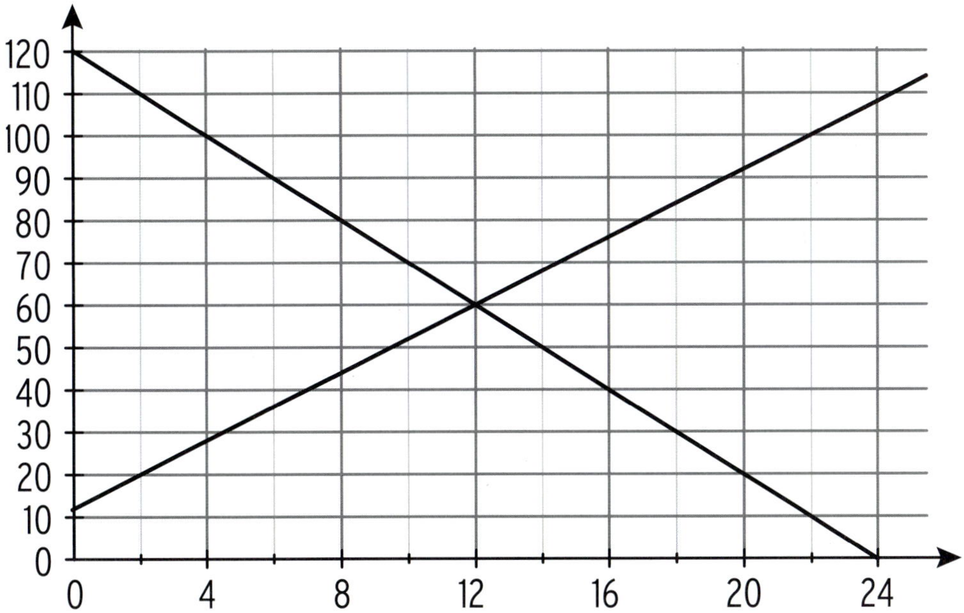

Aufgabe 4 - Seite 159

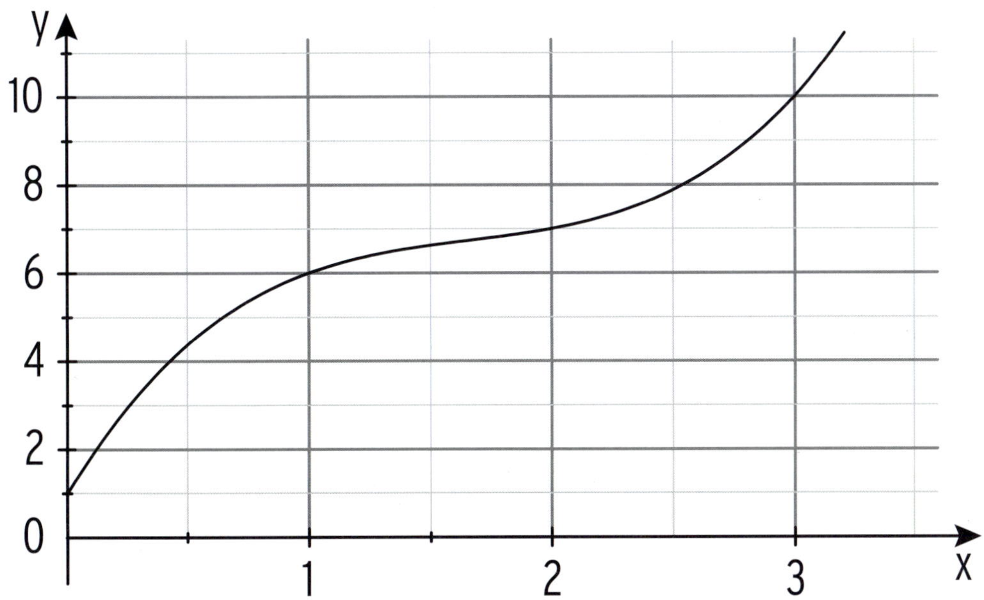

Aufgabe 2 - Seite 181
Abbildung 1

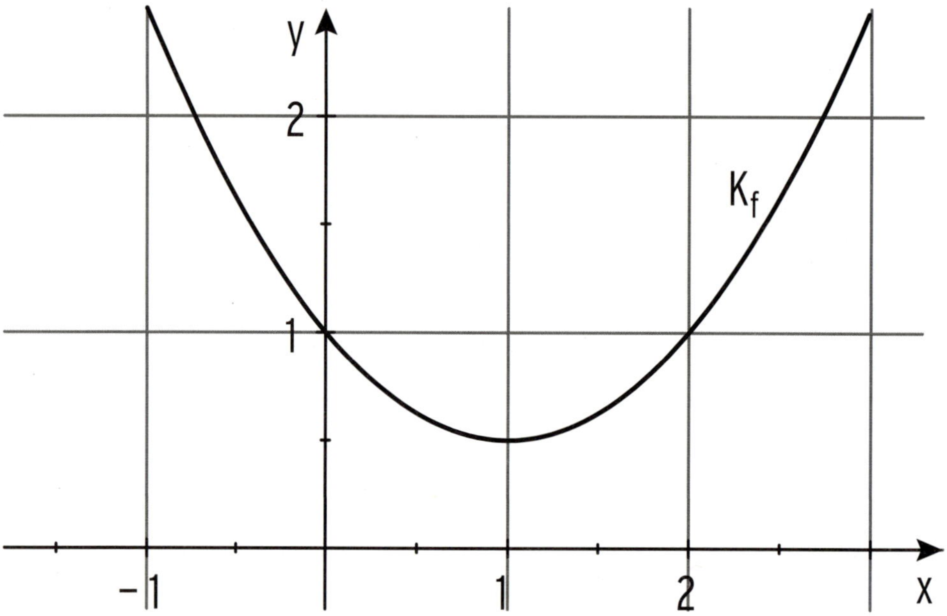

Abb. 1

Aufgabe 2 - Seite 181
Abbildung 2

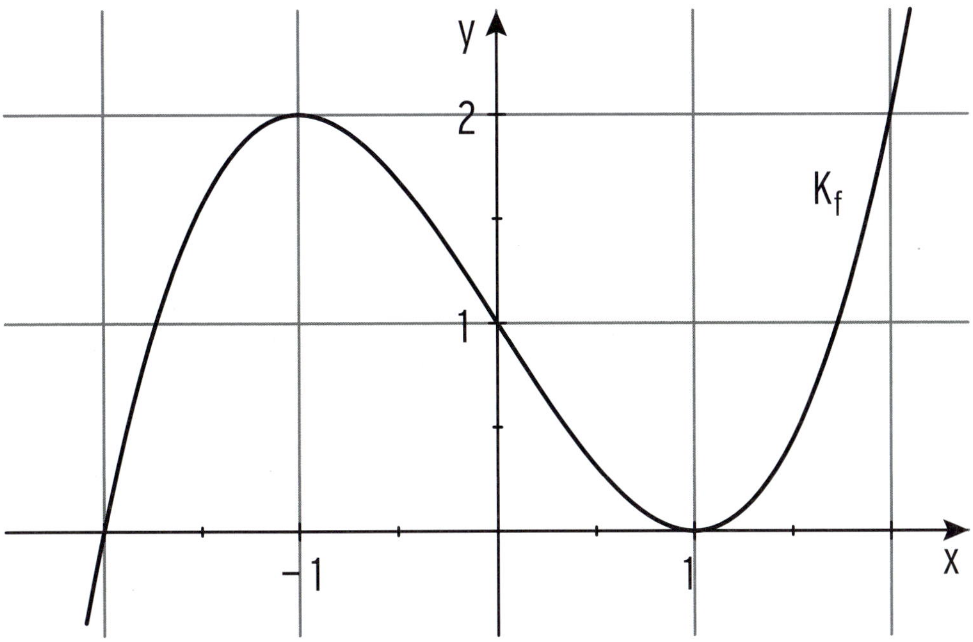

Abb. 2

Aufgabe 5 – Seite 181

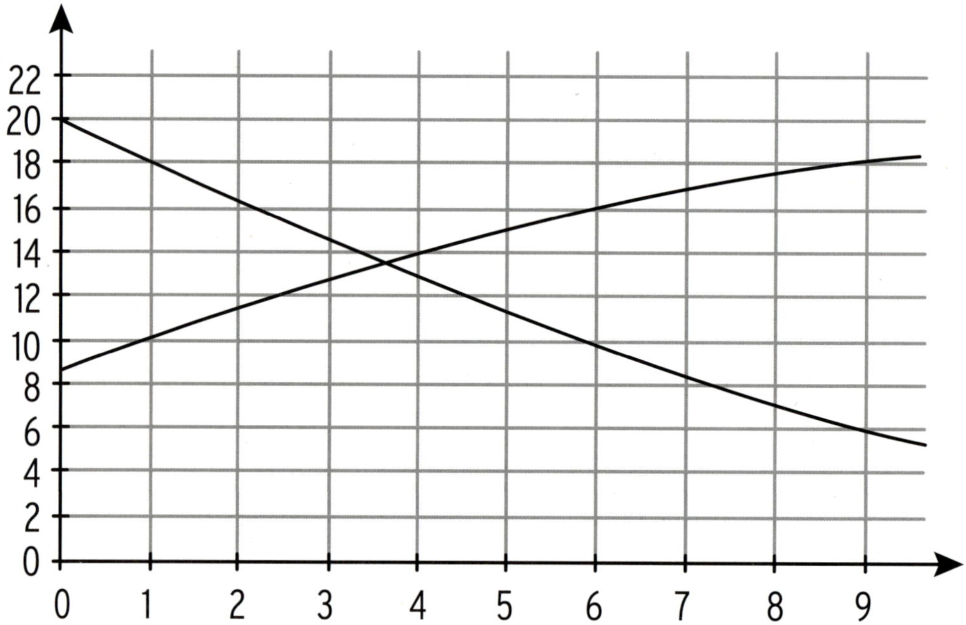

4 Mathematische Zeichen

Vergleiche

$a = b$	a ist gleich b
$a \neq b$	a ist ungleich b
$a < b$	a ist kleiner als b
$a \leq b$	a ist kleiner oder gleich b
$a > b$	a ist größer als b
$a \geq b$	a ist größer oder gleich b
$a \approx b$	a ist ungefähr gleich b
$a \triangleq b$	entspricht, z. B. $1\,\text{LE} \triangleq 1\,\text{cm}$

Logische Zeichen

$a \wedge b$	a und b
$a \vee b$	a oder b
$a \Leftrightarrow b$	a gleichwertig (äquivalent) b
$a \Rightarrow b$	aus a folgt b

Mengen und Zahlen

$\mathbb{N}$	Menge der natürlichen Zahlen mit null
$\mathbb{N}^*$	Menge der natürlichen Zahlen ohne null
$\mathbb{Z}$	Menge der ganzen Zahlen
$\mathbb{Q}$	Menge der rationalen Zahlen
$\mathbb{R}$	Menge der reellen Zahlen
$\mathbb{R}^*$	Menge der reellen Zahlen ohne null
$\mathbb{R}_+$	Menge der positiven reellen Zahlen mit null
$\mathbb{R}_+^*$	Menge der positiven reellen Zahlen ohne null
$x \in M$	x ist Element von M
$x \notin M$	x ist nicht Element von M
$\{x \in M \mid ...\}$	Menge aller x aus M, für die gilt ...
$\{a, b, c, d\}$	Menge mit den Elementen a, b, c, d
$A \subseteq B$	A ist Teilmenge von B
$A \cap B$	Schnittmenge von A und B
$A \cup B$	Vereinigungsmenge von A und B
$A \setminus B$	Differenzmenge von A und B
$\varnothing$	leere Menge
∞	unendlich

$[a; b] = \{x \in \mathbb{R} \mid a \leq x \leq b\}$

$[a; b[= \{x \in \mathbb{R} \mid a \leq x < b\}$

$[a; \infty[= \{x \in \mathbb{R} \mid a \leq x < \infty\}$

$\lvert a \rvert$	Betrag von a
a^n	a hoch n; n-te Potenz von a
$\sqrt{a}$	Quadratwurzel aus a; $a \geq 0$
$\sqrt[3]{a}$	3. Wurzel aus a; $a \geq 0$
$n!$	n-Fakultät
$n!$	$= n \cdot (n-1) \cdot ... \cdot 2 \cdot 1$

Funktionen

f	Funktion
f (x)	Funktionswert an der Stelle x
D	Definitionsbereich
W	Wertebereich
$P(x \mid y)$	Punkt P mit den Koordinaten x und y

Vektoren und Matrizen

$\vec{x} = \begin{pmatrix} x_1 \\ x_2 \\ x_3 \end{pmatrix}$	Spaltenvektor
$\vec{x} = (x_1 \;\; x_2 \;\; x_3)$	Zeilenvektor
$A = \begin{pmatrix} a_{11} & a_{12} \\ a_{21} & a_{22} \end{pmatrix}$	(2; 2)-Matrix

5 Stichwortverzeichnis

K

L

M

N

O

P

Abbildungsverzeichnis

S. 16: Dmytro Vietrov - www.colourbox.de • **S. 26:** fotos4u - Fotolia.com • **S. 34:** Light Impression - Fotolia.com • **S. 37:** Syda Production - www.colourbox.de • **S. 44:** Syda Production - www.colourbox.de • **S. 56:** Phovoir - www.colourbox.de • **S. 60:** Christian Jung - Fotolia.com • **S. 69:** Eisenhans - Fotolia.com • **S. 70:** JM Fotografie - Fotolia • **S. 71:** DOC RABE Media - Fotolia.com • **S. 86:** darknightsky - Fotolia.com • **S. 104:** ARochau - Fotolia.com • **S. 108:** Alterfalter - Fotolia.com • **S. 127:** lightpixel - Fotolia.com • **S. 128:** kiwi1902 - Fotolia.com • **S. 130:** industrieblick - Fotolia.com • **S. 156:** industrieblick - Fotolia.com • **S. 160:** adimas - Fotolia.com • **S. 161:** photosnic - Fotolia.com • **S. 182:** www.colourbox.de • **S. 188:** CarpathianPrince - Fotolia.com • **S. 198:** Harry - Fotolia.com • **S. 264:** Franky242 - www.colourbox.de • **S. 285:** beawolf - Fotolia.com • **S. 289:** www.colourbox.de • **S. 296:** www.colourbox.de • **S. 298:** www.colourbox.de • **S. 315:** NiDerLander - Fotolia.com • **S. 322:** www.colourbox.de • **S. 334:** industrieblick - Fotolia.com • **S. 336:** www.colourbox.de • **S. 342:** mettus - www.colourbox.de • **S. 343:** www.colourbox.de • **S. 348:** Hopfenmuseum Tettnang • **S. 349:** lichtkunst.73/Pixelio.de, www.pixelio.de • **S. 350:** www.colourbox.de • **S. 351:** www.colourbox.com • **S. 357:** www.colourbox.de • **S. 358:** Flik47 - www.colourbox.de • **S. 363:** mekcar - www.colourbox.de • **S. 369:** Artem Merzlenko - www.colourbox.de • **S. 378:** www.colourbox.de • **S. 379:** www.colourbox.de • **S. 382:** Mike Kiev - Fotolia.com • **S. 385:** www.colourbox.de • **S. 389:** www.colourbox.de • **S. 392:** www.colourbox.de • **S. 393:** Artem Furman - www.colourbox.de • **S. 395:** Picture-Factory - Fotolia.com • **S. 397:** Imaginis - Fotolia.com • **S. 411:** Ingo Bartussek - Fotolia.com • **S. 412:** V. Petö - adpic.de • **S. 423:** Bombaert Patrick - Fotolia.com • **S. 434:** popov48 - Fotolia.com • **S. 453:** www.colourbox.de • **S. 458:** ajlatan - Fotolia.com • **S. 459:** Witold Krasowski - Fotolia.com •

Einige Grafiken fallen unter die Wikimedia GNU Lizenz und sind somit frei verfügbar und dürfen weiter verbreitet werden. Nähere Informationen über die Verbreitungsmöglichkeit finden Sie unter dem jeweiligen Link: (1) Public Domain, (2) Public Domain, auch in den USA, (3) GNU Lizenz - freie Dokumentation (4) Creative Commons, (5) Creative Commons und GNU Lizenz

Nicht aufgeführte Abbildungen wurden vom Autor erstellt.